KB065144

상표판례평석

최덕규 저

세창출판사

지은이 **최덕규**

1957년 충북 청원에서 출생하여 서울공대를 졸업하고 제23회 변리사 시험에 합격하였다. 미국 Franklin Pierce Law School(현재 뉴햄셔 대학교 로스쿨) 지적재산권 석사과정(MIP)을 수료하고, 『특허법』(1991년 세창출판사) 및 『상표법』(1994년 세창출판사)을 출간하여 영미제도를 우리나라에 최초로 소개하였다. 경기대, 숙명여대, 연세대 국제법무대학원, 경희대 국제법무대학원, 광운대에서 특허법과 상표법을 가르쳤다. 1993년 이래 명지특허법률사무소 대표변리사(현)로 일하면서 50여 편의 판례평석과 30여 편의 논문을 발표하였다. 2014년 지적재산권 분야는 물론 사법부를 중심으로 한 우리 사회의 문제점을 파헤친『법! 말장난의 과학』(도서출판 청어)을 출간하여 호평을 받기도 하였다.

상표판례평석

초판 인쇄 2021년 12월 7일
초판 발행 2021년 12월 20일

지은이 최덕규
펴낸이 이방원
펴낸곳 세창출판사
신고번호 제300-1990-63호
주소 03736 서울시 서대문구 경기대로 58 경기빌딩 602호
전화 02-723-8660 팩스 02-720-4579
이메일 edit@sechangpub.co.kr 홈페이지 www.sechangpub.co.kr
블로그 blog.naver.com/scpc1992 페이스북 fb.me/sechangofficial 인스타그램 @sechang-official

ISBN 979-11-6684-068-5 93360

| 머 리 말 |

특허와 상표는 지적재산권(intellectual property)의 양대 산맥이라 할 수 있다. 그러나 이들은 그 본질이 서로 다르다. 특허는 기술의 창작(creation)을 보호하는 반면, 상표는 표장의 채택(adoption)을 보호한다. 특허는 기계, 화공, 전기전자, 생화학과 같은 기술을 이해해야 하지만, 상표는 표장(mark), 브랜드 또는 레터르로서, 기술과는 전혀 관계가 없다. 특허는 창작을 보호하기 때문에 신규성(novelty)이 생명이지만, 상표는 타 업자의 상품과 구분할 수 있는 식별력(distinctiveness)만 갖추면 된다. 상표는 특허에 비하면 거의 누구나 쉽게 이해할 수 있는 대상이지만, 어찌된 일인지 우리의 상표 심사나 소송은 잘못된 것들을 찾아보기가 어렵지 않다.

(1) 대법원은 2017년 20여 년 동안 사용해 온 "**사리원 면옥**" 상표를 무효시켰다(2017후 1342). 이 상표는 1996년에 상표등록을 받았다. 북한 황해도의 한 도시인 '사리원'이 상표등록 당시 유명한 지명에 해당하여, 상표등록을 받을 수 없는데에도 불구하고 잘못 등록되었다는 이유에서다. 상표로 등록된 후 20년이 지난 시점에, '사리원'이 20년 전에 이미 유명했다고 판단하는 것은 있을 수 없는 일이다. 설사 1996년 당시 '사리원'이 유명했다 하더라도, 20년 동안 사용해 온 상표가 무효로 되어야 하는 법리는 어느 나라 상표법에도 없다. 특정인이 등록받아 5년 이상 사용했다면, 불가쟁(不可爭) 원칙에 따라 무효시킬 수 없다는 것이 전 세계적인 상표법의 법리이기 때문이다. 만일 외국에서 이런 판결이 내려졌다면, 그 판사는 당장 쫓겨났을 것이다.

(2) 특허청은 쌀, 떡, 간장, 고추장 등에 사용하고자 출원되었던 "**청년농부**"라는 상표에 대해 2018년 8월에 등록을 인정하였다. 그런데 약 18개월이 지난 2020년 2월에 특허청은 이 상표를 무효시켰다(2019당3516). "**청년농부**"라는 상표는 애당초 '식별력'이 없어서 등록되지 말아야 했는데, 잘못 등록되었기 때문에 무효로 한다는

것이 그 이유였다. 특허청의 오락가락하는 판단도 문제이지만, 더 큰 문제는 '식별력'을 판단할 줄 모른다는 점이다. 상표등록을 받기 위해서는 상표가 '식별력'을 가져야 하는데, "**청년농부**" 상표는 쌀, 떡, 간장, 고추장 등에 대해 '식별력'이 있는 상표이기 때문이다. 상표에 대한 기본 개념을 이해하지 못하기 때문에 특허청에서 이런 일이 반복되고 있다.

(3) 캐나다의 한 회사가 '**REVANESSE**'에 대하여 상표등록을 받았는데, 국내 한 회사가 동일 상품에 '**REVINESS**'라는 상표를 사용하였다. 이를 두고 특허청, 특허법원, 대법원은 모두 이 두 상표가 유사하지 않다고 판단하였다. 이 판결을 접한 한 외국 변리사는 "한국의 심판관이나 판사들은 영어 알파벳을 모르느냐?"고 반문하였다.

위의 예들은 빙산의 일각에 불과하다. 상표 심판이나 소송이 상당수 잘못되고 있는데도 우리는 잘못된 판결에 대한 비판이나 비평이 나오지 않는다. 사회는 비판을 통하여 발전하게끔 되어 있다. 헤겔은 사물의 변화 과정을 정-반-합의 변증법적 과정으로 설명했다. 한 시대에 옳다고 받아들여졌던 정(正)은 그다음 시대에 그 단점이 명백해지면서 정면으로 부정된다. 그리고 이 반(反)을 거치면서 정(正)의 본래 좋았던 점들은 새로운 시대에 맞게 변화하며 비로소 합(合)을 이룬다. 이렇게 정(正)이 전면 부정되는 반(反)의 과정을 거쳐야 비로소 합(合)을 이뤄 사회는 앞으로 나아갈 수 있다.

상표는 특허와 달리 전문적인 기술을 다루는 것도 아닌데 잘못된 판례에 대한 비판이나 비평이 전무하다. 언론매체, 상표법을 학문적으로 연구하는 학자들, 전문가라 자처하는 변리사, 변호사들도 상표판례에 대해 비판이나 비평을 하지 못하고 있다. 비판이나 비평이 없다면 우리의 상표판결은 발전을 기대하기 어렵고, 오리무중의 미궁 속을 헤매는 선무당 사람 잡는 식의 판결은 계속될 것이다.

상표는 특허와 마찬가지로 출원인 즉 사건 당사자가 외국인인 경우가 많다. 그런 경우, 판결문이 영어로 번역되어 외국 당사자에게 전달된다. 당사자는 부당한 판결로 인해 엄청난 피해를 입게 된다. 그뿐 아니라, 잘못된 판결은 우리나라 특허청이나 법원의 민낯을 드러낸다. '**REVANESSE**'가 '**REVINESS**'와 유사하지 않다는 판결을 접한 외국 관계자가 "한국의 심판관이나 판사들은 영어 알파벳을 모르느냐?"고 반문하는 것처럼 더 모욕적인 말은 없다.

필자는 35년간 지적재산권 업무를 해 오면서 잘못된 판례에 대해 평석과 논문을 발표하였다. 잘못된 판결에 대한 기록을 남기고, 앞으로는 그런 잘못이 반복되지 않게 하기 위해서였다. 이 책에는 그간 발표한 41건의 상표판례에 대한 평석과 함께 우리나라 상표제도의 문제점을 진단한 19편의 논문을 실었다. 또한 평석 중에는 15편의 외국판례에 대한 평석을 실어 우리 판례와 비교할 수 있도록 하였다. 거의 대부분이 지적재산권 전문 학술지인 「창작과 권리」, 대한변리사회 발행지인 「특허와 상표」, 일간지, 법률신문 등에 발표되었던 글들이다.

이 책의 판례평석에서 법리에 맞지 않는 내용이나 논리적이지 못한 부분이 있다면 그것은 전적으로 필자의 부족함으로 인한 것이다. 상표제도의 문제점을 지적한 논문에서는 이미 개선되어 문제점이 해결된 부분도 다수 있다. 지난 30여 년에 걸쳐 발표하였기 때문에, 인용된 법조문이 현재 상표법과는 상당히 다를 수 있다. 인용된 법조문을 비롯하여 기타 시대적 상황에 대한 표현은 발표된 시점에서 서술한 것이니 독자 제현의 양해를 구한다.

필자는 지적재산권 분야의 유일한 전문 학술지였던 「창작과 권리」를 25년간 발행해 온 세창출판사에 많은 빚을 지고 있다. 이번에도 이방원 사장님, 임길남 상무님을 비롯하여 세창출판사 임직원 여러분들의 도움으로 이 책이 나오게 되었다. 진심으로 감사드린다.

2021년 12월에

서초동에서 **최 덕 규**

| 목 차 |

제1부 판례평석

제2부 논단(논문 및 단편)

제1부
판례평석

1. "COLA CAO VIT"의 상표등록여부에 대한 고찰[1]

— 대법원 사건 86후43을 중심으로 —

I. 서 언

상표법 제9조 제1항 제11호(1989년도 당시의 상표법: 이하 '제11호')에서 규정하고 있는 "상품의 품질을 오인케 하거나 수요자를 기만할 염려가 있는 상표"에 해당되는 표장은 상표로서 등록을 받을 수 없다. 상표출원되었던 표장 '**COLA CAO VIT**'는 상기 규정에 의하여 상표등록이 거절되었는바, 이에 대한 항고 심결 및 대법원 판결을 고찰해 본다. 나아가 '**COLA CAO VIT**'에 적용될 수 있는 경우에 대한 일반적인 법의 해석도 살펴보고자 한다.

1 「특허와 상표」 제265호(1989.08.31).

Ⅱ. 사건의 개요

1. 사실관계

표장 '**COLA CAO VIT**'는 1983.08.24.자 거절사정된 것으로 원사정의 거절이유는 이 상표를 지정상품에 사용할 경우 상품을 콜라(Cola)로 오인케 할 우려가 있다는 이유로 제11호 규정을 적용하였다. 이 상표의 지정상품은 상품구분 제5류에서의 커피, 코코아, 밀크커피, 대용커피, 밀크코코아 등이었다.

이 거절사정에 대한 불복항고심판은 1984.12.26.자 청구되었고, 1985.05.01.자 보정서에 의하여 지정상품을 "콜라성분을 포함한 커피, 콜라성분을 포함한 코코아, 콜라성분을 포함한 밀크커피"로 보정하였다. 그러나 항고심결 및 대법원판결에서는 보정기간 내에 하지 않은 보정으로 인정하여 그 보정서를 채택하지 않았다.

2. 항고심결 요약

항고심결에 의하면, 항고심판청구인은 "본원상표 중 'Cola'만을 발췌하여 지정상품과의 관계를 논할 것이 아니고 본원상표 전체로 관찰하여야 할 것이며, 본원상표를 전체적으로 관찰하면 본원상표 중에 'Cola'라는 단어가 있기는 하나 이는 'CAO VIT'라는 단어와 결합되어 있어 수요자가 본원상표를 볼 때 그 상품을 Cola로 오인할 우려가 없고, Cola 제품에 사용되는 상표의 경우에는 통상적으로 Cola라는 단어가 뒤에 위치하여 'Coca Cola' 또는 'Pepsi Cola'라는 형태로 사용되나 본원상표의 경우는 Cola라는 단어가 앞에 위치하였을 뿐만 아니라 '코코아, 초콜릿의 원료로 쓰이는 카카오 열매'를 뜻하는 CAO 및 '생활'이란 뜻의 VIT와 결합하여 사용되므로 수요자의 입장에서 그 상품을 Cola로 오인할 가능성은 전혀 없으며, 본원상표의 지정상품의 범위를 콜라성분을 포함한 것으로만 지정상품을 축소하였으므로 그 오인혼동의 우려는 전혀 없고 또 본원상표는 미국을 비롯한 전 세계에 등록되었으므로 주지 저명한 상표"라고 주장하였다.

본안을 살핀 항고심결에서는 "제11호에서 상품의 품질을 오인하거나 수요자를 기만할 염려가 있는 상표라고 한 규정 중 '상품의 품질을 오인'한다 함은 상품의 품질 오인과 상품 자체의 오인을 포함한 것으로 해석된다 할 것인바, 본원상표는 영문자 '**COLA CAO VIT**'만으로 된 문자상표로서 본원상표 중의 'COLA'는 지정상품(에) … (중략) … Cola 성분이 포함된 상품으로 또는 'Cola'로 오인케 할 우려가 있다고 할 것이어서 원사정이 본원상표를 제11호의 규정을 적용하여 거절한 것은 정당하다고 판단된다"고 하였다.

또한 항고심판청구인이 주장한 주지저명성에 대하여는, 법제와 거래실정이 다른 외국의 예를 그대로 적용할 수 없다고 설시하였다.

3. 상고판결요약

상고판결에서는, "상품의 품질을 오인케 하거나 수요자를 기만할 염려가 있는 상표"라 함은 그 상표 자체에 그 지정상품과의 관계에 있어서 상품이 지닌 품질과 다른 품질을 갖는 것으로 수요자를 오인케 하거나 기만할 염려가 있는 상표를 말한다 할 것이라 하면서, 우리 사회에 있어서는 '콜라'라는 특정상품인 음료수가 널리 유통되고 있는 실정인 한편, 본원상표는 영문자 '**COLA CAO VIT**'만으로 구성된 문자상표이므로 본원상표를 그 지정상품(에) … (중략) … 사용케 하면, 일반 수요자는 본원상표의 COLA 부분의 표시로 인하여 위 지정상품을 콜라성분이 포함된 상품 또는 콜라로 오인할 염려가 있다고 할 것이라고 판시하였다.

Ⅲ. 판례해설

(1) 일반수요자가 본원상표 'COLA' 부분의 표시로 인하여 지정상품을 콜라성분이 포함된 상품 또는 콜라로 오인할 염려가 있다고 결론을 내리면서 제11호의 규정

을 적용한 항고심결 및 대법원판결은 다음과 같은 이유에서 완벽하지 못하다.

항고심결에서는 제11호 규정 중 "상품의 품질 오인"을 "상품 품질의 오인과 상품 자체의 오인을 포함"하는 것으로 규정하고 있지만, 본 사건의 대법원판결에서는 이 제11호 규정에 대해 보다 광범위하게 설명한다.

그러나 이들 이유에서는 제11호에 근거하여 등록될 수 없는 것이라 하면서, 그 이유로서 본원상표의 COLA 부분의 표시로 인하여 지정상품을 콜라성분이 포함된 상품 또는 콜라로 오인할 염려가 있다고 하였다.

본원상표 '**COLA CAO VIT**'로 인하여 소비자가 그 지정상품(커피… 등)을 콜라로 오인하고 있다고 판단된다면 제11호의 규정에 의한 거절이유가 성립할 수 있다. 그러나 여기서의 문제는 바로 본원상표의 지정상품을 상표로 인하여 소비자가 콜라성분이 포함된 상품으로 오인할 수 있기 때문에 상표등록을 거절하는 것이라면 제11호의 적용은 바르지 못한 법의 적용이라 할 수 있다. 왜냐하면 상표 '**COLA CAO VIT**'로 인하여 그 지정상품이 콜라성분이 포함된 상품으로 오인될 수 있다면 이는 "그 상품의 산지, 품질, 원재료… 등을 보통으로 사용하는 방법으로 표시한 표장만으로 된 상표"라 규정하고 있는 상표법 제8조 제1항 제3호(이하 '제3호')의 규정을 적용해야 하기 때문이다.

본 사건에서와 같이 지정상품의 원재료가 상표를 구성하는 경우에 제3호에서 규정하고 있는 이유 및 취지를 살펴보면 명백해진다. 첫째, 원재료로 이루어진 상표가 기술표장(descriptive mark)인 경우에 이는 상표로서 등록을 받을 수 없다. 예를 들어, 인삼차(茶)를 제조하는 한 업자가 자기가 제조한 차(茶)에 '인삼'이라는 상표를 사용한다면 이는 원재료로 구성된 기술표장이기 때문에 상표로서 등록받을 수 없다. 이러한 경우의 기술표장을 상표로서 보호하지 않는 이유는 제3의 경쟁업자를 보호해야 한다는 측면에서 비롯된다. 인삼차는 누구나 제조할 수 있고 따라서 '인삼'이라는 단어는 어느 특정인의 독점물이 되어서는 안 되기 때문이다. 둘째로, 원재료로 이루어진 상표가 사칭기술표장(misdescriptive mark)인 경우에도 상표등록을 받을 수 없다. 실제로 인삼차가 아닌 '생강차' 등에 '인삼'차라는 상표를 사용하는 경우이다. 이러한 사칭기술표장은 소비자의 오인·혼동을 방지하여 소비자를 보호하겠다는 취지하에서 상표로서 등록을 거절하는 것이다.

따라서 '**COLA CAO VIT**'라는 상표로 인하여 지정상품인 콜라성분이 포함된 상품으로 오인되는 경우라 하면 제11호의 규정이 아니고 제3호의 규정에 의하여 등록을 거절했어야 했다.

(2) 수요자가 본원상표의 'COLA' 부분의 표시로 인하여 지정상품을 콜라성분이 포함된 상품으로 오인하는지의 여부는 보다 구체적으로 논의되어야 한다.

지정상품인 커피 등에 그 재료로서 콜라를 사용했는지 또는 사용하지 않았는지를 명백히 규명해야 했다. 커피 등의 원료로서 콜라를 사용했다면, 그 상표의 설명성(descriptiveness)을 판단해야 했다. 왜냐하면, 본 사건의 상표는 원재료만으로 이루어진 표장이 아니고 'CAO VIT'라는 것과 함께 구성된 표장이기 때문이다. 위의 가정에서 'COLA coffee'라고 사용했다면 이는 분명 원재료로 구성된 기술표장이기 때문에 등록될 수 없는 것이다. 하지만, 'COLA CAO VIT'라 구성된 표장이기 때문에 그 설명성에 대하여 보다 구체적으로 논의되어야 했다.

또한 지정상품의 원료로서 콜라를 사용하지 않았다면 그 오인설명성(misdescriptiveness)을 판단해야 했다. 콜라를 원료로서 사용하지 않은 상황에서 'COLA coffee'라 사용했다면 이는 분명 사칭기술표장이기 때문에 등록될 수 없다. 콜라를 원료로서 사용하지 않았다 하더라도 '**COLA CAO VIT**'는 원재료만으로 구성된 표장이 아니기 때문에 그 오인설명성의 여부는 보다 철저히 분석되어야 했다.

(3) 본원상표가 원재료로 구성된 상표로서 기술표장 또는 사칭기술표장에 해당하는지의 여부, 즉 그 설명성(descriptiveness) 내지 오인설명성(misdescriptiveness)은 충분한 증거를 바탕으로 논리적으로 판단되어야 했다.

본원상표가 지정상품의 원재료로 구성되어 상품을 오인시킬 수 있는 것인지의 판단여부는 본 사건에서 가장 중요하게 취급되어야 할 문제이다. 커피 등을 지정상품으로 하고 그 상품에 'COLA'라는 용어만을 상표로서 사용하는 경우라 하면, 이는 명백한 기술표장 또는 사칭기술표장이기 때문에 상표로서 등록받을 수 없다. 그러나 본원상표는 'COLA'만이 아닌 다른 용어와 결합한 '**COLA CAO VIT**'라는 상표인 점이 바로 표장의 설명성 내지 오인설명성의 판단을 어렵게 하고 있다.

이 경우 이에 대한 올바른 판단을 위하여 모든 가능한 객관적 사실로써 논리적으로 분석해야 한다. 'CAO VIT'는 어떤 뜻이며 이는 원재료를 나타내는 'COLA'와 어떠한 관계가 있는가, 그리고 이들 영문자의 배열의 순서는 원재료와는 어떤 관계가 있으며 그로 인한 오인설명성의 판단은 어떠한가, 콜라와 본 사건 지정상품과의 관계는 어떠한가, 그들이 소비자로 하여금 오인을 일으키게 한다면 어떠한 방법으로 해서 오인을 일으킬 수 있는가, 콜라와 커피 등의 유통구조는 어떠하며 시장거래계의 실태는 어떠한가, 그리고 이러한 모든 주변여건들이 'COLA'가 아닌 '**COLA CAO VIT**'에 의해서 어떠한 다른 영향을 줄 수 있는가 등등의 모든 점들을 철저하게 분석해야만 했다.

또한 본원상표의 (오인)설명성을 판단함에 있어서 주지저명성의 여부는 아주 중요한 요소로서 취급되어야 했다. 이 경우 그 주지저명성을 판단하기 위한 증거와 그에 대한 해석이 뒷받침되어야 했다. 즉 상표로서의 식별력이 없는 것이라 하더라도 출원 전에 사용한 결과 수요자 간에 그 상표가 누구의 상표인가가 현저하게 인식되어 있는지의 여부를 주장해야 했고 그를 판단했어야 했다.

이 점에 대하여 항고심판청구인은 미국을 비롯한 전 세계에 등록되었으므로 주지 저명한 상표라고 주장하고 있다. 미국을 비롯한 전 세계에 등록되었다는 사실이 우리나라에서의 상표의 주지저명성의 판단기준이 될 수는 없다. 실제로 국내에서의 그 상표의 사용여부 내지 국내수요자 간의 인식정도로써 판단되어야 하기 때문이다. 아무리 우리나라만 제외하고 전 세계적으로 등록되어 사용되고 있어도 우리나라에서 전혀 사용치 않고 그 결과 수요자 간의 현저한 인식이 있을 수 없다면 그 주지저명성은 인정될 수 없다. 이 같은 항고심판청구인의 주장에 대하여 항고심결 이유에서는, 법제와 거래실정이 다른 외국의 예를 그대로 우리나라에 적용할 수는 없는 것이라고 판단하였다.

우리나라에서의 상표의 주지저명성의 판단은 우리나라에서의 그 상표의 사용여부, 그 결과 일반수요자가 어느 정도 그 상표를 현저하게 인식하고 있느냐에 따라서 결정될 문제이지, 외국의 법제와 거래실정과는 아무런 관계가 없다. 서로 법제가 달라서 나라에 따라 등록여부가 달라질 수는 있어도 우리나라의 주지저명성을 판단함에 있어서 외국의 다른 법제를 논의할 필요는 없는 것이다.

Ⅳ. 결 어

본 사건은 제11호의 규정보다도 제3호의 규정을 적용함에 있어서 더 중요한 의미를 갖는다고 할 수 있다. 지정상품의 원재료 등으로 구성된 상표는 상표등록을 받을 수 없지만, 원재료 등을 나타내는 용어 외에도 다른 용어나 다른 구성요소와 함께 이루어진 표장인 경우의 등록여부를 판단해야 했던 사건이기 때문에 그런 중요한 의미를 갖는다.

대법원의 판결은 등록을 받을 수 없는 것으로 일단락되었지만 그러한 결론에 도달하기 위한 법리의 이해, 판결 이유 등에 있어서 충분치 못한 점은 많은 아쉬움을 남기고 있다. 나아가 '**COLA CAO VIT**'가 원재료로 구성되어 식별력이 없는 상표라 판단될 때 그 후 판단되어야 할 주지저명성의 문제를 파악하지 못한 것도 본 사건이 남기고 있는 아쉬움이라 하겠다.

2. 지리적 명칭 표장의 등록여부[1]

— 항고심판소 1996.09.30. 심결, 95항원1377 —

I. 서 언

1994년 서비스표등록출원 제369호는 하기에 나타난 표장과 같이 '작은 프랑스+La Petite France+도형'으로 이루어진 표장에 대하여 제112류에서 레스토랑업과 서양 음식점 경영업을 지정하여 출원된 것이다. 그러나 이를 심사한 심사관은 이 표장이 프랑스를 표시하는 것으로 현저한 지리적 명칭만으로 된 것이므로 상표법 제6조 제1항 제4호(이하 '제4호')에 해당하고, 프랑스와 관련 없는 지정서비스업에 사용 시 프랑스와 관련 있은 것으로 일반 수요자들로 하여금 서비스업을 오인혼동케 할 우려가 있으므로 상표법 제7조 제1항 제11호(이하 '제11호')에 해당하여 서비스표등록을 받을 수 없다는 거절이유를 통지하였다. 이에 대하여 출원인은 이 표장이

1 「특허와 상표」 제387호(1995.09.20).

현저한 지리적 명칭인 '프랑스'를 포함하고 있는 것은 사실이지만, '도형'이나 '작은' 또는 'La Petite'와 같은 문자와 결합함으로써 지정서비스업을 표시하기 위한 서비스표로서의 식별력을 부인할 수 없기 때문에 제4호에 의거한 거절이유는 타당하지 못하고, 출처의 식별과 관련하여 지정서비스업이 이건표장과 아무런 관련이 없는 것으로 지정서비스업에 사용한다 하여도 그 출처의 오인혼동을 야기시키지 않기 때문에 제11호에 의거한 거절이유도 타당하지 않다는 의견을 제시하면서, '중국성', '스위스라인', 'ROYAL COPENHAGEN DENMARK', '프랑스 생명보험주식회사' 등이 등록된 사례를 제시하였다. 심사관은 의견서가 최초의 거절이유를 해소하지 못하였다는 이유로 거절사정하기에 이르렀다. 이하 이 사례를 중심으로 지리적 명칭 표장에 관한 등록여부를 살펴본다.

II. 심결요지

"본원서비스표는 문자와 도형의 결합으로서 구성되어 있는 바, 그 중 도형부분은 식별력이 있다고 인정되므로 본원서비스표는 현저한 지리적 명칭만으로 된 서비스표에 해당하지 않아 전체로서 식별력이 있다 하겠고 또한 본원서비스표를 프랑스와 관련 없는 지정서비스업에 사용할지라도 일반수요자로 하여금 서비스업의 품질오인의 정도에까지는 이른다고 볼 수 없으므로 원사정의 거절이유는 타당하지 않다."

Ⅲ. 지리적 명칭 표장의 거절이유

지리적 명칭만으로 이루어진 표장은 등록을 받을 수 없다. 상표법에서 현저한 지리적 명칭, 그 약어 또는 지도만으로 된 상표는 등록받을 수 없다고 규정하기 때문이다. 이 규정은 지리적 명칭 표장에 대한 거절사정을 위한 법적 근거를 제공한다. 지리적 명칭 표장과 관련한 상표법 규정에 대해 입법 취지를 이해하여야 할 필요가 있다. 법의 취지에 부합되지 않는 지리적 명칭 표장은 등록되어서는 안 되지만, 입법 취지에 부합되는 표장은 등록으로부터 배제될 수 없기 때문이다.

제4호의 규정을 문리적(文理的)으로만 해석한다면 '중국성', '스위스라인', '프랑스생명보험주식회사' 등도 등록되지 않아야 했을 것이다. 제4호 규정의 취지를 설명하기 위해 지리적 명칭표장(geographical mark)을 두 종류로 분류한다. 지리적 명칭 기술표장(geographically descriptive mark)과 지리적 명칭 사칭표장(geographically mis-descriptive mark)이 바로 그것이다.

1. 지리적 명칭 기술표장

지리적 명칭 기술표장이란 그 지정상품과 관련하여 상품의 생산지 등(이하 '성질')을 직접적으로 표시할 수 있는 표장이다. 예를 들어 '금산'의 인삼이나 '안성'의 유기에 있어서, '금산'이나 '안성'은 그 지정상품의 산지를 나타낸다. 이러한 경우 어느 특정인에게 상표등록을 허락하여 독점사용권을 부여한다면, 금산에서 인삼을 재배하거나 안성에서 유기를 제조하는 불특정 다수의 다른 경쟁업자들은 그 산지를 표시할 수 없게 되고 나아가 막대한 피해를 입을 수 있다. 따라서 지리적 명칭표장이 지리적 명칭 기술표장에 해당하는 경우에는 상표등록을 받을 수 없는 것이고, 그 이유는 불특정 다수의 다른 경쟁업자를 보호하기 위한 것이다. 일반 수요자를 보호하기 위한 것이 아님을 분명히 이해하여야 한다.

2. 지리적 명칭 사칭표장

지리적 명칭 사칭표장이란 그 지정상품의 성질과 관련된 사실을 다르게 표시함으로써 소비자의 오인혼동을 야기시킬 수 있는 표장을 의미한다. 예를 들어, '청주'에 사는 인삼재배업자가 그의 상품에 '금산'을 사용하거나 '인천'에 사는 유기제조업자가 '안성'을 그의 상품에 사용하는 경우가 바로 이에 해당한다. 이러한 지리적 명칭 사칭표장에 대하여 상표등록을 인정한다면, 금산에서 재배되지 않은 인삼을 금산에서 재배된 인삼으로 인식할 수 있고, 안성에서 제조되지 않은 유기를 안성에서 제조된 유기로 인식할 수 있다. 소비자가 상품 출처에 대하여 오인혼동을 일으키게 되는 것이다. 따라서 지리적 명칭 표장이 지리적 명칭 사칭표장에 해당하는 경우에도 상표등록을 받을 수 없고, 그 이유는 일반수요자를 보호하기 위한 것이다. 불특정 다수의 다른 경쟁업자를 보호하기 위한 것이 아님을 분명히 이해하여야 한다. 단순히 지리적 명칭이 포함된 표장이라고 해서 제4호를 적용하여 거절사정하는 것은 올바른 법의 운용이라고 할 수 없다.

IV. 이건표장의 거절이유의 부당성

1. 제4호의 적용여부

이건표장은 '프랑스'를 포함하고 있는 것은 사실이지만, 그렇다고 표장 전체가 그 지정서비스업과 관련하여 지리적 명칭 기술표장이나 또는 지리적 명칭 사칭표장으로 볼 수 없다. '작은 프랑스' 등으로 이루어진 이건표장이 레스토랑업이나 서양음식점 경영업과 관련이 있는 것이 아니다. 금산에서 재배되는 인삼이나 프랑스에서 빚어지는 포도주 같은 것은 상표법상 그 출처와 관련하여 논점이 될 수 있지만, 프랑스에서 통용되는 프랑스 음식이나 한국에서 통용되는 한국 음식 같은 것은 상표법상 그 출처와 관련하여 논점이 될 수 없다. 다시 말해서 이건표장은 '프랑스'만으로 이루어진 표장이라 하더라도, 그 지정상품과 관련하여 지리적 명칭 기술표장이나 또는 지리적 명칭 사칭표장에 해당하지 않는다. 이러한 표장에 대하여 등록을 허락하여 특정인에게 독점권을 부여한다 하여도, 불특정 다수의 다른 경쟁업자나 또는 일반수요자에게 그 표장으로 인한 손해를 끼칠 우려가 없다.

2. 제11호의 적용여부

심사관의 거절이유에 따르면, "이건표장은 프랑스와 관련 없는 지정서비스업에 사용 시 프랑스와 관련 있는 것으로 일반수요자들로 하여금 서비스업을 오인혼동케 할 우려가 있다" 하여 제11호에 해당하는 것으로 보고 있다. 위의 거절이유에서는 최소한 두 가지의 명백한 오류를 범하고 있다.

첫째, 서비스업을 오인혼동케 한다고 하였는데 이는 상표의 본질을 파악하지 못한 데서 비롯된 것이고 구체적으로 일반수요자가 그 서비스업을 어떻게 오인혼동할 수 있는지가 명확하지 못하다.

상표란 상품의 출처(origin)를 식별하기 위한 것이지, 상품을 식별하기 위한 것은 아니다. 이건표장의 지정서비스업은 레스토랑업과 서양음식점 경영업이다. 지정서비스업이 이와 같은 한, 이건표장은 고객에게 음식 서비스를 제공하는 음식점을 나타내기 위한 수단이다. 그것은 간판이나 기타의 광고물 등에 사용될 수 있는 수단이다. 설사 출원인이 프랑스와 관련 없는 이태리 음식을 제공한다고 하더라도 이는 출원인의 영업에 관한 문제이지 서비스표에 관한 문제가 아니다. 심사관의 거절이유에 의하면, 출원인이 이건표장을 프랑스와 관련 없는 이태리 음식 제공에 사용할 때 그 이태리 음식 제공으로 인하여 일반수요자들이 오인혼동을 할 우려가 있는 것으로 보고 있다. 이러한 우려는 지극히 가상적인 우려에 불과하며, 실제로 이러한 우려가 발생한다 하더라도 이는 출원인의 영업에 관한 문제이지 상표법에서 취급해야 할 상표에 관한 문제가 아니다.

상표란 일반수요자로 하여금 상품의 출처를 식별하기 위한 것이다. 어떤 사람이 '작은 프랑스'라는 간판을 걸고 레스토랑업을 하고 있는데, 그 옆집에 다른 사람이

'리틀 프랑스'라는 간판을 걸고 레스토랑업을 할 때 일반수요자들이 그 두 음식점을 혼동할 수 있는지의 여부가 바로 상표법에서 규정한 진정한 의미의 출처에 관한 오인혼동의 여부이다. 몇 해 전에 영자하고 갔던 그 집이 '작은 프랑스'인지 '리틀 프랑스'인지 그 출처를 식별하기 어려울 때 진정한 의미의 오인혼동의 우려가 있는 것이지, '작은 프랑스'라는 간판을 걸고 이태리 음식을 제공했다고 해서 상표법에 근거한 오인혼동을 주장할 수는 없는 것이다.

둘째, 심사관의 상기 거절이유는 논리성이 결여되어 있다는 점이다. 프랑스와 관련 없는 지정서비스업이 프랑스와 관련 있다고 일반수요자가 그 서비스업을 어떻게 오인혼동할 수 있다는 것인지 그 논리가 분명하지 못하다. 만일 프랑스산 포도주가 저명한 상황하에서 포도주에 '프랑스'라는 상표를 사용한다면, 이때의 '프랑스'는 지리적 명칭 기술표장에 해당되어 상표등록으로부터 배제되어야 할 것이다. 심사관의 상기 거절이유는 단순히 단어들을 열거한 것으로 거절이유로서의 논리성이 결여되어 있다. 법률의 해석이나 적용은 논리에 의하여 뒷받침되어야 한다. 논리가 결여된 거절이유는 죽은 거절이유이고, 논리가 결여된 판결은 죽은 판결이다. 하나의 결론을 도출하기 위해서는 논리에 의해서 뒷받침된 충분한 이유가 있어야 한다.

V. 결 론

하나의 사건을 두고 견해는 다를 수 있다. 중요한 것은 그 결과나 결론이 아니다. 그 결론을 도출하기 위한 이유가 무엇인지, 그리고 그 이유는 상식적으로 납득할 수 있는 논리에 근거를 두고 있는지를 살펴보아야 한다. 상표출원심사에 있어서 어떠한 거절이유를 적용하여야 하는가도 중요하지만, 그 거절이유가 상표법에서 어떠한 취지를 가지고 규정되었는가를 살펴보아야 한다.

어떤 상표가 지리적 명칭으로 이루어졌는지 아닌지의 여부만을 판단하는 것과 같이 피상적이고 문리적인 판단에 의거한 심사만으로 출원인을 올바로 보호하기란 요원할 것이다. 논리가 뒷받침된 이유로써 출원인에게 설명할 수 있을 때 출원인은 그 이유를 납득할 수 있고 그 결과를 수긍하게 될 것이다. '중국성'이나 '스위스라인'이 등록되었고, '작은 프랑스'가 거절되었다면 그 이유를 출원인에게 어떻게 설명할 것인가.

3. 상표등록무효 심판 및 소송에 있어서의 청구인 무효사유의 심리범위[1]

— 심판 99당110 사건을 중심으로 —

I. 서 언

1. 문제의 제기

상표등록의 무효사유는 상표법 제71조 제1항 제1호 내지 제4호에 규정되어 있다. 즉 상표법에서 규정한 법정사유에 해당하는 경우에 상표등록을 무효화시킬 수 있는 것이다. 그런데 심판청구인이 복수 개의 무효사유를 인용하여 무효심판을 청구하는 경우에, 심판 또는 소송에서는 어느 하나 또는 일부의 무효사유가 성립하면 청구인이 주장하는 모든 무효사유를 판단하지 아니한다. 그러나 이러한 심리는 때

1 「특허와 상표」 제501호(2000.06.20).

때로 청구인에게 탐탁치 못한 결과를 가져다준다. 청구인이 주장하는 무효사유의 하나 또는 일부가 성립한다고 해서 나머지 무효사유를 판단하지 않는 것이 타당한지를 살펴본다. 여기서는 이 문제를 다룬 특허심판원 심판 99당110 사건(이하 '대상심결')을 중심으로 살펴본다.

2. 사건의 개요

대상심결은 상표등록 제400110호(이하 '본건상표'라 함)의 무효심판에 관한 것으로, 이 심판은 본건상표가 상표법 제7조 제1항 제4호, 제7호, 제9호, 제10호 및 제11호에 해당한다는 이유로 청구되었다. 본건상표는 제25류(가방류)에 등록된 "ROMANSON"에 관한 상표이고, 청구인이 인용한 상표는 그의 등록상표로서 제35류(시계류)에 등록된 "Romanson" 관련 상표들이었다. 대상심결에서는, 본건상표가 상표법 제7조 제1항 제4호의 규정에 해당되기 때문에 무효로 되어야 한다고 판단하면서 기타 청구인이 주장하는 바는 심결에 영향을 미치지 않으므로 그에 대한 설시를 생략한다고 판단하였다. 대상심결의 해당 부분을 인용하면 다음과 같다.

> *"이건상표는 청구인의 인용상표들을 모방하여 위 상표들이 가지는 무형의 재산적 가치에 무임승차하려는 부정경쟁의 목적으로 출원등록된 상표로서 상표법 제7조 제1항 제4호의 규정에 해당되어 등록될 수 없는 상표임에도 등록된 것이니 상표법 제71조 제1항 제1호에 의하여 무효로 되어야 한다는 청구인의 주장은 받아들일 수 있다고 판단된다. 기타 청구인이 주장하는 바 있으나 이건 심결에 영향 미칠 바 없으므로 그에 대한 설시는 생략하고 심판비용은 패소자인 피청구인의 부담으로 하기로 하여 주문과 같이 심결한다."*

II. 무효사유의 심리범위에 관한 논점

상표등록무효심판에서 심판청구인이 복수 개의 무효사유를 주장하는 경우 그 무효사유 중의 어느 하나 또는 일부의 무효사유가 성립하면 나머지 무효사유를 판단하지 않는 것이 정당한지의 여부.

Ⅲ. 나머지 무효사유를 판단하지 않는 이유

복수 개의 무효사유가 주장된 사건에서 어느 하나의 무효사유가 성립되면, 나머지 무효사유를 판단하지 않는 이유를 살펴보면, "심결에 영향을 미칠 바 없다"는 것이 그 이유다. 다시 말해서 이미 청구인이 주장한 무효사유 중의 어느 하나가 이미 성립되었기 때문에 나머지 무효사유의 성립여부는 심결에 영향을 미치지 않는다는 것이다. 과연 나머지 무효사유의 성립여부는 심결에 영향을 미치지 않는 것일까?

한 예로서 청구인이 2개의 무효사유 A와 B를 주장한 경우, 무효사유 A가 성립되어 무효사유 B를 판단하지 않았다고 가정하자. 이때 피청구인이 법원에 항소하고, 법원에서는 무효사유 A가 성립되지 않는다고 판단한다면 원심결은 파기되어야 할 것이다. 이 경우 원심결에서 판단하지 않은 무효사유 B에 대하여 법원이 그 성립여부를 판단할 수는 없을 것이다. 만일 법원이 원심결에서 판단하지 않은 무효사유에 대하여 무효여부를 판단한다면 이는 3심제의 판단에 어긋나기 때문이다. 원심결이 파기되면 심판부는 다시 무효사유 B에 대하여 판단하여야 한다. 심판부가 처음부터 무효사유 B에 대하여도 판단하였다면 이와 같은 번거로운 절차는 반복되지 않을 것이다. 따라서 심결에 영향을 미칠 바 없다는 이유는 타당하지 않다.

Ⅳ. 나머지 무효사유를 판단하지 않는 것이 정당하다는 이유

상표등록무효심판에서 심판청구인이 복수 개의 무효사유를 주장하는 경우 그 무효사유 중의 어느 하나 또는 일부의 무효사유가 성립하면, 대상심결과 같이 나머지 무효사유에 대하여는 판단하지 않는 것이 일반적인 관행이다. 이렇게 심결 또는 판결하는 것이 옳다는 이론은 아직까지 찾아보기 힘들다. 이처럼 나머지 무효사유를 판단하지 않는 심판이나 소송에서의 판단방법이 옳다는 이론이 없음에도 불구하고 이러한 판단은 관행처럼 되어 버린 지 오래다. 관행적으로 대상심결과 같이 판단하는 것은 소송의 경제적인 측면에서 그 이유를 추측해 볼 수 있다.

소송 경제적인 측면에서 나머지 무효사유를 판단하지 않는다는 이유는 설득력이 없다. 물론 심판청구인이 복수 개의 무효사유를 주장할 때 어느 하나의 무효사유가 성립한다면 심판부나 재판부는 나머지 무효사유를 판단하지 않음으로써 그 심판을 조속히 진행할 수 있을 것이다.

그러나 하나의 심판이나 재판에 있어서 위와 같이 무효사유의 일부를 심리하지 않음으로써 기대되는 조속한 진행이란 아무런 가치가 없는 것이며 오히려 더 많은 문제점을 일으킬 우려가 있다. 한 예로서 두 무효사유 A와 B를 주장한 경우, 무효사유 A가 성립하여 무효사유 B를 판단하지 않았다고 가정하자. 이때 피청구인이 법원에 항소하고, 법원에서는 무효사유 A가 성립되지 않는다고 판단한다면 원심결은 파기되어야 할 것이다. 원심결이 파기되면 심판부는 다시 무효사유 B에 대하여 판단하여야 할 것이다. 이 같은 절차를 소송경제적이라고 할 수는 없다. 한 상표의 무효여부를 판단하면서 어느 하나만의 무효사유가 성립한다고 해서 나머지 무효사유를 판단하지 않는 것은 소송경제적 이유로 결코 정당화될 수 없다.

Ⅴ. 나머지 무효사유를 판단하지 않는 것이 정당하지 않은 이유

1. 각각의 무효사유에 대한 3심제

상표등록무효심판에서의 각각의 무효사유는 각 심급에서 모두 판단되어야 한다. 다시 말해서 특허심판원, 특허법원 및 대법원에서 각각 판단되어야 한다. 어느 하나의 무효사유가 성립한다고 해서 나머지 무효사유를 판단하지 않는다면, 그 사건이 항소된 경우에 원심에서 판단하지 않은 나머지 무효사유에 대하여 그 성립여부를 판단하여야 하기 때문이다.

만일 청구인이 심판에서 두 무효사유 A와 B를 주장한 경우, 무효사유 A가 성립하여 무효사유 B를 판단하지 않았다고 가정하자. 이때 피청구인이 항소하여, 법원에서는 무효사유 A가 성립되지 않는다고 판단하여 원심결이 판단을 잘못하였지만 무효사유 B가 성립한다고 판단하여 원심결을 유지하는 것은 3심제의 판단에 어긋나는 일이다. 따라서 어느 하나의 무효사유가 성립한다고 해서 나머지 무효사유를 판단하지 않는 것은 결코 정당화될 수 없다.

2. 무효심결 후의 등록요건

상표등록무효심결에서는 심결이유가 무엇이냐에 따라 당사자(심판청구인)가 취할 법률적 행위가 달라진다. 상표법에서는, 상표등록의 무효심결 확정일로부터 1년을 경과하지 아니한 타인의 등록상표와 유사한 상표는 등록받을 수 없도록 규정하고(법§7 ①viii), 이 규정은 상표등록출원 시를 기준으로 판단하기 때문에(법§7 ③), 심판청구인이 소정의 상표등록을 무효심판에 의하여 무효화시켰다 하더라도 그 확정일로부터 1년이 경과한 후 상표출원을 하여야 한다. 그러나 이 규정에는 예외 규정이 또 있다. 등록상표가 법 제7조 제1항 제6호, 제9호, 제10호, 제12호, 제8조(선원주의), 제73조 제1항 제7호의 규정에 위반되었다는 이유로 무효로 된 경우에는, 상기 제8호의 규정이 적용되지 않기 때문에(법§7 ④ ii), 당사자(심판청구인)는 심결확정일로부터 1년을 기다리지 않고도 상표출원을 하여 등록을 받을 수 있다.

상표등록이 무효로 되었다 하더라도, 그 심결이나 판결에서 적용된 무효사유가 무엇이냐에 따라 당사자(심판청구인)는 1년을 기다려서 상표출원을 하든지, 아니면 1년을 기다리지 않고도 상표출원을 하여 등록을 받을 수 있는 서로 다른 결과를 가져온다. 따라서 청구인이 주장하는 어느 하나의 무효사유가 성립된다고 해서 나머지 무효사유를 판단하지 않는 것은 엄연한 판단유탈이다.

대상심결에서는, 심판청구인이 본건상표가 상표법 제7조 제1항 제4호, 제7호, 제9호, 제10호 및 제11호에 해당한다는 무효사유를 주장하였지만, 심판부는 본건상표가 상표법 제7조 제1항 제4호의 규정에 해당되기 때문에 무효로 되어야 한다고 판단하면서 기타 청구인이 주장하는 바는 심결에 영향을 미치지 않으므로 그에 대한 설시를 생략한다고 판단하였기 때문에, 심판청구인은 그 심결확정일로부터 1년을 기다린 후 상표출원을 하여야 한다. 만일 심판부가 나머지 무효사유인 제7호, 제9호, 제10호 및 제11호에 대하여도 판단한 결과 제9호 또는 제10호의 무효사유가 성립되었다면, 심판청구인은 심결확정일로부터 1년을 기다리지 않고도 상표출원을 하여 등록을 받을 수 있었을 것이다. 이처럼 상표등록무효심판에서는 그 심결이유가 무엇이냐에 따라 당사자(심판청구인)가 취할 법률적 행위가 달라지기 때문에, 청구인이 청구한 무효사유는 모두 심리되어야 할 필요성이 존재한다.

VI. 결 론

상표등록이 무효로 되었다 하더라도, 그 심결이나 판결에서 적용된 무효사유가 무엇이냐에 따라 당사자(심판청구인)는 1년을 기다려서 상표출원을 하든지, 아니면 1년을 기다리지 않고도 상표출원을 하여 등록을 받을 수 있다는 서로 다른 결과를 가져온다. 따라서 청구인이 주장하는 어느 하나의 무효사유가 성립된다고 해서 나머지 무효사유를 판단하지 않는 것은 최소한 판단유탈이라고 할 수 있다. 한 상표의 무효여부를 판단하면서 어느 하나만의 무효사유가 성립한다고 해서 나머지 무효사유를 판단하지 않는 것은 소송경제적 이유로 결코 정당화될 수 없다.

4. 'MATCH.COM' 표장이 성질표시표장에 해당하는지에 관하여[1]

— 특허법원 판결 2001허6643(2002.01.31. 선고)을 중심으로 —

I. 서 언

상표법 제6조 제1항 제3호(이하 '제3호')에서는 소위 성질표시표장에 관하여 규정하여, 이에 해당하는 표장은 상표로서의 식별력이 인정되지 않기 때문에 상표등록을 받을 수 없도록 하고 있다. 제3호 규정에서는 "그 상품의 산지, 품질, 원재료, 효능, 용도, 수량, 형상(표장의 형상을 포함한다), 가격, 생산방법, 가공방법, 사용방법 또는 시기(時期)를 보통으로 사용하는 방법으로 표시한 표장만으로 된 상표"라 규정하고, 이에 해당하는 상표를 통상 성질표시표장이라 한다.

제3호에서의 성질표시표장은 상품이나 서비스업과 관련된 모든 성질을 나타낼

1 「창작과 권리」 제27호(2002년 여름호).

수 있는 용어로 이루어진 표장을 말한다. 제3호에서는 모두 12개의 특성을 나열하고 있지만, 이는 어디까지나 예시적인 것에 불과하고, 실제로는 12개의 특성에 제한되지 아니하고 상품(서비스업)과 관련된 무엇을 설명하는 용어 모두를 포함한다. 그만큼 성질표시표장의 범위는 넓고, 그 결과 등록여부를 판단함에 있어서 간단하지 않다.

성질표시표장은 'descriptive mark'라 하는데, 다른 말로 설명(說明)표장 또는 기술[記述(的)]표장이라고도 한다. 성질표시표장을 보다 일반적인 의미로 정의한다면 "상품(서비스업)에 관한 정보를 전달하기 위하여 사용될 수 있는 용어로 이루어진 표장"이라 할 수 있다.[2]

특허청에 출원되었던 '**MATCH.COM**' 상표가 바로 성질표시표장에 해당된다는 이유로 거절되었고, 특허심판원의 거절불복심판과 특허법원의 심결취소소송에서도 거절이유가 정당한 것으로 판단되었다. 여기서는 '**MATCH.COM**'에 관한 특허법원 사건 2001허6643(이하 '대상판결')을 중심으로 성질표시표장에 대하여 살펴본다.

II. 사건의 개요

1. '**MATCH.COM**' 상표의 거절결정

'**MATCH.COM**' 상표(이하 '본원상표')는 "온라인을 통한 데이트 및 소개 서비스업"(제42류)을 지정서비스업으로 하여 1999.10.20.자 출원되었고, 이를 심사한 심사관은 본원상표가 '배우자, 결연' 등의 뜻을 가지고 있어 그 지정서비스업에 사용할 경우 서비스업의 용도 등 성질을 표시하는 표장이므로 제3호 규정에 해당하여 등록될 수 없다고 판단하여 거절하였다.

---

2 미국판례, Union Carbide Corp. v. Ever-Ready, Inc., 531F. 2d 366(1976)(U.S.P.A. The Circuit).

2. 거절불복심판 2001원396

거절결정에 대하여 출원인은 심판을 청구하였고, 심판에서는, 본원상표 중에서 '**MATCH**' 부분은 그 지정서비스업과 관련하여 '짝, 한쌍의 한쪽, 배우자' 등을 의미하는 뜻으로 널리 쓰이는 영어 단어이고, '**.COM**' 부분은 국내의 일반 수요자나 거래자가 최상위 인터넷 도메인 이름으로 쉽게 인식할 수 있는 용어이므로 본원상표가 그 지정서비스업에 사용될 경우 일반 수요자는 전체적으로 '상대방과의 데이트 및 소개서비스를 제공하는 인터넷 홈페이지의 도메인 명' 등으로 그 의미를 직감할 수 있으므로 본원상표는 제3호 규정에 해당한다고 판단하였다.

3. 심결취소소송 2001허6643(대상판결)

출원인은 특허심판원의 심결에 불복하여 특허법원에 심결취소소송을 청구하였으나, 소송에서는, 본원상표가 그 지정서비스업의 효능, 용도, 사용방법 등을 보통으로 사용하는 방법으로 표시한 표장만으로 된 상표라 판단하여 심사관의 거절결정과 특허심판원의 심결이 적법하다고 하였다.

Ⅲ. 대상판결의 요지

대상판결에서는, 본원상표 중에서 '**COM**'과 '**MATCH**'를 분리하여 '**COM**'은 일반적으로 식별력이 있는 부분이라 할 수 없고, '**MATCH**'는 지정서비스업과 관련하여 그 지정서비스업의 용도나 내용을 직감할 수 있는 기술적 표장이라 판단하고, 또한 본원상표 '**MATCH.COM**'이 그 지정서비스업의 성질(효능, 용도, 사용방법 등)을 보통으로 사용하는 방법으로 표시한 표장으로 판단하여 제3호 규정에 해당한다고 판결하였다. 본 사건 심결의 적법여부를 판단한 판결내용을 다음과 같이 인용한다:

1. 원고 주장의 요지

*이 사건 출원서비스표 중 '**MATCH**'는 사전 상으로 "성냥, 경기(game), 대전(對戰) 상대, 쌍의 한쪽, 혼인, 결혼, 결혼의 상대, …에 필적하다, (색깔 · 모양 따위가)…에 어울리다" 등의 여러 가지 의미를 갖는 단어이어서 일반 수요자들이나 거래자들이 영한 사전을 찾아보지 않고서는 "짝, 한쌍의 한쪽, 배우자" 등의 의미를 갖는 것이라고 곧바로 인식할 수 있다고 할 수 없을 뿐만 아니라, '**MATCH**'가 일반 사회에서 "연결하는" 등의 의미로 통용되고 있다고 할 수도 없으므로 이 사건 출원서비스표가 그 지정서비스업에 사용될 경우 "인터넷에 의하여 남녀를 소개받고 만날 수 있는 서비스업"의 의미로 직감될 가능성은 전혀 없다고 할 것이다.*

2. 판단

*살피건대, 이 사건 출원서비스표는 영문자 '**MATCH**'와 '**COM**'이 마침표(.)를 사이에 두고 연결된 인터넷 도메인 이름의 형식을 띠고 있는바, 도메인 이름의 체계상 '**COM'**은 웹서버를 운영하는 기관의 성격을 나타내는 일반 최상위 도메인(generic top level domain; 일반적으로는 gTLD라고 약칭된다)으로서 인터넷 홈페이지를 운영하는 상업적 기관의 도메인 이름에 널리 사용되는 표기인 점을 고려하면, 이 사건 출원서비스표 중 '**COM**' 부분은 일반적으로 식별력이 있는 부분이라고 할 수 없을 뿐 아니라 '온라인을 통한 데이트 및 소개서비스업'이라는 지정서비스업과 관련하여서는 그 서비스의 사용방법을 직접적으로 표시하는 것으로서 상표법 제6조 제1항 제3호에 해당하는 것이라고 할 것이다.*

*또한 갑7호증, 을2호증의 1, 2의 기재 및 변론의 전 취지를 종합하면 이 사건 출원서비스표 중 '**MATCH**'는 '경기, 대전 상대, 쌍의 한쪽, 혼인, 결혼의 상대' 등의 뜻을 갖는 고등학교 기본어휘 수준의 영어 단어로서, 결혼 상대자를 소개하는 사람을 '매치 메이커'라고 호칭하기도 하는 사실을 인정할 수 있으므로 우리나라의 영어 보급수준에 비추어 볼 때, 이 사건 출원서비스표의 구성부분 중 '**MATCH**' 부분은 '온라인을 통한 데이트 및 소개서비스업'이라는 지정서비스업과 관련하여 지정서비스업의 용도나 내용을 직감하게 할 수 있는 기술적 표장으로서 상표법 제6조 제1항 제3호에 해당한다고 할 것이다.*

*이에 대하여 원고는 이 사건 출원서비스표 중 '**MATCH**'는 다의적인 뜻을 가지고 있고 일반 수요자들 사이에서는 '시합', '어울리다' 등의 뜻으로 널리 사용되고 있어,*

일반 수요자나 거래자들이 사전을 찾아보기 전에는 'MATCH'가 '결혼' 등의 의미를 갖는 것이라고 알 수 없으므로 이 사건 출원서비스표가 그 지정서비스업의 성질을 직접적으로 표시하는 것이라고 할 수 없다고 주장하나, 앞서 본 바와 같이 영문자 'MATCH'가 고등학교 기본어휘에 속하는 비교적 쉬운 영어 단어인 점 및 결혼 상대자 소개업 등과 관련하여 위 영문자의 한글 음역인 '매치'라는 말이 실제로 사용되고 있는 사정을 고려하면, 비록 'MATCH'가 다의적인 뜻을 가지고 있고, '시합', '경기' 등의 뜻으로 흔히 사용된다고 하더라도 이 사건 지정서비스업과 관련하여 그 성질이나 서비스의 내용을 표시하는 것으로 인식될 가능성이 크다고 할 것이므로 원고의 위 주장은 이유 없다.

3. 소결

따라서 이 사건 출원서비스표는 그 지정서비스업의 효능, 용도, 사용방법 등만을 보통으로 사용하는 방법으로 표시한 표장만으로 된 서비스표로서 상표법 제6조 제1항 제3호에 해당하여 등록을 받을 수 없다 할 것이므로 이와 결론을 같이 하여 이 사건 거절결정을 유지한 이 사건 심결은 적법하다.

Ⅳ. 본 사건의 논점

본 사건은 한 성질표시표장의 등록여부를 판단한 사건으로, 등록여부를 판단하는 경우의 분리관찰에 관한 문제, 식별력 여부에 관한 문제, 암시표장과 성질표시표장의 구분에 관한 문제, "보통으로 사용하는 방법으로 표시한 표장"의 정확한 의미에 관한 문제를 제시한다. 본 사건에서 제시될 수 있는 구체적인 논점들을 요약하면 다음과 같다:

(1) 본원상표 '**MATCH.COM**' 중에서 '**COM**'과 '**MATCH**'를 분리하여 등록여부를 판단한 것이 적법한 것인지의 여부

(2) 본원상표 '**MATCH.COM**' 중에서 '**COM**' 부분이 일반적으로 식별력이 있는

부분이라 할 수 없다고 한 판단이 적법한 것인지의 여부

(3) 본원상표 '**MATCH.COM**' 중에서 '**MATCH**' 부분이 지정서비스업과 관련하여 그 지정서비스업의 용도나 내용을 직감할 수 있는 기술적 표장이라 판단한 것이 적법한 것인지의 여부

(4) 본원상표 '**MATCH.COM**'이 그 지정서비스업의 성질을 보통으로 사용하는 방법으로 표시한 표장으로 판단한 것이 적법한 것인지의 여부

(5) 본원상표가 등록될 경우의 문제점

Ⅴ. 상기 논점에 대한 논증

1. 논점 (1)에 대하여

본원상표 '**MATCH.COM**'의 등록여부를 판단함에 있어서, 특허심판원은 물론 특허법원도 '**COM**'과 '**MATCH**'를 분해하여 그 등록여부를 판단하였다. 즉 상표의 등록여부를 결정하는 식별력을 판단함에 있어서, '**MATCH.COM**' 표장을 '**COM**'과 '**MATCH**'로 분해한 후, '**COM**'은 식별력이 없는 부분이라 판단하고, '**MATCH**'는 기술적 표장이라 판단하여, 결국 본원상표가 기술적 표장이라는 결론에 이르고 있다.

상표의 등록여부를 판단하거나 다른 상표와의 유사여부를 판단함에 있어서, 우리의 상표실무는 상표의 분리관찰을 너무 남용한다고 할 수 있다. 상표의 등록여부 또는 유사여부를 판단함에 있어서는 상표를 분해하여 판단해서는 안 된다. 문자로 이루어진 상표는 몇 개의 음절 또는 어절로 이루어지는데 각각의 음절이나 어절로 분해하여 그 분해된 부분에 의하여 상표의 등록여부나 유사여부를 판단해서는 아니 되며, 상표 전체로써 그 등록여부나 유사여부를 판단하여야 한다.[3] 즉 상표의 등록여부나 유사여부를 판단하기 위하여 상표를 분해하거나(analyze) 또는 절개하여(dissect) 판단해서는 안 된다.[4] 상표의 등록여부 또는 유사여부는 그 상표가 관련 수

요자에 의하여 어떻게 인식될 것인가의 관점에서 상표의 전체적 느낌(overall impression)으로 판단하여야 하는 것이지 상표의 구성요소를 절개하거나 분해하여서는 안 된다.[5]

상표를 사용하는 경우에도 상표를 분해하거나 절개하지 않는다. 예를 들어, '**피에르 가르뎅**'을 '**피에르**'라고 부르지 않으며, '**입 생 로랑**'을 '**입**'이나 '**로랑**'이라고 호칭하지 않는다. 그러나 우리의 상표실무에서는 상표의 등록여부나 유사여부를 판단함에 있어서, 간이 · 신속을 관계로 하는 오늘날의 상거래 관습에 비추어 상표의 호칭을 간략화하여 부른다는 잘못된 견해를 아직까지 답습하고 있는 실정이다.[6] 이러한 잘못된 견해는 하루 빨리 시정되어야 한다.

본원상표로 돌아가서, 본원상표를 '**MATCH**'와 '**COM**'으로 분리해서, '매치' 또는 '컴'으로 불려질 것이라고 판단해서는 안 된다. 본원상표는 '**MATCH.COM**'으로 인식되어야 하는 것이고, 호칭하는 경우 '매치' 또는 '컴'으로 호칭되는 것이 아니고, '매치닷컴'으로 호칭되는 것이다. 그럼에도 불구하고, 특허심판원이나 특허법원은 본원상표를 '**MATCH**'와 '**COM**'으로 분해하여 각각의 식별력을 판단하고 있다. 그리고 분해된 각각이 식별력이 없으므로 그들이 결합된 전체도 식별력이 없다는 결론에 이르고 있다. 여기에 모순이 발생한다. 분해된 각각이 식별력이 없다고 해서 그들이 결합된 전체가 식별력이 없다는 논리는 상표의 식별력을 판단함에 있어서는 통용될 수 없는 논리이다. 본원상표 '**MATCH.COM**'의 식별력 여부를 논하기 전에 본원상표를 '**MATCH**'와 '**COM**'으로 분리하여 판단한 것은 적절한 판단이라고 할 수 없다. 본원상표는 '**MATCH.COM**'이고 항상 '매치닷컴'으로 호칭될 뿐이다.

---

3 A.R. Miller *et al.*, *Intellectual Property*, West Publishing Co., 1983, pp.145-146.

4 미국판례, Simoniz Co. v. Permanizing Stations of America, Inc., 49F, 2d 846, 847 (C.C.P.A. 1931).

5 최덕규, 「상표법」, 세창출판사(1999), 373쪽.

6 위의 책, 378쪽.

2. 논점 (2)에 대하여

대상판결에서는, 본원상표를 '**MATCH**'와 '**COM**'으로 분리하고, '**COM**'은 최상위 인터넷 도메인 네임(gTLD)으로 인터넷 홈페이지를 운영하는 상업적 기관의 도메인 이름에 널리 사용되는 표기인 점을 고려하면, '**COM**' 부분은 일반적으로 식별력이 있는 부분이라 할 수 없고, 지정서비스업과 관련하여 그 서비스의 사용방법을 직접적으로 표시하는 것이라고 판단하였다.

우선 여기서는, 논점 (1)에서 논한 바와 같이, 상표를 '**MATCH.COM**'으로 보지 않고 '**MATCH**'와 '**COM**'으로 분리한 것에서부터 근본적인 잘못이 있고, 나아가 '**COM**' 부분이 일반적으로 식별력이 있는 부분이라 할 수 없다고 판단한 점에 수긍할 수 없다.

어떤 표장이 식별력이 있는지의 여부는 상표법 제6조 제1항에서 규정하고 있는 사항으로 법률적인 문제이다. 상표법 제6조 제1항에는 최상위 도메인 네임이 상표로서의 식별력이 없다는 규정이 없다. 또한 대상판결에서는 '**COM**' 부분이 지정서비스업과 관련하여 그 서비스의 사용방법을 직접적으로 표시하는 것이라고 판단하였는데, '**.COM**'(닷컴)이 gTLD 중의 하나임에는 틀림없지만, 지정서비스업의 사용방법을 직접적으로 표시한 것이라고는 볼 수 없다. 본원상표의 지정서비스업은 "온라인을 통한 데이트 및 소개서비스업"이다. 이 지정서비스업의 사용방법이란 고객이 그 웹사이트를 어떻게 접속하여, 어떤 절차를 거쳐서 최종적으로 데이트 및 소개서비스를 받는가에 관한 일련의 절차를 의미하는 것이지, '**COM**'이 그 사용방법이라고는 할 수 없는 것이다.

우리의 상표실무는 식별력이 없다는 것을 너무 쉽게 단정해 버리는 경향이 있다. 피자 경영업을 지정서비스업으로 하였던 '**MR. PIZZA**' 사건[7]에서도 '**MR.**'를 '피자를 파는 사람', '피자를 만드는 사람', '피자를 배달하는 사람' 등으로 해석하고, 그렇

---

7 대법원 97후3272 판결, 2000.01.28. 선고.

다면 그 지정서비스업과 관련하여 새로운 식별력을 형성한다고 볼 수 없으므로 결국 식별력이 없다고 판단하였다. 상표는 분해하는 것도 아니지만, 그렇다고 해석하는 것도 아니다. 상표는 하나의 채택 내지는 선택(adoption)이다. 기존에 이미 존재하는 것들로부터 채택된 것이 상표이다. 그렇기 때문에 있는 그대로 판단하면 되는 것이다. 본원상표는 '**MATCH**'라는 영어단어와 '**COM**'이라는 하나의 gTLD가 결합하여 이루어진 '**MATCH.COM**'이지, 그 이상도 그 이하도 아니다.

본원상표의 식별력을 판단하기 위해서는 '**MATCH.COM**'의 식별력의 유무를 판단하는 것이지, 이를 '**MATCH**'와 '**COM**'으로 분해하여 각각에 대한 식별력의 유무를 판단하는 것이 아니다. 더욱이 '**COM**'이 지정서비스의 사용방법을 직접적으로 표시한 것이 아님에도 불구하고 제3호의 규정에 해당한다고 판단한 것은 적절하다고 할 수 없다.

3. 논점 (3)에 대하여

이 논점은 본 사건에서 가장 중요한 부분이다. 왜냐하면 '**MATCH**'는 본원상표를 구성하는 요부(要部)에 해당하기 때문이다. 여기서 요부라는 표현을 사용했다고 해서, 상표를 '**MATCH**'와 '**COM**'으로 분해하여 판단해도 좋다는 것은 아니다. '**MATCH**'가 본원상표를 요부를 구성하고 있다는 점에 대하여 이론(異論)은 있을 수 없으며, 따라서 '**MATCH**'를 그 요부로 인식하고 'M**ATCH.COM**'에 대한 식별력을 판단하면 되는 것이다.

대상판결에서는, '**MATCH**'가 지정서비스업과 관련하여 그 지정서비스업의 용도나 내용을 직감하게 할 수 있는 기술적 표장이라고 판단하였다. 과연 그럴까. 대상판결에 나타나 있듯이, '**MATCH**'의 사전적(辭典的) 의미를 살펴보면, 성냥, 경기, 결혼상대 등의 명사로서의 많은 의미가 있고, 또한 동사로서의 여러 의미도 있다. 물론 대상판결에서는, 비록 '**MATCH**'가 다의적(多義的)인 뜻을 가지고 있고, '시합', '경기' 등의 뜻으로 흔히 사용된다고 하더라도, 이 사건 지정서비스업과 관련하여 그 성질이나 내용을 표시하는 것으로 인식될 가능성이 크다고 판단함으로써,

'MATCH'가 여러 가지 의미를 가진다는 점을 인정하기도 하였다.

본원상표의 등록여부는 본원상표의 요부에 해당하는 **'MATCH'**가 제3호의 규정에 해당하는 성질표시표장이냐 아니면 그렇지 않느냐에 따라 결정된다. **'MATCH.COM'**가 제3호의 규정에 해당하지 않기 때문에 등록될 수 있다면, 본원상표는 상표법의 해석상 암시표장(또는 상징표장: suggestive mark)에 해당한다. 제3호의 규정에 해당하는 성질표시표장(descriptive mark)은 그 상표로서의 식별력이 인정될 수 없기 때문에 상표등록을 받을 수 없지만, 암시표장은 본질적으로 상표로서의 식별력이 인정되어 상표등록을 받을 수 있다.[8] 본 사건에서 가장 중요한 논점은 본원상표가 성질표시표장이냐 아니면 암시표장이냐를 판단하는 점이다.

이 점을 논하기 전에 우리는 먼저 사업자가 상표를 어떻게 선택하느냐라는 아주 기본적인 문제를 살펴볼 필요가 있다. 상표를 사용하고자 하는 사업자는 자기의 사업이 잘 되게 할 목적으로 그 사업에 맞는, 다시 말해서 일반 수요자가 자기의 상품이나 서비스업을 잘 기억하고 연상해서 타 업자의 상품이나 서비스업에 대하여 경쟁력을 발휘할 수 있는, 상표를 선택한다는 점이다. '데이트 소개업'을 하면서 그 업과 전혀 상관없는 단어를 선택하여 상표로 사용할 바보는 없다.

다시 본론으로 돌아가서, "온라인을 통한 데이트 및 소개 서비스"업과 관련하여 과연 **'MATCH'**가 성질표시표장인지 아니면 암시표장인지 살펴보자. 이 점은 상표의 식별력 유무를 판단할 때 가장 어려운 부분이다. 그러나 상표법에서 정립된 이론에 따라 살펴보면, 생각만큼 어려운 것도 아니다. 어떤 표장이 성질표시표장인지 아니면 암시표장인지의 여부를 판단하는 방법으로 다음의 3가지 방법이 통상 적용되는데,[9] 이 3가지 방법 중에서 어느 한 방법에 의한 판단이 명확하다면, 그 방법에 의한 판단을 신뢰할 수 있다.

첫째, 표장으로부터 지정상품의 성질 등을 유추하기에 필요한 상상력의 정도에 의하여 판단하는데, 많은 상상력이 요구되면 그 표장은 암시표장에 해당되고, 많은

8 최덕규, 앞의 책, 66쪽.

9 위의 책, 67쪽.

상상력이 요구되지 않고 직감적으로 알 수 있다면 성질표시표장에 해당한다. 일반 수요자가 본원상표인 '**MATCH.COM**'을 처음으로 접했다고 가정했을 때, "온라인을 통한 데이트 및 소개서비스"를 제공할 것이라고 생각할 사람이 과연 얼마나 있을까. 혹시 '성냥제조회사'의 도메인 네임이라고 생각할 사람은 없을까. 아니면 무슨 운동경기와 관련된 웹사이트라고 생각할 사람은 없을까. 만일 '**데이트소개.COM**'(데이트소개닷컴)이라는 표장을 일반 수요자가 접했다고 가정하면, '**데이트소개.COM**'이 무엇을 나타내는 것인지 수요자는 직감적으로 알 수 있을 것이다. '**데이트소개.COM**'을 운영하면서 '성냥'을 판매하지는 않을 테니까. '**데이트소개.COM**'과 같은 상표가 본 사건의 서비스업과 관련하여 분명한 성질표시표장이라 할 수 있다.

둘째, 용어(표장)가 그 상품을 설명하기 위하여 경쟁업자에 의하여 필요로 하는지의 여부를 판단하여, 그 용어가 사용될 필요가 있다면 그 표장은 성질표시표장이고, 그렇지 않다면 암시표장이다. 다시 말해서, 성질표시표장은 그 상품에 관한 정보를 제공하기 위하여 경쟁업자에 의하여 자유롭게 사용될 수 있어야 하는 용어이다. 데이트 소개업을 하는 다른 경쟁자가 그 업무에 관한 정보를 수요자에게 제공하기 위하여 '**MATCH**'라는 용어가 사용될 것이라고 추측하는 것은 어렵지 않다. 예를 들어 다른 경쟁업자들은 "우리 업체는 당신에게 좋은 상대를 매치(match)시켜 줄 것입니다"와 같은 정보를 제공할 수 있을 것이다. 그렇다면 '**MATCH**'는 지정서비스업과 관련하여 성질표시표장이라 할 수 있다. 그런데 본원상표는 '**MATCH**'가 아니라 '**MATCH.COM**'이다. 다른 경쟁업자들은 "우리 업체는 당신에게 좋은 상대를 매치닷컴(**MATCH.COM**)시켜 줄 것입니다"라고는 하지 않을 것이다. 본원상표를 '**MATCH**'로 보지 말고 '**MATCH.COM**'으로 보라는 이유도 바로 이러한 점 때문이다.

셋째, 용어(표장)가 실제로 다른 경쟁업자에 의하여 그 상품을 설명하기 위하여 사용되어 왔는지의 여부를 판단하여, 실제로 그렇게 사용되어 왔다면 그것은 성질표시표장이고, 그렇지 않다면 암시표장으로 해석한다.

이제 우리는 쉽게 결론을 내릴 수 있다. '**MATCH**'라는 용어는 본원상표의 지정서비스업과 관련하여 다른 경쟁업자들과 자유롭게 사용되어야 하기 때문에 성질표시표장에 해당하는 것으로 볼 수도 있지만, '**MATCH.COM**'은 성질표시표장이 아니라 암시표장이라 할 수 있다. 암시표장으로 판단하는 한, 상표로서의 식별력은 부인될 수 없다.

4. 논점 (4)에 대하여

대상판결에서는, 본원상표가 그 지정서비스업의 효능, 용도, 사용방법 등만을 보통으로 사용하는 방법으로 표시한 표장만으로 된 표장으로 제3호 규정에 해당한다고 판단하였다.

상표법에는, "보통으로 사용하는 방법으로 표시한 표장"이라는 문구가 여러 조문에 걸쳐 사용되고 있다. 실제로 상표에 있어서, "보통으로 사용하는 방법으로 표시한다"는 표현은 매우 중요한 의미를 갖고 있음에도 불구하고, 우리의 상표실무에서는 이 의미를 간과하거나 하나의 관습처럼 사용하고 있는 경우가 많다.

이를 설명하기 위하여, 1996년에 우리나라에서 발생하였던 한 사건을 예로 들어보자. 우리나라의 한 피자회사가 "이제껏 프라이팬에 익혀 기름이 뚝뚝 떨어지는 피자를 제맛이라고 드셨습니까? 그렇다면 피자 헛 먹었습니다"라는 광고문안을 신문 및 잡지에 광고하였다. 이 광고문안에 대하여 '피자 헛(PIZZA HUT)'은 즉각 법률적인 조치를 취하였다. 광고문안이 위와 같이 기재되었다면, 광고문안 중의 '피자 헛'이란 표현은 바로 "보통으로 사용하는 방법으로 표시"된 것이다. 이 경우에는 상표법 제51조 제2호에 해당하여 상표권의 효력이 미치지 아니한다. 다시 말해서 상표권 침해를 구성하지 못한다. 그런데 실제로는 '**피자 헛**'을 다른 부분의 글자와는 다르게 색깔도 다르게 하고 크기도 다르게 하였다. 즉 실제의 광고문안에서의 '**피자 헛**'은 "보통으로 사용하는 방법으로 표시"된 것이 아니고, 따라서 상표권 침해를 구성하게 된다.

다른 예를 들어보자. 심장약에 사용되는 '**명심**'이라는 상표의 상표권자가 "**명심**을 명심하십시오"라고 광고하였다면, 전자의 '**명심**'은 상표로서의 사용을 의미하는 것이고, 후자의 '명심'은 "보통으로 사용하는 방법으로 표시"된 것이다. 이때 '**구심**' 이라는 상표를 사용하는 다른 경쟁업자가 "**구심**을 명심하십시오"라고 광고하였다면, 이 경우의 '명심'은 "보통으로 사용하는 방법으로 표시"된 것이다.

이제 본 사건으로 돌아가서, 대상판결에서는 본원상표가 그 지정서비스업의 효능, 용도, 사용방법 등만을 보통으로 사용하는 방법으로 표시한 표장만으로 되었다고 판단하였다. 대상판결과 같이 본원상표가 지정서비스업의 성질을 보통으로 사용하는 방법으로 표시되었다면, 그렇게 사용될 수 있는 예를 상정할 수 있어야 한다. "우리 업체는 당신에게 좋은 상대를 매치닷컴 시켜 줄 것입니다" 또는 영어로 표현한다면 "We will MATCH. COM you to a good partner" 정도의 표현이 되어야 본원상표를 "보통으로 사용하는 방법으로 표시"했다고 할 수 있다. 따라서 본원상표가 보통으로 사용하는 방법으로 표장만으로 이루어졌다는 대상판결에서의 판단이 옳지 않다는 것을 쉽게 알 수 있다.

어떤 표장이 성질표시표장에 해당하는지의 여부를 판단할 때 "보통으로 사용하는 방법으로 표시"한다는 의미는 이처럼 매우 중요한 사항이다. 그 의미를 간과해서는 아니되며, 관습처럼 사용할 수 있는 그런 문구가 아님을 명심해야 한다.

5. 본원상표가 등록될 경우의 문제점

출원인은 '**MATCH.COM**'이 상표등록을 받을 수 있는 상표라고 주장하였으나, 특허청과 특허법원은 그렇지 않다고 판단하였다. 그 이유는 본원상표가 제3호 규정에 해당된다는 것이다. 이제 우리는 제3호 규정이 상표법에 왜 규정된 것인지, 그 근본적인 취지를 살펴볼 필요가 있다. 즉 성질표시표장은 왜 등록받을 수 없도록 규정하고 있는지, 그 이유를 살펴보자(이하에서는 '성질표시표장'을 '기술표장'으로 표현한다).

기술표장은 단순기술표장(merely descriptive mark)과 사칭기술표장(deceptively misdescriptive mark)으로 구분되는데, 단순기술표장은 경쟁업자를 보호해야 한다는 관점에서 상표등록이 인정되지 않는 것이고, 사칭기술표장은 일반 수요자를 보호해야 한다는 관점에서 상표등록이 인정되지 않는 것이다.[10] 예를 들어, 금산에서 인삼을 재배하는 업자가 '금산'을 등록받고자 한다면, 이는 산지(産地)로 이루어진 기술표장으로 단순기술표장에 해당한다. 이 경우 상표등록을 인정해 주면, 금산에서 인삼을 재배하는 다른 경쟁업자들은 그들의 산지임에도 불구하고 '금산'이라는 용어를 사용하지 못하게 된다. 따라서 이 경우에는 경쟁업자를 보호해야 한다는 관점에서 상표등록을 받을 수 없는 것이다. 이번에는 청주에서 인삼을 재배하는 업자가 '금산'을 등록받고자 한다면, 이는 산지를 다르게 기술한 것으로 사칭기술표장에 해당한다. 이 경우 상표등록을 인정해 주면, 소비자는 그 인삼이 금산에서 재배된 것으로 오인하게 된다. 이 경우에는 일반 수요자를 보호해야 한다는 관점에서 상표등록을 받을 수 없는 것이다.

다른 예로, 인삼을 원료로 하는 비누의 제조업자가 '인삼'을 등록받고자 한다면, 이는 원재료로 이루어진 기술표장으로 단순기술표장에 해당한다. 이 경우 상표등록을 인정해 주면, 인삼을 원료로 하는 비누의 다른 제조업자들은 상품의 원재료임에도 불구하고 '인삼'이라는 용어를 사용할 수 없고 따라서 수요자에게 올바른 정보를 제공할 수 없다. 이번에는 인삼 성분을 전혀 함유하지 않은 비누의 제조업자가 '인삼'을 등록받고자 한다면, 이는 원재료를 사실과 다르게 기술한 것이므로 사칭기술표장에 해당한다. 이 경우 상표등록을 인정해 주면, 소비자는 그 비누가 인삼성분을 함유한 것으로 오인할 수 있는 것이다.

본 사건으로 돌아가서, 본원상표 중의 '**MATCH**'는 지정서비스업과 관련하여 단순기술표장으로 볼 수 있다. '데이트 소개업'을 하는 다른 경쟁업자들도 '**MATCH**'라는 용어를 자유롭게 사용할 수 있어야 한다. 그런데 본원상표는 '**MATCH**'가 아니라 '**MATCH.COM**'이다. 경쟁업자가 그의 업무에 관한 정보를 수요자에게 제공하기 위하여 필요한 용어는 '**MATCH**'이지 '**MATCH.COM**'이 아니다. 그들은 "우리는 당신에게 좋은 상대를 매치(match)시켜 줄 것입니다"라고 하면 충분한 것이지,

---

10 위의 책, 78쪽.

"우리는 당신에게 좋은 상대를 매치닷컴(match.com)시켜 줄 것입니다"라 할 필요는 없기 때문이다. 따라서 '**MATCH.COM**'이 등록된다 하더라도, 경쟁업자는 물론 일반 수요자에게 어떠한 폐해를 가져다주지 않는다. '**MATCH.COM**'이 등록되었다는 가정하에서, 다른 경쟁업자가 "우리는 당신에게 좋은 상대를 매치(match)시켜 줄 것입니다"라고 광고하였다면, 이 경우의 '매치(match)'는 상표법 제51조 제2호에 의한 정당한 사용에 해당한다. '**MATCH.COM**'의 상표권을 침해하는 것이 아니다.

VI. 결 론

본 사건은 한 성질표시표장의 등록여부를 판단한 사건으로, 등록여부를 판단하는 경우의 분리관찰에 관한 문제, 식별력 여부에 관한 문제, 암시표장과 성질표시표장의 구분에 관한 문제, "보통으로 사용하는 방법으로 표시한 표장"의 정확한 의미에 관한 문제를 제시한다. 본원상표는 '**MATCH.COM**'으로 인식되어야 하는 것이고, 호칭하는 경우 '매치' 또는 '컴'으로 호칭되는 것이 아니고, '매치닷컴'으로 호칭되는 것으로, 본원상표를 '**MATCH**'와 '**COM**'으로 분해하여 각각의 식별력을 판단하고 있는 것은 적절한 판단이라고 할 수 없다. 또한 '**.COM**'(닷컴)이 gTLD 중의 하나임에는 틀림없지만, 지정서비스업의 사용방법을 직접적으로 표시한 것이라고는 볼 수 없음에도 불구하고 제3호의 규정에 해당한다고 판단한 것은 적절하다고 할 수 없다. '**MATCH**'라는 용어는 본원상표의 지정서비스업과 관련하여 다른 경쟁업자들과 자유롭게 사용되어야 하기 때문에 성질표시표장에 해당하는 것으로 볼 수도 있지만, '**MATCH.COM**'은 성질표시표장이 아니라 암시표장이라 할 수 있다. 대상판결에서는 본원상표가 그 지정서비스업의 효능, 용도, 사용방법 등만을 보통으로 사용하는 방법으로 표시한 표장만으로 된 것이라고 판단하였지만, 어떤 표장이 성질표시표장에 해당하는지의 여부를 판단할 때 "보통으로 사용하는 방법으로 표시"한다는 의미는 간과되어서는 안된다.

5. 'BLUES HEROES'와 'BLUES CLUB'의 유사여부[1]

– 특허심판원 심결 2003허1154(2003.10.31. 심결)를 중심으로 –

I. 서 언

본원상표 '**BLUES HEROES**'는 제25류의 의류 등을 지정하여 출원되었으나, 이를 심사한 심사관은 본원상표가 '**HERO'S**(stylized)'(이하 '인용상표 1') 및 '**BLUES CLUB**'(이하 '인용상표 2')과 유사하다는 이유로 본원 상표출원을 거절하였다.

심사관의 거절결정에 대하여 심판이 청구되었으나, 특허심판원은 그 심판청구를 기각하였다. 특허심판원의 심결에서는 본원상표가 '**BLUES CLUB**'과 유사하다는 이유를 설시하여 심사관의 거절이유를 정당한 것으로 판단하였다. 여기서는 심결에 설시된 '**BLUES HEROES**'와 '**BLUES CLUB**'과의 유사여부판단을 중심으로 살펴본다.

---

1 「창작과 권리」 제33호(2003년 겨울호).

II. 출원인의 조치 및 주장

1. 출원인의 조치

인용상표 1과 관련된 거절이유를 극복하기 위하여, 출원인은 심판청구와 함께 지정상품을 보정하는 보정서를 제출하였다. 인용상표 1의 지정상품은 제27류의 '구두주걱, 우산, 부채'이었는데, 이들과의 유사여부를 극복하기 위하여 본원상표의 지정상품 중에서 '가죽신'을 삭제하고 제25류에 속하는 의류 상품만을 최초대로 유지하였다.

2. 출원인의 주장

인용상표 1을 위와 같이 보정하였기 때문에, 출원인은 본원상표가 인용상표 1과 관련된 거절이유가 해소되었다고 설명하고, 인용상표 2와 관련된 거절이유에 관하여 다음과 같이 상세히 주장하였다.

(1) 심사관의 거절이유는 표장을 전체적으로 관찰하지 아니하고 분리하여 관찰함으로써 상표의 유사여부를 잘못 판단하였다.

상표의 유사여부를 판단함에 있어서는 원칙적으로 전체로서의 표장이 거래자나 수요자의 심리에 어떻게 반영되고 이해되느냐 하는 입장에서 판단되어야 하는데, 이러한 관점에서 상표의 유사여부 판단은 표장을 전체적으로 관찰한 다음에 이루어져야 하며, 상표 구성요소의 각 부분만으로 추출하여 비교하는 것은 허용되어서는 안 된다.

문자상표는 통상 몇 개의 음절 또는 어절로 이루어지는데 각각의 음절이나 어절로 분해하여 그 분해된 부분의 숫자나 또는 그들만의 유사성으로 상표의 유사성을 판단해서는 아니 되며, 상표 전체가 상품출처의 오인혼동을 야기시킬 수 있는지의 여부로써 유사성을 판단하여야 한다. 상표의 유사여부 판단은 상표를 분해하거나(analyze) 또는 절개하여(dissect) 판단해서는 아니되고, 그 상표가 관련 수요자에 의하여 어떻게 인식될 것인가의 관점에서 상표의 전체적 인상(overall impression)으로 판단하여야 하며, 이러한 원칙은 세계지적소유권협회(AIPPI)에서 연구한 의제의 결의문에서도 이미 확립된 이론이다.[2]

본원상표는 '**BLUES HEROES**'이기 때문에 '블루즈 히어로즈'라고 호칭되는 것이지 '블루즈'나 '히어로즈'로 호칭되는 것이 아니며, 인용상표 2 역시 '**BLUES CLUB**'이기 때문에 '블루즈 클럽'이라고 호칭되는 것이지 '블루즈'나 '클럽'으로 호칭되는 것이 아니다. 그렇다면 본원상표가 '블루즈 히어로즈'라고 호칭되고, 인용상표 2가 '블루즈 클럽'이라고 호칭되는 한 이들은 서로 유사하다고 할 수 없다.

'**피에르 가르뎅**'을 '**피에르**'나 '**가르뎅**'으로 분리해서 호칭하지 않고, '**입 생로랑**'을 '**입**'이나 '**생**' 또는 '**로랑**'이라 호칭하지 않는 것과 같이, 본원상표도 '블루즈'나 '히어로즈'로 호칭되지 않고 '블루즈 히어로즈'라 호칭되는 것이다. 따라서 본원상표를 임의대로 '**BLUES**'와 '**HEROES**'로 분해하고, 인용상표 2를 임의대로 '**BLUES**'와 '**CLUB**'으로 분해하여, 그중 일부인 '**BLUES**'가 동일하다고 해서 전체가 유사하다고 판단한 거절이유는 상표의 유사여부를 올바로 판단한 것이라 할 수 없다.

더욱이 본원상표 '**BLUES HEROES**'에서 '**BLUES**'가 그 대표성을 갖는 것도 아닌데, '**BLUES**'만을 분리해서 인용상표 2와 유사하다고 판단한 것은 명백한 잘못이라 하지 않을 수 없다. 나아가 '**BLUES**'라는 단어는 조어(造語) 표장도 아니고 사전에 수록되는 일반적인 용어(임의선택표장)인데 '**HEROES**'를 완전히 배제하고 '**BLUES**'만을 추출하여 판단한 것은 상표의 유사판단을 잘못한 것이다.

(2) 제25류(구분류 제45류)에는 '**BLUE**' 또는 '**BLUES**'를 포함한 상표가 이미 다

---

2 AIPPI Question 127의 Resolution.

수 등록되어 있기 때문에 본원상표에 대해서만 부당하고 불리한 심사를 받아야 할 이유가 없다.

제25류(구분류 제45류)에는 '**BLUE**' 또는 '**BLUES**'를 포함한 상표가 다음 표에서 보는 바와 같이 이미 다수 등록되어 있다.

등록번호	상 표	상표권자	등록일
303838	'**MIXED BLUES**'	J.C.Penny ㈜	1994.12.14
236062	'**BLUE STAR**'	서덕천	1992.04.21
440141	'**BLUE SANTA**'	명화석	1999.01.30
382060	'**BLUE SPIRIT**'	장규형	1997.11.13

위와 같이, 인용상표 2를 비롯하여 위의 상표들이 '**BLUES**' 또는 '**BLUE**'를 포함하고 있을지라도 이들이 모두 등록될 수 있었던 것은 이들을 분리해서 관찰한 것이 아니고 전체로서 관찰하여 상표로서의 식별력을 인정하였기 때문이다.

따라서 본원상표 '**BLUES HEROES**'에서 '**BLUES**'만을 분리하여 판단한 거절이유는, 이제까지의 일관된 심사관행과도 부합되지 않으며 본원상표에 대해서만 부당하고 불리한 심사를 받아야 할 이유가 없기 때문에, 타당하지 못하다.

위의 표에서 보듯이, '**BLUES CLUB**'이 등록된 후에도 '**MIXED BLUES**', '**BLUE STAR**', '**BLUE SANTA**' 및 '**BLUE SPIRIT**'이 아무런 문제없이 등록되었다. 이러한 상황 하에서, 본원상표 '**BLUES HEROES**'만이 등록받지 못한다면, 본원상표의 출원인만이 부당하고 심사를 받게 되는 것으로, 이러한 부당한 심사는 법 적용의 형평성마저 위태롭게 할 수 있다. 법이 추구하고자 하는 것은 항상 완벽한(perfect) 법의 적용이 아니라, 누구에게나 공평해야(fair) 한다는 법의 형평성에 있다. 따라서 법의 형평성을 고려하더라도, 본원상표는 등록받지 못할 이유가 없는 것이며, 인용상표 2에 의한 심사관의 거절이유는 타당하지 못하다.

(3) 본원상표가 인용상표 2와 비교하여 유사하다고 판단한 거절이유는 이제까지의 특허청 등록례, 심결례 또는 대법원 판례와도 상반된다.

특허청의 등록례를 보더라도, 두 부분의 단어로 이루어진 표장에서 앞부분이 서로 동일하고 뒷부분이 서로 다른 상표가 서로 다른 출원인에 의하여 다음과 같이 다수 등록되어 있다.

등록번호	상 표	상품류
64812	**'PIERRE CARDIN(삐에르 까르뎅)'**	35류
88427	**'pierre balman'**	35류
155002	**'CHRISTIAN LACROIX'**	35류
172144	**'Christian Dior'**	35류
222781	**'paolo tonali'**	27류
293207	**'PAOLO GUCCI'**	27류

또한 특허청의 심결례나 대법원의 판례를 보더라도, 각각 동일 또는 유사한 상품에 사용하는 '**SKIN TEX**'와 '**SYN TEX**'가 서로 유사하지 않다고 판단하였으며,[3] '**DURASHOCKS**'와 '**DURA5**'가 서로 유사하지 않다고 판단하였고,[4] '**MOP & GLO**'와 '**STEEL GLO**'가 서로 유사하지 않다고 판단하였다.[5]

결론적으로, 상표의 유사여부 판단은 상표를 분해하거나 또는 절개하여 판단해서는 아니 되며, 그 상표가 관련 수요자에 의하여 어떻게 인식될 것인가의 관점에서 상표의 전체적 인상으로 판단하여야 하는 것으로, 본원상표 '**BLUES HEROES**'에서 '**BLUES**'라는 단어는 조어(造語) 표장도 아니고 사전에 수록되는 일반적인 용어인데 '**HEROES**'를 배제하고 '**BLUES**'만으로 판단한 것은 상표의 유사여부를 잘못 판단한 것이며, '**BLUES CLUB**'이 등록된 후에도 '**MIXED BLUES**', '**BLUE STAR**', '**BLUE SANTA**', '**BLUE SPIRIT**' 등이 등록된 것과 같이, 본원상표 '**BLUES HEROES**'도 등록받지 못할 이유가 없다.

---

3 항고심판 90항당3 심결, 1991.11.25. 심결.

4 대법원 98후829 판결, 1999.04.23. 선고.

5 대법원 94후1831 판결, 1995.03.10. 선고.

Ⅲ. 대상심결의 요지

대상심결에서는, 본원상표가 인용상표 1과 표장 및 지정상품이 유사한지 여부를 살필 필요도 없이 타인의 선등록상표인 인용상표 2와 유사하므로 상표법 제7조 제1항 제7호의 규정에 의하여 거절한 원결정은 정당하다고 판단하였다. 본 사건 거절 이유의 적법여부를 판단한 심결내용을 다음과 같이 인용한다:

"4. 당심의 판단

가. 상표의 유사 여부는 동종의 상품에 사용되는 두 개의 상표를 외관 · 호칭 · 관념 등의 점에서 전체적, 객관적, 이격적으로 관찰하여 거래상 일반 수요자나 거래자가 상표에 대하여 느끼는 직관적 인식을 기준으로 하여 그 상품의 출처에 대한 오인 · 혼동의 우려가 있는지의 여부에 의하여 판별되어야 하고, 문자와 문자 또는 문자와 도형의 각 구성 부분이 결합된 결합상표는 반드시 그 구성 부분 전체에 의하여 호칭 · 관념되는 것이 아니라 각 구성 부분이 분리관찰되면 거래상 자연스럽지 못하다고 여겨질 정도로 불가분적으로 결합되어 있는 것이 아닌 한 그 구성 부분 중 일부만에 의하여 간략하게 호칭 · 관념될 수도 있는 것이고, 또 하나의 상표에서 두 개 이상의 칭호나 관념을 생각할 수 있는 경우에 그 중 하나의 호칭 · 관념이 타인의 상표와 동일 또는 유사하다고 인정될 때에는 두 상표는 유사하다(대법원 2000.10.27. 선고 2000후815 판결 등 참조).

나. 이러한 판단기준에 따라 본원상표와 인용상표 2의 유사여부를 살펴보면, 본원상표는 영문자 "BLUES HEROES"와 같이 구성된 상표이고, 인용상표2는 영문자 "BLUES CLUB"와 같이 구성된 상표로서, 양 상표는 외관에 있어서 문자의 구성 등의 차이로 비유사하나, 본원상표는 '울적한 기분, 우울, 블루스(노래 · 곡)' 등의 뜻이 있는 "BLUES"와 '영웅들, 위인들' 등의 뜻이 있는 "HEROES"가 외관상 분리되어 있고, 각 구성부분을 분리하여 관찰하는 것이 부자연스러울 정도로 일체불가분적으로 결합되어 있다고 볼 수 없으며, 상표를 약칭하여 간이 신속하게 상표를 호칭하려는 경향이 있는 거래실정에 따라 본원상표는 앞부분의 "BLUES"만으로 분리하여 약칭될 수 있다고 할 것이고, 인용상표 2의 경우에는 그 역시 위와 같은 기준에 따라 앞부

분의 "BLUES"만으로 분리하여 약칭될 수 있어 이러한 경우에는 본원상표와 인용상표 2는 그 칭호 및 관념이 동일하게 되어 양 상표를 다 같이 동일 또는 유사한 지정상품에 사용할 경우 일반 수요자나 거래자로 하여금 상품의 출처에 관하여 오인 · 혼동을 일으키게 할 염려가 있는 유사한 상표에 해당한다 할 것이다.

다. 소결론

따라서 본원상표가 인용상표 1과 상표 및 지정상품이 유사한지 여부를 살필 필요도 없이 타인의 선등록상표인 인용상표 2와 유사하므로 상표법 제7조 제1항 제7호의 규정에 의하여 거절한 원결정은 정당하다 할 것이고, 이와 상반된 청구인의 주장은 이유 없다."

Ⅳ. 본 사건의 논점

본 사건은 상표의 유사여부, 보다 구체적으로 분리관찰에 의한 상표의 유사여부를 판단한 사건으로, 본원상표를 분리하여 관찰하는 것이 부자연스러울 정도로 일체불가분적으로 결합되어 있다고 볼 수 없으며, 상표를 약칭하여 간이 신속하게 상표를 호칭하려는 경향이 있는 거래실정에 따라 본원상표는 앞부분의 "BLUES"만으로 분리하여 약칭될 수 있다고 한 판단이 과연 옳은 것인지에 대한 의문을 제시하고 있다. 기타 심결에서 나타나고 있는 크고 작은 문제점들도 모두 살펴본다. 본 사건에서 제시될 수 있는 구체적인 논점들을 요약하면 다음과 같다:

(1) 본원상표를 '**BLUES**'와 '**HEROES**'로 분리하여 관찰하는 것이 부자연스러울 정도로 본원상표가 일체불가분적으로 결합되어 있다고 볼 수 없다고 판단한 것이 옳은 것인지의 여부.

(2) 상표를 약칭하여 간이 신속하게 상표를 호칭하려는 경향이 있는 거래실정에 따라 본원상표가 앞부분의 '**BLUES**'만으로 분리하여 약칭될 수 있다고 판단

한 것이 옳은 것인지의 여부.

(3) 기타의 문제점

① 선등록된 상표들과의 형평성 문제

② 인용상표 1의 거절이유에 대한 판단유탈

③ 대법원 판례 인용의 정당성

Ⅴ. 상기 논점에 대한 논증

1. 논점 (1)에 대하여

대상심결에서는, 본원상표를 '**BLUES**'와 '**HEROES**'로 분리하여 관찰하는 것이 부자연스러울 정도로 본원상표가 일체불가분적으로 결합되어 있다고 볼 수 없다고 판단하였다.

상표는 채택 내지 선택(adoption)의 개념에서 출발한다. 상표권자가 채택한 것은 그 자체가 바로 하나의 상표다. 상표가 어떻게 결합되어 있든지 간에 그것은 그의 권리다. 따라서 상표는 있는 그대로 판단해야 한다. 상표의 유사여부나 등록여부를 판단할 때 그 상표가 자연스럽다느니 부자연스럽다느니 왈가왈부할 필요가 없다. 그리고 어떤 것이 자연스러운 것이고 어떤 것이 부자연스러운 것인지에 대한 기준이 있을 수도 없다. 그 기준이 있다면, 오로지 판단하는 자의 주관만이 그 기준이라 할 것이다. 법률적 판단은 주관적 판단이 아니고, 그렇게 되어서도 안 된다. 일체불가분적으로 결합되어 있느니 그렇지 않느니 하는 것도 똑같은 얘기다.[6]

본원상표를 '**BLUES**'와 '**HEROES**'로 분리하여 관찰하는 것이 부자연스럽다는

---

6 최덕규, "상표의 분리관찰에 관한 小考," 「창작과 권리」 제32호(2003년 가을호), 127쪽.

것은 판단하는 자의 주관적 견해에 지나지 않는다. 어떻게 결합되어 있어야 자연스럽게 결합되었다는 것인지 알 수 없다. 본원상표가 부자연스럽게 결합되었다는 것을 적용하기 위해서는 심판부는 적어도 본원상표가 어떻게 결합되어 있어야 자연스럽게 결합된 것인지에 대하여 답할 수 있어야 한다. '**BLUES**'와 '**HEROES**'가 분리되어 있기 때문에 분리관찰 할 수 있다는 심결이유는 유치한 변명에 불과하다. 본원상표 '**BLUES HEROES**'가 일체불가분적으로 결합되어 있지 않다는 것도 마찬가지이다. 어떻게 결합되어야 일체불가분적으로 결합되어 있단 말인가? 이러한 논리는 지극히 허구적인 것으로 법의 논리라고 할 수 없다.

2. 논점 (2)에 대하여

대상심결에서는, 상표를 약칭하여 간이 신속하게 상표를 호칭하려는 경향이 있는 거래실정에 따라 본원상표가 앞부분의 '**BLUES**'만으로 분리하여 약칭될 수 있다고 판단하였다.

복잡한 우리 인류사회의 한 단면을 볼 때 간단히 약칭하는 현상이 전혀 없는 것은 아니다. '아파트먼트(apartment)'를 '아파트'로, '코디네이터(coordinator)'를 '코디'로 '스테인리스 스틸(stainless steel)'을 '스뎅'으로, '오바코트(overcoat)'를 '오바'로 약칭하고 있다. 그러나 이러한 현상은 일본문화의 영향으로 인하여 발생하고 있는 사회관습적인 현상에 불과한 것이지 상표법에서 유사여부를 판단할 때 적용될 수 있는 이론이 아니다. 상표는 있는 그대로를 판단하면 된다. 상표가 일부만에 의하여 간략하게 호칭되거나 관념될 수도 있다는 내용은 최소한 상표법에서는 옳지 않은 내용이다. 상표법에서는 절대로 그렇지 않다. 거듭 말하지만, 상표에서는 '**피에르 가르뎅**'을 '피에르'나 '**가르뎅**'이라고 약칭하지 않는다. '**입 생 로랑**'을 '**입**'이나 '**로랑**'이라고 부르지도 않는다.[7]

---

7 위의 논문, 127-128쪽.

본 사건에서는 본원상표가 부자연스러울 정도로 일체불가분적으로 결합되어 있지 않다든지 아니면 "**BLUES**"만으로 분리하여 약칭될 수 있다든지 하는 관점에서 유사여부를 판단해야 할 것이 아니라, 본원상표를 구성하는 용어가 임의선택표장(arbitrary mark)인지 아니면 조어표장(coined or fanciful mark)인지를 판단했어야 했다.

'**BLUES**'는 일종의 임의선택표장이다. '**BLUES**'가 임의선택표장이기 때문에, '**BLUES CLUB**'이 등록되었다 하더라도 '**MIXED BLUES**', '**BLUE STAR**', '**BLUE SANTA**', '**BLUE SPIRIT**' 등이 적법하게 등록된 것이다. 이러한 사실을 모르고, 상표가 부자연스러울 정도로 일체불가분적으로 결합되어 있지 않다든지 아니면 분리하여 약칭될 수 있다든지 하는 관점에서 판단하려 하기 때문에, '**BLUES CLUB**'이 등록된 후에 '**MIXED BLUES**', '**BLUE STAR**', '**BLUE SANTA**', '**BLUE SPIRIT**' 등이 적법하게 등록된 이유를 설명할 수 없는 것이다. 만일 '**BLUES**'가 임의선택표장이 아니고 조어표장인 '**KODAK**'이라고 가정하면, '**KODAK CLUB**'이 등록된 후에 '**MIXED KODAK**', '**KODAK STAR**', '**KODAK SANTA**', '**KODAK SPIRIT**'이 등록될 수 없는 것이다.

이처럼 상표의 유사여부를 판단할 때, 그 상표가 임의선택표장인지 아니면 조어표장인지를 판단하는 문제는 매우 중요하다. 그리고 이 판단은 모호하지도 않으며 주관적인 판단도 아니다. 그럼에도 불구하고 우리는 아직도 본 사건과 같이 상표가 부자연스러울 정도로 일체불가분적으로 결합되어 있지 않다든지 아니면 분리하여 약칭될 수 있다든지 하는 관점에서 유사여부를 판단하고 있기 때문에 논리적이지도 못하고 이유가 타당하지도 못한 결론을 도출한다.

3. 논점 (3)에 대하여

(1) 선등록된 상표들과의 형평성 문제

'**BLUES CLUB**'이 먼저 등록된 상태에서 '**MIXED BLUES**', '**BLUE STAR**', '**BLUE SANTA**', '**BLUE SPIRIT**' 등도 적법하게 등록되었다. 이들 상표들이 '**BLUES**' 또는 '**BLUE**'를 포함하고 있을지라도 모두 등록된 것은 이들만을 분리해

서 관찰한 것이 아니고 전체로서 관찰하여 상표로서의 식별력을 인정하였기 때문이다. 그리고 'BLUE(S)'가 조어표장이 아니고 임의선택표장이기 때문에 등록될 수 있었던 것이다. 이러한 상황하에서 본원상표 'BLUES HEROES'만이 등록받지 못할 이유가 없다. 특허심판원에서는 'BLUES'를 포함하는 상표들이 이미 등록되어 있음에도 불구하고 본원상표만이 부당하고 불리한 심사를 받아야 할 이유가 무엇인지에 대하여 설명했어야 했다. 그 이유가 납득할 수 없다면 본원상표는 등록되어야 한다.

(2) 인용상표 1의 거절이유에 대한 판단유탈

인용상표 1과 관련된 거절이유를 극복하기 위하여, 출원인은 심판청구와 함께 지정상품을 보정하는 보정서를 제출하였다. 인용상표 1의 지정상품은 제27류의 '구두주걱, 우산, 부채'이었는데, 이들과의 유사문제를 극복하기 위하여 본원상표의 지정상품 중에서 '가죽신'을 삭제하고 제25류에 속하는 의류 상품만을 최초대로 유지한 것이다. 이러한 보정에 대하여 심판부는 말이 없다. 정확히 말해서, 말이 없는 것이 아니라, 본원상표가 인용상표 2와 유사하기 때문에 인용상표 1과의 유사여부는 살필 필요가 없다고 하였다. 이는 심판부의 성실한 심리라고 할 수 없다. 거절이유에 대하여 출원인이 그 거절이유를 극복하고자 보정이라는 조치를 취했는데 이를 살펴보지 않겠다는 것은 명백한 판단유탈이다. 설사 인용상표 2에 대한 거절이유가 명백하다고 판단되더라도 심판부는 인용상표 1에 대한 거절이유에 대하여 판단했어야 했다.

(3) 대법원 판례 인용의 정당성

우리의 판례나 심결례에서는 상표가 "자연스럽지 못하다" 또는 "일체불가분적 결합이다 또는 아니다"라는 표현을 선행 판례로부터 너무 무심코 인용하고 있다. 잘못된 논리를 그대로 인용하고 있다는 얘기다. 잘못된 논리를 인용하고 있으니까 그 판단이 제대로 될 리가 없다. 대상심결에서도 대법원 선고 2000후815 판결을 그대로 인용하고 있다. 구체적인 동일성의 여부는 차치하고라도 선언적인 의미도 갖지 못하는 판례를 무심코 인용하는 관행은 이제 지양되어야 할 것이다.

VI. 결 론

Q상표의 유사여부 판단에 있어서, 상표가 자연스럽다든지 아니면 부자연스럽다든지 판단하여 일체불가분적인 결합의 여부를 판단하는 것은 주관에 따른 허구적인 논리에 불과하다. 또한 상표를 약칭하여 간이 신속하게 상표를 호칭하려는 경향이 있다는 논리도 상표법에서는 적용될 수 없는 논리이다. 상표의 본질을 이해하고 상표유사의 개념을 올바로 이해하지 않는 한 상표유사의 올바른 판단은 요원하다 할 것이다.

6. 상표 사용에 관한 사실관계를 심리한 상고심 판결의 적법성[1]

— 대법원 2005.04.29. 선고, 2004후1809 —

I. 머리말

상표법에서는, 상표가 계속하여 3년 이상 사용되지 않는 경우에 심판을 통하여 그 등록을 취소시킬 수 있도록 규정한다. 이 규정에 따라 불사용취소심판이 제기되면, 피청구인 즉 상표권자는 그 등록상표를 사용하여 왔다는 것을 입증하여야 하며, 사용사실을 입증하지 못하면 그 상표등록은 취소를 면할 수 없게 된다. 이 경우 상표권자가 입증하게 되는 상표 사용에 관한 증거들은 매우 다양하다. 상표를 직접적으로 제품에 표시하거나 부착한 증거도 있을 수 있고, 상표를 포장박스에 표시하거나 부착한 증거도 있을 수 있으며, 신문, 잡지, TV, 라디오 등에 광고하였던 사실들

1 「창작과 권리」 제39호(2005년 여름호).

에 대한 증거도 있을 수 있고, 견적서, 세금계산서, 청구서, 카탈로그 등과 같은 거래서류에 상표를 표시하는 증거도 있을 수 있다. 물론 이 외에도 무수히 많은 상표사용에 관한 증거가 제시될 수 있다.

상표 불사용과 관련된 취소심판이나 소송은 상표권자가 제시하는 상표사용에 관한 증거를 파악하는 데에서부터 시작된다. 상표사용에 관한 증거를 파악한다는 것은 증거의 진위여부를 비롯하여 상표의 진정한 사용에 관한 사실여부를 파악하는 것이다. 즉 상표사용에 관한 모든 사실관계(matter of facts)를 심리하는 것이다. 이러한 상표사용증거에 관한 심리는 특허심판원의 취소심판과 특허법원의 심결취소소송 과정에서 행해진다. 특허심판원과 특허법원은 상표사용증거에 관한 사실관계를 심리함은 물론, 심리한 사실관계를 기초로 법을 해석하여 적용하는 법률문제(matter of law)를 심리해야 한다.

상표의 불사용취소와 관련하여 사용증거에 관한 사실관계는 그 사실관계를 기초로 상표법을 해석하고 적용하는 법률관계와는 극명하게 구분된다. 예를 들어, 상표권자가 10개의 샘플만을 제작하여 판매한 증거를 제시하였다면, 그러한 사실의 진위여부를 규명하여 증거채택의 여부를 결정하는 것은 사실관계(matter of facts)에 관한 것이고, 그러한 사실이 인정되었을 때 과연 그 사실이 상표법에서 규정하는 상표의 정당한 사용에 해당되는지의 여부를 판단하는 것은 법률문제(matter of law)에 관한 것이다. 만일 10개의 샘플이 500원짜리 볼펜이나 라이터이었다면 상표로서의 사용이 인정되지 않을 수도 있고, 10억 원짜리 기계장치이었다면 상표로서의 사용이 인정될 수도 있다. 이러한 법률관계가 바로 법관의 고유영역이라 할 수 있는 법률관계에 대한 판단 사항이다.

따라서 어떤 사건의 사실관계와 법률관계는 결코 오해되거나 혼동될 수 없는 영역이다. 배심원제도가 있는 나라에서는 사실관계는 배심원에 의하여 규명되고, 법률관계는 법관에 의하여 판단된다. 앞의 예에서 10개의 샘플을 제작했는지의 여부나 그 가격이 500원짜리인지 10억 원짜리인지의 여부는 법률적 전문지식이 없다 하더라도 통상의 상식적인 사람이라면 누구든지 파악할 수 있다. 따라서 이러한 사실관계를 배심원에 의하여 규명하도록 하고 있는 것이 바로 배심원제도이다. 반면 법률관계는 규명된 사실관계를 기초로 법률을 어떻게 해석하여 어떻게 적용할 것인가를 판단하는 것으로, 법률적 전문지식을 갖춘 법관에 의하여 판단되는 법관의 고유영역이다. 앞의 예에서 다같이 10개의 샘플을 제작하였다 하더라도 그것이 500원짜리 볼펜이냐 10억 원짜리 기계장치냐에 따라 상표로서의 정당한 사용의 인정여부가 달라질 수 있는 것이며, 이것이 바로 법률관계에 대한 판단이다.

우리나라는 아직까지 배심원제도가 없기 때문에, 법관이 사실관계도 규명해야 하고 법률관계도 판단해야 한다. 법관이 사실관계도 규명하고 법률관계도 판단한다고 해서 사실관계와 법률관계를 구분하지 못하거나 혼동해서는 안 된다. 특히 대법원은 사실관계를 심리하는 사실심이 아니다. 대법원은 법률관계를 심리하는 법률심이다. 하급심의 사실심에서 규명한 사실관계를 기초로 법률적 해석과 적용을 올바로 하였는지를 심리하는 것이 바로 대법원의 상고심이다. 앞의 예에서 만일 10억 원짜리 기계장치 10대를 500원짜리 볼펜 10개와 동일하게 판단하여 10억 원짜리 기계장치에 대한 상표사용을 하급심에서 인정하지 않았다면 이를 번복할 수 있는 것이 대법원의 법률심리이다. 대법원이 심리했다고 해서 10억 원짜리가 1억 원짜리로 바뀐다든가 10대의 샘플이 5대의 샘플로 바뀌는 것이 아니다.

그런데 대법원은 2005.04.29.자 선고한 2004후1809 판결[2]에서 상표사용에 관한 사실관계를 심리하여 특허법원의 원심판결[3]을 파기하고, 사건을 특허법원에 환송하였다. 이 판결이 갖는 제반 문제점을 살펴본다.

II. 사건의 개요

1. 상표등록취소심판

본 사건 등록취소의 대상은 상표등록 제161,310호로서, 이는 ㈜대지개발이 “부엽

2 대법관 박재윤(재판장), 대법관 이용우(주심), 대법관 이규홍, 대법관 양승태.

3 특허법원 2004.05.06 선고, 2003허5316(판사 주기동(재판장), 판사 설범식, 판사 김기영).

토 비료"(상품류구분 제1류) 등을 지정상품으로 하여 "大地生命精"에 대하여 1988년 등록받고, 1999년 6월 갱신등록된 상표이다. 박종천은 ㈜대지개발의 위 상표에 대하여 2003년 2월 불사용취소심판을 청구하였다.

특허심판원에 제기된 취소심판에서, 상표권자는 그의 등록상표를 사용했다고 주장하면서, 구체적으로 (ⅰ) "生命精"을 제품포장지에 표시하여 사용하였고, (ⅱ) 2002년 12월 말경 등록상표가 표시된 카탈로그 5,000부를 제작하였으며, (ⅲ) 취소심판청구일(2003.02.07.) 전에 등록상표가 표기된 제품포장지를 사용했다고 주장하였다.

특허심판원에서는 상표권자의 위 3가지 주장을 모두 배척하여 상표등록을 취소하였다.

2. 심결취소소송

특허심판원의 심결에 대하여 상표권자는 특허법원에 심결취소소송을 제기하였다. 심결취소소송에서도 상표권자는 취소심판에서 주장하였던 위 3가지 주장을 반복하였다.

상표권자의 첫번째 주장은 제품포장지에 "生命精"이라 표기하여 사용했고 "生命精"은 주지저명한 표장이 되었고, 이러한 사용은 등록상표 "大地生命精"을 정당하게 사용한 것이라는 주장이었다. 상표권자(원고)는 또한 제품포장지에 "주식회사 대지개발"을 표기하였다는 주장도 하였다. 제품포장지에 "生命精" 및 "주식회사 대지개발"이라 표기하여 사용한 것이 등록상표 "大地生命精"을 정당하게 사용한 것이라는 주장에 대하여 특허법원은 다음과 같이 판단하였다.

> *"원고가 이 사건 등록취소심판의 청구일 이전부터 "生命精"이라는 상표를 사용하여 온 사실은 당사자 사이에 다툼이 없으나, 이 사건 등록상표 중 "大地"라는 부분과 "生命精"이라는 부분은 모두 식별력이 있는 요부로서 그 중 한 부분을 생략한 "生命精"이라는 상표는 이 사건 등록상표와 동일성의 범위 내에 있는 상표라고 보기 어렵*

고, 나아가 원고의 상호인 "주식회사 대지개발"이 위 "生命精" 상표와 같은 포장지 등에 사용되었다 하더라도 위와 같은 상호는 상품의 식별을 위하여 사용된 것이라고 보기 어려워 그러한 상호와 위 "生命精" 상표를 결합하여 이 사건 등록상표를 사용한 것으로 볼 수 없으며, 그러한 결론은 "生命精"이 주지상표라 하여 달라지는 것은 아니라 할 것이다."

상표권자의 두번째 주장은 2002년 12월말경 등록상표가 표시된 카탈로그 5,000부를 제작했다는 것이었다. 그런데 이 카탈로그 5,000부 제작에 관한 사실관계의 입증이 명쾌하지 못하였다. 본 사건에서의 쟁점은 상표권자가 카탈로그 5,000부를 2002년 12월 말경 제작했는지에 대한 입증에 관한 문제라 할 수 있다. 이 두 번째 주장에 대하여 특허법원은 다음과 같이 판단하였다:

"① 위 카탈로그에는 그 발행일이 전혀 기재되어 있지 않고, ② 위 견적서 및 각 예금통장은 이 사건 등록취소심판의 단계에서는 전혀 제출되지 않았다가 이 사건 심결취소소송에 이르러 비로소 제출되었으며, ③ 위 견적서에는 정부 지원금 잔액이 100만원으로 기재되어 있으나, 앞에서 살펴본 바와 같이 당초 지급될 예정이던 정부 지원금 중 660만원이 결국 지급되지 않은 점에 비추어 위 기재를 납득하기 어렵고(증인 이경훈은 위 100만원이 1차 정부 지원금의 잔액이라고 증언하고 있으나, 앞서 본 바와 같이 정부 지원금은 한꺼번에 660만원이 지급된 점에 비추어 위 기재와 증인의 증언을 모두 믿을 수 없다), ④ 앞에서 살펴본 바와 같이 당초 정부로부터 지원받기로 했던 돈 중 660만원을 지급받지 못하여 그 금액 상당의 손해를 보게 된 와우파워디자인이 원고로부터 그에 대한 아무런 보상도 받지 못한 상태에서 또다시 원고에게 선금 100만원은 받고 카탈로그를 제작하여 납품한 뒤 나머지 대금은 3개월이 지나서야 받는다는 것은 선뜻 이해할 수 없는 점 등에 비추어, 원고가 2002.12. 말경 카탈로그 5,000부를 제작하였다는 점에 관하여 위 증거들은 믿기 어렵거나 이를 인정하기에 부족하고, 달리 이를 인정할 만한 증거가 없다"[4]

4 ㈜와우파워디자인(대표 이경훈)은 정부(한국디자인진흥원)가 주관하는 디자인개발프로젝트에 참여하여 ㈜대지개발의 제품포장지 디자인을 개발하게 되었는데, 이 디자인개발프로

상표권자의 세번째 주장은 취소심판청구일(2003.02.07) 전에 등록상표가 표기된 제품포장지를 사용하였다는 것으로, 그 증거로써 "2003.01.07. 제조일자"가 적힌 제품포장지 사진을 제출하였다. 그렇지만, 심판청구인(피고)은 상표권자의 제품포장지 제조업체(주식회사 은창) 및 원고회사의 제품포장담당 직원으로부터 원고의 세번째 주장에 반하는 진술을 확보하여 이를 증거로 제출하였다. 원고의 세번째 주장에 대하여 특허법원은 다음과 같이 판단하였다:

> *"우선 위 상품(제품포장지) 사진은 그 진정성립을 인정할 직접적인 증거가 없을 뿐만 아니라 위 증거에 스탬프로 찍은 것으로 보이는 제조일(2003.01.07)은 그 변경이 용이하고, 나머지 증거들인 갑 제14호증 내지 제16호증의 기재 내용은 이 사건 등록취소심판 청구일 이후에 작성된 사실확인서 및 그 작성일 등의 변경이 용이한 세금계산서 등일 뿐만 아니라, 을1호증[제품포장지 제조업체(주식회사 은창) 관계자 진술 녹취록] 및 을제51호증(원고 회사의 제품포장담당 직원의 진술서)의 기재 내용에도 반하므로, 위 증거들은 이를 믿기 어렵거나 이들 증거만으로는 이 사건 등록상표가 부착된 포장지가 이 사건 취소심판 청구 전에 사용된 사실을 인정하기 어렵고, 달리 이를 인정할 증거도 없다"*

3. 상 고

상표권자(원고)는 특허법원에서 심결취소소송이 기각당하자 대법원에 상고하였다. 상고를 제기하면서 상표권자는 심결취소소송에서 주장하였던 첫번째 주장과 세번째 주장에 대하여는 어떤 반론을 제기하지 않았다. 두번째 주장에 대한 특허법원의 판단에 대해서만 반론을 제기한 것이다.

본 사건에서의 문제는 상표권자가 상고이유에서 유일하게 문제삼은 두번째 주장

젝트와는 별도로 ㈜대지개발으로부터 카탈로그 5,000부 제작을 의뢰받아 그 카탈로그를 제작하여 ㈜대지개발에 납품한 사실과 관련한 판결 내용임.

에 있다. 상표권자가 주장하는 5,000부 카탈로그는 '와우파워디자인'('와우파워') 업체에서 제작하였다고 주장하였는데, 이 카탈로그 5,000부 제작에 관한 사실관계가 명료하지 않다. 그래서 특허법원의 원심은 이 주장과 관련하여 다음과 같은 4가지 이유를 들어 사실관계를 부인하였던 것이다.

> *① 카탈로그에 발행일이 기재되어 있지 않다.*
> *② 견적서와 예금통장사본(입출금관계를 알 수 있음)을 취소심판단계에서 제출하지 않고 심결취소소송 단계에서 처음으로 제출하였다.*
> *③ 견적서에 정부지원금 잔액 100만원으로 기재되어 있으나, 당초 지급예정이던 정부지원금(660만원)이 지급되지 않은 점에 비추어 증인의 증언을 믿을 수 없다.*
> *④ 카탈로그 대금결제방법에 대하여 선뜻 이해할 수 없다.*

상표권자는 두번째 주장에 대하여 특허법원에서 판단한 위 4가지 이유에 대하여만 위법성을 주장하였다. 상표권자의 이러한 주장에 대하여 대법원은 다음과 같이 판결이유를 설시하였다:

> *" … (중략) … 원고는 위 개발사업에 따른 결과물, 즉, 포장, 홈페이지, 카탈로그, 기업이미지통합을 자신의 사업에 활용하고자 한국디자인진흥원의 지원을 받은 외에 자신도 상당한 비용을 부담하였고, 위에서 본 카탈로그 5천부를 별도로 제작, 공급받았을 가능성이 많으므로, 특단의 사정이 없는 한 이러한 원고 주장에 부합하는 갑 제13, 18, 19, 20호증 및 갑 제 21호증의 1 내지 3의 각 기재와 영상 및 증인 이경훈의 증언의 신빙성을 부인할 수는 없다.*
> *원심이 위 증거들의 신빙성을 배척한 이유에 대하여 살펴보면, 첫째, 카탈로그에 발행일이 기재되지 않았다거나 견적서와 예금통장이 특허심판원의 심판절차에서 제출되지 않았다고 하여 그 증거의 신빙성을 쉽게 부인할 수는 없는 것이고, 둘째, … (중략) … 위 견적서의 '정부지원금 잔액 1,000,000'은 그 당시 지급받을 것으로 기대하고 있었던 2차 지원금의 일부를 의미하는 것으로 볼 여지가 있어 위 증인의 위와 같은 증언은 착오로 인한 것일 가능성을 배제할 수 없는 점에다가 위에서 본 원고의 디자인혁신상품개발사업의 진행상황 등을 합하여 보면 증인 이경훈의 위 증언 일부*

를 가지고 카탈로그 제작과 관련된 이경훈의 증언 및 견적서 전체의 신빙성까지 부인한 것은 합리적이라고 할 수 없다.

따라서 원심이 그 판시와 같은 이유로 위 증거들의 신빙성을 배척하고 이 사건 등록상표의 사용을 부인한 것에는 필요한 심리를 다하지 아니하고 채증법칙을 위배하여 사실을 오인한 위법이 있다고 할 것이며, 이러한 위법은 판결 결과에 영향을 미쳤음이 분명하므로, 이를 지적하는 상고이유의 주장은 이유 있다."

Ⅲ. 평 석

1. 사실관계를 심리한 상고심

본 사건의 상고심 판결에서 보듯이, 대법원은 특허법원에서 심리한 사실관계에 대해서 직접 판단하였다. 대법원 판결에 따르면, ㈜대지개발은 취소심판 청구일 전에 카탈로그 5,000부를 제작했다는 것이다. 그래서 ㈜대지개발의 상표사용을 인정해야 한다는 것이다. 특허법원에서는 제출된 증거와 증인의 증언을 기초로 카탈로그 5,000부의 제작사실을 인정하지 않았는데, 대법원에서는 동일한 증거와 증언에 기초하여 카탈로그 5,000부의 제작사실을 인정한 것이다. 대법원의 이러한 판단은 가히 초법적(超法的)이라 할 수 있다. 카탈로그 5,000부를 제작했는지의 여부는 전적으로 사실관계에 관한 것이다. 이러한 사실관계는 5,000부 카탈로그의 제작사실이 "大地生命精" 상표의 정당한 사용에 해당되는지의 여부에 관한 법률관계와는 명백히 구별되어야 한다.

더구나 대법원 상고심에서는 사실관계에 관한 증거가 추가로 제출된 것도 아니고 증인을 새로이 신문한 것도 아닌데, 사실관계에 대하여 원심과 상반되는 사실을 규명한 것이다. 상고심은 법률심이기 때문에 사실관계에 관한 새로운 증거가 제출될 수도 없고 증인을 신문할 수도 없다. 새로운 증거와 증언도 없이 원심법원의 사실심을 대법원이 번복한 것은 '초법적'이라는 설명밖에 할 수 없다.

만일 어떤 사건이 원심에서 사실관계의 규명이 미흡하다면 사실관계의 완전한 규명을 위하여 대법원은 그 사건을 원심법원으로 환송하여야 한다. 대표적인 예로 미국 연방대법원 판결인 힐튼 데이비스 사건[5]을 들 수 있다. 힐튼 데이비스 사건에서 제출된 증거만으로는 균등론과 금반언원칙을 명확하게 적용할 수 없기 때문에 명확한 사실관계[6]의 규명을 위하여 사건을 CAFC로 환송한다는 내용의 판결이다.[7] 사실관계의 규명이 미흡하다고 해서 대법원이 함부로 사실관계를 규명하거나 결론을 내려서는 안 된다.

본 사건은 상표의 불사용취소심판과 관련하여 대법원이 직접 사실관계를 판단한 최초의 판례라 여겨진다. 상표의 불사용취소와 관련하여 이제까지 수많은 소송이 대법원에서 진행되어 왔지만 본 사건처럼 원심에서 심리한 사실관계를 대법원이 직접 번복한 예는 찾아볼 수 없다. 대법원이 판결이유를 설시하는 경우에 종전의 판례를 언급하는 것은 아주 관행처럼 내려오고 있어서, 상고심 판결이유에서 언급된 종전의 판례를 발견하는 것은 아주 통상적인 일이다. 그러나 본 사건은 어떠한 종전의 판례도 인용하지 못하고 있다. 물론 대법원 판례가 반드시 종전의 판례를 인용해야 한다는 원칙은 없다. 본 사건의 심각한 문제는 종전의 판례를 인용하지 못한 데에 있는 것은 아니다. 그렇지만 본 사건은 종전의 어떤 판례도 인용하지 못했다는 점에 있어서 희소성을 갖는다. 그리고 그 희소성은 법률적 판단을 위한 논리에 바탕을 둔 것이 아니라 해서는 아니 되는 사실관계에 대한 초법적 판단에 바탕

---

5 Warner-Jenkinson Company, Inc., v. Hilton Davis Chemical Co. 미국 연방대법원 사건 95-728, 1997.03.03. 판결
"피상고인은 pH의 하한점을 추가한 것에 대한 어떤 설명도 대법원에 제출하지 않았기 때문에, 나는 본 사건을 CAFC로 환송하는 결정에 찬성한다. 본 사건이 환송되면, CAFC는 본 사건을 해결하기 위한 명료한 이론이 종전에 없었다는 점을 고려하여, pH의 하한점을 포함시켜 보정한 이유가 전에 제출되었는지, 그렇지 않았다면 그 이유가 제출될 수 있는 것인지를 판단할 수 있다고 본다."

6 힐튼 데이비스 사건에서는 pH의 하한점을 추가한 이유가 있었는지의 여부가 중요한 사실관계이었음.

7 최덕규, 미국 연방대법원 판결 번역문, 「창작과 권리」, 1998년 여름호, pp.100~120.

을 두었다는 점이다.

대법원은 대법원으로서의 역할과 권한이 있고, 특허법원은 고등법원으로서의 역할과 권한이 있다. 사실관계를 규명할 권한은 사실심 법원에 있다. 특허사건과 관련하여 사실관계를 규명할 권한은 특허심판원과 특허법원에 있는 것이다. 본 사건 상고심 판결은 법률심으로서의 대법원의 역할과 위상을 망각한 잘못된 판결임에 틀림없다. 나아가 우리나라의 사법체계의 근간을 뒤흔드는 판결이라 하지 않을 수 없다.

2. 판결이유에 대한 구체적 적법성여부

(1) 채증법칙을 위배한 사실의 오인

대법원은 판결이유에서 "*원심이 증거들의 신빙성을 배척하고 이 사건 등록상표의 사용을 부인한 것은 필요한 심리를 다하지 아니하고 채증법칙을 위배하여 사실을 오인한 위법이 있다*"고 결론 내렸다.

원심에서 특허법원의 결론은 상표권자가 제출한 증거들로써 판단할 때 5,000부의 카탈로그 제작사실을 인정할 수 없다는 것이었다. 그런데 대법원은 특허법원의 그러한 판단이 잘못되었다는 것이다. 즉 카탈로그 5,000부의 제작사실을 인정하라는 것이다. 물론 대법원의 상고 심리에서는 새로운 증거가 추가로 제출된 것도 아니고 증인신문이 추가로 행해진 것도 아니었다. 동일한 증거와 동일한 증언에 따라 심리한 결과가 이처럼 서로 달라진 것이다.

상고 판결에서는 원심이 채증법칙을 위배하였다고 하였는데, 어떤 채증법칙을 위배하였는지가 명확하지 않다. 원심에서 어떤 채증법칙을 어떻게 위배했는지에 대하여 명확하게 명시하지 못한 대법원의 판결이유는 올바른 판결이유가 될 수 없다. 막연하게 채증법칙을 위배하였다고 이유를 설시하는 것은 상급심으로서 무책임한 일이며 판결이유의 명확성을 포기한 위험한 일이다.

카탈로그 5,000부의 제작여부에 관한 사실관계의 입증은 통상의 거래관계에서는 그리 어려운 문제가 아니다. 카탈로그 5,000부를 언제 어디서 누가 어떻게 제작해서 납품하고 제작비용을 언제 어떻게 결제 받았는가를 입증하면 쉽게 판단될 수 있는 것이다. 그런데 이들을 입증할 만한 거래서류가 거의 전무(全無)하고 명확하지 않은 거래통장사본이나 증인의 증언에만 의존하여 카탈로그 5,000부의 제작사실을 인정해 달라는 것은 쉽게 납득이 가지 않는 상황이다.

나아가 대법원은 사실을 오인한 위법이 있다고 판단하였다. 거듭 강조하건데, 대법원은 하급심이 '*사실을 오인했는지의 여부*'에 대하여 판단할 권한이 없다. 대법원은 하급심이 '*규명된 사실로부터 법률의 해석과 적용을 올바로 하였는지의 여부*'를 판단할 권한이 있는 것이지, '*사실을 오인했는지*'에 대하여는 판단할 권한이 없는 것이다.

본 사건과 관련하여 대법원은 상표권자가 5,000부의 카탈로그를 제작했는지의 여부만을 판단하였지만, 이는 사실관계에 대한 규명의 문제로서 대법원이 판단해서는 아니 되는 사항이었다. 만일 대법원이 5,000부 카탈로그에 대한 특허법원의 사실관계 규명이 미흡하다고 판단되었다면, 명확한 판단을 위하여 특허법원으로 사건을 환송했어야 했다. 그런데 그러하지 아니하고 5,000부의 카탈로그 제작사실을 인정할 수 없다는 특허법원의 판단이 잘못되어 카탈로그 5,000부의 제작사실을 인정하라는 대법원의 판결이유는 명백히 대법원의 권한을 남용한 행위다. 그래도 대법원이 5,000부의 카탈로그 제작사실에 관하여 스스로 판단하고자 했다면, 대법원은 최소한 상표권자가 원심에서 주장했던 첫 번째 주장과 세 번째 주장을 한 번쯤 고려했어야 했다. 왜냐하면 상표권자의 세 번째 주장은 재판부에 거짓말을 하는 허위주장이었기 때문이다.

어떤 한 사건에 있어서의 사실관계란 대법원이 판단한다고 해서 달라지는 것이 아니다. 5,000부의 카탈로그를 제작했어도 상표의 정당한 사용으로 인정될 수 없고, 500부의 카탈로그를 제작했어도 상표의 정당한 사용으로 인정될 수 있는 것이 법률심에서 심리해야 할 법률관계인 것이다.

(2) 가능성만으로 사실관계를 판단한 위법성

대법원은 "*원고가 카탈로그 제작업체로부터 카탈로그 5,000부를 별도로 제작, 공*

급받았을 가능성이 많으므로, 특단의 사정이 없는 한 원고가 제출한 증거들과 증인의 증언의 신빙성을 부인할 수 없다"고 판단하였다.

법률적 판단은 논리를 생명으로 하고 있다. 법률적 판단은 추리소설과 같은 추리성이나 허구성 또는 수학적 확률에 바탕을 두어서는 안 된다. 카탈로그를 공급받았다는 아무런 증거도 없이, '*공급받았을 가능성*' 때문에 증거나 증언을 인정해야 한다는 것은 추리소설에서나 있을 수 있는 일이지, 증거로써 판단해야 하는 소송에서 있을 수 있는 일이 아니다. 가능성에 의하여 사실관계를 인정하거나 부인하라는 채증법칙은 어떠한 법률이론에서도 찾아볼 수 없는 것이다. 카탈로그를 공급받았다는 아무런 증거도 없이 '*공급받았을 가능성*' 때문에 증거나 증언을 인정해야 한다는 대법원의 판결이유야말로 채증법칙을 위배한 것이다.

(3) 카탈로그 발행일 인정여부에 대한 위법성

대법원은 "*카탈로그에 발행일이 기재되지 않았다고 해서 그 증거의 신빙성을 쉽게 부인할 수는 없다*"고 판단하였다.

카탈로그가 아니라 다른 어떤 문서라도 발행일이 기재되어 있지 않으면 다른 방법으로 입증되지 않는 한 그 발행일을 인정할 수 없는 것은 채증법칙의 ABC이다. 다른 증거방법도 제시하지 못한 상황에서 위와 같이 판단하는 것은 결코 있을 수 없는 일이다. 특히 특허나 상표와 같이 시간적 기준이 절대적인 사건에서 어떤 문서의 발행일의 인정여부에 대하여 본 사건의 대법원 상고심처럼 판단하는 것은 전 세계적으로 전무후무할 것이다.

(4) 증언채택의 위법성

대법원은 "*증인의 증언이 착오로 인한 것일 가능성을 배제할 수 없다*"고 판단하였다.

이 대목에 이르러 대법원의 채증법칙의 잘못은 클라이맥스에 달하고 있다. '*증인의 증언이 착오*'였다는 증거가 있는 것도 아니고, '*착오로 인한 것일 가능성*' 때문에 증인의 증언을 부인할 수 없다는 것이 대법원의 판결이유다. 증인의 증언을 증언한

대로 판단하지 아니하고 '*증인의 증언이 착오*'였을 것이라는 대법원의 판단은 자의적(恣意的) 해석에 불과하다. 자의적 해석이나 주관적 판단은 채증법칙과는 거리가 멀다. '*증인의 증언이 착오*'였다는 아무런 증거도 없이, '*착오로 인한 것일 가능성을 배제할 수 없기* 때문에 증인의 증언을 부인할 수 없다는 판결이유야말로 채증법칙을 무시한 초법적 판단이라 할 것이다.

3. 원심의 첫 번째 및 세 번째 주장에 대한 고려

상표권자가 원심에서 상표사용에 관하여 주장했던 첫 번째 주장은 제품포장지에 "生命精이라 표기하고 또한 상호인 "주식회사 대지개발"도 표기하고, "生命精"이 저명하게 되었기 때문에, "大地生命精"을 정당하게 사용했다는 것이었다. 이러한 주장에 대한 특허법원의 판단은 명확했다. 이러한 판단에 수긍하지 않을 사람은 없을 것이다. 상표권자 역시 상고에서 이 점에 관하여 불복하지 않았다.

상표권자가 원심에서 주장했던 세 번째 주장은 「2003.01.07. 제조일자」가 찍힌 제품포장지를 증거로 제출하여 상표사용을 인정해 달라는 것이었다. 만일 이것이 사실이라면, 다른 구차한 주장을 할 필요가 없다. 실제로 제품포장지에 심판청구일 전에 사용한 사실보다 더 명백한 증거는 있을 수 없기 때문이다. 그런데 이 증거는 인정되지 않았다. 포장지 제조업자는 등록상표가 표시된 새로운 포장지 주문을 상표권자로부터 2003.02.26.자 의뢰받았다고 진술하였다. 나아가 상표권자 회사의 포장담당직원마저도 2003년 2월 말경에 "大地生命精"이 인쇄된 새로운 포장지를 사용하였다는 진술을 하기에 이르렀다. 이러한 일련의 사실들은 상표권자가 제시한 "2003. 01.07. 제조일자"가 찍힌 포장지가 위조되었다는 것을 의미하는 것이다. 만일 이 사건에서 심판청구인이 제품포장지 제조업체의 진술을 사전에 녹음하지 못하였다면, "2003.01.07. 제조일자"가 찍힌 위조된 포장지가 적법한 증거로 인정되었을 가능성이 매우 높다. 이는 생각만 해도 끔직한 일이다. 특허법원은 이 세 번째 주장도 인정하지 않았고, 상표권자는 특허법원의 이러한 판단에 대하여 상고에서 불복하지 않았다.

다시 요약하면, 상표권자의 첫 번째 주장은 누구나 수긍할 수 없는 억지주장임을 쉽게 알 수 있고, 세 번째 주장은 허위증거에 기초한 허위 주장임을 알 수 있다. 허위증거에 의하여 허위주장을 한다는 것은 허위의 사실관계로부터 자기에게 유리한 결론을 이끌어 내려는 기만행위이고, 재판부를 모독하는 행위다.

본 사건의 원심은 이렇게 진행되어 왔는데도 불구하고, 상고심은 이러한 사정을 전혀 고려하지 아니하고 상표권자의 두번째 주장에 관한 원심의 사실관계를 직접 판단하였다. 그것도 객관적인 증거나 증언에 기초한 것이 아니라 주관적인 추측이나 가능성에 기초하여 그렇게 판단하였다. 판결로서의 기본적인 요건을 결여하고 있는 것이다.

Ⅳ. 결 어

법률적 판단의 기초가 되는 사실관계란 소송이 제기되기 전에 이미 발생하였던 과거의 사실들이다. 그러한 사실들은 변경될 수 없고 둔갑될 수도 없는 불변의 사실들이다. 사실관계란 대법원이 판단했다고 해서 달라지는 것이 아니다. 사실관계란 규명(discovery)되는 것이지 판단(judgement)되는 것이 아니다. 더욱이 대법원은 사실관계를 규명할 권한이 없다. 법률적 판단을 내리기에 사실관계가 미흡하다면 대법원은 그 사건을 원심법원으로 환송할 수 있을 뿐이다. 이런 관점에서 2004후1809 판결은 중대한 잘못을 범하고 있다. 나아가 그 판결이유도 모두 적법하지 못하다. 추측이나 가능성에 기초하여 사실관계를 번복한 점, 별도의 증거방법 없이 카탈로그의 발행일을 인정한 점, 증인의 증언이 착오였을 가능성 때문에 증인의 증언을 증언내용과 상반되게 해석한 점 등은 그 부적법성을 설명하기에 충분하다.

7. 상표 심사 · 심판의 부실[1]

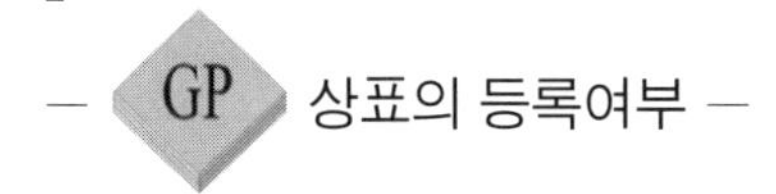

외국의 한 기업이 "원목목재, 건축용 목재 등"에 사용할 목적으로 아래와 같은 상표를 특허청에 출원하였다(출원번호: 2014-41976).

그러나 이를 심사한 심사관(김설규, 김주민, 정익)은 이 상표가 너무 간단하기 때문에 상표로서의 식별력이 없다고 판단하여 거절하였다.

1 특허심판원 2015원1319.

상표가 간단하거나 흔히 있는 것이라면 상표등록을 받을 수 없다(상표법 제6조 제1항 제6호). 예를 들어, "가", "A", "1", "○" 등과 같이 간단한 상표는 상표등록을 받을 수 없다. 상품의 출처를 나타낼 만한 식별력이 없다는 이유에서다. 상표에 있어서 '식별력'은 상표등록을 받기 위한 가장 중요한 요소이자 요건이다. 특허청의 내부규정인 상표심사기준에서도 '2자 이내의 알파벳으로 구성된 표장은 원칙적으로 간단한 표장'으로 규정하여 등록받을 수 없다. 심사관들은 이 상표심사기준에 의존하여 심사한다. 그래서 심사관은 본건상표도 2개의 알파벳 "GP"와 별로 특징이 없는 "마름모 도형"으로 이루어져서 식별력이 없다고 판단한 것이다. 특히 심사관은 "마름모 도형"을 '나무판자 모양'이라고 하여 지정상품(원목목재, 건축용 목재 등)과 관련하여 볼 때 특별한 식별력이 없다고 하였다.

심사관의 거절결정에 불복하여 청구된 심판(심판장 권혁중: 심판번호 2015원1319; 2016.05.20 심결)에서도 같은 이유로 판단하였다. 심결이유를 인용하면 다음과 같다.

> *"이 사건 출원상표" GP "는 마름모꼴의 사각 도형 가운데에 영문자 'GP'가 결합된 표장으로서, 그 문자부분인 'GP'는 2글자의 영문 알파벳 대문자로 이루어져 있고, 글자 크기를 모두 동일하게 구성하였으며, 글자 사이에는 일정한 간격을 두는 등과 같은 문자의 일반적인 표현방식으로 이루어져 있어, 그 자체만으로는 특별한 의미나 관념을 부여하기가 어렵고, 특별히 눈에 띄게 도안화되었다고 볼 수도 없고, 이러한 상표가 등록될 경우에는 제한된 숫자의 영문 알파벳 두 글자의 단순 조합 중의 하나에 대한 독점권을 부여하는 결과가 되고, 이는 일반 거래업계에서 자유로운 사용을 원하는 글자조합에 대한 사용을 금하는 결과가 되어 공익에도 반한다고 할 것이며, 마름모꼴의 사각 도형은 ' '(출처: 위키백과사전, 검색어: 합판)과 같은 '합판'(목재를 얇게 오려낸 단판 여러 장을 겹쳐 1장의 판으로 만든 것)으로 구성된 사각도형이고, 이러한 사각도형은 '가공 원목목재(Manufactured solid wood timber), 공학목재 패널(Engineered wood based panel), 건축용 목재(Wooden building material)'와 같은 지정상품의 거래계에서 평이하게 찾아볼 수 있거나 흔한 형태의 도형이라 할 것이다. 그렇다면, 이 사건 출원상표는 흔히 사용되는 문자나 도형만으로 구성되었고, 달리 그 문자나 도형이 본래 가지고 있는 의미 이상으로 인식되거나 특별한 주의를 끌 정*

도로 도안화된 것이라고 보기도 어려워, 간단하고 흔히 있는 표장만으로 된 상표에 해당한다고 할 것이어서 상표법 제6조 제1항 제6호에 해당하고, … (생략) …"

특허심판원의 위 심결을 보면, 심판관들은 상표가 무엇인지조차 모르고 있다. 특허발명이 새로운 창작(creation)을 보호해 주는 것이라면, 상표는 최초의 선택(adoption)을 보호해 주는 것이다. "Apple"은 하나의 단어에 불과하지만 휴대폰에 사용하기 위해 최초로 선택되었기 때문에 그 선택한 자에게 상표권이 부여되는 것이다. "**GP**"도 두 알파벳에 불과하지만 최초로 선택되었기 때문에 보호될 수 있는 것이다. 두 알파벳의 조합에 대하여 독점권을 부여할 수 없다는 심결이유가 심판관들이 상표에 대하여 얼마나 무지한가를 극명하게 보여준다. "Apple"에 상표권을 부여하는 것은 공익에 반하지 않는데, "**GP**"에 상표권을 부여하는 것은 왜 반한다는 것인가. 상표의 식별력을 판단하기 위해 위키백과사전을 참조했다니 넋을 잃을 만하다.

상표심사기준에서 규정하는 "2자 이내의 알파벳으로 구성된 표장은 원칙적으로 간단한 표장"에는 분명 그에 해당하는 상표들이 존재한다. "**12**", "**AB**", "**CD**", "**xy**" 등이 그럴 수 있다. 하지만, "**3M**", "**LG**", "**SK**", "KT" 등은 식별력이 부인되지 않는다. "**GP**"는 어디쯤 있는지 상표법을 모르더라도 상식이 있는 자라면 알 수 있다. "2자 이내의 알파벳으로 구성된 표장은 원칙적으로 간단한 표장"이라는 규정을 극히 제한적으로 적용해야 한다는 것을 알 수 있다. 그런데 상표 심사관이나 심판관들은

상 표	등록번호
CP	599931
MG	370616
GQ	257940
HK	983167
LK	569616

'2개의 알파벳으로 구성되면 무조건 간단한 표장'이라고 기계적으로만 판단한다. 그런 심사라면 초등학생 정도도 능히 상표심사를 할 수 있다.

또한 출원인은 위와 같은 상표들이 등록되었다는 것을 제시하면서, 본건상표도 등록되어야 한다고 주장하였다.

이에 대하여 심판원은 다음과 같은 이유를 달았다:

> *"청구인은 이 사건 출원상표와 구성이 유사한 다른 상표들이 등록된 사례가 있어 이 사건 출원상표도 식별력이 인정되어야 한다는 취지의 주장을 하나, 상표의 식별력 유무는 지정상품과의 관계에서 개별적으로 판단되어야 하고, 다른 상표들이 등록되어 있다고 하여 이 사건 출원상표도 반드시 등록되어야 하는 것은 아니므로, 청구인의 위와 같은 주장은 받아들일 수 없다."*

상표전문가라 할 수 있는 상표심판관이 이러한 이유로 청구인의 주장을 배척하였다. 위와 같은 이유는 전문가가 해야 할 답변이 아니다. 전문가답게, "**GP**" 상표가 왜 식별력이 없는지, 왜 상표가 될 수 없는지에 대하여 논리적으로 설명할 수 있어야 한다. 그렇지 못하다면, "**GP**" 상표의 식별력을 부인해서는 안 된다.

8. "독도참치" 사건 – 특허법원 2015허7803 상표등록무효심판 사건에 대하여[1]

I. 머리말

특허법원은 2016년 6월 "독도의 참치를 실제로 쓰지 않으면서 '참치전문 식당체인업'을 지정하여 상표등록한 '**독도참치**'는 무효"라는 취지로 판결했다. 2010년에 출원하여 등록받고 200여 곳 가맹점을 두고 연 매출 1,000억 원을 올리고 있던 '**독도참치**'의 상표권자는 졸지에 날벼락을 맞게 되었다. 왜 날벼락을 맞게 되었는지 그리고 무엇이 어떻게 잘못되었기에 날벼락이 내려졌는지 구체적으로 살펴본다.

1 「창작과 권리」 제84호(2016년 가을호).

II. 상표의 심사과정부터 소송판결까지의 개요

1. '**독도참치**' 상표의 심사 및 등록과정

㈜독도참치는 '**독도참치**(stylized)' 표장에 대하여 2010년 12월 상표출원을 하였다. 지정서비스업은 43류의 '참치전문 식당체인업; 참치전문 간이식당업'이었다. 이 서비스업은 심사과정에서 심사관의 요청에 따라 '독도근해에서 어획한 참치를 사용함'이라는 문구로 한정되어, 최종적으로 등록받은 서비스업은 '참치전문 식당체인업(독도근해에서 어획한 참치를 사용함); 참치전문 간이식당업(독도근해에서 어획한 참치를 사용함)'이었다. 그럼에도 불구하고 이 상표출원은 등록받지 못하고 거절되었다. 거절이유는 상표법 제6조 제1항 제3호 및 제4호에 기초하였다. 즉 '**독도참치**'가 제3호의 기술표장에 해당하고, 제4호의 현저한 지리적 명칭에 해당한다는 것이었다. 제6조 제2항에 의거한 사용에 의한 식별력을 주장하였으나 심사관은 이를 인정하지 않았다.

출원인은 불복심판을 청구하였고, 심판에서는 '독도참치'가 제3호 및 제4호에 해당하지만, 제6조 제2항에 의거한 사용에 의한 식별력을 취득하였다고 판단하였다.[2] 그리하여 본건상표는 2013.08.29.자 등록번호 제267446호로 등록되었다.

2. 특허심판원 심결

본건상표에 대하여 일부 가맹점주들(18인)은 무효심판을 제기하였다. 무효사유는 (1) 본건상표에 대하여 사용에 의한 식별력을 인정한 것은 잘못된 것이어서 본건상표는 제3호 및 제4호에 해당하고, (2) 독도근해에서 어획된 참치를 사용하지 않았기

2 2012원3567.

때문에 품질을 오인케 하여 제7조 제1항 제11호에 해당한다고 주장하였다. 다시 말해서, 본건상표는 사용에 의한 식별력 판단이 잘못되었고, 따라서 기술표장에 해당하고, 현저한 지리적 명칭에 해당하며, 품질을 오인케 할 염려가 있다는 것이다.

이러한 청구인의 주장에 대하여, 상표권자는 심판을 통하여 제6조 제2항에 의한 사용에 의한 식별력을 인정받았기 때문에 제3호 및 제4호에 해당하지 않으며, 서비스업을 '독도근해에서 어획한 참치를 사용함'으로 한정하였기 때문에 품질오인의 우려가 원천적으로 해소되었고, 등록후에 실제 참치의 출처로 발생하는 문제에 대해서는 제7조 제1항 제11호를 적용할 수 없다고 항변하였다.

이에 대하여 특허심판원은 다음과 같이 판단하였다.

"이 사건 등록서비스표는 국내 수요자 간에 지정서비스업인 참치전문식당 체인업 등과 관련하여 사용에 의한 식별력을 취득하였으므로 상표법 제6조 제1항 제3호 및 제4호에 해당되지 않는다. (중략)

이 사건 등록서비스표의 지정서비스업은 "참치전문식당체인업{독도근해에서 어획한 참치를 사용함}, 참치전문간이식당업{독도근해에서 어획한 참치를 사용함}"으로 지정서비스업이 모두 "독도근해에서 어획한 참치를 사용함"과 같이 표장 구성과 지정서비스업과의 관계에서 품질 오인을 일으킬 염려가 없는 서비스업으로 범위가 감축되어 있다. 그 결과 이 사건 등록서비스표는 표장의 구성 자체가 그 지정서비스업이 본래적으로 가지고 있는 성질과 다른 성질을 가지고 있는 것으로 표시하고 있다고 볼 수 없고, 일반수요자들도 이 사건 등록서비스표가 그 지정서비스업에 사용되었을 때 독도근해에서 어획한 참치를 사용하는 참치전문식당체인업이나 참치전문간이식당업 정도로 인식할 것이어서 이 사건 등록서비스표는 일반수요자로 하여금 지정서비스업의 품질을 오인하게 할 염려는 없다 할 것이며, 서비스표 등록 이후에 사후적으로 원산지 표시를 위반하여 사용하는지 여부까지 고려하여 지정서비스업의 품질오인 여부를 판단할 것은 아니라 할 것이다."

3. 특허법원 판결

특허심판원 심결에 불복하여 청구인들은 특허법원에 항소하였고, 특허법원은 다음과 같이 판결하였다.

"이 사건의 쟁점은, 이 사건 등록서비스표가 ① 그 등록 여부 결정 당시 구 상표법 제6조 제2항의 사용에 의한 식별력을 취득한 것인지 여부와 ② 상표법 제7조 제1항 제11호의 품질을 오인할 염려가 있는 경우에 해당하는지 여부가 되므로, 이하 차례로 따져보기로 한다. (중략)

피고는 이 사건 등록서비스표의 등록여부 결정 이전까지 장기간에 걸쳐 이 사건 등록서비스표 '독도참치'를 사용한 참치전문 식당체인업을 대규모로 영위함으로써, 일반 수요자 사이에 이 사건 등록서비스표가 특정인의 참치전문 식당체인업 등에 관한 출처표시로 인식되기에 이르렀다고 볼 여지는 충분하다.

그러나 다른 한편, 구상표법 6조2항은 "6조1항3호 내지 6호에 해당하는 상표라도 6조2항의 규정에 의한 상표등록출원 전에 상표를 사용한 결과 수요자 간에 그 상표가 누구의 업무에 관련된 상품을 표시하는 것인가가 현저하게 인식되어 있는 것은 '그 상표를 사용한 상품'을 지정상품으로 하여 상표등록을 받을 수 있다."고 규정하고 있었으며, 이는 서비스표에 대해서도 마찬가지로 적용된다. 즉, 서비스표를 사용한 결과 식별력을 취득하여 서비스표등록을 받을 수 있는 것은 '그 서비스표를 사용한 서비스업'으로 한정되는 것이다.

따라서 이 사건 지정서비스업이 독도근해 참치를 사용한 참치전문 식당체인업 등인 만큼, 이 사건에서는 과연 이 사건 등록서비스표가 단순한 참치전문 식당체인업이 아니라 독도근해 참치를 사용한 침치전문 식당체인업 등의 식별표지로 일반 수요자 사이에 현저하게 인식될 정도로 사용되었는지가 문제된다.

그러나 아래와 같은 사정들에 비추어 볼 때, 위 인정사실만으로는 이 사건 등록서비스표가 그 등록여부 결정 당시 독도근해 참치를 사용한 참치전문 식당체인업 등에 관하여 누구의 서비스를 표시하는 것인가가 일반 수요자 사이에 현저하게 인식되어 식별력을 가질 정도에 이르렀다고 보기 어렵다. (중략)

이 사건 등록서비스표가 독도근해 참치를 사용한 참치전문 식당체인업 등에 관하

여 일반 수요자 사이에 현저한 식별표지로 인식될 정도로 사용되었다고 볼 수 없는 이상, 이 사건 등록서비스표가 일반 참치전문 식당체인업 등에 관련하여 사용에 의한 식별력을 취득하였다고 해서 이 사건 지정서비스업에 대해서까지 당연히 사용에 의한 식별력을 취득한다고 할 수는 없다. (중략)

원래 서비스표등록 출원에 대한 심사 과정에 이루어진 특허청 심사관의 의견제출통지는 출원인에 대하여 어떠한 구속력도 갖지 않는 것이어서, 출원인이 반드시 이에 따를 필요는 없다. 더욱이 피고가 지적하는 위 의견제출통지에 관한 을70호증의 기재에 의하면, 위 의견제출통지는 이 사건 등록서비스표와는 아무런 관련이 없는 별개의 서비스표등록 출원 과정에 피고가 아닌 타인에 대하여 이루어진 것이어서 피고가 그것까지 고려할 이유도 없다. 나아가 설령 특허청 심사관의 위와 같은 의견제출통지가 피고에게 어떠한 신뢰를 부여하는 행정행위라고 보는 경우라도, 이는 피고와 특허청 사이의 문제일 뿐, 이러한 사정을 들어 이 사건 등록서비스표에 무효사유가 있음을 주장하고 있는 원고들에게까지 대항할 수는 없는 것이다."

Ⅲ. '**독도참치**'에 대한 올바른 이해

상표는 식별력의 유무에 따라 일반명칭표장(generic mark), 기술표장(descriptive mark), 암시표장(suggestive mark), 임의선택표장(arbitrary mark) 및 조어표장(coined mark) 5가지로 분류한다. 이 중에서 일반명칭표장과 기술표장은 식별력이 없기 때문에 등록받을 수 없다. 우리 상표법은 일반명칭표장을 보통명칭과 관용명칭으로 구분하여 각각 제6조 제1항 제1호 및 제2호에서 규정하고, 기술표장은 제3호에서 규정한다. 하지만 암시표장, 임의선택표장 및 조어표장은 본질적인 식별력이 인정되기 때문에 등록받을 수 있다.

그런데 기술표장은 본래 등록받을 수 없지만 사용에 의하여 식별력이 취득되면 제6조 제2항에 의해 등록받을 수 있다. 일반명칭표장은 사용에 의해서도 식별력을 취득할 수 없기 때문에 어떤 경우도 등록받을 수 없다.

그렇다면 "**독도참치**"는 위 5가지 상표 중에서 어디에 해당할까. 물론 일반명칭은 아니다. 조어표장도 아니다. 독도가 참치의 산지로 알려져 있다면 기술표장에 해당한다. 기술표장에 해당하는 한 상표등록을 받을 수 없다. '독도'가 지정서비스업인 '참치전문식당체인업 등'과 관련하여 '독도'와 관련된 어떤 좋은 이미지를 연상할 수 있다면 '**독도참치**'는 암시표장이다. 담배에 사용하는 '**SPOON**'이라는 상표처럼, '독도'가 '참치전문식당체인업 등'과 아무런 관련이 없다면, '**독도참치**'는 임의선택표장이다. 이 중에서 분명한 것은 독도가 우리나라 국민에게 참치의 주산지로 널리 알려져 있다고 볼 수 없다는 점이다. 그렇다면 '**독도참치**'는 암시표장 내지는 임의선택표장이라는 결론에 이를 수 있다.

'독도참치'가 기술표장인지 아니면 암시표장인지를 상표법의 법리에 따라 판단해 보자. 어떤 표장이 기술표장인지 아니면 암시표장인지를 판단하는 방법에는 주로 다음의 3가지 방법이 사용되는데, 첫째, 표장이 그 상품에 관한 정보를 직접적으로 설명하는지의 여부, 둘째, 표장이 상품에 관한 정보를 설명하기 위하여 경쟁업자들에 의하여 사용되어 왔는지의 여부, 그리고, 셋째, 표장이 상품에 관한 정보를 설명하기 위하여 다른 경쟁업자에 의하여 장차 사용될 필요성이 있는지의 여부가 바로 그것이다. 어떤 표장이 상품에 관한 정보를 직접적으로 설명하거나 경쟁업자들에 의하여 사용되고 있거나 또는 장차 그 용어가 상품의 정보전달을 위하여 경쟁업자에 의하여 사용될 필요성이 있다면 그 표장은 기술표장으로 판단되지만, 그렇지 않다면 암시표장이나 임의선택표장으로 보아야 한다. 암시표장을 다르게 정의하면, 상품이나 서비스업의 성질(nature)이나 속성(attribute)을 직접적으로 나타내지 않고 암시(hint)를 주거나, 그 표장을 이해함에 있어서 어느 정도의 상상력(a degree of imagination)을 필요로 하는 상표이다. 반면 기술표장은 상품이나 서비스업의 성질이나 속성을 직접적으로 나타낸다. '**독도참치**'라는 참치전문식당의 상호를 접하였을 때 그곳은 '독도에서 잡은 참치'를 제공할 것이라고 생각하는 소비자는 없다.

결론적으로 '**독도참치**'는 '참치전문식당체인업 등'과 관련하여 암시표장이라 할 수 있고, 유사한 선등록상표가 존재하지 않는 한 등록을 받지 못할 하등의 이유가 없다.

Ⅳ. 심사, 심판 및 소송의 문제점

'**독도참치**'의 무효사건은 우리나라 상표제도의 총체적인 문제점을 드러낸다. 심사관의 심사부터 시작해서 특허심판원의 심판 그리고 특허법원의 소송에 이르기까지 어느 하나 상표법 이론을 올바로 적용한 것이 없다.

1. '**독도참치**' 심사의 문제점

(1) '**독도참치**'를 암시표장으로 판단하지 않고, 기술표장으로 판단하여 거절한 것은 심사를 잘못한 것이다. '독도 참치'는 '영광 굴비', '진영 단감', '강화 화문석', '금산 인삼' 등과 같지 않다. 독도가 참치의 산지로 알려졌다고 할 수 없기 때문이다. 독도는 참치와 관련된 정보를 전달하는 데 사용되어야 할 용어가 아니다.

(2) '독도'를 현저한 지리적 명칭('지명')으로 보아 제4호를 적용한 거절이유도 타당하지 않다. 지명으로 이루어진 상표의 등록여부를 판단하는 것은 현저한 것인지의 여부가 아니라 상품이나 서비스가 그 지명과 어떤 관계가 있느냐 하는 것이다.

우리나라에서 '서울'보다 더 현저한 지명은 없을 것이다. 하지만 우유에 대해서 '**서울우유**'는 얼마든지 등록되어야 한다. '서울'은 현저한 지명이기 때문에 '**서울우유**'는 등록받을 수 없고, '도형(로고)'과 결합하였기 때문에 '**도형&서울우유**'가 등록받은 것이라 말한다면, 상표법의 기본을 모르는 것이다. '**뉴욕제과**', '**파리바게트**', '**부산파이프**', '**독일빵집**' 등도 같은 맥락에서 다른 로고나 도형 없이 그 자체로서 등록되어야 한다. 하나의 면단위 지명에 불과하지만, '이동막걸리'나 '일동막걸리'는 막걸리 산지로 유명하다면 상표등록을 받을 수 없는 것이다. '현저한 지명만으로 된 상표'는 등록받을 수 없다고 한 제4호 규정이나, '현저한 지명' 외에 다른 요소(도형이나 다른 단어)가 결합되면 등록을 인정해 주는 특허청의 심사관행은 상표법의 법리로부터 삼만 리쯤 멀어져 있다. 더구나 시, 군, 구의 지명은 현저하고, 그 이하의 지명은 현저하지 않다고 규정한 상표심사기준과 그 기준에 의존하는 심사관행은 상표의 기본개념을 이해하지 못한 것이다. 제4호 규정은 하루빨리 폐지되어야 할 규정이다.

(3) 심사과정에서 심사관이 '참치전문 식당체인업'으로는 등록받을 수 없으니, '(독도근해에서 어획한 참치를 사용함)'으로 부기하라고 한 것은 상표법에 대한 무지의 극치를 보여 준다. '독도근해에서 어획한 참치'를 사용한다면, '독도참치'는 참치의 산지를 기술하게 되어 기술표장에 해당한다. 기술표장은 등록받을 수 없다고 하였다. '(독도근해에서 어획한 참치를 사용함)'을 부기함으로써 등록받을 수 없는 상태로 만들어 놓고, 다시 등록을 인정해 주는 결과를 가져온 것이다. 더 심각한 문제는 아직까지도 지명이 들어간 대부분의 표장에 대하여 이와 같은 방식의 심사관행이 적용되고 있다는 점이다.

2. '**독도참치**' 심결의 문제점

(1) 심결에서는, '**독도참치**'가 사용에 의하여 식별력을 취득하였기 때문에 제3호 및 제4호에 해당되지 않는다고 판단하였다. 그러나, '**독도참치**'는 암시표장이다. 암시표장은 본래의 식별력(inherent distinctiveness)이 인정되기 때문에 사용에 의한 식별력을 판단할 필요가 없다. '**독도참치**'는 암시표장이기 때문에 제3호나 제4호에 해당되지 않는 것이지, 사용에 의하여 식별력을 취득하였기 때문에 제3호나 제4호에 해당되지 않는 것이 아니다.

(2) 심결에서는, '**독도참치**'가 그 지정서비스업에 사용되었을 때 독도근해에서 어획한 참치를 사용하는 참치전문식당체인업이나 참치전문간이식당업 정도로 인식할 것이어서 일반수요자로 하여금 지정서비스업의 품질을 오인하게 할 염려는 없다 할 것이며, 서비스표 등록 이후에 사후적으로 원산지 표시를 위반하여 사용하는지 여부까지 고려하여 지정서비스업의 품질오인 여부를 판단할 것은 아니라고

판단하였다. 제11호의 품질 오인에 대한 설명이다. 그러나, 암시표장이나 임의선택표장 또는 조어표장에는 제11호가 적용되지 않는다. 이미 본질적인 식별력이 인정되어 출처표시기능을 충분히 갖고 있는데, 품질을 오인시킬 우려가 있다는 것은 성립할 수 없기 때문이다.

3. '**독도참치**' 판결의 문제점

(1) 특허법원은 "*이 사건 등록서비스표가 특정인의 참치전문 식당체인업 등에 관한 출처표시로 인식되기에 이르렀다고 볼 여지는 충분하다*"고 판단하면서, "*이 사건 등록서비스표가 그 등록여부 결정 당시 독도근해 참치를 사용한 참치전문 식당체인업 등에 관하여 누구의 서비스를 표시하는 것인가가 일반 수요자 사이에 현저하게 인식되어 식별력을 가질 정도에 이르렀다고 보기 어렵다*"고 판단하였다. 그리고는 "*이 사건 등록서비스표가 일반 참치전문 식당체인업 등에 관련하여 사용에 의한 식별력을 취득하였다고 해서 이 사건 지정서비스업에 대해서까지 당연히 사용에 의한 식별력을 취득한다고 할 수는 없다*"라고 결론지었다.

이러한 결론에 이르기까지 특허법원은 최소한 두 가지 사항에 대하여 잘못된 판단을 하고 있다. 하나는 심사과정에서 부기된 '(독도근해에서 어획한 참치를 사용함)'에 집착하고 있다는 것이고, 다른 하나는 상표(서비스표 포함)의 본질적 기능을 이해하지 못하고 있다는 점이다.

① 심사과정에서 심사관이 '(독도근해에서 어획한 참치를 사용함)'으로 부기하라고 한 것은 상표법에 대한 무지의 극치라 하였다. '독도근해에서 어획한 참치'를 사용한다면, '**독도참치**'는 참치의 산지를 기술하는 기술표장에 해당하여 등록을 받을 수 없기 때문이다. 심사관의 요청에 따른 부기는 등록받을 수 없는 상태로 만들어 놓고, 등록을 인정해 주는 결과를 가져온 것이다. '**독도참치**'는 암시표장에 해당하기 때문에, 설사 심사관의 요청에 따라 부기되었다 하더라도, 그 부기는 판단할 가치가 없는 것이다.

② 두 번째로, "'**독도참치**'가 일반 참치전문 식당체인업 등에 관련하여 사용에 의한 식별력을 취득하였다고 해서 그 지정서비스업에 대해서까지 당연히 사용에 의한 식별력을 취득한다고 할 수는 없다"라고 판단한 것은 실로 어이없다. '**독도참치**'의 지정서비스업은 바로 '참치전문 식당체인업'이다. '**독도참치**'는 하나의 참치식당을 나타내기에 충분하다. 수요자는 '**독도참치**'를 하나의 서비스 주체, 즉 하나의 식당으로 인식할 뿐이다. 수요자가 상표등록원부를 보고나서 '(독도근해에서 어획한 참치를 사용함)'이라는 문구를 읽고 '**독도참치**'를 찾아가는 것이 아니다. 상호를 '**독도참치**'라 했더라도, 그 식당에서 '독도근해에서 어획한 참치'를 제공할 것이라고 생각할 수요자는 없다. '**독도참치**'는 다른 여타의 식당들과 식별하기 위하여 상호이자 상표로서 선택되었을 뿐이다. 그리고 하나의 서비스 출처를 나타내기에 충분한 것이다.

독도가 참치의 산지로 유명하다고 할 수 없는 상황 하에서, '**독도참치**'는 수요자가 하나의 서비스 주체를 식별하기 위한 수단에 불과하다. 상표권자 입장에서 생각해 본다면, 다른 암시표장들처럼, 상호를 '**독도참치**'라 함으로써 수요자에게 '청정한 바다', '우리나라 동쪽 끝에 있는 섬', '저 멀리 동해바다 외로운 섬' 정도를 연상케 하여, 식당으로서의 좋은 이미지를 나타내고자 했을 것이다. 일반 참치식당으로서의 식별력은 취득했으나, 독도근해에서 어획한 참치를 사용하는 식당으로는 식별력을 취득하지 못하였다는 특허법원의 판단은 상표의 본질적 기능을 이해하지 못한 궤변에 불과하다.

(2) 특허법원은 "*서비스표등록 출원에 대한 심사과정에 이루어진 특허청 심사관의 의견제출통지는 출원인에 대하여 어떠한 구속력도 갖지 않는 것이어서, 출원인이 반드시 이에 따를 필요는 없다*"고 설시하였다. 나아가, "*의견제출통지가 피고에게 어떠한 신뢰를 부여하는 행정행위라고 보는 경우라도, 이는 피고와 특허청 사이의 문제일 뿐, 이러한 사정을 들어 이 사건 등록서비스표에 무효사유가 있음을 주장하고 있는 원고들에게까지 대항할 수는 없는 것이다*"라고 판단하였다. 이러한 판단은 특허법원이 상표심사절차에 대하여 무지하다는 것을 보여 준다.

심사관의 의견제출통지에 대응하지 않으면 심사관은 거절결정을 내린다. '**독도참치**'와 같이 심사관이 부당한 줄도 모르고 부기를 요청할 때, 출원인은 그 부당함을 알면서도 등록을 받기 위하여 그 요청에 응하게 된다. 물론 이 경우 포대금반언의 원칙에 따라 결과에 대한 책임을 모두 출원인이 지게 된다. 이런 심사과정을 어떻게 구속력을 갖지 않는다고 할 수 있으며, 피고와 특허청 사이의 문제일 뿐이라고 할 수 있단 말인가. 이 사건의 모든 문제는 '**독도참치**'를 암시표장이라 보지 못하고 기술표장이라고 잘못 본 데서 비롯된 것이며, 특허법원의 판결은 그러한 잘못을 지적하지도 못한 채, 문구에만 매달려 나무만 볼 뿐 숲을 보지 못하고 있고, 나아가 상표심사절차에 대한 이해마저 부족한 현실을 적나라하게 보여 준다.

Ⅴ. 아수라장과 같은 상표등록현황

앞에서 설명한 것은 '**독도참치**'의 식별력에 관한 것이다. 식별력의 유무를 기준으로 분류한 5가지 상표 중에서 '**독도참치**'는 암시표장 내지는 임의선택표장이다. 이들은 본질적인 식별력이 인정되기 때문에 선등록된 유사상표가 존재하지 않는 한 상표등록으로부터 배제될 수 없다.

앞에서 설명한 내용들은 모두 유사한 선등록상표가 존재하지 않는다는 가정하에서 검토된 것들이다. 그런데 '**독도참치**' 무효사건을 검토하면서, 뜻밖에도 유사한 상표들이 선등록된 사실을 알게 되었다. 본건상표 '**독도참치**'의 출원당시 제43류의 동일한 서비스업에 이미 아래 표의 6개의 상표가 등록되어 있었다.

상 표	출원인	출원일	등록일	등록번호
독도 참치	㈜독도참치	2010.12.29	2013.08.29	267446
세상독도 참치	㈜이독도SFC	2001.01.04	2002.07.16	77413
골드독도참치	㈜이독도SFC	2001.06.02	2002.12.23	82472

	㈜이독도SFC	2008.05.14	2009.05.07	27452
원본부독도참치	장보영	2006.09.04	2007.08.27	153702(말소)
	김동하	2009.10.13	2011.02.10	206728(말소)
KJW OK 독도참치	김종욱	2010.04.28	2011.10.13	219017(말소)

(1) "**미송독도참치 & 도형**", "**골드독도참치**", "**독도참치 & 도형**", "**원본부독도참치**", "**진우리 독도참치 & 도형**", "**KJW OK 독도참치**"가 등록된 상황에서는 "**독도참치**"가 더 이상 상표로서의 식별력을 발휘할 수 없다. 다시 말해서, "**독도참치**"가 식별력을 갖지 못하는 것으로 보았기 때문에, '**독도참치**'가 포함된 서로 다른 상표가 6개나 등록된 것이다. 그리고 각각의 상표에서 식별력이 있다고 판단한 부분은 '**독도참치**'를 제외한 "**미송**", "**골드**", "**도형**", "**원본부**", "**진우리 & 도형**", "**KJW OK**"이다.

'**독도참치**'는 암시표장이나 임의선택표장으로 판단하여 식별력이 인정되어야 함에도 불구하고, 기술표장으로 판단하여 식별력이 없는 것으로 판단하였기 때문에 위와 같은 결과를 가져온 것이다. 나아가 출원인들은 편법으로라도 등록받고자, 실제로 그렇게 보호할 만한 가치가 없는데도, 다른 용어를 결합하여 등록받고자 하는 경향이 나타난다.

(2) 등록번호 제27452호 상표에는 '**독도참치**'라는 용어가 병기되어 있다.

이 상표에서는 '**독도참치**'가 이미 식별력을 상실하였고, 도형 부분에 식별력이 있기 때문에 등록될 수 있었다고 나름대로의 등록이유를 댈 수 있다. 그렇다면 등록 제267446호의 "**독도참치**"는 등록이유를 어떻게 설명할 수 있을까. 물론 제267446호의 "**독도참치**"는 사용에 의한 식별력을 인정받아 제6조 제2항에 의거 등록되었다. 그렇다면 제267446호의 "**독도참치**"에서는 '사용에 의한 식별력'을 잘못 판단한 것이다. 제6조 제2항에 기초한 사용에 의한 식별력을 인정받기 위해서는, 식별력이 없는 상표라 하더라도, 특정인만이 사용함으로써 그 상표가 특정의 출처를 표시하는 것으로 수요자에게 인식되어야 한다. '독도참치'라는 용어가 이미 위와 같이 6개의 상표에 포함되어 서로 다른 네 명의 출원인에 의하여 사용(등록)되고 있는 상황하에서는 사용에 의한 식별력을 인정할 수 없는 것이다. 다시 말해서, "**미송독도참치 & 도형**", "**골드독도참치**", "**독도참치 & 도형**", "**원본부독도참치**", "**진우리 독도참치 & 도형**", "**KJW OK 독도참치**"가 등록된 상황하에서, 어느 제3자가 "**독도참치**"를 독점적으로 사용했다고 주장하여 사용에 의한 식별력을 인정받는다면, 선등록 상표권자들은 멘붕 상태가 되거나 호갱이 될 수밖에 없다.

(3) 그런데 "**독도참치**"를 포함하는 서로 다른 6개의 상표가 선등록되었고, 그 후 "**독도참치**"가 사용에 의한 식별력을 인정받아 제3자에게 또 등록되었다. 이쯤 되면 우리나라의 상표권 보호는 아수라장 아니면 진흙탕 속의 싸움밖에 되지 못한다. 그래서 상표권을 제대로 보호할 수가 없다. '**맥도날드**'나 '**피자헛**'과 같은 저명한 상표가 탄생할 수 없다. 상표 받아 봐야 말짱 도루묵이다. 모두 상표의 본질을 이해하지 못한 잘못된 심사관행, 그 잘못도 알지 못한 채 진행되는 심판이나 소송으로부터 비롯된 것이다.

VI. 결 어

"**독도참치**"는 지정서비스업인 '참치전문식당체인업 등'과 관련하여 '독도'와 관련된 어떤 좋은 이미지를 연상할 수 있다면 '**독도참치**'는 암시표장이다. 담배에 사용하는 'SPOON'이라는 상표처럼, '독도'가 '참치전문식당체인업 등'과 아무런 관련이 없다면, '독도참치'는 임의선택표장이다. 독도가 우리나라 국민에게 참치의 주산지로 널리 알려져 있다고 볼 수 없기 때문에, '**독도참치**'는 최소한 암시표장 내지는 임의선택표장이라는 결론에 이를 수 있다. 이를 이해하지 못하였기 때문에, "**미송 독도참치 & 도형**", "**골드독도참치**", "**독도참치 & 도형**", "**원본부독도참치**", "**진우리 독도참치 & 도형**", "**KJW OK 독도참치**"가 난립하여 등록되었고, 식별력을 갖는 "**독도참치**"가 식별력을 갖지 못하게 되었다. 암시표장이나 임의선택표장은 본래의 식별력이 인정되기 때문에 제6조 제2항의 대상이 될 수 없다. 부수적으로, '현저한 지리적 명칭만으로 이루어진 표장'을 식별력이 없는 것으로 규정하는 제4호 규정이 불필요하고 잘못된 규정임을 알 수 있을 것이다. 제4호는 폐지되어야 한다.

9. 품질오인 표장 또는 수요자 기만 표장에 관한 고찰[1]

— 상표법 제34조 제1항 제12호의 문제점 - "**한국멋글씨연구원**" 표장의 심사 사례를 중심으로 —

I. 머리말

상표법 제34조 제1항 제12호에서는 "상품의 품질을 오인하게 하거나 수요자를 기만할 염려가 있는 상표"를 등록받을 수 없는 상표로 규정한다. 제34조 제1항에서는 모두 21호까지 규정하여 21가지에 해당하는 상표를 등록받을 수 없는 것으로 규정한다. 제34조 제1항에서 규정하는 상표등록을 받을 수 없는 상표들은 식별력에 관한 문제가 아니다. 제34조 제1항에서 규정하는 상표들은 모두 상표로서의 식별력을 갖추고 있지만, 선등록상표와 유사하다거나 아니면 공익적인 이유로 등록을 받을 수 없는 상표들이다. 제12호에서 규정하는 "상품의 품질을 오인하게 하거나

1 「창작과 권리」 제88호(2017년 가을호).

수요자를 기만할 염려가 있는 상표"는 바로 일반 수요자를 보호하겠다는 공익적인 이유로 도입된 규정이다. 그런데 제12호에서 규정하는 "상품의 품질을 오인하게 하거나 수요자를 기만할 염려가 있는 상표"(이하, '품질오인 표장, 수요자 기만 표장'이라 함)를 적용하는 특허청의 심사실무는 아직도 미흡하다. 표장 "**한국멋글씨연구원**"의 심사 사례를 중심으로 제12호에 대한 문제점을 살펴본다.

II. 사건의 경위

1. "**한국멋글씨연구원**"의 최초출원[2]

(1) 최초출원의 개요

본건 최초출원은 한 개인이 "**한국멋글씨연구원**"(이하, '본건표장')에 대하여 제41류의 '서예학원 경영업, 서예관련 개인교수업' 등을 지정하여 출원한 것이다. 이를 심사한 심사관은 다음과 같은 이유로 의견제출통지서를 발부하였다(2016.08.29).

(2) 심사관의 거절이유

> *"거절이유 1: 상표법 제6조 제1항 제3호 및 제7호: 본건표장은 현저한 지리적 표시인 "한국"과 '멋있는 글씨를 연구하는 기관' 등의 뜻으로 관련 서비스업과 관련하여 지정서비스업의 성질(서비스 제공 내용, 용도, 품질 등) 표시인 "멋글씨연구원"이 결합하여 구성된 서비스표로서 식별력이 없고, 전체적으로도 이들 식별력 없는 표시들의 결합에 의해 새로운 관념을 형성하는 것도 아니어서 지정서비스업에 사용하는 경우 일반수요자가 누구의 업무와 관련된 서비스업인지를 표시하는가를 식별할 수 없는 서비스표이므로 등록을 받을 수 없다.*

2 출원번호 41-2016-9806.

*거절이유 2: 상표법 제7조 제1항 제11호(구상표법으로 현상표법의 제34조 제1항 제12호에 해당함): 본건표장은 자연인(개인)이 단체 명의("**한국멋글씨연구원**")로 인식되어지는 서비스표를 출원한 것으로서, 이를 지정서비스업에 사용할 경우 일반수요자로 하여금 공법상 특수법인, 공공연구기관 및 협회 또는 연맹 등과 같은 단체에서 제공하는 서비스로 품질을 오인하게 하거나 수요자를 기만할 염려가 있으므로 등록을 받을 수 없다."*

(3) 거절이유에 대한 출원인의 의견

가. 거절이유 1에 대하여

심사관은 본건표장이 현저한 지리적 표시인 "**한국**"과 '멋있는 글씨를 연구하는 기관' 등의 뜻으로 관련 서비스업과 관련하여 지정서비스업의 성질(서비스 제공 내용, 용도, 품질 등)표시인 "**멋글씨연구원**"이 결합하여 구성된 서비스표로서 식별력이 없고, 전체적으로도 이들 식별력 없는 표시들의 결합에 의해 새로운 관념을 형성하는 것도 아니라고 판단하였으나, 표장의 식별력은 표장을 분해하여 판단하는 것이 아니고 표장 전체로서 판단해야 한다. 표장을 분해하면 각각은 식별력이 없을 수 있지만, 표장을 전체적으로 판단하면 식별력을 부인할 수 없는 경우가 많다.

① "**한국 영어 연구원 & Korea Institute of English**"(서비스표등록 제02121123호)도 '한국', '영어', '연구원' 각각은 식별력이 없지만, 이들이 결합하여 식별력이 형성된 것이다.

② "**한국 영재 연구원 & KGEL**"(서비스표등록 제1115121호)도 '한국', '영재', '연구원' 각각은 식별력이 없지만, 이들이 결합하여 식별력이 형성된 것이다.

③ "**한국육류연구소 & Korean Meat Research Institute**"(서비스표등록 제0362067호)도 '한국', '육류', '연구소' 각각은 식별력이 없지만, 이들이 결합하여 식별력이 형성된 것이다.

④ "**대한역리학연구원**"(서비스표등록 제0100726호)도 '대한', '역리학', '연구원' 각각은 식별력이 없지만, 이들이 결합하여 식별력이 형성된 것이다.

⑤ "**대한키성장연구소**"(서비스표등록 제0342624호)도 '대한', '키성장', '연구소' 각각은 식별력이 없지만, 이들이 결합하여 식별력이 형성된 것이다.
⑥ "**대한성조숙연구소**"(서비스표등록 제0342625호)도 '대한', '성조숙', '연구소' 각각은 식별력이 없지만, 이들이 결합하여 식별력이 형성된 것이다.

물론 위 선등록 서비스표는 문자 외에 로고나 약자를 포함하고 있지만, 상표의 요부는 칭호(발음)가 가장 중요한 요소이기 때문에 상기 문자들의 결합에 의한 식별력을 부인할 수 없는 것들이다. 본건표장 중에서 "**멋글씨**"는 흔히 쓰는 용어도 아니며, 이를 포함하여 이루어진 "**한국멋글씨연구원**"은 하나의 서비스 주체를 나타내기에 충분한 식별력을 갖는다.

나. 거절이유 2에 대하여

개인이 "○○연구원" 또는 "○○연구소" 등을 서비스표로 등록받을 수 없다는 규정은 상표법 어디에도 없다. 개인도 해당하는 서비스업을 제공하는 자라면 얼마든지 이러한 용어의 서비스표 등록을 받을 수 있어야 한다. 위에서 열거한 6개의 서비스표는 모두 개인이 등록받은 것이다. 따라서 본건표장이 그 지정서비스업에 사용할 경우 일반수요자로 하여금 공법상 특수법인, 공공연구기관 및 협회 또는 연맹 등과 같은 단체에서 제공하는 서비스로 품질을 오인하게 하거나 수요자를 기만할 염려가 있어서 구상표법 제7조 제1항 제11호에 해당한다는 거절이유는 타당하지 않다.

(4) 심사관의 거절결정

출원인의 의견서를 검토한 심사관은 최초 거절이유 1, 2를 유지하여 최종 거절결정하였다. 심사관이 검토한 거절결정이유는 다음과 같다:

> *"본건표장 "**한국멋글씨연구원**"의 "**한국**"은 현저한 지리적 명칭에 해당되어 식별력이 없고, "**멋글씨연구원**"은 '멋있는 글씨를 연구하기 위하여 설치한 기관'으로 관념되어 지정서비스업과 관련하여 성질(서비스 제공 내용, 용도, 품질 등) 표시에 해당*

되어 식별력이 불인정된다. 아울러, 의견서에 예시한 선등록 서비스표는 모두 “도형” 또는 “영문약자” 등 다른 식별력 있는 요부를 포함하고 있어 등록된 것으로 본건표장과는 상이하다. 또한, 자연인이 법인 명의로 출원한 서비스표에 해당되어 “법인”, “공공연구기관” 또는 “공법상의 특수법인”과 관련있는 단체로 오인을 유발할 우려가 있어 서비스업의 품질을 오인・혼동케 하거나 수요자 기만의 우려가 있으므로 등록을 받을 수 없다. 그러므로 구상표법 제6조 제1항 제3호 및 제7호, 제7조 제1항 제11호에 해당되어 거절결정한다.”

2. “**한국멋글씨연구원**”의 후속출원[3]

(1) 후속출원의 개요

본건표장 출원인은 “**한국멋글씨연구원**”에 로고디자인 “”을 결합한 “**한국멋글씨연구원**”(이하 ‘후속표장’)에 대하여 다시 출원하였다. 위에서 예시한 6개의 선등록표장을 보더라도(위 6개 외에도 이런 류의 표장이 개인에게 등록된 예는 무수히 많다), 후속표장은 등록받지 못할 이유가 없다고 판단한 것이다.

(2) 심사관의 거절이유

*“상표법 제34조 제1항 제12호: 후속표장 중의 “***한국멋글씨연구원***”은 그 지정상품에 사용할 경우 일반수요자로 하여금 공법상 특수법인, 공공연구기관 등과 같은 단체에서 제공하는 서비스로 품질을 오인하게 하거나 수요자를 기만할 염려가 있으므로 등록을 받을 수 없다.”*

(3) 거절이유에 대한 출원인의 의견

제12호에 대한 특허청 심사기준은 출원상표가 본호에 해당되기 위해서는 일반수

3 출원번호 41-2016-101372.

요자에게 공법상 특수법인, 공공연구기관 등과 같은 단체에서 제공하는 서비스로 품질을 오인하게 하거나 수요자를 기만할 염려가 있는 경우에 제한적으로 적용한다는 점을 명시하고 있을 뿐, 개인이 "ㅇㅇ연구원" 또는 "ㅇㅇ연구소" 등으로 서비스표로 등록받을 수 없다는 규정은 없다.

"ㅇㅇ연구원" 및 "ㅇㅇ연구소"를 검색어로 키프리스(kipris)에서 검색한 결과 적법하게 등록된 466건 및 915건의 상표 등록예가 있다. 물론 이 가운데는 실질적인 공공기관이 출원한 경우도 포함되어 있지만, 대부분은 개인 및 사기업에서 출원한 경우이며, 최초출원에서 제시되었던 6개의 선등록상표도 다시 제시되었다.

서비스 산업이 발달하지 못했던 과거에는 대부분의 산업을 국가나 공공단체에서 주도하던 시절이 있었기 때문에, 일반 수요자 입장에서도 "ㅇㅇ연구원" 또는 "ㅇㅇ연구소"라고 하면 대부분 공공기관에서 제공하는 서비스라고 판단할 수도 있다. 그러나 서비스 산업이 다양하게 발달하고 있는 오늘날, 수요자들은 "ㅇㅇ연구원" 또는 "ㅇㅇ연구소"를 보고 더 이상 공공기관에서 제공하는 서비스라고 무조건적으로 판단하는 것이 아니기에 제12호 적용 유무는 지정상품과의 관계에서 그리고 대상표장과의 관계에서 개별적으로 판단함이 마땅하다. 예컨대 "한국식품연구소" 또는 "한국지식재산연구원" 등과 같이 실질적으로 그러한 업무를 영위하는 공공기관이 있거나, 권위있는 기관으로 오인할 염려가 있는 경우라면 당연히 제12호를 적용하여야 할 것이다. 그러나 후속표장을 구성하는 문자 "**한국멋글씨연구원**"이라는 공공기관은 존재하지 않으며, 어떠한 공적 권위있는 기관으로 오인할 만한 부분도 전혀 없다.

후속표장은 도형 " "과 문자 "**한국멋글씨연구원**을 결합시킨 것으로, 41류의 "서예학원 경영업" 등의 지정상품에 대하여 사용하고 있는 상표로서, 이러한 지정상품과의 관계에서 개인은 얼마든지 사적으로 후속표장을 사용할 수 있어야 한다. 나아가 후속표장의 수요자들은 서예를 배우고자 하는 사람들로서, 후속표장을 "글씨를 멋스럽게 쓰는 법을 가르쳐 주는 학원" 또는 "멋진 서예 글씨체를 배울 수 있는 학원" 정도로 판단할 뿐, "대한민국 정부 등이 공인한 한국글씨 연구기관" 등으로 생각한다는 것은 논리의 비약이라 하지 않을 수 없다. 후속표장은 도형 " "과 문자 "**한국멋글씨연구원**"을 결합한 "(도형)**한국멋글씨연구원**"으로서, 이미 제시한 6개의 선등록상표가 모두 개인 명의로 등록되었듯이, 이 후속표장 또한 등록받지 못할 이유가 없다.

(4) 심사관의 거절결정

출원인의 의견서를 검토한 심사관은 최초 거절이유를 유지하여 최종 거절결정하였다. 심사관이 검토한 거절결정이유는 다음과 같다:

> *"이건 후속표장은 도형과 "**한국멋글씨연구원**"이 결합하여 구성된 상표로서 그 구성부분 중 "**한국**"은 현저한 지리적 표시이고 "**연구원**"은 단체명칭으로 이 표장은 자연인이 단체명칭을 표장으로 출원한 상표이므로 이를 지정상품에 사용하는 경우 일반수요자로 하여금 출원인이 아닌 "**한국멋글씨연구원**"에서 서비스를 제공하는 것으로 서비스업의 품질을 오인 · 혼동케 하거나 수요자를 기만할 우려가 있다고 판단된다.*
>
> *한편, 출원인은 유사한 등록예를 들어 이 출원상표의 정당성을 주장하나 상표의 등록적격성의 유무는 지정상품과의 관계에서 각 상표에 따라 개별적으로 판단되어야 하므로 설령 문제된 상표와 동일 · 유사한 표장의 상표가 유사한 상품에 상표등록이 되었다고 하더라도 당해 상표의 경우에도 반드시 그 등록이 허용되어야 하는 것은 아니므로 출원인의 주장은 받아들일 수 없다."*

Ⅲ. 거절이유의 문제점

1. 최초출원 거절이유의 문제점

표장 "**한국멋글씨연구원**"에 대한 최초출원의 거절이유는 상표법 제6조 제1항 제3호 및 제7호 및 제7조 제1항 제11호에 관한 것으로, 이는 바로 기술표장(記述標

章: descriptive mark), 식별력이 없는 표장 및 품질오인 내지 수요자 기만 표장에 해당한다.

(1) 어떤 표장이 기술표장에 해당하면서 식별력이 없는 표장에 해당할 수는 없다. 즉 제6조 제1항 제3호와 제7호는 동시에 적용할 수 있는 규정이 아니다. 어떤 표장이 기술표장에 해당한다면, 그 자체가 식별력이 없다는 것을 의미한다. 따라서 그 경우에는 제3호를 적용하여 거절해야 한다. 기술표장에 해당하여 식별력이 없는 표장을 다시 제7호를 적용하여 거절하는 것은 제7호의 의미를 알지 못하기 때문이다. 제7호의 의미는 기술표장과 같이 식별력이 없는 표장을 규정하는 제6조 제1항 제1호 내지 제6호 외의 표장으로 식별력이 없는 표장을 의미하는 것이다. 간단히 몇 개의 예를 든다면「·」,「··」,「―」,「‖」,「~」등이 있다. 이런 것들은 상표등록을 받을 수 없다. 이들은 기술표장이 아니다. 이들은 '식별력이 없는 표장들'일 뿐이다. 이들은 제7호에 의해 거절되어야 한다. 따라서 본건표장 "**한국멋글씨연구원**"이 기술표장에 해당한다고 판단하면서 동시에 식별력이 없는 표장이라 판단한 것은 명백한 잘못이다.

(2) 본건표장 "**한국멋글씨연구원**"을 제3호에 의거한 기술표장이라 판단한 것도 잘못된 판단이다. 심사관은, "**한국**"은 현저한 지리적 명칭에 해당되어 식별력이 없고, "**멋글씨연구원**"은 '멋있는 글씨를 연구하기 위하여 설치한 기관'으로 관념되어 지정서비스업과 관련하여 성질(서비스 제공 내용, 용도, 품질 등)표시에 해당되어 식별력이 인정되지 않는다고 하였다. (여기서의 쟁점은 아니지만, 심사관은 "**한국**"이 현저한 지리적 명칭이라 하였는데, "**한국**"은 현저한 지리적 명칭이 아니라, 우리나라 국가명이다)

기술표장(descriptive mark)이란 그 지정상품이나 서비스업과 관련하여 그에 관한 정보를 소비자에게 전달하기 위하여 경쟁업자가 사용할 필요가 있는 용어를 의미한다. 상품이나 서비스업에 관한 정보를 전달하고자 할 때 경쟁업자가 자유롭게 사용할 수 있어야 하기 때문에, 어느 특정인에게 상표등록을 인정할 수 없는 것이다.

그래서 기술표장에 대해서 등록을 받지 못하도록 제3호에서 규정한 것이다. 그렇다면, "**한국멋글씨연구원**"이라는 용어가 '서예학원 경영업' 등의 업무를 하는 경쟁업자가 그 업무를 설명하기 위하여 필요한 용어인지를 판단하면 된다. 그에 대한 판단은 삼척동자도 안다. '서예학원 경영업' 등의 업무를 설명하고자 할 때, "**한국멋글씨연구원**"이라는 용어는 전혀 필요하지 않다. 그럼에도 불구하고, "**한국**"은 현저한 지리적 명칭에 해당되어 식별력이 없고, "**멋글씨연구원**"은 '멋있는 글씨를 연구하기 위하여 설치한 기관'으로 관념되어 지정서비스업과 관련하여 성질표시에 해당되어 식별력이 불인정된다고 판단한 것은 기술표장의 의미를 이해하지 못하고 한 편의 소설을 쓴 것이다.

(3) 심사관은, 의견서에 예시한 6개의 선등록 서비스표가 모두 "도형" 또는 "영문약자" 등 다른 식별력 있는 요부를 포함하고 있어 등록된 것으로 문자만으로 이루어진 본건표장과는 상이하다고 하였다. 이 또한 엄청나게 잘못된 판단이다. "**한국멋글씨연구원**"은 식별력이 없고, 다른 '도형'이나 '로고디자인'이 있다면, 그 도형이나 로고디자인의 식별력 때문에 등록될 수 있다는 논리다. 이를 다르게 설명하면, 갑은 "**도형 A & 한국멋글씨연구원**"에 대해 등록받을 수 있고, 을은 "**도형 B & 한국멋글씨연구원**"에 대해 등록받을 수 있다는 논리다. 이런 상표제도는 의미가 없다. 오히려 혼란만을 가중시킬 뿐이다.

(4) 본건표장 "**한국멋글씨연구원**"은 구상표법 제7조 제1항 제11호에 의해서도 거절되었다. 자연인이 법인 명의로 출원한 서비스표에 해당되어 "법인", "공공연구기관" 또는 "공법상의 특수법인"과 관련있는 단체로 오인을 유발할 우려가 있어 서비스업의 품질을 오인 · 혼동케 하거나 수요자 기만의 우려가 있으므로 등록을 받을 수 없다는 이유에서다. "**한국멋글씨연구원**"이 '서예학원 경영업' 등의 품질을 오인케 하고 수요자를 기만할 수 있다는 것이다. 이에 대한 논의는 후속출원의 거절이유와 관련하여 논한다.

2. 후속출원 거절이유의 문제점

후속표장 "**㉿한국멋글씨연구원**"에 대한 거절이유는 상표법 제34호 제1항 제12호에 관한 것으로, 후속표장이 품질오인 내지 수요자 기만 표장에 해당한다는 것이다. 기술표장이나 식별력이 없는 표장이라는 거절이유는 더 이상 거론되지 않았는데, 이는 마땅히 도형이 결합되었기 때문이다.

(1) 심사관은 후속표장도 품질오인 표장 내지는 수요자 기만 표장에 해당한다고 판단하였다. 심사관은, 후속표장이 도형과 "**한국멋글씨연구원**"이 결합하여 구성된 상표로서 그 구성부분 중 "**한국**"은 현저한 지리적 표시이고 "**연구원**"은 단체명칭으로 이 표장은 자연인이 단체명칭을 표장으로 출원한 상표이므로 이를 지정상품에 사용하는 경우 일반수요자로 하여금 출원인이 아닌 "**한국멋글씨연구원**"에서 서비스를 제공하는 것으로 서비스업의 품질을 오인 · 혼동케 하거나 수요자를 기만할 우려가 있다고 판단하였다. 후속표장이 과연 품질오인 표장인지 그리고 수요자 기만 표장인지 살펴보자.

(2) 품질오인 표장의 의의: 제12호 전단에서는 '상품의 품질을 오인하게 할 염려가 있는 상표'에 대하여 규정한다. 결론부터 말하면 이 규정은 상표법에 대한 근본적인 이해가 부족한 데서 비롯된 잘못된 규정이다. 상표는 상품(서비스 포함)의 출처의 오인을 방지하기 위한 것이지, 상품의 품질의 오인을 방지하기 위한 것이 아니다. 상표는 수요자로 하여금 출처를 식별함으로써 그가 원하는 출처의 상품을 선택하도록 하기 위한 것이지, 품질을 구분함으로써 그가 원하는 품질을 선택하도록 하기 위한 것이 아니다. 고급품질의 상품에 상표가 사용되듯, 저급품질의 상품에도 상표는 사용된다. 상표를 보호함으로써 상표가 품질을 보증하는 기능을 갖게 되지만, 그렇다고 품질의 오인을 예방할 목적으로 상표가 존재하는 것은 아니다. 제12호의 전단 규정은 하루빨리 폐지되어야 할 규정이다.

심사관 거절이유의 함의를 살펴보면, 개인이 "**연구원**"이라는 단체명칭을 사용하기 때문에 서비스의 품질에 오인이 발생할 우려가 있다는 것이다. 단체가 운영하는 "**연구원**"의 서비스는 고급품질이고, 개인이 운영하는 "**연구소**"의 서비스는 저급품질이란 말인가. 개인이 "ㅇㅇ연구원" 또는 "ㅇㅇ연구소" 등을 운영하거나 사용하지 마라는 규정은 어디에도 없다. "ㅇㅇ연구원" 및 "ㅇㅇ연구소"라는 표장이 수없이 많이 등록되었으며, 그 가운데는 공공기관이 출원한 경우도 있지만, 대부분은 개인 및 사기업에서 출원하였다. 그리고 "**한국 영어 연구원 & Korea Institute of English**", "**한국 영재 연구원 & KGEL**", "**한국육류연구소 & Korean Meat Research Institute**", "**대한역리학연구원**", "**대한키성장연구소**", "**대한성조숙연구소**"는 모두 개인이 등록받은 것들이다. 이들은 개인이 운영하는 연구원인데 품질의 오인이 왜 일어나지 않는다는 것이며, "**한국멋글씨연구원**"은 왜 품질 오인이 일어난다는 것인가.

(3) 수요자 기만 표장의 의의: 제12호 후단에서는 '수요자를 기만할 염려가 있는 상표'에 대하여 규정한다. 심사관은, "**한국멋글씨연구원**"이 품질오인 표장에 해당하는 이유와 동일하게 개인이 "**연구원**"이라는 단체명칭을 사용하기 때문에 수요자를 기만할 우려가 있다는 것이다. 상표는 출처의 오인이나 혼동을 방지하기 위한 것이지, 그 출처가 개인인지 단체인지에 대하여 오인하는 것을 방지하는 수단이 아니다. 동일한 서비스를 제공하는 A 업체와 B 업체가 있는데 이를 구분할 수 있으면 상표는 그 역할을 다한 것이다. "**한국멋글씨연구원**"이 존재하는데 다른 누가 그 옆에 "**한국멋글씨연구소**"라는 이름으로 영업을 할 수는 없다. 소비자가 출처에 대해 오인할 수 있기 때문이다. 그런데 "**한국멋글씨연구원**"의 주체가 개인인지 법인인지 오인하는 것을 방지하기 위하여 상표가 존재하는 것은 아니다.

수요자 기만 표장의 진정한 의미는 기술표장으로부터 비롯된다. 기술표장은 그 지정상품이나 서비스업과 관련하여 그에 관한 정보를 소비자에게 전달하기 위하여 경쟁업자가 사용할 필요가 있는 용어를 의미하기 때문에, 상표등록으로부터 배제되지만, 그 이유를 살펴보면 두 가지로 구분된다. 하나는 단순기술표장(merely descriptive mark)이고, 다른 하나는 사칭기술표장(deceptively misdescriptive mark)

이다.

단순기술표장은 상품에 관한 정보를 사실 그대로 기술하고 있는 표장을 의미한다. 예를 들어, 인삼을 성분의 하나로 하고 있는 비누에 대하여 '인삼비누'라는 상표는 원료를 그대로 기술한 단순기술표장이다. 단순기술표장을 상표등록으로부터 배제하는 이유는 경쟁업자를 보호해야 하기 때문이다. 인삼을 원료로 비누를 제조하는 사람은 누구나 그 제품에 관한 정보를 기술하고자 할 때 '인삼'을 자유롭게 사용할 수 있어야 한다. 환언하면 단순기술표장에 해당하는 용어는 경쟁업자 누구나 자유롭게 사용할 수 있어야 하며 어느 특정인에게 독점권이 주어질 수 없는 것이다.[4]

사칭기술표장은 상품에 관한 정보를 사실과 다르게 기술하고 있는 표장을 의미한다. 예를 들어, 인삼을 원료로 하고 있지 않은 비누에 대하여 '인삼비누'라는 상표를 사용한다면, 이 경우 '인삼비누'는 실제 제품의 정보와는 다르게 기술된 사칭기술표장이다. 이런 상표는 소비자를 기만할 수 있다. 상표만을 보고 인삼성분이 함유되어 있을 것이라고 판단하여 제품을 구매했는데 실제로 인삼성분이 함유되지 않았다면 그 소비자는 기만당한 것이다. 사칭기술표장을 상표등록으로부터 배제하고 있는 이유는 상표로 인한 소비자의 오인이나 혼동을 방지하여 수요자를 보호하겠다는 취지다.

결론적으로, 제12호 후단의 규정이 없더라도, '수요자 기만 상표'는 제6조 제1항 제3호의 기술표장에 의하여 모두 거절될 수 있다. 수요자 기만 상표에 대한 진정한 의미를 이해하지 못하기 때문에, 상표의 주체가 개인인지 법인인지 혼동이 되는 경우를 수요자 기만 상표라고 잘못 판단하고 있다.

상표 심사에서 약방의 감초처럼 적용하고 있는 제12호의 품질오인 표장이나 수요자 기만 표장에 관한 규정은 시급히 폐지되어야 할 규정이다. 상표의 식별력과 기술표장의 의의를 올바로 이해한다면 상표 심사에서 제12호의 적용을 남발하지는 않을 것이다.

---

4 최덕규, 「商標法(전정판)」, 세창출판사, 1999, 78쪽.

(4) 심사관은, 출원인이 유사한 등록예를 들어 이 출원상표의 정당성을 주장하나 상표의 등록적격성의 유무는 지정상품과의 관계에서 각 상표에 따라 개별적으로 판단되어야 하므로 설령 문제된 상표와 동일 · 유사한 표장의 상표가 유사한 상품에 상표등록이 되었다고 하더라도 당해 상표의 경우에도 반드시 그 등록이 허용되어야 하는 것은 아니므로 출원인의 주장은 받아들일 수 없다고 하였다. 심사관의 이러한 거절이유는 본고의 논지를 벗어나지만, 특허심사나 상표심사에서 심사관이 아주 편리하게 사용하고 있는 상투적인 변명이다.

후속표장 "**한국멋글씨연구원**"은 개인 명의로 출원되었다는 이유로 거절되었다. 하지만 "**한국 영어 연구원 & Korea Institute of English**", "**한국 영재 연구원 & KGEL**", "**한국육류연구소 & Korean Meat Research Institute**", "**대한역리학연구원**", "**대한키성장연구소**", "**대한성조숙연구소**" 등은 개인 명의로 출원되었는데도 등록되었다. 심사관은 그 이유를 설명할 수 있어야 한다. 그 이유를 설명할 수 없다면, "**한국멋글씨연구원**"에 대한 거절이유가 잘못되었다는 것을 알아야 한다.

IV. 맺는 말

제12호에서 규정하는 '상품의 품질을 오인하게 하거나 수요자를 기만할 염려가 있는 상표'는 상표법의 잘못된 규정 중에서 가장 대표적인 규정이라 할 수 있다. 상표는 상품이나 서비스의 출처에 대한 오인을 방지하기 위한 수단이지, 상품의 품질에 대한 오인을 방지하기 위한 수단이 아니라는 점을 올바로 이해한다면, 수많은 표장을 품질오인 표장으로 잘못 판단하는 일은 없을 것이다. 또한 기술표장으로부터 비롯되는 사칭기술표장의 의미를 올바로 이해한다면 수많은 표장을 수요자 기만 표장으로 잘못 판단하는 일은 없을 것이다. 상표에 대한 근본적인 이해와 기술표장에 대한 올바른 이해를 통하여 제12호를 적용한 거절이유가 남발되지 않도록 해야 할 것이다.

10. "대한뉴스" 사건 – 상표 권리범위확인(소극) 심결에 대하여[1]

– 특허심판원 2017.02.17. 심결 2016당1273 –

I. 머리말

특허심판원은 2017년 2월, 심판청구인이 사용하는 하기 상표가 피청구인의 하기 등록상표(서비스표)의 권리범위에 속하지 않는다는 주장의 심판에서, 청구인의 주장

〈청구인의 사용상표〉

〈피청구인의 등록상표〉

1 「창작과 권리」 제89호(2017년 겨울호).

을 인용하여 청구인의 상표가 피청구인의 등록상표의 권리범위에 속하지 않는다고 심결하였다.

권리범위확인심판에서 패소한 피청구인은 특허법원에 항소하였으나, 특허법원은 2017년 8월 피청구인의 항소를 기각하였다.[2] 여기서는 특허심판원의 심결의 문제점에 대하여 살펴본다.

II. 심결문

사건의 이해를 위하여 사건 2016당1273[3]의 심결문 전문을 아래에 인용한다.

주 문

1. 확인대상표장은 서비스표등록 제226908호의 권리범위에 속하지 아니한다.

2. 심판비용은 피청구인이 부담한다.

청구취지

주문과 같다.

이 유

1. 기초사실

가. 이 사건 등록서비스표(갑제1호증)

(1) 등록번호/출원일/등록일: 서비스표등록 제226908호/2010.11.08. /2012.02.20.

(2) 구 성: 대한뉴스

(3) 지정서비스업: 서비스업류 구분 제41류의 서적출판업, 온라인 전자서적 및 잡지출판업(읽기전용), 온라인 전자출판물제공업(읽기전용), 전자탁상출판업, 뉴스보도서비스업, 사진보도업, 교육정보제공업, 유학알선업, 어학학원경영업, 사진촬영업, 행사개최대행업, 경기후원 및 흥행업, 오락설비공급업, 온라인게임서비스업, 전자오

2 특허법원 2017허2055.

3 심판장 이재우, 주심 임진혁, 심판관 전승철.

락실경영업, 휴일캠프오락서비스업, 저널출판업

나. 확인대상표장(갑제2호증)

(1) 구성: **대한뉴스**

(2) 사용서비스업: 인터넷 뉴스, 신문발행, 출판, 영상, 방송통신

2. 당사자의 주장

가. 청구인의 주장

(1) 확인대상표장과 이 사건 등록서비스표의 표장의 공통되는 구성부분인 '대한뉴스'는 대한민국의 '대한'이라는 현저한 지리적 명칭과 '뉴스'라는 기술적 표장 내지 보통명칭이 결합된 표장에 해당하여 식별력을 인정할 수 없어 유사판단시 요부가 될 수 없으므로 도형과 결합된 양 표장 모두 도형을 요부로 하여 전체적으로 관찰할 때 서로 비유사하고, 식별력이 없는 '대한뉴스'는 구상표법(2011.06.30. 법률 제10811호로 개정되기 전의 것. 이하 '구상표법'이라 한다) 제51조 제1항 제2호 및 제3호에 해당하며, 상호 '대한뉴스신문 주식회사'를 부정경쟁 목적 없이 사용하므로 같은 법 제51조 제1항 제1호에 해당된다.

(2) 피청구인은 정부에 의하여 사용된 1953년의 '대한늬우스'로부터 계속 사용하였다고 하나, 정부와 피청구인은 주체가 상이하여 '대한뉴스'에 대한 사용에 의한 식별력을 피청구인에게 귀속시킬 수 없고, 피청구인의 사용표장인 '월간화보종합 대한뉴스'는 이 사건 등록서비스표와 표장으로서 상이하여 사용에 의한 식별력을 인정할 수 없으며, 피청구인이 제출한 사용 입증자료만으로는 '대한뉴스'가 피청구인의 출처로 널리 알려졌다고 할 수 없는 등 확인대상표장은 이 사건 등록서비스표의 권리범위에 속하지 아니한다.[증거방법: 갑제1호증 내지 제14호증]

나. 피청구인의 주장

(1) 이 사건 등록서비스표의 구성 중 '대한뉴스'의 '대한'은 대한민국의 약칭이 아니고, '대한뉴스'는 심결시를 기준으로 구상표법 제6조 제2항의 사용에 의한 식별력을 취득하였는 바, 피청구인은 정부가 한국전쟁 이후인 1953년부터 1994년까지 극장 등을 통하여 상영해 오던 '대한늬우스', '대한뉴우스', '대한 뉴스'를 이어받아 1995. 6.부터 현재까지 21년간 '종합월간화보 대한뉴스', '(월간)시사종합 대한뉴스'라는 제호로 월간 시사종합 잡지를 발행해 오면서, 발행부수가 600만부를 넘고, 입법, 사법, 행정부, 공기업, 언론기관, 일반인 등에게 배포, 판매하였으며, 매출 및 광고실적 또한 21년간 49억 정도에 이르며, 2007. 5.부터는 인터넷신문을 발행하여 1일 방문자

수가 1만5천명을 상회하였으며, 2006년부터 현재까지 국내외의 각종행사를 주관, 주최해오는 등 언론매체의 파급효과를 고려할 때, 피청구인의 잡지 및 신문의 제호로 사용한 '대한뉴스'는 국내에서 '시사뉴스 잡지', '시사뉴스 제공업' 등과 관련하여 수요자에게 널리 알려진 식별력 있는 표장이다.

(2) 따라서, 이 사건 등록서비스표의 구성 중 일부인 '대한뉴스'가 사용에 의한 식별력을 취득한 이상, 구상표법 제51조 제1항 제2호 및 제3호에 의해 효력이 제한되지 않고, 또한 청구인이 상호인 '대한뉴스신문 주식회사'를 부정경쟁의 목적으로 자기의 상호를 사용하고 있으므로 구상표법 제51조 제1항 제1호에 해당하므로, 확인대상표장은 이 사건 등록서비스표의 권리범위에 속한다.[증거방법: 을제1호증 내지 제87호증]

3. 이해관계

청구인은 뉴스, 신문배급 등에 관한 유사한 업종에 종사하고 있고, 피청구인으로부터 민사 및 형사 고소를 제기당하여, 현재 소송 진행중에 있어 이 사건 심판을 청구할 이해관계가 있다.

4. 판단

가. 판단기준

상표법 제6조 제2항, 제2조 제3항에서 서비스표를 출원 전에 사용한 결과 수요자간에 그 서비스표가 누구의 서비스표인가가 현저하게 인식되어 있을 경우 같은 조 제1항 제3, 5, 6호의 규정에 불구하고 등록을 받을 수 있도록 규정한 취지는, 원래 특정인에게 독점사용시킬 수 없는 표장에 대세적인 권리를 부여하는 것이므로 그 기준은 엄격하게 해석 · 적용되어야 할 것인바, 수요자간에 그 서비스표가 누구의 서비스표인지 현저하게 인식되었다는 사실은 그 서비스표가 어느 정도 선전 광고된 사실이 있다거나 또는 외국에서 등록된 사실이 있다는 것만으로는 이를 추정할 수 없고 구체적으로 그 서비스표 자체가 수요자간에 현저하게 인식되었다는 것이 증거에 의하여 명확하게 되어야 할 것이며, 한편 이와 같은 사용에 의한 식별력의 구비 여부는 등록결정시 또는 거절결정시를 기준으로 하여 판단되어야 한다(대법원 2003.05.16. 선고 2002후1768 판결 참조). 상표의 구성 중 식별력이 없거나 미약한 부분과 동일한 표장이 거래사회에서 오랜 기간 사용된 결과 상표의 등록 전부터 수요자 간에 누구의 업무에 관련된 상품을 표시하는 것인가 현저하게 인식되어 있는 경우에는 그 부분은 사용된 상품에 관하여 식별력 있는 요부로 보아 상표의 유사 여부를 판단할 수 있으나, 그렇다고 하더라도 그 부분이 사용되지 아니한 상품에 대해서까지 당연히 식별력 있는 요부가 됨을 전제로 하여 상표의 유사 여부를 판단할 수 없다(대법원 2008.05.15. 선고 2005후2977 판결 참조). 또한 상표는 일단 등록이 되면 우리나라 전역에 그 효력이 미치는 것이므로 현저하게 인식되어 있는 범위는 전국적으로 걸쳐 있어야 할 것이고 특정 지역에서 장기간에 걸쳐 영업활동을 해 왔고 그 지역방송 또는 신문 등에 선전광고를 해 왔다거나, 그 상표와 유사한 다른 상표에 대한 장기간의 선전광고가 있었다는 것만으로는, 그 상표가 상표법 제6조 제2항에 해당하는 상표라고 보기는 어렵다고 할 것이다(대법원 1994.05.24. 선고 92후2274 전원합의체 판결 참조).

등록서비스표 중 식별력이 없거나 미약한 부분이 거래사회에서 사용된 결과 서비스표의 등록 전부터 수요자간에 누구의 업무에 관련된 서비스업을 표시하는 것인가 현저하게 인식되어 있는 경우에는 그 부분은 사용된 서비스업에 관하여 식별력 있는 요부로 볼 수 있는바(대법원 2008.05.15. 선고 2005후2977 판결 참조), 그러한 부분은 상표법 제51조 제1항 제2호에 의한 상표권 효력의 제한을 받지 않는다(대법원 1997.05.30. 선고 96다56382 판결 등 참조).

나. 이 사건 등록서비스표와 확인대상표장의 유사여부

(1) 이 사건 등록서비스표는 확인대상표장의 사용서비스업인 인터넷 뉴스, 신문발행, 출판, 영상, 방송통신 관련 서비스업을 모두 포함하고 있어, 이러한 양 표장의 공통되는 서비스업은 동일 또는 유사하다 할 것이다.

(2) 구체적 판단

먼저, 상표의 식별력은 변화하지 않는 고정된 개념이 아니라, 수요자의 인식수준이나 거래실정에 따라 변화하는 상대적인 개념인바, 등록상표의 구성 중 등록결정당시 식별력이 없었던 부분이 권리범위확인심판의 심결시에 이르러 사용에 의한 식별력을 취득하였다면 등록상표의 보호범위를 정함에 있어 등록상표의 요부가 될 수 있고, 구상표법 제51조 제1항 제2호 및 제3호의 규정의 적용이 없다.

이 사건 등록서비스표(대한뉴스)는 전체적으로 도형과 문자가 결합되어 등록된 표장으로서, 문자 부분은 현저한 지리적 명칭인 '대한'과 지정서비스업의 보통명칭이나 서비스제공내용 정도로만 보이는 '뉴스'가 결합된 것에 불과하여, 문자 부분은 전체적으로 식별력을 인정할 수 없고, 도형 부분은 필기도구의 일부인 펜촉의 3개를 삼각형 형상으로 대칭되게 결합되어 있어, 지정서비스업과 관련하여 볼 때 암시력이 강하거나 임의 선택된 도형으로 보여, 자타상품식별력 및 독점적응력이 있는 표장이라고 볼 수 있다. 그러므로 이 사건 등록서비스표의 일부인 문자부분 '대한뉴스'는 비록 등록 당시에는 식별력이 없고, 효력 제한을 받았다고 볼 수 있으나, 등록된 이후 이 사건 심판의 심결시 사용에 의한 식별력을 취득하였다면, 표장의 일요부가 될 수 있고, 효력의 제한을 받지않아 등록배제효 및 사용금지효의 배타적 효력을 가진다고 할 수 있다. 이러한 관점에서 이 사건 등록서비스표의 문자부분이 사용에 의한 식별력을 취득하였는지를 살핀다.

사용에 의한 식별력의 판단은 등록여부결정시, 권리범위확인심판 심결시를 기준으로 판단하되, i) 등록상표의 효력은 전국에 미치는 것이므로 전국적인 범위에 걸쳐 상표로서 현저하게 인식되어야 하는 것이 원칙이고, 더구나 이 사건 등록서비스표의 지정 서비스업이 '서적출판업, 온라인 전자서적 및 잡지출판업, 뉴스보도서비스업, 저널출판업 등'임을 고려해 볼 때 다른 일반 서비스업보다 더 넓은 지역에서 이러한 '사용에 의한 식별력'이 요구된다고 봄이 상당하므로 예외적인 원칙의 적용기준은 더욱 엄격히 적용되어야 하고, ii) 이 사건 등록서비스표가 구상표법 시행시 '출원'된 것이므로 식별력 인식의 정도는 구상표법에 따라 '현저하게' 인식되었는지 여부를 심결시에 판단해야 하며, iii) 이러한 '사용에 의한 식별력'을 취득하였는지 여부는 거래실정에 따라 상대적으로 결정하되, 상표자체의 고유한 성격 내지 구성 여하, 일반인 내지 경업자의 자유사용의 필요성, 상표의 사용기간, 방법, 광고선전 정도, 판매량 등을 종합적으로 고려하여야 하며, iv) 출원인이 출원 전에 사용자로부터 상표에 관한 권리를 양수할 수 있는데, 이러한 경우에는 출원인 이외의 '실제 사용자의 사용실적'을 고려하여 식별력 구비여부를 판단할 수 있으나, ① 양수전의 실제사용자가 지정서비스업에 있어서 사용상표의 귀속주체로서의 주지저명성, ② 이러한 양수전 사용주체의 주지저명성으로 인해 지정상품에 관한 거래자 또는 수요자의 고정된 인식으로 말미암아, 양수후 제3자에게로의 식별력 신용 주체의 이전 곤란성, ③ 이러한 신용이전의 곤란으로 인해 사용에 의한 식별력 인정을 위해서 더 엄격한 법해석과 그 적용, 더 많은 증거와 입증자료의 필요성이 추가적으로 요구된다고 볼 수 있다. 이하 이러한 사용에 의한 식별력 취득 인정 여부를 판단할 경우 사용주체의 변경에 따른 신용의 경중을 고려하여 주지성 획득여부를 판단한다.

청구인인 '대한뉴스신문 주식회사'는 신문제조, 출판 및 인터넷 신문 발행업을 목적으로 2011.06. 설립된 주식회사이고, 이 사건외 김남규는 위 회사의 사내이사 및 대표자이자 소속 기자로서, 2003.10.24. 제호를 '대한뉴스'로 하는 일간신문의 신문사업, 인터넷 신문사업을 등록하였고, 2005년경에는 위와 동일한 제호로 일간지 등을 발행하였으며, 청구인은 회사설립이후 신문 등의 진흥에 관한 법률에 따라 위 일간지 등의 발행인으로 등록을 마치고 현재 일간지인 '대한뉴스', 인터넷 신문인 '대한뉴스통신', 월간지인 '다이나믹 코리아' 등을 발행하고 있다. 피청구인은 1995.01.19. 구정기간행물의 등록에 관한 법률(1995.12.30. 법률 제5145호로 개정되지 전의 것)에 따라 제호를 '월간화보 종합대한뉴스'로 하여 월간 잡지 사업을 등록하였고, 2010.04.21. 제호를 '월간시사종합 대한뉴스'로 변경하였다가 2014.01.28. 현재와 같이 '대한뉴스'로 변경하였다.

위와 같이 양 당사자는 1995년 정부가 '대한뉴스'라는 이름으로 제공하는 홍보업무를 중단한 후 각자 자유롭게 사용하여 온 점으로 보아, 종전 1953년부터 대한민국 정부에 의해서 사용된 것으로 널리 알려진 '대한늬우스', '대한뉴우스', '대한뉴스'를 피청구인만이 그 주지성을 승계하였다고 볼 수 없고, 이러한 강한 주지성은 일반수요자나 거래자들에게 '대한뉴스'의 신용 귀속주체가 피청구인이 아니라 여전히 정부라는 고정관념이 강하여 1995년 후의 사용자인 피청구인에게 사용에 의한 식별력을 인정하기 위해서는 피청구인이 제출한 사용에 관한 입증자료만으로는 피청구인의 서비스업 출처를 표시하는 것으로 국내에 널리 알려져 있다고 인정하기 어렵다고 봄이 상당하다. 즉, i) 피청구인의 월간 잡지판매부수가 월 22여건 정도에 불과한 점(을제42호증 및 제43호증), ii) 세금계산서 조회시 연간 공급가액이 2억 내외의 못 미치는 소액이라는 점(을제43호증), iii) 연 1~2회 정도의 행사 주관 또는 협찬한 것에 불과한 저조한 홍보만을 하였던 점(을제47호증 내지 제59호증) 등 피청구인이 제출한 객관적인 사용실적만을 보더라도 이 사건 등록서비스표 중 '대한뉴스'가 수요자에게 피청구인의 출처표지로 널리 인식되었다고 보기 어려울 뿐만 아니라, iv) 이 사건 등록서비스표(대한뉴스)의 일부인 도형의 식별력이 문자에 비하여 강하다는 중요한 요부를 형성하고 있다는 점, v) 평이한 서체의 동일크기의 문자가 단지 '대한민국의 새로운 소식 또는 시사보도' 정도로만 인식되어 일반인 내지 언론관련 분야의 경업자들 사이에서 자유사용 필요성이 강하다는 점, vi) 피청구인이 1995년부터 2014. 1월경까지 다른 문자와 결합하여 사용한 실태(월간화보종합 대한뉴스, 월간시사종합 대한뉴스)로 인해 식별력이 없거나 약한 '대한뉴스'에 대한 수요자의 관심이 더욱 분산되고 집중되기 어렵다는 점, vii) '대한뉴스'만 사용한 기간이 고작 2014.01.28.부터 사

용하여 그 사용기간이 3년도 되지 못하는 짧은 기간이었다는 점 등 거래실정, 일반수요자의 사회통념, 언론・출판분야 경쟁업계의 사용실태를 종합적으로 고려하여 판단해 볼 때, 피청구인이 잡지 및 신문의 제호로 사용하여 특정인의 출처로 널리 인식되어 사용에 의한 식별력을 획득했다고 주장하고 있는 이 사건 등록서비스표의 문자부분인 '대한뉴스', 이를 포함하고 있는 '월간종합화보 대한뉴스', '월간시사종합 대한뉴스'는 '시사뉴스 잡지', '시사뉴스 제공업' 등과 관련된 서비스업 분야에서 특정인의 출처표지로서 널리 인식되었다고 보기에는 미흡하다. 또한 정부에 의한 '대한뉴스'의 사회적 신용을 피청구인만이 양수했다고는 볼 수 없고, 설사 피청구인이 그 제호를 사용하는 데 주도적인 역할을 했다고 하더라도 양수전의 정부에 의한 사용실적이나 주지성은 피청구인에게만 귀속된다고 볼 수 없어 피청구인의 사용에 의한 식별력 취득여부를 판단하는 자료로 삼을 수 없다고 봄이 상당하므로 이와 상반되는 피청구인의 주장은 이유가 없다.

따라서, 피청구인이 식별력이 없는 '대한뉴스' 부분을 사용에 의해 식별력을 취득하지 못한 이상, 이 사건 심판의 권리범위 속부를 판단함에 있어 표장의 요부가 될 수 없으므로, 확인대상표장은 이 사건 등록서비스표와 전체적으로 비유사하여 이 사건 등록서비스표의 권리범위에 속하지 아니한다 할 것이고, 이 사건 등록서비스표의 구성 일부인 '대한뉴스'가 그 등록 전・후에 사용에 의해 자타상품식별력 및 독점적응력을 취득하지 못한 이상 구상표법 제51조의 효력 제한을 받는 것이 당연하므로 이에 해당하는지 여부를 더 나아가 구체적으로 살펴볼 필요가 없다 할 것이다.

다. 소결

그러므로 이 사건 등록서비스표와 확인대상표장은 전체적으로 비유사한 것이므로, 확인대상표장이 이 사건 등록서비스표에 속하지 아니한다는 청구인의 주장은 이유 있다.

5. 결론

그러므로 이 사건 심판청구를 인용하고, 심판비용은 피청구인이 부담하기로 하여 주문과 같이 심결한다.

Ⅲ. 심결의 문제점

1. 심결문 구성의 문제점

심결문이나 판결문은 일반적으로 (1) 사실관계의 요약(Summary of Facts), (2) 논점(Issues), (3) 논의(Discussion), (4) 결론(Conclusion) 형태를 취하게 된다. 서두에 설명되는 '사실관계의 요약'은 사건을 논의하기에 필요한 사실들을 적시한다.

본 사건 심결에서도 서두에 '*1. 기초사실*'을 적시하지만, 본 사건을 논의하기에는 미흡하기 짝이 없다. 오히려 '*(2) 구체적 판단*'의 네번째 문단에 상세한 사실관계를 적시하였다. 이는 심결문으로서의 구성이 엉망진창이라는 것을 말해준다. 위 심결문에 나타난 것으로부터 본 사건의 사실관계를 요약하면 다음과 같다.

> *"청구인인 '대한뉴스신문 주식회사'는 신문제조, 출판 및 인터넷 신문 발행업을 목적으로 2011.06. 설립된 주식회사이다. 청구인은 회사설립이후 신문 등의 진흥에 관한 법률에 따라 위 일간지 등의 발행인으로 등록을 마치고 현재 일간지인 '대한뉴스', 인터넷 신문인 '대한뉴스통신', 월간지인 '다이나믹 코리아' 등을 발행하고 있다.(심결문에는 사건 외 김남규에 대한 얘기가 있지만, 이는 본 사건의 사실관계가 아니다)*
>
> *피청구인은 1995.01.19. 구 정기간행물의 등록에 관한 법률(1995.12.30. 법률 제5145호로 개정되기 전의 것)에 따라 제호를 '월간화보 종합대한뉴스'로 하여 월간잡지 사업을 등록하였고, 2010.04.21. 제호를 '월간시사종합 대한뉴스'로 변경하였다가 2014.01.28. 현재와 같이 '대한뉴스'로 변경하였다.*
>
> *피청구인은 본건 등록상표를 제41류의 서적출판업 등에 2010.11.08. 출원하여 2012.02.20. 서비스표등록 제226908호로 등록받았다."*
>
> *(1) 구성:* **대한뉴스**
>
> *(2) 사용서비스업: 인터넷 뉴스, 신문발행, 출판, 영상, 방송통신*

본 사건의 사실관계는 최소한 위와 같이 요약되어야 한다. 그렇다 하더라도 청구인의 이 사건 사용상표를 언제부터 어떻게 사용해 왔는지는 명확하지 않다. 이러한 부분은 사실관계를 보다 명확히 적시해야 했다. 하지만, 이 사건은 청구인이 청구한 사건이기 때문에, 최소한 심판청구 당시 이 사건 사용상표를 인터넷 뉴스, 신문발행, 출판, 영상, 방송통신 등에 사용한 것은 분명하다. 이러한 사실관계를 기초로 청구인이 주장하는 논점을 살펴보아야 한다.

2. 논점(Issues)의 문제점

한 사건을 판단하기 위해서는 논점이 무엇인지를 명확히 설정해야 한다. 위 심결에서는 '*당사자의 주장*'에서 본 사건의 논점을 정리하였다. '*청구인의 주장*'과 '*피청구인의 주장*'을 구분하여 정리하였다. 그러나, '*청구인의 주장*'란에 피청구인의 주장을 함께 기술함으로써, 일목요연해야 할 논점들이 오합지졸이 되어 버렸다. 또한 논점에서는 굳이 '*청구인의 주장*'과 '*피청구인의 주장*'을 구분할 필요가 없는데도 그렇게 함으로써 지리멸렬한 심결문을 만들었다. 다시 말해서, 어떤 상표가 기술상표에 해당된다고 청구인이 주장하면, 피청구인은 그 상표가 기술상표가 아니라는 주장을 하게 되기 때문에, 이 경우에는 '어떤 상표가 기술상표인지의 여부'가 그 사건의 논점이 되는 것이다. 그럼에도 불구하고, 우리나라의 모든 심결이 모두 사건의 논점을 '*청구인의 주장*'과 '*피청구인의 주장*'으로 구분하여 적시하고 있다. 이는 사건의 논점이 무엇인지 그리고 그 논점을 뒷받침하는 각자의 주장이 무엇인지조차도 구분하지 못하고 있다는 것을 여실히 보여 준다. 사건의 논점과 그 논점에 대한 쌍방의 주장은 엄연히 다른 것이다.

심결에 나타난 '*청구인의 주장*'과 '*피청구인의 주장*'으로부터 본 사건의 논점을 정리하면 다음과 같다:

> *"(1) 이 사건 등록상표 중의 '**대한뉴스**'가 상표법 제51조 제1항 제2호에서 규정하는 '기술표장(descriptive mark)'에 해당하는지의 여부.*
>
> *(2) 이 사건 등록상표 중의 '**대한뉴스**'가 상표법 제51조 제1항 제3호에서 규정하*

는 '관용표장(generic mark)'에 해당하는지의 여부.

(3) 청구인의 사용상표가 상표법 제51조 제1항 제1호에서 규정하는 '자기의 상호'에 해당하는지의 여부.

*(4) 이 사건 등록상표 중의 '**대한뉴스**'가 피청구인의 사용으로 인하여 상표법 제6조 제2항에서 규정하는 식별력을 획득하였는지의 여부."*

청구인은 위 논점 (1)~(3)을 주장하면서, 이 사건 등록상표 중의 '**대한뉴스**'가 상표법 제51조 제1항 제2호, 제3호 및 제1호에 해당하여 식별력이 없고, 따라서 "**대한뉴스**"를 제외하여 도형만을 비교하면 청구인의 사용상표가 등록상표의 권리범위에 속하지 않는다는 주장인 반면, 피청구인은 그렇지 않다는 주장이다. 따라서 위 논점 (1)~(3)을 판단하면 권리범위에 속하는지 아니면 속하지 않는지의 결론을 자연스럽게 도출해 낼 수 있다.

위 논점 (4)에 대해서는 많은 의문이 남는다. 청구인이 먼저 사용에 의한 식별력이 없다는 주장을 한 것인지, 아니면 피청구인이 먼저 사용에 의한 식별력을 주장한 것인지, 그리고 본건 등록상표의 출원심사 단계에서 사용에 의한 식별력을 인정받아 등록된 것인지에 대한 사실관계가 전혀 파악되지 않고 있다. 심판부에는 이 점에 관한 사실관계를 파악하지도 않고 어떻게 심리를 한 것인지 미흡하기 짝이 없다.

어쨌든, 위 4가지 논점에 대하여 파악하면 본 사건의 결론을 쉽게 도출할 수 있기 때문에, 이들에 대하여 살펴보자. 물론 이들 논점에 대한 논의는 '논의(Discussions)'에서 상세히 논의되어야 한다. 하지만 여기서는 편의상 이들 논점에 대하여 먼저 살펴본다.

(1) 이 사건 등록상표 중의 '**대한뉴스**'가 상표법 제51조 제1항 제2호에서 규정하는 '기술표장(descriptive mark)'에 해당하는지의 여부: 이 사건 등록상표는 '**도형 & 대한뉴스**'로서, 이 중에서 "**뉴스**"만이 지정서비스업에 대한 기술표장이고, "**대한뉴스**"는, 비록 우리 국가명의 일부인 "대한"을 포함하고 있을지라도, 하나의 서비스 주체를 나타내기에 충분한 식별력을 갖는다. 다시 말해서, 도형을 제외한 "**대한뉴스**"만으로도 충분한 식별력을 갖는다. "대한뉴스"가 식별력이 없는 기술표장이라

면, 굳이 상표출원을 할 때 '**도형 & 대한뉴스**'로 출원할 필요가 없다. '**도형**'만을 출원하여 보호받으면 되기 때문이다. 결론적으로, 이 사건 등록상표 중의 '**대한뉴스**'는 상표법 제51조 제1항 제2호에서 규정하는 '기술표장'이 아니다.

(2) 이 사건 등록상표 중의 '**대한뉴스**'가 상표법 제51조 제1항 제3호에서 규정하는 '관용표장(generic mark)'에 해당하는지의 여부: "**대한뉴스**"는 피청구인이 상표등록을 받은 한 피청구인이 제공하는 서비스 주체를 표시하는 것이지, 어떤 특정의 서비스를 지칭하는 관용명칭이 아니다. 이 사건 등록상표 중의 '**대한뉴스**'는 상표법 제51조 제1항 제3호에서 규정하는 '관용표장'도 아니다.

(3) 청구인의 사용상표가 상표법 제51조 제1항 제1호에서 규정하는 '자기의 상호'에 해당하는지의 여부: 청구인의 상호는 '대한뉴스신문 주식회사'이다. 청구인이 사용하는 사용상표("**도형 & 대한뉴스**")는 상호로서의 사용이 아니다. 따라서 청구인의 사용상표는 상표법 제51조 제1항 제1호에서 규정하는 '자기의 상호'에 해당하지 않는다.

(4) 이 사건 등록상표 중의 '**대한뉴스**'가 피청구인의 사용으로 인하여 상표법 제6조 제2항에서 규정하는 '식별력(distinctiveness)'을 획득하였는지의 여부: 이 사건에서는 본건 등록상표의 출원심사 단계에서 사용에 의한 식별력을 인정받아 등록된 것인지에 대한 사실관계가 전혀 파악되지 않고 있다. 그런데, 사실, 이 사건에서는 본건 등록상표가 사용에 의한 식별력을 인정받아 등록된 것인지에 대한 판단은 전혀 필요없다. 왜냐하면 사용에 의한 식별력은 기술표장인 경우에만 판단하는 것이다. 그런데 이 사건 등록상표 중의 "**대한뉴스**"는 기술표장이 아니라 임의선택표장(arbitrary mark)이다. 그리고 임의선택표장인 이상 식별력이 인정되기 때문에 사용에 의한 식별력을 입증하지 않더라도 마땅히 등록될 수 있는 것이다.

그렇다면, 본 사건의 결론은 아주 분명하다. 이 사건 등록상표에서 "**도형**"과 "**대**

한뉴스"는 각각이 상표의 요부이다. 특히 상표에서 청각에 의한 인식을 중요시할 때 "**대한뉴스**"는 중요한 위치를 차지한다. 청구인이 "**도형 & 대한뉴스**"라고 등록상표와 다른 도형을 사용한다고 해서, 청구인 등록상표의 권리범위를 벗어나는 것이 아니다.

3. 논의(Discussions)의 문제점

심결에서는 "*4. 판단*"에서 '논의(Discussions)'를 하고 있다. 그러나 그 '*판단*'도 법리판단의 생명이라 할 수 있는 논리가 전혀 없다. 모든 것이 뒤죽박죽이라고 보면 된다. 그 문제점을 구체적으로 살펴보자.

(1) '*판단기준*'의 문제점

논점을 판단함에 있어서, 본 심결은 판단기준을 먼저 제시한다. 물론 공정한 판단기준을 먼저 제시한다면 환영할 일이지만, 그것은 판단기준이 아니라 대법원 판례 몇 개를 인용하고 있을 뿐이다. 그것도 본 사건과 부합하는 판례도 아니고, 대충 관련된다고 생각되는 판례들을 나열하고 있을 뿐이다.

어떤 논점을 판단할 때 종전의 판례를 인용하는 것은 그 논점을 판단하는 논리를 뒷받침하기 위한 수단으로 하는 것이지, 처음부터 그 판례에 의존하여 판결하겠다는 취지로 인용하는 것은 아니다. 그럼에도 불구하고 우리나라 모든 심결이나 판결은 논점에 대한 구체적인 논의도 하기도 전에 판례부터 인용한다. 이는 실로 엄청난 잘못이다.

그러면 이 사건에서 '*판단기준*'으로 인용하고 있는 판례들이 본 사건의 논점과 관련이 있는 것인지에 대하여 살펴보자.

> *상표법 제6조 제2항, 제2조 제3항에서 서비스표를 출원 전에 사용한 결과 수요자 간에 그 서비스표가 누구의 서비스표인가가 현저하게 인식되어 있을 경우 같은 조 제1항 제3, 5, 6호의 규정에 불구하고 등록을 받을 수 있도록 규정한 취지는, 원래 특정*

인에게 독점사용시킬 수 없는 표장에 대세적인 권리를 부여하는 것이므로 그 기준은 엄격하게 해석 · 적용되어야 할 것인바, 수요자간에 그 서비스표가 누구의 서비스표인지 현저하게 인식되었다는 사실은 그 서비스표가 어느 정도 선전 광고된 사실이 있다거나 또는 외국에서 등록된 사실이 있다는 것만으로는 이를 추정할 수 없고 구체적으로 그 서비스표 자체가 수요자간에 현저하게 인식되었다는 것이 증거에 의하여 명확하게 되어야 할 것이며, 한편 이와 같은 사용에 의한 식별력의 구비 여부는 등록결정시 또는 거절결정시를 기준으로 하여 판단되어야 한다(대법원 2003.05.16. 선고 2002후1768 판결 참조).

위 판례는 사용에 의한 식별력을 판단할 때 그 실질적 요건과 시기적 요건 즉 등록결정시 또는 거절결정시를 기준으로 하여 판단하여야 한다는 판결이다. 그런데 "**대한뉴스**"는 기술표장이 아니라 임의선택표장(arbitrary mark)이기 때문에, 사용에 의한 식별력을 판단할 필요가 없다. 그렇다면 위 인용판례는 본 사건의 논점을 논함에 있어서 아무런 도움이 되지 않는다. 그저 지면만을 차지하고 있는 것이다.

상표의 구성 중 식별력이 없거나 미약한 부분과 동일한 표장이 거래사회에서 오랜 기간 사용된 결과 상표의 등록 전부터 수요자 간에 누구의 업무에 관련된 상품을 표시하는 것인가 현저하게 인식되어 있는 경우에는 그 부분은 사용된 상품에 관하여 식별력 있는 요부로 보아 상표의 유사 여부를 판단할 수 있으나, 그렇다고 하더라도 그 부분이 사용되지 아니한 상품에 대해서까지 당연히 식별력 있는 요부가 됨을 전제로 하여 상표의 유사 여부를 판단할 수 없다(대법원 2008.05.15. 선고 2005후2977 판결 참조).

위 판례는 사용에 의한 식별력을 상품에 따라 다르게 판단할 수 있다는 취지의 판결이다. 본 사건과는 거리가 멀다.

또한 상표는 일단 등록이 되면 우리나라 전역에 그 효력이 미치는 것이므로 현저하게 인식되어 있는 범위는 전국적으로 걸쳐 있어야 할 것이고 특정 지역에서 장기간에 걸쳐 영업활동을 해 왔고 그 지역방송 또는 신문 등에 선전광고를 해 왔다거나, 그

> *상표와 유사한 다른 상표에 대한 장기간의 선전광고가 있었다는 것만으로는, 그 상표가 상표법 제6조 제2항에 해당하는 상표라고 보기는 어렵다고 할 것이다(대법원 1994.05.24. 선고 92후2274 전원합의체 판결 참조).*

위 판례는 사용에 의한 식별력을 판단함에 있어서 지리적 사용범위를 논한 판결이다. 역시 본 사건과는 아무런 관계가 없다.

> *등록서비스표 중 식별력이 없거나 미약한 부분이 거래사회에서 사용된 결과 서비스표의 등록 전부터 수요자간에 누구의 업무에 관련된 서비스업을 표시하는 것인가 현저하게 인식되어 있는 경우에는 그 부분은 사용된 서비스업에 관하여 식별력 있는 요부로 볼 수 있는바(대법원 2008.05.15. 선고 2005후2977 판결 참조), 그러한 부분은 상표법 제51조 제1항 제2호에 의한 상표권 효력의 제한을 받지 않는다(대법원 1997.05.30. 선고 96다56382 판결 등 참조).*

위 판례도 사용에 의한 식별력과 그 식별력이 인정되면, 상표의 효력을 제한받지 않는다는 지극히 원론적인 수준의 판결이다.

본 사건의 논점은 '**대한뉴스**'가 기술표장 또는 관용표장인지, 또는 청구인의 '상호'에 해당하는지의 여부이지, 상표법 제6조 제2항에서 규정하는 '사용에 의한 식별력'의 여부가 아니다. 본 사건 논점의 판단에 도움이 되지 않은 5개의 판례를 판단기준이라고 제시하고 있으니 한심할 따름이다.

(2) '*사용에 의한 식별력*' 판단의 문제점

본 사건 심결의 요지는 한마디로, 피청구인의 등록상표 중에서 '**대한**'은 현저한 지리적 명칭이고, '**뉴스**'는 지정서비스업의 보통명칭이나 서비스제공 내용 정도이기 때문에, '**대한뉴스**'는 식별력이 없고, 도형 부분은 식별력이 인정되어, 도형끼리 비교하면, 청구인의 사용상표는 피청구인의 등록상표를 침해하지 않는다는 것이다. 결론부터 말하면, 본건 심결은 상표에 대한 무지의 소산이라고 할 수밖에 없다.

제41류의 뉴스보도서비스업 등에 사용하는 “**대한뉴스**”는 서비스 출처를 나타내기에 충분한 식별력을 갖는 좋은 상표이다. 우리나라 국명의 일부라 할 수 있는 “**대한**”을 선택하고, 서비스업의 명칭에 해당하는 “**뉴스**”를 결합한 상표는 일종의 임의선택표장으로서 식별력을 갖는 좋은 상표이다. 그런데 이를 ‘**대한**’은 현저한 지리적 명칭이고, ‘**뉴스**’는 지정서비스업의 보통명칭이어서 식별력이 없다고 판단한 것은 식별력을 잘못 판단한 것이다. 본건에서 ‘**뉴스**’가 식별력이 없는 것은 당연하다. 그렇다고 ‘**대한뉴스**’가 식별력이 없는 것은 아니다. ‘**대한뉴스**’가 식별력이 없다면, ‘**대한항공**’도 식별력이 없어야 한다. ‘**대한화섬**’, ‘**대한전선**’, ‘**대한통운**’, ‘**대한유화**’, ‘**대한생명**’, ‘**대한석유화학**’ ‘**한국타이어**’, ‘**한국일보**’ 등도 모두 식별력이 없어야 한다. 나아가, “**US Air**”, “**American Standard**”, “**Swiss Army**”, “**Swiss Military**” 등도 식별력이 없어야 한다. 그러나 이들은 모두 임의선택표장으로 그 자체가 식별력을 갖는 좋은 상표들이다. 본 사건이 결코 사용에 의한 식별력의 문제가 아님을 쉽게 알 수 있다.

상표의 식별력을 판단할 줄 모르기 때문에 엉뚱한 논점에 매달리게 되는 것이다. 본건은 사용에 의한 식별력의 문제가 아님에도 사용에 의한 식별력에만 매달리고 있다. 사용에 의한 식별력을 입증하기 위한 수많은 증거들이 제시되고, 사용에 의한 식별력을 거절사정시에 하느니 심결시에 하느니 등과 같은 전혀 엉뚱한 논의만을 하고 있을 뿐이다.

Ⅳ. 상표제도의 총체적 난국

어떤 사람이 “**도형 & 대한뉴스**”에 대하여 상표등록을 받았는데, 다른 사람이 같은 업종에 도형만을 바꿔서 “**다른도형 & 대한뉴스**”라고 사용할 때, 상표권자가 이를 제지하지 못한다면, 상표등록은 아무런 쓸모가 없다. 그런데 이것이 우리나라 상표제도의 현실이다. 상표등록 받아봐야 아무짝에도 쓸모가 없는 것이다.

우리나라 상표제도가 왜 이 지경이 되었을까? 위에서 보듯이 상표의 식별력을 판단할 줄 모르기 때문이다. 분명히 임의선택표장임에도 불구하고 식별력이 없는 기술표장으로 판단하기 때문이다. 나아가 많은 경우에 암시표장(suggestive mark)을 기술표장으로 잘못 판단하는 것도 심각한 문제다.

식별력 판단은 심사 단계나 심판 단계에 국한되지 않는다. 출원 단계에서도 식별력 판단은 엉망이다. 본건 등록상표는 "**대한뉴스**" 문자만으로 출원했어야 했다. 물론 식별력 판단을 제대로 하지 못해서 "**대한뉴스**"만으로는 불안하기 때문에 "**도형**"을 추가한다. 그러나 문제는 여기서부터 발생한다.

"**대한뉴스**"에 대하여 등록을 받는다 하더라도, 제3자가 "**대한**"이나 "**뉴스**"를 사용하는 것을 사용하지 못하게 할 방법이 없다. "**대한뉴스**"에 대한 상표권은 "**대한뉴스**"에 있는 것이지, "**대한**"이나 "**뉴스**"에 있는 것이 아니기 때문이다. 이를 명확히 하기 위하여 출원시에 "**대한**"과 "**뉴스**"에 대해서는 권리를 주장하지 않겠다는 의사를 명시적으로 밝힐 수 있다. 이것이 권리불청구(disclaimer) 제도이다. 전 세계 거의 모든 국가가 이 제도를 시행하고 있는데 우리나라는 아직 이 제도를 시행하지 않고 있다. 권리불청구 제도를 잘 모르기 때문이다.

식별력도 제대로 판단하지 못하고, 그래서 도형을 추가해야 식별력이 있는 것으로 잘못 이해하고, 나아가 권리불청구 제도도 시행되지 않는 우리의 상표제도는 등록받아야 아무런 도움도 되지 못하고 지리한 분쟁만을 일삼아야 하는 총체적인 난국 상황이다.

상표의 유사여부를 판단하기 위해서 별도의 권리범위확인심판을 진행해야 하고, 침해소송을 또 별도로 진행해야 하는 현실은 설상가상이라 하겠다. 상표에 있어서 권리범위확인심판은 하루빨리 폐지되어야 한다. 간단한 표장들의 유사여부를 침해소송에서 판단하지 못한다면, 법원에서 할 수 있는 일은 아무것도 없다.

V. 결 어

"**대한뉴스**"는 그 자체가 임의선택표장으로 상표로서 등록받을 수 있는 충분한 식별력을 갖는 좋은 상표이다. 이를 판단할 줄 모르기 때문에 본 사건에서는 엉뚱하게도 사용에 의한 식별력에 대해서 판단하였다. 일반명칭 표장(generic mark), 기술표장(descriptive mark), 암시표장(suggestive mark), 임의선택표장(arbitrary mark) 및 조어표장(coined mark)으로 분류되는 표장의 식별력에 대한 이해가 부족하기 때문이다.

상표침해에 대한 판단을 보다 명확히 하기 위하여, 상표의 일부를 구성하는 일반명칭(generic term)이나 기술용어(descriptive term)에 대한 권리불청구(disclaimer) 제도가 시급히 도입되어야 한다.

끝으로 상표권에 대한 권리범위확인심판은 하루빨리 폐지되어야 한다. 상표권에 대한 침해문제는 법원에서 판단할 수 있어야 한다.

11. "REVANESSE" vs "REVINESS" – 상표 권리범위확인(적극) 심결에 대하여[1]

– 특허심판원 2017.11.14. 심결 2016당1614 –

I. 머리말

특허심판원은 2017년 11월, 심판청구인이 피청구인을 상대로 청구한 상표 권리범위확인심판에서 심판청구를 기각하였다. 청구인은 2011년 1월 상표 "**REVANESSE**"에 대하여 등록받았고, 피청구인은 다음과 같이 "***Reviness***" 및 "**REVINESS**"를 사용하였다. 그런데 특허심판원은 피청구인이 사용하는 하기 상표는 청구인의 등록상표 "**REVANESSE**"와 유사하지 않다고 판단하였다.

1 「창작과 권리」 제90호(2018년 봄호).

REVINESS HA

Based on hyaluronic acid quote cutting edge technolo gy and endless R&D to produced HPNC technology fille r.

Ingredient
IncredientCross-linked hyaluronic acid

Effectiveness
Temporary improvement of facial wrinkle

II. 심결문

사건의 이해를 위하여 사건 2016당1614[2]의 심결문 전문을 아래에 인용한다.

심판번호 2016당1614
사건표시 상표등록 제853904호 권리범위확인(적극)

청구인 프롤레니엄 메디컬 테크놀로지즈, 인크.
캐나다 엘4지 4씨3, 온타리오, 오로라, 인더스트리얼 파크웨이 노스 138
대리인 변리사 최덕규
서울 서초구 서초대로 396, 901호(서초동, 강남빌딩) (명지특허법률사무소)

피청구인 주식회사 비알팜
강원 원주시 지정면 신평로 13(비알팜)

---

2 심판장 권규우, 주심 서창대, 심판관 김동기.

대리인 변리사 김수진, 윤의섭
서울 강남구 언주로 430, 17층 (역삼동, 윤익빌딩)(유니스특허법률사무소)
대리인 변리사 이창무
서울 강남구 언주로 430(역삼동, 윤익빌딩) 16층, 1602호(지티법률사무소)
심결일 2017. 11. 14.

주 문

1. 이 사건 심판청구를 기각한다.
2. 심판비용은 청구인이 부담한다.

청구취지

1. 확인대상표장은 상표등록 제853904호의 권리범위에 속한다.
2. 심판비용은 피청구인이 부담한다.

이 유

1. 기초사실
가. 이 사건 등록상표
(1) 등록번호/출원일/등록일: 상표 제853904호/2009.07.09./2011.02.18.
(2) 구 성: "**REVANESSE**"
(3) 지정상품: 상품류 구분 제3류의 주사기에 담긴 미용관리과정에 사용되는 화장용 겔(cosmetic gel in prefilled syringes for use in cosmetic treatment procedures)
나. 확인대상표장
(1) 구성: (갑제2호증, 제6호증)
(2) 사용상품: 히알루론산을 성분으로 하는 주름개선제, 보습제, 피부탄력제
(3) 사용자: 피청구인
2. 당사자의 주장 및 답변 요지
가. 청구인의 주장 요지
(1) 이 사건 등록상표와 확인대상표장은 '리바네스', '레바네스', '리바네세', '레비네스', '리바이네스' 등으로 호칭되기 때문에 칭호가 유사하고 모두 조어표장으로 도용하지 않고서는 확인대상표장을 만든다는 것은 불가능하므로 표장이 서로 유사하다.
(2) 청구인은 확인대상표장의 사용상품이 '의료용 필러'이기 때문에 상품이 다르다고 주장하나, 갑제2호증 및 제6호증의 설명에 의하면 피청구인의 상품은 '히알루론산

을 성분으로 하는 주름개선제, 보습제, 피부탄력제'라 할 수 있고, 이는 바로 이 사건 등록상표의 '주사기에 담긴 미용관리과정에 사용되는 화장용 겔(cosmetic gel in prefilled syringes for use in cosmetic treatment procedures)'과 동일하거나 그 범위 내에 속하는 상품이다.

(3) 이 사건 등록상표의 지정상품은 미용관리과정에 사용되는 용도를 갖는 것으로, 특히 주름을 일시적으로 개선하고 보습효과를 유지하기 위한 것이고(갑제21호증), 피청구인의 사용상품도 얼굴주름의 일시적인 개선(Temporary improvement of facial wrinkle)이나 피부 습윤성/피부 탄력성을 위한 것이므로 양 상품의 용도와 목적이 서로 동일하고, 양 상품은 모두 '히알루론산(HA)'을 주성분으로 하며 히알루론산(HA) 겔(gel)이 주사기에 담긴 형상이고 그 포장형상까지 거의 동일할 뿐만 아니라 주로 의사에 의하여 사용되는 상품으로서 식약처의 동일한 허가를 취득한 상품이므로(갑제2, 6, 21호증), 양 상품은 용도, 생산부문, 판매부문, 수요자가 동일한 동일 제품이다.

(4) 이 사건 등록상표의 사용상품은 히알루론산을 성분으로 하는 내용물이고 미용목적으로 사용되는 히알루론산은 의료물질이 아니라 일종의 미용 목적을 위한 미용물질이며 주입하기에 편리하도록 주사기에 주입되어 유통되는 것으로, '상품을 담기 위하여 그 상품에 맞게 만들어진 용기는 그 상품과 동일하게 분류'한다고 규정하고 있는 점(특허청 상품류별 심사매뉴얼), 이 사건 등록상표 등록당시 NICE 분류 9판에는 '피부과용 필러'가 도입되지 않았기 때문에 '주사기에 담긴 내용물'에 중점을 두어 제3류로 등록을 받은 것이고 이 사건 등록상표의 지정상품과 유사한 '주사기에 담긴 미용관리과정에 사용되는 주름개선제, 보습제 또는 피부탄력제'라 할 수 있는 상품들이 제3류를 비롯하여 제5류에도 다수 등록되어 있는 점 등을 감안할 때(갑제30호증 내지 제44호증), 이 사건 등록상표의 지정상품은 적법하게 등록받은 것이다.

(5) 이 사건 등록상표는 캐나다, 콜롬비아, 인디아, 유럽연합, 러시아, 에콰도르, 도미니카 공화국, 중국, 페루, 싱카폴, 미국, 베네주엘라 등에서 2007년부터 상표등록을 받아 왔으며, '청년의사(www.docdocdoc.co.kr/news)'의 2014.10.20.자 뉴스에 "이름만대면 아는 유명 필러들 과대광고…식약처, 철퇴"라는 제목의 기사에 이 사건 등록상표가 게재되는 등(갑제50호증) '필러' 관련 상품에 인지도가 있다.[증거자료: 갑제1호증 내지 제50호증]

나. 피청구인의 답변 요지

(1) 피청구인이 확인대상표장 'Reviness'"와 실질적으로 동일한 표장 'Reviness 리바이네스"를

등록받았고(2017.04.24.), 확인대상표장의 사용상품과 피청구인의 상기 등록상표의 지정상품이 '의료용 필러'로 동일하므로 이 사건 심판은 권리 대 권리간의 적극적 권리범위 확인 심판이 되었으므로 이 사건 심판청구는 각하되어야 한다.

(2) 갑제2, 6호증에 게재된 사용상품 내용은 피청구인이 판매하는 제품의 광고 내지 설명적 문구에 불과하여 확인대상표장의 사용상품을 특정할 수 없으며, 피청구인이 실제로 판매하고 있는 제품은 주사기 본체, 주사용 바늘 그리고 주사기 본체에 주입된 내용물인 '(을제9호증)"와 같은 구성으로 되어 있고 주사기 본체에 주사용 바늘을 결합하여 인체의 피하에 직접 주입하는 피부과용 필러로 조직수복용 생체재료에 해당하고 이는 식약처에 의해 의료기기로 분류되고(을제19호증), 니스분류 제10류에 속하는 상품이므로, 이 사건 등록상표의 지정상품인 '화장용 겔(제3류, G1201B)'과는 상품이 다르다.

(3) 이 사건 등록상표의 등록과정에서 특허청의 의견제출통지서의 이유에도 불구하고, 청구인이 자신의 의사에 기해 상품류를 제3류로 고집하면서 '상처치유용 겔' 부분을 삭제하여 등록을 받은 후에 영어단어 'cosmetic'의 사전적인 의미가 가지는 '화장품'의 의미와 '성형의'의 의미를 이용하여 피청구인에게 심판을 청구하는 것은 '니스(NICE) 국제상품분류'를 신뢰한 피청구인에 대해 불의의 타격을 가하는 것일 뿐만 아니라 청구인이 행한 행위에 따른 책임을 피청구인에게 전가하는 것이 되어 부당하다.[증거자료: 을제1호증 내지 제27호증]

3. 판 단

가. 판단 기준

상표의 유사 여부는 동종의 상품에 사용되는 두 개의 상표를 그 외관・호칭・관념 등을 객관적, 전체적, 이격적으로 관찰하여 일반 수요자나 거래자가 상표에 대하여 느끼는 직관적 인식을 기준으로 하여 그 어느 한 가지에 있어서라도 거래상 상품의 출처에 관하여 오인・혼동을 초래할 우려가 있는지의 여부에 의하여 판단하여야 하며, 외관・호칭・관념 중 어느 하나가 유사하다 하더라도 다른 점도 고려할 때 전체로서는 명확히 출처의 혼동을 피할 수 있는 경우에는 유사상표라고 할 수 없으나, 반대로 서로 다른 부분이 있어도 그 호칭이나 관념이 유사하여 일반 수요자가 오인・혼동하기 쉬운 경우에는 유사상표라고 보아야 하며(대법원 2000.04.25. 선고 99후1096 판결, 대법원 2013.04.18. 선고 2013허1320 판결 등 참조), 외국어로 이루어진 상표의 호칭은 우리나라의 거래자나 수요자의 대부분이 그 외국어를 보고 특별한

어려움 없이 자연스럽게 하는 발음에 의하여 정하여야 할 것이되, 다만 우리나라의 거래자나 수요자의 대부분이 실제로 그 외국어 상표를 특정한 발음으로 널리 호칭・인식하고 있다는 등의 구체적・개별적 사정이 있는 경우에는 이를 고려하여 외국어 상표의 호칭을 정할 수 있을 것이나, 그와 같은 구체적・개별적 사정은 증거에 의하여 명확하게 인정되어야 한다(대법원 2006.09.08 선고 2006후954 판결 참조).

나. 구체적인 판단

(1) 외관 대비

*이 사건 등록상표 "***REVANESSE***"는 알파벳 9자 모두 대문자로 표기되어 있고 'RE' 뒤에 'VA'가 기재되어 있으며 끝이 'NESSE'로 기재되어 있는 반면, 확인대상표장 "***Reviness***"는 알파벳 8자 중 'R'만이 대문자로 기재되어 있고 'Re' 뒤에 'vi'가 기재되어 있으며 끝이 'ness'로 끝나고 글자의 색이 갈색으로 구성되어 있어 양 표장은 전체적으로 볼 때 외관에서 차이가 있다.*

(2) 칭호 및 관념 대비

*이 사건 등록상표 "***REVANESSE***"는 우리나라의 영어발음 관행에 따르면'레바네쎄'로 호칭된다고 봄이 자연스럽다 할 것이고 '레바네세', '레바네제' 또는 '레바네시' 등으로도 호칭될 수 있다 하겠으나 실제 거래계에서는 이 사건 등록상표가 표시된 청구인의 상품(필러)이 '레바네제'로 호칭되고 있음을 확인할 수 있다(갑제45, 46호증). 한편 확인대상표장 "***Reviness***"는 일반적인 영어발음 관행으로는 '레비네스'로 호칭된다고 봄이 자연스럽고 '리바이네스'로도 호칭될 수 있으며 피청구인이 "***Reviness***"와 그 한글 음역을 '***리바이네스***'로 하여 결합한 표장 "Reviness 리바이네스"을 등록 받았음이 확인된다.*

한편 이 사건 등록상표의 사용상품과 확인대상표장의 사용상품이 '피부과용 필러'임이 확인되고(청구인은 갑제6호증의 기재를 근거로 피청구인의 사용상품이 '주름개선제', '보습제', '피부탄력제'라 주장하나, 갑제2호증의 기재 및 을제9호증 등 피청구인의 사용상품에 대한 증거에 의하면 피청구인의 사용상품은 '피부과용 필러'임이 인정된다), 히알루론산(HA)을 성분으로 하여 주사기에 담긴 채로 유통되고 의사에 의하여 피하에 주입되는 방식으로 시술되는 상품이므로(갑제21호증, 을제9호증) 성형외과 전문의가 일차적으로 구입을 하고, 그 후 시술을 받기를 원하는 사람이 성형외과에 찾아가 전문의와 상담하여 어떤 필러를 시술에 사용할 것인가를 결정하게 되는 구매과정을 거치게 될 것이므로 1차적 수요자라 할 수 있는 의사 등은 고등교육을 받은 전문가에 해당하고, 필러의 비싼 가격 및 품질이 떨어지는 필러의 시술을 받는 경우

에 발생할 수 있는 부작용 등을 고려하여야 하는 피시술자의 주의의 정도를 고려할 때에 피시술자의 주의의 정도도 매우 높을 것이므로 이러한 거래실정을 바탕으로 양 표장의 호칭의 유사여부를 살펴보면 '레바네제'로 호칭될 것인 이 사건 등록상표와 '레비네스' 또는 '리바이네스'로 호칭될 것인 확인대상표장은 호칭이 서로 비유사하다고 봄이 상당하다.

관념면에서는 양 표장이 모두 조어표장에 해당하므로 관념을 대비할 수 없거나 비유사하다.

다. 소결론

그렇다면, 확인대상표장은 이 사건 등록상표와 외관, 칭호, 관념이 모두 다른 비유사한 표장이므로 나아가 지정(사용) 상품의 유사여부에 대해 살펴보지 아니하더라도 이 사건 등록상표의 권리범위에 속하지 아니한다.

4. 결 론

그러므로 이 사건 심판청구를 기각하고 심판비용은 청구인의 부담으로 하기로 하여 주문과 같이 심결한다.

Ⅲ. 심결의 문제점

1. 사실관계의 문제점

본 사건의 사실관계는 '1. 기초사실'에 어느 정도 잘 나타나 있다. 하지만 그 '기초사실'에 중대한 하자가 있다. 심판부는 확인대상상표를 설명하면서 확인대상상표가 "***Reviness***"인 것처럼 〈그림 1〉에서 앞부분만을 인용하였다. 그러나 피청구인이 사용한 상표는 〈그림 1〉과 같이 "***Reviness***"는 물론 "**REVINESS**"도 사용하였다. 그런데 심판부는 마치 피청구인이 "***Reviness***"만을 사용한 것처럼 '기초사실'을 적시한 것이다.

한 사건을 판단함에 있어서 사실관계에 대한 올바른 파악은 매우 중요하다. 피청구인은 〈그림 1〉과 같이 "***Reviness***"는 물론 "**REVINESS**"도 사용하였는데, 심판부는 피청구인이 "***Reviness***"만을 사용한 것처럼 사건을 축소한 것이다. 본 사건의 사실관계의 요약(Summary of the Facts)은 다음과 같다:

> *"청구인은 2011년 2월 상표 "**REVANESSE**"에 대하여 제3류의 "주사기에 담긴 미용관리과정에 사용되는 화장용 겔(cosmetic gel in prefilled syringes for use in cosmetic treatment procedures)"에 대하여 등록받았다.*
>
> *청구인은 피청구인이 표장 "**Reviness**" 및 "**REVINESS**"를 홈페이지에 사용하고 있는 것을 2016년 초에 발견하고, 문제의 상표 사용을 중지 해달라는 서신을 2016.05.10.자 피청구인에게 발송하였다. 이에 대해, 피청구인은 "**REVANESSE**"와 "**Reviness**"는 서로 유사하지 않으며, 피청구인의 제품은 '피부재생을 위한 의료기기(1회용 주사기)'이기 때문에 상품도 서로 유사하지 않다고 2016.05.26.자 회신하였다.*
>
> *이에 대해, 청구인은 피청구인이 사용하는 표장 "**Reviness**" 및 "**REVINESS**"가 청구인의 등록상표 "**REVANESSE**"의 보호범위에 속한다는 취지의 권리범위확인심판을 청구하였다."*

이러한 사실관계를 기초로 피청구인의 사용상표가 청구인의 등록상표의 보호범위에 속하는지의 여부를 판단해야 한다.

2. 논점(Issues)의 문제점

본 사건의 논점은 아주 명확하다. 본 사건의 논점은 피청구인의 사용상표인 "***Reviness***" 또는 "**REVINESS**"가 청구인의 등록상표 "**REVANESSE**"의 보호범위에 속하는지의 여부를 판단하는 것이다. 이를 판단하기 위해서는 우선 상표가 서로 유사한지의 여부를 판단해야 한다. 또한 상품이 서로 유사한지의 여부도 판단해야 한다. 상표가 유사하더라도 상품이 다르면 아무런 문제가 되지 않기 때문이다. 그러나 이는 항상 그런 것은 아니다. 상표의 특성을 비롯하여 다른 사항들도 판단하여 상품이 다르다 하더라도 상표침해가 되는 경우가 있기 때문이다. 그렇다면 본 사건에서 판단해야 할 논점은 다름과 같이 요약할 수 있다:

> *"(1) 피청구인이 사용하는 "**Reviness**"(또는 "**REVINESS**")는 청구인의 등록상표 "**REVANESSE**"와 유사한지의 여부.*
>
> *(2) 청구인의 지정상품 "주사기에 담긴 미용관리과정에 사용되는 화장용 겔 (cosmetic gel in prefilled syringes for use in cosmetic treatment procedures)"과 피청구인의 상품 "히알루론산을 성분으로 하는 주름개선제, 보습제, 피부탄력제"는 유사한지의 여부.*
>
> *(3) 상품이 서로 다르다 하더라도, 피청구인의 "**Reviness**"(또는 "**REVINESS**")는 청구인의 등록상표 "**REVANESSE**"의 보호범위에 속하는지의 여부."*

청구인은 위 논점 (1) 및 (2)는 물론 (3)에 대해서도 심판과정에서 주장하였다. 청구인의 등록상표는 우리나라를 비롯하여 캐나다를 포함한 많은 외국에서(EU를 포함한 15개국) 등록되어 사용되고 있고, "**REVANESSE**" 표장 자체가 조어표장의 일종으로 강하게 보호되어야 하기 때문에, 설사 상품이 서로 다르다 하더라도, 피청구인의 사용상표는 청구인의 등록상표의 보호범위에 속한다고 청구인은 주장하였다. 소위 상표의 희석화 이론을 주장한 것이다.

그런데 심판부는 피청구인의 사용상표가 청구인의 등록상표와 유사하지 않다고 판단하였다. 상표가 유사하지 않다면 상품의 유사여부는 판단할 필요도 없다. 상표가 유사하지 않다면 희석화 이론도 적용할 수 없다. 그래서 본 사건에서는 애석하게도 지정상품이 서로 유사한지 그리고 희석화 이론이 적용되는 것인지에 대해서는 판단도 받아보지 못했다.

심판부는 피청구인의 사용상표인 "***Reviness***" 또는 "**REVINESS**"가 청구인의 등록상표 "**REVANESSE**"와 유사하지 않다고 판단하였는데, 이제 그 이유에 대해서 살펴보자.

3. 판단이유의 문제점

심결문에서 보듯이, 상표의 유사여부만을 판단하면서, 유사판단의 이론에 따라 상표의 외관, 칭호 및 관념을 대비하여 판단하였다. 그들의 문제점을 구체적으로 살펴보자.

(1) '*판단기준*'의 문제점

본 심결에서도 판단기준을 먼저 제시한다. 두 건의 대법원 판례를 인용한 것이다.

> *"상표의 유사 여부는 동종의 상품에 사용되는 두 개의 상표를 그 외관・호칭・관념 등을 객관적, 전체적, 이격적으로 관찰하여 일반 수요자나 거래자가 상표에 대하여 느끼는 직관적 인식을 기준으로 하여 그 어느 한 가지에 있어서라도 거래상 상품의 출처에 관하여 오인・혼동을 초래할 우려가 있는지의 여부에 의하여 판단하여야 하며, 외관・호칭・관념 중 어느 하나가 유사하다 하더라도 다른 점도 고려할 때 전체로서는 명확히 출처의 혼동을 피할 수 있는 경우에는 유사상표라고 할 수 없으나, 반대로 서로 다른 부분이 있어도 그 호칭이나 관념이 유사하여 일반 수요자가 오인・혼동하기 쉬운 경우에는 유사상표라고 보아야 하며(대법원 2000.04.25. 선고 99후1096 판결, 대법원 2013.04.18. 선고 2013허1320 판결 등 참조)."*

위 대법원 판례는 본 사건과 아무런 관계가 없다. 상표법에서는 지극히 원론적인 수준의 판례에 지나지 않는다.

> *"외국어로 이루어진 상표의 호칭은 우리나라의 거래자나 수요자의 대부분이 그 외국어를 보고 특별한 어려움 없이 자연스럽게 하는 발음에 의하여 정하여야 할 것이되, 다만 우리나라의 거래자나 수요자의 대부분이 실제로 그 외국어 상표를 특정한 발음으로 널리 호칭 인식하고 있다는 등의 구체적 개별적 사정이 있는 경우에는 이를 고려하여 외국어 상표의 호칭을 정할 수 있을 것이나, 그와 같은 구체적 개별적 사정*

은 증거에 의하여 명확하게 인정되어야 한다(대법원 2006.09.08 선고 2006후954 판결 참조)."

위 인용판례 역시 본 사건과 아무런 관계가 없다. 본 사건에서의 두 상표를 어떻게 호칭할 것인가를 몰라서 이 판례를 인용했다면 그것은 무지의 소산이다. "**REVANESSE**"는 '레바네세' 또는 '레바네쎄' 정도로 발음될 것이고, "**REVINESS**"는 '레비네스'로 발음될 것이다. 이를 기초로 발음유사를 판단하면 된다.

본 심결에서 판단기준으로 삼는 두 판례는 본 사건의 논리를 검토하는데 전혀 도움을 주지 못한다. 단지 지면만을 차지할 뿐이다. 심결문이나 판결문은 길다고 해서 잘된 것이 아니다. 짧은 것이라 하더라도 논리의 정당성이 구비되면 충분하다. 우리의 심결문이나 판결문은 외국에 비해 무척이나 길다. 그러나 실제 논리적인 문장은 거의 없다. 위와 같이 쓸데없는 것들로 채우기 때문이다. 그리고 우리의 심결문이나 판결문은 거의 대부분 만연체로 이루어진다. 어떤 것은 한두 문장으로 한 면을 다 채우고 있다. 외국의 간결체와 비교하면 그만큼 논리성이 떨어진다.

(2) 외관유사에 대한 문제점

심결에서는, '이 사건 등록상표 "**REVANESSE**"가 알파벳 9자 모두 대문자로 표기되어 있고 'RE' 뒤에 'VA'가 기재되어 있으며 끝이 'NESSE'로 기재되어 있는 반면, 확인대상표장 "*Reviness*™"는 알파벳 8자 중 'R'만이 대문자로 기재되어 있고 'Re' 뒤에 'vi'가 기재되어 있으며 끝이 'ness'로 끝나고 글자의 색이 갈색으로 구성되어 있어 양 표장은 전체적으로 볼 때 외관에서 차이가 있다'고 하였다. 이 심결이유에 대한 구체적인 문제점을 살펴보자.

문제점 1: 청구인 상표는 모두 대문자로 구성되고, 피청구인 상표는 "R" 하나만이 대문자라는 것은 심판부가 사실관계를 축소하였기 때문에 나온 잘못된 이유다. 〈그림 1〉에서 보듯 피청구인 상표도 모두 대문자로 이루어져 있다. 그리고, 설사 대문자와 소문자의 차이가 있다 하더라도, 상표의 유사여부를 판단함에 있어서는 그것이 영향을 미치는 것이 아니다. 문자 상표는 글자체가 다르다 하더라도 침해를 구성한다. 그래서 문자상표는 특정 글씨체를 한정하지 않고 고딕체로 출원한다. 그러면 다른 글씨체를 사용한다 하더라도 보호받을 수 있는 것이다. 심판부는 이런 기본적인 사항에 대하여 무지하든지, 아니면 피청구인 일방을 위한 심결을 내리기 위하여 소문자와 대문자의 차이를 거론한 것이다.

문제점 2: 'RE' 뒤에 'VA'가 기재된 상황에서 'Re' 뒤에 'vi'가 기재되어 있으면 유사하지 않다는 논리는 어디에서도 찾아볼 수 없다.

문제점 3: 끝이 'NESSE'로 끝나는 것과 끝이 'ness'로 끝나는 것이 유사하지 않다는 것은 억지라는 말 이외는 달리 평할 말이 없다.

문제점 4: 마지막으로, 피청구인 상표의 글자 색이 갈색으로 구성되어 있어 양 표장은 유사하지 않다고 하였다. 색채상표가 아닌 이상, 상표의 외관을 논함에 있어서 색상은 판단대상이 아니다. 동일하거나 유사한 상표인데 색상이 다르기 때문에 유사하지 않다는 것은 있을 수 없다. 기상천외한 이유라고 할 수밖에 없다.

심판부는 네댓 가지 이유를 대면서 외관이 다르다고 하였다. 나한테 두 상표가 다르다는 이유를 대라면 수십 가지는 더 댈 수 있다. 글자 굵기가 다르고, 글자를 인쇄한 잉크가 다르고, 글자가 인쇄된 종이 재질이 다르고, 그 종이를 제조한 회사가 다르고, 글자를 보는 사람이 다르고, 그 사람의 기분이 다르고 등등 말이다.

상표의 외관유사는 그렇게 판단하는 것이 아니다. 상표의 외관유사는 상식을 가진 일반적인 수요자가 두 상표를 동일한 또는 유사한 상품에 사용할 때, 혼동의 우려가 있는지의 여부로써 판단하는 것이다. 더 쉽게 설명하면, 역지사지의 입장에서 판단해 보는 것이다. 다시 말해서, 내가 "**REVANESSE**"를 등록받아 사용하고 있는데, 다른 업자가 동일한 상품에 "**REVINESS**"를 사용한다면, 내 마음은 어떨까? 부처님 가운데 토막처럼 상관없다고 생각하면, 유사하지 않은 것이다. 내 마음에 열불이 나기 시작하면, 그것은 유사한 것이다.

(3) 칭호유사에 대한 문제점

심결에서는, 두 상표의 칭호유사를 판단하면서 지정상품의 특성과 함께 판단하였다. 칭호유사에 대한 심결의 요지는 "두 상표의 상품이 모두 '피부과용 필러'인데, 이 필러는 성형외과 전문의가 일차적으로 구입을 하고, 그 후 시술을 받기를 원하는 사람이 성형외과에 찾아가 전문의와 상담하여 어떤 필러를 시술에 사용할 것인가를 결정하게 되는 구매과정을 거치게 될 것이므로 1차적 수요자라 할 수 있는 의사 등은 고등교육을 받은 전문가에 해당하고, 필러의 비싼 가격 및 품질이 떨어지는 필러의 시술을 받는 경우에 발생할 수 있는 부작용 등을 고려하여야 하는 피시술자의 주의의 정도를 고려할 때에 피시술자의 주의의 정도도 매우 높을 것이므로 이러한 거래실정을 바탕으로 양 표장의 호칭의 유사여부를 살펴보면 '레바네제'로 호칭될 것인 이 사건 등록상표와 '레비네스' 또는 '리바이네스'로 호칭될 것인 확인대상표장은 호칭이 서로 비유사하다"고 판단하였다.

문제점 1: 심결의 논리는 의사와 같이 고등교육을 받은 전문가가 높은 주의를 갖고 볼 때 '레바네제'와 '레비네스'는 유사하지 않다는 것이다. 소위, 상표법 이론에서의 분별구매(discriminating purchase) 이론을 적용한 것이다.

소비자가 상품을 구매하는 방식에는 충동구매(impulse purchase)와 분별구매(discriminating purchase)가 있다. 충동구매는 마켓이나 편의점 등의 진열대로부터 큰 부담 없이 상품을 선택하여 구매하는 방식이다. 별로 비싸지 않아서 가볍게 선택할 수 상품들이 이에 해당한다. 부담 없는 상품들이기 때문에 상표에 그다지 많은 관심을 기울이지 않는다. 반면 분별구매는 자동차나 휴대폰 또는 에어콘과 같이 구매 전에 심사숙고를 요한다. 길가다가 하나씩 살 수 있는 물건들이 아니다.

어떤 상표들이 충동구매인 경우에는 유사하다고 판단될 수 있지만, 분별구매에서는 심사숙고를 요하기 때문에 상표에 대해 많은 주의력을 가지고 보게 되고 그 결과 서로 혼동의 가능성이 없다고 보는 것이다. 피부과용 필러를 구매하면서 자동차나 에어콘과 같이 몇날 며칠을 두고 심사숙고하지 않는다.

분별구매 이론의 대표적인 예가 미국에서의 "**Climatrol**" 사건이다. "**Climatrol**"

을 등록받아 에어콘에 사용하고 있는데, 다른 에어콘 업자가 "**Clime-matic**"이라는 상표를 사용한 것이다. "**Climatrol**" 상표권자는 침해를 주장했지만, 에어콘이라는 물품의 특성을 고려할 때 분별구매에 해당한다고 보아 이들이 서로 유사하지 않다고 판단한 것이다. "**Climatrol**"과 "**Clime-matic**"은 "**REVANESSE**"와 "**REVINESS**"의 관계와는 상당히 다르다. 상품에 있어서도, 에어콘은 분별구매를 요하는데, 피부과용 필러는 그렇지 않다. 그런데 심판원은 의사와 같이 고등교육을 받은 전문가가 높은 주의를 갖고 볼 때를 상정하고 분별구매 이론을 적용하였다. 선무당이 사람 잡는다고 어설프게 이해한 분별구매 이론을 함부로 적용한 것이 이 심결에서 화근이 되어 버렸다.

문제점 2: 피청구인은 본건 권리범위확인심판과는 별개로 표장 "*Reviness* 리바이네스"에 대하여 제10류의 상품에 상표등록을 받았다. 피청구인의 등록상표에서 한글표기인 "리바이네스"를 병기하였다.

본건 심판은 권리범위확인심판이기 때문에 피청구인의 사용상표와 청구인의 등록상표를 대비하여 유사여부를 판단해야 한다. 다시 말해서, 피청구인이 등록받은 상표는 본건 권리범위확인심판과는 아무런 관계가 없다. 그럼에도 불구하고, 심결에서는 피청구인의 등록상표에 대한 사실관계를 설명하고 있다. 나아가, 심결에서는 피청구인의 등록상표에 나타난 한글표기가 그 발음(칭호)이라고 단정하고 유사여부를 판단하였다.

(4) 관념유사에 대한 문제점

심결에서는 "관념면에서는 양 표장이 모두 조어표장에 해당하므로 관념을 대비할 수 없거나 비유사하다"고 판단하였다. 이 사건의 두 상표는 사전적 의미를 갖지 않는 조어표장이다. 조어표장은 관념이 없기 때문에 관념유사를 판단할 수 없다. 그래서 조어표장인 경우에는 관념유사를 판단하지 않는다.

그런데, 심결에서는 관념을 대비할 수 없거나 비유사하다고 하였다. 대비할 수 없는데 어떻게 비유사하다는 것인가. 비유사하다는 것과 판단할 수 없다는 것은 엄연히 다른 것이다. 상식을 벗어난 논리가 맞지 않는 심결이다. 피청구인 일방을 위하여 억지 논리를 꿰어 맞춘 쓰레기 같은 심결문이다.

심결이나 판결은 항상 완벽할(perfect) 수는 없다. 하지만 양 당사자에게 공정해야(fair) 한다는 것은 절대적인 기본원칙이다. 이 심결은 심결로서의 기본원칙을 저버린 매우 잘못된 심결이다.

(5) 기타의 문제점

심결에서는 "**REVANESSE**"와 "***Reviness***"가 유사하지 않다고 판단하였다. 그래서 상품의 유사여부에 대해 살펴보지 아니하더라도 이 사건 등록상표의 권리범위에 속하지 아니한다고 하였다. 참으로 간단한 결론이다. 이보다 더 쉬운 심판은 없을 것이다. 그런데 이 심결을 내리는 데 18개월이 걸렸다.

본 사건에서는 상표는 유사한데 상품이 다르기 때문에, 피청구인의 사용상표가 이 사건 등록상표의 권리범위에 속하지 아니한다고 할 수도 있었을 것이다. 이런 우려를 걱정하여 청구인은, 설사 상품이 서로 다르다 하더라도, 피청구인의 "**Reviness**"(또는 "**REVINESS**")는 청구인의 "**REVANESSE**"의 보호범위에 속한다고 주장하였다. 소위 상표의 희석화 이론에 기초한 주장을 한 것이다. 그 이유는 이 두 상표가 조어상표이기 때문이다. 희석화 이론은 상표가 어떤 상표이냐에 따라 그 적용이 다르다. 조어상표인 경우에는 희석화 이론에 따라 강력하게 보호되지만, 임의선택표장인 경우에는 희석화 이론이 적용되지 않는다. 예를 들어, "**KODAK**"은 조어상표이기 때문에 제3자가 의류와 같은 비유사상품에 사용하더라도 상표침해를 구성한다. 하지만 "**Apple**"은 임의선택표장이기 때문에 제3자가 의류와 같은 비유사상품에 사용할 수 있다.

본 심결에서는 "**REVANESSE**"와 "***Reviness***"가 유사하지 않다는 간단한 결론으로 인하여 희석화 이론에 대한 판단을 받아볼 기회를 상실하였다.

IV. 결 어

“**REVANESSE**” 사건에 대한 심결을 살펴보았지만, 특허심판원의 심결은 아직 갈 길이 멀다. 사건의 사실관계도 정확히 파악할 줄도 모르고, 논점이 무엇인지도 모르고, 그 논점에 대한 주장을 어떻게 검토할 것인지도 모르고 있다.

12. "REVANESSE" vs "REVINESS" – 권리범위 확인심판청구의 기각에 대하여[1]

– 특허심판원 2016당1614, 특허법원 2018허1264 및 대법원 2018후11698 –

I. 머리말

캐나다 회사인 Prollenium(프롤레니엄)은 표장 '**REVANESSE**'에 대하여 2011년 1월 상표등록을 받았다(제853904호). 프롤레니엄은 한국의 비알팜 ㈜이 프롤레니엄과 동일한 상품인 '의료용 필러'에 '***Reviness***'를 사용하는 사실을 인지하고, 문제의 상표 사용을 중지해 달라는 서신을 비알팜에게 2016년 5월 발송하였다. 그러자 비알팜은 자신이 사용하는 '***Reviness***'가 프롤레니엄의 등록상표 '**REVANESSE**'와 유사하지 않다는 회신문을 2016년 5월 보내왔다. 그래서 프롤레니엄은 '***Reviness***'가 '**REVANESSE**'의 권리범위에 속한다는 적극적 권리범위확인심판을 2016년 6월 청구하였다.

1 「창작과 권리」 제99호(2020년 여름호).

이에 대해, 특허심판원은 '***Reviness***'가 '**REVANESSE**'와 유사하지 않다고 판단하여 심판청구를 기각하였다.[2] 그러나, 이에 대한 심결취소소송에서, 특허법원은 '***Reviness***'와 '**REVANESSE**'는 유사하고, 지정상품도 동일하다고 판단하여 심결을 취소하였다.[3] 특허법원 판결에 불복하여 청구된 상고심에서, 대법원은 권리 대 권리 심판에 해당되어 심판 자체가 각하되어야 한다고 자판하면서, 특허법원 원심을 파기하였다.[4]

비알팜은 상표 "Reviness 리바이네스"에 대하여 2016년 7월 상표출원하고 2017년 4월 등록받았다(제1248214호). 대법원은 비알팜의 이 등록상표로 인하여 본건 권리범위확인심판이 권리 대 권리 심판에 해당되어 각하되어야 한다고 판단한 것이다. 그런데 **비알팜의 상표등록 제1248214호는 권리범위확인심판 청구일(2016년 6월) 후에 출원되어 등록된 것이다**.

본 평석은 이 대법원 판결에 대한 평석이다.

II. 판결문

사 건	*2018후11698 권리범위확인(상)*
원고, 피상고인	*프롤레니엄 메디컬 테크놀로지즈, 인크.* *(Prollenium Medical Technologies, Inc.)* *캐나다 엘4지 4씨3, 온타리오, 오로라,* *인더스트리얼 파크웨이 노스 138(138 Industrial Parkway North, Aurora, Ontario, L4G 4C3 Canada)* *대표자 아리오 코쉬빈(Ario Khoshbin)* *소송대리인 변리사 최덕규*

2 2016당1614, 심판장 권규우, 주심 서창대, 심판관 김동기.

3 2018.09.21. 선고 2018허1264, 재판장 윤성식, 판사 권순민, 판사 정택수.

4 2019.04.03. 선고 2018후11698, 재판장 권순일, 주심 박정화, 대법관 이기택, 대법관 김선수.

피고, 상고인　　주식회사 비알팜
원주시 지정면 신평로 13 (비알팜)
대표자 사내이사 김석순
소송대리인 법무법인 (유한)화우
담당변호사 김정규, 여현동
원 심 판 결　　특허법원 2019. 9. 21. 선고 2018허1264 판결
판 결 선 고　　2019. 4. 3.

주 문

원심판결을 파기한다.
특허심판원이 2017.11.14. 2016당1614호 사건에 관하여 한 심결을 취소한다.
소송총비용은 원고가 부담한다.

이 유

상고이유를 판단한다.

1. 상표권의 권리범위확인심판은 등록된 상표를 중심으로 미등록상표인 확인대상표장이 적극적으로 등록상표의 권리범위에 속한다거나 소극적으로 이에 속하지 아니함을 확인하는 것이므로, 다른 사람의 '등록상표인 확인대상표장'에 관한 적극적 권리범위확인심판은 확인대상표장이 심판청구인의 등록상표와 동일 또는 유사하다고 하더라도 등록무효절차 이외에서 등록된 권리의 효력을 부인하는 결과가 되어 부적법하다(대법원 1992.10.27. 선고 92후605 판결, 대법원 2014.03.27. 선고 2013후2316 판결 등 참조). 이때 '등록상표인 확인대상표장'에는 등록된 상표와 동일한 상표는 물론 거래의 통념상 식별표지로서 상표의 동일성을 해치지 않을 정도로 변형된 경우도 포함된다. 확인대상표장이 영문자와 이를 단순히 음역한 한글이 결합된 등록상표에서 영문자 부분과 한글 음역 부분 중 어느 한 부분을 생략한 형태로 되어 있다고 하더라도, 그 영문단어 자체의 의미로부터 인식되는 관념 외에 한글의 결합으로 인하여 새로운 관념이 생겨나지 않고, 일반 수요자나 거래자에게 통상적으로 등록상표 그 자체와 동일하게 호칭될 것으로 보이는 한 이는 등록상표와 동일성이 인정되는 상표라고 할 것이다.

2. 위 법리와 기록에 비추어 살펴본다.

가. 피고의 확인대상표장은 '**Reviness**'이고 그 사용상품은 '히알루론산을 성분으

로 하는 주름개선제, 보습제, 피부탄력제'이다. 피고의 등록상표(상표등록번호 제1248214호)는 2016.07.12. 출원되어 2017.4.24.에 등록된 'Reviness 리바이네스'이고, 그 지정상품은 '제10류 의료용필러, 의료용필러기기, 의료용필러주입기, 피부과용필러'이다.

나. 확인대상표장은 영문자 '**Reviness**'로 구성되어 있고, 피고의 등록상표는 확인대상표장과 동일한 형태의 영문자 '**Reviness**'와 이를 단순히 음역한 한글 '리바이네스'가 이단으로 병기되어 있다. 확인대상표장은 피고의 등록상표 중 한글 음역 부분을 생략한 형태로 되어 있으나 한글 '리바이네스'의 결합으로 인하여 새로운 관념이 생겨나지 않고, 일반 수요자나 거래자에게 통상적으로 '리바이네스'로 동일하게 호칭될 것으로 보이므로, 거래통념상 피고의 등록상표와 동일성 있는 상표에 해당한다.

다. 기록에 의하여 알 수 있는 다음과 같은 사정에 비추어 보면, 확인대상표장의 사용상품인 '히알루론산을 성분으로 하는 주름개선제, 보습제, 피부탄력제'는 피고의 등록상표의 지정상품 중 '의료용필러, 피부과용필러'와 거래통념상 동일성 있는 상품에 해당한다.

(1) 의료용 또는 피부과용 필러(filler)는 주름이나 패인 흉터 등에 주사하거나 삽입하는 충전제로서, 현재 전체 필러 시장의 90%를 히알루론산 성분의 필러가 차지하고 있다.

(2) 피고는 확인대상표장의 사용상품인 '히알루론산 성분의 주름개선제, 보습제, 피부탄력제'를 피부에 주사하는 필러 형태로 사용하고 있다.

(3) 피고의 등록상표의 지정상품 중 '의료용필러, 피부과용필러'는 2017.01.01. 시행된 니스(NICE) 상품분류 제11판에 처음으로 수록되었고, 그 이전에는 위와 같은 필러 제품은 지정상품을 상품분류 제3류 또는 제5류의 '주사기에 담긴 미용관리과정에 사용되는 화장용 겔', '히알루론산이 포함된 주름개선용 화장품 또는 약제' 등으로 하여 상표등록된 바 있다.

(4) 양 상품은 그 품질 · 용도 · 형상 · 사용방법 · 유통경로 및 공급자와 수요자 등 상품의 속성과 거래의 실정이 서로 공통된다.

라. 그렇다면 확인대상표장은 피고의 등록상표와 동일하므로, 이 사건 심판청구는 피고의 등록상표가 이 사건 등록상표의 권리범위에 속한다는 확인을 구하는 적극적 권리범위확인심판으로서 부적법하다.

마. 그런데도 이 사건 심판청구를 각하하지 않고 본안으로 나아가 이를 기각한 특

허심판원의 심결에는 잘못이 있고, 원심 역시 이를 간과하고 본안으로 나아가 확인대상표장이 이 사건 등록상표의 권리범위에 속한다고 판단하였으므로, 원심판결에는 권리범위확인심판의 적법요건에 관한 법리를 오해하여 판결에 영향을 미친 잘못이 있다.

3. 그러므로 나머지 상고이유에 관한 판단을 생략한 채 원심판결을 파기하되, 이 사건은 직접 재판하기에 충분하므로, 특허심판원이 2017.11.14. 2016당1614호 사건에 관하여 한 심결을 취소하고, 소송총비용은 패소자가 부담하도록 하여, 관여 대법관의 일치된 의견으로 주문과 같이 판결한다.

재판장 대법관 권순일
대법관 이기택
주심 대법관 박정화
대법관 김선수

Ⅲ. 평 석

1. 권리 대 권리 심판 요건에 위배

(1) 대법원의 판결 논리

본건 대법원 판결의 논리는 권리범위에 속한다고 주장하는 이 사건 등록상표 '**REVANESSE**'(제853904호)와 상대방인 비알팜이 등록받은 상표 "Reviness 리바이네스"(제1248214호)가 권리 대 권리이기 때문에, 본건 권리범위확인심판은 부적법하다는 것이다. 다시 말해서, 본건 권리범위확인심판의 청구는 각하되어야 한다는 것이다. 이에 대한 이유로는, 본건 심판의 심결시에 비알팜은 이미 상표등록을 받았다는 것이다. 즉, 심판 심결시에 후등록상표가 존재하였기 때문에 본건 심판은 권리 대 권리 심판에 해당한다는 것이다.

이와 유사한 사건으로 대법원의 99후2211이 있다. 이 사건에서는 후특허가 심결 후에 등록되었는데, 특허법원에서는(98허6131) 권리 대 권리 심판으로 보아 심판청구가 각하되어야 한다고 판단하였다. 그러나, 대법원에서는, 심결 후에 후특허가 등록되었기 때문에, 권리 대 권리 심판이 아니라고 판단하였다.

이를 근거로 대법원에서는, 심결시에 후권리가 존재하면 무조건 권리 대 권리 심판에 해당하는 것으로 판단하고 있다. 그러나 이는 하나만 알고 둘은 모르는 것이나 다름없다.

(2) 권리 대 권리 심판의 요건

권리 대 권리 심판에 해당하기 위해서는 심결시에 후권리가 존재해야 하는 것은 지극히 당연한 요건이다. 후권리가 존재하지 않는데도 권리 대 권리 심판이라고 할 수는 없기 때문이다.

그런데 권리 대 권리 심판이 적용되기 위해서는 이 요건(심결시에 후권리가 존재해야 한다는 요건) 외에 심판 청구시에도 후권리가 존재해야 한다. 다시 말해서, 권리 대 권리 심판에 해당하기 위해서는 심결시는 물론 심판 청구시에도 후권리가 존재해야 하는 것이다. 그런데 마치 대법원은 심결시에 후권리가 존재하면 권리 대 권리 심판이 성립하는 것처럼 착각하고 있다.

(3) 심판 청구시에 후권리가 존재해야 하는 이유

권리범위확인심판은 최소한 심판 청구시점에(정확히 말하면, 심판 청구시점 전에) 침해로 의심되는 특정의 행위에 대하여 확인을 구하고자 하는 심판이다. 다시 말해서, 권리범위확인심판은 심결 시점에 침해로 의심되는 특정의 행위에 대하여 확인을 구하고자 하는 심판이 아니다. 따라서 심판 청구후에 후권리가 등록되는 것은 권리범위확인심판과 아무런 관계가 없다. 이러한 점을 고려하지 아니하고, 심결시에 후권리가 존재하는 사실만으로 권리 대 권리 심판을 인정하는 것은 타당하지 않다.

심판청구시에는 후권리가 존재하지 않았으나, 심결시에 후권리가 존재한다는 이유로 심판 청구가 각하된다면, 심판청구시에는 적법한 심판 청구이었으나, 심결시에는 부적법한 심판청구가 되는 결과를 가져온다. 이렇게 되면, 권리범위확인심판은 아무런 쓸모가 없게 된다. 즉 심판으로서 존재해야 할 의의가 없어지는 것이다. 심판 제도를 이렇게 운영할 수는 없다.

결론적으로, 권리 대 권리 심판에 해당하기 위해서는 ① **심결시는 물론** ② **심판청구시에도 후권리가 존재해야 하는 것**이며, 심결시에 후권리가 존재한다는 것을 권리 대 권리 심판이 성립하기 위한 필요충분요건으로 착각해서는 안된다.

(4) 본 사건의 사실관계

본 사건의 권리범위확인심판은 2016년 6월 청구되었고, 심결일은 2017년 11월 14일이다. 비알팜의 등록상표는 2016년 7월 출원되어 2017년 4월 등록되었다. **비알팜의 상표등록은 권리범위확인심판 청구일(2016년 6월) 후에 출원되어, 심결일 전에 등록된 것이다**. 권리 대 권리 심판이 성립하기 위해서는 ① 심판청구일 전에 등록되어야 하고, ② 심결 당시 그 등록이 유효해야 하는데, 후자의 요건만을 충족할 뿐 전자의 요건은 충족하지 못한다. 따라서, 본 사건은 권리 대 권리 심판을 적용할 수 없는 사건으로, 본건 대법원 판결은 이러한 법리에 위배된 잘못된 판결이다.

2. 대법원 판결은 3심제 재판에 위배

(1) 권리범위확인심판의 논점

상표권의 권리범위확인심판은 등록상표와 확인대상표장의 유사여부와 그들이 사용되는 지정상품의 유사여부가 그 논점이다. 물론 본 사건과 같이 권리 대 권리 심판의 여부가 논점이 될 수도 있다. 표장의 유사여부와 지정상품의 유사여부가 실체적 논점이라 하면, 권리 대 권리 심판의 여부는 형식적 또는 절차적 요건이다. 실체적 논점이 이유 없으면 사건은 기각되지만, 형식적(절차적) 요건이 결여되면 사건은 각하된다.

특허심판원의 심판과 특허법원의 심결취소소송 단계에서 권리 대 권리 심판여부는 본 사건의 논점이 아니었다. 다시 말해서, 심판이나 소송단계에서는 이 논점을 심리하지 않았다. 심판에서는 피청구인(비알팜)의 주장만 있었을 뿐, 이 논점은 심리되지 않았다. 소송 단계에서는 이 논점에 대한 주장 자체가 없었다. 그런데 대법원은 처음으로 이 논점을 심리하였다. 심리결과, 권리 대 권리 심판이라고 판단하여 본건 심판 청구가 각하되어야 한다고 판단한 것이다.

대법원의 이러한 판단은 3심제에 위배되는 것이다. 심판과 심결취소소송에서는 심리하지 않은 논점을 대법원이 스스로 판단한 것이다. 대법원은 최소한 본 사건을 판단하면서 3심제의 기본원칙을 위배하여 잘못 판결을 내린 것이다.

(2) 대법원 자판(自判)의 잘못

대법원이 심리과정에서 권리 대 권리 심판여부가 본 사건의 논점이라는 것을 발견하였다면, 대법원은 본 사건을 자판할 것이 아니라, 하급심으로 하여금 다시 심리하도록 파기환송했어야 했다.

다시 심리하도록 파기환송되면, 특허법원은 이 논점에 대하여 다시 심리해야 한다. 그렇게 되면, 심리과정에서, 역시 비알팜의 등록상표가 심결당시 등록되었으나, 심판청구일 후에 출원하여 등록되었다는 사실관계가 드러날 것이다. 그렇다면, 권리 대 권리 심판이 아니라는 결론에 이르게 될 것이다. 이 얼마나 명확하고 합당한 논리인가.

하급심에서 심리하지 않은 논점을 대법원에서 자판한다는 것은 3심제에 위배될 뿐만 아니라, 이처럼 매우 위험한 일이다. 하급심에서 심리하지 않은 논점을 대법원에서 자판한다는 것은 대법원의 오만이라고 할 수밖에 없다. 본 사건 대법원 판결은 대한민국 대법원 역사상 하급심에서 심리하지 않은 논점을 대법원에서 자판한 유일무이한 대법원의 오만한 판결로 기록될 것이다.

3. 권리 대 권리 심판은 왜 각하되어야 하는가?

(1) 상표권의 권리 대 권리 심판

상표권의 권리범위확인심판이 권리 대 권리 심판에 해당되면 그 심판은 각하된다. 심판청구에 대한 각하는 지극히 형식적이고 절차적인 요건이 미비한 경우에 내려지는 조치이다. 재판 과정에서 심도있게 논의되어야 하는 실체적 요건과는 달리, 지극히 절차적이고 형식적 요건이 충족되지 못했을 때 심판청구를 각하하게 된다.

이 형식적이고 절차적인 요건이 상표법에 규정되어 있는 것도 아니다. 대부분의 각하 사유가 법에 규정되어 있지만, 권리 대 권리 심판 요건은 법에 규정되어 있지 않다. 다만, 권리 대 권리 심판인 경우, 각하사유에 해당한다고 보는 것은 우리의 대법원 판례에 근거한다. 본 사건 대법원 판결문에도 예시되어 있듯이, 권리 대 권리 심판을 각하한 대법원 판례가 다수 있다.

그렇다면, 상표의 권리범위확인심판에서 권리 대 권리 심판인 경우 심판청구를 각하하는 것은 어떤 법리하에서 그렇게 판단한 것일까? 다시 말해서, "권리 대 권리 심판은 왜 각하되어야 하는가"라는 근본적인 물음에 대해 살펴볼 필요가 있다.

(2) 특허 심판에서 원용된 상표권의 권리 대 권리 심판

권리 대 권리 심판인 경우에 그 심판청구가 각하되어야 한다는 논리는 특허권의 권리범위확인심판에서 비롯된 것이고, 상표권의 심판에서 그 판례를 원용하면서 오늘날에 이른 것이다.

그렇다면, 특허권의 권리범위확인심판에서 권리 대 권리 심판이 각하되어야 하는 것은 정당한 것인가? 결론부터 말해서, 그것은 정당하지 않다는 것이다.

특허권의 권리범위확인심판에서 권리 대 권리 심판이 각하되어야 한다는 논리는 이렇게 설명된다: 선특허와 후특허가 존재하는데, 후특허에 관련한 발명이 선특허의 권리범위에 속하게 되면, 후특허의 권리를 부인하게 되는 결과를 가져오므로, 후특허의 무효여부를 먼저 판단한 다음 권리범위확인을 해야 한다는 논리다. 얼핏보면, 이 논리는 타당한 것처럼 보이지만, 이는 그렇지 않다. 이 논리가 타당하다고 여겼던 1970년대에는 특허권에 대한 올바른 이해가 없었던 시절이다. 이를 설명하기 위해서는 특허권에 대한 올바른 이해가 선행되어야 한다.

(3) 특허권은 독점실시권이 아닌 배타권

1970년대의 위 논리는 특허권을 독점실시권(monopoly)으로 잘못 이해한 데서 비롯된 잘못된 논리다. 특허권은 독점실시권이 아니라 배타권(exclusive right)이다.

특허권을 독점실시권이라 하면, 특허권자는 어떤 경우든지 제한을 받지 않고, 자기 특허발명을 실시할 수 있다. 그런데 특허를 받았다 하더라도 자기 특허발명을 실시할 수 없는 경우가 있다. 바로 타인의 선특허발명을 이용한 경우가 이에 해당한다. 이를 '이용관계발명(이용발명)[또는 개량발명(improvement)]'이라 한다. 그러나 특허권자는 제3자가 그의 허락없이 특허발명을 실시하는 경우에 그 실시를 금지시킬 수 있다. 이를 배타권이라 하는 것이다. 그래서 모든 특허권은 배타권이지만, 모든 특허권이 독점실시권이라 할 수는 없다.

특허권이 독점실시권이라는 가설에서는, 이용발명이 인정되지 않는다. 그래서 후특허는 존재할 수 없다. 권리 대 권리 심판이 각하되어야 한다는 논리는 특허권이 독점실시권이라는 가설하에서 어느 정도 정당성을 갖는다. 그러나 배타권의 가설하에서는 권리 대 권리 심판을 각하할 것이 아니라, 그 권리범위확인심판을 판단해야 한다. 그래서 궁극적으로 이용관계 여부를 판단해야 한다.

우리 대법원에서 권리 대 권리 심판이 각하되어야 한다는 1970년대 논리는 이처럼 특허권에 대한 본질을 이해하지 못한 데에서 비롯된 잘못된 논리이다.

이제 특허권의 권리 대 권리 심판에서도 종전의 잘못된 대법원 판례에 따라 심판청구를 각하할 것이 아니라, 반드시 판단하여 이용관계 여부를 판단해야 한다.

(4) 상표권 심판에서의 잘못된 원용

상표권의 권리 대 권리 심판에서 특허권에 대한 판례를 원용하여 심판청구를 각하하기 시작하였다. 1980년대쯤 일이다. 이는 특허와 상표에 대한 우리 사법부의 엄청난 무지의 소산이다.

특허권과 상표권은 다같은 산업재산권(industrial property) 또는 지적재산권(intellectual property)이지만, 그 본질은 전혀 다르다. 특허권은 '기술적 아이디어의 창작물(creation)'을 보호하는 것이지만, 상표권은 '표장의 채택(adoption)'을 보호하는 것이다. 특허권에는 '이용관계발명(이용발명)'이라는 개념이 존재하지만, 상표권에는 '이용관계상표(이용상표)'라는 개념이 없다.

특허권의 권리 대 권리 심판은 '이용발명'의 개념에서 출발한 것이다. 이러한 논리는 '이용상표'의 개념이 없는 상표권의 권리 대 권리 심판에 적용한 것은 특허나 상표에 대한 무지의 극치라 할 수 있다.

(5) 결 어

1970년대 특허권에 대한 권리 대 권리 심판의 각하에 대한 판결과 이를 원용한 1980년대 상표권에 대한 권리 대 권리 심판의 각하에 대한 판결이 특허와 상표에 대한 무지의 소산이라는 것을 살펴보았다.

특허권이 배타권이 아닌 독점실시권으로 잘못 이해하고 판단한 특허권의 권리 대 권리 심판의 잘못된 판결과, 특허권에 대한 판결을 그 본질이 다른 상표권에 원용한 무지스러운 판결들은 거론조차 하고 싶지 않은 수치스런 판결들이다. 상표권의 권리 대 권리 심판은 존재할 수 없는 것이며, 특허권에서도 이용관계를 판단해야 하기 때문에 각하되어서는 안 된다.

Ⅳ. 맺는 말

권리범위확인심판은 최소한 심판 청구시점에(정확히 말하면, 심판 청구시점 전에) 침해로 의심되는 특정의 행위에 대하여 확인을 구하고자 하는 심판이다. 다시 말해서, 권리범위확인심판은 심결 시점에 침해로 의심되는 특정의 행위에 대하여 확인을 구하고자 하는 심판이 아니다. 따라서 심판청구 후에 후권리가 등록되는 것은 권리범위확인심판과 아무런 관계가 없다. 권리 대 권리 심판에 해당하기 위해서는 ① **심결시는 물론** ② **심판청구시에도 후권리가 존재해야 하는 것**이며, 심결시에 후권리가 존재한다는 것을 권리 대 권리 심판이 성립하기 위한 필요충분요건으로 착각해서는 안 된다.

심판과 심결취소소송에서는 심리하지 않은 논점을 대법원이 직접 판단한 것은 3심제에 위배된 것이다. 대법원이 심리과정에서 권리 대 권리 심판여부가 본 사건의 논점이라는 것을 발견한 이상, 대법원은 본 사건을 자판할 것이 아니라, 하급심으로 하여금 다시 심리하도록 파기환송했어야 했다. 대법원이 직접 판단함으로써 권리 대 권리 심판의 요건을 올바로 적용하지 못하였다. 하급심에서 심리하지 않은 논점을 대법원에서 자판한다는 것이 얼마나 위험한 일인지를 깨닫게 하는 판결이다.

13. "REVANESSE"와 "Reviness 리바이네스"는 유사하지 않다[1]

— 특허법원 2020.01.10. 선고 2019허5096 —

I. 머리말

특허법원은 2020년 01월 10일 상표 '**REVANESSE**'가 'Reviness 리바이네스'와 유사하지 않다는 판결을 내렸다.[2] 선등록상표인 '**REVANESSE**'에 의해 후등록상표인 'Reviness 리바이네스'를 무효시키고자 하는 심결취소소송에서였다. 특허심판원의 원심결에서는 후등록상표인 'Reviness 리바이네스'가 선등록상표인 '**REVANESSE**'와 유사하다고 판단하였다. 이 판결과 관련된 사건의 줄거리를 간단히 살펴본다.

(1) 캐나다 회사인 Prollenium(프롤레니엄)은 표장 '**REVANESSE**'에 대하여 2011년 1월 상표등록을 받았다(제853904호).

---

1 「창작과 권리」 제98호(2020년 봄호).

2 재판장 이규홍, 판사 우성엽, 판사 이진희.

(2) 프롤레니엄은 한국의 비알팜㈜이 프롤레니엄과 동일한 상품인 ‘의료용 필러’에 ‘***Reviness***’를 사용하는 사실을 인지하고, 문제의 상표 사용을 중지해 달라는 서신을 비알팜에게 2016년 5월 발송하였다.

(3) 그러자 비알팜은 자신이 사용하는 ‘***Reviness***’가 프롤레니엄의 등록상표 ‘**REVANESSE**’와 유사하지 않다는 회신문을 2016년 5월 보내왔다.

(4) 그래서 프롤레니엄은 ‘***Reviness***’가 ‘**REVANESSE**’의 권리범위에 속한다는 적극적 권리범위확인심판을 2016년 6월 청구하였다. 이에 대해, 특허심판원은 ‘***Reviness***’가 ‘**REVANESSE**’와 유사하지 않다고 판단하여 심판청구를 기각하였다.[3]

(5) 이에 대한 심결취소소송에서, 특허법원은 ‘***Reviness***’와 ‘**REVANESSE**’는 유사하고, 지정상품도 동일하다고 판단하여 심결을 취소하였다.[4]

(6) 특허법원 판결에 불복하여 청구된 상고심에서, 대법원은 권리 대 권리 심판에 해당되어 심판 자체가 각하되어야 한다고 자판하면서, 특허법원 원심을 파기하였다.[5] 이 대법원 판결의 요지는 다음과 같다:

> *“비알팜의 확인대상표장 ‘Reviness’는 비알팜의 등록상표(제1248214호) ‘Reviness 리바이네스’와 동일하므로, 이 사건 심판청구는 피고의 등록상표가 이 사건 등록상표의 권리범위에 속한다는 확인을 구하는 적극적 권리범위확인심판으로서 부적법하다. 그런데도 이 사건 심판청구를 각하하지 않고 본안으로 나아가 이를 기각한 특허심판원의 심결에는 잘못이 있고, 원심 역시 이를 간과하고 본안으로 나아가 확인대상표장이 이 사건 등록상표의 권리범위에 속한다고 판단하였으므로, 원심판결에는 권리범위확인심판의 적법요건에 관한 법리를 오해하여 판결에 영향을 미친 잘못이 있다.”*

3 2016당1614, 심판장 권규우, 주심 서창대, 심판관 김동기.

4 2018.09.21. 선고 2018허1264, 재판장 윤성식, 판사 권순민, 판사 정택수.

5 2019.04.03. 선고 2018후11698, 재판장 권순일, 주심 박정화, 대법관 이기택, 대법관 김선수.

그런데 비알팜의 상표등록 제1248214호는 2016년 7월에 출원되어 2017년 4월에 등록된 것이다(다시 말해서, **비알팜의 상표등록 제1248214호는 권리범위확인심판 청구일 (2016년 6월) 후에 출원되어 등록된 것이다**).

(7) 마땅히, 프롤레니엄은 비알팜의 상표등록 제1248214호에 대해서 무효심판을 청구하였다.

(8) 특허심판원은 다음과 같이 설시하면서 두 상표가 유사하다고 판단하였다.[6]

> *"이 사건 등록상표 'Reviness 리바이네스'는 영문자와 한글이 상하 2단으로 구성되어 있는데, 그 지정상품의 일반 수요자나 거래자에게 맨 아래의 '리바이네스'라는 한글 표기에 따라 '리바이네스'라고 호칭될 수도 있어 보인다. 그러나 이 사건 등록상표의 구성을 살펴보면, 위에 배치되어 있는 영문자 'Reviness'가 아래에 배치되어 있는 한글 '리바이네스' 보다 큰 글자로 구성되어 있을 뿐만 아니라, 하단의 한글 표기가 상단의 'Reviness'라는 영문자 부분의 발음을 그대로 옮긴 것으로 보이지 아니하고, 위 영문자 부분은 한글 부분에 못지않게 쉽게 식별되도록 구성되어 있는 점에서 볼 때, 이 사건 등록상표는 위 영문자 부분에 의하여 '레비네스'로도 자연스럽게 호칭될 수 있다고 봄이 타당하다.*
>
> *선등록상표 **REVANESSE**'는 그 지정상품의 일반 수요자나 거래자의 영어발음 습관에 따라 자연스럽게 '레바네세' 또는 '레바네제'로 호칭될 것으로 보인다.*
>
> *그렇다면 이 사건 등록상표가 '레비네스'로, 선등록상표가 '레바네세'로 각각 호칭될 경우에 양 상표는 4음절의 자음이 모두 동일하고 두 번째 음절 및 마지막 음절에 모음의 차이만 존재할 뿐이어서, 전체적으로 유사한 청감을 줄 여지가 크다."*

(9) 이 특허심판원의 무효심결에 대하여 제기된 심결취소소송에서, 특허법원은 '**REVANESSE**'와 "Reviness 리바이네스"가 유사하지 않다'고 판단하여 원심결을 취소하였다.[7]

본 평석은 이 특허법원 판결에 대한 평석이다.

---

6 2019.06.10. 심결 2017당2713, 심판장 김성관, 주심 심봉수, 심판관 강현호.

7 2020.01.10. 선고 2019허5096, 재판장 이규홍, 판사 우성엽, 판사 이진희.

II. 판결문

사 건 2019허5096 등록무효(상)

원 고 주식회사 비알팜

원주시 지정면 신평로 13 (비알팜)

대표자 사내이사 김석순

소송대리인 법무법인 (유한)화우

담당변호사 김정규, 여현동

피 고 프롤레니엄 메디컬 테크놀로지즈, 인크.

(Prollenium Medical Technologies, Inc.)

캐나다 엘4지 4씨3, 온타리오, 오로라, 인더스트리얼 파크웨이 노스 138(138 Industrial Parkway North, Aurora, Ontario, L4G 4C3 Canada)

대표자 스티븐 에이치. 리치(Steven H. Leach)

소송대리인 변리사 최덕규

변 론 종 결 2019.12.06.

판 결 선 고 2020.01.10.

주 문

1. 특허심판원이 2019.06.10. 2017당2713 사건에 관하여 한 심결을 취소한다.
2. 소송비용은 피고가 부담한다.

청구취지

주문과 같다.

이 유

1. 기초사실

가. 이 사건 등록상표(갑 제1, 4호증)

1) 상표등록번호/출원일/등록일: 제1248214호/2016.07.12./2017.04.24.

2) 구 성: Reviness 리바이네스

3) 지정상품: 상품류 구분 제10류의 의료용필러, 의료용필러기기, 의료용필러주입기, 피부과용필러

4) 권리자: 원고

나. 선등록(사용)상표(이하 '선등록상표'라 한다, 갑 제2호증)

1) 상표등록번호/출원일/등록일: 제853904호/2009.07.09./2011.02.18.

2) 구 성: **REVANESSE**

3) 지정상품(사용상품): 상품류 구분 제03류의 주사기에 담긴 미용관리과정에 사용되는 화장용 겔(cosmetic gel in prefilled syringes for use in cosmetic treatment procedures)

4) 권리자: 피고

다. 이 사건 심결의 경위(갑 제3호증)

1) 피고는 특허심판원에 이 사건 등록상표의 상표권자인 원고를 상대로, "이 사건 등록상표는 선등록상표와 표장 및 지정상품이 동일・유사한 상표로서 구 상표법(2016.02.29. 법률 제14033호로 개정되기 전의 것, 이하 같다) 제7조 제1항 제7호에 해당하고, 이 사건 등록상표의 출원일 전에 피고의 상표로 널리 알려진 선등록상표와 동일・유사한 상표로서, 피고 상품이나 영업과 혼동을 일으키게 하거나 부정한 목적을 가지고 사용하는 상표이므로 구 상표법 제7조 제1항 제10호 및 제12호에 해당하여 그 등록이 무효로 되어야 한다."고 주장하면서 이 사건 등록상표에 대한 등록무효심판을 청구하였다.

*2) 특허심판원은 위 심판청구를 2017당2713으로 심리한 후, 2019.06.10. "이 사건 등록상표 'Reviness 리바이네스'는 한글 '리바이네스' 부분이 영문자 '***Reviness***' 부분을 그대로 옮긴 것으로 보이지 아니하여 영문자 '***Reviness***' 부분으로부터 '레비네스'로 호칭될 수 있으므로, '레바네세' 또는 '레바네제'로 호칭될 수 있는 선등록상표와 호칭이 유사하여 선등록상표와 그 표장이 유사하고, 이 사건 등록상표의 지정상품과 선등록상표의 지정상품은 모두 의료용(피부과용, 성형용) 필러로서 동일・유사한 상품에 해당하므로, 이 사건 등록상표는 구 상표법 제7조 제1항 제7호에 해당한다."는 이유를 들어 피고의 위 심판청구를 인용하는 심결(이하 '이 사건 심결'이라 한다)을 하였다.*

[인정 근거] 다툼 없는 사실, 갑 제1, 2, 3, 4호증의 각 기재, 변론 전체의 취지

2. 당사자 주장의 요지

가. 원고 주장의 요지

다음과 같은 이유로 이 사건 등록상표에는 구 상표법 제7조 제1항 제7호, 제10호 및 제12호의 무효사유가 있다고 볼 수 없음에도 이 사건 심결은 이와 다르게 판단하였으니 위법하다.

1) 이 사건 등록상표 'Reviness 리바이네스'는 한글 '리바이네스' 부분이 영문자 'Reviness' 부분을 그대로 옮긴 것으로서 전체적으로 '리바이네스'로 호칭되므로, '레바네세', '레바네제' 등으로 호칭되는 선등록상표 'REVANESSE'와 호칭이 유사하지 아니하고, 외관도 서로 상이하며, 양 표장 모두 조어로서 관념을 대비할 수 없으므로, 결국 이 사건 등록상표는 선등록상표와 유사하지 아니하다.

2) 이 사건 등록상표의 지정상품인 필러류 상품은 선등록상표의 지정상품인 주사기에 담긴 미용관리과정에 사용되는 화장용 겔과 원료, 기능, 생산 및 제조, 유통 등에 있어서 확연한 차이가 있어 유사하지 아니하다.

3) 피고가 제출한 자료만으로 선등록상표가 이 사건 등록상표의 출원일 무렵 저명상표라거나, 주사기에 담긴 미용관리과정에 사용되는 화장용 겔과 관련하여 특정인의 상표로 알려졌다고 볼 수 없다.

4) 이 사건 등록상표는 'Revital'에서 'Revi'를 가져오고 명사형 어미 'ness'를 결합한 것으로서, 선등록상표를 모방한 것이 아니므로 부정한 목적으로 출원한 상표가 아니다.

나. 피고 주장의 요지

다음과 같은 이유로 이 사건 등록상표는 선등록상표와 표장 및 상품이 동일·유사한 상표로서 구 상표법 제7조 제1항 제7호에 해당하고, 저명한 선등록상표의 상품이나 영업과 혼동을 일으키게 할 염려가 있어 구 상표법 제7조 제1항 제10호에도 해당하며, 피고의 상표나 상품이라고 인식될 수 있을 정도로 알려진 선등록상표와 동일·유사한 상표로서 부정한 목적으로 사용하는 상표이므로 구 상표법 제7조 제1항 제12호에도 해당하여 그 등록이 무효로 되어야 한다. 따라서 이와 결론을 같이한 이 사건 심결은 적법하다.

1) 이 사건 등록상표 'Reviness 리바이네스'는 한글 '리바이네스' 부분이 영문자 '**Reviness**' 부분을 그대로 옮긴 것으로 볼 수 없으므로, 영문자 '**Reviness**' 부분만으로 '레비네스', '리비너스' 등으로 호칭되어, '레바네쎄', '레바네세', '레바네제' 등으로 호칭되는 선등

록상표와 호칭 등이 유사하여 유사한 표장에 해당한다.

2) 이 사건 등록상표의 지정상품인 필러 등은 선등록상표의 지정상품인 주사기에 담긴 미용관리과정에 사용되는 화장용 겔과 품질, 용도, 형상, 사용방법, 유통경로 및 공급자와 수요자 등 상품의 속성과 거래의 실정이 공통되어 서로 유사하다.

3) 선등록상표는 이 사건 등록상표의 출원일 무렵 저명상표에 해당하고, 주사기에 담긴 미용관리과정에 사용되는 화장용 겔과 관련하여 특정인의 상표로 알려졌다.

4) 이 사건 등록상표의 영문자 '**Reviness**' 부분은 선등록상표 '**REVANESSE**'와 구성 영문자 등이 매우 유사하여 선등록상표를 모방한 것으로서 부정한 목적이 있다.

3. 이 사건 등록상표가 구 상표법 제7조 제1항 제7호 및 제12호에 해당하는지 여부

이 사건 등록상표가 선등록상표와의 관계에서 구 상표법 제7조 제1항 제7호 및 제12호에 해당한다고 볼 수 있으려면, 양 상표의 표장이 동일 · 유사하다는 것이 전제되어야 하므로, 이를 먼저 살펴보기로 한다.

가. 판단기준

상표의 유사 판단에 있어서 외국어로 이루어진 상표의 호칭은 우리나라의 수요자나 거래자의 대부분이 그 외국어를 보고 특별한 어려움 없이 자연스럽게 하는 발음에 의하여 정하여짐이 원칙이고, 우리나라의 수요자나 거래자가 그 외국어 상표를 특정한 한국어로 표기하고 있는 등의 구체적인 사용실태가 인정되는 경우에는 그와 같은 구체적인 사용실태를 고려하여 외국어 상표의 호칭을 정하여야 할 뿐만 아니라(대법원 2005.11.10. 선고 2004후2093 판결 참조), 상표가 영문자와 그 우리말 표기라고 보이는 한글로 병기되어 있는 경우 일반 수요자나 거래자는 영문표기보다는 한글표기에 따라 이를 호칭하는 것이 일반적이라고 할 것이나, 한글 부분이 영문자 부분을 발음나는 대로 표기한 것이 아니고 또 영문자의 모양이 한글 못지않게 쉽게 식별되며 그 문자의 구성이나 발음이 비교적 단순한 경우에는 영문표기에 의하여 호칭되는 것도 또한 자연스러운 것으로 여겨진다(대법원 1999.07.27. 선고 98후2238 판결 참조).

나. 구체적 판단

1) 외관의 대비

이 사건 등록상표 'Reviness 리바이네스'는 영문자 '**Reviness**'와 한글 '리바이네스'가 상하 2단으로 병기되어 구성된 표장이고, 선등록상표 '**REVANESSE**'는 영문자로만 구성된

표장으로 양 표장은 한글의 병기 여부 등의 차이로 인하여 그 전체적인 외관이 서로 유사하지 아니하다.

2) 관념의 대비

이 사건 등록상표 'Reviness 리바이네스'의 영문자 'Reviness' 부분 및 한글 '리바이네스' 부분과 선등록상표 'REVANESSE'는 모두 사전에 등재되지 않은 조어에 불과하여 양 표장의 관념을 서로 대비하기는 어렵다.

3) 호칭의 대비

가) 이 사건 등록상표의 호칭

(1) 이 사건 등록상표는 영문자 'Reviness'와 한글 '리바이네스'가 상하로 구성되어 있고, 앞서 본 바와 같이 상단의 영문자 'Reviness'는 사전에 없는 조어에다가 비교적 긴 영문자 8글자로 구성된 단어로서 우리나라의 일반 수요자나 거래자의 대부분이 심사숙고하여 영문자 'Reviness'의 가능한 한글 발음인 '리바이네스', '리바이너스', '리비너스', '레비네스' 등 중 하나로 호칭할 가능성이 있는데, 이 사건 등록상표에는 상단의 영문자 외에도 하단의 한글이 병기되어 있고, 영문자 'Reviness'의 발음 중 하나인 '리바이네스'와 한글 '리바이네스'의 발음이 동일하여, 국내 일반 수요자나 거래자의 대부분이 상단의 영문자와 하단의 한글을 보고 쉽게 한글 '리바이네스' 부분은 영문자 'Reviness' 부분을 발음 나는 대로 표기한 것임을 알 수 있다. 따라서 이 사건 등록상표를 상단의 영문자와 그 발음을 표기한 하단의 한글로 분리하여 관찰하는 것은 자연스럽지 못하므로, 이 사건 등록상표는 전체로 관찰하여 '리바이네스'로 호칭된다.

(2) 피고는, 원고가 이 사건 등록상표의 영문자 'Reviness' 부분만을 사용하는 점에 비추어 영문자 부분이 요부로서 그 부분만으로 '레비네스', '리비너스' 등으로 호칭된다는 취지로 주장한다.

그러나 앞서 본 바와 같이 이 사건 등록상표 'Reviness 리바이네스' 중 한글 ' 리바이네스' 부분은 영문자 'Reviness' 부분을 발음 나는 대로 표기한 것에 불과하고, 한글 '리바이네스' 부분이 영문자 부분을 발음나는 대로 표기한 것이 아닌 독특하고 이질적인 호칭이라고 보기 어려울 뿐만 아니라 영문자 'Reviness'의 구성이나 발음이 단순한 경우에 해당하여 아래 병기된 한글 '리바이네스' 부분과 구분되어 독자적으로 '레비네스', '리비너스' 등으로 호칭되어야 하는 경우에 해당한다고 보기도 어렵다. 따라서 피고의 이 부분 주장은 받아들일 수 없다.

나) 선등록상표의 호칭

*선등록상표 '**REVANESSE**'는 국내의 일반적인 영어발음 원칙에 따라 '레바네쎄', '레바네세', '레바네제' 정도로 호칭된다.*

다) 호칭의 유사 판단

이렇듯 이 사건 등록상표는 '리바이네스'로 발음될 것인 반면, 선등록상표는 '레바네쎄', '레바네세', '레바네제' 등으로 발음되므로, ① 호칭이 5음절과 4음절로 차이가 있는 점, ② 중요하게 청음되는 첫 음절이 '리'와 '레'로 차이가 있는 점, ③ 이 사건 등록상표의 세 번째 음절 '이' 부분의 발음이 묵음화 또는 약음화된다고 인정하기 어려운 점, ④ 선등록상표의 마지막 음절 '쎄', '네', '제' 등은 비교적 강하게 발음되어 이 사건 등록상표의 마지막 음절 '스'와 차이가 있는 점 등에 비추어, 위와 같은 두 호칭 사이의 차이는 일반 수요자나 거래자에 의하여 충분히 구별될 수 있다고 판단된다. 따라서 이 사건 등록상표와 선등록상표의 호칭은 유사하지 아니하다.

4) 대비 결과의 종합

*이 사건 등록상표 'Reviness 리바이네스'는 선등록상표 '**REVANESSE**'와 그 외관, 호칭 및 관념의 차이로 인하여, 양 상표가 동일·유사한 상품에 같이 사용되는 경우 일반 수요자나 거래자로 하여금 상품의 출처에 관하여 오인·혼동을 일으키게 할 염려가 있다고 보기 어려우므로, 이 사건 등록상표와 선등록상표는 그 표장이 서로 유사하지 아니하다.*

5) 검토결과의 정리

이 사건 등록상표는 선등록상표와 표장이 서로 유사하지 아니하므로, 피고의 나머지 주장에 대하여 더 나아가 살펴볼 필요 없이, 구 상표법 제7조 제1항 제7호, 12호에 해당하지 아니한다.

4. 이 사건 등록상표가 구 상표법 제7조 제1항 제10호에 해당하는지 여부

가. 판단기준

구 상표법 제7조 제1항 제10호 소정의 저명상표의 경우 상표 자체로서는 유사상표라고 할 수 없는 상표라도 양 상표의 구성이나 관념 등을 비교하여 그 상표에서 타인의 저명상표 또는 상품 등이 용이하게 연상되거나 타인의 상표 또는 상품 등과 밀접한 관련성이 있는 것으로 인정되어 상품의 출처에 오인·혼동을 일으키는 경우에는 등록될 수 없는바(대법원 2002.05.28. 선고 2001후2870 판결 등 참조), 여기에서 말하는 저명상표는 그 상표가 수요자에게 널리 알려졌을 뿐만 아니라 그 상표를 사용한 상품이 갖는 품질의 우수성 때문에 수요자뿐만 아니라 일반 대중에게까지 양질감

을 획득하고 있어 상품의 출처뿐만 아니라 그 영업주체를 표시하는 힘까지 갖게 된 상표를 말하고(대법원 2004.07.09. 선고 2002후2563 판결 등 참조), 상품이나 영업의 저명 여부는 그 상품이나 영업에 사용되는 상표 또는 상호 등의 사용기간, 사용량, 사용방법, 상품의 거래량 또는 영업의 범위 및 상표나 상호에 관한 광고 선전의 실태 등 제반 사정을 고려하여 거래실정과 사회통념상 그 상품의 출처 또는 영업주체에 관한 인식이 객관적으로 널리 퍼져 있다고 볼 수 있는지의 여부에 따라 판단하여야 하며(대법원 2007.02.08. 선고 2006후3526 판결 등 참조), 타인의 상표가 저명상표인지 여부를 판단하는 기준시는 대비 대상이 되는 상표의 등록출원시이다(대법원 2003.09.26. 선고 2002후628 판결 등 참조).

나. 구체적 판단

을 제5, 6, 7호증(각 가지번호를 포함한다)의 각 기재에 의하면, 피고는 2007년경부터 캐나다, 콜롬비아 등 13개국에서 선등록상표에 대하여 상표등록을 받은 사실(을 제5호증), 선등록상표를 사용한 상품(이하 '피고 상품'이라 한다)의 국내 판매 실적이 2011년 미화 약 36만 달러, 2012년 미화 34만 달러, 2013년 미화 32만 달러, 2014년 미화 26만 달러로 4년 동안 총 128만 달러 정도이고, 전세계 판매실적은 2011년 미화 약 220만 달러, 2012년 미화 약 340만 달러, 2013년 미화 430만 달러, 2014년 미화 약 680만 달러, 2015년 미화 약 990만 달러, 2016년 미화 1,230만 달러로 6년 동안 미화 3,890만 달러 정도인 사실(을 제6호증의 1 내지 7), 2014.10.20.자 청년의사 신문에 "이름만 대면 아는 유명 필러들 과대광고…식약처, 철퇴"라는 제목으로 게재된 기사의 내용 중 과대광고를 한 필러 제품 중 하나로 "**Revanesse Ultra**" *제품이 포함된 사실(을 제7호증)은 인정된다.*

그러나 앞서 본 증거들과 갑 제12호증의 기재 및 변론 전체의 취지에 의하여 인정되는 다음과 같은 사정, 즉 ① 한국보건산업진흥원이 2015.4.27. 발간한 "KHIDI Brief 보건산업브리프 의료기기·IT헬스 VOL.23"(갑 제12호증)에 의하면, 피고 상품과 관련된 안면성형용 필러의 2013년 국내 시장 규모는 약 783억 원인데(갑 제12호증 8쪽) 같은 기간 피고 상품의 국내 판매 실적은 미화 32만 달러에 불과하고, 피고 상품의 국내 매출액은 4년 동안 총 128만 달러 정도이며, 출원일과 가장 가까운 2014년 실적은 약 26만 달러의 매출액에 불과한 점, ② 앞서 본 보건산업브리프 자료(갑 제12호증)에 의하면, 안면성형용 필러의 세계 시장규모는 이 사건 등록상표의 출원일인 2016년 무렵 17억 달러에 이르는데(갑 제12호증 6쪽), 피고 상품의 2016

년 전세계 매출액은 미화 1,230만 달러 정도에 불과하여 피고 상품이 전 세계적으로 널리 알려져 국내에서 저명하다고 보기도 어려운 점, ③ 2014.10.20.자 청년의사 신문 기사의 주요 내용은 필러 제품의 거짓・과대 광고에 관한 것에 불과하고, 기사의 내용 중에 "식약처가 적발한 필러들은 레스틸렌, 이브아르, 쥬비덤, 스컬트라 등 이름만 대면 누구나 알 만한 유명한 필러들이다."와 같은 내용은 있으나 피고 상품이 위와 같이 누구나 알 만한 유명한 필러들의 예시에 포함되어 있지 아니한 점, ④ 앞서 본 보건산업브리프 자료(갑 제12호증)에 의하면 피고 상품인 '레베네제울트라' 제품이 2012년부터 국내에 수입되고 있다는 사실을 알 수 있지만(갑 제12호증 9쪽), 'Galderma의 레스틸렌이 국내에서도 2012년 이후로 시장 점유율 부동의 1위로 자리매김하였고, Allergan의 쥬비덤, Merz의 레디어스, Clarion medical의 테오시알 등도 그 뒤를 잇고 있다'는 취지의 기재만 있을 뿐 피고 상품의 점유율에 관한 내용은 없는 점 등을 종합하면, 선등록상표는 그 상표의 수요자뿐만 아니라 일반 대중에게까지 알려지고 또한 양질감으로 인한 우월적 지위를 갖게 된 이른바 저명상표에 이르렀다고 보기는 부족하고, 달리 이를 인정할 증거가 없다.

따라서 이 사건 등록상표는 나머지 점에 관하여 더 나아가 살필 필요 없이 구 상표법 제7조 제1항 제10호에 해당하지 아니한다.

5. 결 론

따라서 이 사건 등록상표는 구 상표법 제7조 제1항 제7호, 제10호 및 제12호에 해당하는 등록무효사유가 존재한다고 볼 수 없다. 그렇다면 이와 결론을 달리한 이 사건 심결은 위법하고, 그 취소를 구하는 원고의 청구는 이유 있으므로 이를 인용하기로 하여 주문과 같이 판결한다.

재판장 판사 이규홍

판사 우성엽

판사 이진희

Ⅲ. 평 석

1. 외관의 유사여부

판결에서는, "*이 사건 등록상표 'Reviness 리바이네스'가 영문자와 한글이 상하 2단으로 병기되어 구성되고, 선등록상표 'REVANESSE'는 영문자로만 구성된 표장으로 그 전체적인 외관이 서로 유사하지 아니하다*"고 설시하였다.

상표의 유사여부를 판단하기 위해서는 상표의 요부를 파악할 줄 알아야 한다. 'Reviness 리바이네스'의 요부는 누가 뭐래도 '**Reviness**'이다. '**Reviness**'가 '**REVANESSE**'와 유사하다는 것은 삼척동자도 알 수 있다. '리바이네스'가 병기되어 있다 하더라도, 결론은 달라지지 않는다.

판결의 논리대로 하면, 'TIGER'와 '호랑이'는 유사하지 않다. 외관이 다르기 때문이다. 그러나 이 경우에는 외관을 판단할 필요가 없다. 관념이 동일하기 때문이다. 관념이 동일하기 때문에 외관에 관계없이 이들은 유사한 것이다. 이것이 상표법의 올바른 법리다.

'Reviness 리바이네스'와 '**REVANESSE**'의 유사여부에서는 외관이 중요한 것이 아니다. 이들의 유사여부는 칭호에 의하여 유사여부가 판가름나기 때문이다. 그런데 판결에서는, 외관이 유사하지 않다고 설시하였다. 이것은 'Reviness 리바이네스'와 '**REVANESSE**'가 유사하지 않다는 결론을 내리기 위한 합리화 내지 전초작업에 해당한다.

2. 칭호의 유사여부

판결에서는, 'Reviness 리바이네스'와 '**REVANESSE**'의 칭호가 유사하지 않다는 결론을 내리면서 4가지 이유를 들었다:

> "*이 사건 등록상표는 '리바이네스'로 발음될 것인 반면, 선등록상표는 '레바*

네쎄', '레바네세', '레바네제' 등으로 발음되므로, ① 호칭이 5음절과 4음절로 차이가 있는 점, ② 중요하게 청음되는 첫 음절이 '리'와 '레'로 차이가 있는 점, ③ 이 사건 등록상표의 세 번째 음절 '이' 부분의 발음이 묵음화 또는 약음화된다고 인정하기 어려운 점, ④ 선등록상표의 마지막 음절 '쎄', '네', '제' 등은 비교적 강하게 발음되어 이 사건 등록상표의 마지막 음절 '스'와 차이가 있는 점 등에 비추어, 위와 같은 두 호칭 사이의 차이는 일반 수요자나 거래자에 의하여 충분히 구별될 수 있다고 판단된다. 따라서 이 사건 등록상표와 선등록상표의 호칭은 유사하지 아니하다."

(1) 호칭이 5음절과 4음절로 차이가 있다는 이유에 대하여:

칭호 유사는 음절 수로 판단하는 것이 아니다. 판결의 논리대로 하면, '다이렉트'와 '디렉트'는 유사하지 않다. 참으로 기막힌 논리다. 칭호유사는 그렇게 판단하는 것이 아니다. 일반 수요자의 상식(common sense)에 의해 판단하는 것이다. '***Reviness***'를 '리바이네스'라고 읽을 사람은 많지 않다. 설사 '리바이네스'라 한다 하더라도 '레바네세'와 유사하지 않다고 할 수 없다.

칭호(발음) 유사에서 가장 중요한 것은 각 음절의 초성 자음이다. 초성 자음이 동일하면, 설사 모음이 다르다 하더라도, 청감은 아주 유사하게 들리게 마련이다. '**REVANESSE**'의 초성 자음은 'R, V, N, S (ㄹ, ㅂ, ㄴ, ㅅ)'이고, '***Reviness***'의 초성과 동일하다. '리바이네스'라 하더라도, 초성 자음은 'R, V, I, N, S (ㄹ, ㅂ, ㅇ, ㄴ, ㅅ)'이다. 하나의 초성 '이'가 다를 뿐이다.

이와 관련하여, 권리범위확인심판 심결취소소송에서, 특허법원은 다음과 같이 판시한 바 있다:

*"(선)등록상표가 '레바네세'로, 확인대상표장이 '레비네스'로 호칭될 경우에 양 상표는 **4음절의 자음이 모두 동일하고 두번째 음절 및 마지막 음절에 모음의 차이만 존재할 뿐이어서**, 전체적으로 유사한 청감을 줄 여지가 크다."(2018허1264)"*

본 사건 변론에서도, 피고(프롤레니엄)는 이 논점과 관련하여 다음과 같이 주장하였다:

> *"이 사건 등록상표와 선등록상표는 모두 초성 자음의 배열이 'ㄹㅂㄴㅅ'로 동일하기 때문에, 설사 일부 모음이 다르다 하더라도 청음은 유사하게 들리는 것입니다. 이 사건 등록상표가 '리바이네스'인 경우에도, '이'는 자음이 아닌 모음으로, '묵음'에 해당하기 때문에, 전체적인 청감에 영향을 주지 못합니다."*

그러나 판결에서는 피고의 이러한 주장을 검토하지 않았다. 판결문의 '피고 주장의 요지'에도 이러한 내용은 없다. 피고의 이 주장을 검토하지 않았다면, 그것은 중대한 판단유탈이다. 그러나 칭호유사 판단에서 이토록 중요한 주장을 판단하지 않았다고 할 수는 없다. 이것은 다분히 고의성이 있는 판단유탈이다.

판결은 완벽함(perfect)을 추구하는 것이 아니다. 그러나 판결은 공정해야(fair) 한다. 쌍방에게 공정해야 한다는 의미다. 칭호유사에 관한 피고의 중요한 주장을 언급하지도 않고 논의하지도 않은 것은 공정하지 못한 편파적인 것이다.

(2) 중요하게 청음되는 첫 음절이 '리'와 '레'로 차이가 있다는 이유에 대하여:

첫 음절이 '리'와 '레'로 차이가 있기 때문에, '*Reviness* 리바이네스'와 '**REVANESSE**'의 칭호가 유사하지 않다는 것이다. 역시 기막힌 논리다. 이런 식으로 차이점을 설명한다면, 필자는 '*Reviness* 리바이네스'와 '**REVANESSE**'가 다르다는 점에 대하여 한 권의 책도 족히 쓸 수 있다. 각 음절의 초성 자음이 중요하다고 준비서면과 변론을 통하여 그토록 주장하였건만, 첫 음절의 '리'와 '레'가 차이가 있다고 한 판결은 가히 국보급이라 할 수 있다. '***Reviness***'가 '리바이네스'로 발음된다면. '**REVANESSE**'도 '리바네세'라고 발음된다고 보는 것이 상식이다.

(3) 이 사건 등록상표의 세 번째 음절 '이' 부분의 발음이 묵음화 또는 약음화된다고 인정하기 어렵다는 이유에 대하여:

판결에서는, 이 사건 등록상표의 세 번째 음절 '이' 부분의 발음이 묵음화 또는 약음화된다고 인정하기 어렵다고 하였다. 언어에 대한 이해가 심히 의심스러울 뿐이다. 이 부분은 상표 각 음절의 초성 자음과 함께 설명되어야 한다. '**REVANESSE**'의 초성 자음은 'R, V, N, S (ㄹ, ㅂ, ㄴ, ㅅ)'이고, '***Reviness***'의 초성과 동일하다. '리바이네스'라 하더라도, 초성자음은 'R, V, I, N, S (ㄹ, ㅂ, ㅇ, ㄴ, ㅅ)'이다. 하나의 초성 '이'가 다를 뿐이다. 그러나 판결에서는 이에 대한 설명이 없다.

상표법의 법리를 설명하기 위하여 '초성자음', '묵음화' 등을 거론하였으나, 일반 상식을 가진 사람이라면 '초성자음'이나 '묵음화'를 모른다 하더라도, '**REVANESSE**'와 '***Reviness***'의 유사성을 부인할 수 없고, '**REVANESSE**'와 '리바이네스'의 유사성도 부인할 수 없을 것이다. 상식으로부터 벗어난 판결이 아닐 수 없다.

(4) 선등록상표의 마지막 음절 '쎄', '네', '제' 등은 비교적 강하게 발음되어 이 사건 등록상표의 마지막 음절 '스'와 차이가 있다는 이유에 대하여:

판결에서는, 선등록상표 '**REVANESSE**'가 '레바네쎄', '레바네세', '레바네제' 등으로 발음된다고 하였으므로, 마지막 음절은 '쎄', '네', '제'가 아니라, '쎄', '세', '제'이다. 그런데 '마지막 음절이 비교적 강하게 발음된다'는 설명은 금시초문이다. 기상천외한 논리가 아닐 수 없다. 상표유사는 마지막 음절을 비교하는 것이 아니다. 상표유사는 상표 전체에 대하여 판단하는 것이다. '**REVANESSE**'와 'Reviness 리바이네스'를 비교하는 것이지, 마지막 음절을 비교하는 것이 아니다. 더구나, 강하게 발음되지 않음에도 불구하고, 강하게 발음된다는 지극히 주관적인 잘못된 가설을 세우고, 그 잘못된 가설하에서 유사판단을 하였다.

IV. 결 어

'REVANESSE'와 'Reviness 리바이네스'가 유사하지 않다고 판단한 특허법원의 판결을 살펴보았다. 상표법의 법리를 동원하여 칭호와 외관에 대해서도 살펴보고, '초성자음', '묵음화' 등과 같은 다소 생소한 용어들도 상표 유사판단에 동원된다는 것도 알게 되었다.

상표에서 유사판단은 왜 하는가? 소비자가 상품출처에 대하여 오인이나 혼동되지 않도록 올바른 선택을 하도록 하기 위함이다. 그리고 타 경쟁업자로부터 상표권자를 보호하기 위함이다. 의료용 필러에 '**REVANESSE**'를 등록받아 사용하고 있는데, 다른 경쟁업자가 치료용 필러에 'Reviness 리바이네스'를 사용하고 있다면, 상식을 가진 사람이라면 무슨 생각을 할까?

필자는 의뢰인으로부터 종종 특허나 상표 침해에 대하여 질문을 받곤 한다. "다른 사람이 '**REVANESSE**'를 등록받아 사용하고 있는데, 내가 '***Reviness***'를 사용한다면 침해가 되겠느냐? 아니면 '리바이네스'라고 사용한다면 침해가 되겠느냐?" 등과 같은 질문들이다. 그러면, 필자는 역지사지로 생각해 보라 한다. "내가 '**REVANESSE**'를 등록받아 사용하고 있는데, 다른 사람이 '***Reviness***'나 '리바이네스'라고 사용한다면, 당신은 어찌하겠느냐?"고 반문한다.

특허심판원의 권리범위확인심판에서, '***Reviness***'가 '**REVANESSE**'와 유사하지 않다고 판단하여 심판청구를 기각하였을 때,[8] 그 심결을 접한 한 외국 변리사는 "한국의 심판관들은 영어의 알파벳을 모르느냐?"라고 물어 왔다. 이보다 더 모욕적인 말은 없다. 이는 한국의 심판관들의 자질에 대한 모욕이고 국가에 대한 모욕이다.

'Reviness 리바이네스'가 '**REVANESSE**'와 유사하지 않다는 특허법원의 판결을 접한 당사자의 외국 대리인은 이 상황을 'insane'이라는 단어로 표현하였다. 'insane'이란 'crazy'를 넘어서 '미치고 환장할 정도로 정신 나간'의 의미다. 그리고는 "한국에서는 상표등록을 왜 받느냐?"라고 반문하였다.

특허심판원에 이어 특허법원은 지적재산권 판단에 있어서 스스로의 권위를 망가트리고 국제적인 신뢰를 실추시켰다. 이 판결은 그렇게 기록될 것이다. 정의와 양심을 시궁창 속으로 내팽개쳐서는 안 된다. 패자는 한번 지지만, 판결은 영원히 남는다는 사실을 명심하길 바란다.

---

8 2016당1614, 심판장 권규우, 주심 서창대, 심판관 김동기.

14. "REVANESSE" vs "REVINESS" 권리범위확인 심판의 환송사건에 대한 특허법원 판결에 대하여[1]

— 특허법원 2019허6396 —

I. 머리말

1. 권리범위확인심판 및 상고 사건의 요약

캐나다 회사인 Prollenium(프롤레니엄)은 표장 '**REVANESSE**'에 대하여 2011년 1월 상표등록을 받았다(제853904호). 프롤레니엄은 한국의 비알팜 ㈜이 프롤레니엄과 동일한 상품인 '의료용 필러'에 '***Reviness***'를 사용하는 사실을 인지하고, 문제의 상표 사용을 중지해 달라는 서신을 비알팜에게 2016년 5월 발송하였다. 그러자 비알팜은 자신이 사용하는 '***Reviness***'가 프롤레니엄의 등록상표 '**REVANESSE**'와 유사하지 않다는 회신문을 2016년 5월 보내왔다. 그래서 프롤레니엄은

1 「창작과 권리」 제101호(2020년 겨울호).

'***Reviness***'가 '**REVANESSE**'의 권리범위에 속한다는 적극적 권리범위확인심판을 2016년 6월 청구하였다.

이에 대해, 특허심판원은 '***Reviness***'가 '**REVANESSE**'와 유사하지 않다고 판단하여 심판청구를 기각하였다.[2] 그러나 이에 대한 심결취소소송에서, 특허법원은 '***Reviness***'와 '**REVANESSE**'는 유사하고, 지정상품도 동일하다고 판단하여 심결을 취소하였다.[3] 특허법원 판결에 불복하여 청구된 상고심에서, 대법원은 권리 대 권리 심판에 해당되어 심판 자체가 각하되어야 한다고 자판하면서, 특허법원 원심을 파기하였다.[4,5]

비알팜은 상표 "Reviness 리바이네스"에 대하여 2016년 7월 상표출원하고 2017년 4월 등록받았다(제1248214호). 대법원은 비알팜의 이 등록상표로 인하여 본건 권리범위확인심판이 권리 대 권리 심판에 해당되어 각하되어야 한다고 판단한 것이다. 그런데, **비알팜의 상표등록 제1248214호는 권리범위확인심판 청구일(2016년 6월) 후에 출원되어 등록된 것이다**.

2. 환송 사건의 요약

(1) 대법원의 상고 판결에 따라, 본 사건은 특허심판원으로 환송되었고, 특허심판원은 환송사건(2019당(취소판결)86)에서 권리범위심판청구를 각하하는 심결을 내렸다.[6]

그리고, 특허심판원은 대법원 상고에서 권리 대 권리의 대상이 되었던 비알팜의 후등록상표(등록번호 제1248214호)를 대법원 판결의 취지에 따라 무효시켰다(2017당

---

2 2016당1614, 심판장 권규우, 주심 서창대, 심판관 김동기.

3 2018.09.21. 선고 2018허1264, 재판장 윤성식, 판사 권순민, 판사 정택수.

4 2019.04.03. 선고 2018후11698, 재판장 권순일, 주심 박정화, 대법관 이기택, 대법관 김선수.

5 상고 사건 2018후11698에 한 대법원 판결에 대한 평석은 「창작과 권리」 제99호(2020년 여름호)에 게재되었다.

6 심판장 김성관, 주심 심봉수, 심판관 강현호.

2713).[7]

그런데 특허법원은 2017당2713 심결을 취소하였다(특허법원 2019허5096).[8] 특허법원(제4부)은 이미 2018허1264 사건에서 '***Reviness***'와 '**REVANESSE**'가 유사하다고 판단하였고, 대법원도 '***Reviness***'와 'Reviness 리바이네스'가 동일성이 있다고 판단하였는데, 특허법원(제3부)은 '**REVANESSE**'가 'Reviness 리바이네스'와 유사하지 않다고 판단한 것이다.

(2) 특허심판원의 환송사건[2019당(취소판결)86] 심결에 대한 소송에서, 특허법원은 다음과 같이 소송청구를 기각하였다. 본 평석은 이 특허법원 판결에 대한 평석이다.

II. 판결문

사 건 2019허6396 권리범위확인(상)

원 고 프롤레니엄 메디컬 테크놀로지즈, 인크.(Prollenium Medical Technologies, Inc.)

캐나다 엘4지 4씨3, 온타리오, 오로라, 인더스트리얼 파크웨이 노스 138(138 Industrial Parkway North, Aurora, Ontario, L4G 4C3 Canada)

대표자 스티븐 에이치. 리치(Steven H. Leach)

소송대리인 변리사 최덕규

피 고 주식회사 비알팜

원주시 지정면 신평로 13 (비알팜)

대표자 사내이사 김석순

---

7 심판장 김성관, 주심 심봉수, 심판관 강현호.

8 재판장 이규홍, 판사 우성엽, 박은희.

소송대리인 법무법인(유한) 화우
담당변호사 김정규, 여현동

변 론 종 결　　2020.07.17.
판 결 선 고　　2020.08.28.

주 문

1. 원고의 청구를 기각한다.
2. 소송비용은 원고가 부담한다.

청구취지

특허심판원이 2019.07.10. 2019당(취소판결)86 사건에 관하여 한 심결을 취소한다.

이 유

1. 기초 사실
가. 원고의 이 사건 등록상표(갑 제2호증)
1) 출원일/등록일/등록번호: 2009.07.09./2011.02.18./제853904호
2) 구성: **REVANESSE**
3) 지정상품: 상품류 구분 제03류의 주사기에 담긴 미용관리과정에 사용되는 화장용 겔(cosmetic gel in prefilled syringes for use in cosmetic treatment procedures)
나. 확인대상표장
1) 구성: **Reviness**
2) 사용상품: 히알루론산을 성분으로 하는 주름개선제, 보습제, 피부탄력제
3) 사용자: 피고
다. 피고의 등록상표(갑 제4호증)
1) 출원일/등록일/등록번호: 2016.07.12./2017.04.24./제1248214호
2) 구성: Reviness 리바이네스
3) 지정상품: 상품류 구분 제10류의 의료용필러, 의료용필러기기, 의료용필러주입기, 피부과용필러
라. 이 사건 심결의 경위(갑 제1호증)
1) 이 사건 선행 심결
가) 원고는 2016.06.16. 특허심판원에 피고를 상대로 '확인대상표장은 이 사건 등

록상표와 그 표장이 유사하고, 그 사용상품 또한 이 사건 등록상표의 지정상품과 유사하므로 이 사건 등록상표의 권리범위에 속한다.'고 주장하면서 권리범위확인심판(적극)을 청구하였다(특허심판원 2016당1614호).

나) 특허심판원은 2017.11.14. 위 권리범위확인심판에 대해 '확인대상표장은 이 사건 등록상표의 표장과 유사하지 아니하여 지정상품의 유사여부에 대하여 나아가 살펴볼 필요 없이 이 사건 등록상표의 권리범위에 속하지 않는다.'는 이유를 들어 원고의 심판청구를 기각하는 심결(이하 '이 사건 선행 심결'이라 한다)을 하였다.

2) 이 사건 선행 심결에 관한 이 사건 선행 대법원 판결

가) 원고는 2018.01.12. 이 사건 선행 심결의 취소를 구하는 소를 제기하였다(특허법원 2018허1264). 특허법원은 2018.09.21. '확인대상표장은 이 사건 등록상표와 표장이 유사하고, 그 사용상품도 등록상표의 지정상품과 유사하므로 확인대상표장은 등록상표의 권리범위에 속하고, 이와 결론을 달리한 특허심판원의 위 심결 부분은 위법하다.'는 이유로 이 사건 선행 심결을 취소한다는 내용의 판결을 선고하였다.

나) 피고는 위 판결에 대하여 상고를 제기하였고(대법원 2018후11698), 대법원은 2019.04.03. '피고의 확인대상표장은 피고의 등록상표와 표장이 동일하고, 사용상품 또한 피고 등록상표의 지정상품과 거래통념상 동일성 있는 상표에 해당하므로, 이 사건 심판청구는 원고가 피고의 등록상표인 확인대상표장이 이 사건 등록상표의 권리범위에 속한다는 확인을 구하는 것으로서 적극적 권리범위확인심판으로 부적법하다. 이 사건 심판청구를 각하하지 않고 본안으로 나아가 이를 기각한 특허심판원의 이 사건 선행 심결에는 잘못이 있고, 원심 역시 권리범위확인심판의 적법요건에 관한 법리를 오해하여 판결에 영향을 미친 잘못이 있다. 따라서 원심판결을 파기하고 이 사건 선행심결을 취소한다.'는 내용의 판결(이하 '이 사건 선행 대법원 판결'이라 한다)을 선고하였다.

3) 이 사건 심결

특허심판원은 2019.07.10. '이 사건 선행 대법원 판결에 따라 이 사건 선행 심결이 취소되어 이 사건 심판청구가 특허심판원으로 환송된 후 심리가 종결될 때까지 당사자들로부터 새로운 주장이나 증거가 제출되지 않았으므로, 이 사건 선행 대법원 판결과 같이 이 사건 심판청구를 각하한다.'는 내용의 심결(이하 '이 사건 심결'이라 한다)을 하였다.

[인정근거] 다툼 없는 사실, 갑 제1 내지 4, 11호증의 각 기재, 변론 전체의 취지

2. 원고 주장의 요지

아래와 같은 이유로 이 사건 심판청구는 적법하므로 이와 결론을 달리한 이 사건 심결은 취소되어야 한다.

가. 이 사건 심판청구가 다른 사람의 등록상표인 확인대상표장에 관한 적극적 권리범위확인심판청구인지 여부는 심판청구일을 기준으로 판단되어야 한다. 원고가 이 사건 심판을 청구했을 당시 피고의 등록상표는 출원 중인 권리에 불과할 뿐 등록된 권리가 아니었으므로 이 사건 심판청구는 다른 사람의 등록상표인 확인대상표장에 관한 권리 대 권리의 적극적 권리범위확인심판청구에 해당하지 않는다.

나. 상표권은 특허권과 성질을 달리하므로 확인대상표장이 피고의 등록상표라 하더라도 원고의 권리범위확인심판청구가 부적법하다고 보기 어렵다.

다. 확정된 특허법원 2020.01.10. 선고 2019허5096 판결에 따르면, 확인대상표장은 이 사건 등록상표와 표장이 유사하지 않으므로, 이 사건 심판청구는 각하되어야 할 것이 아니라 유사 여부를 판단하여 유사하지 않다고 판단되었다면 기각되었어야 한다. 따라서 이 사건 심판청구를 각하한 이 사건 심결은 위법하여 취소되어야 한다.

3. 이 사건 심결의 위법 여부

가. 관련 법리

1) 심결을 취소하는 판결이 확정된 경우, 그 취소의 기본이 된 이유는 그 사건에 대하여 특허심판원을 기속한다. 이 경우의 기속력은 취소의 이유가 된 심결의 사실상 및 법률상 판단이 정당하지 않다는 점에 있어서 발생한다. 따라서 취소 후의 심리과정에서 새로운 증거가 제출되어 기속적 판단의 기초가 되는 증거관계에 변동이 생기는 등의 특단의 사정이 없는 한, 특허심판원은 위 확정된 취소판결에서 위법이라고 판단된 이유와 동일한 이유로 종전의 심결과 동일한 결론의 심결을 할 수 없다. 여기에서 새로운 증거라 함은 적어도 취소된 심결이 행하여진 심판절차 내지는 그 심결의 취소소송에서 채택, 조사되지 않은 것으로서 심결취소판결의 결론을 번복하기에 족한 증명력을 가지는 증거라고 보아야 한다(대법원 2002.12.26. 선고 2001후96 판결, 대법원 2008.06.12. 선고 2006후3007 판결 등 참조).

2) 상표권의 권리범위확인심판은 등록된 상표를 중심으로 미등록상표인 확인대상표장이 적극적으로 등록상표의 권리범위에 속한다거나 소극적으로 이에 속하지 아니함을 확인하는 것이므로, 다른 사람의 '등록상표인 확인대상표장'에 관한 적극적 권리범위확인심판은 확인대상표장이 심판청구인의 등록상표와 동일 또는 유사하다고

하더라도 등록무효절차 이외에서 등록된 권리의 효력을 부인하는 결과가 되어 부적법하다(대법원 1992.10.27. 선고 92후605 판결, 대법원 2014.03.27. 선고 2013후2316 판결 등 참조). 나아가 특허심판원 심결의 취소소송에서 심결의 위법 여부는 심결 당시의 법령과 사실 상태를 기준으로 판단하여야 하고, 원칙적으로 심결이 있은 이후 비로소 발생한 사실을 고려하여 판단의 근거로 삼을 수는 없는바(대법원 2002.04.12. 선고 99후2211 판결 참조), 확인대상표장이 타인의 등록상표와 동일하여 심판청구가 부적법한지 여부 또한 심결 시를 기준으로 판단되어야 한다(대법원 2004.11.12. 선고 2003후1420 판결 등 참조).

나. 검토

1) 앞에서 본 바와 같이, '피고의 확인대상표장은 피고의 등록상표와 표장이 동일하고, 사용상품 또한 피고 등록상표의 지정상품과 거래통념상 동일성 있는 상표에 해당하여 이 사건 심판청구는 피고의 등록상표가 이 사건 등록상표의 권리범위에 속한다는 확인을 구하는 적극적 권리범위확인심판으로 부적법하다'는 내용의 이 사건 선행 대법원 판결이 내려져 그대로 확정되었다. 따라서 그 취소의 기본이 된 이유는 그 사건에 대하여 특허심판원을 기속한다. 원고는 이 사건 선행 심결의 취소 후 특허심판원의 심리과정에서 새로운 증거를 제출하지 않았으므로 그 기속적 판단의 기초가 되는 증거관계 등에 변동을 가져올 만한 사정이 발생하였다고 볼 수 없다.

2) 나아가 앞에서 본 법리에 의하면, 심결이 있기 전, 즉 심판 계속 중에 확인대상표장이 등록된 경우에는 그 적극적 권리범위확인심판은 부적법하게 되나, 심결이 있은 후 그 심결에 대한 취소소송 계속 중에 확인대상표장이 등록된 경우에는 그 심판 자체가 부적법하게 되는 것은 아니다.

이 사건의 경우, 이 사건 선행 대법원 판결에 따르면 확인대상표장은 피고의 등록상표와 동일하고, 피고의 등록상표가 이 사건 선행 심결이 있던 2017.11.14. 전인 2017.04.24.에 이미 등록된 사실은 앞서 본 바와 같으므로, 이 사건 심판청구는 피고의 '등록상표인 확인대상표장'에 관한 적극적 권리범위확인심판에 해당하여 등록무효절차 이외에서 등록된 권리의 효력을 부인하는 결과가 되어 부적법하다(이와 같이 이 사건 심판청구의 적법 요건이 갖추어지지 않은 이상, 확인대상표장과 이 사건 등록상표의 표장의 유사 여부는 이 사건 심결의 위법 여부의 판단과 별다른 관련이 없다).

다. 소결

따라서 이 사건 심판청구를 각하한 이 사건 심결에 원고 주장과 같은 위법 사유가

있다고 볼 수 없다.

4. 결론

그렇다면 원고의 이 사건 청구는 이유 없으므로 이를 기각하기로 하여 주문과 같이 판결한다.

재판장 판사 이규홍

판사 우성엽

판사 박은희

Ⅲ. 평 석

1. 사건의 개요

본 사건을 간단히 요약하면, 캐나다 회사인 Prollenium(프롤레니엄)이 '**REVANESSE**'에 대하여 상표등록을 받았는데, 한국의 비알팜㈜이 동일 상품에 '***Reviness***'를 사용하는 데에서 비롯된다.

특허심판원(심판장 권규우, 주심 서창대, 심판관 김동기)은 '**REVANESSE**'와 '***Reviness***'가 유사하지 않다고 하였으나, 특허법원(재판장 윤성식, 판사 권순민, 판사 정택수)은 이들이 유사하다고 하였다. 그런데 대법원은 비알팜이 등록받은 '***Reviness***'와 유사하다고 판단하여, 권리 대 권리 심판으로 심판청구가 각하되어야 한다고 자판하였다(재판장 권순일, 주심 박정화, 대법관 이기택, 대법관 김선수).

대법원의 판단에 따라, 특허심판원은 권리범위심판을 각하함과 동시에, 비알팜의 'Reviness 리바이네스'도 무효라고 하였다.

그런데 특허법원은 다시 'Reviness 리바이네스'가 무효가 아니라고 하였다(재판장 이규홍, 판사 우성엽, 박은희). 특허법원의 이 판결은 완전히 정신 나간 판결이다. 그리고 본 사건의 환송심결도 옳다고 판단하였다(재판장 이규홍, 판사 우성엽, 박은희). 이 판결의 문제점을 살펴보자.

2. 논점 파악의 잘못

판결에서는 본 사건의 논점(원고 주장)을 3가지로 요약하였다:

> *가. 원고(프롤레니엄)가 이 사건 심판을 청구했을 당시 피고(비알팜)의 등록상표는 출원 중인 권리에 불과할 뿐 등록된 권리가 아니었으므로 이 사건 심판청구는 다른 사람의 등록상표인 확인대상표장에 관한 권리 대 권리의 적극적 권리범위확인심판청구에 해당하지 않는다는 점,*
>
> *나. 상표권은 특허권과 성질을 달리하므로 확인대상표장이 피고의 등록상표라 하더라도 원고의 권리범위확인심판청구가 부적법하다고 보기 어렵다는 점,*
>
> *다. 비알팜의 등록상표가 무효로 되지 않았기 때문에 권리범위심판청구는 각하의 대상이 아니라는 점.*

그러나 원고가 제출한 요약쟁점정리서면을 보면, 원고의 주장은 다음과 같이 4가지였다.

> *1. 권리범위확인(적극)심판 청구에 대한 각하의 부당성*
>
> *(1) 특허법원(제4부)에서는 "**Reviness**"와 "**REVANESSE**"가 유사하다고 판단함.*
>
> *(2) 대법원에서는 "**Reviness**"와 "Reviness 리바이네스"가 동일성이 있다고 판단함.*
>
> *(3) 특허법원(제3부)에서는 "**REVANESSE**"와 "Reviness 리바이네스"가 유사하지 않다고 판단함(확정됨).*

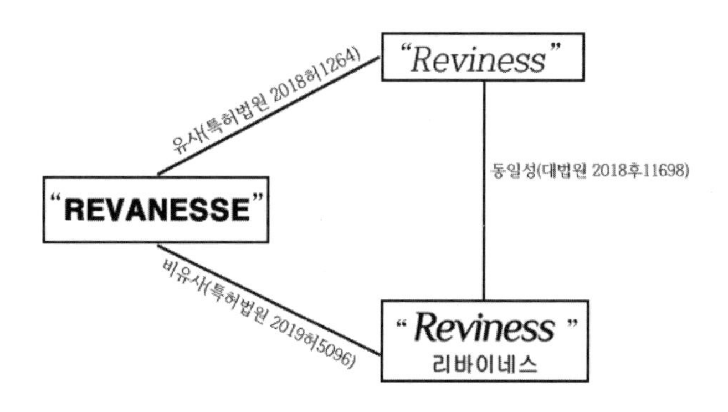

*(4) 특허법원의 2020.01.10.자 선고된 2019허5096 판결에 따르면, "**Reviness**"와 "**REVANESSE**"는 유사하지 않기 때문에, 권리범위확인심판 청구를 각하할 것이 아니라, 원고의 이 사건 등록상표와 유사하지 않은 피고의 확인대상상표가 이 사건 등록상표의 권리범위에 속하는지의 여부를 판단해야 하고, 판단 결과 유사하지 않다면 심판청구를 기각해야 할 것임. 따라서 심판청구를 각하한 원심결은 취소되어야 할 것임.*

2. 권리 대 권리 심판 요건에 위배

(1) 권리 대 권리 심판의 요건: 권리 대 권리 심판에 해당하기 위해서는 ① 심결시는 물론 ② 심판청구시에도 후권리가 존재해야 하는 것이며, 심결시에 후권리가 존재한다는 것만으로 권리 대 권리 심판이 성립한다고 할 수 없음.

(2) 본 사건의 사실관계: 본 사건의 권리범위확인심판은 2016년 6월 청구되었고, 심결일은 2017년 11월 14일이고, 피고의 등록상표는 2016년 7월 출원되어 2017년 4월 등록됨. 피고의 상표등록은 권리범위확인심판 청구일(2016년 6월) 후에 출원되어, 심결일 전에 등록된 것임. 따라서 본 사건은 권리 대 권리 심판을 적용할 수 없는 사건임.

3. 대법원 판결은 3심제 재판에 위배

(1) 권리범위확인심판의 논점: 특허심판원의 심판과 특허법원의 심결취소소송 단계에서 권리 대 권리 심판여부는 본 사건의 논점이 아니었고, 따라서 심판이나 소송 단계에서는 이 논점은 심리된 바가 없음. 따라서 대법원의 판단은 3심제에 위배됨.

(2) 대법원 자판(自判)의 부당성: 대법원이 심리과정에서 권리 대 권리 심판여부가 본 사건의 논점이라는 것을 인지하였다면, 대법원은 본 사건을 자판할 것이 아니라, 하급심으로 하여금 다시 심리하도록 파기환송했어야 했고, 그렇게 되면, 피고의 등록상표가 심판청구일 후에 출원하여 등록되었다는 사실관계가 드러나서 권리 대 권리 심판이 아니라는 결론에 이르게 될 것임.

4. 권리 대 권리 심판에서의 각하의 부당성

(1) 상표권의 권리 대 권리 심판: 권리 대 권리 심판인 경우에 그 심판청구가 각하되어야 한다는 논리는 특허권의 권리범위확인심판에서 비롯된 것이고, 상표권의 심판에서 그 판례를 원용하면서 오늘날에 이름.

(2) 특허권의 권리범위확인심판에서 권리 대 권리 심판이 각하되어야 한다는 논리: 이 논리는 선특허와 후특허가 존재할 때, 후특허가 선특허의 권리범위에 속하게 되

면, 후특허의 권리를 부인하게 되는 결과를 가져오므로, 후특허의 무효여부를 먼저 판단한 다음 권리범위확인을 해야 한다는 것임.

(3) 특허권은 독점실시권이 아닌 배타권: 특허권이 독점실시권(monopoly)이라는 전제하에서는, 이용발명이 인정되지 않기 때문에, 후특허는 존재할 수 없음. 그러나, 배타권(Exclusive Right)이라는 전제하에서는 이용관계발명이 존재하기 때문에 권리 대 권리 심판을 각하할 것이 아니라, 그 권리범위확인심판을 판단해야 함. 결론적으로, 특허권이나 상표권의 권리범위확인 심판에서 권리 대 권리 심판이라는 이유로 심판청구를 각하하는 일은 없어야 할 것임.

원고는 위와 같이 4가지 논점에 대해 주장하였다. 그러나 특허법원은 이중에서 하나의 논점에 대해서만 검토하였다. 모두 7쪽에 달하는 판결문 중에서 1쪽만이 검토의견이고, 나머지 6쪽은 사실관계와 인용판례로 채우고 있다. 이것이 대한민국 고등법원 판결문의 수준이다.

3. 논리의 잘못

논점 파악도 제대로 하지 못하는 상황에서 논리를 얘기한다는 것은 그 자체가 한심하기 짝이 없는 일이다. 그래도 논리의 잘못을 살펴보자.

(1) 특허법원(제4부)에서는 “***Reviness***”와 “**REVANESSE**”가 유사하다고 판단하였고, 대법원에서는 “***Reviness***”와 “*Reviness* 리바이네스”가 동일성이 있다고 판단하였는데, 특허법원(제3부)에서는 “**REVANESSE**”와 “*Reviness* 리바이네스”가 유사하지 않다고 판단하였다. 기막힌 논리가 아닐 수 없다.

(2) 특허법원은 “원고는 이 사건 선행 심결의 취소 후 특허심판원의 심리과정에서 새로운 증거를 제출하지 않았으므로 그 기속적 판단의 기초가 되는 증거관계 등에 변동을 가져올 만한 사정이 발생하였다고 볼 수 없다”고 판결이유를 설시하였다. 그런데, 특허법원이 말하는 ‘새로운 증거’는 심결 후에 발생하였다. 다시 말해서, 심결 후에, 특허법원은 “피고의 상표 ‘*Reviness* 리바이네스’가 무효이다”라고 판단한 심결을 취

소하는 일이 벌어졌다. 다시 말해서, 특허심판원은 '피고의 상표 "*Reviness* 리바이네스"가 무효라고, 판단한 반면, 특허법원은 그 상표가 무효가 아니라고' 판단한 것이다. 이러한 사실을 뻔히 알고 있는 특허법원이 심판에서 새로운 증거를 제출하지 않았다고 하는 것은 뻔뻔스럽기 짝이 없다.

(3) 특허법원은, 권리 대 권리 심판에 해당하기 위해서는 ① 심결시는 물론 ② 심판청구시에도 후권리가 존재해야 한다는 원고의 주장에 대하여 논리적인 답변을 하지 못하고 있다.

(4) 특허법원은, 권리 대 권리 심판여부에 대한 논점이 심판이나 소송단계에서 심리된 바가 없기 때문에, 대법원의 판결이 3심제에 위배된다는 원고의 주장에 대하여 일언반구의 답변도 없었다.

(5) 특허법원은, 특허권이 독점실시권(monopoly)이라는 잘못된 전제 하에서 인정되었던 권리 대 권리 심판의 각하 문제가 특허권은 물론 상표권의 심판에 적용될 수 없는 이론이라는 원고의 주장에 대해 역시 아무런 검토가 없었다.

영화 '부러진 화살'의 주인공인 김명호 교수는 '재판'을 '개판'이라 하였다. 본 사건 특허법원 판결 역시 그 범주를 벗어나지 못하고 있다.

4. 재판정의 경험담 및 후기

원고는 위 4가지 논점에 대하여 준비서면과 요약쟁점정리서면에서 상세히 주장하였다. 반면 피고는 이 원고의 논점을 반박하는 준비서면이나 요약쟁점정리서면도 제출하지 않았다. 원고는 법정에서 위 논점에 대하여 강력한 주장을 펼치면서 변론하였다. 피고 대리인은 묵묵부답이었다. 준비서면이나 변론을 통한 반박이 없었음에도 불구하고, 피고가 승소한 이 판결은 대한민국 사법부 역사상 전무후무한 일일 것이다. 이 판결은 특허법 역사에 길이길이 남을 것이다.

이 판결을 접한 캐나다 당사자와 캐나다 대리인은 멘붕 상태였다. 나는 그들을 이해시키기 위하여, 대한민국의 치부이지만, 두 가지 사항을 그들에게 말해야 했다. 대한민국은 대법원장이 감옥에 가는 나라이며, 전관예우라는 못된 관습이 있다는 것을. 그들은 대한민국의 정신 나간 사법부를 이해하게 되었다며, 본 사건을 그만 접겠다고 필자에게 알려 왔다.

15. "ROCKY MOUNTAIN CHOCOLATE FACTORY" 상표의 식별력

– 특허법원 2015.06.26. 판결 2015허17 거절결정(상) 판결에 대하여[1] –

I. 머리말

심사관의 상표 거절결정 사건에 대하여 불복하여 청구된 심판에서 특허심판원은 출원인의 심판청구를 기각하였다. 특허심판원의 기각심결에 대하여 청구된 소송에서, 특허법원은 2015년 6월 역시 청구인(원고)의 소송청구를 기각하였다. 원고는 아래 상표('본건상표')를 제35류의 서비스업 "Retail store services in the field of chocolates and other confections(초콜릿 및 기타 과자 소매업)"에 대해 국제등록번호 제1118176호로 2012.03.08. 등록하였으나, 이를 심사한 우리나라 특허청 심사관은 본건상표가 식별력이 없다는 이유로 거절결정하였고, 특허심판원에 이어 특허법원

1 「창작과 권리」 제91호(2018년 여름호).

도 본건상표의 거절을 확인하였다. 이 판결의 의의와 문제점을 살펴본다.

ROCKY MOUNTAIN
CHOCOLATE FACTORY

〈본건상표〉

II. 판결문

주 문

1. 원고의 청구를 기각한다.

2. 소송비용은 원고가 부담한다.

청구취지

특허심판원이 2014.10.30. 2013원4371[2] 사건에 관하여 한 심결을 취소한다.

이 유

1. 기초사실

가. 이 사건 출원서비스표

1) 출원일(국제등록일)/출원번호(국제등록번호): 2012.03.08./제1118176호

2) 구성: ROCKY MOUNTAIN CHOCOLATE FACTORY

3) 지정서비스업: 서비스업류 구분 제35류의 Retail store services in the field of chocolates and other confections(초콜릿 및 기타 과자 분야 소매점업)

나. 이 사건 심결의 경위

*1) 원고는 2012.03.08. 이 사건 출원서비스표를 국제등록 출원하였으나, 특허청 심사관은 "이 사건 출원서비스표 중 북아메리카 서부를 남북으로 뻗은 대산맥을 일컫는 '**ROCKY MOUNTAIN**' 부분 또한, 지정서비스업과 관련하여 식별력이 없는 용어이며, 두 용어의 결합으로 새로운 관념이나 식별력을 형성하고 있다고 보기 어려우*

2 재판장 판사 이정석, 판사 이 헌, 판사 이호산.

므로, 상표법 제6조 제1항 제7호에 규정된 식별력 없는 상표에 해당한다"는 이유로 거절결정을 하였다.

2) 그러자 원고는 2013.06.14. 특허심판원에 위 거절결정에 대한 불복심판을 청구하였고, 특허심판원은 이를 2013원4371 사건으로 심리한 결과, 2014.10.30. 위 거절결정과 마찬가지로 이 사건 출원서비스표는 상표법 제6조 제1항 제7조에 해당하므로 등록받을 수 없다는 이유로 원고의 심판청구를 기각하는 이 사건 심결을 하였다.

[인정 근거] 다툼 없는 사실, 갑1~4호증, 변론 전체의 취지

2. 원고의 주장 요지

이 사건 출원서비스표는 '**ROCKY MOUNTAIN**', '**CHOCOLATE**', '**FACTORY**' 등 3개의 영어 단어가 불가분하게 결합된 조어 서비스표로서, 전체적으로 서비스업의 출처를 식별할 수 있는 특별현저성이 있는 표장이고, 이는 특허청의 상표심사기준이나 유사한 구성의 표장들이 식별력을 인정받아 등록된 선행 심사사례에 비추어 보더라도 그러하다. 이에 더하여 이 사건 출원서비스표는 과자 제조・판매업계에서 널리 알려진 주지서비스표로 서비스업의 출처에 관한 식별력을 가지기에 충분하다.

따라서 이 사건 출원서비스표는 수요자가 누구의 업무에 관련된 서비스업을 표시하는 것인가를 식별할 수 있는 서비스표라고 할 것임에도, 이와 달리 이 사건 서비스표가 상표법 제6조 제1항 제7호 소정의 식별력이 없는 서비스표에 해당한다고 본 이 사건 심결은 위법하므로 취소되어야 한다.

3. 이 사건 심결의 위법성 인정 여부

가. 상표법 제6조 제1항 제7호에의 해당 여부

1) 갑5~7호증, 을1호증, 을3호증의 1~3의 각 기재와 변론 전체의 취지를 종합하면, 이 사건 출원서비스표는 사전적인 의미에서 "바위 산" 등으로 해석되거나 북아메리카 대륙 서부의 대표적인 산맥인 '로키산맥'을 지칭하는 고유명사인 "**ROCKY MOUNTAIN**"과 '초콜릿 생산 공장' 등으로 해석되는 "**CHOCOLATE FACTORY**"가 상하 2단으로 배치된 영문자 결합표장인 사실, 그 중 "**ROCKY MOUNTAIN**" 부분의 경우 영어를 공용어로 사용하지 않는 국내 수요자나 거래자가 해당 용어를 사용할 때는 '바위 산'보다는 주로 '로키산맥'의 의미로 인식하고 있는 사실이 인정된다.

2) 위 인정사실에 의하면, 이 사건 출원서비스표 중 "**ROCKY MOUNTAIN**" 부분은 국내 수요자나 거래자 사이에서 '로키산맥'으로 직감될 개연성이 높은 이상, 현저

한 지리적 명칭에 해당하여 식별력이 없다고 하겠으며, '**CHOCOLATE FACTORY**' *부분 역시 지정서비스업인 '초콜릿 및 기타 과자 분야 소매점업'에 사용될 경우 판매 대상물을 제조하는 장소를 표시한 것으로 인식될 수 있어 그 식별력이 없거나 미약하다고 보아야 한다. 나아가 위 두 부분이 결합된 이 사건 출원서비스표의 경우에도 '로키산맥에 있는 초콜릿 생산 공장' 등의 의미로 직감될 것이고, 그 외에 새로운 관념을 형성한다고 볼 수 없으며, 그렇다고 원고의 주장과 같이 그 자체의 뜻까지 남지 않는 아무런 의미 없는 조어서비스표가 되었다고 할 수도 없다.*

3) 따라서 이 사건 출원서비스표에 서비스업의 출처를 구별할 수 있는 식별력을 인정할 수 없는 데다가, 그 지정서비스업 분야에서 이를 특정인에게 독점시키는 것도 공익상 적당하지 않다고 하겠으므로, 결국 이 사건 출원서비스표는 상표법 제6조 제1항 제7호에 해당한다고 보아야 한다.

나. 원고의 추가 주장에 관한 판단

1) 먼저 원고는, 이 사건 출원서비스표의 출원 이전에도 이미 "Rocky", "ATLAS", "태백산맥", "HIMALAYA", "ANDES" 등과 같이 로키산맥 또는 그 밖의 산맥 이름을 사용하거나, "M FACTORY", "CLEAN FACTORY", "IDEA FACTORY" 등 "FACTORY"와 식별력이 미약한 단어가 결합한 상표들이 다수 등록된 점에 비추어, 심사의 일관성과 객관성 유지 차원에서도 이 사건 출원서비스표에 대하여 식별력이 인정되어야 한다는 취지로 주장한다.

그러나 원고도 인정하는 바와 같이 서비스표의 등록적격성 유무는 지정서비스업과의 관계에서 개별적으로 판단되어야 하므로, 다른 서비스표의 등록 사례는 특정 서비스표가 등록되어야 할 근거가 될 수 없고, 앞서 본 바와 같이 이 사건 출원서비스표의 식별력을 인정할 수 없는 이상, 위 주장은 받아들일 수 없다.

2) 다음 원고는, 이 사건 출원서비스표가 출원일 이전부터 초콜릿 기타 과자 업계에서 널리 알려진 표장으로서, 이와 같은 거래실정에 비추어 국내 일반 수요자나 거래자는 이 사건 출원서비스표에 대하여 원고의 서비스업을 표시하는 것으로 인식하고 있었으므로, 이 사건 출원서비스표는 식별력을 가지기에 충분하다는 취지로 주장한다.

그러므로 보건대, 먼저 갑11~23호증(각 가지번호 포함)의 각 기재에 변론 전체의 취지를 더해 보면, 네이버 지식백과나 백과사전 위키피디아 등에 '**ROCKY MOUNTAIN CHOCOLATE FACTORY**'*에 관하여 1981년경 설립된 회사로서 로*

*키산 남부의 듀랑고에서 처음 초콜릿 전문점을 열고 현재 미국 및 캐나다 등에 250여 개 지점을 보유하고 있으며, 직접 눈으로 초콜릿 만드는 과정을 확인할 수 있고, 관광객들이 많이 모이는 주요 거리와 비치에서 종종 만나볼 수 있다는 등으로 소개되어 있는 사실, 또한, 다수의 인터넷 포털사이트와 인터넷 쇼핑몰에 '***ROCKY MOUNTAIN CHOCOLATE FACTORY***'의 초콜릿 상품들에 대한 이미지, 가격, 판매처, 배송조건 등의 내용이 게재 및 광고되어 있고, 네이버의 블로그나 카페에도 해외여행 중 '***ROCKY MOUNTAIN CHOCOLATE FACTORY***' 점포를 들르거나 제품을 구매한 경험에 관한 글들과 '***ROCKY MOUNTAIN CHOCOLATE FACTORY*** Franchisee'에서 가맹점을 모집하는 내용의 글들이 다수 게재되어 있는 사실이 인정된다.*

그런데 위 인정사실들은 주로 원고 회사의 설립경위 및 현황, 그 판매제품의 특성 및 광고 등 홍보활동, 해외여행을 다녀온 사람들의 매장 방문기 등에 관한 것들이 대부분이고, 정작 이 사건 출원서비스표의 국내에서의 사용 기간, 횟수 및 계속성, 그 서비스표를 이용한 영업의 매출액 및 시장점유율, 광고・선전의 방법, 횟수, 내용, 기간 및 그 액수 등을 객관적으로 확인할 수 있는 근거로 삼기에는 턱없이 부족한 것이다. 따라서 원고가 제출한 증거들만으로는 이 사건 출원서비스표가 그 거절결정일 또는 심결 당시 국내 수요자들 사이에 원고의 서비스업을 표시하는 것으로 널리 알려져서 그로 인하여 이 사건 출원서비스표에 식별력을 인정할 정도에 이르렀다고 보기 어려우며, 달리 이를 인정할 만한 뚜렷한 증거가 없다. 따라서 위 주장 역시 받아들이지 않는다.

4. 결 론

그렇다면, 이 사건 출원서비스표가 상표법 제6조 제1항 제7호가 정한 식별력이 없는 서비스표에 해당한다고 본 이 사건 심결은 적법하고, 그 취소를 구하는 원고의 청구는 이유 없다.

Ⅲ. 상표의 식별력 판단과 본건상표의 본질

1. 상표의 식별력 판단과 상표법 제6조 제1항 제7호 해석의 문제점

상표의 식별력은 상표의 등록여부를 결정하는 기준이다. 식별력이 인정되면 상표등록이 인정되지만, 식별력이 없다고 판단되면 상표등록을 받을 수 없다.

상표의 식별력은 상표의 본질을 파악해서 판단한다. 상표의 본질에 따라 상표를 분류하면, 일반명칭표장(generic mark), 기술표장(성질표시표장)(descriptive mark), 암시표장(suggestive mark), 임의선택표장(arbitrary mark) 그리고 조어표장(coined mark) 5가지로 분류한다. 이 중에서 일반명칭표장과 기술표장은 식별력이 없고, 암시표장, 임의선택표장 및 조어표장은 본래의 식별력이 있는 것으로 분류한다. 따라서 일반명칭표장과 기술표장은 상표등록을 받을 수 없다. 하지만 암시표장, 임의선택표장 및 조어표장은 등록을 받을 수 있다.

우리 상표법 제6조 제1항에서는 등록받을 수 없는 상표를 규정하는데, 바로 일반명칭표장과 기술표장에 해당하는 상표를 세분하여 규정하고 있다. 구체적으로, 제6조 제1항 제1호에서는 보통명칭표장을 규정하고, 제2호에서는 관용표장을 규정한다. 이 보통명칭표장과 관용표장을 일반명칭표장이라 한다. 또한 제3호에서는 기술표장(성질표시표장)을 규정한다. 제4호에서는 '현저한 지리적 명칭이나 그 약어(略語) 또는 지도만으로 된 상표'를 규정하는데 이는 엄밀한 의미에서 기술표장의 범위에 속하는 것으로 볼 수 있다. 제5호에서는 '흔히 있는 성(姓) 또는 명칭으로 이루어진 상표'를 규정하고, 제6호에서는 '간단하고 흔히 있는 표장만으로 된 상표'를 규정한다. 제5호와 제6호는 같은 카테고리인데, 이는 일반명칭표장이나 기술표장이 아니면서 식별력이 없는 상표를 규정하는 것이다. 예를 들어, 점(·)이나 'ㄱ' 등과 같은 것들은 일반명칭표장이나 기술표장이 아닌데도 식별력이 있다고 할 수 없다. 그래서 이런 경우를 대비해서 제6호를 규정한다. 제7호는 '제1호부터 제6호까지에 해당하는 상표 외에 수요자가 누구의 업무에 관련된 상품을 표시하는 것인가를 식별할 수 없는 상표'라 규정한다. 제7호는 제6호의 중복규정에 불과하다. 제7호는 상표의 본질을 이해하지 못한 데에서 비롯된 잘못된 규정이다. 제7호는 하루빨리 폐지되어야 할 규정이다.

상표의 식별력을 올바로 판단하기 위해서는 상표의 본질을 이해해야 한다. 상표의 본질을 이해하지 못하고 상표의 식별력을 판단하려 하거나, 상표의 본질을 이해하지 못하고 제7호를 적용하려 하니 식별력에 대한 판단이 제 갈 길을 잃어버리고 미궁에 빠져 헤어 나오지 못하고 있다.

2. 본건상표 'ROCKY MOUNTAIN CHOCOLATE FACTORY'의 본질

본건상표는 '초콜릿 및 기타 과자 소매업'과 관련하여 임의선택표장(arbitrary mark)에 해당한다. **'ROCKY'나 'ROCKY MOUNTAIN'**은 초콜릿이나 과자와는 아무런 관계가 없는 용어다. 그것이 비록 현저한 산맥의 명칭이라 모든 이들이 그것을 알고 있다 할지라도, 초콜릿이나 과자와는 아무런 관계가 없다. 그렇기 때문에 본건상표 '**ROCKY MOUNTAIN CHOCOLATE FACTORY**'는 임의선택표장이다. 이것이 이 상표에 대한 본질이다. '**뉴욕제과**', '**파리바게트**', '**독일빵집**', '**서울우유**' 등이 식별력을 갖는 좋은 상표인 것과 같이, 본건상표도 그저 무수히 많은 명칭 중에서 선택했을 뿐이다. 그리고, '초콜릿 및 기타 과자 소매업'과 관련하여 '**CHOCOLATE FACTORY**'가 식별력이 없다 하더라도, '**ROCKY MOUNTAIN**'과 결합하여 하나의 서비스 출처를 나타내는 좋은 상표이다. '초콜릿 및 기타 과자 소매업'을 하면서 '**ROCKY MOUNTAIN CHOCOLATE FACTORY**'를 서비스표로 등록받지 못할 하등의 이유가 없는 것이다.

Ⅳ. 판결의 문제점

상표의 식별력을 판단하는 상표의 본질에 따른 상표의 분류와 본건상표의 본질을 이해하면 본건상표에 대한 판결이 문제투성이라는 것을 알게 될 것이다.

1. 상표의 의미에 대한 잘못된 판단

> *"갑5~7호증, 을1호증, 을3호증의 1~3의 각 기재와 변론 전체의 취지를 종합하면, 이 사건 출원서비스표는 사전적인 의미에서 "바위 산" 등으로 해석되거나 북아메리*

카 대륙 서부의 대표적인 산맥인 '로키산맥'을 지칭하는 고유명사인 "**ROCKY MOUNTAIN**"*과 '초콜릿 생산 공장' 등으로 해석되는* "**CHOCOLATE FACTORY**"*가 상하 2단으로 배치된 영문자 결합표장인 사실, 그 중* "**ROCKY MOUNTAIN**"*부분의 경우 영어를 공용어로 사용하지 않는 국내 수요자나 거래자가 해당 용어를 사용할 때는 '바위 산'보다는 주로 '로키산맥'의 의미로 인식하고 있는 사실이 인정된다."*

위 판결 이유를 보면, 영한사전을 옮겨다 놓고 있다. 그러면서 '**ROCKY MOUNTAIN**'은 국내 수요자에게 '바위 산'보다는 '로키산맥'의 의미로 인식하고 있는 사실이 인정된다고 하였다. '바위 산'의 의미로 인식된다면, 식별력이 인정된다는 말인가? 논리정연해야 할 판결문이 전혀 논리에 맞지 않는 단어들의 나열에 불과하다. 본건상표는 '**ROCKY MOUNTAIN CHOCOLATE FACTORY**'가 2단으로 배열된 것으로 '**로키 마운틴 초콜릿 팩토리**'이지, 결코 '**ROCKY MOUNTAIN**'이 아니다. 더구나 국내 수요자들이 이 상표의 '**ROCKY MOUNTAIN**'을 '로키산맥'의 의미로 인식하고 있는지의 여부는 본건상표의 식별력 판단과는 아무런 관계가 없다.

상표는 있는 그대로 판단하는 것이지 판단하는 자가 임의대로 분해하거나 절개해서는 안 된다. 상표는 있는 그대로 보고 있는 그대로 발음하며 있는 그대로 받아들이는 것이지, 사전(辭典) 속의 의미를 찾아 해석하거나 번역하는 것이 아니다. 본건상표는 '**ROCKY MOUNTAIN CHOCOLATE FACTORY**'가 2단으로 배열된 것으로 '**로키 마운틴 초콜릿 팩토리**'로 발음하면 되는 것이지, '바위 산, 로키산맥, 초콜릿 생산공장' 등의 의미가 있다는 식으로 해석하는 것이 아니다.

판결은 이처럼 서두부터 식별력 판단과는 전혀 무관한 잘못된 사실을 적시하고 있다.

2. 잘못된 인정사실에 기초한 잘못된 판단

"위 인정사실에 의하면, 이 사건 출원서비스표 중 "**ROCKY MOUNTAIN**"*부분*

> *은 국내 수요자나 거래자 사이에서 '로키산맥'으로 직감될 개연성이 높은 이상, 현저한 지리적 명칭에 해당하여 식별력이 없다고 하겠으며,* "**CHOCOLATE FACTORY**" *부분 역시 지정서비스업인 '초콜릿 및 기타 과자 분야 소매점업'에 사용될 경우 판매 대상물을 제조하는 장소를 표시한 것으로 인식될 수 있어 그 식별력이 없거나 미약하다고 보아야 한다."*

"**ROCKY MOUNTAIN**" 부분의 경우 영어를 공용어로 사용하지 않는 국내 수요자나 거래자가 '바위 산'보다는 주로 '로키산맥'의 의미로 인식하고 있다는 것은 주관적인 문제이지 객관적인 사실이 아니다. 이 주관적인 문제를 마치 객관적인 사실인양 인정사실로 인정하니, 그를 기초로 한 판단은 본질로부터 더 멀어질 수밖에 없다.

판결에서는 "**ROCKY MOUNTAIN**"이 '로키산맥'으로 직감될 개연성이 높은 이상, 현저한 지리적 명칭에 해당하여 식별력이 없다고 하였다. 현저한 지리적 명칭이라고 해서 식별력이 없는 것이 아니다. 현저한 지리적 명칭이 식별력이 없는 경우는 그 지리적 명칭이 그 상품(서비스)과 산지라든가 가공지라든가 등등의 특정의 관계를 서술하는 경우에만 한정된다. 예를 들어, 인삼과 금산, 화문석과 강화, 유기와 안성 등과 같은 경우에만 식별력이 없는 것이다. '**서울우유**', '**부산파이프**', '**뉴욕제과**', '**US Air**', '**독일빵집**' 등은 상품(서비스)과 지명이 특정의 관계가 없기 때문에 식별력이 없는 것이 아니다. '**ROCKY**'나 '**ROCKY MOUNTAIN**'은 초콜릿이나 과자와는 아무런 관계가 없다. 그것이 비록 현저한 산맥의 명칭이라 모든 이들이 그것을 알고 있다 할지라도, 초콜릿이나 과자와는 아무런 관계가 없다. 그렇기 때문에 본건상표 '**ROCKY MOUNTAIN CHOCOLATE FACTORY**'는 전체적으로 식별력을 갖는다.

판결에서는, "**CHOCOLATE FACTORY**" 부분 역시 지정서비스업인 '초콜릿 및 기타 과자 분야 소매점업'에 사용될 경우 판매 대상물을 제조하는 장소를 표시한 것으로 인식될 수 있어 그 식별력이 없거나 미약하다고 하였다. "**CHOCOLATE FACTORY**"는 지정서비스업과 관련하여 기술표장에 해당한다. 그러나 본건상표는 '**ROCKY MOUNTAIN**'이 임의선택표장에 해당하기 때문에 기술표장인 "**CHOCOLATE FACTORY**"가 결합되어도 식별력에는 영향을 미치지 않는다.

3. 상표에 대한 잘못된 해석

> *"나아가 위 두 부분이 결합된 이 사건 출원서비스표의 경우에도 '로키산맥에 있는 초콜릿 생산 공장' 등의 의미로 직감될 것이고, 그 외에 새로운 관념을 형성한다고 볼 수 없으며, 그렇다고 원고의 주장과 같이 그 자체의 뜻까지 남지 않는 아무런 의미 없는 조어서비스표가 되었다고 할 수도 없다."*

판결에서는, 본건상표가 '로키산맥에 있는 초콜릿 생산 공장' 등의 의미로 직감된다고 하였다. 상표는 해석하는 것이 아니라고 하였다. '**ROCKY MOUNTAIN CHOCOLATE FACTORY**'를 상표로 출원한 것과 '**로키산맥에 있는 초콜릿 생산 공장**'을 상표로 출원한 것은 전혀 별개의 문제다. '**로키산맥에 있는 초콜릿 생산 공장**'을 상표로 출원하였다면, 그것은 기술표장에 해당될 수 있다. 하나의 초콜릿 공장을 기술하기 때문이다. 그러나 '**ROCKY MOUNTAIN CHOCO-LATE FACTORY**'는 '**로키산맥에 있는 초콜릿 생산 공장**'을 의미하는 것이 아니다. '**로키산맥에 있는 초콜릿 생산 공장**'은 판결에서 재판부가 창작한 것이다. 재판부가 본건상표의 식별력을 판단하지 않고, 새로운 상표를 창작하고, 그 창작한 상표가 식별력이 없다고 판단한 것이다. '**ROCKY MOUNTAIN CHOC-OLATE FACTORY**'를 우리말로 번역하면 '**로키산맥 초콜릿 공장**'이다. 상표에 있어서, '**로키산맥에 있는 초콜릿 생산 공장'과 '로키산맥 초콜릿 공장**'은 전혀 다른 것이다. '**로키산맥에 있는 초콜릿 생산 공장**'은 기술표장에 해당되어 상표등록을 받을 수 없지만, '**로키산맥 초콜릿 공장**'은 임의선택표장에 해당되어 상표등록을 받을 수 있는 것이다.

판결에서는, 본건상표가 새로운 관념을 형성한다고 볼 수 없다 하였다. 상표는 새로운 관념을 형성해야 상표등록을 받을 수 있는 것이 아니다. 본질적으로 식별력이 인정되는 조어상표는 아무런 관념을 갖지 않는다. 마치 상표가 새로운 관념을 형성해야 식별력이 인정되는 것처럼 판단한 것은 상표의 의미를 전혀 모르는 것이다.

판결에서는, 본건상표 자체의 뜻까지 남지 않는 아무런 의미 없는 조어서비스표(조어상표)가 되었다고 할 수도 없다고 하였다. 참으로 한심한 판결이다. '**ROCKY MOUNTAIN CHOCOLATE FACTORY**'는 모두 영어 사전에 나와 있는 단어들로 이루어진 상표다. 그리고 지정서비스와 아무런 관계가 없기 때문에 임의선택표장에 해당한다. 마치 휴대폰에 사용하는 '**APPLE**'이나 담배에 사용하는 '**SPOON**'과 같이, 임의선택표장인 것이다. 조어표장은 용어 사전에 수록된 것이 아니다. 다시 말해서, 용어 사전에 수록된 용어로 이루어진 상표는 최소한 조어상표가 아니다. 용어 사전에 수록된 용어로 이루어진 상표가 나중에 조어표장으로 되는 경우도 절대 없다. 재판부는 조어표장이 무엇인지도 모르고 상표의 식별력을 판단한 것이다.

4. 상표의 기본에 무지(無知)한 잘못된 해석

> *"따라서 이 사건 출원서비스표에 서비스업의 출처를 구별할 수 있는 식별력을 인정할 수 없는데다가, 그 지정서비스업 분야에서 이를 특정인에게 독점시키는 것도 공익상 적당하지 않다고 하겠으므로, 결국 이 사건 출원서비스표는 상표법 제6조 제1항 제7호에 해당한다고 보아야 한다."*

본건상표의 식별력에 대해서는 이미 상세히 살펴보았기 때문에, 본건상표를 등록시키는 것은 공익상 적당하지 않다고 한 부분에 대해서만 살펴본다.

심결에서는, 본건상표를 '초콜릿 및 기타 과자 분야 소매점업'을 표시하는 서비스표로 인정하여 특정인에게 독점시키는 것이 공익상 적당하지 않다고 하였다. 이러한 판단은 상표의 기본 개념을 모르기 때문에 나오는 판단이다. 상표는 기본적으로 채택(adoption)의 개념이다. 특허가 창작(creation)의 개념이라면, 상표는 이미 기존에 존재하는 것으로부터의 채택(adoption)이다. 그리고 가장 먼저 채택한 자에게 주어지는 권리가 상표권이다. 휴대폰에 '**애플**'이라는 단어를 상표로서 가장 먼저 채택했다면, 그에게 상표권이 주어지는 것이다. 물론 제3자는 '**애플**'을 상표로서 휴대폰에 사용할 수 없게 된다. 이 경우 공익상의 이유로 가장 먼저 채택한 자에게 상표등록을 허여하지 않을 수는 없다. 그렇다면, 본건상표 '**ROCKY MOUNTAIN CHOCOLATE FACTORY**'는 '초콜릿 및 기타 과자 분야 소매점업'을 표시하는 서비스표로 가장 먼저 채택된 것이다. 이것이 왜 공익상 적당하지 않다는 것인가?

5. 사용에 의한 식별력에 대한 허구성

위에서 살펴본 바와 같이, 본건상표는 임의선택표장이기 때문에 본질적으로 식별력을 갖춘 좋은 상표이다. 굳이 사용에 의한 식별력을 판단할 필요가 없다. 본 사건에서는 상표의 본질을 제대로 파악하지 못하여 식별력에 대한 판단을 제대로 하지 못하니까, 사용에 의한 식별력을 판단할 대상이 아님에도 불구하고, 그것을 판단하는 잘못을 범하고 있다.

사용에 의한 식별력을 판단하기 위하여 판결에서 살펴본 사실들을 살펴보면, "*먼저 갑11~23호증(각 가지번호 포함)의 각 기재에 변론 전체의 취지를 더해 보면, 네이버 지식백과나 백과사전 위키피디아 등에 'ROCKY MOUNTAIN CHOCOLATE FACTORY'에 관하여 1981년경 설립된 회사로서 로키산 남부의 듀랑고에서 처음 초콜릿 전문점을 열고 현재 미국 및 캐나다 등에 250여 개 지점을 보유하고 있으며, 직접 눈으로 초콜릿 만드는 과정을 확인할 수 있고, 관광객들이 많이 모이는 주요 거리와 비치에서 종종 만나볼 수 있다는 등으로 소개되어 있는 사실, 또한, 다수의 인터넷 포털사이트와 인터넷 쇼핑몰에* **ROCKY MOUNTAIN CHOCOLATE FACTORY***'의 초콜릿 상품들에 대한 이미지, 가격, 판매처, 배송조건 등의 내용이 게재 및 광고되어 있고, 네이버의 블로그나 카페에도 해외여행 중 '***ROCKY MOUNTAIN CHOCOLATE FACTORY***' 점포를 들르거나 제품을 구매한 경험에 관한 글들과* **ROCKY MOUNTAIN CHOCOLATE FACTORY** *Franchisee'에서 가맹점을 모집하는 내용의 글들이 다수 게재되어 있는 사실이 인정된다.*"라고 설시하였다. 이러한 사실로부터 우리는, 본건상표가 사용에 의하여 식별력을 획득하였는지에 대한 판단을 유보하더라도, 본건상표가 미국과 캐나다에서 적법한 서비스표로 등록받아 사용되고 있음을 알 수 있다. 다시 말해서, 영어권의 수요자들에게 본건상표 '**ROCKY MOUNTAIN CHOCOLATE FACTORY**'는 '초콜릿 및 기타 과자 분야 소매점업'을 표시하는 서비스표로 전혀 하자가 없다는 것을 알 수 있다. 상표로서의 식별력이 부인되지 않고 식별력이 인정되어 적법하게 등록되어 적법하게 사용되고 있는 것이다. 하물며, 영어권도 아닌 우리나라에서 '**ROCKY MOUNTAIN CHOCOLATE FACTORY**'의 식별력을 문제삼는 것은 상표법에 대한 기본 법리 즉 식별력 판단에 대한 기본 법리를 모르기 때문에 일어나는 무지의 소산일 뿐이다. 본 판결은 상표법에 대한 무지를 전 세계에 폭로하는 가장 수치스러운 판결 중의 하나다.

V. 결 어

'초콜릿 및 기타 과자 소매업'을 하는 자가 상표(서비스표)로서 선택한 '**ROCKY MOUNTAIN CHOCOLATE FACTORY**'는 임의선택표장으로, 상표로서의 식별력을 갖는 좋은 상표이다. '초콜릿 및 기타 과자 소매업'과 관련하여 '**CHOCOLATE FACTORY**'는 식별력이 없는 기술표장(descriptive mark)이라 하더라도, '**ROCKY MOUNTAIN**'은 초콜릿이나 과자와는 아무런 관계가 없는 임의선택표장(arbitrary mark)에 해당한다. 그래서 본건상표 '**ROCKY MOUNTAIN CHOCOLATE FACTORY**'가 임의선택표장인 것이다. 임의선택표장은 암시표장(suggestive mark)이나 조어표장(coined mark)과 같이 본질적으로 식별력을(inherently distinctive) 갖는다. '**ROCKY MOUNTAIN CHOCOLATE FACTORY**'에 대하여 식별력을 부인할 어떠한 이유도 없다.

16. "Transcendental Meditation" 상표의 식별력에 대한 이스라엘 특허청 결정에 대한 평석[1]

I. 사건의 개요

이스라엘의 상표출원인인 Maharishi Vedic University Ltd.(대학법인)는 "**Transcendental Meditation**"의 히브리어 음역인 "**מדיטציה טרנסנטנטלית**" 상표에 대해 41류의 서비스업을 지정하여 이스라엘 상표출원 제249554호로 출원하였다. 상표는 특별한 서체나 그래픽 요소가 없는 단순한 단어 표장이다. 이 출원은 2012년 9월 21일에 하였으며 지정서비스업은 다음과 같다:

> *"41류: 건강과 관련된 교육서비스; 경영 관리와 관련된 과목들의 교육지도; 관리 교육 훈련분야의 기업용 비디오테이프 제작; 영업 경영에 대한 교육 과정 제공; 일반 경영에서의 교육과정 제공; 개인 인식 교육서비스의 워크샵 및 세미나 실시, 즉 자기*

---

1 「창작과 권리」 제91호(2018년 여름호).

계발 분야에서의 동기 부여 및 교육적 연사 제공; 개인 계발 코스; 개인 계발 훈련; 개인 계발 훈련 과정 제공; 명상 훈련; 명상 실습 교육"

II. 사건의 배경

"**Transcendental Meditation**(초월 명상)"은 산만한 생각들을 잠재우고 편안하고 이완된 의식 상태를 고취시키고자 하는 일종의 명상훈련 기법이다. 마하리시 마헤쉬 요기(Maharishi Mahesh Yogi: 1918~2008)가 인도의 고대 베다 전통으로부터 초월 명상을 개발해 냈다. 그는 1960년대 미국에 그 명상 기법을 전파했다. 그 명상 기법은 흔히 그 약자인 '**TM**'이라 일컫는 만트라 침묵 명상의 특정 형태이다.

상표 심사관은 2015년 2월 9일자 Office Action에서 본건상표가 지정서비스와 관련하여 상표법 제8조(a)에서 규정하는 식별력이 없기 때문에 상표등록을 받을 수 없다고 결정했다. 심사관은 또한 본건상표가 초월 명상 수련 및 초월 명상 지도자들의 훈련과 같은 지정서비스에 대하여 기술표장(記述標章)이고, 이들 서비스에 직접 관련되어 상표법 제10조(11)에 위배되어 등록받을 수 없다고 판단하였다.

심사관은 심사보고서(Office Action)에서 초월 명상을 가르치는 단체로 국제명상협회(International Meditation Association)가 있으며, 전 세계 수백 개의 학교에서 이 명상 기법을 사용하고 있다고 지적하였다. 결론적으로, 어느 누구도 본건 출원인에게 본건상표를 구성하는 단어를 독점하게 할 수 없고, 나아가 다른 제3자에게도 마하리시의 가르침을 전수하거나 가르치는 것을 막을 수 없다고 하였다.

심사관의 거절이유에 대해, 출원인은 2015.12.30. 초월 명상의 지도자이자 세계초월명상기구(World Transcendental Meditation Organization)의 법률부서 책임자이자 출원인 대학법인의 총책임자인 Macraman Oleh Oyser의 진술서와 함께 의견서를 제출하였다.

의견서에서, 출원인은 본건상표가 지정서비스를 설명하는 기술표장이 아니며 지정서비스를 최대한 암시하는 용어로 간주될 수 있다고 주장하였다. 또한, 출원인은 초월 명상(Transcendental Meditation)이라는 문구가 출원인 대학법인의 설립자인 마하리시에 의해 만들어졌기 때문에 출원인을 식별할 수 있는 단어들의 조합이라고 주장하였다.

출원인은 또한 세계초월명상기구 및 그 모든 지부가 출원인과 관련이 있고 출원인과 동일한 조직의 일부로서 마하리시의 후계자에 의해 설립되었다고 주장하였다. 이 주장을 뒷받침하기 위해, 출원인은 Oyser의 진술서를 증거로 거론하였는데, 그 진술서에는 옥스포드 온라인 사전에서 발췌한 초월 명상의 정의를 재현하였다.

또한 출원인은 1973년 이래로 본건상표가 이스라엘에서 사용되었으며 이스라엘 및 해외에서의 광범위한 사용, 광고 및 마케팅을 통해 식별력을 획득했다고 주장하였다. 출원인은 그 상표가 그들만을 나타낼 수 있을 정도로 저명한 상표가 되었다고 주장하였다. 2009년부터 본건상표가 출원된 이후 2014년까지, 출원인은 그 영업활동을 통해 이스라엘에서 874,000달러를 벌었다고 주장하였다. 이러한 주장은 Oyser의 진술서에서 뒷받침되었다.

그러나 출원인은 본건상표가 등록가능하다는 것에 대해 심사관을 설득시키지 못하였고, 심사관은 2016년 1월 28일 본건상표에 대해 거절결정하였다.

출원인의 청구에 따라, 2016년 5월 2일, 특허청장 Asa Kling 앞에서 구두변론이 열렸다. 구두변론에서, 출원인 측 대리인은 본건상표는 두 개의 상반되는 단어, 즉 마음 내부를 바라보는 '명상(meditation)'과 일정 거리의 외부에서 바라보는 '초월(transcendental)'의 조합표장으로 상표로서 독특하다고 주장하였다. 출원인은 또한 초월 명상 수련에 관심이 있는 관련 대중이 오인하거나 혼동하지 않도록 상표등록이 필요하다고 주장하면서, 출원인이 바로 초월 명상 지도자들을 교육할 권한을 부여받은 기관 중 하나이고, 상표권을 정당화하여 초월 명상과 관련된 서비스의 품질관리가 가능하다고 주장하였다.

구두변론에서, 특허청장은 마하리시로부터 출원인에게 본건상표에 대해 모든 권리가 양도되었다는 것을 2016년 8월 14일까지 문서로 소명하라고 출원인에게 요청하였다.

출원인은 2016년 8월 14일 대학법인의 관리자인 Neal Peterson의 진술서를 포함한 보충 증거를 제출했는데, 그 진술서에는 권리 양도에 대한 상세한 설명이 있었다. 그에 따르면, 마하리시는 1954년 인도 남부에서 명상을 가르치기 시작했으며, 1958년 1월 1일 인도의 수도의 한 곳에 '정신재활운동본부(Spiritual Regeneration Movement: SRM)'를 설립하였다. 그 후, 마하리시는 인도 전역에 걸쳐 수천 개의 SRM 센터를 개설하여 초월 명상을 가르쳤다.

마하리시는 아시아 전역에서 그의 가르침을 전파하기 위해 여행을 한 후, 1959년 뉴욕과 런던에서 가르치기 시작하고, 런던에서 국제명상학회(International Meditation Society: IMS)를 설립했다. 그 후 그는 더 많은 나라를 방문하여 그의 가르침을 전파하고 수강료를 징수하도록 더 많은 지역 단체를 설립했다.

언급한 바와 같이, 초기의 단체들은 SRM 또는 IMS라는 이름으로 설립되었으나, 그 후 그 이름은 더 널리 사용되지 못하고 대신 그 활동은 GTMO 또는 마하리시 운동(Maharishi Movement)으로 더 잘 알려지게 되었다.

1960년대 초, 마하리시는 '초월 명상(Transcendental Meditation)'이라는 명칭하에 명상기법(Meditation method)의 지도자 양성 프로그램을 개설하였다. 이 프로그램은 GTMO 지도자에 의해 인가된 단체에게만 제공되었다.

초월 명상과 마하리시 운동의 독점적인 관계를 보장하고 품질을 보장하기 위해, 수련생들은 초월 명상 카운슬러 과정에 입학하기 전에 출원인의 입회하에 여러 가지 서류에 서명해야 하는데, 그 서류에는 비공개 계약이나 경쟁금지 계약 등이 포함되었다.

본건상표에 관한 권리가 GTMO로부터 출원인에게 어떻게 양도되었는지를 살펴보기 위해, 본 사건의 특허청 담당 국장인 Jacqueline Bracha 여사는 2017.10.30. 공고된 출원인의 두 건의 다른 이스라엘 상표출원 제29619호 및 제253899호에 관한 결정을 참조하였다. 이 두 건의 상표는 각각 영어와 히브리어로 된 MAHARISHI 상표이었다. 이 두 건의 결정에서 Bracha 국장은 출원인이 자신의 서비스를 나타내는 상표로 'MAHARISHI'라는 이름을 사용하는 유일한 당사자임을 증명한 후에 그 두 상표가 등록받을 수 있다고 결정한 바 있다.

Ⅲ. 판 단

상표법 제8조는 상표등록이 가능한 기본 요건으로서의 식별력에 대하여 다음과 같이 규정한다:

> *상표의 등록요건:*
>
> *제8조 - (a) 상표출원인의 상품과 다른 업자들의 상품을 식별하기에 적합하지 않은 상표는 상표등록을 받을 수 없다(이하 "상표의 식별력").*
>
> *(b) 상표의 식별력을 판단함에 있어서, 특허청(심사관) 또는 법원은, 상표가 실제 사용되는 경우, 그러한 상표의 사용이 상표등록과 관련하여 상표의 식별력을 획득했는지의 정도를 고려할 수 있다.*

또한, 상표법 제11(10)조는 식별력을 갖는 것으로 간주되지 않는 상표의 한 종류에 대해 규정한다:

> *(10) 상표법 제8조(b) 또는 제9조의 규정에 따른 식별력을 갖지 않는 한, 거래상 상품이나 상품의 특성을 설명하기 위하여 보통으로 사용되거나 또는 상품을 특성에 관한 직접적인 설명을 포함하는 단어나 문자로 이루어진 상표.*

상표출원서에 첨부된 증거에 의하면, 명상(Meditation)이라는 용어는 많은 종교의 기본 교리에 존재하는 오랜 전통과 관련이 있다.

> *"명상은 고대 이후 수많은 종교 전통의 한 구성요소로 수행되어 왔다."*

Oyser의 진술서 문단 13에 의하면, 초월 명상은 신성한 음성 또는 신의 이름을 나타내는 만트라 명상(Mantra Meditation)과 관련이 있다. 힌두교와 불교에서 만트라 명상의 수행자들은 자신을 신과 동일시하려고 시도한다.

출원인도 유사하게 초월 명상의 근원이 구루 데브(Guru Dev)이고, 마하리시에 따르면 초월 명상은 현대인에게 적합한 베다(Vedic) 경전과 고서(古書)로부터 개발된 것이라 설명한다.

나아가, 출원인은 영어와 히브리어로 된 MAHARISHI 상표에 대한 두 건의 상표 제29619호 및 제253899호를 등록하기 위해 제출되었던 증거의 일부를, 이스라엘 국제명상협회, 마하리시 국제학교 및 이스라엘 지능 창조과학 연구소의 디렉터인 Alexander Oded Kota의 진술서로 제출하였다. 그 진술서에서, 그는 초월 명상이 무엇인지를 다음과 같이 설명한다(21 문단):

> *"초월 명상(Transcendental Meditation)은 마하리시가 구루 데브로부터 배워서 1950년대에 인도에서 개발한 명상 기법을 나타내기 위해 마하리시가 선택한 이름이다. 마하리시는 현대사회에 적합하도록 그 기법을 개발하였는데, 그 공을 그의 영적 스승인 구루 데브에게 돌렸다. 마하리시는 그 명상 기법이 힌두교에서 가장 오래된 것으로 간주되는 종교 경전 모음인 베다에서 발견된 원리에 대한 계시임을 설명하였다. 마하리시에 따르면, 베다 경전은 지난 수백년 동안 잘못 이해되어 왔다. 그는 베다가 인지 과학에 대한 지식이며, 그 인지 과학에 따르면, 우주의 물질을 형성하는 인식이 있다고 가르친다."*

이로부터, 초월 명상의 기초는 불교에서 발견되며 초월 명상은 마하리시가 베다 문헌을 해석한 것으로 보인다. 그럼에도 불구하고 본건상표는 고대 베다 문헌에 등장하지 않는다. 본건에서는 마하리시가 개발한 명상 기법에 대해 그가 만든 용어를 다루고 있다. Oyser는 이것을 명시적으로 언급한다. Neal Peterson은 1954년 인도 남부에서 명상 수련을 시작했을 때, 마하리시가 그 명상 기법을 '초월 심연 명상(Transcendental Deep Meditation)'이라 불렀는데, 그 이후 시간이 지남에 따라 '초월 명상(Transcendental Meditation)'이라고 불렀다.

이것은 출원인이 상표권을 부여받기에 충분한지 아니면 대중의 이익을 위해 누구나 사용할 수 있도록 해야 하는지에 대한 논점을 제기한다.

상표법 제11조(5)는 상표등록을 배제하는 상표에 대해 다음과 같이 규정한다:

> *(5) 공공 정책이나 도덕성에 해롭거나 해를 끼칠 수 있는 상표;*

이와 관련하여, 2016년 5월 2일자의 "Lubavitch (영어)" 및 "Chabad (히브리어 및 영어)"에 대한 이스라엘 상표출원 제232770호 및 제232271호에 관한 결정의 한 부분을 아래에 인용한다:

> *"상표법의 목적은 언어의 자유 또는 종교의 자유를 제한해서는 안 된다 – 상표법 제11조(5)는 공공 질서에 해를 끼치는 상표의 등록을 허용하지 않는다."*

위의 설명과 같이 출원인에게 자신의 권리를 양도한 마하리시가 본건상표 "**Transcendental Meditation**"을 만들었다고 해서 출원인이 상표등록을 받을 권리를 부여받은 것은 아니다. 이와 관련하여 저작권과 상표법을 비교 검토할 필요가 있다(Neil Wilkof 및 Shamnad Basheer의 저서 "지적 재산권의 중복(Overlapping Intellectual Property(2012)" 페이지 148의 하기 내용, 이는 R Griggs Group Ltd. 외 v. Ross Evans 외 사건과 관련됨(ECDR 15, para 20[2004]):

> *" … 저작권은 창조적인 기술과 노동을 보호하기 위한 것인 반면, 상표의 기능은 상품이나 서비스를 제공하는 한 업자와 다른 업자들과의 상품이나 서비스와 구별하기 위한 것이다. 상표법은 "창조적인 기술과 노동을 보호하는 것과는 아무런 관련이 없으며" 오히려 일반 수요자의 잠재적인 오인이나 혼란을 방지하기 위한 것이다."*

출원인은 본건상표 등록의 목적이 출원인의 초월 명상 기법이 환자의 정신 건강과 관련되어 있고 자격이 없는 사람에 의해 수행될 때 환자의 정신 건강에 손상을 줄 수 있는 위험이 따르므로 통제되지 않는 가르침으로부터 일반 공중을 보호하고자 하는 것이라고 주장한다. 이런 주장은 상기와 같은 검토결과 분명하다.

그러나 정신 문제 치료는 이스라엘 보건부의 적절한 교육과 면허가 필요하기 때문에 본건상표가 사용되는 지정서비스 목록에는 정신 건강이 포함되지 않는다는 점에 주목해야 한다. '건강과 관련된 교육 서비스'로 정의되는 서비스는 심리학 분야와 관련이 있으며 심리학자를 위한 법률 1977로 규제되고, 그 법률에서 정의하는 심리학은 다음과 같다:

> *"심리학 분야의 직업은 사람들의 행동과 정신 건강 교육에 관한 문제와 쟁점을 진단하고 정량화하는 것과 관련된 전문직업이며, 이러한 문제와 쟁점들과 관련된 치료, 재활, 컨설팅 및 교육은 일반적으로 심리학자가 수행해야 한다."*

본건상표를 등록하는 것은 정당하지 못하므로, Bracha 국장은 본건 지정서비스가 허용되어야 하는지의 여부를 결정하는 데 적합하지 않다고 본다. 따라서 본건상표가 정신 건강과 관련이 있고, 카운슬러가 출원인 대학법인으로부터 허가를 받았기 때문에 상표등록을 할 수 있어야 한다는 주장은 신뢰하기 어렵다.

초월 명상은 누구든지 배우고 가르칠 수 있는 과정이며 그 명상 기법의 창시자 또는 개발자의 동의를 필요로 하지 않는다. 결과적으로, 이 명상 기법은 누구든지 배우고 가르칠 수 있어야 한다. 일반 대중으로 하여금 어떤 명상 기법을 활용하지 못하도록 막는 것은 적합하지 않다. 어떤 사람이 그가 배운 기술을 전파할 수 없도록 한 계약이 있을지라도, 그 계약이 해당 법률기관에 의해 실행될 수 있는지는 분명하지 않다.

이와 관련하여, 이스라엘 상표출원 제178707호의 Ori King vs. Adi Shanan 사건의 결정에서 Shalv Shmulovich 국장의 설시를 아래에 인용한다(문단 29 및 30):

> *"나는, 영업 비밀이 없는 한, 치료법을 개발한 사람들이 그것을 가르치고 전파할 때도 일시적이나마, 그 치료법을 보호할 수 있다는 것에 확신하지 못한다. 어느 누구도 치료법에 대한 특허를 등록할 수는 없다. 교육 자료에 대한 저작권은 인정될 수 있지만, 기술 자체나 또는 치료를 제공하고 다른 사람들을 가르칠 권리까지는 확장되지 않는다. 마찬가지로, 상표등록을 통해 특정의 치료법을 보호받기 위해 상표등록을 허여할 수는 없다.*

게다가, 해당 상표출원서가 방법을 보호하는 상표에 관한 것이 아니고 그것의 교육과 보급만이라는 주장은 실체가 결여되어 있다. 이 기술이 대중에게 이용될 수 있는 것이라면, 법이 특정의 제한을 두지 않는 한, 그 교육은 대중에게 이용될 수 있어야 하지만, 그 기술에 대한 독점권은 상표등록을 통해서 이루어지는 것이 아니다. 왜냐하면 상표등록은 기술보호를 위해서 이용될 수 없기 때문이다."

유사한 논리로, 히브리 대학이 '**Relativity**(상대성)'에 대한 상표등록을 시도했다면, 그것은 거절되었을 것이다.[참고로 – 히브리 대학은 아인슈타인 기록 보관소를 보유하고 있으며 'Einstein'라는 이름을 상표로 등록받아 수입원으로 실시권을 설정하고 있다.] 또한 어느 누구도 'Transcendental Idealism(초월적 관념론)'을 칸트 철학을 교육하는 교육 기관의 상표로 등록할 수 없다. 그 철학을 교육하는 것은 소정의 계약을 필요로 하는데, 이는 모든 사람이 이것을 이해하고 다른 사람들에게 가르칠 수 있다고 할 수 없기 때문이다.

본 사건의 논점은 철학적 또는 종교적 가르침을 'transcendental(초월)' 및 'meditation(명상)'을 결합하여 만들어진 '**Transcendental Meditation**(초월 명상)'이, 틀림없이 저작권 보호를 받을 수 있을지라도, 상표법에 따라 보호되어야 하는지의 여부이다.

이 논점에 대한 답의 시작은 창작물의 명칭과 관련된 판례에서 찾아볼 수 있다. 유럽상표청(EUIPO)의 항소 법원에서 내린 판결로, 서적, 신문, 연극 작품, 비디오테이프 및 전자 매체 필름에 대한 "Le Journal d'Anne Frank" 상표와 관련한 판례가 있다(Re 2401/2014-4 **Anne Frank Fonds** (2015.08.31.)).

위 항소 법원은 위 상표가 상품과 관련하여 식별력을 상실하지 않으며, 상표권자의 상품 및 서비스와 다른 업자들의 상품 및 서비스를 구별하기 위해 위 상표를 사용할 수 있다고 간주했다. 또한 위 법원은 책의 제호로 위 상표를 널리 사용하였기 때문에 상표등록을 방지하기에 충분하지 않다고 판단했다.

이스라엘의 상표 이의신청 사건(상표출원 제247693호: DEMART PRO ARTE B.V 및 Fundacio Gala-Salvador Dali vs V.S. Marketing ltd.)에 대한 결정과 비교할 때, 위 항소

법원의 판결은 창작물의 명칭을 상표로 등록하기 위한 미국법이나 이스라엘법과 부합되지 않는 것으로 보인다.

"상품과 관련하여" … 상표가 실질적으로 또는 기술적으로 그 상품의 거래와 관련이 있다면 그 상표는 존재할 수 없다. 책의 제호가 그 책의 내용과 특징을 나타내도록 그 제호와 책 내용 사이에 연관관계가 있는 경우 그 제호는 상표로서 등록받을 수 없다.

유사한 사안에서, 미국 대법원은, 미국 상표법하에서의 침해행위가 최초 창작물을 보호하도록 의도되지 않고 그 침해행위가 저작권과 다르다고 판결한 후에, 텔레비전 연속극이 저작권이 만료된 책에 기초한 경우 그 책의 출처에 대한 사칭이나 사기 행위를 인정하지 않았다(Re Dastar v. Twentieth Century Fox Film 539 US at 37 (2003)).

Basheer와 Wilcoff의 저서 155쪽에 위 판결과 관련된 내용이 있다:

"… 그 판결에서, 미국 대법원은 미국 상표법이 독창성과 창작성을 보호하도록 설계되지 않았으며, 이들은 미국 상표법 §43(a)에서와 같이 특허와 저작권으로 보호되어야 하며, 의회에서 그렇게 입법할 수는 없다라고 판시하였다."

미국법과 마찬가지로 이스라엘에서도 저작권법에 의해 부여되는 보호는 일정 기간 동안 부여되는 반면, 상표는 무기한으로 갱신될 수 있다. 따라서 상표등록을 허용하기 전에 상표권자의 권리와 공익 사이의 균형을 유지해야 한다(Basheer와 Wilcoff의 저서 144쪽).

"저작권은 한정된 기간 동안 존속하며 그 기간이 만료된 후에는 저작자의 권한이 없이도 누구나 그 저작물을 사용할 수 있는 반면, 상표권은 해당 상표가 상표권자의 상품과 관련하여 사용되고 있는 한 수백 년이라도 지속될 수 있다."

Bracha 국장은 이스라엘에서 Maharashi라는 이름의 등록에 관한 2017.10.30. 결정에서, Maharishi Foundation Limited가 신청인의 조직에서 분리되어 "Maharishi"를 히브리어 또는 영어로 등록하는 것을 포기했지만 여전히 전 세계 여러 지역에 초월 명상 교육을 가르쳤다는 점에 주목하였다. 그녀는 상표등록에 의해 한 조직 또는 다른 조직에 그 교습을 제한하는 것이 옳다고 생각하지 않았다.

또한 출원인이 1979.04.17. 출원한 이스라엘 상표등록 제47738호의 "**Transcendental Meditation Programs**"가 등록된 사실을 무시할 수 없다. 이 상표가 그 당시에 등록되었어야 했는지 여부와 관계없이, 출원인이 당시 제출한 증거에 따르면 이스라엘의 지역 대표인 초월 명상 이스라엘 국제협회(ISC)는 등록상표 "**Transcendental Meditation Programs**"의 독특한 서체로 서비스를 제고해왔다는 점을 주목해야 한다. 따라서 본건상표 "**Transcendental Meditation**"은 다른 규정이 없는 한 이스라엘에서 등록될 수 없다.

따라서, "**Transcendental Meditation**"에 대한 이스라엘 상표출원 249554호는 Bracha 국장의 결정에 의하여 2017.12.20. 그 등록이 거절되었다.

Ⅳ. 평 석

본건 이스라엘 판례에서는 본건상표 "**Transcendental Meditation**"이 기술표장에 해당되어 등록받을 수 없는 이유를 상세하게 설시한다. 본건상표가 철학적 또는 종교적 가르침을 전수하기 위하여 'transcendental(초월)' 및 'meditation(명상)'을 결합하여 만들어진 용어라 하더라도, 일반 대중으로 하여금 그 용어를 사용하고 그 명상 기법을 활용하지 못하도록 하는 것은 적합하지 못하다는 것이다.

또한 이 판례에서는 기존의 판례들을 아주 분석적이고 구체적인 방법으로 인용하고 있다. 이는 우리나라 판례들이 기존의 판례들을 맹목적이고 선언적으로 인용하고 있는 것과 대조적이다. 기존의 판례들이 어떠한 판시를 하였으며, 그러한 판시들이 본 사건을 결론을 도출하는 데 어떻게 적용되어야 하는지를 분명하게 보여 준다.

17. "사리원면옥" 무효사건

– 특허심판원 2016당877, 특허법원 2016허8841 등록무효(상), 대법원 2017후1342 등록무효(상)[1]에 대하여 –

I. 머리말

1951년 문을 연 대전 '**사리원면옥**'('대전 사리원')은 1996년 특허청에 상표를 출원해 등록을 마쳤다. 2015년경 대전 사리원은 대전에 3곳, 서울에 1곳의 식당(현재는 5곳)을 운영 중이었다. 냉면이 주메뉴였지만 만두, 불고기도 함께 팔았다.

불고기를 주메뉴로 냉면도 함께 팔았던 서울의 '**사리원**'('**서울 사리원**')은 1992년께 서울 도곡동에서 식당을 시작하여 서울에 8곳, 수원에 1곳의 지점을 운영하고 있었다.

2015년 8월 서울 사리원은 대전 사리원으로부터 "'**사리원불고기**'가 상표권을 침

1 「창작과 권리」 제92호(2018년 가을호).

해했으니 식당 이름을 바꾸라"는 내용증명을 받았다. 이때부터 양측의 지리한 법적 투쟁이 시작되었다. 대전 사리원은 서울 사리원을 상대로 상표권 침해금지 가처분 신청을 하였고, 가처분 신청이 법원에서 받아들여져, 서울 사리원은 간판을 '**사리현**'으로 바꾸거나 '**사리원**' 간판에서 '**원**' 자를 떼어 냈다.

가처분에 맞서 서울 사리원은 '**사리원면옥**'에 대해 무효소송을 청구하였다. 서울 사리원이 제기한 무효사유는 '**사리원**'이 '현저한 지리적 명칭'이라는 것이다. '**사리원**'은 황해도에 있는 도시로서 상표등록 당시 현저한 지명에 해당되어 등록을 받을 수 없는 것임에도 불구하고, 잘못 등록되었기 때문에 무효로 되어야 한다는 것이었다. 특허청과 특허법원은 그렇지 않다고 판단하였다. 그러나 대법원은 "1996년 당시를 기준으로 본다면 사리원은 일반 수요자에게 널리 알려져 있는 현저한 지명이라고 볼 여지가 있다"고 판결했다. 양측의 투쟁 과정이나 대법원의 판결을 보고 있노라면 기막히다는 말 외에는 할 말이 없다.

특허심판원 심결부터 특허법원 판결 그리고 대법원 판결의 문제점에 대하여 구체적으로 살펴본다.

II. 특허심판원 심결

1. 심결문

심판번호 2016당877[2]
사건표시 서비스표등록 제32574호 무효
심결일 2016.10.31.

주 문

1. 이 사건 심판청구를 기각한다.

---

2 심판장 권혁중, 주심 정진갑, 심판관 이정구.

2. 심판비용은 청구인이 부담한다.

청구취지

1. 서비스표등록 제32574호에 대한 등록을 무효로 한다.

2. 심판비용은 피청구인의 부담으로 한다.

이 유

1. 기초사실

가. 이 사건 등록서비스표

(1) 등록번호/출원일/등록일/갱신등록일: 서비스표등록 제32574호/1994.06.07./1996.07.30./2016.05.25.

(2) 구 성: "**사리원면옥**"

(3) 지정서비스업: 서비스업류 구분 제43류의 냉면전문식당업

2. 당사자의 주장 및 답변 요지

가. 청구인 주장의 요지

청구인은 서울 9개 지역과 수원 등 10개 지역에서 한식전문식당업(불고기요리 전문임)을 운영하고 있고 피청구인이 청구인을 상대로 '서비스표권 침해금지 가처분을 신청하여 이 사건 등록 무효심판을 청구하게 되었다(갑제2호증의 1 내지 8 및 제3호증).

"사리원"은 조선시대부터 알려진 지명이고 일제 강점기부터는 전국적으로 알려진 도시가 되었으며, 분단 이후에 북한의 도청소재지로 되었고, 우리나라(남한) 국민들에게 지속적으로 뉴스에 보도되는 지역이며, 심사에서는 "사리원"을 현저한 지명으로 보아 상표등록을 거절한 사례들이 있고, 이 사건 등록서비스표도 지명으로서의 "사리원"을 기리기 위한 것임을 피청구인 스스로 밝히고 있으며, 중학교 2학년 사회과 부도, 인터넷포털사이트 네이버의 지도, 통계청에서 발표한 북한의 도시명 등에서 "사리원"은 주요한 도시임을 확인할 수 있고, 남한에 '사리원시 중앙시민회'가 조직되어 활동하고 있는 사실들을 볼 때에 이 사건 등록서비스표는 구상표법(2001.02.03. 법률 제6414호로 개정되기 전의 것, 이하 같다) 제6조 제1항 제4호에 의해 그 등록이 무효로 되어야 한다.

나. 피청구인 답변의 요지

북한은 헌법상 대한민국의 영토이지만 실질적으로 우리나라(남한)의 통치권이 미치지 아니하고 일반 국민의 생활권과도 무관한 지역이며, 세계에서 가장 폐쇄된 체제

로서 정치, 경제, 사회, 문화 등 모든 면에서 여러 가지 한계가 있고, 특정지명이 사전 등에 등재되어 있다는 사실만으로 곧바로 현저한 지리적 명칭이라고 단정할 수는 없으며, 청구인이 제출한 NAVER 뉴스 라이브러리 등에서 "사리원"으로 검색한 자료는 국내 일반 수요자들에게 접근 및 뉴스 노출이 잘 되지 않는 기사이고, "사리원"의 식별력을 인정하여 상표등록을 거절한 사례들도 있는 점을 고려하면, 북한의 "사리원"이 일반 수요자에게 널리 알려져 있는 현저한 지리적 명칭에 해당한다고 볼 수 없다.

3. 이 사건 등록상표가 구상표법 제6조 제1항 제4호에 해당하는지 여부

가. 판단기준

구상표법 제6조 제1항 제4호에서 현저한 지리적 명칭만으로 된 상표를 상표등록의 소극적 요건으로 규정한 취지는, 이와 같은 상표는 그 현저성과 주지성 때문에 특별 현저성을 인정할 수 없어 누구에게나 자유로운 사용을 허용하고 어느 특정인에게 독점사용권을 부여하지 않으려는 데 있는 것이므로, 그 용어 자체가 객관적으로 지리적 명칭에 해당하더라도 일반 수요자나 거래자에게 즉각적인 지리적 감각을 전달할 수 있는 표장이 아닌 경우에는 여기에서의 '현저한 지리적 명칭'에 해당한다고 볼 수 없다. 그리고 출원상표가 상표법 제6조제1항 각호의 식별력 요건을 갖추고 있는지에 관한 판단의 기준 시점은 원칙적으로 상표에 대하여 등록 여부를 결정하는 결정시라고 할 것이다(대법원 1997.08.22. 선고 96후1682 판결, 2012.04.13. 선고 2011후1142 판결 등 참조). 이러한 규정 및 법리는 구상표법 제2조 제3항에 의하여 서비스표에도 동일하게 적용된다.

나. 인정되는 사실

(1) "사리원"은 네이버 사전에 '황해도 봉산군 서북부에 있는 도시'로 설명되어 있고, 두산백과 등 백과사전류에는 '황해북도 (북)서부에 있는 시'로 기재되어 있으며, 위키백과에는 '황해북도 서부에 있는 시이자, 도청 소재지'로 설명되어 있다(갑제4호증의 1 내지 5 및 제5호증의 1 내지 3).

(2) 2012.08.31. 교육부 검정 중학교 사회과 부도[㈜천재교육 2015.03.01. 3판 발행] 8페이지에 황해북도 '사리원'은 황해남도 '해주', 평안북도 '신의주', 자강도 '강계', 양강도 '혜산', 함경남도 '함흥', 평안남도 '평성', 강원도 '원산' 등과 함께 도청 소재지로 다른 지명보다 굵은 글씨로 표시되어 있다(갑제25호증).

(3) 갑제6호증은 NAVER 뉴스 라이브러리에서 "사리원"을 키워드로 검색한 결과로 기사 제목과 2줄 정도의 일부 내용만 있는 일종의 검색 목록인데, 대부분의 기사

들이 1920년~1940년 사이에 집중되어 있고, 특정 신문(동아일보)의 기사가 대부분 (5,258/5,739)을 차지하고 있다(나머지는 경향신문, 매일경제, 한겨레신문 기사임).

(4) 갑제7호증은 NAVER 뉴스 라이브러리에서 1990년부터 연도별로 "사리원"을 키워드로 검색한 결과로 기사 제목과 2줄 정도의 일부 내용만 있는 일종의 검색 목록인데, 그 건수는 1990년 26건, 1991년 24건, 1992년 24건, 1993년 11건, 1994년 17건, 1995년 19건, 1996년 36건이고, 기사 제목에 "사리원"이 포함된 경우는 일부이다.

(5) 갑제8호증의 1 내지 41은 위 갑제6호증의 검색 목록 중 일부의 실제 기사 스크랩으로 거의 대부분이 1920~1930년대 동아일보 기사이고, 갑제9호증의 1 내지 16은 위 갑제7호증의 검색 목록 중 일부의 1990년대 신문 기사/사진 스크랩이다. 갑제10호증은 NAVER 뉴스에서 "사리원"으로 검색한 최근의 뉴스 제목 및 일부 내용만 있는 일종의 검색 목록이고 갑제11호증의 1 내지 30은 최근의 기사 출력물들로 이 사건 등록서비스표의 등록결정일 이후 자료이다.

(6) 청구인이 ㈜한국리서치에 의뢰한 "사리원 명칭 인지도 조사(조사기간: 2016.09.09~09.17, 모집단: 만 20세 이상 69세 이하 남녀, 표본크기: 1,000표본, 조사방법: 한국리서치 패널을 활용한 온라인 조사)"의 결과, "사리원이 지명이라는 사실을 알고 있는가?"라는 질문에 "그렇다"는 응답자가 전체 응답자의 53.6%이고, "사리원이 북한의 지명이라는 사실을 알고 있는가?"라는 질문에 위 지명이라는 사실을 아는 응답자 536명 중 74.8%가 "그렇다"고 응답하였다(갑제33호증).

(7) 피청구인이 Gallup에 의뢰한 "명칭에 대한 인식 조사 보고서(조사기간: 2016.07.29~08.02, 조사대상: 만 20세 이상 59세 이하 전국 남녀, 조사표본수: 500명, 조사방법: 한국갤럽 패널을 이용한 온라인 조사)"에서는 "'사리원'이란 명칭을 알거나 들어 본 적이 있는가?"라는 질문에 "그렇다"는 응답자 비율이 61.4%이며, "'사리원'을 어떤 명칭(무엇을 지칭하는 명칭)으로 알고 있는가?"라는 질문에 위 '사리원' 명칭을 알거나 들어본 적이 있다는 응답자 307명 중 31.3%인 96명이 '지명' 관련으로 인지하였고, 이는 전체 표본 500명의 19.2%(96/500)에 해당한다(을제17호증).

다. 구체적인 판단

*위 인정사실에 의하면, 이 사건 등록서비스표 "***사리원면옥***"의 "사리원"은 사전류에 황해북도 (북)서부에 위치한 시로 설명되어 있고 중학교 사회과 부도에 황해북도의 도청 소재지로 표시되어 있으며, 신문 기사에서도 사리원 지역이 언급되고 있어서*

북한 지역에 위치한 지리적 명칭에 해당함을 알 수 있는데, 이하 "사리원"이 이 사건 등록서비스표의 등록결정 전・후로 우리나라 전국의 일반 수요자들에게 널리 알려져 있는 지리적 명칭인지에 관하여 살펴본다.

널리 인식된 지명인지 여부는 일반 수요자들의 왕래, 접촉 빈도수 등에 따라 결정되는 것이어서 일반인의 접근 용이성 등의 사정이 우선적으로 고려되어야 할 것인바 (특허법원 2012.07.20. 2012허2609 판결 참조), 우리나라는 분단 후 오랜 세월이 흘러 일반 수요자들을 구성하는 연령분포 및 세대(generation)가 분단 전후로 많이 바뀌었고 "사리원"이 위치한 북한 지역은 실제로 접근하기 어려워 국내의 일반 수요자들 대부분이 북한 지역의 지명을 알 기회가 적은데다가 "사리원"은 "개성" 공단처럼 접근되거나 언론보도가 집중될 특별한 사정이 있다는 증거들이 없으며, 분단 후 북한의 도/시・군이 개편되어 분단 전 "황해도"가 '황해남도'와 '황해북도'로 나누어지고 "사리원"이 황해북도의 도청소재지로 되었다고 하더라도 새로운 도청 소재지라는 이유로 전국적으로 더욱 알려졌다는 입증자료가 없어 새로운 도청 소재지는 현저한 지명으로 특별히 인식할 수 있는 근거로 삼기 어려운(국내의 경우에도 알려진 지명인 홍성, 안동, 무안이 새로 옮겨진 충남, 경북, 전남의 도청소재지여서 더욱 알려진 것으로는 보기 어려움) 사정들을 고려하면, "사리원"은 일반 수요자들의 접근이 쉽지 않은 지역의 명칭이고 그러한 접근제한이 황해북도의 도청소재지라고 해서 완화되거나 관련 보도 등으로 일반 수요자들이 "사리원"을 지명으로 더 많이 접할 기회가 늘었다고 볼 수도 없다.

또한, 청구인은 "사리원"이 교통의 요지라고 주장하는 바 있으나, 우리나라의 통치권이 현실적으로 미치지 않는 북한 지역에서의 "사리원"과 관련된 주장이고 국내에서 일반 수요자들이 "사리원"을 지리적 명칭으로 직감한다고 단정하기 어려우며, 국내의 경우 자유롭게 접근할 수 있는 행정구역이면서 철도역이나 고속도로 나들목(IC) 이름 등과 같이 사람들이 왕래하는 길목이더라도 그 지명도가 낮은 경우에는 그저 수많은 역이나 IC의 이름 중 하나일 뿐이어서 일반 수요자들이 단순히 교통 연계의 특징이 있는 지명이라는 사실만으로 그 지명을 알려진 지명으로 특별히 인식한다고 보기 어렵다(대법원 2004.04.28. 선고 20014후240 판결, 특허법원 2012.11.01. 선고 2012허4759 판결 등 참조).

한편, "사리원"은 사전류에 황해북도 (북)서부에 위치한 시로 설명되어 있고 중학교 사회과 부도에도 황해북도의 도청 소재지로 표시되어 있으나, 이러한 표시는 분단

된 현재의 시점에서 북한 지역의 지도에 의례적으로 표시된 것이라 할 수 있으며, 북한의 "사리원"이 실제 생활과 관련이 있는 지리적 명칭도 아니어서 국내의 일반 수요자들이 중학교 시절에 잠시 본 기억을 토대로 지리적 명칭으로 계속 오랫동안 기억하고 있다고 보기 어렵다. 이러한 사정은 청구인의 인지도 조사에서 "사리원이 지명이라는 사실을 알고 있는가?"와 같이 어느 정도 설문조사의 목적을 미리 드러낸 질문을 하였는데도 지명으로 인지한다는 응답자가 53.6% 정도이고, 피청구인의 조사에서 "사리원"을 지명으로 인지하는 비율이 19.2%(96/500) 정도인 조사 결과에서도 어느 정도 뒷받침된다고 할 것이다.

"사리원"이 현저한 지명인 근거로 청구인이 제출한 신문 기사 검색 자료를 살펴보면, 청구인이 제출한 NAVER 뉴스 라이브러리에서 "사리원"을 키워드로 검색한 결과물의 출력 자료는 기사 제목과 2줄 정도의 일부 내용으로 일종의 검색 목록으로 볼 수 있는 것이어서 그 전체적인 내용을 알 수 없을 뿐만 아니라, 그 검색 목록 중에 갑제6호증으로 제출된 것은 대부분의 기사들이 1920년~1940년 사이에 집중되어 있어 이 사건 등록상표의 등록결정 당시(1996년)의 일반 수요자들의 인식을 잘 반영한다고 보기 어려우며(갑제6호증 중 일부의 실제 기사를 스크랩한 갑제8호증의 1 내지 41은 거의 대부분이 1920~1930년대 동아일보 기사임), 갑제7호증으로 제출된 것은 1990년대의 기사 검색 목록 성격의 자료이고(갑제9호증의 1 내지 16은 1990년대 신문기사 스크랩임), 갑제10호증은 NAVER 뉴스에서 "사리원"으로 검색한 최근의 뉴스 제목 및 일부 내용만 있는 일종의 검색 목록이고 갑제11호증의 1 내지 30은 최근의 기사 내용을 출력한 것으로 이 사건 등록서비스표의 등록결정일 이후 자료인데, "사리원"이 기사의 주요한 부분이 아니라 단순히 기사의 내용 중에 일부 단어로 포함되거나 "사리원"과 관련된 단편적인 내용들로 이뤄진 정도이고 실제 생활과 관련하여 일상적으로 접하는 지리적 명칭이라고 볼 수 없으며, 갑제11호증의 1 내지 30의 30건의 기사들은 연합뉴스 자료 11건을 비롯하여 노컷뉴스, MBN, SBS, 평화신문, 스타서울, 동아studio, Newsis, IT Times, 건설타임즈.co.kr, 머니투데이 등에 1999년도를 포함하여 주로 2010년~2016년에 걸친 기간 중에 게재되었는데 이 정도의 빈도수는 많다고 보기 어렵고 그 내용도 국내의 실제 생활과 관련이 있는 것도 아니어서 일반 수요자들에게 "사리원"을 현저한 지명으로 인식시킬 수 있었다고 보기 어렵다.

위에서 살펴본 바와 같이 청구인이 제출한 자료들은 "사리원"이 현저하게 알려진

지리적 명칭이라는 것을 입증하는 데 한계가 있는 자료라 할 것이고, 오늘날 인터넷에서 유통되는 정보의 양이나 이용현황 등에 비추어 단순히 "사리원"에 관한 내용이 인터넷에서 검색된다고 하여 이를 근거로 다른 지명과 비교하여 "사리원"의 지명도가 특별히 높아졌다고 볼 수 없으므로, "사리원"은 이 사건 등록서비스표의 등록결정 전·후로 국내 일반 수요자들에게 현저하게 인식되어 있는 지리적 명칭에 해당하지 않는다고 판단된다.

따라서 이 사건 등록서비스표는 상표법 제6조 제1항 제4호가 규정하는 현저한 지리적 명칭만으로 된 서비스표에 해당한다고 볼 수 없다.

4. 결론

그러므로 이 사건 심판청구를 기각하고 심판비용은 청구인의 부담으로 하기로 하여 주문과 같이 심결한다.

2. 지리적 명칭 표장에 관한 상표법의 법리

상표법 제33조 제1항 제4호(구상표법 제6조 제1항 제4호: 이하 '제4호')에서는 "현저한 지리적 명칭이나 그 약어 또는 지도만으로 된 상표"는 등록을 받을 수 없다고 규정한다(여기서는 "현저한 지리적 명칭만으로 된 상표"에 한정한다).

제4호에서 규정하는 "현저한 지리적 명칭만으로 된 상표"(이하, '지리적 표장')만큼 혼란을 가져오는 상표법 규정은 아마 없을 것이다. 이 규정에 대한 해석도 분분하여, 등록이나 침해판단에 있어서도 일관성을 찾아보기 어렵다. 오늘날까지도 제4호에 대한 해석이 분분한 것은 지리적 표장에 대한 정확한 이해가 부족했기 때문이다. 따라서 사리원 사건과 관련된 심결의 문제점을 살펴보기 전에 제4호에서 규정하는 지리적 표장에 대해 고찰해 본다.

(1) 지리적 표장의 역사적 고찰

오늘날의 상표제도를 확립시킨 미국의 상표제도에서 지리적 표장에 관한 역사를 살펴보면, 지리적 표장은 현재의 미국 상표법[3]이 제정되기 전까지는 상표로서 등록받을 수 없었다.[4] 이때까지만 하더라도 지리적 표장은 '흔히 있는 성(姓)'과 같은 논리를 적용하여 상표등록으로부터 배제하였다. 우리 상표법에서도 '흔히 있는 성'은 식별력이 없는 것으로 보아 상표등록으로부터 배제한다.[5] '흔히 있는 성'이나 지리적 명칭은 상품이나 서비스의 출처를 나타내기에 충분한 식별력을 갖지 못하는 것으로 보기 때문이다. 그러나 '흔히 있는 성'이나 지리적 명칭을 어느 특정인이 계속하여 사용한 결과 그것이 상품이나 서비스의 출처를 나타내기에 충분할 만큼 식별력을 얻게 되었다면, 그 성이나 지리적 명칭은 상표로서 등록받을 수 있다. 이것은 성이나 지리적 명칭의 본래의 의미(primary meaning)를 떠나 상품이나 서비스의 출처를 나타내는 2차적 의미(secondary meaning)를 얻게 되는 것을 의미하며, 이렇게 되면 상표로서 등록을 받을 수 있게 된다.[6] 사용에 의한 식별력 즉 사용에 의한 2차적 의미를 인정하여 성이나 지리적 명칭에 대하여 상표등록을 인정하는 것은 우리 상표법도 또한 같다.[7]

지리적 표장이 '흔히 있는 성'과 같다는 논리에서 상표등록으로부터 배제되었던 이론은 1946년 미국 상표법인 Lanham Act가 제정되면서 퇴색되었고, 지리적 표장이 상품과의 관련성 즉 그 상품이 그 지역으로부터 유래된 것인지의 여부를 고려해야 한다는 관점에 이르렀다. 그 결과 지리적 표장은 '흔히 있는 성'과 같다는 논리에서 벗어나 일종의 기술표장(descriptive mark)으로 인식되게 된 것이다. 그래서 어떤 지리적 명칭이 특정의 상품이나 서비스와 관련하여 특정의 지리적 의미를 갖는다면 그 지리적 명칭은 상표등록을 받을 수 없다.[8] 특정의 지리적 의미를 갖는지의 여부는 특정의 상품이 거래되는 시장에서 그 지리적 명칭이 그 상품과 관련하여 소비자에게 즉각적인 지리적 관념을 전달하는지의 여부로써 판단한다.[9] 다른 말로, 어

---

3 1946년의 Lanham Act.

4 BeBeverly W. Pattishall et al., *Trademarks*, Matthew Bender, 1987, p.57.

5 상표법 제33조 제1항 제5호.

6 Arthur R. Miller et al., *Intellectual Property*, 4th ed., Thomson West, 2007, p.186.

7 상표법 제33조 제2항.

8 Arthur R. Miller et al., 위의 책, p.185.

면 지리적 명칭이 지리적 의미 이외의 다른 뜻을 전달한다면, 그 지리적 명칭은 상품과의 관계가 성립될 수 없기 때문에 그 명칭은 근본적으로 임의선택용어(arbitrary term)에 해당한다.[10] 어떤 표장이 임의선택용어로 이루어져 있다면 본질적인 식별력이 인정되기 때문에 상표등록으로부터 배제될 수 없다.

1946년 미국 상표법 이래로 지리적 표장은 기술표장의 일종으로 인식되어 왔고, 이는 다시 지리적 명칭 기술표장(geographically descriptive mark)과 지리적 명칭 사칭표장(geographically misdescriptive mark)으로 분류하여 이론을 체계화하였다.

(2) 지리적 명칭 기술표장(geographically descriptive mark)

우선 지리적 표장을 설명하기 전에 일반적인 기술표장에 대하여 간략히 설명하면, 기술표장은 단순기술표장(merely descriptive mark)과 사칭기술표장(deceptively misdescriptive mark)으로 분류하여 상표등록으로부터 배제되는 이유를 각각 달리 설명한다.[11] 단순기술표장은 상품의 특성을 사실적으로 설명하는 용어를 의미한다. 예를 들어, 인삼성분이 함유된 비누에 사용하는 '인삼'이라는 표장은 그 원재료를 사실적으로 설명하기 때문에 단순기술표장에 해당한다. 이 경우 다른 경쟁업자도 자유롭게 인삼 성분이 함유된 성분을 제조할 수 있고 그러한 정보를 소비자에게 전달하기 위하여 '인삼'이라는 용어를 자유롭게 사용할 수 있어야 한다. 따라서 단순기술표장은 경쟁업자를 보호해야 한다는 취지에서 상표등록으로부터 배제된다. 반면 사칭기술표장은 그 상품의 특성을 사실과 다르게 설명하는 용어를 의미한다. 예를 들어, 인삼성분이 함유되지 않은 비누에 사용하는 '인삼'이라는 표장은 사실과 다르게 설명하기 때문에 사칭기술표장에 해당한다. 인삼성분이 함유되지 않은 비누에 '인삼 비누'라 한다면 소비자는 인삼성분이 함유된 비누로 오인할 수 있고 나

---

9 Arthur R. Miller et al., 위의 책, p.185. "Within the market the test of primarily geographical significance is whether the term conveys an immediate geographical sense to the consumer *with respect to the particular product.*"

10 Arthur R. Miller et al., 위의 책, p.186.

11 Arthur R. Miller et al., 앞의 책, p.177.

아가 잘못된 구매를 할 수 있다. 따라서 사칭기술표장은 일반 소비자를 보호해야 한다는 취지에서 상표등록으로부터 배제된다. 이처럼 기술표장은 단순기술표장이건 사칭기술표장이건 모두 상표등록을 받을 수 없다. 하지만 등록을 받을 수 없는 이유는 서로 다르다.

지리적 명칭 기술표장은 상품과 관련하여 그 상품이 생산, 제조, 가공 등의 지리적 출처를 직접적으로 표시하는 표장이다. 예를 들어 '금산'의 인삼이나 '안성'의 유기에 있어서, '금산'이나 '안성'은 그 지정상품의 산지를 나타낸다. 이러한 경우 어느 특정인에게 상표등록을 허락하여 독점사용권을 부여한다면, 금산에서 인삼을 재배하거나 안성에서 유기를 제조하는 불특정 다수의 다른 경쟁업자들은 그 산지를 표시할 수 없게 되고 나아가 막대한 피해를 입을 수 있다. 따라서 지리적 명칭표장이 지리적 명칭 기술표장에 해당하는 경우에는 상표등록을 받을 수 없는 것이고, 그 이유는 불특정 다수의 다른 경쟁업자를 보호하기 위한 것이다.

(3) 지리적 명칭 사칭표장(geographically misdescriptive mark)

지리적 명칭 사칭표장이란 그 상품의 특성과 관련된 사실을 사실과 다르게 표시함으로써 소비자의 오인혼동을 야기시킬 수 있는 표장을 의미한다. 예를 들어, '청주'에 사는 인삼재배업자가 그의 상품에 '금산'을 사용하거나 '인천'에 사는 유기제조업자가 '안성'을 그의 상품에 사용하는 경우가 바로 이에 해당한다. 이러한 지리적 명칭 사칭표장에 대하여 상표등록을 인정한다면, 금산에서 재배되지 않은 인삼을 금산에서 재배된 인삼으로 인식할 수 있고, 안성에서 제조되지 않은 유기를 안성에서 제조된 유기로 인식함으로써 소비자는 그 출처에 대하여 오인혼동을 일으키게 된다. 따라서 지리적 명칭 표장이 지리적 명칭 사칭표장에 해당하는 경우에도 상표등록을 받을 수 없고, 그 이유는 일반수요자를 보호하기 위한 것이다.

(4) 임의선택표장으로서의 지리적 명칭

지리적 명칭이 특정의 상품과 관련하여 지리적 의미를 갖지 않는다면 그 지리적 명칭은 상표등록을 받을 수 있다. 지리적 의미를 갖는지의 여부는 상품이 거래되는 시장에서 지리적 명칭이 그 상품과 관련하여 소비자에게 즉각적인 지리적 관념을 전달하는지의 여부로써 판단한다. 어떤 지리적 명칭이 지리적 의미 이외의 다른 뜻을 전달한다면, 그 지리적 명칭은 상품과의 관계가 성립될 수 없고 상표등록으로부터 배제될 수 없다. 이 경우의 지리적 명칭은 임의선택표장에 해당한다. 담배에 사용되는 '**SPOON**'이나 컴퓨터에 사용되는 '**APPLE**'은 임의선택표장이다. 'SPOON'이나 'APPLE'은 각각 고유의 의미를 갖는 사전적(辭典的) 용어이지만 담배나 컴퓨터와는 아무런 관계가 없다. 임의선택표장은 본래 고유의 식별력이 인정되기 때문에 조어표장이나 암시표장과 같이 좋은 상표로 분류되고 상표등록으로부터 배제될 수 없다. 제과업과 아무런 관련이 없는 '**뉴욕제과**'나 우유와는 아무런 관계가 없는 '**서울우유**'는 지리적 표장이지만 임의선택표장이기 때문에 상표등록을 받을 수 있는 것이다.

(5) 지리적 표장에 관한 상표법의 문제점

우리 상표법은 산지(産地)를 제33조 제1항 제3호에 포함시켜 상품을 생산하는 지역의 지리적 명칭을 기술표장의 하나로 규정한다. 반면 '현저한 지리적 명칭만'으로 이루어진 표장에 대하여 제33조 제1항 제4호에 규정함으로써 산지와는 다름을 알 수 있다. '현저한 지리적 명칭만'으로 이루어진 표장에 대해서는 1946년 미국에서 Lanham Act가 제정되기 전까지의 '흔히 있는 성'과 같은 것으로 보아 등록받을 수 없다. 반면 산지는 기술표장의 일종으로 보아 역시 등록받을 수 없다.

산지가 기술표장의 일종으로 보아 등록받을 수 없다는 것에 대해서는 이의가 없다. 하지만 '현저한 지리적 명칭만'으로 이루어진 표장이 등록받을 수 없다는 규정은 많은 문제점을 내포하고 있다.

가. '현저한 지리적 명칭'의 모호성

'현저한 지리적 명칭'은 한마디로 명확하지 못하다. 상표심사기준에서는, '현저한 지리적 명칭'을 국가명, 국내의 특별시, 광역시 또는 도의 명칭, 특별시 · 광역시 · 도의 시·군·구의 명칭, 저명한 외국의 수도명, 대도시명, 주 또는 이에 상당하는 행정구역의 명칭 그리고 현저하게 알려진 국내외의 고적지, 관광지, 번화가 등의 명칭 등이라 규정한다.[12] 우리나라의 군이나 구 중에는 대다수의 국민에게 생소한 명칭이 무수히 많다. 반면 명동이나 청량리, 미아리 등과 같이 널리 알려진 동 이름도 무수히 많다. 한마디로 '현저한 지리적 명칭'이란 모호하기 짝이 없고, 판단하는 자에 따라 이현령비현령이 될 수 있다.

또한 상표심사기준에는, 관광지가 아닌 단순한 지명이거나 또는 관광지일지라도 널리 알려진 것이 아닌 경우에는 현저한 지리적 명칭으로 보지 않지만, 국내외의 산, 강, 섬, 호수 등이 일반수요자들에게 널리 알려진 관광지일 경우에는 현저한 지리적 명칭으로 본다고 규정한다.[13] 이 규정에서는, 한라산, 충주호, 진도, 천마산곰탕을 현저한 지리적 명칭으로 규정하고, 장안천, 가거도를 현저한 지리적 명칭이 아닌 것으로 규정한다. 이러한 규정은 매우 잘못된 규정이다. 한라산, 충주호, 진도 등은 상품이나 서비스가 그 지역과 아무런 관계가 없다면 이들은 임의선택표장에 해당하기 때문에 상표등록으로부터 배제될 수 없다. 천마산이 곰탕이라는 상품에 대하여 즉각적인 지리적 의미를 전달하지 않는다면, 다시 말해서, 천마산이 곰탕으로 유명한 지역이라는 것이 일반 소비자에게 알려지지 않은 이상 천마산곰탕은 임의선택표장에 해당한다.

상표심사기준은 '남대문, 동대문, 불국사, 해인사, 현충사'를 현저한 지리적 명칭이라고 규정하고, '첨성대'를 현저한 지리적 명칭이 아니라고 규정한다.[14] 이 규정도 모두 잘못된 규정이다. '남대문'과 '동대문'은 지리적 명칭이 아니라 우리의 건축물 문화재로서 건축물의 명칭이다. 이들이 국보나 보물로서 우리에게 널리 알려져 있다 하더라도 이들과 관계가 없는 상품에 사용된다면 임의선택표장에 해당하기 때문에 상표등록으로부터 배제될 이유가 없다. '불국사', '해인사', '현충사'는 '남대문'이나 '동대문'과 다르다. 이들은 사찰명이거나 사당명에 해당한다. 이들은 포괄적으

12 상표심사기준 제9조 제1항.

13 상표심사기준 제9조 해석참고자료 제4호.

14 상표심사기준 제9조 해석참고자료 제5호.

로 특정기관의 명칭으로 보아도 무방하다. 따라서 이들을 지리적 명칭으로 보고 또한 현저한 지리적 명칭이라 판단하는 것은 잘못된 것이다. 물론 이들은 특정의 저명한 기관의 명칭이기 때문에 제3자에게 함부로 상표등록을 허락할 수 없다. 출처에 대한 오인이나 혼동의 우려가 있기 때문이다.

'첨성대'는 특허법원 판결[15]에 의해 상표(서비스표)로서 등록되었기 때문에 현저한 지리적 명칭이 아니라고 규정한 것이다. 하지만 그렇게 단순 논리로 판단해서는 안 된다. 우선 그 지정서비스업을 살펴보면, 제42류의 레스토랑업, 한식당경영업 등이다. 이들 서비스업은 '첨성대'와는 아무런 관계가 없다. 다시 말해서, 이들 서비스업에 사용하는 '첨성대'는 임의선택표장에 해당하기 때문에 상표등록으로부터 배제될 이유가 없다. 이처럼 지정 상품이나 서비스업과의 관계를 고려하지 않고 지리적 명칭이라고 판단하고, 그러고 나서 현저하지 않다고 판단하는 것은 상표의 기본 법리에 무지하기 때문이다.

나. '현저한 지리적 명칭만'의 문제점

상표법 제33조 제1항 제4호에는 '현저한 지리적 명칭만으로 된 상표'에 대하여 등록받을 수 없도록 규정한다. 이는 현저한 지리적 명칭이라도 도형이나 다른 문자와 같은 다른 구성요소가 결합되면 등록받을 수 있는 것으로 해석하고, 상표실무도 실제로 그러하다. 문자만으로 이루어진 '**서울우유**'는 등록받을 수 없지만, 로고가 결합한 '**서울우유 & 로고**' 상표는 등록받을 수 있다고 해석한다. 이러한 해석이야말로 상표법에 대한 무지의 극치라 하지 않을 수 없다. 아래의 다른 예를 살펴보자.

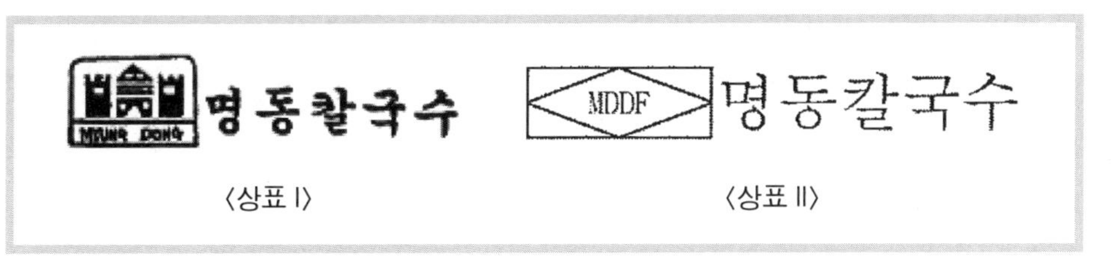

〈상표 I〉 〈상표 II〉

---

15 특허법원 2003.05.01 선고 2003허274 .

위의 두 상표는 모두 제43류의 동일 서비스업에 서로 다른 상표권자에게 등록된 것이다. 상표 I은 1997년에 등록되었고,[16] 상표 II[17]는 2008년에 등록되었다. 현저한 지리적 명칭을 포함하는 상표가 이처럼 서로 다른 상표권자에게 등록된다는 것은 상표권자는 물론 소비자에게도 도움이 되지 못한다. 이러한 현실은 모두 상표법 제33조 제1항 제4호가 존재하고 그에 대한 잘못된 해석이 존재하기 때문이다. 로고를 달리하면, 제3, 제4의 '명동칼국수'도 등록받을 수 있다. 그렇게 등록받은 상표가 무슨 의미가 있단 말인가?

'명동칼국수'에 대한 표장은 지리적 명칭으로 접근할 문제가 아니다. '명동'과 '칼국수'가 어떤 관계가 있는지를 살펴보아야 한다. 명동이 칼국수로 유명한 지역이라면, 지리적 명칭 표장이기 때문에 어느 누구도 상표등록을 받을 수 없다. 그렇지 않다면, 최초의 출원인에게 상표등록이 인정되어야 한다. 그리고 '**명동칼국수**'는 상표로서 보호받아야 한다. '**로고**'가 결합되어 있다고 해서 '**명동칼국수**'가 보호되는 것이 아니다.

상표심사기준에는, 현저한 지리적 명칭에 업종 명칭이 단순결합된 표장은 식별력이 없는 것으로 본다고 규정한다.[18] 냉면음식점경영업, 식당체인업, 간이식당업 등을 지정한 '천진함흥냉면'이나 '홍천뚝배기'가 이에 해당한다. 교육지도업, 교수업 등을 지정한 '경남대학교'도 이에 해당한다. '천진'이 함흥냉면으로 유명한 지역이 아니면, 그리고 '홍천'이 뚝배기로 유명한 지역이 아니면, '천진함흥냉면'이나 '홍천뚝배기'는 임의선택표장으로 좋은 상표(서비스표)라 할 수 있다. 경남지역에 두 개 이상의 서로 다른 경남대학교가 존재하지 않는 이상, '경남대학교'는 교육의 주체 즉 하나의 대학교를 나타내기에 충분하다. 등록받지 못할 이유가 없는 것이다. 현저한 지리적 명칭에 업종 명칭이 단순결합된 표장은 식별력이 없는 것으로 본다는 단순논리가 이처럼 잘못된 규정을 만들고 있다.

---

16 서비스표 등록번호 제0039277호.

17 서비스표 등록번호 제0173463호.

18 상표심사기준 제9조 해석참고자료 제8호.

화물운송업을 지정한 '고려통운'과 여행관광업을 지정한 '고려관광'은 결코 동일하거나 유사한 표장이 아니다. '통운'과 '관광'은 단순한 업종 명칭이지만, 이들이 '고려'와 결합하여 서비스의 출처를 나타내기에 충분한 식별력을 갖는 표장이 된 것이다. 이를 단순히 분해하여, '통운'과 '관광'을 분리하고, 그렇다면 '고려'만이 남기 때문에 이들이 서로 유사하다고 판단하는 것은 올바른 상표법의 법리가 아니다.[19]

(6) 소 결

지리적 표장이 '흔히 있는 성'과 같다는 논리에서 상표등록으로부터 배제되었던 이론은 1946년 Lanham Act가 제정되면서 퇴색되어 일종의 기술표장으로 인식된 지 오래다. 그래서 어떤 지리적 명칭이 특정의 상품과 관련하여 특정의 지리적 의미를 갖는다면 그 지리적 명칭은 상표등록을 받을 수 없다.

지리적 표장은 지리적 명칭 기술표장과 지리적 명칭 사칭표장으로 분류하여 이론을 체계화하였다. 지리적 명칭 기술표장은 상표등록을 받을 수 없는 것이고, 그 이유는 불특정 다수의 다른 경쟁업자를 보호하기 위한 것이다. 반면 지리적 명칭 사칭표장은 그 상품의 특성과 관련된 사실을 사실과 다르게 표시함으로써 소비자의 오인혼동을 야기시킬 수 있는 표장을 의미한다. 이 역시 상표등록을 받을 수 없고, 그 이유는 일반수요자를 보호하기 위한 것이다. 어떤 지리적 명칭이 지리적 의미 이외의 다른 뜻을 전달한다면, 그 지리적 명칭은 임의선택표장에 해당되어 상품과의 관계가 성립될 수 없고 상표등록으로부터 배제될 수 없다.

위와 같은 이론적 배경으로 볼 때, '현저한 지리적 명칭만'으로 이루어진 표장은 등록받을 수 없다고 규정한 상표법 제33조 제1항 제4호의 규정은 많은 문제점을 내포하고 있다. '현저한 지리적 명칭'은 한마디로 명확하지 못하다. 지정 상품이나 서비스업과의 관계를 고려하지 않고 지리적 명칭의 현저성을 판단하는 것은 무의미한 일이다. 지리적 명칭에 대한 상표제도가 올바로 운용되도록 상표법 제33조 제1

19 「창작과 권리」, 세창출판사, 제69호(2012), 175쪽.

항 제4호 및 이를 해석한 상표심사기준의 규정은 조속히 폐지되어야 할 것이다.

3. 심결의 문제점

(1) 본 사건의 핵심 논점

본 사건의 핵심 논점은 냉면전문식당업을 지정한 상표(서비스표) "**사리원면옥**"이 냉면과 어떤 관계가 있느냐이다. 즉 사리원이 냉면과 같은 면옥과 어떤 관계가 있느냐를 판단하는 것이다. 다시 말해서, 사리원이 냉면과 같은 면옥으로 유명한 지역이냐를 판단하는 것이다. 결론적으로, "**사리원면옥**"의 무효를 주장하는 청구인은 사리원이 냉면과 같은 면옥으로 유명한 지역이라는 어떠한 증거도 제시하지 못하고 있다. 즉 "**사리원면옥**"은 냉면과 같은 면옥을 전문으로 하는 식당에 대해서 일종의 임의선택표장에 해당하는 것이다. 임의선택상표는 식별력을 갖는 좋은 상표이고 유사한 상표가 등록되어 있지 않은 한 등록받지 못할 이유가 없다.

(2) 잘못된 규정과 잘못된 해석

앞에서 살펴본 바와 같이, 지리적 표장은 현저성의 여부로 등록을 결정하는 것이 아니라, 상품이나 서비스의 관계로서 등록을 결정한다. 그런데 법에서는 '현저한 지리적 명칭'이라 현저성의 여부에만 초점이 맞추어져 있다. 그리고, 설사 현저성을 판단한다 하더라도, 그것은 이건상표의 등록당시인 1996년의 현저성을 판단해야 한다. 20년 이상 지난 지금에 와서 1996년도의 현저성을 조사한다는 것은 무의미한 일이다. 이건상표의 등록을 무효로 하지 않은 결론에는 도달하였지만, 판단과정이나 이유는 상표법의 법리와는 거리가 멀다.

III. 특허법원 판결[20]

1. 판결문

주 문

1. 원고의 청구를 기각한다.

2. 소송비용은 원고가 부담한다.

청구취지

특허심판원이 2016.10.31. 2016당877 사건에 관하여 한 심결을 취소한다.

이 유

1. 기초 사실

가. 피고의 이 사건 등록서비스표(갑2호증)

1) 출원일/등록결정일/등록일/최종 갱신등록일/등록번호: 1994.06.07./ 1996.06.26./1996.07.30./2016.05.25./제32574호

*2) 구 성: "**사리원면옥**"*

3) 지정서비스업: 서비스업류 구분 제43류의 냉면전문식당업

나. 이 사건 심결의 경위(갑1호증)

*1) 원고는 2016.04.07. 특허심판원에 이 사건 등록서비스표의 서비스표권자인 피고를 상대로, 「이 사건 등록서비스표 "**사리원면옥**" 중 "사리원" 부분은 북한지역에 위치한 도시의 명칭으로서, 조선시대와 일제 강점기를 거치면서 전국적으로 알려졌고, 분단 후에는 황해북도의 도청 소재지가 되었을 뿐만 아니라, 우리나라(남한) 국민들에게도 뉴스 보도를 통해 지속적으로 소식이 전해져 왔다. 또 중학교 2학년 사회과부도, 인터넷 포털사이트 네이버의 지도, 통계청 발표 자료 등에도 북한의 주요도시로 소개되어 왔고, 남한에 '사리원시 중앙시민회'가 조직되어 활동하고 있기도 하다. 이러한 사정들에 비추어 볼 때 이 사건 등록서비스표는 구상표법(2016.02.29. 법률 제14033호로 전부 개정되기 전의 것, 이하 '구상표법') 제6조 제1항 제4호의 현저한*

---

20 2016허8841 등록무효(상), 재판장 판사 이정석, 판사 김부한, 판사 이진희.

지리적 명칭만으로 된 서비스표에 해당하여 그 등록이 무효로 되어야 한다.」는 취지로 주장하면서 이 사건 등록서비스표에 대한 등록무효심판을 청구하였다.

2) 이에 특허심판원은 원고의 위 심판청구를 2016당877 사건으로 심리하여, 2016.10.31.「이 사건 등록서비스표 "**사리원면옥**"의 "사리원" 부분은 북한지역에 위치한 도시를 가리키는 지명이지만, 이 사건 등록서비스표의 등록결정 전 · 후로 국내 일반 수요자 사이에 현저하게 인식되어 있는 지리적 명칭이라고 볼 수는 없다. 따라서 이 사건 등록서비스표는 구상표법 제6조 제1항 제4호의 현저한 지리적 명칭만으로 된 서비스표에 해당하지 않는다.」는 이유를 들어 원고의 위 심판청구를 기각하는 내용의 이 사건 심결을 하였다.

2. 당사자의 주장 요지

가. 원고

다음과 같은 이유로 이 사건 등록서비스표 "**사리원면옥**" 중 "**사리원**" 부분이 현저한 지리적 명칭에 해당하는 이상, 이 사건 등록서비스표는 구상표법 제6조 제1항 제4호의 현저한 지리적 명칭만으로 된 서비스표로서 그 등록이 무효로 되어야 하는데도, 이 사건 심결은 이와 다르게 판단하였으니 위법하다.

1) 특허청의 상표심사기준에 따르면, 우리나라의 경우 시, 군, 구 단위의 지명은 현저한 지리적 명칭에 해당한다. 따라서 조선시대부터 교통의 요지로 널리 알려졌고, 1947년도에 '시(市)'로 승격된 후 1954년도에 미수복지역인 북한 지역 내 황해북도의 도청 소재지가 된 "사리원"은 현저한 지리적 명칭이라고 보아야 한다.

2) 실제 "사리원"이 현저한 지리적 명칭이라고 하여 상표등록을 거절한 특허청의 상표심사 사례들이 다수 존재하고, "사리원" 외에 다른 북한의 주요 도시들에 대해서도 현저한 지리적 명칭에 해당한다는 이유로 관련 상표등록이 거절된 바 있다.

3) "사리원" 부분을 접하게 되는 일반 수요자가 그 대다수는 아니더라도 상당수가 지명으로 인지하고 있는 경우라면 현저한 지리적 명칭이라고 보아야 하는데, 원고와 피고가 실시한 "사리원" 명칭에 대한 인식 조사결과들에 의하면 응답자의 상당수가 "사리원"을 지명으로 인식하고 있음을 확인할 수 있다.

4) "사리원"은 예전부터 냉면, 국수 등의 음식이 유명한 지역이어서 "사리원"을 관련 식당의 상호로 사용하고 있는 곳이 다수 존재하고, "사리원" 출신으로 월남한 사람들과 그 자손들의 수가 약 300만 명에 이르고 있는 등의 사정을 고려하면, "사리원"은 특정인에게 독점시킬 수 없는 표장이다.

나. 피고

다음과 같은 이유로 이 사건 등록서비스표 "**사리원면옥**" 중 "사리원" 부분이 현저한 지리적 명칭이라고 할 수 없는 이상, 이 사건 등록서비스표는 구상표법 제6조 제1항 제4호에 해당하지 아니하므로, 이와 결론을 같이한 이 사건 심결은 적법하다.

1) "사리원"은 광복 이후 실질적으로 남북 분단 상태에 놓여 있던 1947년도에 북한 정부에 의해 시로 승격되었고, 한국 전쟁 이후 상호 교류가 완전히 차단된 1954년도에 황해북도의 도청 소재지로 지정되었으며, 이 사건 등록서비스표의 등록결정일인 1996.06.26.은 남북 분단 이후 이미 50여 년이 경과한 시점이다. 이러한 사정들에 비추어 보면 "사리원"은 이 사건 등록서비스표의 등록결정 당시 일반 수요자에게 즉각적인 지리적 감각을 전달하는 현저한 지리적 명칭이라고 할 수 없다.

2) 원고가 실시한 "사리원" 명칭에 대한 인식 조사결과는 그 설문 내용에 공정성과 객관성이 결여되어 있는 등의 이유로 이를 그대로 믿을 수 없다. 이에 반하여 피고가 실시한 같은 조사결과에 의하면, 응답자 중 "사리원"을 지명으로 인식하고 있는 비율은 16.5%, 나아가 황해도의 지명으로 정확하게 인식하고 있는 비율은 3.7%에 불과하다.

3) 특정한 표장이 현저한 지리적 명칭에 해당한다는 이유로 상표 내지 서비스표등록을 거절하는 나라는 전 세계에서 우리나라와 중국 정도일 뿐이다. 따라서 현저한 지리적 명칭을 폭넓게 인정하여 이 사건 등록서비스표의 등록을 무효로 하는 것은 국제적 조화의 관점에서도 바람직하지 않다.

3. 이 사건 등록서비스표가 구상표법 제6조 제1항 제4호에 해당하는지 여부

가. 관련 법리

구상표법 제6조 제1항 제4호는 현저한 지리적 명칭 · 그 약어 또는 지도만으로 된 상표는 등록을 받을 수 없다고 규정하고 있는데, '현저한 지리적 명칭'이란 국내의 일반 수요자나 거래자에게 널리 알려져 있는 지리적 명칭을 말하고, 이와 같은 상표는 그 현저성과 주지성 때문에 상표의 식별력을 인정할 수 없어 누구에게나 자유로운 사용을 허용하고 어느 특정 개인에게만 독점사용권을 부여하지 않으려는 데 그 규정의 취지가 있다. 한편, 출원 상표가 구상표법 제6조 제1항 제4호에 해당하는지에 관한 판단의 기준시점은 원칙적으로 상표에 대하여 등록여부 결정시가 된다. 이러한 법리는 서비스표의 경우에도 마찬가지로 적용된다.

나. 인정 사실

1) "사리원"은 북한의 황해도에 위치한 지역의 명칭으로서, 1947년도에 시로 승격된 후 1954년도에 황해도가 황해북도와 황해남도로 나뉘면서 황해북도의 도청 소재지가 되었다(갑3호증).

2) 1960년대부터 2010년대까지 발행된 국내 초·중·고등학교 사회 과목의 교과서 및 사회과 부도에는 "사리원"을 포함한 북한의 여러 지명이 언급되어 있는데, 그 중 "사리원"에 대해서는 황해북도의 도청 소재지이고 교통의 요지라는 등의 내용이 기재되어 있다(갑32~34호증).

3) 인터넷 포털사이트 네이버의 '뉴스 라이브러리'에서 "사리원"으로 검색해보면, 관련 신문기사는 주로 1920년대부터 1940년대 초반까지 집중되어 있고, 그 이후에는 기사의 수가 급격하게 줄어들고 있다. 구체적으로 이 사건 등록서비스표의 등록결정일이 속한 1996년도에는 36건의 기사가 검색될 뿐이고, 그나마도 "사리원" 자체를 다룬 것이 아니라, 다른 여러 지명과 함께 "사리원"이 부수적으로 언급되는 정도에 그친다(갑4~7호증).

4) 인터넷 포털사이트 다음의 지도 검색결과 등에 의하면, 전국에서 "사리원"을 상호에 포함시킨 식당은 31군데 이상이 되는데, 그중 원고는 1992년경 서울 강남구 도곡동에서 "사리원"이라는 상호로 식당을 시작하여 현재 서울 지역에 8군데, 경기 지역에 1군데의 식당을 운영하고 있다. 한편, 피고는 그 증조할머니가 1951년경부터 대전에서 "사리원면옥"이라는 상호로 식당을 운영해 온 이래, 대를 이어 식당을 운영해 왔고, 현재 대전 지역에 3군데, 서울 지역에 1군데에서 동일한 상호의 식당을 운영하고 있는 중인데, 원고와 피고가 운영하고 있는 식당들은 각각 서울과 대전 지역에서 상당히 알려져 있는 것으로 보인다(갑23호증, 을12, 13호증).

5) 원고와 피고는 이 사건 심판 및 소송 단계에서 여론조사기관을 통하여 "사리원" 명칭에 대한 일반 수요자의 인식 조사를 각각 2회에 걸쳐 실시한 바 있는데, 그 구체적인 조사 결과는 아래와 같다(갑9, 59호증, 을1호증).

① 원고의 의뢰를 받은 주식회사 한국리서치(이하 '한국리서치')는 2016.09.09.부터 09.17.까지 전국의 만 20세 이상 69세 이하의 남녀 1,000명을 대상으로 한국리서치의 온라인 패널을 활용한 온라인 조사방식에 의하여 "사리원" 명칭에 대한 인식 조사(이하 '원고의 1차 조사')를 실시한 바 있다. 그런데 원고의 1차 조사에서 "귀하께서는 사리원이 지역의 명칭(지명)이라는 것을 알고 계십니까?"라는 질문에 대하여는 응

답자의 53.6%가, "귀하께서는 사리원이 북한의 지명이라는 것을 알고 계십니까?"라는 질문에 대하여는 응답자의 약 40%가 각각 "그렇다."고 답변하였다.

② 다시 한국리서치는 2016.12.07.부터 12.16.까지 연령대를 높여 전국의 만 40세 이상 남녀 500명을 대상으로 한국리서치의 온라인 패널을 활용한 온라인 조사를 기본으로 하고 65세 이상 고령자의 경우 응답률 제고를 위해 일부 개별면접조사를 병행 실시하는 방법에 의하여 "사리원" 명칭에 대한 인식 조사(이하 '원고의 2차 조사')를 실시하였다. 그런데 원고의 2차 조사에서 "귀하께서는 본 조사 이전에 사리원이라는 명칭을 알고 계시거나 들어본 적이 있으십니까?"라는 질문에 대하여는 응답자 중 51.6%가 "그렇다."고 답변하였으나, 나아가 "사리원이라는 명칭을 어떤 명칭(무엇을 지칭하는 명칭)으로 알고 있느냐?"는 질문(객관식, 복수응답형)에 대하여는 위 응답자들 중 69.8%가 지명으로 알고 있다고 답변하였고, 50.5%는 음식점 관련이라고 답변하였다. 이를 전체 응답자 500명을 기준으로 살펴보면, "사리원"을 지명으로 알고 있는 응답자는 26.8%이고, 황해도 지역의 지명으로 알고 있다고 정확하게 답변한 응답자는 15.8%에 불과하였다.

③ 한편, 피고의 의뢰를 받은 한국갤럽 역시 2016.07.29.부터 08.02.까지 전국의 만 20세 이상 59세 이하 남녀 500명을 대상으로 "사리원" 명칭에 대한 인식 조사(이하 '피고의 1차 조사')를 실시한 바 있다. 그런데 피고의 1차 조사에서 "귀하께서 사리원이라는 명칭을 알고 있거나 본 조사 이전에 들어본 적이 있으십니까?"라는 질문에 대하여는 응답자 중 61.4%가 알거나 들어본 적 있다고 답변하였으나, 나아가 "귀하께서는 사리원이란 명칭을 어떤 명칭(무엇을 지칭하는 명칭)으로 알고 계십니까?"라는 질문(주관식, 복수응답형)에 대하여는 냉면, 면옥, 불고기집 등 음식 및 음식점 관련으로 알고 있다고 답변한 응답자가 27.4%, 북한 지역, 교통 요충지 등 지명 관련으로 알고 있다고 답변한 응답자가 19.2%, 황해도 지역의 지명으로 알고 있다고 정확하게 답변한 응답자가 10.4% 정도이었다.

④ 다시 한국갤럽은 2016.11.28.부터 11.30.까지 연령대를 높여 전국의 만 20세 이상 79세 이하 남녀 1,000명을 대상으로 CATI(Computer Aided Telephone Interview)를 활용한 전화조사 방법에 의하여 "사리원" 명칭에 대한 인식 조사(이하 '피고의 2차 조사')를 실시하였다. 그런데 피고의 2차 조사에서 "귀하께서는 사리원이라는 명칭을 알고 계시거나 오늘 이전에 들어본 적이 있으십니까?"라는 질문에 대하여는 응답자 중 39.4%가 "그렇다."고 답변하였으나, "귀하께서는 사리원이란 명칭을

어떤 명칭(무엇을 지칭하는 명칭)으로 알고 계십니까?"라는 질문(주관식, 복수응답형)에 대하여는 음식 및 음식점 관련으로 알고 있다고 답변한 응답자가 10.0%, 지명 관련으로 알고 있다고 답변한 응답자는 16.5%, 황해도 지역의 지명으로 알고 있다고 정확하게 답변한 응답자는 3.7%에 불과하였다.

다. 구체적인 검토

*그런데 다음과 같은 이유로 이 사건 등록서비스표 "**사리원면옥**" 중 "사리원" 부분은 이 사건 등록서비스표의 등록결정일인 1996.06.26. 당시에 국내의 일반 수요자나 거래자에게 널리 알려져 있는 현저한 지리적 명칭에 해당한다고 할 수 없으므로, 결국 이 사건 등록서비스표는 구상표법 제6조 제1항 제4호의 현저한 지리적 명칭만으로 된 서비스표에 해당하지 않는다고 보아야 한다.*

1) 먼저 앞서 본 법리에 의하면, 이 사건 등록서비스표가 구상표법 제6조 제1항 제4호에 해당하는지는 이 사건 등록서비스표의 등록결정일인 1996.06.26. 당시 국내의 일반 수요자나 거래자 사이에 "사리원"이 지리적 명칭으로 널리 알려져 있었는지 여부에 따라 판단하여야 하는 것이고, 특허청의 상표심사기준은 심사처리 절차에서의 편의를 위하여 위와 같은 판단 기준을 구체화하여 예시해 놓은 것에 불과하므로, 특정한 지명이 '현저한 지리적 명칭'에 해당하는지 여부는 위 상표심사기준에 따라 획일적으로 판단될 수 없는 것이다.

2) 비록 "사리원"이 황해북도의 도청 소재지로서 우리나라 초·중·고등학교의 교과서에 언급되고 있으며, "사리원"과 관련하여 적지 않은 신문기사가 검색된다는 등 원고가 들고 있는 여러 사정들은 국내 일반 수요자나 거래자가 "사리원"이라는 지명을 인지할 수 있는 여러 경로나 계기들 중 하나는 될 수 있을지언정, 더 나아가 위와 같은 사정들만으로 "사리원"이 실제 일반 수요자나 거래자에게 지리적 명칭으로서 널리 알려져 있었다고 단정하기는 어렵다.

3) 한편, "사리원"에 대한 일반 수요자나 거래자의 현실적인 인식 정도 내지 수준을 파악하기 위해 원고와 피고가 실시하여 제출한 각 인식 조사결과들 중 원고의 1차 조사는 그 질문들 자체가 "사리원이 지명이라는 것을 아느냐?" 혹은 "사리원이 북한의 지명이라는 것을 아느냐?"는 것이어서 "사리원"이 지명, 특히 그중에서도 북한 지역 내의 지명임을 암시하고 있는 등 "사리원"이 지명임을 인식하고 있는지 여부를 확인하기 위한 조사로서의 객관성이 결여되어 있으므로, 그 결과 역시 그대로 믿기 어렵다.

4) 또한 원고의 2차 조사는 이 사건 등록서비스표의 등록결정일이 속한 1996년경

경제활동 주체로서 주된 수요자층을 형성하였을 것으로 보이는 만 40대 이상을 대상으로 한 것이었는데, 그 결과 역시 "사리원"을 지명으로 알고 있는 응답자의 비율은 26.8%, 더 나아가 황해도 지역의 지명으로 정확하게 알고 있는 응답자 비율은 15.8%에 그치고 있다. 이처럼 원고 스스로 실시한 조사결과에서조차도 위와 같이 일반 수요자의 낮은 인지 정도만 확인되고 있어, "사리원"이 지리적 명칭으로 널리 알려져 있다고 보기 어려운데다가, "사리원"을 지명으로 인식한다는 응답자의 비율이 19.2% 또는 16.5%에 그친다는 피고의 1, 2차 조사결과에 비추어 보면 더더욱 그러하다.

5) 물론 원고와 피고가 실시한 "사리원" 명칭에 대한 인식 조사들은 모두 2016년 조사 당시의 것들이라는 점에서 이 사건 등록서비스표의 등록결정일인 1996.6.26. 당시 일반 수요자나 거래자의 "사리원"에 대한 인식 정도를 그대로 반영하는 것이라고 보기는 어렵지만, 이들 결과보다 1996년경의 일반 수요자나 거래자가 "사리원"을 지리적 명칭으로서 더 높은 비율로 인식하고 있었을 것이라고 볼 수 있을 만한 뚜렷한 자료 역시 찾아볼 수 없는 것이 사실이다.

6) 오히려 인터넷의 눈부신 발달로 인해 다양한 정보에 대한 접근이 훨씬 쉬워진 최근의 사회 상황과 원고 및 피고가 운영하는 "사리원" 명칭을 포함하는 음식점이 각 그 지역에서는 어느 정도 알려져 있고, 그 결과 원고와 피고가 실시한 "사리원" 명칭에 대한 인식 조사결과에서도 "사리원"을 지명과 관련된 것이라고 인식하는 응답자의 비율과 비교할 때 음식 및 음식점과 관련된 것이라고 인식하고 있는 응답자의 비율도 상당하였던 것으로 나타난 점 등을 고려하면, 2016년경의 일반 수요자나 거래자가 1996년경의 그들에 비하여 "사리원"을 더 높은 비율로 인식하고 있을 것이라고 볼 여지도 충분하다.

7) 나아가 전국적으로 "사리원" 부분을 포함하는 상호의 식당이 다수 존재한다거나 "사리원" 출신의 실향민과 그 자손의 수가 상당하다는 점 등 원고가 들고 있는 사정들만으로는 "사리원"을 특정인에게 독점시키는 것이 공익에 반한다고 보기도 어렵다.

4. 결론

그렇다면 이 사건 등록서비스표는 구상표법 제6조 제1항 제4호에 의하여 그 등록이 무효로 되어야 한다고 할 수 없으므로, 이와 결론을 같이한 이 사건 심결은 적법하고, 그 취소를 구하는 원고의 청구는 이유 없다.

2. 판결의 문제점

특허법원 판결은 특허심판원의 심결과 대동소이하다. 이건상표 "**사리원면옥**"은 냉면전문식당에 사용하기 위하여 채택된 상표다. 사리원과 면옥 또는 냉면과는 아무런 관계가 없다. 다시 말해서, 사리원이 면옥 또는 냉면으로 일반인에게 유명하다는 증거가 없다. "**사리원면옥**"은 냉면전문식당에 사용하기 위한 상표로서 아무런 문제가 없는데도 불구하고, 사리원의 현저성을 판단하고 있다.

Ⅳ. 대법원 판결[21]

1. 판결문

사 건 2017후1342 등록무효(상)
원고, 상고인 원고
소송대리인 법무법인 광장
담당변호사 신영철 외 4인
피고, 피상고인 피고
소송대리인 변호사 박성수 외 5인
원 심 판 결 특허법원 2017.05.12. 선고 2016허8841 판결
판 결 선 고 2018.02.13.

주 문

원심판결을 파기하고, 사건을 특허법원에 환송한다.

이 유

상고이유(상고이유서 제출기간이 지난 다음 제출된 상고이유보충서 등은 상고이

21 재판장 대법관 김창석, 대법관 조희대, 주 심 대법관 김재형, 대법관 민유숙.

유를 보충하는 범위에서)를 판단한다.

1. 이 사건 등록서비스표와 쟁점

*이 사건 등록서비스표(등록번호 생략)는 냉면전문식당업을 지정서비스업으로 하고, "**사리원면옥**"으로 구성되었으며, 1996.06.26. 등록결정되었다. 이 사건의 쟁점은 이 사건 등록서비스표를 구성하는 중요한 부분인 '사리원'이 현저한 지리적 명칭에 해당하여 이 사건 등록서비스표가 등록을 받을 수 없는지 여부이다.*

2. 상표법은 현저한 지리적 명칭이나 그 약어 또는 지도만으로 된 상표는 상표등록을 받을 수 없다고 규정하고 있다[이 사건에 적용되는 법률 조항은 구상표법(2016.02.29. 법률 제14033호로 전부개정되기 전의 것) 제6조 제1항 제4호이나, 현행 상표법 제33조 제1항 제4호도 같은 취지로 규정하고 있다]. 이러한 상표는 그 현저성과 주지성으로 말미암아 상표의 식별력을 인정할 수 없으므로 어느 특정 개인에게만 독점사용권을 주지 않으려는 데에 입법 취지가 있다(대법원 2012.12.13. 선고 2011후958 판결 등 참조). 여기서 '현저한 지리적 명칭'이란 일반 수요자에게 널리 알려져 있는 것을 뜻하고(대법원 2004.04.28. 선고 2004후240 판결 등 참조), 그 판단의 기준 시점은 원칙적으로 출원상표에 대하여 등록여부를 결정하는 결정시이다(대법원 2012.04.13. 선고 2011후1142 판결 등 참조). 지리적 명칭이 현저한 것으로 볼 수 있는지는 위와 같은 시점을 기준으로 교과서, 언론보도, 설문조사 등을 비롯하여 일반 수요자의 인식에 영향을 미칠 수 있는 여러 사정을 종합적으로 고려하여 합리적으로 판단하여야 한다. 이러한 법리는 서비스표의 경우에도 마찬가지로 적용된다.

3. 원심판결 이유와 기록에 따르면 다음의 사실을 알 수 있다.

가. 사리원은 북한 황해도에 위치한 지역의 명칭이다.

나. 사리원은 조선 시대에는 조치원, 이태원, 장호원, 퇴계원 등과 함께 '원(院)'이 설치되어 있던 교통의 요지였고, 일제 강점기 무렵부터는 경의선과 황해선을 가르는 철도 교통의 중심지로 알려졌다. 사리원은 1947년에 시로 승격되었고, 1954년에 황해도가 황해북도와 황해남도로 나뉘면서 황해북도의 도청 소재지가 되었다. 이 사건 등록서비스표의 등록 결정 당시인 1996년경 북한의 행정구역은 9도 1특별시 2직할시 등으로 구분되어 있었는데, 사리원은 그 당시는 물론 현재까지도 황해북도의 도청 소재지로 되어 있다.

다. 1960년대부터 2010년대까지 발행된 국내 초·중·고등학교 사회 과목의 교

과서와 사회과 부도에도 사리원이 황해북도의 도청소재지이고 교통의 요지라는 등의 내용이 지속적으로 서술되거나 지도에 표기되어 있다.

라. 인터넷 포털사이트를 통하여 검색하면, 사리원 관련 신문기사는 주로 1920년대부터 1940년대 초반까지 집중되어 있지만, 그 이후에도 남북 경제협력 등 북한 관련 기사나 날씨 관련 기사 등에서 사리원은 북한의 대표적인 도시 중 하나로 언급되고 있다.

마. 한편 이 사건 등록서비스표가 등록될 무렵인 1996.7.경에 '사리원'으로 구성된 상표가 현저한 지리적 명칭만으로 된 것이라는 이유로 등록거절되기도 하였다.

4. 위와 같이 사리원이 조선 시대부터 유서 깊은 곳으로 널리 알려져 있었을 뿐만 아니라, 일제 강점기를 거쳐 그 후에도 여전히 북한의 대표적인 도시 중 하나로 알려져 있는 사정에 비추어 보면, 이 사건 등록서비스표 중 '사리원' 부분은 이 사건 등록서비스표의 등록결정일인 1996.06.26. 당시를 기준으로 일반 수요자에게 널리 알려져 있는 현저한 지리적 명칭이라고 볼 여지가 있다. 원심은 1996.06.26. 당시 '사리원'이 국내 일반 수요자에게 널리 알려져 있는 현저한 지리적 명칭에 해당한다고 할 수 없다고 판단하면서, 2016년에 실시된 수요자 인식 조사 결과를 주된 근거로 들고 있다. 그러나 이러한 수요자 인식 조사는 이 사건 등록서비스표의 등록결정일부터 20년이나 지난 후에 이루어진 것으로 그 등록결정일 당시를 기준으로 일반 수요자의 인식이 어떠했는지를 반영하고 있다고 보기 어렵다. 따라서 원심판결에는 현저한 지리적 명칭에 관한 법리를 오해하는 등으로 판결에 영향을 미친 잘못이 있다. 이 점을 지적하는 상고이유 주장은 정당하다.

5. 원고의 상고는 이유 있으므로 원심판결을 파기하고, 사건을 다시 심리・판단하도록 원심법원에 환송하기로 하여, 대법관의 일치된 의견으로 주문과 같이 판결한다.

2. 판결의 문제점

(1) 상표등록을 받고 20여 년 동안 사용해 온 상표가 졸지에 무효로 되어 상표권자는 낙동강 오리알 신세가 되어 버렸다. 등록받아 20년 이상 사용해 온 상표가 무효로 되는 경우는 일반명칭화가 된 경우 외에는 없다(일반명칭화의 대표적인 예는 '**아스피린**'

이다. '**아스피린**'은 처음에는 상표이었으나, 누구나 사용한 결과 일반명칭이 되어 취소되었다). 더욱이 대법원은 사리원이 20여 년 전에 현저한 지명이었다고 판단하였다.

(2) 지명 상표는 현저한지의 여부를 판단하는 것이 아니라 그 지명과 상품(서비스업)과의 관계를 판단하는 것이다. 금산-인삼이나 강화-화문석과 같은 것들이 등록을 받을 수 없는 것이다. 사리원은 면옥이나 불고기와는 아무런 관계가 없다. 등록받지 못할 하등의 이유가 없다. 지명 상표에 대한 이해 부족으로 기막힌 일들이 벌어졌다.

(3) 등록상표 "**사리원면옥**"과 청구인의 사용상표 "**사리원불고기**"는 유사한 것으로 보아서는 안 된다. "**사리원면옥**"에서 "**사리원**"을 분리하고, "**사리원불고기**"에서 "**사리원**"을 분리하여 "**사리원**"이 서로 같기 때문에 "**사리원면옥**"과 "**사리원불고기**"가 유사하다는 논리는 옳지 않다. '면옥'과 '불고기'는 엄연히 다른 메뉴이기 때문이다. 더구나 식당은 지역적인 한계성을 갖는다. 지역적인 한계성을 갖지 않는 상품과는 다르게 판단되어야 한다. 그러나 이러한 중요한 쟁점은 어디서도 논의되지 않았다. 이건상표의 실질적 등록요건과 관계없는 지명의 현저성만을 논점이라 하고, 그에 대해서만 논의하였다.

(4) 이 사건에서의 최선의 해법은 공존상생이었다. 서울 측의 선사용도 인정해 주고 대전 측의 상표등록도 인정해 줘서 서로 공존하는 것이었다. 그것이 서로가 윈-윈하는 방법이었다. 하지만 양측은 양보와 타협을 몰랐다. 상표법에 대해 이해가 부족한 법원은 잘못된 결정을 내렸다. 특히 이번 대법원 판결은 20년간 사용해 온 상표를 무효시킴으로써 상표제도를 무력화시킨 판결로 기록될 것이다.

V. 결 어

우리 상표법에서의 지리적 표장은 상표법 규정부터 시작해서, 심사단계, 특허법원과 대법원의 등록여부에 대한 판단, 그리고 침해판단 등에서 총체적인 문제를 안고 있다. 그들 문제점과 개선방향에 대해 간략히 요약한다.

(1) 상표법 제33조 제1항 제4호의 '현저한 지리적 명칭 표장'은 폐지되어야 한다.

(2) 지리적 표장은 현저성의 여부를 판단하는 것이 아니라, 상품과의 관계 즉 지리적 명칭 기술표장 또는 지리적 명칭 사칭기술표장의 여부를 판단해야 한다.

(3) 상호 "**서울식당**"과 "**서울분식**"은 상표법상 유사하지 않은 표장이다.

(4) 지리적 표장이 상표등록을 받았다 하더라도, 제3자가 상호등록을 하고 상호로 사용하는 경우에는 상표침해가 성립되지 않는다. 예를 들어, 어떤 사람이 "**서울식당**"을 상표(서비스표)로 등록받고, 제3자가 "**서울식당**"을 상호로 등록받은 경우에는 상표권 침해없이 "**서울식당**" 간판을 사용할 수 있다. 상표권자로서는 억울하다고 생각하겠지만, 그만큼 상표 선택을 잘 해야 한다는 것을 인식해야 한다.

18. "TRIVOLIB" vs "TRI-VOBIT" 침해여부

— 인디아 법원 판례에 대한 평석[1][2] —

I. 머리말

상표 침해는 아주 흔하게 발생하는 법률 분쟁 사건이다. 상표권 침해를 판단하기 위해서는 많은 요인들을 검토하여야 한다. 그중에서 가장 중요한 것은 상표가 서로 유사한지의 여부다. 그만큼 상표의 유사여부는 상표권의 침해여부를 판단함에 있어서 매우 중요하다. 여기서는 인디아 법원에서 판단하였던 한 상표침해 사건을 살펴봄으로써 상표의 유사여부 판단에 대해 고찰하고자 한다.

---

1 「창작과 권리」 제92호(2018년 가을호).

2 이 평석은 인도 로펌 S.S.RANA & CO.의 2018.4.13.자 NEWSLETTER에 기초한 것이다.

II. 상표 침해의 판단기준

상표등록은 상표권자로 하여금 특정 범위의 배타권(exclusive rights)을 보장한다. 이 배타권은 상표권자에게 특별한 영업 정체성을 부여할 뿐만 아니라, 어느 누구도 어떤 방식으로든 그 상표권을 침해하거나 그 상표나 상호를 도용하거나 오용하지 못하도록 보장해 준다. 상표권자로부터 허락이나 실시권을 받지 않고 등록상표에 따른 배타권을 침범하는 것을 상표침해라 한다. 인디아에서 상표침해를 입증하기 위해서는, 여러 가지 요인을 검토해야 하는데, 이들 요인은 다음과 같다:

- 두 상표의 유사 정도(The degree of similarity between the two marks): 이 요인과 관련하여, 인디아 법원은 일반적으로 문제의 상표를 비교하여 두 상표가 칭호, 외관, 또는 관념에 있어서 유사성이 있는지를 판단한다. 유사여부를 판단하는 결정적인 요소는 보통의 상식(average intelligence)을 가진 소비자의 마음이다.
- 오인 · 혼동의 추정(Presumption of Confusion): 어떤 브랜드가 출시되어 자리를 잡게 되면, 소비자들의 마음속에 어떤 인상을 남기게 된다. 그리고 소비자들은 그 브랜드가 등록상표와 관련이 있을 것이라고 생각한다. 이러한 상황에서, 제3자가 소비자로 하여금 상품 출처에 관하여 오인이나 혼동을 야기하도록 동일하거나 유사한 상표를 사용하는 경우, 이 오인 · 혼동의 추정 요인이 적용된다. 사기성 상표(deceptive mark)가 오인 · 혼동의 추정 요인이 적용되는 상표라고 할 수 있는데, 이는 소비자(구매자)로 하여금 그들 마음속에 오인 · 혼동의 우려를 일으키기 때문이다.
- 등록상표의 평판 및 명성(Reputation of the Registered mark): 이 요인은 등록상표가 인디아 내에서 달성한 인기(저명성)의 정도를 살피는 것이다.
- 사용에 대한 허락 여부(Usage with or without Authorization): 법원은 상표 사용이 상표권자로부터의 적절한 허락 또는 사용권 허락 없이 이루어졌는지에 관한 사실관계를 파악하고, 그리고 피의자가 이러한 사실을 충분히 인지하였는지에 대

하여 파악해야 한다.

- 두 상표의 전체 관찰(Comparison of the two marks in totality): 법원은 상표침해를 판단하는 경우에, 상표를 부분적으로가 아닌 전체적으로 관찰해야 한다는 점을 누차 강조한다.
- 상표의 선사용(Prior Use): 상표침해에서 또 다른 중요한 결정적인 요인은 상표의 선사용(prior use)이다. 선사용은 상표침해에서 방어수단의 하나다. 어떤 상표에 대한 선사용자의 권리는 등록상표의 상표권자 권리보다 그 위치가 더 높다. 법원은 어느 당사자가 다른 당사자에 비하여 더 먼저 상표를 사용했는지를 판단해야 한다.

Ⅲ. 사건의 개요

인디아 델리 고등법원은 2018.02.19. *Sun Pharma Laboratories Ltd. v. Lupin Ltd. & Anr* 사건에서 "*상표를 비교함에 있어서 전체적으로 비교해야 한다는 것은 확고한 법적인 입장이다. 피고가 문제의 상표의 일부를 원고보다 먼저 사용했다는 주장은 상표침해에 대해 항변하는 이유가 될 수 없다*". 나아가 법원은 상표는 절개되거나 분리될 수 없다는 점을 명확히 하면서, 이 사건에서도 그렇게 판단되어야 하는 것이라고 하였다.

◎ Sun Pharma Laboratories Ltd.(이하 '원고')는 Sun Pharmaceutical Industries Ltd.가 전액 출자한 자회사로서, 국내 정책 과제의 조직 구조를 강화하기 위하여, Sun Pharmaceutical Industries Ltd.는 지적재산권을 포함한 국내 사업 조직을 원고에게 분리시켰다(채무조정 합의서 참조).

◎ 2013.05.05. 봄베이 고등법원은 위 채무조정 합의서를 승인하였고, 그 결과 원고는 국내 사업 활동에 대하여 Sun Pharmaceutical Industries Ltd.의 모든 지적재산권의 권리소유자가 되었다.

◎ 그래서 원고는 등록상표의 승계 권리자로 특허청에 등록하였다.

◎ 인슐린 비의존성 당뇨병 치료에 사용되는 원고의 의약품 중의 하나가 **TRIVOLIB** 상표로 출시되었다. 원고에 따르면, 이 상표는 일종의 조어상표다.

◎ Lupin Ltd.(이하 '피고 1')는 피고 2에 의해 제조된 의약품을 출시하였다.

◎ 2014년 9월 셋째 주에, 원고는 피고들이 델리에서 **TRI-VOBIT** 1 및 **TRI-VOBIT** 2 상표(이하 '피의자 상표')로 그들의 의약품을 판매하고 있다는 것을 알게 되었다. 이들 의약품의 조성은 서로 유사하다고 주장하였다.

◎ 원고에 따르면, 피의자 상표는 원고의 등록상표 **TRIVOLIB**와 발음상 유사하고 따라서 오인이나 혼동을 일으킬 만큼 유사하다. 원고는 피고들의 행위가 상표침해, 사칭행위(passing off) 및 부정경쟁행위(unfair competition)에 해당한다는 이유로 본건 소송을 제기하였다.

IV. 원고의 주장

◎ 원고는 **TRIVOLIB** 상표가 2011년 8월 원고에 의해 만들어졌고 그 이후 대대적으로 사용되어 왔다고 주장한다. 또한 **TRIVOLIB** 상표는 2011.08.12. 상품류 제5류에 등록되었다.

◎ 원고는 2011.10.01.부터 2012.03.03.까지 INR 2,86,00,000(USD 약 440,440) 어치의 제품을 판매했다고 주장하였다. 2012.04.01.부터 2013.03.31.까지, 위 판매액은 INR 13,39,00,000(USD 약 2,062,060)로 상승하였다. 그다음에는, INR 24,39,00,000 (USD 약 3,756,060)로 상승하였다.

◎ 나아가 원고는 일반적인 소비자들이 **TRIVOLIB** 상표를 원고의 것으로 인식하고, 원고의 것으로 동일시하며, 원고가 관련되어 있는 것으로 본다고 주장하였다. 또한 원고는 그의 상표가 인디아에서 하나의 저명상표가 되었다고 주장하였다.

◎ 원고는 피고들이 원고의 의약품의 성공을 보고 나서 어떤 근거도 없이 피의자 상표들을 채택했다고 주장하였다.

◎ 원고는 원고의 소프트웨어 검색결과 **TRI-VOBIT** 1을 검색하였고 그래서 이의를 제기했다고 주장하였다. 그러나 그 소프트웨어는 **TRI-VOBIT** 2를 검색하지 못하였기 때문에 **TRI-VOBIT** 2에 대해서는 이의를 제기하지 못하였다. 하지만 원고는 **TRI-VOBIT** 2에 대해 특허청에 취소를 제기하였다.

V. 피고의 주장

◎ 피고는 상품류 제5류에 상표 **TRI-VOBIT** 2를 등록한 등록권자이기 때문에 상표침해가 되지 않는다고 답변하였다.

◎ 원고의 사칭행위(passing off) 주장과 관련하여, 피고는 원고가 그의 **TRIVOLIB** 상표에 대해 명성을 획득한 것을 입증하지 못하였기 때문에 피고의 사칭행위는 성립하지 않는다고 답변하였다.

◎ 피고는 **TRI-VOBIT** 상표를 2012년 10월에 출시하였다고 진술하였다. 피고는 피고 1이 **VOBIT** 상표의 등록상표권자이고, 피고는 **VOBIT** 상표를 원고보다 앞서 진정으로 채택한 자라고 주장하였다. 상표 **VOBIT**는 피고들에 의해 2008년 처음으로 사용되었고, 하지만 원고는 **TRIVOLIB** 상표를 2011년 8월부터 사용해 왔는데, **TRI**는 단지 **VOBIT** 앞에 붙여진 접두어로 2012년 10월에 사용되기 시작하였다.

◎ **TRI-VOBIT** 상표에서 접두어 **TRI**는 3가지 약품의 조합을 의미하는데, 여기서는 Voglibose, Metformin Hydrochloride 및 Glimepiride를 의미하였다.

◎ 피고는 원고가 등록상표 **VOBIT**을 사용하는 피고에게 아무런 이의가 없으며 접두어 **TRI**를 사용하는 피고에게도 이의가 없다고 원고 스스로 진술했다는 것을 지적하였다. 따라서 원고는 **TRI**와 **VOBIT**을 결합한 것에 대하여 상표사용 금지명령을 구할 권한이 없다고 주장하였다.

◎ 피고는 원고가 **TRI-VOBIT** 1의 상표출원에 대해서만 이의를 제기한 사실을 지적하였다. 즉 원고는 **TRI-VOBIT** 2의 상표출원에 대해서는 이의를 제기하지 않

았다는 것이다. 따라서 피고는 원고가 이제 와서 입장을 전환할 수 없고 따라서 피고는 **TRI-VOBIT** 상표에 대해 권리를 갖는다고 주장하였다.

VI. 법원의 판결

◎ 법원은 본건 소송이 청구되었을 때 피고의 상표 **TRI-VOBIT** 2가 등록되지 않았다는 것을 지적하였다. **TRI-VOBIT** 2 상표는 본건 소송이 제기된 후 약 14일 후에 등록되었다. 법원은 "*피고의 상표등록을 무효시키고자 상표청에 무효를 제기했다고 해서 본 소송에서 원고에게 어떤 권한을 부여하는 것은 아니다*"라고 지적하였다.

◎ 법원은 "*사칭 행위의 필수적인 요건이 충족되면, 사칭행위에 대한 소송은, 상표* **TRI-VOBIT** *2의 등록에도 불구하고, 피고에 대항하는 것이어야 한다*"라고 판단하였다.

◎ 법원은 원고가 상표 **TRIVOLIB**에 대한 선사용자라는 데 동의하였다. 원고는 **TRIVOLIB** 상표를 2011년 10월에 사용하기 시작하였다. 원고에 의해 제시된 판매자료에 대해서도 법원은 검토하였다. 피고와 관련하여, 법원은 피고가 상표 **TRI-VOBIT**를 2012년 10월 사용하기 시작하여 150만 스트립 이상을 판매한 것을 제외하고 어떤 다른 상세 자료도 제시하지 않았다고 지적하였다. 그 결과 법원은 "*원고가 시장에서 실질적인 명성과 평판을 구축한 명백한 논거를 제시하였고, 원고가 상표* **TRIVOLIB** *에 대한 선사용자이고 이 상표에 대한 권리를 갖는다.*"고 판단하였다.

◎ 두 상표의 '사칭 유사(Deceptive Similarity)'와 관련하여, 법원은 원고 상표의 요부가 피고에 의하여 채택되었는지를 판단하는 것이 관건이라고 강조하였다. 법원은 "*피고의 상표 '***TRI-VOBIT***'가 원고의 상표 '***TRIVOLIB***'와 발음상 그리고 구조적으로(외관상) 명백히 유사하다. 나아가 쌍방의 두 약품은 동일한 질병을 치료하기 위한 것이다. 혼동의 가능성이 배제될 수 없다. 피고의 주장에는 정당성이 없다.*"라

고 판시하였다.

◎ 법원은 또한 두 상표를 비교함에 있어서 전체적으로 관찰해야 한다는 점을 명확히 하였다. 피고가 본건 상표의 선사용자라는 피고의 주장은 완전히 잘못되었다. 법원은 "'**TRI-VOBIT**'는 '**TRIVOLIB**'*와 비교되어야 한다. 이들 두 단어를 비교할 때,* '**TRI-VOBIT**'*가 원고의 상표* '**TRIVOLIB**'*와 발음상 그리고 구조적으로(외관상) 유사하다는 것은 명백하다. 피고가 먼저* '**VOBIT**'*를 사용하였다는 이유는 이들 상표를 절개하거나 분리해서 유사여부를 판단해야 한다는 주장에 대한 근거가 될 수 없다.*"라고 판시하였다.

◎ 결론적으로, 법원은 원고의 주장을 받아들여 피고로 하여금 **TRI-VOBIT** 상표를 사용하거나 원고의 상표 **TRIVOLIB**와 혼동될 정도로 유사한 어떤 상표를 사용하는 의약품에 대한 영업을 금지시키는 금지명령을 주문하였다.

19. "APPLIED MEDICAL" 상표의 거절에 대하여

— 특허심판원 2017.09.05. 심결 2016원3517, 특허법원 2018.03.30. 선고 2017허7531 거절결정(상)[1] —

I. 머리말

상품류 제10류에서 '의료용 및 외과용 기기(medical and surgical devices)'에 대해 출원된 "**APPLIED MEDICAL**" 상표가 거절되었다. 구상표법 제6조 제1항 제3호에서 규정하는 성질표시표장(기술표장)에 해당하고, 동항 제7호에서 규정하는 식별력이 없다는 이유 때문이다. 특허청 심사관이 그렇게 거절결정을 하였고, 특허심판원과 특허법원도 그렇게 판단하였다. 이들 판단에 대한 문제점을 살펴본다.

1 「창작과 권리」 제93호(2018년 겨울호).

II. 심사관의 거절결정

1. 심사관의 거절이유

의견제출통지서에 나타난 심사관의 거절이유는 다음과 같다:

> *"이 출원표장인 '**APPLIED MEDICAL**'은 전체적으로 '의학을 실제로 응용한, 의료기술이 적용된'의 의미로 직감되므로 지정상품의 성질표시(품질, 용도 등)를 보통으로 사용하는 방법으로 표시한 상표이므로 상표법 제6조 제1항 제3호에 해당하고 또한 식별력 없는 두 부분이 결합하여 새로운 관념 또는 새로운 식별력을 형성한다고 볼 수 없고 거래상 누구나 필요한 표시이기에 어느 특정인에게만 독점적으로 사용시킨다는 것은 공익상으로 타당하지 않습니다. 더불어, 자타상품을 구별시키는 특별·현저한 식별력 또한 없어 이를 아래 제시된 지정상품에 사용하는 경우, 수요자가 누구의 업무에 관련된 상품을 표시하는 것인가를 식별할 수 없으므로 상표법 제6조 제1항 제7호에 해당하는 상표이므로 등록을 받을 수 없습니다."*

2. 심사관 거절이유에 대한 문제점

(1) "**APPLIED MEDICAL**"이 전체적으로 "의학을 실제로 응용한, 의료기술이 적용된"의 의미로 직감된다는 이유에 대하여:

심사관은 "**APPLIED MEDICAL**"이 전체적으로 "의학을 실제로 응용한, 의료기술이 적용된"의 의미로 직감되기 때문에 기술표장에 해당한다고 하였다. 그런데, "**APPLIED MEDICAL**"에는 "실제로"라는 의미를 갖는 단어가 없다. "의료기술"이라는 의미를 갖는 단어도 없다. 그런데 심사관은 "**APPLIED MEDICAL**"이 어떻게 "의학을 실제로 응용한"의 의미로 직감된다는 것인가? "**APPLIED MEDICAL**"이 어떻게 "의료기술이 적용된"의 의미로 직감된다는 것인가.

상표는 있는 그대로 보는 것이고 있는 그대로 읽는 것이지, 임의대로 해석하거나 번역하는 것이 아니다. 본원상표는 "**APPLIED MEDICAL**"이고 "**어플라이드 메디칼**"로 발음할 뿐이다. 그 이상도 아니고 그 이하도 아니다. 그런데 어떻게 "의학을 실제로 응용한"의 의미로 직감되고 "의료기술이 적용된"의 의미로 직감된다는 것인가. 심사관은 거절이유를 설시한 것이 아니라 소설을 쓴 것이다.

(2) 식별력 없는 두 부분이 결합하여 새로운 관념 또는 새로운 식별력을 형성한다고 볼 수 없다는 점에 대하여:

심사관은 제3호에 의한 기술표장의 거절이유를 설명하면서 "식별력 없는 두 부분이 결합하여 새로운 관념 또는 새로운 식별력을 형성한다고 볼 수 없다"고 하였다. 기술표장은 식별력의 문제가 아니다. 기술표장은 상품에 관한 정보를 전달하고 기술하는 데 누구나 필요한 용어이기 때문에 특정인에게 독점권을 줄 수 없다는 이유로 등록을 허가하지 않는 것이지, 식별력이 없기 때문에 등록을 허가하지 않는 것이 아니다. 따라서 제3호에 의한 기술표장의 거절이유를 설명하면서 "식별력 없는 두 부분이 결합하여 새로운 관념 또는 새로운 식별력을 형성한다고 볼 수 없다"고 한 것은 기술표장을 왜 거절해야 하는 것인지를 이해하지 못하고 있는 것이다.

또한 "식별력 없는 두 부분이 결합하여 새로운 관념 또는 새로운 식별력을 형성한다고 볼 수 없다"고 한 것은 식별력에 대한 무지를 그대로 보여 준다. 모두가 그런 것은 아니지만, 식별력이 없는 두 부분이 결합하면 대개는 식별력을 갖게 되기 때문이다. "**APPLIED MEDICAL**"에서 "**APPLIED**"는 지정상품 '의료용 및 외과용 기기'에 대하여 기술표장이 될 수 있다. "**MEDICAL**"도 그 지정상품에 대하여 기술표장이 될 수 있다. "**APPLIED**"나 "**MEDICAL**"은 그 지정상품에 관한 정보를 기술하거나 전달하는 데 필요한 용어들이기 때문이다. 그러나 "**APPLIED MEDICAL**"은 상황이 다르다. '의료용 및 외과용기기'에 대한 정보를 전달하거나 기술하는 데 "**APPLIED MEDICAL**"이라는 용어가 필요한지의 여부를 판단해야 하는 것이다. 필요하다면 그것은 기술표장이고, 필요하지 않다면 기술표장이 아니다. 이런 점을 판단하지 않고 "식별력 없는 두 부분이 결합하여 새로운 관념 또는 새로운 식별력을 형성한다고 볼 수 없다"고 운운하는 것은 기술표장에 대한 거절이유가 아니다.

(3) 식별력이 없어서 상표법 제6조 제1항 제7호에 해당한다는 거절이유에 대하여:

어떤 상표가 기술표장에 해당한다는 것은 그 상표가 식별력이 없다는 것을 의미한다. 기술표장과 일반명칭표장은 본래부터 식별력이 없는 것이다. 반면 암시표장, 임의선택표장, 조어표장은 본래부터 식별력이 있는 것으로 본다. 따라서 어떤 표장이 기술표장에 해당하면 기술표장에 해당한다는 이유로 거절되는 것이다. 또다시 식별력이 없다는 이유로 제7호에 의하여 거절될 필요가 없다.

제7호는 제3호를 확인사살하기 위하여 존재하는 규정이 아니다. 기술표장과 일반명칭표장 외에도 식별력이 없는 상표가 존재할 수 있다. 그러나 상표를 거절하기 위해 제7호가 규정된 것이다. 예를 들어, "·", "-", "∞" 등등은 기술표장도 아니고 일반명칭표장도 아니다. 그렇다고 이들이 식별력이 있다고 할 수 없다. 이러한 상표들을 거절하기 위해서 제7호의 규정이 필요한 것이다.

Ⅲ. 특허심판원의 심결[2]

1. 심결문

주 문

이 사건 심판청구를 기각한다.

청구취지

원 결정을 취소한다. 2015년 상표등록출원 제0063569호는 이를 등록할 것으로 한다.

---

2 2016원3517, 심판장 김성관, 주심 김원규, 심판관 심봉수.

이 유

1. 기초사실

가. 이 사건 출원상표

(1) 출원번호/출원일: 제40-2015-63569호/2015.08.26.

(2) 구 성: "**APPLIED MEDICAL**"

(3) 지정상품: 상품류 구분 제10류의 의료용 및 외과용 기기(Medical and surgical devices)

나. 원결정 이유

이 사건 출원상표 "APPLIED MEDICAL"은 전체적으로 "의학을 실제로 응용한, 의료 기술이 적용된"의 의미로 직감되어 지정상품의 성질(품질, 용도 등)표시로 식별력이 없으며, 이를 지정상품에 사용하는 경우, 수요자가 누구의 업무와 관련된 상품을 표시하는 상표인지를 식별할 수 없으므로 구상표법(2016.02.29. 법률 제14033호에 의하여 개정되기 전의 것, 이하 같다) 제6조 제1항 제3호 및 제7호에 해당되어 상표등록을 받을 수 없다.

2. 청구인의 주장

가. 이 사건 출원상표는, 국내 일반수요자들의 영어교육수준을 고려할 때, 문법적으로 맞지도 않는 "의학을 실제로 응용한, 의료 기술이 적용된 등"과 같이 해석되지도 않고, 이와 같이 잘못 해석된 의미로 인식할 가능성은 매우 낮다는 점, 또한 'JW 중외메디칼, 세운메디칼, 씨유메디칼' 등 다수의 업체들이 '메디칼'을 사업분야를 나타내는 용어로 사용하고 있거나 등록되어 있다는 점(갑제3호증 및 제4호증) 등 이 사건 출원상표와 같은 표장 구성 및 국내 기업들의 상표 사용 태양 등을 고려할 때, 이 사건 출원상표는 일반수요자들에게 'APPLIED'라는 명칭의 의료회사 정도로 인식될 것이고, 'APPLIED'라는 단어도 지정상품의 성질로 직감되는 것도 아니어서 이 사건 출원상표는 식별력이 있으므로 등록이 되어야 한다.

나. 청구인은 1987년에 미국 캘리포니아 남부에서 설립되어 외과 수술용 의료기기 생산을 전문으로 하고 있는 회사로서, 이 사건 출원상표는 30여 년 동안 청구인의 상호 및 출처표시로 사용되어 왔으며, 현재 3,000명 이상의 직원을 보유하고 전 세계 75개국 이상에 이 사건 출원상표를 출처표시로 사용한 제품을 판매하고 있다. 또한, 이 사건 출원상표가 거래계에서 성질표시로 사용되고 있는 정황은 찾아보기 힘든바, 그 단어의 조합에 독창성이 인정될 뿐만 아니라 경쟁업체의 자유로운 사용이 허용될

필요가 있는 것도 아니므로, 이 사건 출원상표는 자타상품식별력을 갖춘 표장이다.

[증거방법] 갑제1호증 내지 제19호증(가지번호 포함)

3. 이 사건 출원상표가 구상표법 제6조 제1항 제3호 및 제7호에 해당하는지 여부

가. 판단기준

상표법 제6조 제1항 제3호에 의하면 지정상품의 산지 · 품질 · 원재료 · 효능 · 용도 · 수량 · 형상 등을 보통으로 사용하는 방법으로 표시한 표장만으로 된 상표는 상표등록을 받을 수 없다고 규정되어 있는데, 그 규정의 취지는 위 제6조 제1항 제3호에 열거된 내용을 표시하는 표장은 상품의 특성을 기술하는 목적으로써 표시되어 있는 기술적(記述的) 표장으로서 자타 상품을 식별하는 기능을 상실하는 경우가 많을 뿐만 아니라, 설사 상품 식별의 기능이 있는 경우라 하더라도 상품 거래상 누구나 필요한 표시이기에 어느 특정인에게만 독점적으로 사용시킨다는 것은 공익상으로 타당하지 않기 때문이고, 어느 상표가 이에 해당하는지의 여부는 그 상표가 지니고 있는 관념, 지정상품과의 관계 및 거래사회의 실정 등을 감안하여 일반 소비자나 거래자를 기준으로 하여 객관적으로 판단하여야 한다(대법원 2004.08.16. 선고 2002후1140 판결, 2001.04.24. 선고 2000후2149 판결 등 참조).

또한 상표법 제6조 제1항 제7호 소정의 "제1호 내지 제6호 외에 수요자가 누구의 업무에 관련된 상품을 표시하는 것인가를 식별할 수 없는 상표"라 함은 같은 조항의 제1호 내지 제6호에 해당되지 아니하는 상표라도 자기의 상표와 타인의 상표를 식별할 수 없는, 즉 그 자체로 식별력이 없거나 또는 모든 사람에게 그 사용이 개방되어야 하는 표장이므로 공익상 어느 한 사람에게 독점시키는 것이 적절하지 아니한 경우 등 특별현저성이 없는 상표는 등록을 허용하지 않는다는 취지로 보이고, 어떤 상표가 특별현저성을 가진 상표인지 여부는 그 상표가 지니고 있는 관념, 지정상품과의 관계 및 거래사회의 실정 등을 감안하여 객관적으로 결정되어야 할 것이다(대법원 2006.05.25. 선고 2004후912 판결, 1997.02.28. 선고 96후979 판결 등 참조).

나. 구체적인 판단

(1) 이 사건 출원상표 "APPLIED MEDICAL"은 2개의 영어단어가 띄어쓰기로 구성된 문자표장으로서, 우리나라 영어보급수준에 비추어 볼 때, "응용된, 실제로 적용된 등"의 뜻이 있는 "APPLIED"와 "의료의, 의학의, 의사의 등"의 뜻이 있는 "MEDICAL"로 구성된 표장임을 비교적 쉽게 직감할 수 있는바, 전체적으로 '의학 또는 의료기술이 적용된 등'으로 인식되고 관념될 수 있다 하겠다. 아울러 이 사건 지정상품의 일반

수요자나 거래자들이 주로 의사 등과 같이 의료업에 종사하는 전문직임을 고려해 볼 때, 더욱 그렇다 할 것이다.

(2) 그러므로 이 사건 출원상표 "APPLIED MEDICAL"을 보고 일반 수요자나 거래자들은 그 지정상품인 '의료용 및 외과용 기기'와 관련지어 "의학 또는 의료기술이 적용된 의료용 기기 등"이라는 의미로 이해하는 것이 자연스럽다 할 것이므로, 이 사건 출원상표는 그 지정상품의 성질(품질, 용도 등)을 나타내는 표장만으로 된 상표로서 특정인에게 상품의 출처표시로 독점되기보다는 누구든지 자유롭게 사용할 수 있도록 하는 것이 공익상 바람직한 것으로 판단된다.

(3) 또한, 이 사건 출원상표는 표장 전체로서 'APPLIED'와 'MEDICAL'을 단순히 결합한 것 이상의 새로운 관념을 형성하고 있다거나 전혀 다른 새로운 조어가 되었다고 볼 사정도 없을 뿐만 아니라, 외관상으로도 문자인식력을 압도할 정도로 장식화되어 있다거나 다른 식별력 있는 도형과 결합되어 있음으로 인하여 새로운 식별력이 생성된다고 볼 만할 이유도 없으므로, 결국 이 사건 출원상표는 전체적으로 식별력이 없어 수요자가 누구의 업무에 관련된 상품을 표시하는 것인지 식별할 수 없는 표장에도 해당한다.

(4) 한편 청구인은, ① 이 사건 출원상표는 국내 일반수요자들의 영어교육수준을 고려할 때, 문법적으로 맞지도 않는 "의료 기술이 적용된 등"과 같이 해석되지도 않고, 또한 'JW중외메디칼, 세운메디칼, 씨유메디칼' 등 다수의 업체들이 '메디칼'을 사업분야를 나타내는 용어로 사용하고 있는 등 이 사건 출원상표와 같은 표장 구성 및 국내 기업들의 상표 사용 태양 등을 고려할 때, 이 사건 출원상표는 일반수요자들에게 'APPLIED'라는 명칭의 의료회사 정도로 인식될 것이고, 'APPLIED'라는 단어도 지정상품의 성질로 직감되는 것도 아니어서 이 사건 출원상표는 식별력이 있으며, ② 이 사건 출원상표는 30여 년 동안 전 세계 75개국 이상에 청구인의 상호 및 출처표시로 사용되어 왔으며, 또한, 이 사건 출원상표가 거래계에서 성질표시로 사용되고 있는 정황도 거의 찾아볼 수 없을 뿐만 아니라 경쟁업체의 자유로운 사용이 허용될 필요가 있는 것도 아니어서 이 사건 출원상표는 자타상품식별력을 갖춘 표장이고, ③ 국내에서도 'APPLIED MATERIALS(상표등록 제230139호), APPLIED PRECISION (상표등록 제426922호), APPLIED BIOSYSTEMS(상표등록 제1045115호)'과 같이 "APPLIED"라는 단어와 지정상품과의 관계에서 식별력을 인정하기 어려운 단어 간의 결합으로 인하여 전체로서 새로운 식별력이 있다고 인정되어 등록된 상표가 다수 존

재하며(갑제5호증의 1 내지 4), ④ 이 사건 출원상표와 동일한 문자로만 구성된 표장이 영어를 모국어로 하는 나라인 미국, 유럽(영국), 호주에서도 식별력 문제없이 등록을 받은 바 있고, 우리나라의 상표법과 가장 유사한 법체계와 심사기준을 가진 일본에서도 식별력을 인정받아 이 사건 지정상품과 유사한 상품에 관하여 그 등록이 허여되어 있으므로(갑제6호증 내지 9호증), 이 사건 출원상표도 등록이 되어야 한다는 취지의 주장을 하나, ①은 우리나라 일반인들의 영어 수준 및 지정상품과 관련하여 볼 때, 일반수요자나 거래자가 청구인의 주장과 같이 반드시 문법적으로만 인식한다거나 관념한다고 볼 수는 없을 뿐만 아니라 성질표시 표장 여부는 표장 전체로서 판단해야 하며 그러한 의미로 직감되면 족한 것이고, 위에서 살펴본 바와 같이, 이 사건 출원상표는 직접적인 성질표시에 해당하는 표장이며, ② 내지 ④는 국내 또는 외국에서 이 사건 출원상표와 동일유사한 표장이 등록되었다거나 오래 사용해왔다 하더라도, 이 사건 출원상표의 등록 여부는 우리나라의 상표법에 따라 그 지정상품과 관련하여 독립적으로 판단할 것이지 국내 또는 다른 나라의 등록례나 사용례에 구애받을 것은 아니라고 할 것이므로, 청구인의 위 주장은 전부 이유 없다.

다. 소결론

살펴본 바와 같이 이 사건 출원상표는 그 관념, 지정상품과의 관계 등을 감안해 볼 때, 구상표법 제6조 제1항 제3호 및 제7호에 해당한다 할 것이어서, 이 사건 출원상표의 등록을 거절한 원결정은 타당하고, 이 사건 출원상표가 등록되어야 한다는 청구인의 주장은 이유 없다.

4. 결론

그러므로 이 사건 심판청구를 기각하기로 하여 주문과 같이 심결한다.

2. 심결의 문제점

심결문이나 판결문은 논리가 생명이기 때문에 논리정연해야 하고 그 논리정연함에 감탄사가 절로 나와야 하는데 우리의 특허나 상표에 대한 판례는 거의 대부분이 논리정연함은 고사하고 의미도 통하지 않는 문장이 수두룩하며, 논리와 법리는 찾아볼 수 없고, 흑을 백이라 하는 것과 같은 언어도단(言語道斷), 논쟁의 흔적이라고는 찾아볼 수 없는 간단한 결론, 그리고 지면을 채우고 있는 쓸데없는 판례들의 인용으로 채워진다. 이 심결 또한 그러한 범주에서 벗어나지 않는다. 문제점을 살펴보자.

(1) 심결에서는 제3호와 제7호의 별개의 거절이유를 논하면서 함께 뭉뚱그려 판단하고 있다. 제3호는 기술표장에 관한 거절이유이고, 제7호는 식별력에 관한 거절이유로서 서로 별개의 거절이유임에도 불구하고 이를 함께 판단하고 있다. 논리적인 분석이 될 리 없다.

(2) 심결에서는 도움도 되지 않고 관련도 없는 대법원 판례 두 개를 인용하느라 지면의 1/4을 채우고 있다. 쓸데없는 판례를 인용하신 대신 논점에 대해서 하나라도 더 논의했어야 했다.

(3) "**APPLIED MEDICAL**"의 기술표장의 여부를 논함에 있어서는 심사관은 소설을 쓰고 있다. 우리나라 국민의 영어수준도 언급하고 사전에 수록된 해설도 등장한다. 본원상표는 "**APPLIED**"도 아니고 "**MEDICAL**"도 아니며, "**APPLIED MEDICAL**"이고 "**어플라이드 메디칼**"로 읽으면 족하다. 해석하거나 번역할 필요가 없는 것이다.

(4) "**APPLIED MEDICAL**"은 상호 상표이다. 출원인의 상호가 "Applied Medical Resources Corporation(어플라이드 메디컬 리소시스 코포레이션)"이다. 이 회사가 "의료용 및 외과용 기기(Medical and surgical devices)"를 제조하여 판매하는데, 상표가 "**APPLIED MEDICAL**"인 것이다. 이 상표가 왜 출처표시기능이 없다는 것인가. 이 상표가 왜 식별력이 없다는 것인가. 상표의 식별력은 이처럼 상품의 출처표시로 인식되는지의 여부로써 식별력의 유무를 판단하는 것이지, 소설이나 드라마를 쓰듯이 번역하고 해석하면서 판단하는 것이 아니다.

'**APPLIED MATERIALS**(상표등록 제230139호), **APPLIED PRECISION**(상표등록 제426922호), **APPLIED BIOSYSTEMS**(상표등록 제1045115호)' 등이 모두 출처표시로 인식되기에 충분하다고 판단되어 식별력이 인정되었다.

(5) 이 사건 출원상표는 영어를 모국어로 하는 미국, 유럽(영국), 호주에서도 식

별력 문제없이 등록을 받은 바 있고, 우리나라의 상표법과 가장 유사한 법체계와 심사기준을 가진 일본에서도 식별력을 인정받아 등록이 허여되었으나, 심결에서는, "외국에서 이 사건 출원상표와 동일한 표장이 등록되었다 하더라도, 이 사건 출원상표의 등록 여부는 우리나라의 상표법에 따라 그 지정상품과 관련하여 독립적으로 판단할 것이지 국내 또는 다른 나라의 등록례나 사용례에 구애받을 것은 아니라고" 하였다. 이런 심결은 일종의 폭력이다. 심결 폭력이다.

상표의 식별력을 판단하는 기준이나 방법은 외국이라고 해서 우리와 다른 것이 아니다. 상표법의 법리는 어느 나라나 동일하다. 다만 절차가 다르다면 다를 수 있다. 더욱이 영어권의 나라에서 "**APPLIED MEDICAL**"이 "Medical and surgical devices"에 대해 기술표장이 아니고 출처표시에 충분한 식별력이 있다고 하는데, 영어권이 아닌 우리는 기술표장이라 한 것이다. 그리고는 식별력은 독립적으로 판단하는 것이지 외국의 사례에 구애받을 것이 아니라는 이유를 댄다. 우리는 식별력이라는 것도 모르고 판단하는 방법도 모르니 우리 방식대로 판단하겠다는 것이나 다름없다.

Ⅳ. 특허법원의 판결[3]

1. 판결문

주 문

1. 원고의 청구를 기각한다.

2. 소송비용은 원고가 부담한다.

청구취지

특허심판원이 2017.09.05. 2016원3517호 사건에 관하여 한 심결을 취소한다.

---

3 2017허7531, 재판장 서승렬, 판사 정윤형, 판사 김동규.

이유

1. 기초사실

가. 이 사건 출원상표(이하 이 사건 출원상표라 한다)

출원번호/출원일: 제40-2015-0063569호/2015.08.26.

구성: "**APPLIED MEDICAL**"

지정상품: 상품류 구분 제10류의 의료용 및 외과용 기기(Medical and surgical devices)

나. 이 사건 심결의 경위

1) 특허청 심사관의 거절결정

특허청 심사관은 2016.01.21. 원고에게 이 사건 출원상표는 지정상품의 성질표시를 보통으로 사용하는 방법으로 표시한 상표이고, 지정상품과 관련하여 식별력도 없어 구상표법(2016.02.29. 법률 제14033호로 전부 개정되기 전의 것, 이하 같다) 제6조 제1항 제3호 및 제7호에 해당한다는 거절이유로 의견제출통지를 하였다.

이에 원고가 2016.03.11. 의견서 등을 제출하였으나, 특허청 심사관은 2016.05.16. 위 거절이유가 해소되지 아니하였다는 이유로 이 사건 출원상표에 대하여 거절결정을 하였다.

2) 이 사건 심결의 요지

가) 이에 원고는 2016.06.16. 특허심판원 2016원3517호로 위 거절결정에 대한 불복심판을 청구하였다.

나) 그러나 특허심판원은 2017.09.03. 다음과 같은 이유로 원고의 위 심판청구를 기각하는 이 사건 심결을 하였다.

"이 사건 출원상표는 지정상품인 의료용 및 외과용기기와 관련하여 의학 또는 의료기술로 된 상표로서 구상표법 제6조 제1항 제3호에 해당한다. 이 사건 출원상표는 APPLIED와 MEDICAL을 단순히 결합한 것으로서 전체적으로 식별력이 없어 수요자가 누구의 업무에 관련된 상품을 표시하는 것인지 식별할 수 없는 표장이므로, 구상표법 제6조 제1항 제7호에도 해당한다."

[인정 근거] 다툼없는 사실, 갑제1 내지 4호증의 각 기재, 변론 전체의 취지

2. 이 사건 심결의 위법 여부

가. 원고 주장의 요지

이 사건 출원상표는 APPLIED 부분과 MEDICAL 부분이 결합한 상표인데, 상표 구

성 중 MEDICAL 부분이 지정상품인 의료용 및 외과용 기기와 관련하여 식별력이 없으나, APPLIED 부분은 지정상품과 관련하여 식별력이 있으므로 이 사건 출원상표는 APPLIED 부분만으로 호칭 관념될 수 있다.

피고는 APPLIED MEDICAL이 '응용 의학이나 의학이 적용된'이라는 의미로 해석된다고 주장하나 문법적으로 그러한 의미로 해석되지 아니한다. 따라서 일반 수요자나 거래자는 이 사건 출원 상표로부터 '의료기술이 적용된'이라는 의미를 직감하기 어렵다.

이 사건 출원상표는 원고의 상품에 대한 출처표시로 널리 사용되고 있으므로 식별력이 있다.

나. 이 사건 출원상표가 구상표법 제6조 제1항 제3호, 제7호에 해당하는지 여부

1) 이 사건 출원상표의 식별력 유무

가) 관련 법리

어떤 상표가 구상표법(2016.02.29. 법률 제14033호로 전부 개정되기 전의 것, 이하 같다) 제6조 제1항 제3호에서 정하는 상품의 품질 효능 용도 등을 보통으로 사용하는 방법으로 표시한 표장만으로 된 상표에 해당하는지는 그 상표가 지니고 있는 관념, 지정상품과의 관계 및 거래계의 실정 등을 고려하여 객관적으로 판단하여야 한다(대법원 2017.07.11. 선고 2014후2535 판결, 대법원 2012.10.18. 선고 2010다103000 전원합의체 판결 등 참조). 한편 구상표법 제6조 제1항은 상표등록을 받을 수 없는 경우의 하나로 제7호에서 제1호 내지 제6호 외에 수요자가 누구의 업무에 관련된 상품을 표시하는 것인가를 식별할 수 없는 상표를 규정하였는데, 이는 같은 조항의 제1호 내지 제6호에 해당하지 아니하는 상표라도 자기의 상품과 타인의 상품 사이의 출처를 식별할 수 없는 상표는 등록을 받을 수 없다는 의미이다. 어떤 상표가 식별력 없는 상표에 해당하는지는 그 상표가 지니고 있는 관념, 지정상품과의 관계 및 거래사회의 실정 등을 감안하여 객관적으로 결정하여야 하는데, 사회통념상 자타상품의 식별력을 인정하기 곤란하거나 공익상 특정인에게 그 상표를 독점시키는 것이 적당하지 않다고 인정되는 경우에 그 상표는 식별력이 없다고 할 것이다(대법원 2012.12.27. 선고 2012후2951 판결 등 참조).

나) 판단

갑제7호증, 을제1 내지 6호증의 각 기재(가지번호 포함)와 변론 전체의 취지에 의하여 인정되는 다음과 같은 사정을 종합하여 보면, 의료용 및 외과용 기기의 수요자

나 거래자는 이 사건 출원상표 APPLIED MEDICAL로부터 그 지정상품의 성질인 '응용 의학의, 의학이 적용된'이라는 의미를 직감할 수 있을 뿐만 아니라 거래계에서 실제 위와 같은 의미로 사용되고 있어 공익상 특정인에게 독점시키는 것이 적당하지 아니하다고 인정되므로, 이 사건 출원상표는 지정상품과 관련하여 구상표법 제6조 제1항 제3호 및 같은 항 제7호에 해당한다고 봄이 타당하다.

1. 이 사건 출원상표는 APPLIED 부분과 MEDICAL 부분이 띄어쓰기로 구분되어 있으므로 그 지정상품의 수요자나 거래자는 이 사건 출원상표가 APPLIED 부분과 MEDICAL 부분이 결합한 표장임을 쉽게 알 수 있다.

2. 우리나라의 영어교육 보급 수준을 고려하면 이 사건 출원상표의 지정상품의 수요자나 거래자는 APPLIED가 '응용된, 실제로 적용된'이라는 의미라는 것을 직감할 수 있다. 또한, APPLIED의 이러한 의미는 너무 포괄적이고 추상적이며, 응용학문이나 응용기술 분야에서 APPLIED가 위와 같은 의미로 널리 사용된다. 그런데 이 사건 출원상표의 지정상품인 의료용 및 외과용 기기는 응용의학 내지 응용의료기술 분야에 속한다. 따라서 이 사건 출원상표 중 APPLIED 부분은 이 사건 출원상표의 지정상품과 관련하여 식별력이 없거나 미약하다.

3. MEDICAL은 '의료의, 의학의, 내과의'라는 의미와 '진찰, 건강진단' 등의 의미를 가진 영어 단어로서, 우리나라의 영어교육 보급 수준을 고려하면 일반 수요자나 거래자는 그 의미를 직감할 수 있다. MEDICAL의 이러한 의미를 고려하면 이 사건 출원상표 중 MEDICAL 부분 역시 이 사건 출원상표의 지정상품인 의료용 및 외과용 기기와 관련하여 식별력이 있다고 보기는 어렵다.

4. 나아가 위와 같은 APPLIED와 MEDICAL의 의미에다가 우리나라의 영어교육 보급 수준을 보태어 고려하면 이 사건 출원상표의 지정상품의 수요자나 거래자는 APPLIED MEDICAL이 전체적으로 '응용 의학의, 응용 의료의' 등의 의미를 가지는 것으로 직감할 수 있고, APPLIED와 MEDICAL의 결합으로 인하여 두 단어의 단순한 결합을 넘는 식별력 있는 새로운 의미를 형성하는 것도 아니다. 또한, APPLIED MEDICAL이 전체적으로 하나의 구(句)를 형성하는 것이 아니라 거래계의 용례상 APPLIED가 MEDICAL+명사(예를 들어 RESEARCH, TECHNOLOGY, SCIENCE 등)로 된 구(句)를 수식하는 관계에 있다고 보더라도, APPLIED MEDICAL 부분은 여전히 위와 같은 의미를 나타내고, 이러한 의미를 넘어서 다른 의미를 형성하는 것도 아니다. 이러한 점들을 고려하면 이 사건 출원상표는 그 지정상품인 의료용 및 외과

용 기기(medical and surgical devices)와 관련하여 그 수요자나 거래자에게 응용 의료기기(applied medical devices) 등의 의미를 나타내는 것으로 직감될 것으로 보인다. 따라서 이 사건 출원상표는 그 지정상품의 성질 내지 용도를 표시하는 것이어서 식별력이 없을 뿐만 아니라 이를 특정인이 독점하도록 하는 것은 공익에 현저히 반하는 결과가 된다.

5. 더욱이 APPLIED MEDICAL은 아래에서 보는 바와 같이 이 사건 출원상표의 출원시나 이 사건 심결시에 거래계나 학계에서 '응용 의학의, 응용 의료의' 등의 의미로 실제 사용되는 표현으로 보인다.(을제3호증, 을제6호증의 1, 을제6호증의 2)

다) 원고 주장에 대한 판단

(1) 이에 대하여 원고는, APPLIED라는 영어 단어는 다른 상표의 등록례에 비추어 볼 때 지정상품과 관련하여 식별력이 있는 요부라고 주장한다.

그러나 앞서 본 바와 같이 APPLIED는 '응용된, 적용된'이라는 추상적 · 포괄적 의미를 가지는데다가 응용학문이나 응용기술 분야에서 응용이라는 의미를 나타내기 위하여 널리 사용되는 용어이어서 이 사건 출원상표의 지정상품과 관련하여 식별력이 있다고 볼 수 없을 뿐만 아니라, 이 사건 출원상표의 지정상품의 수요자나 거래자가 이 사건 출원상표를 APPLIED 부분만으로 호칭 관념한다고 볼 만한 근거도 없다. 원고의 위 주장은 이유 없다.

(2) 원고는, APPLIED MEDICAL이 형용사와 형용사가 결합한 표장이어서 문법적으로 '응용 의학의, 의학이 적용된'이라는 의미로 해석될 수 없다고 주장한다.

그러나 앞서 본 바와 같이 거래계나 학계에서 'APPLIED MEDICAL'이라는 구(句)가 실제로 사용되고 있고, 이는 하나의 형용사 구(句)로서 뒤에 있는 명사를 수식하여 '응용 의학의'라는 의미로 사용되는 것으로 보이므로, APPLIED MEDICAL을 '응용 의학의'로 해석하는 것이 원고 주장처럼 문법적으로 오류가 있다고 단정할 수 없다. 또한, 영어가 모국어가 아닌 우리나라의 수요자나 거래자가 영어로 된 표장에 대해서 문법적으로만 접근하여 그 의미를 직감하는 것도 아니다. 원고의 위 주장도 이유 없다.

(3) 원고는, APPLIED MEDICAL의 외국 등록례를 보았을 때 식별력이 있다고 주장한다. 그러나 출원상표에 대한 등록의 가부는 우리 상표법에 의하여 그 지정상품과 관련하여 독립적으로 판단할 것이지 법제나 언어습관이 다른 외국의 등록 사례에 구애받을 것은 아니다. 따라서 원고의 위 주장 역시 이유 없다.

2) 이 사건 출원상표가 사용에 의한 식별력을 취득하였는지 여부

가) 관련 법리

구상표법 제6조 제1항 제7호에 해당하는 상표라도 상표등록출원 전에 상표를 사용한 결과 수요자 사이에 그 상표가 누구의 업무에 관련된 상품을 표시하는 것인지 현저하게 인식된 것은 상표등록을 받을 수 있다. 이와 같이 사용에 의한 식별력을 취득하여 상표등록을 받을 수 있도록 하는 제도는 원래 식별력이 없어 특정인에게 독점적으로 사용하게 하는 것이 적당하지 않은 표장에 대하여 대세적 권리를 부여하는 것이다. 따라서 상표가 수요자 간에 특정인의 상품에 관한 출처를 표시하는 것으로 식별할 수 있게 된 경우라고 인정하기 위해서는, 상표의 사용 기간, 사용횟수 및 사용의 계속성, 그 상표가 부착된 상품의 생산 판매량 및 시장점유율, 광고 선전의 방법, 횟수, 내용, 기간 및 그 액수, 상품품질의 우수성, 상표사용자의 명성과 신용, 상표의 경합적 사용의 정도 및 태양 등을 종합적으로 고려할 때, 당해 상표가 사용된 상품에 대한 거래자 및 수요자에게 특정인의 상품을 표시하는 것으로 인식되기에 이르렀다는 점이 증거에 의하여 명확히 인정되어야 한다(대법원 2008.09.25. 선고 2006후2288 판결 등 참조).

나) 판단

갑제11호증, 을제7호증의 각 기재와 변론 전체의 취지에 의하면 원고가 2005년경부터 국내에서 의료기기를 판매하기 시작하여 2008년경부터 매년 미화 100만 달러를 넘는 매출액을 달성하여 온 사실은 인정된다. 또한, 갑제21, 22, 23호증의 각 기재(가지번호 포함)에 의하면 원고가 2015년과 2017년경 한국 국제위암학술대회를 후원하고 그 대회에서 "APPLIED MEDICAL"과 같은 표장이 사용된 제품 안내서를 배포하는 등 광고활동을 한 사실이 인정된다.

그러나 을제8호증의 기재와 변론 전체의 취지에 의하면 국내 의료기기 시장의 규모는 2015년 미화 55억 달러(한화 약 5조 9천억 원) 정도임이 인정되는바, 이러한 국내 의료기기 시장의 규모에 비추어 보면 원고의 위와 같은 국내 매출액과 광고실적만으로는 이 사건 출원상표가 그 출원 당시인 2015년경은 물론 이 사건 심결 당시인 2017년경에 사용에 의한 식별력을 취득하였다고 보기는 어렵고, 달리 이 사건 출원상표가 부착된 상품의 생산 판매량, 광고 선전의 방법, 횟수, 내용, 기간 및 그 액수 등을 알 수 있는 증거가 없다(갑제27호증의 1 내지 4에 의하여 인정되는 원고의 수상실적 및 갑제18호증의 1, 2에 의하여 인정되는 원고의 무역박람회 등 참가실적은 모

두 국외에서 이루어진 것이므로, 이러한 자료들이 이 사건 출원상표가 국내에서도 사용에 의한 식별력을 취득하였음을 뒷받침한다고 보기는 어렵다). 원고는 변론종결일 이후인 2018.3.28. 변론재개신청서를 제출하면서 이 법원에 이 사건 출원상표가 사용에 의한 식별력을 취득하였음을 뒷받침하는 취지의 증거로 갑제37 내지 40호증(가지번호 포함)을 제출하였다. 그러나 원고가 변론종결 이후에 제출한 이러한 증거들에 의하더라도 이 사건은 원고가 자기의 제품의 매출량을 스스로 정리한 것에 불과한데다가, 그것이 원고 제품의 국내 매출량만을 정리한 것인지 국외 매출량을 모두 포함한 것인지도 불분명하고, 각 매출량에 해당하는 상품들에 이 사건 출원상표와 동일성이 인정되는 표장이 사용된 것인지도 알 수 없으므로, 이를 근거로 이 사건 출원상표가 사용에 의한 식별력을 취득하였다고 볼 수 없다. 따라서 원고의 변론재개신청은 받아들이지 아니한다.

따라서 이 사건 출원상표가 그 출원시나 이 사건 심결시에 사용에 의한 식별력을 취득하였다는 취지의 원고 주장은 받아들일 수 없다.

3) 소결

이상에서 본 바와 같이 이 사건 출원상표는 지정상품의 용도 등을 보통으로 사용하는 방법으로 표시한 상표로서 구상표법 제6조 제1항 제3호에 해당할 뿐만 아니라 지정상품과 관련하여 누구의 업무에 관련된 상품을 표시하는 것인가를 식별할 수 없는 상표로서 구상표법 제6조 제1항 제7호에도 해당한다. 또한, 이 사건 출원상표가 그 출원시나 이 사건 심결시에 지정상품과 관련하여 사용에 의한 식별력을 취득하였다고 볼 수도 없으므로, 구상표법 제6조 제2항에도 해당하지 아니한다. 따라서 이 사건 출원상표는 상표등록을 받을 수 없다. 이와 결론이 같은 이 사건 심결은 위법하지 아니하다.

3. 결론

따라서 이 사건 심결의 취소를 구하는 원고 청구는 이유 없으므로 이를 기각하기로 하여, 주문과 같이 판결한다.

2. 판결의 문제점

(1) 특허법원 판결도 특허심판원 심결과 대동소이하다. “**APPLIED MEDICAL**”

전체가 상품출처의 표시로서 인식되는지의 여부는 판단하지 않고, 상표를 "**AP-PLIED**"와 "**MEDICAL**"로 분해한 후, 각각에 대하여 사전적 의미를 동원하고 소설 같은 논리를 펴고 있다.

(2) 제3호의 기술표장과 제7호의 식별력이 없는 표장은 근본 개념이 다른 것인데 이들을 함께 뭉뚱그려 판단하고 있다. 명쾌한 분석과 예리한 판단을 기대할 수가 없다. 판결문 전체 구성을 보더라도, 별로 도움이 되지 않는 대법원 판례를 인용하여 지면을 채우고 있고, 식별력에 대한 "판단"을 한 후에, "원고의 주장에 대한 판단"을 하고 있다. 이미 결론을 내놓고서 원고의 주장을 판단하는 것은 끼워맞추기식 판단밖에 되지 않는다. 원고의 주장의 타당성을 먼저 면밀히 검토한 후에 판단을 내려야 하는 것인데, 거꾸로 하고 있다.

(3) 판결에서는, 거래계나 학계에서 '응용 의학의, 응용 의료의' 등의 의미로 실제 사용되는 표현으로 보인다면서 을제3호증, 을제6호증의1 및 을제6호증의2를 제시하였다. 이 증거를 알 수는 없지만, 실제 거래계에서 "**APPLIED MEDICAL**"을 누군가에 의해 기술용어(descriptive term)로 사용한 적이 있다면, 상황은 달라진다. 이는 매우 중요한 문제인데, 이 증거들이 없는데 기술표장이라 할 수는 없다.

(4) 판결에서는, 외국의 등록례와 관련하여, 법제나 언어습관이 다른 외국의 등록사례에 구애받을 것은 아니라고 하였다. 법제가 다르다면 무엇이 어떻게 다른지 분명하게 설명해야 한다. 다른 점이 무엇인지에 대해 설명도 하지 못하면서 법제가 다르다고 하면 안 된다. 상표의 식별력 판단방법은 외국이라고 해서 결코 우리나라와 다르지 않다. 언어습관이 다른 것은 분명하다. 그들은 영어권이고 우리는 한국어권이다. "**APPLIED MEDICAL**"은 한글이 아니라 영어다. 영어 상표가 영어권의 나라에서 기술표장이 아니라고 하는데, 영어권이 아닌 우리가 그 영어 상표를 기술표장이라 한다. 아마 우리가 그들보다 영어 실력이 더 뛰어나서 그런지 모르겠다.

(5) 판결에서는 사용에 의한 식별력도 다루었다. 기술표장은 본래 식별력이 없어서 등록받을 수 없지만, 유일하게 그만이 단독으로 사용하여 수요자로 하여금 기술용어가 아닌 출처표시로서 인식이 된다면 등록받을 수 있다. 그런데 "**APPLIED MEDICAL**"은 기술표장이 아니라, 일종의 암시표장(suggestive mark)이다. 암시표장은 임의선택표장이나 조어표장과 같이 식별력이 인정되는 좋은 상표이다. 암시표장에서는 사용에 의한 식별력을 판단할 필요가 없다. "**APPLIED MEDICAL**" 전체가 상품출처의 표시로서 인식되는지의 여부에 대한 본질적인 문제는 판단하지 않고, 수많은 사용증거를 검토하는 쓸데없는 헛수고만 한 것이다.

Ⅴ. 결 어

상품류 제10류의 '의료용 및 외과용 기기(medical and surgical devices)'에 사용되는 "**APPLIED MEDICAL**" 상표에 대해 특허청은 구상표법 제6조 제1항 제3호에서 규정하는 기술표장(descriptive mark)이라 하였다. 나아가 동항 제7호에서 규정하는 식별력이 없는 상표라 하였다. 특허법원도 특허심판원과 마찬가지로 판단하여 소송청구를 기각하였다.

어떤 상표가 기술표장에 해당된다면, 기술표장이라는 이유로 거절되면 충분하다. 기술표장이기 때문에 식별력이 없다는 것은 잘못된 논리다. 기술표장이 상표로서 등록받을 수 없는 이유는 단순기술표장이냐 아니면 사칭기술표장이냐에 따라 다르다. 기술표장이라고 해서 식별력이 없는 것이 아니다.

"**APPLIED MEDICAL**"은 '의료용 및 외과용 기기(medical and surgical devices)'와 관련하여 기술표장이 아니라 암시표장이다. 기술표장은 상품이나 서비스의 특성을 직접적으로 기술(표현)하기 때문에 그 특성을 직감적으로 나타내지만, 암시표장은 상품이나 서비스의 특성을 직접적으로 기술(표현)하지 않기 때문에 그 특성을 직감적으로 나타내지 않고 상상을 통하여 연상하게 한다. 어떤 표장이 기술표장인지 암시표장인지에 대한 가장 중요한 판단은 그 표장(용어)이 그 상품이나 서비스의 특성을 설명(기술)하는 데 필요한지의 여부를 판단하는 것이다. 특성 설명에 필요하다면, 그 표장은 기술표장으로 판단되어 등록받을 수 없지만, 그렇지 않다면 암시표장으로 판단되어 등록받을 수 있다. "APPLIED" 또는 "MEDICAL"은 '의료용 및 외과용 기기'의 특성이나 그에 관한 정보를 전달하기 위한 사용될 수 있는 용어들이다. 하지만 "**APPLIED MEDICAL**"은 '의료용 및 외과용 기기'의 특성이나 그에 관한 정보를 전달하기 위해 사용될 수 있는 필요한 용어들이 아니다. 즉 "APPLIED" 또는 "MEDICAL"은 '의료용 및 외과용 기기'에 대해 기술표장이지만, "**APPLIED MEDICAL**"은 기술표장이 아닌 암시표장이다.

20. "travel" 상표의 거절사건

— 특허심판원 2017.07.05. 심결 2016원251, 특허법원 2017.12.21. 선고 2017허6446 거절결정(상)[1]에 대하여 —

I. 머리말

특허청은 서비스류 제38류(통신업, 방송업) 및 제41류(교육업, 연예업)의 서비스업을 지정하여 출원된 "travel" 상표(이하, '이 사건 출원상표' 또는 '본건상표')를 거절하였다. 구상표법 제6조 제1항 제3호에서 규정하는 성질표시표장(기술표장)에 해당하고, 동항 제7호에서 규정하는 식별력이 없다는 이유 때문이다. 특허청 심사관이 그렇게 거절결정을 하였고, 특허심판원과 특허법원도 그렇게 판단하였다. 이들 판단에 대한 문제점을 살펴본다.

1 「창작과 권리」 제93호(2018년 겨울호).

II. 특허심판원 심결[2]

1. 심결문

주 문

이 사건 심판청구를 기각한다.

청구취지

원결정을 취소한다. 국제상표등록출원 제1225726호는 이를 등록할 것으로 한다.

이 유

1. 기초사실

가. 이 사건 국제등록출원상표

(1) 국제등록번호/국제등록일: 제1225726호/2014.09.02.

(2) 구 성: travel CHANNEL

(3) 지정상품: -서비스업류 구분 제38류의 Communication services, namely, transmission of audio and visual content consisting of sounds, images, videos and data via satellite, cable, fiber optic network, wireless communication network, and a global computer network, television transmission services, video-on-demand transmission services, streaming of audio, visual and audiovisual material via a global computer network, mobile media services in the nature of electronic transmission of entertainment media content, providing online electronic bulletin boards and forums for transmission of messages among users.

-서비스업류 구분 제41류의 Educational services, namely, a continuing program in the fields of general human interest, reality-based programming, travel, exploration, geography, ecology, architecture, history, food and drink, art, adventure, sports, history, paranormal activity, leisure and lifestyles, accessible

---

2 2016원251, 심판장 김성관, 주심 심봉수, 심판관 김원규.

by radio, television, cable television, the Internet, wireless networks, satellite, audio, video, and computer networks, entertainment services, namely, a continuing program in the fields of general human interest, reality-based programming, travel, exploration, geography, ecology, architecture, history, food and drink, art, adventure, sports, history, paranormal activity, leisure and lifestyles, accessible by radio, television, cable television, the Internet, wireless networks, satellite, audio, video, and computer networks.

나. 원결정 이유

이 사건 국제등록출원상표(이하 '이 사건 출원상표'라고 한다.)는 그 문자부분 'travel channel'로 인해 '여행 채널'로 직감되고, 도형부분은 문자의 바탕으로 사용되는 통상적인 직사각형을 약간 변형한 것에 불과하여, 그 지정서비스업(통신서비스업, 텔레비전방송업 등)에 사용하는 경우 '여행과 관련된 통신/방송을 제공하는 서비스업'으로 직감되는 표장으로 식별력이 없어, 이를 지정서비스업에 사용하는 경우 서비스업의 성질 등을 보통으로 사용하는 방법으로 표시한 상표에 해당하므로 구상표법(2016.02.29. 법률 제14033호에 의하여 개정되기 전의 것, 이하 같다) 제6조 제1항 제3호 및 제7호에 해당된다는 이유로 같은 법 제23조의 규정에 의하여 거절결정되었다.

2. 청구인의 주장 요지

이 사건 국제출원상표의 도형부분은 좌측상단을 직각으로 처리한 반면 좌측하단은 라운딩(곡선)으로 처리하고 있고, 도형부분 우측은 돌출된 부분과 화살표를 맞물려 일체적으로 도형화하여 마치 큰 여객선이 우측으로 나아가는 형상을 연상시키는 도형으로 전체적으로 '배(여객선)를 타고 여행을 떠나다'라는 관념이 연상되는 표장이라고 할 것인 바, 이 사건 국제출원상표는 문자와 도형의 독특한 결합으로 인해 표장 전체가 하나의 도형표장과 같이 인식되고, 나아가 '고유의 관념'을 가지고 있는 자타서비스업의 식별력이 있는 표장이라 할 것이다.

3. 이 사건 출원상표가 구상표법 제6조 제1항 제3호 및 동항 제7호에 해당하는지 여부

가. 판단 기준

구상표법 제6조 제1항 제3호는 '상품의 산지 · 품질 · 효능 · 용도 등을 보통으로 사용하는 방법으로 표시한 표장만으로 된 상표는 상표등록을 받을 수 없다'고 규정하

고 있다. 위 규정의 취지는 그와 같은 기술적 표장은 통상 상품의 유통과정에서 필요한 표시여서 누구라도 이를 사용할 필요가 있고 그 사용을 원하기 때문에 이를 특정인에게 독점·배타적으로 사용하게 할 수 없다는 공익상의 요청과 그러한 상표를 허용할 경우에는 타인의 동종 상품과의 관계에서 식별이 어렵다는 점에 그 이유가 있다. 그리고 두개 이상의 문자 또는 도형이 결합하여 이루어진 이른바 결합상표에 있어서 기술적 문자상표가 도안화되어 있다 하더라도 그 도안화의 정도가 일반인의 특별한 주의를 끌 정도에 이르지 못하여 문자의 기술적 또는 설명적인 의미를 직감할 수 없을 만큼 문자 인식력을 압도하지 못하고, 기술적 문자상표 부분을 제외한 도형이 부수적 또는 보조적인 것에 불과하거나 충분한 자타상품 식별력이 있다고 인정하기 어려워 전체적으로 볼 때 성질 등을 표시한 상표로 인식된다면 이러한 경우에는 상표법 제6조 제1항 제3호에서 정하는 상품의 품질, 효능, 용도, 형상 등을 '보통으로 사용하는 방법으로 표시한 표장만'으로 된 상표라고 볼 수 있다(대법원 2000.02.25. 선고 98후1679, 대법원 1994.06.24.선고 93후1698 판결 참조).

구상표법 제6조 제1항은 상표등록을 받을 수 없는 경우의 하나로 그 제7호에 '제1호 내지 제6호 외에 수요자가 누구의 업무에 관련된 상품을 표시하는 것인가를 식별할 수 없는 상표'를 규정하고 있는데, 이는 같은 조항의 제1호 내지 제6호에 해당하지 아니한 상표라도 자기의 상품과 타인의 상품 사이의 출처를 식별할 수 없는 상표는 등록을 받을 수 없다는 의미이다. 어떤 상표가 식별력 없는 상표에 해당하는지는 그 상표가 지니고 있는 관념, 지정상품과의 관계 및 거래사회의 실정 등을 감안하여 객관적으로 결정하여야 하는데, 사회통념상 자타상품의 식별력을 인정하기 곤란하거나 공익상 특정인에게 그 상표를 독점시키는 것이 적당하지 않다고 인정되는 경우에 그 상표는 식별력이 없다고 할 것이다. 이러한 법리는 상표법 제2조 제3항에 의하여 서비스표의 경우에도 마찬가지로 적용된다(대법원 2012.12.27. 선고 2012후2951 판결 등 참조).

나. 구체적 판단

(1) 이 사건 출원상표 'travel CHANNEL'는 도형부분과 영문자 'travel CHANNEL'로 결합된 표장으로 우리나라의 영어보급 수준을 고려하여 볼 때, 영문자 부분은 쉽게 '여행채널'로 직감된다고 할 것이다.

(2) 이 사건 출원상표가 도형부분과 결합하여 성질표시 부분을 압도하여 새로운 식별력을 형성하는지를 살펴보면, 도형부분은 문자의 바탕으로 사용되는 통상적인 직사

각형을 약간 변형한 것에 불과하여, 영문자 'travel CHANNEL'이 결합된 'travel CHANNEL' 표장이 일반수요자들에게 특별한 주의를 끌 정도의 외관에 이르렀다고 보기는 어려울 뿐만 아니라, 도형부분의 결합으로 인하여 이 사건 출원상표가 본래의 성질표시 의미를 벗어나 새로운 관념을 낳는다거나 새로운 식별력을 형성하는 것도 아니므로, 이 사건 출원상표는 전체적으로 보아 일반 수요자나 거래자들에게 성질표시 표장인 'travel CHANNEL'로 쉽게 인식된다고 할 것이다.

(3) 이에 대해 청구인은 영문자 'travel'을 'travel CHANNEL'과 같이 독특하게 도안화하여 도형부와 일체감을 느끼게 하는 조합으로 인하여, 이 사건 출원상표 'travel CHANNEL'은 여객선이 연상된다고 주장하나, 이 사건 출원상표 중 't' 부분은 't'에서 상단의 좌측부분을 일부 제거하고, 't'와 'l'의 하단의 좌측부분을 라운딩 처리하는 등 문자의 일부를 변형시키긴 하였으나, 그 도안화된 정도가 영문자 'travel'의 의미를 직감할 수 없을 만큼 문자 인식력을 압도할 정도에 이른 것으로 보이지 않고, 도형부분은 문자의 바탕으로 사용되는 통상적인 직사각형을 약간 변형한 것에 불과하여, 일반수요자는 'travel CHANNEL'을 영문자 'travel'로 쉽게 인식한다고 할 것이다. 따라서, 문자부분의 위와 같은 도안화 정도만으로는 일반 수요자나 거래자로 하여금 문자의 기술적 또는 설명적인 의미를 직감할 수 없을 만큼 문자의 인식력을 압도할 정도에 이르렀다고 할 수 없고, 그 결합된 부분들은 상표전체 구성에 있어서 부수적 또는 보조적인 부분에 불과하므로 청구인의 주장은 이유없다.

다. 소결론

따라서 이 사건 출원상표는 그 지정서비스인 '통신서비스업, 텔레비전방송업' 등에 사용하는 경우 '여행과 관련된 통신/방송을 제공하는 서비스업' 등으로 직감되어, 이 사건 출원상표는 그 지정서비스업의 성질, 품질, 효능 등을 보통으로 사용하는 방법으로 표시한 표장만으로 구성된 표장이거나 또는 자타 서비스업간의 출처를 식별할 수 없는 표장에 해당되어 구상표법 제6조 제1항 제3호 및 제7호에 해당하므로, 그 등록을 거절한 원결정은 타당하고, 이 사건 출원상표가 등록되어야 한다는 청구인의 주장은 이유 없다.

4. 결론

그러므로 이 사건 심판청구를 기각하기로 하여 주문과 같이 심결한다.

2. 심결의 문제점

(1) 심결에서는 본건상표가 제3호와 제7호에 해당하는지의 여부를 판단하기 위한 '판단기준'에 대법원 판례 두 개를 인용한다. 하나는 제3호와 관련된 판례로서, 문자나 도형이 도안화되었다 하더라도 식별력이 없으면 제3호에 해당하여 등록받을 수 없다는 내용이고, 다른 하나는 제1호 내지 제6호에 해당되지 않는 상표로서 식별력이 없으면 제7호에 해당되어 등록받을 수 없다는 내용이다.

심결의 '판단기준'에서 인용하고 있는 판례만 보더라도 이 사건의 결론을 알 수 있다. '판단기준'으로 인용하고 있는 판례가 등록받을 수 없다는 내용이면, 그 사건의 결론은 등록받을 수 없다는 것이고, '판단기준'으로 인용하고 있는 판례가 등록받을 수 있다는 내용이면, 그 사건의 결론은 등록받을 수 있다는 것을 알 수 있다.

심결이나 판결에서 판례를 이처럼 인용해서는 안 된다. 심결이나 판결에서는 그 사건에 대해서 철저히 검토하고 분석한 후에, 어떤 결론을 도출하기 위하여 종전의 판례가 그 결론을 뒷받침하고자 할 때 인용해야 한다. 그런데 우리는 사건에 대한 철저한 검토와 분석은 하지 않고 이미 결론에 이르는 판례를 인용한 후, 결론을 그 판례에 끼워 맞추고 있다. 엉터리 같은 심결이나 판결이 나오는 이유가 여기에 있다.

(2) 본건상표가 제3호 또는 제7호에 해당되는지의 여부를 판단하기 위하여, 심결에서는 어떠한 '구체적 판단'을 하였는지 살펴보자.

심결의 '구체적 판단'에서는 가장 먼저, '이 사건 출원상표 'travel CHANNEL'가 우리나라의 영어보급 수준을 고려하여 볼 때, '여행채널'로 직감된다'고 판단하였다. 상표는 번역하는 것이 아니고, 있는 그대로 읽고 있는 그대로 인식하는 것이다. '**Apple**'은 '애플'로 읽고 '애플'로 인식하는 것이지, '사과'라고 번역하는 것이 아니다. '**GALAXY**'는 '갤럭시'로 읽고 '갤럭시'로 인식하는 것이지, '은하수'라고 번역하는 것이 아니다. 마찬가지로, 본건상표는 '트래블 채널'로 읽고 인식하면 충분한 것이지, '여행채널'이라고 번역할 필요가 없다.

심결에서의 두 번째 판단은 '이 사건 출원상표가 도형부분과 결합하여 성질표시 부분을 압도하여 새로운 식별력을 형성하는지의 여부에 대한 판단'이다. 이에 대하여, '도형부분은 문자의 바탕으로 사용되는 통상적인 직사각형을 약간 변형한 것에 불과하다'고 하였다. 나아가 도형과 영문자가 결합한 본건상표 'travel'가 특별한 주의를 끌 정도의 외관에 이르렀다고 보기 어렵다고 하였다. 또한 도형의 결합으로 인하여 본건상표가 본래의 성질표시 의미를 벗어나 새로운 관념을 낳는다거나 새로운 식별력을 형성하는 것도 아니라고 하였다.

심결에서는, '도형부분이 통상적인 직사각형을 약간 변형한 것에 불과하다'고 하였다. 어떻게 출원인이 고안한 상표를 이처럼 평가절하할 수 있단 말인가! 이 도형과 유사한 도형이 등록되어 있다는 것을 입증하지 못하는 한, 이 도형은 그 자체로 식별력을 갖는 것이다. 이 도형을 상표로서 등록받고자 도안화하였는데, 어떻게 그것이 약간 변형한 것이라 하였단 말인가. 이는 본건상표는 거절하겠다는 결론을 미리 내리고 논리를 꿰어 맞추고 있다.

본 사건에서 가장 중요한 논점은 본건상표의 요부로 볼 수 있는 "**travel**" 또는 "**travel CHANNEL**"이 지정 서비스업과 관련하여 성질표시표장(기술표장: descriptive mark)인지의 여부를 판단하는 것이다. 그런데 심결에서는, '이 사건 출원상표가 도형부분과 결합하여 성질표시 부분을 압도하여 새로운 식별력을 형성하는지의 여부'에 대하여 판단하고 있다. 다시 말해서, 심결에서는 이 사건의 논점이 무엇인지조차도 모르고 있다. "**travel**" 또는 "**travel CHANNEL**"이 지정 서비스업과 관련하여 기술표장인지의 여부라는 논점과 도형부분과 결합하여 성질표시 부분을 압도하여 새로운 식별력을 형성하는지의 여부라는 논점은 하늘과 땅만큼의 차이가 있다. 이처럼 심결에서는 사건의 논점을 제대로 파악하지 못하고, 엉뚱한 논점에 대하여 판단하니까 엉뚱한 결론에 이르고 있는 것이다.

그렇다면, 본 사건의 가장 중요한 논점인 "**travel**" 또는 "**travel CHANNEL**"이 지정 서비스업과 관련하여 기술표장인지의 여부에 대하여 살펴보자. 본건상표는 제38류(통신업, 방송업) 및 제41류(교육업, 연예업)의 서비스업을 지정하였다. 우선 판단하기 쉬운 "**CHANNEL**"에 대해서 살펴보자. "**CHANNEL**"은 통신업이나 방송업과 관련하여 일반명칭(generic term) 또는 기술표장(descriptive mark)에 해당하여 식별력을 상실한다. 다음에 "**travel**"에 대해 살펴보면, 이는 제38류 및 제41류의 서비스업과는 관련이 없다. 그렇다면 "**travel**"은 임의선택표장(arbitrary mark)이다. 임의선택표장은 절대적인 식별력을 갖는다. 결국, "**travel**" 또는 "**travel CHANNEL**"은 임의선택표장으로, 특히 도형과 결합하여 아주 확실한 식별력을 갖는다. 하지만, 이때, 문제가 발생할 수 있다. "**travel**" 또는 "**travel CHANNEL**"을 요부로 하는 상표를 가지고 '여행'에 관한 통신업이나 방송업을 한다면 어떻게 될까? 이런 경우에 "**travel**"은 분명 기술표장으로 볼 수 있다. 그러나 방송업이나 통신업의 주체로서의 "**travel**" 또는 "**travel CHANNEL**"은 하나의 서비스 주체를 나타내기에 충분하다. 현재의 케이블 TV를 보더라도, '바둑 채널', '당구 채널', '낚시 채널', '등산 채널' 등과 같은 각종 취미 분야의 채널이 혼란없이 운용되고 있다. 그렇다면 "**travel**" 또는 "**travel CHANNEL**"은 여행을 주제로 하는 방송업이나 통신업의 주체가 되기에 충분하다. 사전에 수록된 단어는 누구나 사용할 수 있지만, 상표로서의 사용은 가장 먼저 채택(adoption)한 자에게 허용되는 것이다.

본 사건에서는 본질적인 논점을 논하지 못하고, '도형부분과 결합하여 성질표시부분을 압도하여 새로운 식별력을 형성하는지의 여부'의 잘못된 논점을 상정하고, 이에 대해 "*도형부분은 문자의 바탕으로 사용되는 통상적인 직사각형을 약간 변형한 것에 불과하다*", "*도형과 영문자가 결합한 본건상표 ' travel CHANNEL '가 특별한 주의를 끌 정도의 외관에 이르렀다고 보기 어렵다*", "*본건상표가 본래의 성질표시 의미를 벗어나 새로운 관념을 낳는다거나 새로운 식별력을 형성하는 것도 아니다*"라는 등등의 판단은 논리가 결여된 한낱 언어유희에 불과하다.

(3) 마지막으로, 심결에서는 "**travel**"에서 "t"와 "l"이 도안화된 것에 대해 식별력을 판단하고 있는데, 이러한 다툼은 유치원생이나 초딩들이 하는 것이지, 식별력이나 기술표장을 논하는 전문가들이 해야 할 일이 아니다.

(4) 식별력이 없어서 상표법 제6조 제1항 제7호에 해당한다는 거절이유에 대

하여:

어떤 상표가 기술표장에 해당한다는 것은 그 상표가 식별력이 없다는 것을 의미한다. 기술표장과 일반명칭표장은 본래부터 식별력이 없는 것으로 본다. 반면, 암시표장, 임의선택표장, 조어표장은 본래부터 식별력이 있는 것으로 본다. 따라서 어떤 표장이 기술표장에 해당하면 기술표장에 해당한다는 이유로 거절되는 것이다. 또다시 식별력이 없다는 이유로 제7호에 의하여 거절될 필요가 없다.

제7호는 제3호를 확인사살하기 위하여 존재하는 규정이 아니다. 기술표장과 일반명칭표장 외에도 식별력이 없는 상표가 존재할 수 있다. 이러한 상표를 거절하기 위해 제7호가 규정된 것이다. 예를 들어, "·", "-", "∞" 등등은 기술표장도 아니고 일반명칭표장도 아니다. 그렇다고 이들이 식별력이 있다고 할 수도 없다. 이러한 상표들을 거절하기 위해서 제7호의 규정이 필요한 것이다.

Ⅲ. 특허법원의 판결[3]

1. 판결문

주 문

1. 원고의 청구를 기각한다.

2. 소송비용은 원고가 부담한다.

청구취지

특허심판원이 2017.07.05. 2016원251 사건에 관하여 한 심결을 취소한다.

이 유

1. 기초사실

가. 이 사건 국제등록출원서비스표

3 2017허6446, 재판장 김우수, 판사 나상훈, 판사 이호산.

(1) 국제등록번호/국제등록일: 제1225726호/2014.09.02.

(2) 표장:

(3) 지정서비스업: - 서비스업류 구분 제38류 및 제41류

나. 이 사건 심결의 경위

(1) 원고의 이 사건 국제등록출원서비스표(이하 '이 사건 출원서비스표'라 한다)에 대하여, 특허청 심사관은 2015.04.28. 이 사건 출원서비스표는 구상표법(2016.02.29. 법률 제14033호로 전부개정되기 전의 것, 이하 같다) 제6조 제1항 제3호 및 제7호에 해당하므로 그 서비스표 등록을 받을 수 없다는 거절이유를 통보하였다.

(2) 원고가 위 거절이유에 대한 의견서 또는 보정서를 지정기일(2015.06.28.)까지 제출하지 않자, 특허청 심사관은 2015.10.16. 위 거절이유가 해소되지 않았다는 이유로 거절결정을 하였다.

(3) 원고는 2016.01.18. 특허심판원에 위 거절결정에 대한 불복심판(2016원251)을 청구하였으나, 특허심판원은 2017.07.05. 이 사건 출원서비스표는 그 지정서비스업의 성질, 품질, 효능 등을 보통으로 사용하는 방법으로 표시한 표장만으로 구성된 표장이거나 또는 자타 서비스업간의 출처를 식별할 수 없는 표장에 해당되어 구상표법 제6조 제1항 제3호 및 제7호에 해당하므로 그 서비스표 등록을 받을 수 없다는 이유로 원고의 위 심판청구를 기각하는 이 사건 심결을 하였다.

[인정근거] 다툼 없는 사실, 갑제1, 2호증의 각 기재, 변론 전체의 취지

2. 이 사건 심결의 위법 여부

가. 원고 주장의 요지

아래와 같은 이유로 이 사건 출원서비스표는 구상표법 제6조 제1항 제3호 및 제7호에 해당하지 않는다. 따라서 이와 달리 판단한 이 사건 심결은 위법하여 취소되어야 한다.

- 이 사건 출원서비스표 중 ' '와 같은 도형부분은 이 사건 출원서비스표의 지정서비스업인 통신서비스업, 텔레비전방송업과 관련하여 일반 수요자로 하여금 특정한 의미를 직감하게 하지 않고, 그러한 서비스업 및 여행 관련 방송업 등에 흔히 사용된 사실도 없다.

- 위 도형부분은 간단하고 흔한 도형이 아니라 그 자체만으로 자타 식별력이 있는 도형이므로, 이를 이 사건 출원서비스표의 표장에서 단순히 부수적 또는 보조적 부분에 불과한 것으로 볼 수는 없다.

- 이 사건 출원서비스표는 전 세계 약 30개 이상의 국가에서 등록되어 있고, 원고의 케이블 TV 방송채널, 온라인 방송 공식 웹사이트, 유튜브 공식채널, 가방, 물병, 수첩 등 원고의 영업 내지 상품에 널리 사용되고 있는 등 그 식별력이 인정된다.

나. 구상표법 제6조 제1항 제3호 해당 여부

(1) 관련 법리

기술적 문자상표가 도형화(도안화)되어 있어 일반인이 보통의 주의력을 가지고 있는 경우 전체적으로 보아 그 도형화된 정도가 일반인의 특별한 주의를 끌 정도에 이르러 문자의 기술적 또는 설명적인 의미를 직감할 수 없을 만큼 문자 인식력을 압도할 경우에는 특별한 식별력을 가진 것으로 보아야 하므로 이러한 경우에는 구상표법 제6조 제1항 제3호에서 정하는 '보통으로 사용하는 방법으로 표시하는' 표장이라고 볼 수 없다(대법원 2000.02.25. 선고 98후1679 판결 등 참조).

반면, 구상표법 제6조 제1항 제3호에서 상품의 용도, 형상 등을 보통으로 사용하는 방법으로 표시한 표장만으로 된 상표는 등록을 받을 수 없다고 규정한 취지에 비추어 보면 단지 상품의 용도, 형상 등 기술적 표장만으로 된 상표는 물론이고 여기에 다른 식별력 있는 문자, 기호, 도형 등이 결합되어 있다고 하더라도 이들이 부수적 또는 보조적인 것에 불과하다거나 또는 전체적으로 볼 때 성질 등 표시상표로 인식된다면 이는 같은 법조 소정의 상표로 보아야 한다(대법원 1994.06.24. 선고 93후1698 판결 등 참조).

이러한 법리는 구상표법 제2조 제3항에 의하여 서비스표의 경우에도 마찬가지로 적용된다.

(2) 구체적 검토

(가) 이 사건 출원서비스표 ' travel CHANNEL '는 문자부분인 영문자 'travel CHANNEL'과 도형부분인 ' '가 겹쳐서 구성된 결합표장이다. 그 중 문자부분인 영문자 'travel CHANNEL'은 우리나라의 영어보급 수준을 고려하여 볼 때 여행 채널, 여행을 주로 방송하는 채널로 쉽게 인식될 수 있어 일반 수요자로 하여금 이 사건 출원서비스표의 지정서비스업을 직감하게 하는 기술적 표장에 해당한다(이 부분에 관하여는 당사자 사이에 다툼이 없다). 다만, 이 사건 출원상표 중 도형부분인 ' '은 원고의 주장과 같이 그 지정서비스업인 통신서비스업, 텔레비전방송업과 관련하여 일반 수요자로 하여금 특정한 의미를 직감하게 하지는 않는다.

(나) 그러나 아래와 같은 이유로 위 도형부분은 이 사건 출원서비스표의 전체 구성

에 있어서 부수적 또는 보조적인 부분에 불과한 것으로 볼 수 있다.

① 위 도형부분은 일반적으로 문자부분의 바탕으로 사용되는 통상적인 직사각형을 기본으로 하여 이를 약간 변형한 것에 불과한 것으로서, 그 도형화된 정도가 일반인의 특별한 주의를 끌 정도에 이르렀다고 보기 어렵다.

② 즉, 위 도형부분은 좌측 하단부분을 라운딩 처리하고 우측에 화살표 형상을 덧붙이기는 하였으나, 이는 일반적으로 많이 접할 수 있는 기본적인 형상에 의한 변형에 불과할 뿐만 아니라, 그 변형의 정도도 특별한 주의를 끌 만큼 현저하지 않다.

③ 따라서 이 사건 출원서비스표를 전체적으로 볼 때, 위 도형부분이 영문자 travel CHANNEL의 기술적 또는 설명적인 의미를 직감할 수 없을 만큼 그 문자인식력을 압도하는 것으로 보기는 어렵다.

④ 나아가 그 도형부분의 결합으로 인하여 이 사건 출원서비스표가 본래의 성질표시 의미를 벗어나 새로운 관념을 낳는다거나 새로운 식별력을 형성하는 것도 아니다.

(다) 따라서 이 사건 출원서비스표는 전체적으로 보아 일반 수요자나 거래자들에게 성질표시 표장인 travel CHANNEL로 쉽게 인식된다고 할 것이므로, 구상표법 제6조 제1항 제3호에 해당한다.

(라) 이에 대하여 원고는, 이 사건 출원서비스표는 1. 전 세계 약 30개 이상의 국가에서 등록되어 있고, 2. 원고의 케이블TV방송 채널, 온라인 방송 공식 웹사이트, 유튜브 공식채널, 가방, 물병, 수첩 등 원고의 영업 내지 상품에 널리 사용되고 있는 등 그 식별력이 인정된다는 취지로 주장한다.

그러나 아래와 같은 이유로 원고의 위 주장은 이를 받아들일 수 없다.

① 상표의 등록적격성의 유무는 지정상품과의 관계에서 개별적으로 판단되어야 하고, 다른 상표의 등록례는 특정 상표가 등록되어야 할 근거가 될 수 없으며(대법원 2006.05.12. 선고 2005후353 판결 등 참조), 더욱이 출원상표의 등록 가부는 우리 상표법에 의하여 그 지정상품과 관련하여 독립적으로 판단할 것이지 법제나 언어습관이 다른 외국의 등록례에 구애받을 것도 아니다(대법원 2003.05.16. 선고 2002후1768 판결 등 참조). 따라서 원고 주장과 같은 이 사건 출원서비스표의 외국 등록례를 근거로 그 식별력 취득을 인정할 수는 없다.

② 갑제5, 6호증(각 가지번호 포함)의 각 영상만으로는 이 사건 출원서비스표가 국내의 수요자 간에 원고의 서비스업을 표시하는 것으로 현저하게 인식되었다고 보기 부족하고, 달리 그 식별력 취득을 인정할 증거가 없다.

(3) 검토결과

결국 이 사건 출원서비스표는 그 지정서비스업인 통신서비스업, 텔레비전방송업 등의 성질, 품질, 효능 등을 보통으로 사용하는 방법으로 표시한 표장만으로 구성된 표장으로서 구상표법 제6조 제1항 제3호에 해당한다.

다. 이 사건 심결의 위법 여부

이 사건 출원서비스표는 구상표법 제6조 제1항 제3호에 해당하므로 그 서비스표 등록을 받을 수 없다. 따라서 이와 결론을 같이 한 이 사건 심결은 나머지 점에 관하여 더 나아가 살필 필요 없이 적법하다.

3. 결론

그렇다면 이 사건 심결의 취소를 구하는 원고의 청구는 이유 없으므로 이를 기각하기로 하여 주문과 같이 판결한다.

2. 판결의 문제점

(1) 특허법원 판결도 특허심판원 심결과 대동소이하다. 본건상표가 구상표법 제6조 제1항 제3호에 해당하는지 즉 기술표장인지의 여부를 판단하면서 '관련 법리'를 설시하였다. 그 '관련 법리'에서는 서로 상반되는 대법원 판례 2개를 인용하였다. 즉 도형화된 부분이 문자인식력을 압도할 경우에는 식별력이 인정되어 기술표장이라 할 수 없다는 판례와 도형화된 부분이 부수적 또는 보조적인 것에 불과하거나 또는 전체적으로 볼 때 성질 등 표시상표로 인식된다면 기술표장에 해당한다는 판례이다.

하지만 '관련 법리'에서 인용하고 있는 두 판례는 본 사건과 직접적인 관계가 없다. 그 두 판례는 기술표장을 판단하는 아주 기본적인 법리에 불과하다. 기술표장의 여부를 판단하는 자는 누구나 그런 정도의 법리는 알고 있어야 한다. 판결에서 인용한 두 판례는 판결문의 지면을 차지하고 있을 뿐이다. 판결은 실제로 당사자가 제기하는 논점에 대하여 심도있게 논할 수 있어야 한다.

(2) 판결에서는, 본건상표의 도형부인 ''가 지정서비스업인 통신서비스업, 텔레비전방송업과 관련하여 일반 수요자로 하여금 특정한 의미를 직감하게 하지는 않는다고 판시하였다.

본건상표는 도형인 ''도 아니고 영문자인 "**travel CHANNEL**"도 아니며, 이들이 결합한 travel 이다. 상표는 지정 상품이나 서비스업과 관련하여 특정의 의미를 직감하게 하는 것이 아니다. 상표는 상품이나 서비스의 출처를 나타내기 위한 수단으로, 다른 출처와 다르게 인식될 수 있으면 충분한 것이지, 특정의 의미를 나타내야 하는 것은 아니다. 통신서비스업이나 텔레비전방송업을 제공하기 위하여 그 주체를 표시하기 위하여 본건상표 travel 를 선택했을 뿐이다. 이 선택된 표장에서 무엇이 잘못되었는지를 판단하는 것이 등록여부를 판단하는 것이다. 본건상표는 상표로서 선택된 것에 대하여 어떠한 잘못이 없다. '바둑 채널', '당구 채널', '낚시 채널', '등산 채널' 등이 모두 서비스 주체를 나타내듯이, 본건상표 travel 도 통신서비스업이나 텔레비전방송업을 제공하는 주체를 나타낼 뿐이다.

(3) 판결에서는, 본건상표의 도형부분이 아래와 같은 이유로 부수적 또는 보조적인 부분에 불과하다고 하였다. 그 이유가 정당한지를 살펴보자.

우선, *① 위 도형부분은 일반적으로 문자부분의 바탕으로 사용되는 통상적인 직사각형을 기본으로 하여 이를 약간 변형한 것에 불과한 것으로서, 그 도형화된 정도가 일반인의 특별한 주의를 끌 정도에 이르렀다고 보기 어렵다.*

이에 대해서는 도형을 분리하여 판단한 것 자체가 잘못되었다. 도형만을 분리하여 그 도형에 대해서 식별력을 판단하는 것은 아니다. 만일 본건상표가 이 도형만으로 이루어진 상표라면, 이 도형과 유사한 도형이 등록되어 있지 않은 한, 이 도형은 반드시 등록되어야 한다. 이 도형을 상표로서 등록받고자 도안화하였는데, 어떻게 그것이 약간 변형한 것이라 하였단 말인가. 출원인이 열심히 디자인해서 만든 도형을 약간 변형한 것에 불과하다는 판단은 법원이 해야 할 일이 아니다.

② 즉, 위 도형부분은 좌측 하단부분을 라운딩 처리하고 우측에 화살표 형상을 덧붙이기는 하였으나, 이는 일반적으로 많이 접할 수 있는 기본적인 형상에 의한 변

형에 불과할 뿐만 아니라, 그 변형의 정도도 특별한 주의를 끌 만큼 현저하지 않다.

전체 상표로부터 도형만을 분리하여 식별력을 논한다는 것 자체가 잘못된 것이지만, 변형의 정도도 특별한 주의를 끌 만큼 현저하지 않다는 판단은 명백히 잘못된 것이다. 출원인이 이렇게 도형화해서 상표로 사용하겠다면, 유사상표가 등록되어 있지 않는 한, 등록을 거절해서는 안 된다. 변형의 정도가 미미하다든지 특별한 주의를 끌지 못한다는 것은 지극히 주관적인 견해에 불과하다. 이 도형만을 놓고 볼 때 상표로 등록받지 못할 어떤 이유도 없다. 상표가 단지 직사각형으로 이루어져 있다면(그런 상표를 상표라고 선택할 자는 없겠지만), 그것은 식별력이 없다고 판단할 수 있다. 하지만 본건상표의 도형부분은 직사각형이 아니고, ‘’임을 알아야 한다.

③ 따라서 이 사건 출원서비스표를 전체적으로 볼 때, 위 도형부분이 영문자 “travel CHANNEL”의 기술적 또는 설명적인 의미를 직감할 수 없을 만큼 그 문자인 식력을 압도하는 것으로 보기는 어렵다.

상표는 어떤 일부분이 다른 부분을 압도하는지의 여부로써 판단하는 것이 아니다. 판결에서는, 영문자 “**travel CHANNEL**”이 기술적 또는 설명적인 의미를 갖는 기술용어라고 단정한 점에 가장 큰 잘못이 있다.

본 사건의 가장 중요한 논점은 “**travel**” 또는 “**travel CHANNEL**”이 지정 서비스업과 관련하여 기술표장인지의 여부이다. 본건상표는 제38류(통신업, 방송업) 및 제41류(교육업, 연예업)의 서비스업을 지정하였다. “**CHANNEL**”은 통신업이나 방송업과 관련하여 일반명칭(generic term) 또는 기술표장(descriptive mark)에 해당하여 식별력을 상실한다. 그러나 “**travel**”은 지정서비스업과 관련하여 임의선택표장(arbitrary mark)이다. 하지만, ‘여행’에 관한 통신업이나 방송업을 한다면 “**travel**”은 분명 기술표장에 해당한다. 그러나 전체의 본건상표는 방송업이나 통신업의 주체를 나타내기에 충분하다. 판결에서는 이러한 점들을 논의했어야 했는데, 이러한 논의는 하지 않고, 영문자 “**travel CHANNEL**”이 기술용어라고 단정하고, 엉뚱하게도 상표를 분리하여 도형부분에 대해서만 식별력이 없음을 판단하였다.

④ 나아가 그 도형부분의 결합으로 인하여 이 사건 출원서비스표가 본래의 성질 표시 의미를 벗어나 새로운 관념을 낳는다거나 새로운 식별력을 형성하는 것도 아

니다.

상표는 새로운 관념을 낳아야 하는 것이 아니다. 도형 상표는 아무런 관념을 갖지 않는 것도 무수히 많다. 조어상표들은 모두 어떤 관념도 갖지 않는다. 우리의 상표 심판이나 소송에서는 식별력을 판단할 때 마치 상표가 새로운 관념을 가져야 식별력이 인정되는 것처럼 오해하고 있는데, 이는 상표의 본질을 이해하지 못함으로써 나오는 잘못된 법리다. 더 구체적으로 상표의 식별력을 이해하기 위해서는 식별력에 따른 5대 상표 분류체계(조어상표, 임의선택상표, 암시상표, 기술상표, 일반명칭상표)를 이해해야 하는데, 이에 대한 이해가 없기 때문에 잘못된 법리가 수십 년 동안 지속되고 있다. 앞으로 이 잘못된 법리는 몇십 년 또는 몇백 년을 갈지 모른다.

(4) 특허법원은 본건상표가 30개 이상의 국가에서 등록되어 있고, 사용에 의한 식별력의 여부에 대해서도 논의하였다. 하지만, 상표의 등록적격성의 유무는 지정상품과의 관계에서 개별적으로 판단되어야 하고, 다른 상표의 등록례는 특정 상표가 등록되어야 할 근거가 될 수 없으며(대법원 2006.05.12. 선고 2005후353 판결 등 참조), 더욱이 출원상표의 등록 가부는 우리 상표법에 의하여 그 지정상품과 관련하여 독립적으로 판단할 것이지 법제나 언어습관이 다른 외국의 등록례에 구애받을 것도 아니다(대법원 2003.05.16. 선고 2002후1768 판결 등 참조)라는 이유로 식별력을 인정하지 않았고, 사용에 의한 식별력도 증거 부족으로 인정하지 않았다.

그러나 본건상표가 30개 이상의 국가에서 등록되어 있다는 점과, 사용에 의한 식별력의 여부는 논점이 다른 것이다. 30개 이상의 국가에서 등록되어 있다는 점은 많은 나라에서 본건상표의 식별력이 (사용에 관계없이) 인정되었다는 것을 의미하고, 사용에 의한 식별력은 본건상표가 본래 식별력이 없는 기술표장이었는데 사용에 의하여 식별력을 취득했다는 것이다. 이처럼 논점이 서로 다르기 때문에 서로 다르게 논의했어야 했는데, 판결에서는 이들을 함께 그것도 아주 간단하게 논의하고 있다. 쓸데없는 판례들을 인용하는 데 지면을 할애하지 말고 이러한 중요한 논점들을 심도있게 논할 수 있어야 한다.

이 사건 출원상표는 영어를 모국어로 하는 미국, 유럽(영국), 호주에서도 식별력 문제없이 등록을 받은 바 있고, 우리나라의 상표법과 가장 유사한 법체계와 심사기준을 가진 일본에서도 식별력을 인정받아 등록이 허여되었으나, 심결에서는, "외국에서 이 사건 출원상표와 동일한 표장이 등록되었다 하더라도, 이 사건 출원상표의 등록 여부는 우리나라의 상표법에 따라 그 지정상품과 관련하여 독립적으로 판단할 것이지 국내 또는 다른 나라의 등록례나 사용례에 구애받을 것은 아니라고" 하였다. 이런 판결은 일종의 폭력이다. 판결 폭력이다.

본건상표가 30개 이상의 국가에서 등록되어 있다는 것은 그들 나라에서 식별력이 인정되었다는 것을 의미한다. 상표의 식별력을 판단하는 기준이나 방법은 외국이라고 해서 우리와 다르지 않다. 상표법의 법리는 어느 나라나 동일하다. 다만 절차가 다르다면 다를 수 있다. 그럼에도 불구하고, 판결에서는 "상표의 등록 여부는 우리나라의 상표법에 따라 그 지정상품과 관련하여 독립적으로 판단할 것이지 국내 또는 다른 나라의 등록례나 사용례에 구애받을 것은 아니라고 한" 종전의 대법원 판례를 앵무새처럼 인용하고 있다. 대법원 판례를 무조건 인용하기보다, 외국에서는 어떻게 식별력이 인정된 것인지, 그리고 우리는 왜 식별력이 없다고 하는지에 대하여 진지하게 논의했어야 했다. 이와 관련된 대법원 판례를 앵무새처럼 인용하는 것을 멈추고 외국에서 식별력이 어떻게 인정된 것인지를 진지하게 고민할 때, 우리의 상표제도는 한 단계 도약하게 될 것이다.

Ⅳ. 결 어

"**travel**"이나 "**CHANNEL**"은 제38류(통신업, 방송업) 및 제41류(교육업, 연예업)의 서비스업에 대하여 일반명칭표장 또는 기술표장이 될 수 있다. 그러나 이들을 결합한 "**travel CHANNEL**"은 사정이 다르다. 제38류(통신업, 방송업) 및 제41류(교육업, 연예업)의 서비스업을 설명하기 위하여 "travel"이나 "channel"은 필요할 수 있다. 하지만 이들 서비스업을 설명하기 위하여 "travel channel"이 필요한 것은 아니다. 그렇다면 "**travel CHANNEL**"은 본건 서비스업과 관련하여 임의선택표장이나 암시표장에 해당한다. 더구나 본건상표는 "도형"을 포함하여 "travel"로 구성된다. 이 표장은 본건 서비스업을 제공하는 주체를 나타내기에 충분하다. 상표(서비스표)로서의 식별력을 부인할 수 없는 것이다.

21. 상표 "EMCUR"와 서비스표 "EMCURE"의 저촉에 관한 EU 판결[1]

의약품에 관한 상표와 의료 분야의 전시회 및 교육훈련과 관련된 서비스표가 서로 저촉될 수 있는 것인가? 이 문제에 관한 사건으로 의약품을 지정상품으로 한 상표 "**EMCUR**"와 서비스표 "**EMCURE**"의 저촉에 관하여 유럽특허청(EUIPO) 및 유럽 사법재판소(CJEU: Court of Justice of the European Union)의 최근 판결을 살펴본다.

I. 사건의 개요

원고(Emcur Gesundheitsmittel aus Bad Emm GmbH)는 2002년부터 영문자상표 "**EMCUR**"를 제5류 "의약품" 및 제10류에 대해 EU 상표등록을 받은 상표권자이고

1 「창작과 권리」 제93호(2018년 겨울호).

(등록번호: 1 962 232), 동시에 2012년부터 독일 상표등록을 받은 상표권자이다(등록번호: 30 2012 046 049).

피고(Emcure Pharmaceuticals Ltd.)는 2013년 10월 영문자상표 "**EMCURE**"를 유럽상표청에 출원하였고, 이는 2014년 3월에 공고되었다. 피고의 상표는 "의약품, 의약품 연구 및 의료 서비스를 위한 의료 교육훈련, 출판업 및 광고업"을 포함하여 제35류, 제41류, 제42류, 제44류 및 제45류에 등록되었다.

원고는 오인혼동 가능성을 이유로 피고의 "**EMCURE**" 상표등록에 대해 이의를 제기하였고, 의료분야에서 원고의 "의약품"과 피고의 서비스업은 서로 상보적인 관계에 있다고 주장하였다. 또한 문제가 되는 상품 및 서비스업의 대상 소비자는 일반적으로 환자 및 의사 외에도 특히 제약회사, 보건관련 단체, 환자 단체 및 약국으로 서로 동일하다고 주장하였다. 그러나 유럽특허청(EUIPO)은 원고의 이의 제기를 기각하였다. 이에 불복하여 원고는 유럽 사법재판소(CJEU)에 항소하였다.

II. 유럽 사법재판소(CJEU)의 판결

상표와 서비스표가 서로 출처의 오인이나 혼동을 야기할 가능성은 그 상품 또는 서비스업이 서로 상보적인(complementary) 관계에 있어야 하며, 이는 상품과 서비스업이 서로 필수불가결한 관계에 있어야 함을 의미한다.

본 사건의 판결에서, 유럽 사법재판소는 원칙적으로 **상품이나 서비스업의 상보적인 관계**를 서로 밀접하게 관련되어 있는 것으로 어느 하나가 다른 하나의 사용이나 용도에 필수불가결하거나 중요하다는 의미가 있는 것으로 설명하였다. 그래서 궁극적으로, 소비자가 이러한 상품의 생산 또는 이러한 서비스업의 제공에 특정 회사가 책임이 있다고 생각할 수 있을 때 상보적이라 할 수 있다고 하였다. 본 사건이 이러한 경우에 해당하는지를 명확히 하기 위해, 사법재판소는 이의가 제기된 서비스표 "**EMCURE**"의 지정 서비스업에 대하여 면밀히 심리하였다.

(1) 피고의 지정서비스업 중에서 "Trade fairs; pharmaceutical training" 등은 원고의 지정상품인 "pharmaceutical products"와 상보적인 관계가 아니다.

피고의 제35류의 지정서비스업에는 특히 "Organisation of exhibitions, fairs, seminars and other events for commercial or advertising purposes"를 포함하고, 제41류의 지정서비스업에는 "Training and further education in the pharmaceutical and medical fields; organisation of workshops"를 포함한다.

원고는 "trade fairs, seminars and workshops in the field of health care"가 특정 질병이나 장애 및 그들의 예방 및 치료에 관한 정보를 제공하는 것을 목적으로 한다고 주장했다. 따라서 피고 서비스표가 사용되는 피고의 서비스업은 원고의 선등록상표 "**EMCUR**"가 사용되는 의약품은 서로 상보적이며, 경우에 따라서는 지원자에 따라, 의약품 취급 및 건강관리를 위한 준비도 가르칠 수 있다고 원고는 주장하였다.

그러나 사법재판소는 의약품 및 의료분야에서 "use of a medicinal product"는 "provision of a publication service"와는 필수불가결하거나 관련이 있을 정도로 상보적이지 않다는 점을 분명히 했다. 역으로, 의약품 사용을 위한 출판 서비스의 제공(provision of a publication service for the use of a medicinal product)도 필수불가결하거나 관련이 있을 정도로 상보적이지 않다고 했다. 또한 약물복용은 건강서비스업과의 관계를 꼭 필요로 하지는 않는다고 하였다. 따라서 출판 서비스와 같은 서비스는 의약품과 같은 상품에 필수불가결한 경우가 아니다.

더구나 의약품 및 질병 치료가 상업용, 광고 및 판촉 행사용 서비스(treatment of diseases are by no means similar to a service for commercial, advertising and promotional events)는 의약품(medicinal product)과 결코 유사하지 않기 때문에 문제의 상품과 서비스는 그 목적이 서로 다르다. 의약품은 약국이나 전문 의료시설에서 이용 가능하기 때문에, 문제의 상품과 서비스는 그 유통 경로도 완전히 다르다. 그러므로 본 사건의 상품과 서비스업은 서로 경쟁관계에 있지도 않고 서로 상보적이지도 않은 것으로, 사법재판소(CJEU)는 판결을 내렸다.

(2) "약제 연구(pharmaceutical research) 및 의료업(medical services)"은 원고의 지정

상품인 "pharmaceutical products"와 상보적인 관계이다.

사법재판소는 제42류의 "약제 연구(pharmaceutical research)"와 제44류의 "의료업(medical services)"에 대해서는 다르게 판단하였다. 원고는 의약품의 시장 출시 전에 약제 연구를 수행할 필요가 있다고 주장했다. 사법재판소는 원고의 이러한 견해를 지지하고 "의약품(pharmaceutical products)"과 "약제연구(pharmaceutical research)" 간의 근본적인 연관성을 분명히 하였다.

마찬가지로, 사법재판소는 제44류의 "의료업(medical services)"도 제5류의 "의약품(pharmaceutical products)"과 상보적인 것으로 판단하였다. 의약품을 사용하기 위해서는, 의료업은 필수불가결하며 밀접한 관계가 있다고 한 것이다.

Ⅲ. 결 어

유럽 사법재판소의 본 사건 판결은 두 관점에서 심리되었다. 제35류의 광고 및 영업에 관한 서비스업과 제41류의 교육관련 서비스업에 대한 이의신청은 기각되었다. 하지만, 제42류의 약제 연구(pharmaceutical research)와 제44류의 의료업(medical services)과 관련된 서비스업에 대한 이의신청은 인정되어 유럽특허청의 결정을 파기하였다. 제5류 또는 제10류의 상품에 대한 상표권은 제35류의 광고 및 영업에 관한 서비스업 및 제41류의 교육관련 서비스업을 보호하지 못하기 때문에, 필요한 경우, 제5류 또는 제10류의 상품에 대한 상표권뿐만 아니라, 제35류의 광고 및 영업에 관한 서비스업 및 제41류의 교육관련 서비스업에 대한 서비스표도 동시에 등록을 받을 필요가 있다 하겠다.

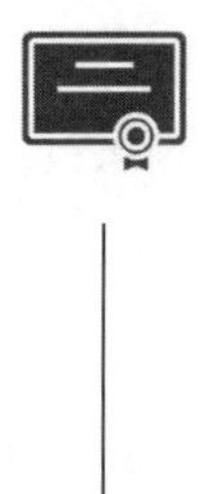

22. "GLIATAMIN" 상표의 무효사건[1]

— 특허심판원 2016.11.10. 심결 2015당5584, 특허법원 2017.08.18. 선고 2016허9196 등록무효(상), 대법원 2018.07.24. 선고 2017후2208 등록무효(상)에 대하여 —

I. 머리말

이탈리아 회사인 Italfarmaco s.p.a.는 상표 "**GLIATILIN**"에 대하여 제5류의 약제를 지정하여 1985년 등록받아 2016년 갱신등록한 상표권자다. Italfarmaco는 상표 "**GLIATILIN & 글리아티린**"에 대해서도 제5류의 약제를 지정하여 1993년 등록받아 2014년에 갱신등록하였다.

대웅바이오㈜는 상표 "**GLIATAMIN**"에 대하여 제5류의 약제를 지정하여 2014년 출원하여 2015년에 등록받았다.

---

1 「창작과 권리」 제94호(2019년 봄호).

그러자 Italfarmaco는 대웅바이오 ㈜의 등록상표 "**GLIATAMIN**"에 대하여 무효심판을 제기하였다. 무효사유는 두 가지이었는데, 하나는 등록상표 "**GLIATAMIN**"이 Italfarmaco의 위 두 개의 선등록상표와 유사하다는 것이었고(구상표법 제7조 제1항 제7호), 다른 하나는 대웅바이오㈜가 ㈜대웅제약의 자회사로서 Italfarmaco와 ㈜대웅제약의 계약 및 거래관계를 알 수 있는 위치에 있었으며, Italfarmaco가 선등록상표들을 사용하거나 사용 준비 중임을 알면서도 그 상표와 유사한 상표를 출원하여 등록받았다는 것이었다(구상표법 제7조 제1항 제18호).

이에 대해 특허심판원은 등록상표 "**GLIATAMIN**"이 Italfarmaco의 선등록상표들과 유사하지 않다고 판단하였다.

이 심결에 불복하여 청구된 소송에서 특허법원은 심결을 취소하였다. 대웅바이오㈜의 등록상표 "**GLIATAMIN**"이 Italfarmaco의 선등록상표들과 유사하다고 판단하여 등록상표 "**GLIATAMIN**"이 구상표법 제7조 제1항 제7호 및 제18호에 해당한다고 판단한 것이다.

하지만 대법원은 "**GLIATAMIN**"이 "**GLIATILIN**"이나 "**GLIATILIN & 글리아티린**"과 유사하지 않다고 판단하여, 특허법원의 원심을 파기하고 사건을 특허법원에 환송하였다.

이들 판단에 대한 문제점을 살펴본다.

II. 특허심판원의 심결[2]

1. 심결문

> *주 문*
>
> *1. 이 사건 심판청구를 기각한다.*

2 2015원5584, 심판장 권혁중, 주심 조원석, 심판관 김경욱.

2. 심판비용은 청구인이 부담한다.

청구취지

1. 상표등록 제1126451호는 그 등록을 무효로 한다.

2. 심판비용은 피심판청구인의 부담으로 한다.

이 유

1. 기초사실

가. 이 사건 등록상표

(1) 등록번호/출원일/등록일: 상표등록 제1126451호/2014.08.27./2015. 08.28.

(2) 구 성: **GLIATAMIN**

(3) 지정상품: 상품류 구분 제05류의 약제, 감각기관용 약제, 말초신경계용 약제, 백신, 소염제, 소화기관용 약제, 순환기관용 약제, 약용 캡슐, 약제용 연고, 약제용 정제, 의료용 보조제, 의료용 약제, 의료용 화학제, 의약용 진단시약, 인체용 약제, 노인성기억감퇴증치료제, 외상퇴행성대뇌증후군치료제, 원발퇴행성대뇌증후군치료제, 혈관퇴행성대뇌증후군치료제, 우울증치료제

나. 선등록상표들

(1) 선등록상표 1

(가) 등록번호/출원일/등록일/갱신등록일: 상표등록 제297150호/1993.06.09./1994.08.29./2014.06.23.

(나) 구 성: GLIATILIN 글리아티린

(다) 지정상품: 상품류 구분 제05류의 원발퇴행성대뇌증후군치료제, 혈관퇴행성대뇌증후군치료제, 외상퇴행성대뇌증후군치료제, 노인성기억감퇴증치료제, 퇴행성고지질혈증치료제, 동물용약제, 의료용고약, 접착고약, 구강소독제, 위생용소독제, 의료용훈증소독제, 화학세정용소독제, 해충구제제, 제초제, 살균제

(라) 등록권리자: 이탈파마코 에스.피.에이.

(2) 선등록상표 2

(가) 등록번호/출원일/등록일/갱신등록일: 상표등록 제132064호/1985.11.07./1986.10.13./2016.07.01.

(나) 구 성: **GLIATILIN**

(다) 지정상품: 상품류 구분 제05류의 퇴행성 고지질혈증치료제, 노인성기억감퇴증치료제, 외상퇴행성대뇌증후군치료제, 혈관퇴행성대뇌증후군치료제, 원발퇴행성

대뇌증후군치료제

(라) 등록권리자: 이탈파마코 에스.피.에이.

2. 당사자의 주장 및 답변

가. 청구인의 주장 요지

(1) 청구인은 선등록상표들의 상표권자로서, 이 사건 등록상표가 선등록상표들의 지정상품과 동일 또는 유사한 상품을 지정상품으로 하여 상표를 사용할 경우 심각한 피해를 입을 염려가 있으므로, 이 사건 등록상표의 소멸에 직접적이고 현실적인 이해관계가 있는 정당한 이해관계인에 해당한다.

(2) 이 사건 등록상표는 청구인의 선등록상표들과 표장 및 지정상품이 동일 · 유사한 상표이므로 구상표법(2016.02.29. 법률 제14033호에 의하여 개정되기 전의 것, 이하 '구상표법'이라 한다) 제7조 제1항 제7호에 해당하므로 그 등록이 무효가 되어야 한다.

(3) 또한 청구인은 ㈜대웅제약의 자회사로서 청구인과 ㈜대웅제약의 계약 및 거래관계를(갑제3호증의 1 내지 3) 알 수 있는 위치에 있었으며, 청구인이 선등록상표들을 사용하거나 사용 준비 중임을 알면서도 그 상표와 동일 · 유사한 상표를 동일 · 유사한 상품에 출원하여 등록받은 상표이므로 구상표법 제7조 제1항 제18호에 해당하므로 그 등록이 무효가 되어야 한다.

나. 피청구인의 답변 요지

(1) 이 사건 등록상표와 선등록상표들은 그 구성 중 "GLIA" 부분은 중추 및 말초신경계에 있어서 맥관계를 제외한 비신경세포를 뜻하는 신경교(神經膠)를 말하는 것으로서 '뇌신경 및 뇌보호'의 중요한 기능이 있고, 지정상품인 '노인성기억감퇴증치료제, 외상퇴행성대뇌증후군치료제 등'의 '뇌와 관련된 질병의 치료제'는 전문의약품으로서 그 수요자는 의사, 약사 및 뇌질환자 등인바 "GLIA"는 지정상품의 성질(품질, 효능, 용도 등)을 직접적으로 나타내고 있어 식별력 없는 부분이므로, 양 상표는 중심적인 식별력 있는 부분인 "타민"과 "티린(TILIN)"에 의하여 호칭될 것이므로, 양 상표는 외관, 칭호 및 관념이 비유사하므로, 이 사건 등록상표는 구상표법 제7조 제1항 제7호에 해당하지 않는 상표이다.

(2) 또한 이 사건 등록상표의 지정상품은 대부분 전문의약품으로서 그 특징상 병원에서 의사의 처방에 따라 약사에 의하여 투약되는 거래실정을 고려하면 의사나 약사가 주된 수요자가 될 것이며, 의약분야의 전문교육을 받은 의사나 약사는 표장의 조

그만 차이도 쉽게 구별할 수 있으므로 이 사건 등록상표와 선등록상표들을 혼동할 가능성이 없다.

(3) 이 사건 등록상표는 선등록상표들과 표장이 동일·유사하지 않으므로 구상표법 제7조 제1항 제18호에 해당되지 않는 상표이다.

3. 이 사건 등록상표가 구상표법 제7조 제1항 제7호 및 제18호에 해당하는지 여부

이 사건 등록상표가 선등록상표들과 관련하여 구상표법 제7조 제1항 제7호 및 제18호에 해당하여 그 등록이 무효로 되기 위해서는 양 표장이 서로 동일·유사하다는 것이 전제로 되어야 하므로, 먼저 양 표장의 유사여부를 살펴보도록 한다.

가. 판단 기준

상표의 유사 여부는 그 외관·호칭·관념을 객관적·전체적·이격적으로 관찰하여 그 지정상품의 거래에서 일반 수요자나 거래자가 상표에 대하여 느끼는 직관적 인식을 기준으로 하여 그 상품의 출처에 관하여 오인·혼동을 일으키게 할 우려가 있는지 여부에 따라 판단하여야 하므로, 대비되는 상표 사이에 유사한 부분이 있다고 하더라도 그 부분만으로 분리인식 될 가능성이 희박하거나 전체적으로 관찰할 때 명확히 출처의 혼동을 피할 수 있는 경우에는 유사상표라고 할 수 없다(대법원 2006. 08.25. 선고 2005후2908 판결 등 참조).

나. 구체적 판단

*이 사건 등록상표 "***GLIATAMIN***"은 고딕체의 영문자로 구성된 상표이고 선등록상표 1 "GLIATILIN 글리아티린"은 영문자와 한글이 상하로 병기되어 구성된 결합상표이며, 선등록상표 2 "***GLIATILIN***"은 영문자로만 구성된 표장으로서, 양 상표들은 한글의 유무, 문자 및 글자체의 차이 등의 차이로 인하여 전체적인 외관이 비유사하다.*

*칭호 및 관념에 있어서는 이 사건 등록상표 "***GLIATAMIN***"과 선등록상표 1 "GLIATILIN 글리아티린" 및 선등록상표 2 "***GLIATILIN***"의 구성 중 "GLIA" 부분이 '중추 및 말초신경계에 있어서 맥관계를 제외한 비신경세포를 뜻하는 신경교(神經膠)'의 의미(NAVER 두산백과사전 참조)를 가지고 있지만, 지정상품인 '노인성기억감퇴증치료제, 외상퇴행성대뇌증후군치료제' 등의 상품의 속성을 직접적으로 기술하는 것이라기보다는 품질이나 효능을 간접적, 암시적으로 표시하는 정도라고 보여지고, 양 상표의 구성은 문자가 동일한 크기와 동일한 글자체로 띄어쓰기 없이 일련불가분적으로 결합되어 있으므로, 이 사건 등록상표는 전체로서 "글리아타민"으로, 선등록상표들은 "글리아티린"으로 호칭되고 관념되어질 것이다. 더구나 양 상표는 비교적 짧은 5음절로 구성*

되어 있고, 지정상품은 '의약품'으로서 의약분야의 전문교육을 받은 의사, 약사 등 전문가에 의하여 주로 취급되므로 혼동의 우려가 적다고 보이므로, 양 상표는 칭호 및 관념에 있어서 비유사하다.

따라서 이 사건 등록상표는 선등록상표들과 외관, 칭호 및 관념이 서로 달라, 전체적으로 명확히 출처의 혼동을 피할 수 있는 비유사한 표장에 해당한다.

다. 소결론

그렇다면 이 사건 등록상표는 선등록상표들과 표장이 비유사하므로 나머지 요건에 대하여 더 나아가 살펴보지 않더라도 구상표법 제7조 제1항 제7호 및 제18호에 의한 무효사유가 존재하지 아니한다.

4. 결론

그러므로 이 사건 심판청구를 기각하고 심판비용은 청구인의 부담으로 하기로 하여 주문과 같이 심결한다.

2. 심결의 문제점

한마디로, 심결의 요지는 "**GLIATAMIN**"이 "**GLIATILIN**"과 유사하지 않다는 것이다. 그 이유로는. 등록상표는 "글리아타민"으로, 선등록상표들은 "글리아티린"으로 호칭되고 관념될 것이어서, 더구나 양 상표는 비교적 짧은 5음절로 구성되어 있고, 지정상품은 '의약품'으로서 의약분야의 전문교육을 받은 의사, 약사 등 전문가에 의하여 주로 취급되므로 혼동의 우려가 적다고 보이므로, 양 상표는 칭호 및 관념에 있어서 비유사하고, 외관도 다르다는 것이다.

참으로 한심한 심결이다. 등록상표가 "글리아타민"으로, 선등록상표들이 "글리아티린"으로 호칭된다고 판단한 점까지는 그런대로 좋았다. 하지만 이어지는 심결이유는 한심하기 짝이 없다. 구체적으로 살펴보자.

(1) 심결에서는, 양 상표가 비교적 짧은 5음절로 구성되었다고 하였다. 상표가 5음절로 구성된 것은 짧은 음절로 구성된 것이 아니다. 오히려 5음절로 구성된 상표

는 긴 음절로 구성된 상표에 해당한다. '**삼성**', '**대우**', '**현대**', '**애플**', '**갤럭시**', '**벤츠**', '**소나타**' 등과 같이 2개 내지 3개 음절로 이루어진 상표들이 수두룩하다. 어떻게 5음절로 이루어진 상표가 비교적 짧다는 것인가? 5음절로 이루어진 상표가 비교적 짧다고 한 것은 상표가 어떤 것인지 어떤 기능을 하는 것인지 등등의 상표의 본질에 대해서도 알지 못한다는 것을 반증한다. 동일한 수의 음절로 구성된 두 상표의 유사여부를 판단하면서 음절의 길고 짧음을 논할 필요는 없다. 그리고 거기에 "더구나"라는 표현은 왜 또 추가되었는가? "더구나"는 전혀 불필요한 용어지만, 양 상표가 유사하지 않다는 결론을 심정적으로 정당화하기 위하여 심판관이 나열한 용어에 불과하다.

(2) 의약품이 의약분야의 전문교육을 받은 의사, 약사 등 전문가에 의하여 주로 취급되므로 혼동의 우려가 적다고 한 것은 역시 상표의 유사여부를 판단할 줄 모르는 것이다. 동일한 상품에 대해 "**GLIATAMIN**"과 "**GLIATILIN**"이 사용된다면 누구나 혼동할 수 있다. 의사나 약사라고 해서 이들 상표가 혼동되지 않는다고 할 수 없다. 의사나 약사는 의약 분야에 있어서 전문가이지 상표를 접하고 인식하는 데에는 일반인과 다를 바가 없다. 일반인이라면 "**GLIATAMIN**"과 "**GLIATILIN**"을 혼동할 수 있지만, 의사나 약사라고 해서 "**GLIATAMIN**"과 "**GLIATILIN**"이 혼동되지 않는다는 판단은 명백히 잘못된 것이다. 의사나 약사라고 해서 의약을 연구하고 분석하듯이 상표를 대하지 않는다. 상표는 수많은 약품들의 브랜드 중의 하나에 불과할 뿐이다. 일반인들에게 "글리아타민"과 "글리아티린"이 혼동스럽게 들린다면, 의사나 약사에게도 마땅히 혼동스럽게 들리는 것이다.

(3) 심결에서는 칭호뿐 아니라 관념도 비유사하다고 하였다. 관념도 서로 유사하지 않다는 것이다. 그런데 "**GLIATAMIN**"과 "**GLIATILIN**"은 사전적(辭典的) 의미를 갖지 않는 조어상표이기 때문에, 어떤 의미나 관념을 갖지 않는다. 그런데도 관념이 유사하지 않다고 하였다. 이 경우는 관념을 판단할 수 없기 때문에 칭호와 외관만을 판단해야 하는데, 판단할 수 없는 것을 유사하지 않다고 한 것이다. 분명히

잘못된 판단이다.

(4) 심결에서는 외관도 다르다고 하였다. "**GLIATAMIN**"과 "**GLIATILIN**"을 보고서 외관이 다르다고 할 사람이 몇이나 될까? 물론 엄밀히 얘기해서 이들의 외관은 다르다. 그러나 상표의 유사여부는 서로 비슷하여 혼동의 가능성이 있는지를 판단하는 것이지 완전한 동일성을 논하는 것이 아니다. 이 두 상표는 동일하지는 않지만 외관이 비슷한 것이다. 그래서 서로 혼동을 일으킬 가능성이 있는 것이다. 더 구체적으로 판단하면, "**GLIATAMIN**"과 "**GLIATILIN**"은 영문자 대문자로 구성되고, 9개 철자 중에서 7개가 모두 같고, 2개만이 서로 다르다. 수치적으로 계산하더라도 78%가 동일하다. 이 외관이 유사하지 않다면 도대체 어떤 것을 유사하다고 할 수 있단 말인가?

(5) 상표법 제7조 제1항 제18호에 대한 논점에 대해서는 논의가 전혀 없다. 제18호에 해당하지 않는다는 결론만이 있을 뿐이다. 물론 두 상표가 유사하지 않다는 결론하에서는 제18호를 논할 필요가 없지만, 등록상표가 제18호에 해당한다면, 등록상표는 선등록상표로부터 모방한 것이라는 것을 알 수 있다. 두 상표가 유사하지 않다는 잘못된 결론 때문에 제18호에 대한 논의를 간단하게 물리쳤다.

(6) 심결에서는 어김없이 '판단기준'으로 대법원 판례를 인용하고 있다. 상표의 유사 여부를 판단한 사건에서 유사상표가 아니라고 판단한 판례이다. 사건 검토도 없이 이런 판례를 판단기준으로 제시한다는 것은 이미 두 상표가 유사하지 않다는 것을 상정한다. 판례를 이런 식으로 인용해서는 안 된다. 심결에서 인용한 판례는 본 사건과는 아무런 관계가 없다. 다만 앞으로 전개될 결론을 암시할 뿐이다.

Ⅲ. 특허법원의 판결[3]

1. 판결문

주 문

1. 특허심판원이 2016.11.10. 2015당5584 사건에 관하여 한 심결을 취소한다.

2. 소송비용은 피고가 부담한다.

청구취지

주문과 같다.

이 유

1. 기초사실

가. 피고의 이 사건 등록상표(갑2호증)

1) 출원일/등록일/등록번호: 2014.08.27./2015.08.28./제1126451호

2) 구 성: **GLIATAMIN**

3) 지정상품: 상품류 구분 제05류의 약제, 감각기관용 약제, 말초신경계용 약제, 백신, 소염제, 소화기관용 약제, 순환기관용 약제, 약용 캡슐, 약제용 연고, 약제용 정제, 의료용 보조제, 의료용 약제, 의료용 화학제, 의약용 진단시약, 인체용 약제, 노인성기억감퇴증치료제, 외상퇴행성대뇌증후군치료제, 원발퇴행성대뇌증후군치료제, 혈관퇴행성대뇌증후군치료제, 우울증치료제

나. 원고의 선등록상표들

1) 선등록상표 1(갑3호증)

가) 출원일/등록일/갱신등록일/등록번호: 1993.06.09./1994.08.29./2014.06. 23./제297150호

나) 구 성: GLIATILIN 글리아티린

다) 지정상품: 상품류 구분 제05류의 원발퇴행성대뇌증후군치료제, 혈관퇴행성대뇌증후군치료제, 외상퇴행성대뇌증후군치료제, 노인성기억감퇴증치료제, 퇴행성고

3 2016허9196, 재판장 이정석, 판사 김부한, 판사 이진희.

지질혈증치료제, 동물용약제, 의료용고약, 접착고약, 구강소독제, 위생용소독제, 의료용훈증소독제, 화학세정용소독제, 해충구제제, 제초제, 살균제

2) 선등록상표 2(갑4호증)

가) 출원일/등록일/갱신등록일/등록번호: 1985.11.07./1986.10.13./2016.07. 01./제132064호

나) 구 성: **GLIATILIN**

다) 지정상품: 상품류 구분 제05류의 퇴행성 고지질혈증치료제, 노인성기억감퇴증치료제, 외상퇴행성대뇌증후군치료제, 혈관퇴행성대뇌증후군치료제, 원발퇴행성대뇌증후군치료제

다. 이 사건 심결의 경위(갑1호증)

1) 원고는 2015.12.11. 특허심판원에 이 사건 등록상표 '**GLIATAMIN**'의 상표권자인 피고를 상대로, 「이 사건 등록상표는 원고의 선등록상표들인 선등록상표 1 'GLIATILIN 글리아티린' 및 선등록상표 2 '**GLIATILIN**'과 각 그 표장 및 지정상품이 유사하여 구상표법(2016.02.29. 법률 제14033호로 개정되기 전의 것, 이하 '구상표법') 제7조 제1항 제7호에 해당한다. 또한 피고는 주식회사 대웅제약(이하 '대웅제약')의 자회사로서, 원고와 대웅제약 사이의 계약 및 거래관계를 알 수 있는 위치에 있었는데, 원고가 선등록상표들을 사용하거나 사용 준비 중임을 알면서도 이와 동일・유사한 이 사건 등록상표를 동일・유사한 상품에 출원하여 등록받은 것이므로, 이 사건 등록상표는 구상표법 제7조 제1항 제18호에도 해당한다. 따라서 이 사건 등록상표는 구상표법 제7조 제1항 제7호 또는 제18호의 각 무효사유가 존재하므로, 그 등록이 무효로 되어야 한다.」는 취지로 주장하면서 이 사건 등록상표에 대한 등록무효심판을 청구하였다.

2) 이에 특허심판원은 위 심판청구를 2015당5584 사건으로 심리하여, 2016. 11. 10. 「이 사건 등록상표 '**GLIATAMIN**'은 선등록상표 1 'GLIATILIN 글리아티린' 및 선등록상표 2 '**GLIATILIN**'과 각 그 외관, 칭호 및 관념이 서로 달라서, 전체적으로 출처의 혼동을 피할 수 있는 비유사한 표장이므로, 구상표법 제7조 제1항 제18호의 무효사유가 존재하지 아니한다.」는 이유를 들어 원고의 위 심판 청구를 기각하는 내용의 이 사건 심결을 하였다.

2. 당사자의 주장 요지와 쟁점의 정리

가. 원고

다음과 같은 이유로 이 사건 등록상표는 어느 모로 보나 그 등록이 무효로 되어야

하는데도, 이 사건 심결은 이와 다르게 판단하였으니 위법하다.

1) 피고의 이 사건 등록상표는 원고의 선등록상표들과 각 그 표장 및 지정상품이 동일・유사하여 구상표법 제7조 제1항 제7호에 해당한다.

2) 이 사건 등록상표의 출원일 당시 피고는 업무상 거래관계 등을 통하여 원고가 선등록상표들을 사용하고 있음을 알면서도 그 상표와 동일・유사한 상품에 출원하여 등록받았으므로, 이 사건 등록상표는 구상표법 제7조 제1항 제18호에 해당한다.

3) 이 사건 등록상표는 선등록상표들과의 관계에서 수요자 간에 현저하게 인식되어 있는 타인의 상품이나 영업과 혼동을 일으키게 할 염려가 있으므로, 구상표법 제7조 제1항 제7호에 해당한다.

나. 피고

다음과 같은 이유로 이 사건 등록상표는 구상표법 제7조 제1항 제7호, 제18호 및 제10호에 해당한다고 할 수 없으므로, 이와 결론을 같이한 이 사건 심결은 적법하다.

1) 이 사건 등록상표와 선등록상표들은 각 그 외관, 관념 및 호칭이 서로 상이하여 전체적으로 유사하다고 볼 수 없으므로, 이 사건 등록상표는 구상표법 제7조 제1항 제7호 또는 제18호에 해당하지 않는다.

2) 선등록상표들은 이 사건 등록상표의 출원일 당시 수요자 간에 현저하게 인식되어 있는 상표라고 할 수 없고, 선등록상표들과 이 사건 등록상표 사이에 출처 혼동의 염려도 없으므로, 이 사건 등록 상표는 구상표법 제7조 제1항 제10호에도 해당하지 않는다.

다. 이 사건의 쟁점

따라서 이 사건의 쟁점은, ① 이 사건 등록상표가 구상표법 제7조 제1항 제7호 또는 제18호에 해당하는지 여부와 관련하여, 이 사건 등록상표가 선등록상표들과 각 그 표장이 유사한지 여부와 ② 이 사건 등록상표가 구상표법 제7조 제1항 제10호에 해당하는지 여부와 관련하여, 이 사건 등록상표가 선등록상표들과의 관계에서 수요자간에 현저하게 인식되어 있는 타인의 상품이나 영업과 혼동을 일으키게 할 염려가 있는 상표인지 여부가 된다.

3. 이 사건 등록상표와 선등록상표들의 각 표장이 유사한지 여부

가. 관련 법리

둘 이상의 문자 또는 도형의 조합으로 이루어진 결합상표는 그 구성 부분 전체의 외관, 호칭, 관념을 기준으로 상표의 유사 여부를 판단하는 것이 원칙이다. 그러나 상

표 중에서 일반 수요자에게 그 상표에 관한 인상을 심어주거나 기억 · 연상을 하게 함으로써 그 부분만으로 독립하여 상품의 출처표시기능을 수행하는 부분, 즉 요부가 있는 경우, 적절한 전체 관찰의 결론을 유도하기 위해서는 그 요부를 가지고 상표의 유사 여부를 대비 · 판단하는 것이 필요하다.

그리고 상표에서 요부는 다른 구성 부분과 상관없이 그 부분만으로 일반 수요자에게 두드러지게 인식되는 독자적인 식별력 때문에 다른 상표와 유사 여부를 판단할 때 대비의 대상이 되는 것이므로, 상표의 구성 부분 중 식별력이 없거나 미약한 부분은 요부가 된다고 할 수 없다.

나. 유사 여부 판단의 주체

다음과 같은 이유로 이 사건 등록상표와 선등록상표들의 각 표장이 유사한지 여부를 판단함에 있어 그 주체가 되는 수요자 및 거래자의 범위에는 일반 소비자는 물론, 의사, 약사 등의 전문가들도 포함된다고 보는 것이 옳다.

1) 이 사건 등록상표와 선등록상표들은 모두 '의약품'을 그 지정상품으로 하고 있다. 의약품은 오용 · 남용될 우려가 적고 의사의 처방 없이 사용하더라도 안전성 및 유효성을 기대할 수 있는 것으로 식품의약품안전처장이 지정한 '일반의약품'과 일반의약품이 아닌 '전문의약품'으로 구분된다(약사법 제2조 제9, 10호). 그런데 이 사건 등록상표의 경우는 뇌와 관련된 질병의 치료제인 "노인성 기억감퇴증치료제, 외상퇴행성 대뇌증후군치료제" 등의 전문의약품과 함께 "약제, 소염제, 소화기관용 약제" 등의 일반 의약품을 모두 그 지정상품으로 포함하고 있다.

2) 전문의약품은 그에 대한 광고가 금지되고 있어(약사법 제68조 제6항, 약사법 시행규칙 제84조) 의사, 약사 등 전문가가 아닌 일반인이 의약품에 대한 정보를 알기가 쉽지 않고, 일반의약품은 일반 소비자들이 약국에서 직접 필요한 의약품을 구매하지만, 이 경우에도 환자가 증상을 설명하면 약사가 그에 맞는 의약품을 골라주는 것이 거래실정이다. 또한 약사는 구매자가 필요한 의약품을 선택할 수 있도록 도와주는 복약지도를 할 의무가 있으므로(약사법 제1조 제12호, 제24조 제4항), 대개는 약사의 개입 하에 구매가 이루어지게 된다.

3) 따라서 의약품의 실제 수요자가 일반 소비자라고 하더라도 의사, 약사 등이 실제 그 판매 및 거래관계에 개입하고 있는 실정을 감안하면, 이 사건 등록상표와 선등록상표들이 동일 · 유사한 상품에 함께 사용되는 경우 그 유사 여부에 대한 판단은 의약품의 최종 수요자인 일반 소비자뿐만 아니라, 의사, 약사 등의 인식도 마땅히 일반

수요자나 거래자의 그것으로 함께 고려하여야 한다.

다. 양 표장 중 "GLIA" 부분의 식별력 유무

또한 다음과 같은 이유로 이 사건 등록상표와 선등록상표들 중 일부인 "GLIA" 부분은 그 식별력이 없거나 미약하다고 볼 수 없다.

1) 일반적으로 영어 단어인 "GLIA" 또는 그 한글 음역인 "글리아"는 중추 및 말초 신경계에 있어서 맥관계를 제외한 비신경세포로서 신경세포 사이에 중요한 상호작용을 하는 '신경교(神經膠, neuroglia)' 또는 '신경교세포(glia cell)'를 의미한다(을1호증의 1~7, 을2호증의 1~4).

2) 그러나 아래와 같은 설문조사 결과에 비추어 보면, 일반 소비자는 물론, 의사, 약사 등의 전문가들조차 "GLIA" 부분이 '신경교' 또는 '신경교세포'를 의미하는 것이라고 쉽게 직감하고 있는 것으로 보이지 않는다.

가) 즉, 원고의 의뢰를 받은 주식회사 코리아리서치센터(이하 '코리아리서치')는 2017.05.26.부터 06.02.까지 서울, 수도권, 부산, 대구, 대전, 광주에 거주하는 의사 100명, 약사 100명, 일반인 100명을 대상으로 「상표 인지도 관련 조사」(갑33호증의 1, 2)를 실시하였다.

그 결과 "귀하께서는 '글리아타민' 또는 '**GLIATAMIN**'이라는 의약품의 명칭(상표)을 보거나 듣는다면, 해당 명칭 중에 귀하께서 그 의미를 알고 있는 부분(용어)이 있습니까?"라는 질문에 대하여, 의사는 57%, 약사는 63%, 일반인은 20%가 "예"라고 답변하였다. 그러나 정작 위 질문에 이어 "그렇다면, 귀하께서 그 의미를 알고 있는 부분(용어)은 무엇입니까(복수응답 가능)?"라는 질문에 대하여는 복수응답 기준 의사는 3건, 약사는 3건, 일반인은 1건이 "글리아(GLIA)"라고 답변한 데에 그쳤다.

나) 한편, 피고의 의뢰를 받은 심퍼니브랜드 주식회사(이하 '심퍼니브랜드')는 2017.04.24.부터 05.02.까지 전국의 의사 100명, 약사 100명을 대상으로 「글리아(Glia)상표 설문조사」(을75호증)를 실시한 바 있고, 위 설문조사 결과 "귀하는 '글리아(Glia)'라는 단어를 들어보신 적이 있습니까?"라는 질문에 대하여, 의사의 54%와 약사의 46%가 "들어본 적이 있다."고 답변한 바 있다.

그러나 다른 한편, 피고가 의뢰한 위 설문조사 결과에서조차 "'글리아(Glia)'라는 단어의 의미를 생각나는 대로 써 주세요."라는 질문에 대하여 의사의 48.3%와 약사의 25.4%만이 뇌신경과 관련되어 있다고 답변하였고, 그 중 "신경교세포"라고 정확하게 답변한 것도 의사의 19.6%와 약사의 1.3%에 불과하였으며, 의사의 11.5%와 약사의 22.9%는 신경교나 신경교세포와 전혀 무관한 당뇨와 관련된 것이라고 답변하기도 하였다.

3) 나아가 "GLIA"가 신경교를 의미한다고 해서, 신경세포 자체와 기억감퇴증, 퇴행성 대뇌증후군 등 뇌질환 사이의 관계가 널리 알려져 있다고 보기 어렵고, 달리 이를 인정할 아무런 자료도 없다. 따라서 이 사건 등록상표와 선등록상표들 중 "GLIA" 부분이 각 그 지정상품 중 뇌질환 관련 치료제의 효능, 용도 등을 직감하게 한다고 보기는 어렵다.

라. 양 표장의 구체적인 대비

나아가 다음과 같은 이유로 이 사건 등록상표 '**GLIATAMIN**'은 선등록상표 1 'GLIATILIN 글리아티린' 및 선등록상표 2 '**GLIATILIN**'과 호칭이 유사하여 전체적으로 볼 때 표장이 서로 유사하다고 보아야 한다.

1) 앞서 본 바와 같이 이 사건 등록상표와 선등록상표들 중 "GLIA" 부분은 지정 상품의 효능, 용도 등을 직감하게 한다고 보기 어려워 그 식별력이 없거나 미약하다고 보기는 어렵고, 양 표장은 모두 위 "GLIA" 부분은 지정 상품의 효능, 용도 등을 직감하게 한다고 보기 어려워 그 식별력이 없거나 미약하다고 보기는 어렵고, 양 표장은 모두 위 "GLIA" 부분을 포함하여 그 뒤로 5글자의 영문자가 띄어쓰기 없이 이어져 하나의 단어와 같은 외관을 보이고 있는 점 등에 비추어 보면, 양 표장의 유사성은 전체적으로 관찰하는 것이 옳다.

2) 그런데 양 표장은 모두 9글자의 알파벳으로 이루어져 있고 한글로 읽을 때도 5음절로 음절수가 같으며, 우리말의 강세 위치에 비추어 상대적으로 강하게 발음되어 청감에 가장 뚜렷한 영향을 미치는 앞의 세 음절이 "글리아"로 동일하다. 또한 양 표장은 넷째 음절의 초성이 모두 "ㅌ"으로 공기를 세게 내뿜고 거세게 터뜨려서 내는 거센 소리(激音)인데다가, 다섯째 음절의 중성 "ㅣ"와 종성 "ㄴ"도 같다. 따라서 양 표장은 넷째 음절의 중성과 다섯째 음절의 초성의 차이에도 불구하고 전체적으로 유사하게 청음될 것이기 때문에 그 호칭이 유사하다고 보아야 한다.

3) 한편, 참고로 원고의 의뢰에 따른 위 코리아리서치의 설문조사(갑33호증의 1, 2) 결과에서도, "귀하께서는 '글리아타민(또는 GLIATAMIN)'과 '글리아티린(또는 GLIATLIN)'을 시간 또는 장소를 달리하여 따로따로 보거나 듣는다면 유사하다고 생각하는지요?"라는 질문에 대하여, 의사는 73%, 약사는 81%, 일반인은 66%가 "유사하다"고 답변하였고, 의사의 16%, 약사의 10%, 일반인의 15%만이 "서로 유사하지

않다"고 답변하고 있기도 하다.

마. 검토 결과의 정리

*이상에서 살핀 바를 종합하면, 이 사건 등록상표 '**GLIATAMIN**' 선등록상표 1 'GLIATILIN 글리아티린' 및 선등록상표 2 ' **GLIATILIN**'과 각 그 표장이 유사하고 지정상품이 동일·유사하며, 피고가 이 사건 등록상표의 출원일 당시에 업무상 거래관계 등을 통하여 원고의 선등록상표들에 대한 사용 사실을 알고 있었음을 자인하고 있는 이상, 이 사건 등록상표는 구상표법 제7조 제1항 제7호 및 제18호에 해당한다고 보아야 한다.*

4. 결론

그렇다면 이 사건 등록상표는 구상표법 제7조 제1항 제7호, 제18호, 제71조 제1항 제1호에 의하여 그 등록이 무효로 되어야 하므로, 이와 결론을 달리한 이 사건 심결은 나머지 점에 관하여 더 나아가 따질 필요 없이 위법하고, 그 취소를 구하는 원고의 청구는 이유가 있다.

2. 판결의 문제점

본 사건의 논점은 선등록상표 "**GLIATILIN**"과 후등록상표 "**GLIATAMIN**"이 유사한지의 여부에 관한 것이다.

판결에서는, 이들 상표 중에서 "GLIA" 부분은 지정 상품의 효능, 용도 등을 직감하게 한다고 보기 어려워 그 식별력이 없거나 미약하다고 보기는 어렵고, 양 표장은 모두 위 "GLIA" 부분을 포함하여 그 뒤로 5글자의 영문자가 띄어쓰기 없이 이어져 하나의 단어와 같은 외관을 보이고 있는 점 등에 비추어 보면, 양 표장의 유사성은 전체적으로 관찰하는 것이 옳다고 하였다. 또한 판결에서는, 피고가 이 사건 등록상표의 출원일 당시에 업무상 거래관계 등을 통하여 원고의 선등록상표들에 대한 사용 사실을 알고 있었음을 자인하고 있는 이상, 이 사건 등록상표는 상표법 제7조 제1항 제18호에 해당한다고 판결하였다. 그 결과, 양 상표가 유사하지 않다는 특허청의 심결을 취소하였다. 지극히 합당한 판결이라 하지 않을 수 없다.

판결에서는, 당사자들이 제출한 설문조사 결과에 대하여 간단히 언급하였지만,

그에 대한 구체적인 판단은 유보하였다. 상표의 유사여부를 판단함에 있어서 설문조사 결과를 증거로 제출하는 경우는 거의 없다. 본 사건에서, "GLIA"가 "신경교세포"를 의미한다 하더라도, 본건 상표는 "GLIA"가 아니고, "**GLIATILIN**"과 "**GLIA-TAMIN**"이기 때문에, "GLIA"의 의미를 안다는 것과 양 상표의 유사여부는 아무런 관계가 없기 때문이다. 상표의 유사여부를 판단함에 있어서 설문조사 결과에 의존한다는 것은 여전히 부정확한 방법으로, 상표의 유사여부는 일반 보통 수준의 수요자의 관점에서 판단하면 충분하다.

IV. 대법원의 판결[4]

1. 판결문

주 문

원심판결을 파기하고, 사건을 특허법원에 환송한다.

이 유

상고이유를 판단한다.

1. 둘 이상의 문자 또는 도형의 조합으로 이루어진 결합상표 중 어느 부분이 사회통념상 자타상품의 식별력을 인정하기 곤란하거나 공익상으로 보아 특정인에게 독점시키는 것이 적당하지 않다고 인정되는 경우에는 독립하여 상품의 출처표시기능을 수행하는 요부에 해당한다고 볼 수 없다(대법원 2006. 05.25. 선고 2004후912 판결 등 참조). 만일 상표의 구성 부분 전부가 식별력이 없거나 미약한 경우에는 그중 일부만이 요부가 된다고 할 수 없으므로 상표 전체를 기준으로 유사 여부를 판단하여야 한다(대법원 2001.04.27. 선고 2000후2453 판결, 대법원 2017.03.15. 선고 2016후2447 판결 등 참조).

2. 원심판결 이유와 기록에 의하면, 다음과 같은 사정을 알 수 있다.

4 2016허9196, 재판장 대법관 김신, 대법관 박상옥, 주심 대법관 이기택, 대법관 박정화.

가. 이 사건 등록상표인 '**GLIATAMIN**(상표등록번호 1 생략)'과 이 사건 선등록상표들인 'GLIATILIN 글리아티린(상표등록번호 2 생략)', '**GLIATILIN**(상표등록번호 3 생략)'은, 그 한글 음역이 5음절의 '글리아타민'과 '글리아티린(또는 글리아틸린)'으로, 앞의 3음절에 해당하는 'GLIA(글리아)' 부분이 공통되고, 뒤의 2음절에 해당하는 'TAMIN'과 'TILIN(티린)' 부분에 차이가 있다.

나. 양 표장 중 앞부분의 'GLIA(글리아)' 부분은 '신경교(神經膠, neuroglia)' 또는 '신경교세포(glia cell)'를 의미하고, 뒷부분의 'TAMIN'과 'TILIN(티린)'은 조어로서 의약품 작명 시 다른 용어에 붙어 접사와 유사하게 사용되고 있다.

다. '신경교(neuroglia)' 또는 '신경교세포(glia cell)'는 백과사전 및 과학용어사전 등에 '중추 신경계의 조직을 지지하는 세포로 뇌와 척수의 내부에서 신경세포에 필요한 물질을 공급하고 신경세포의 활동에 적합한 화학적 환경을 조성하는 기능을 하는 세포를 일컫는 용어'라고 설명되어 있다.

라. 의학 및 약학 교재인 '신경해부생리학', '인체해부학', '인체생리학', '신경학' 등에 'GLIA(신경교 또는 신경교세포)'에 대한 설명이 기재되어 있다. 그리고 의학 및 약학 관련 신문 등에는 'GLIA(글리아)' 연구를 통해 치매, 파킨슨씨병, 간질, 불면증, 우울증, 자폐증 등 뇌질환을 치료할 수 있다는 내용의 기사가 다수 게재되어 있다.

마. 의약품은 오용·남용될 우려가 적고 의사의 처방 없이 사용하더라도 안전성 및 유효성을 기대할 수 있는 것으로 식품의약품안전처장이 지정한 '일반의약품'과 일반의약품이 아닌 '전문의약품'으로 구분된다(약사법 제2조 제9, 10호). 이 사건 등록상표의 지정상품에는 '노인성기억감퇴증치료제, 외상퇴행성대뇌증후군치료제, 원발퇴행성대뇌증후군치료제, 혈관퇴행성대뇌증후군치료제, 우울증치료제' 등과 같은 전문의약품과 '소염제' 등과 같은 일반의약품이 있고, 전문의약품과 일반의약품이 모두 포함될 수 있는 '약제, 약제용 연고, 약제용 정제' 등이 있다.

바. 전문의약품의 경우는 의사가 환자의 증상에 따라 의약품을 처방하면 약사가 처방에 따른 조제를 하므로 사실상 일반 소비자가 의약품의 선택에 개입할 여지가 없다. 그리고 전문의약품은 광고가 원칙적으로 금지되고 있어[약사법 제68조 제6항, 의약품 등의 안전에 관한 규칙(2018.04.25. 총리령 제1455호로 개정되기 전의 것) 제78조 제2항] 의사, 약사 등 전문가가 아닌 일반 소비자가 약국에서 직접 필요한 의약품을 구매하지만, 이 경우에도 대부분 환자가 증상을 설명하면 약사가 그에 맞는 의약품을 골라주는 것이 거래실정이다. 그리고 약사는 구매자가 필요한 의약품을 선택

할 수 있도록 도와주는 복약지도를 할 의무가 있으므로(약사법 제2조 제12호, 제24조 제4항), 대개는 약사의 개입하에 구매가 이루어진다.

3. 위와 같은 사실관계 또는 사정을 앞에서 본 법리에 비추어 살펴본다.

가. 'GLIA(글리아)'의 의미 및 사용실태, 의약품에 관한 거래실정을 고려하면, 이 사건 등록상표와 선등록상표들 중 'GLIA(글리아)' 부분은 그 지정상품인 의약품과의 관계에서 뇌신경질환 관련 치료제로 수요자에게 인식되어 식별력이 없거나 미약할 뿐만 아니라 공익상으로 보아 특정인에게 독점시키는 것이 적당하지 않으므로 요부가 될 수 없다. 그리고 위 상표들 중 뒷부분에 위치한 'TAMIN'과 'TILIN(티린)'은 조어이기는 하나 의약품 작명 시 다른 용어에 붙어 접미사와 같이 사용되고 있으므로 독립하여 요부가 될 수 없다. 따라서 위 상표들의 전체를 기준으로 유사 여부를 판단하여야 한다.

나. 비록 이 사건 등록상표와 선등록상표들 중 'GLIA(글리아)' 부분이 공통되기는 하지만, 수요자는 뒤의 두 음절인 'TAMIN'과 'TILIN(티린)'의 외관과 호칭의 차이로 혼동을 피할 수 있을 것으로 보인다. 따라서 이 사건 등록상표와 선등록상표들의 표장은 서로 동일 또는 유사하다고 볼 수 없다.

다. 그런데도 원심은, 이 사건 등록상표와 선등록상표들 중 각 일부인 'GLIA(글리아)' 부분은 식별력이 없거나 미약하다고 볼 수 없고, 위 상표들은 호칭이 유사하여 전체적으로 볼 때 표장이 서로 유사하다고 판단하였다.

이러한 원심판단에는 상표의 유사 판단에 관한 법리를 오해함으로써 판결에 영향을 미친 잘못이 있다. 이 점을 지적하는 상고이유 주장은 이유가 있다.

4. 그러므로 나머지 상고이유에 대한 판단을 생략한 채 원심판결을 파기하고, 사건을 다시 심리・판단하도록 원심법원에 환송하기로 하여, 관여 대법관의 일치된 의견으로 주문과 같이 판결한다.

2. 판결의 문제점

특허청은 "**GLIATILIN**"과 "**GLIATAMIN**"이 유사하지 않다고 판단하였다. 하지만 특허법원은 이 두 상표가 유사하다고 판단하였다. 대법원은 다시 이 두 상표가 유사하지 않다고 판단하였다. 대법원이 유사하지 않다고 판단한 그 이유를 살펴보자.

> *"가. 'GLIA(글리아)'의 의미 및 사용실태, 의약품에 관한 거래실정을 고려하면, 이 사건 등록상표와 선등록상표들 중 'GLIA(글리아)' 부분은 그 지정상품인 의약품과의 관계에서 뇌신경질환 관련 치료제로 수요자에게 인식되어 식별력이 없거나 미약할 뿐만 아니라 공익상으로 보아 특정인에게 독점시키는 것이 적당하지 않으므로 요부가 될 수 없다. 그리고 위 상표들 중 뒷부분에 위치한 'TAMIN'과 'TILIN(티린)'은 조어이기는 하나 의약품 작명 시 다른 용어에 붙어 접사와 같이 사용되고 있으므로 독립하여 요부가 될 수 없다. 따라서 위 상표들의 전체를 기준으로 유사 여부를 판단하여야 한다.*
>
> *나. 비록 이 사건 등록상표와 선등록상표들 중 'GLIA(글리아)' 부분이 공통되기는 하지만, 수요자는 뒤의 두 음절인 'TAMIN'과 'TILIN(티린)'의 외관과 호칭의 차이로 혼동을 피할 수 있을 것으로 보인다. 따라서 이 사건 등록상표와 선등록상표들의 표장은 서로 동일 또는 유사하다고 볼 수 없다."*

위 판결 이유에 대해 구체적으로 살펴보자.

(1) 대법원은, 'GLIA(글리아)' 부분이 뇌신경질환 관련 치료제로 수요자에게 인식되어 식별력이 없거나 미약할 뿐만 아니라 공익상으로 보아 특정인에게 독점시키는 것이 적당하지 않다고 하였다.

본 사건에서 상표는 "**GLIA**"가 아니다. 본 사건에서의 상표는 "**GLIATILIN**"과 "**GLIATAMIN**"이다. 이들 상표에서 "**GLIA**"만을 분리하여 상표의 요부인지를 판단할 수는 없다. 이러한 판단은 '상표'의 개념도 모르는 자가 상표에 대해서 판단하고 있는 형국이다. 만일 등록된 상표가 "**GLIA**"라면 그렇게 판단할 수 있다. 그러나 본 사건에서의 상표는 "**GLIA**"를 등록받은 것이 아니라, "**GLIATILIN**"과 "**GLIATAMIN**"을 등록받은 것이다. 상표는 등록받은 대로 사용하는 것이다. "**입생 로랑**"을 "**입**"이나 "**생**"이나 "**로랑**"이라 하지 않는다. "**루이 뷔똥**"을 "**루이**"나 "**뷔똥**"이라 하지 않는다. 참으로 한심한 판단이다.

(2) 대법원은, "위 상표들 중 뒷부분에 위치한 '**TAMIN**'과 '**TILIN**(티린)'은 조어이기는 하나 의약품 작명시 다른 용어에 붙어 접미사와 같이 사용되고 있으므로 독립하여 요부가 될 수 없다. 따라서 위 상표들의 전체를 기준으로 유사 여부를 판단하여야 한다"고 판단하였다.

위 판결이유를 보면, 첫째, 판결이유로서의 논리가 없고, 둘째, 상표에 대해 전혀 무지하다는 것을 알 수 있다.

첫째, 판결에서는 위 상표로부터 "**GLIA**"를 분리하여 판단하였다. 그 다음에 남은 '**TAMIN**'과 '**TILIN**'에 대해서 판단하였다. 즉 상표를 "**GLIA**" 및 '**TAMIN**'과 '**TILIN**'으로 분리하여 판단하였다. 그리고 나서는 "상표들의 전체를 기준으로 유사 여부를 판단하여야 한다"고 판단하였다. 이는 모순된 논리다.

둘째, 대법원은 '**TAMIN**'과 '**TILIN**'이 조어라고 판단하였다. 상표법에서 조어로 이루어진 조어 상표는 절대적인 식별력(absolute distinctiveness)을 갖는 상표로 유사 상표가 존재하지 않는 이상 절대적으로 등록받을 수 있다. 조어인데 접미사로 사용되고 있다고도 하였다. 조어라는 것은 사전에 없는 단어라는 뜻이다. 즉 상표권자가 상표로 사용하기 위하여 만든 단어를 의미한다. 대표적인 예로 "**KODAK**"이라는 상표가 있다. 이렇게 상표권자가 만든 조어가 접미사로 사용되는 경우는 없다. 만일 어떤 음절이나 어절이 접미사로 사용되고 있다면 그것은 이미 조어가 아니다. 대법원의 이 판결은 최소한 조어 상표에 대해 알지 못하고 있다. 나아가, 대법원은 '**TAMIN**'과 '**TILIN**'이 접미사이기 때문에 요부가 될 수 없다고 하였다. 거듭 강조하지만, 본 사건의 상표는 "**GLIA**"도 아니요, '**TAMIN**'도 아니요, '**TILIN**'도 아니다. 본 사건의 상표는 "**GLIATILIN**"과 "**GLIATAMIN**"이다. 이들의 유사여부를 판단하면 되는 것이다. "**GLIA**"가 성질표시 용어라 하더라도 아무런 관계가 없다. "'**TAMIN**'과 '**TILIN**(티린)'은 조어이기는 하나 의약품 작명 시 다른 용어에 붙어 접미사와 같이 사용되고 있으므로 독립하여 요부가 될 수 없다. 따라서 위 상표들의 전체를 기준으로 유사 여부를 판단하여야 한다"고 판단한 판결이유는 코미디 같은 문장들이다.

(3) 대법원은, "비록 이 사건 등록상표와 선등록상표들 중 '**GLIA**(글리아)' 부분이 공통되기는 하지만, 수요자는 뒤의 두 음절인 '**TAMIN**'과 '**TILIN**(티린)'의 외관과 호칭의 차이로 혼동을 피할 수 있을 것으로 보인다"고 판단하였다. "**TAM**"과 "**TIL**"을 비교하지 않은 것이 천만다행이다. 대법원은 "상표들의 전체를 기준으로 유사 여부를 판단하여야 한다"고 판단하면서, 공통되는 "**GLIA**"를 제외하고, '**TAMIN**'과 '**TILIN**(티린)'을 분리하여 판단하였다. 그 결과 '**TAMIN**'과 '**TILIN**(티린)'은 외관과 호칭이 혼동스럽지 않다고 한 것이다. 가장 논리적이어야 할 법원의 판결이, 그것도 대법원의 판결이 모순된 논리의 극치를 보여 주고 있다.

V. 결 어

특허청은 "**GLIATILIN**"과 "**GLIATAMIN**"이 유사하지 않다고 판단하였다. 하지만 특허법원은 이 두 상표가 유사하다고 판단하였다. 대법원은 다시 이 두 상표가 유사하지 않다고 판단하였다.

대법원은, '**GLIA**' 부분이 뇌신경질환 관련 치료제로 수요자에게 인식되어 식별력이 없거나 미약할 뿐만 아니라 공익상으로 보아 특정인에게 독점시키는 것이 적당하지 않다고 하였다. 본 사건의 상표는 "**GLIA**"가 아니다. 본 사건에서의 상표는 "**GLIATILIN**"과 "**GLIATAMIN**"이다. 이들 상표에서 "**GLIA**"만을 분리하여 상표의 요부인지를 판단할 수는 없다. 만일 등록된 상표가 "**GLIA**"라면 그렇게 판단할 수 있다. 그러나 본 사건에서의 상표는 "**GLIA**"를 등록받은 것이 아니라, "**GLIATILIN**"과 "**GLIATAMIN**"을 등록받은 것이다. 상표는 등록받은 대로 사용하는 것이다.

"**GLIATILIN**"과 "**GLIATAMIN**"의 유사여부를 판단하면서, "**GLIA**"를 분리하여 제외하고 '**TAMIN**'과 '**TILIN**'에 대해서 판단하여 이들이 외관과 호칭의 차이로 혼동을 피할 수 있을 것으로 보인다고 판단한 것은 상표의 기본적인 개념은 물론 유사 판단의 법리에 무지한 잘못된 판단이다.

23. "해표 순창 궁 宮" 상표의 무효사건[1]

— 특허심판원 2018.05.30. 심결 2016당3745에 대하여 —

I. 머리말

상품구분 제30류의 간장, 고추장, 된장 등을 지정하여 등록된 하기 상표(상표등록 제1192245호)에 대하여 무효심판이 제기되었다.

(이하 '등록상표')

1 「창작과 권리」 제94호(2019년 봄호).

이 무효심판에서 제시되었던 인용상표는 선등록된 상표(상표등록 제570851호)이고, 지정상품은 등록상표와 동일 또는 유사한 것이었다.

순창궁전통식품

(이하, '인용상표' 또는 '선등록상표')

이 무효심판에서 특허심판원은 등록상표가 인용상표와 유사하다고 판단하여 등록상표의 등록을 무효로 한다는 심결을 내렸다.

이 심결에 대한 문제점을 살펴본다.

II. 특허심판원 심결문[2]

주 문

1. 상표등록 제1192245호는 그 등록을 무효로 한다.

2. 심판비용은 피청구인이 부담한다.

청구취지

주문과 같다.

이 유

1. 기초사실

가. 이 사건 등록상표

(1) 등록번호/출원일/등록일: 상표등록 제1192245호/2012.05.09./2016.07.25.

(2) 구 성: 해표 순창 宮

2 2016당3745, 심판장 손영식, 주심 심판관 정경훈, 심판관 조원석.

(3) 지정상품: 상품류 구분 제30류의 간장, 고추장, 된장, 자장, 장(醬)류, 청국장, 춘장.

나. 선등록상표

(1) 등록번호/출원일/등록일/소멸일: 상표등록 제570851호/2002.11.21./2004.01.06./2014.01.07.

(2) 구 성: 순창궁궐전통식품

(3) 지정상품: 상품류 구분 제30류의 간장, 고추장, 된장, 청국장, 쌈장, 메주, 식초.

(4) 등록권리자: 김행자

2. 당사자의 주장

가. 청구인의 주장

이 사건 등록상표는 선등록상표와 표장 및 지정상품이 동일 또는 유사하므로 상표법 제34조 제1항 제7호에 해당한다.

나. 피청구인의 주장

(1) 이 사건 심판청구는 이미 거절결정불복심판을 통해 이 사건 등록상표와 동일성 범위의 대상상표가 인용상표와 비유사함이 확정된 2014원6460 심결이 있음에도 불구하고 청구된 동일 사건에 해당하므로 상표법 제150조 일사부재리에 위배된다.

(2) 이 사건 등록상표는 '해표'를 포함하여 '해표순창궁'으로 인식되므로, 선등록상표와 비유사하다.

(3) 이 사건 등록상표의 등록여부 결정시점에 선등록상표가 소멸되어 양 상표가 공존할 가능성이 없으므로, 이 사건 등록상표의 등록을 유지하여도 일반수요자들이 양 상표의 출처를 오인 혼동할 우려가 없다.

3. 이 사건 심판청구의 적법여부

상표등록 무효심판의 이해관계인이라 함은 그 등록상표와 동일 또는 유사한 상표를 그 등록상표의 지정상품과 동일 또는 유사한 상품에 사용한 바 있거나 현재 사용하고 있는 자 또는 장래에 사용할 의사가 있는 것으로 추단할 수 있는 자로서, 그 등록상표의 소멸에 직접적인 이해관계가 있는 자를 말하는바(대법원 2009.05.28. 선고 2007후3325 판결 등 참조), 청구인은 이 사건 등록상표의 지정상품을 포함한 식품류를 생산 및 판매하는 사업자로서(갑제3호증) 이 사건 등록상표와 유사한 상표를 출원하였으나 거절된 자이므로(갑제6호증) 이 사건 등록상표의 존속여부에 관하여 직접적이고도 현실적인 이해관계가 있는 자임이 인정된다.

한편, 피청구인은 이 사건 심판청구는 2014원6460 심결과 동일한 사건에 해당하고, 동일한 사실 및 동일한 증거에 의해 청구된 것이므로 상표법 제150조에 위배된다고 주장하고 있으나, 이 사건 심판청구는 무효심판으로 2014원6460 거절결정불복심판과 심판의 종류가 다르며 청구인이 제출한 증거자료들은 위 거절결정불복심판에 제출된 자료와 동일한 증거에 해당하지 않아, 상표법 제150조의 일사부재리에 위배되지 않는다.

4. 판단

가. 표장의 유사 여부

피청구인은 이 사건 등록상표의 등록여부 결정시점에 선등록상표가 소멸되어 양 상표가 공존할 가능성이 없으므로, 이 사건 등록상표의 등록을 유지하여도 일반수요자들이 양 상표의 출처를 오인 혼동할 우려가 없다고 주장하나, 이 사건 등록상표의 출원일은 2012.05.09.로 상표법 부칙 제9조에 의해 구상표법(2016.02.29. 법률 제14033호에 의하여 개정되기 전의 것)이 적용되어 유사여부의 판단시점이 '등록여부 결정시'가 아닌 '출원시'이며, 이 사건 등록상표의 출원시점에 선등록상표는 소멸되지 않고 유효하게 존속하였으므로, 이 사건 등록상표와 선등록상표와의 유사여부를 살펴본다.

(1) 판단기준

상표의 유사 여부는 동종의 상품에 사용되는 두 개의 상표를 그 외관, 호칭, 관념 등을 객관적 · 전체적 · 이격적으로 관찰하여 일반 수요자나 거래자가 상표에 대하여 느끼는 직관적 인식을 기준으로 하여 그 어느 한 가지에 있어서라도 거래상 상품의 출처에 관하여 오인 · 혼동을 초래할 우려가 있는지의 여부에 의하여 판단하여야 하며, 외관, 호칭, 관념 중 어느 하나가 유사하다 하더라도 다른 점도 고려할 때 전체로서는 명확히 출처의 혼동을 피할 수 있는 경우에는 유사상표라고 할 수 없으나, 반대로 서로 다른 부분이 있어도 그 호칭이나 관념이 유사하여 일반 수요자가 오인 · 혼동하기 쉬운 경우에는 유사상표라고 보아야 한다(대법원 2008.10.09. 선고 2008후1395 판결 참조).

(2) 구체적 판단

이 사건 등록상표는 " "과 같이 좌측 상단에 문자 '해표'를 포함하고 있는 붉은색 도형 ' '와 문자 '순창' 및 그 아래에 문자 '궁'을 포함하고 있는 작은 붉은색 도형 ' ', 우측 상단에 문자 '궁'의 한자어인 '宮'을 포함하고 있는 금색 도형 ' '이 병기된 표장이며, 선등록상표는 ' '과 같이 문자인 '순창궁

전전통식품'으로 구성된 표장으로, 양 표장은 도형의 유무 및 글자체의 차이로 인해 외관은 서로 유사하지 않다.

호칭 및 관념을 대비하여 보면, 이 사건 등록상표는 도형인 해표'와 문자인 '순창궁' 부분이 그 형태에 있어서 명확히 구분이 되며, 결합에 의하여 새로운 관념이 형성되지 않는 점에 비추어 이들을 분리하여 관찰하면 거래상 자연스럽지 못하다고 여겨질 정도로 불가분적으로 결합되어 있다고 볼 수 없는바, '해표'와 '순창궁'으로 분리되어 호칭 및 관념될 수 있다 할 것이다.

한편, 선등록상표의 '전통식품'은 지정상품인 '된장, 고추장, 간장' 등을 포함하는 식품의 카테고리로 지정상품과 관련하여 식별력이 없거나 미약하므로, 선등록상표는 중심적인 식별력을 갖는 부분인 '순창궁전'으로 호칭 및 관념될 수 있다 할 것이다.

따라서, 양 표장이 각각 '순창궁', '순창궁전'으로 호칭되는 경우 4개 음절 중 앞 3음절이 동일하여 그 호칭이 유사하고, 그로부터 연상되는 관념 역시 '순창궁궐' 등으로서 유사하다 할 것이다.

위와 같은 대비결과를 종합하면, 이 사건 등록상표는 선등록상표와 외관은 차이가 있으나, 거래사회에서 중요한 역할을 하는 호칭과 관념이 유사하여 양 표장이 동일 또는 유사한 상품에 함께 사용될 경우 일반 수요자나 거래자로 하여금 상품의 출처에 관하여 오인·혼동을 일으키게 할 염려가 있다고 보기에 충분하므로, 양 표장은 전체적으로 유사하다고 할 것이다.

나. 지정상품의 유사 여부

이 사건 등록상표의 지정상품 중 '간장, 고추장, 된장, 청국장'은 선등록상표의 지정상품과 동일하고, 위 지정상품을 제외한 나머지 지정상품들도 '장(醬)류'로서 선등록상표의 지정상품과 생산 및 판매 부문, 수요자의 범위 등이 공통되어 거래통념상 동일·유사한 상품에 해당한다.

다. 소결론

그렇다면, 이 사건 등록상표는 선등록상표와 표장이 유사하고, 지정상품도 동일·유사하여 출처의 오인·혼동 우려가 있으므로, 상표법 제34조 제1항 제7호에 해당하여 그 등록이 무효로 되어야 한다.

5. 결론

그러므로 이 사건 심판청구는 이유 있으므로 이를 인용하고 심판비용은 피청구인의 부담으로 하기로 하여 주문과 같이 심결한다.

Ⅲ. 심결의 문제점

본 심결에서는 상표 유사, 상품 유사, 일사부재리, 등록상표의 출원 중에 인용상표의 소멸 등이 논점으로 거론되었으나, 여기서는 본 심결의 핵심인 상표 유사에 대해서만 살펴본다.

한마디로, 심결의 요지는 두 상표가 유사하다는 것이다. 어떤 이유로 두 상표가 유사하다는 것인지 그 이유에 대해서 살펴보고, 그들의 문제점 나아가 상표로서의 표장에 대한 문제점을 살펴본다.

(1) 심결에서는, 우선 두 상표의 외관을 판단하였다. 판단 결과, 외관이 유사하지 않다고 하였다. 두 상표는 '**순창**'만이 동일하다. 두 상표는 '**궁**'도 동일하지만, 도안화 내지는 한자로 표기되었기 때문에, 전체적인 유사성은 인정하기 어렵다. 심결에서의 판단에 수긍하지 않을 이유를 찾아보기 어렵다.

(2) 심결에서는, 호칭과 관념을 함께 판단하였다. 상표 유사를 판단함에 있어서, 호칭과 관념은 전혀 다른 별개의 판단방법이다. 그런데도, 심결에서는 호칭과 관념을 함께 판단하였다. 상표 유사를 판단하는 3가지 방법으로 발음(칭호), 외관, 관념이 있으며, 이들은 서로 중첩적인(additive) 것이지만, 서로 독립적인(independent) 별개의 개념인 것이다. 즉, 호칭과 관념이 유사하다면 호칭만 유사한 경우보다 유사성은 높아지지만, 호칭 또는 관념만이 유사하다고 해서 유사성이 부인되는 것은 아니다. 심결에서, 호칭과 관념을 함께 판단했다는 것은 상표 유사의 판단 법리를 이

해하지 못하고 있다는 것을 말해 준다.

(3) 심결에서는, 등록상표와 관련하여 "결합에 의하여 새로운 관념이 형성되지 않는 점에 비추어 이들을 분리하여 관찰하면 거래상 자연스럽지 못하다고 여겨질 정도로 불가분적으로 결합되어 있다고 볼 수 없는 바, '**해표**'와 '**순창궁**'으로 분리되어 호칭 및 관념될 수 있다 할 것이다"라고 하였다.

① 심결에서는 분리관찰을 하였다. 그런데 상표 유사나 식별력을 판단함에 있어서는 분리 관찰을 해서는 안 된다. 분리 관찰을 하는 것이 아니라 전체 관찰을 해야 한다. 등록상표는 '**해표**'도 아니요, '**순창궁**'도 아니요, '**순창** 宮'도 아니다. 등록 상표는 위의 표장 전체인 것이다. 심결에서는 분리 관찰을 한 잘못을 저질렀다.

② 심결에서는, 분리 관찰을 해보았더니, "거래상 자연스럽지 못하다고 여겨질 정도로 불가분적으로 결합되어 있지 않다"고 하였다. 이 문장은 다른 심결이나 판결에서도 자주 등장하는데 아주 잘못된 것이다. 어떻게 결합되어야 '거래상 자연스럽지 못하다고 여겨질 정도로 불가분적으로 결합되어 있는' 것인지 알고 싶다. 어느 심결이나 판례도 이에 대한 해답을 제시한 적이 없다. 그럼에도 불구하고, 우리의 심결이나 판결은 이러한 해괴망측한 이유를 앵무새처럼 반복하고 있다. 이 또한 상표를 전체 관찰을 하지 아니하고, 분리 관찰을 함으로써 나타나는 폐단이다.

③ 심결에서는, 분리 관찰을 해보았더니, 등록상표는 '**해표**'와 '**순창궁**'으로 분리되어 호칭된다고 하였다. 관념도 또한 그렇다고 하였다. 그런데 '**해표**'와 '**순창궁**'은 전혀 다른 칭호이고, 전혀 다른 관념이다. 분리 관찰을 하니 이처럼 엉뚱한 칭호가 나오는 것이다. 등록상표는 '**해표 순창(궁)**'으로 호칭될 뿐이다. 또한 등록상표의 관념은 '**해표**', '**순창**' 및 '**궁(宮)**'의 관념을 갖는 것이다.

(4) 심결에서는, "선등록상표 중에서 '**전통식품**'은 지정상품과 관련하여 식별력이 없거나 미약하므로, 선등록상표는 중심적인 식별력을 갖는 부분인 '**순창궁전**'으로 호칭 및 관념될 수 있다"고 판단하였다. 이러한 판단은 상표의 개념을 전혀 이해하지 못한 잘못된 판단이다.

선등록상표는 '**순창궁전전통식품**(도안화된)'이지 '순창궁전'이 아니다. 상표는 등록받은 대로 판단하는 것이다. 상표에 일반명칭이나 기술(descriptive) 용어가 포함되어 있는 경우, 그 일반명칭이나 기술 용어를 제외하고 판단해서는 안 된다. 상표를 '**순창궁전**'이 아닌 '**순창궁전전통식품**'으로 채택한 이상, 그로 인한 이익과 불이익은 그 상표를 채택한 상표권자에게 돌아가는 것이다. 특허청이나 법원은 '**순창궁전전통식품**' 상표를 '**순창궁전**'이라고 해석해줄 아무런 이유가 없다.

또한 상표를 구성하는 일부가 기술 용어(descriptive term)나 일반명칭이라 해서, 그로 인하여 야기되는 상표의 전체적인 인상이나 느낌을 판단함에 있어 그 기술 용어나 일반명칭이 반드시 무시되거나 배제될 수 있는 것은 아니다.

심결에서는, 상표를 전체적으로 관찰하지 않고 분리하여 관찰함으로써 상표법의 유사판단 법리를 잘못 적용하였고, 그 결과 '**순창궁전전통식품**'을 '**순창궁전**'이라고 판단하는 잘못을 저질렀다.

(5) 이 심결에서도 어김없이 '판단기준'으로 대법원 판례를 인용하고 있다. 상표의 유사 여부를 판단한 사건에서 유사상표라고 판단한 판례이다. 사건 검토도 없이 이런 판례를 판단기준으로 제시한다는 것은 이미 두 상표가 유사하다는 것을 상정한다. 판례를 이런 식으로 인용해서는 안 된다. 심결에서 인용한 판례는 본 사건과는 아무런 관계가 없다. 쓸데없이 지면만을 차지할 뿐이다.

(6) 본 사건에서는, 등록상표의 출원 중에 인용상표가 소멸되었다는 논점이 제기되었는데, 심결에서는 이 논점을 '표장의 유사여부'에서 논의하였다. 등록상표의 출원 중에 인용상표의 소멸되었다는 논점은 상표의 유사 여부와는 전혀 다른 별개의 논점이다. 심결문을 이렇게 작성한다는 것은 논점이 무엇인지도 파악하지 못하고 있다는 것을 반증한다. 논점 파악도 제대로 되지 않으니까 그에 대한 논의나 심리가 제대로 될 리가 없다.

Ⅳ. 기타의 문제점

(1) 상표 선택의 문제점

상표를 선택할 때, '**순창궁전전통식품**'이라 할 것인지 아니면 '**순창궁전**'이라 할 것인지는 신중히 생각해야 한다. 상표는 등록받은 대로 보호되기 때문이다. '**순창궁전**'으로 등록을 받았다면, '**순창궁**'이나 '**순창** 宮'은 그 등록상표를 침해할 가능성이 높아진다. '**해표 순창궁**'이나 '**해표 순창** 宮' 역시 마찬가지다. 하지만, '**순창궁전전통식품**'으로 등록을 받았다면, '**순창궁**'이나 '**순창** 宮'은 그 등록상표를 침해할 가능성이 그만큼 낮아진다. '**전통식품**'이 일반명칭이라고 등록상표로부터 함부로 분리할 수 있는 것이 아니다. 상표의 구성을 이해해야 한다. '**해표 순창궁**'이나 '**해표 순창** 宮'은 '**순창궁전전통식품**'을 침해할 가능성이 더욱더 낮아진다. 상표침해나 상표유사여부는 등록받은 상표 전체로 판단하는 것이지, 기술(descriptive) 용어나 일반명칭이라 해서 판단하는 자의 임의대로 함부로 제거할 수 있는 것이 아니다.

(2) 문자상표의 문제점

로마자를 사용하는 거의 대부분의 국가에서는 문자상표인 경우에 고딕체를 사용하여 출원하도록 하고 있다. "**APPLE**", "**KODAK**", "**3M**" 등과 같이, 고딕체로 출원하여 상표등록을 받는다. 물론 특별한 서체를 사용하는 경우에는 그 특별한 서체에 대하여 등록을 받는 경우도 많이 있다. 고딕체로 등록을 받으면, 보다 자유롭게 상표를 사용할 수 있다. 즉 그 고딕체에 한정하지 않고 소문자체, 필기체 등등 다양하게 변형하여 사용할 수 있다. 예를 들어, "**APPLE**"로 등록 받은 경우, "**Apple**", "***Apple***", "Apple" 등이 모두 정당한 사용으로 인정된다. 그러니까, '**순창궁전전통식품**'을 굳이 "순창궁전전통식품"으로 등록받을 이유가 없다. 우리나라는 아직까지 이에 대한 규정이 없다. 우리는 상표의 선택부터 시작해서 문자상표를 어떻게 출원하고 사용범위를 어떻게 해석할 것인지에 대한 규정도 없다.

V. 결 어

특허심판원은 등록상표 "해표 순창 宮"와 인용상표 "순창궁전전통식품"의 유사여부를 판단함에 있어서, 두 상표가 유사하다고 판단하였다. 그 이유로써, 특허심판원은, 외관은 유사하지 않지만, 호칭과 관념이 유사하다고 하였다. 등록상표는 '**해표**'와 '**순창궁**'으로 분리되어 호칭되고 그러한 관념을 갖고, 인용상표는 중심적인 식별력을 갖는 부분인 '**순창궁전**'으로 호칭 및 관념을 갖기 때문에, 호칭과 관념이 유사하다는 것이다.

그러나 상표 유사나 식별력을 판단함에 있어서는 분리 관찰을 해서는 안 된다. 분리 관찰을 하는 것이 아니라 전체 관찰을 해야 한다. 또한, 심결에서는, "인용상표 중에서 '**전통식품**'은 지정상품과 관련하여 식별력이 없거나 미약하므로, 인용상표는 중심적인 식별력을 갖는 부분인 '**순창궁전**'으로 호칭 및 관념될 수 있다"고 판단하였다. 하지만, 인용상표는 '**순창궁전전통식품**(도안화된)'이지 '**순창궁전**'이 아니다. 상표는 등록받은 대로 판단하는 것이다. 상표에 일반명칭이나 기술(descriptive) 용어가 포함되어 있는 경우, 그 일반명칭이나 기술 용어를 제외하고 판단해서는 안 된다. 상표를 '**순창궁전**'이 아닌 '**순창궁전전통식품**'으로 채택한 이상, 그로 인한 이익과 불이익은 그 상표를 채택한 상표권자에게 돌아간다. 특허청이나 법원은 '**순창궁전전통식품**' 상표를 '**순창궁전전통식품**'이라고 해석해줄 아무런 이유가 없다. 상표를 구성하는 일부가 기술 용어(descriptive term)라 해서, 그로 인하여 야기되는 상표의 전체적인 인상이나 느낌을 판단함에 있어 그 기술 용어나 일반명칭이 반드시 무시되거나 배제될 수 있는 것은 아니다.

24. "PINK LADY" vs "WILD PINK" 침해여부[1]

— 유럽에서의 상표침해 —

I. 사건의 개요

유럽연합 법원(CJEU)은 2018년 10월 선등록상표인 "**PINK LADY**"와 후등록상표인 "**WILD PINK**"의 상표 분쟁에서 "**PINK LADY**"의 손을 들어 주었다. 법원(CJEU)은 과일 및 과실 에센스와 같은 상품을 지정하여 출원된 영문자 상표 "**WILD PINK**"의 등록을 인정한 유럽특허청(EUIPO)의 결정을 취소하였다.

II. 유럽특허청(EUIPO)의 판단

선등록상표의 상표권자는 유럽 상표의 등록을 저지할 수 있는 수단으로 이의신

1 「창작과 권리」 제94호(2019년 봄호).

청을 할 수 있다. "**WILD PINK**"가 등록되자 애플 앤 피어 오스트레일리아 리미티드와 스타 후르츠 디퓨전(Apple and Pear Australia Limited and Star Fruits Diffusion)은 유럽특허청(EUIPO)의 이의신청국(Opposition Division)에 이의신청을 제기하였다. 그러나 이 이의신청은 받아들여지지 않았고, 이에 불복하여 항소부(Board of Appeal)에 항소하였다. 그러나 항소에서도 이의신청은 받아들여지지 않았다.

유럽특허청 항소부는 "**PINK**"가 관련 수요자들에게 과일 및 과실 에센스와 같은 지정상품의 색상을 기술하는 기술(descriptive) 용어로 인식될 수 있다고 판단하였다. 항소부는 또한 문제가 되는 두 상표가 관념적으로, 시각적으로 그리고 음성학적으로 다르다고 판단하였다. 특히 선등록상표에서는 "**PINK**"가 앞에 오는 반면, 후등록상표에서는 "**PINK**"가 뒤에 오기 때문에, 항소부는 두 상표 사이에 명확한 차이가 있다고 판단하였다.

Ⅲ. 유럽연합 법원(CJEU)의 판단

계속된 항소에서, 법원(CJEU)은 분쟁중인 두 상표에서 "**PINK**"의 의미와 지배력(상표의 요부)에 대하여 상세히 심리하였다.

① "**PINK**"의 의미: 법원은, 사과가 분홍색이 아니라는 것은 결코 주지의 사실로 볼 수 없다고 하였다. 원고인 애플 앤 피어 오스트레일리아 리미티드와 스타 후르츠 디퓨전(Apple and Pear Australia Limited와 Star Fruits Diffusion)은 이 점을 주장하였다. 그러나 유럽특허청(EUIPO)에서도 올바로 명시했듯이, 후등록상표의 지정상품인 "fruits(과일)"는 사과를 비롯하여 라즈베리, 딸기, 체리 및 석류와 같이, 분홍색일 수 있는 다른 과일을 포함하는 것으로 해석하였다. 결과적으로, "**PINK**"는 그러한 상품들을 설명하는 기술(descriptive) 용어로 간주되어야 한다고 판단하였다.

② "**PINK**"의 지배력(상표의 요부) 판단: 유럽법원(CJEU)은 "**PINK**"의 지배력(상표의 요부)과 관련하여 유럽특허청(EUIPO)과는 다르게 판단하였다. 본 사건에서,

"**PINK**"가 "**LADY**"에 대해 부차적인 역할을 하고 있다 할지라도, 나머지 단어들인 "**LADY**"나 "**WILD**"가 각각의 상표에서 그 단독으로 지배적인 역할을 하는 것으로 볼 수 없다고 하였다. 이러한 관점에 비추어 볼 때, "**PINK**"는 두 상표에서 각각 중요하지 않은 사소한 역할을 하는 것으로 볼 수 없고, 따라서 "**PINK**"는 무시할 수 없다고 보아야 한다. 상표를 구성하는 일부가 기술 용어(descriptive element)라 해서, 그로 인하여 야기되는 상표의 전체적인 인상이나 느낌을 판단함에 있어 그 기술 용어가 반드시 무시될 수 있는 것은 아니다.

Ⅳ. 결 어

결론적으로, 유럽특허청 항소부는 두 상표가 시각적으로, 음성학적으로 그리고 관념적으로 다르다고 판단한 것은 잘못되었다. 그 결과, 유럽법원(CJEU)은 2017년 1월 10일 유럽특허청(EUIPO) 항소부의 심결(Case R 87/2015-4)을 취소하고 선등록상표권자의 이의신청을 인정하였다.

25. "섬 초" 상표의 무효사건[1]

— 특허심판원 2018.05.21. 심결 2018당639, 특허법원 2018.10.25. 선고 2018허5020 등록무효(상)에 대하여 —

I. 머리말

전남 신안군 비금면 소재 비금농업협동조합('비금농협')은 상표 '**섬 초**'에 대해 제31류의 시금치, 봄동, 하루나, 냉이 등을 지정하여 1996.03.29. 상표등록을 받고(등록번호 제336401호: 이하 '본건상표'), 2016.03.24. 갱신하여 20년 넘게 사용하여 왔다.

전남 신안군 도초면 소재 도초농업협동조합('도초농협')은 본건상표에 대해 2018년 무효심판을 청구하였다. 무효사유는 (1) 본건상표가 구상표법 제6조 제1항 제1호에서 규정하는 일반명칭 및 제2호에서 규정하는 관용명칭에 해당하고, (2) 구상표법 제7조 제1항 제11호에서 규정하는 수요자를 기만할 우려가 있다는 것이었다.

특허심판원은 심판청구인의 주장을 받아들여 본건상표를 무효로 심결하였다. 즉

1 「창작과 권리」 제95호(2019년 여름호).

본건상표가 일반명칭 및 관용명칭이 되었고, 또한 수요자를 기만할 우려가 있다고 판단하였다.

이 심결에 불복하여 청구된 소송에서 특허법원은 심결을 취소하였다. 이들 판단에 대한 문제점을 살펴본다.

II. 심결문과 판결문

1. 심결문[2]

주 문

1. 상표등록 제336401호는 그 등록을 무효로 한다.

2. 심판비용은 피청구인이 부담한다.

청구취지

주문과 같다.

이 유

1. 이 사건 등록상표

가. 등록번호/출원일/등록일/갱신등록일: 상표등록 제336401호/1995.01.23./1996.03.29./2016.03.24.

*나. 구 성: '**섬 초**'*

다. 지정상품: 상품류 구분 제29류의 시금치, 봄동, 하루나, 달래, 냉이

제31류의 시금치, 봄동, 하루나, 달래, 보리, 냉이

2. 당사자의 주장 및 답변

가. 청구인의 주장 요지

(1) 이 사건 등록상표는 최초 등록 후 20년 넘게 사용되어 오면서 타 지역에서 생산되는 동종의 '노지시금치'의 명칭으로까지 광범위하게 호칭되어 상품의 보통명칭을

2 심판장 심판관 손영식, 주심 심판관 김헌주, 심판관 정지우.

보통으로 사용하는 방법으로 표시한 표장만으로 된 상표이고 관용표장에 해당하므로 구상표법(2016.02.29. 법률 제14033호로 전부 개정되기 전의 것, 이하 같다) 제6조 제1항 제1호 및 제2호에 해당한다.

(2) 이 사건 등록상표는 그 지정상품의 하나인 '시금치'에 사용할 경우 소비자는 '노지 시금치'를 일반 시금치로 또는, 일반 시금치를 '노지 시금치'로 오인할 수 있고, 노지 시금치가 아닌 '봄동, 하루나, 달래, 보리, 냉이'에 사용할 경우에는 이들 상품들을 '노지시금치'로 오인케 하여 수요자를 기만하는 우려가 있으므로 구상표법 제7조 제1항 제11호에 해당한다.

나. 피청구인의 답변 요지

(1) 이 사건 등록상표인 '**섬 초**'와 관련하여 이 명칭은 비금도 시금치에만 사용되고 있으며, '포항초', '남해초'와 같은 다른 '노지 시금치' 상표들과 달리, '**섬 초**'는 전남 신안군 비금도에서 재배된 맛좋은 노지 시금치 브랜드로 거래계 및 수요자에게 널리 알려져 높은 가격으로 판매되고 있다.

(2) **섬 초**는 단순히 '섬풀' 정도로 인식될 뿐이어서 상품 자체의 혼동을 유발하거나, 상품의 품질을 오인시킬 가능성이 없다.

다. 청구인이 이해관계가 있는지 여부

청구인은 지역 특산물로 '노지 시금치'를 재배하여 '도초섬초'라는 상표로 전국에 상품을 출하하고 있는 자로서, 이 사건 등록상표의 권리자로부터 이 사건 등록상표에 대한 상표권침해금지 가처분신청을 받은 상태에 있음(갑제2호증)을 알 수 있으므로 이 사건 등록상표의 존속으로 인하여 자신의 권리 또는 법률상 지위에 불이익이 발생할 우려가 있는 상표등록무효심판을 청구할 적법한 이해관계인에 해당한다.

3. 이 사건 등록상표가 관용표장에 해당하는지 여부

가. 판단 기준

구상표법 제6조 제1항 제2호가 규정하는 상품(서비스업)에 대하여 관용하는 상표(서비스표)라 함은 특정 종류의 상품을 취급하는 거래계에서 그 상품의 명칭으로 일반적으로 사용한 결과 누구의 업무에 관련된 상품을 표시하는 것이 아니라, 그 상품 자체를 가리키는 것으로 인식되는 표장을 말하고, 이에 해당하는지 여부는 등록결정시를 기준으로 판단하여야 한다(대법원 2002.12.26. 선고 2002후2143 판결, 대법원 2003.12.26. 선고 2003후243 판결 등 참조 등 참조). 단, 구상표법 제71조 제1항 제5호는 '상표등록이 된 후에 그 등록상표가 제6조 제1항 각호의 1에 해당하게 된 경우(구상표법 제6조 제2항에 해당하게 된 경우를 제외한다)에도 상표등록의 무효심판을 청구할 수 있도록 규정하고 있다.

나. 구체적인 판단

이 사건 등록상표 "섬초"는 의 출원 당시인 1995.01.23. 경에는 '비금도의 재래종 노지 시금치'라기 보다는 식별력 있는 표장으로 인식되었다고 할지라도, 이후 '비금도의 재래종 노지 시금치'의 개념을 넘어 전라남도 신안군을 중심으로 한 도서지역에서 재배되는 '재래종 노지 시금치'로 그 의미가 확장되어 야생시금치와 섬초를 동일 상품으로 표기하고 취급하게 되면서 '재래종 노지 시금치'로 알려져 있음이 아래와 같은 증거에 의해 확인된다.

(1) 먼저, 재래종 시금치는 '노지 시금치', '섬초' 등으로 불리며 '포항초', '남해초' 등과 같이 생산지역의 이름이 붙어서 판매되고 있음을 알 수 있다(나무위키, 두산백과 및 네이버사전 직권검색).

(2) 다수의 신문기사 등에서 '섬초'를 '재래종 노지 시금치'와 동일하게 취급하는 표현이 나타나는데, '전국 백화점, 대형할인점 대부분이 섬초를 취급할 정도로 인기', '서울 가락동 농산물시장 시금치 공급량의 60%를 차지하는 섬초는 … 농약을 사용하지 않는 친환경 농산물이다(동아일보, 이상 갑제5호증)', '섬초는 해안청정 게르마늄 토양에서 자라… 당도가 높다', '하얀 금 나던 섬에서 푸른 섬초의 고장으로', '겨우내 섬초를 생산하고 주민들은 허리를 펴지 못한다', '섬초를 가득 실은 트럭은 목포에 도착하면 서울 농산물시장으로 간다(이상 갑제6호증)', '저농약 고품질 '비금섬초' 대박(농촌여성신문, 갑제7호증)', '섬초가 효자여', '신안군 주민들이 명품 시금치 '섬초'를 수확', '신안군 시금치는 섬에서 자란다고 해서 섬초라는 이름이 붙은 후 전국적으로 유명해졌다(갑제9호증)'와 같이 비금면에서 생산된 시금치에 한정된 것이 아니라, 적어도 신안군의 타 지역을 포함하고 있다.

(3) 피청구인인 비금농협에서 판매하는 상품박스에 '비금 섬초'로 표기( )하고 뒷면에 상품명을 시금치에 괄호로 '섬초'를 부기(품명 시금치(섬초) 수량)(갑제2호증)하고 있는 점은 '섬초'가 '비금면에서 재배된 재래식 노지 시금치'라기 보다는 '재래종 노지 시금치'의 관용표장이며, 그 생산지가 비금도임을 나타내는 것이라 할 수 있다.

(4) 인터넷 블로그를 직권으로 검색해 보면 '섬초 요리법' 소개, '섬초는 전라남도 비금도에서 생산되는 재래종 시금치를 의미한다'는 설명이나, '섬초 무침', '섬초와 모시조개로 만든 된장국', '섬초된장국 끓이는 법'에서 주재료로 섬초 200g으로 표시한

것, '섬초의 효능과 섭취시 주의할 점'이라는 표현과 같이 청구인의 등록상표인 "섬초"는 등록상표라기 보다는 상품의 명칭으로 사용되고 있음이 확인된다. 따라서, 이 사건 등록상표 "섬초"는 '재래종 노지 시금치'의 의미를 가지는 관용표장화되어 상표의 본질적 기능인 출처표시기능과 자타상품식별기능을 상실하였다고 봄이 상당하므로, 이 사건 등록상표는 구상표법 제6조 제1항 제2호에 해당하여 구상표법 제71조 제1항 제5호에 따라 그 등록이 무효됨을 면할 수 없다고 판단된다.

한편 피청구인은 '비금 섬초'가 비싼 가격으로 거래되고 있는 점을 지적하면서, 이를 "섬초" 상표관리의 증거로서 주장하고 있으나, 이는 해안도서지역의 재래종 시금치가 개량종에 비해 재배기간이 길고 영양가와 맛이 우수하기 때문이며, 설령 비금도에서 생산된 야생 시금치가 다른 '야생 시금치'에 비해 높은 가격을 받는다 하더라도 이는 출처표시로서의 '비금'의 품질이 평가받는 것이지 "섬초"의 독자적인 출처표시기능을 가지고 평가받는 것이라고 보기 어려우므로 "섬초"의 관용표장화 여부에 큰 영향을 주지 못한다고 할 것이다.

4. 이 사건 등록상표가 구상표법 제7조 제1항 제11호에 해당하는지 여부

가. 판단 기준

구상표법 제7조 제1항 제11호에서 정하고 있는 '상품의 품질을 오인하게 할 염려가 있는 상표'라 함은 그 상표의 구성 자체가 그 지정상품이 본래 가지고 있는 성질과 다른 성질을 갖는 것으로 수요자를 오인하게 할 염려가 있는 상표를 말하고, 특정의 상표가 품질오인을 일으킬 염려가 있다고 보기 위해서는, 당해 상표에 의하여 일반인이 인식하는 상품과 현실로 그 상표가 사용되는 상품과의 사이에 일정한 경제적인 견련관계, 예컨대 양자가 동일 계통에 속하는 상품이거나 재료, 용도, 외관, 제법, 판매 등의 점에서 계통을 공통으로 함으로써 그 상품의 특성에 관하여 거래상 오인을 일으킬 정도의 관계가 인정되어야 한다(대법원 1994.12.09. 선고 94후623 판결, 대법원 2000.12.22. 선고 2000후1542 판결 등 참조).

나. 구체적인 판단

이 사건 등록상표 "섬초"는 앞에서 본 바와 같이 '노지 시금치'를 나타내는 표장에 해당한다 할 것이므로 이를 지정상품의 하나인 '시금치'에 사용할 경우 소비자가 '노지 시금치'와 '일반 시금치'를 서로 혼동할 수 있으며, 나아가 이를 '시금치'가 아닌 지정상품인 '봄동, 하루나, 달래, 보리, 냉이' 등에 사용할 경우에는 이들 상품들을 '노지 시금치'로 오인케 하여 수요자를 기만할 우려가 있으므로 구상표법 제7조 제1항 제

11호에도 해당한다.

다. 소결

결국 이 사건 등록상표는 상표등록이 된 이후, 후발적으로 상표의 본질적인 출처 표시 기능을 상실한 것으로 판단되어 구상표법 제71조 제1항 제5호에 해당하고, 또한 지정상품에 사용하는 경우 구상표법 제7조 제1항 제11호에도 해당하므로 그 등록이 무효로 되어야 한다.

5. 결론

그러므로 이 사건 심판청구는 이유 있으므로 이를 인용하고 심판비용은 피청구인의 부담으로 하기로 하여 주문과 같이 심결한다.

2. 판결문[3]

주 문

1. 특허심판원이 2018.05.21. 2018당639 사건에 관하여 한 심결을 취소한다.

2. 소송비용은 피고가 부담한다.

청구취지

주문과 같다.

이 유

1. 기초사실

가. 원고의 이 사건 등록상표

1) 등록번호/출원일/등록결정일/등록일/존속기간 갱신등록일: 상표등록 제336401호/1995.01.23./1996.03.29./2016.03.24.

2) 구 성: '**섬 초**'

3) 지정상품: 상품류 구분 제29류의 시금치, 봄동, 하루나, 달래, 냉이

제31류의 시금치, 봄동, 하루나, 달래, 보리, 냉이

나. 이 사건 심결의 경위

3 재판장 판사 이제정, 판사 나상훈, 판사 이지영.

1) 피고는 2018.03.07. 원고를 상대로 특허심판원에 "이 사건 등록상표는 20년 이상 사용되면서 '노지 시금치'의 보통명칭 내지 관용표장이 되었으므로 등록이 무효가 되어야 하고, 이 사건 등록상표는 '노지 시금치'로 인식되므로, 이를 지정상품에 사용할 경우 '노지 시금치'로 오인하게 하거나 수요자를 기만할 우려가 있다"고 주장하면서 등록무효심판을 청구하였다.

2) 특허심판원은 2018.05.21. "이 사건 등록상표는 등록 후 '재래종 노지 시금치'의 의미를 가지는 관용표장이 되어 구상표법(2016.02.29. 법률 제14033호로 전부 개정되기 전의 것, 이하 '구상표법'이라고 한다) 제6조 제1항 제2호 및 구상표법 제71조 제1항 제5호에 해당하고, 이를 지정상품에 사용할 경우 일반 소비자가 지정상품을 '노지 시금치'로 오인할 수 있으므로 구상표법 제7조 제1항 제11호에도 해당하므로 등록이 무효로 되어야 한다"고 보아 피고의 심판청구를 인용하는 이 사건 심결을 하였다(2018당639).

[인정근거] 다툼 없는 사실, 갑제1, 2호증의 각 기재 및 영상, 변론 전체의 취지

2. 당사자들의 주장의 요지

가. 원고(심결취소사유)

상표등록 후 후발적으로 상표의 출처표시 기능을 상실한 경우 상표등록을 무효로 하는 구상표법 제71조 제1항 제5호 규정은 그 부칙 제4항에 따라 위 규정의 시행일 이전에 등록된 상표에 대해서는 적용될 수 없다. 그럼에도 불구하고 이 사건 등록상표가 '노지 시금치'를 의미하는 관용표장에 해당하여 구상표법 제6조 제1항 제2호 및 같은 법 제7조 제1항 제5호에 따라 등록이 무효가 되어야 한다고 본 이 사건 심결은 위법하다.

나아가 구상표법 제6조 제1항 제2호 및 같은 법 제7조 제1항 제11호에 해당하는 상표인지 여부는 최초 등록결정시를 기준으로 판단해야 하고, 최초 등록결정 당시 이 사건 등록상표가 보통명칭 또는 관용표장이 되었다거나 지정상품에 사용될 경우 상품의 품질을 오인하게 하거나 수요자를 기만할 염려가 있다고 볼 수 없음에도 불구하고 이와 달리 상표등록이 무효로 되어야 한다고 판단한 이 사건 심결은 위법하다.

나. 피고

이 사건 등록상표는 2차에 걸쳐 존속기간 갱신등록된 것으로, 등록무효 사유에 해당하는지 여부는 존속기간이 최종 갱신등록된 시점을 기준으로 판단해야 한다. 이 사건 등록상표는 오랜 기간 자유롭게 사용되어 '노지 시금치' 또는 "겨울철 노지 시금

치"를 의미하는 보통명칭 또는 관용표장이 되었으므로 구상표법 제71조 제1항 제5호 및 같은 법 제6조 제1항 제2호에 해당하고, 이 사건 등록상표를 그 지정상품에 사용할 경우 지정상품을 '노지 시금치'로 오인할 수 있어 상품의 품질을 오인하게 하거나 수요자를 기만할 염려가 있으므로 구상표법 제7조 제1항 제11호에도 해당하므로 그 등록이 무효로 되어야 한다.

3. 판단

가. 이 사건 등록상표가 구상표법 제6조 제1항 제1, 2호에 해당하는지 여부

1) 등록무효의 판단 시기

가) 관련 법리

구상표법 제6조 제1항 제1호가 규정하는 상품의 보통명칭 또는 같은 항 제2호가 규정하는 상품의 관용표장에 해당하는지 여부는 상표등록출원에 대하여 등록결정을 할 때를 기준으로 판단하여야 한다(대법원 2002.12.26. 선고 2002후2143 판결 등 참조).

다만 구상표법 제71조 제1항 제5호는 '상표등록이 된 후에 그 등록상표가 제6조 제1항 각호의 1에 해당하게 된 경우(구상표법 제6조 제2항에 해당하게 된 경우를 제외한다)에도 상표등록의 무효심판을 청구할 수 있도록 규정하고 있으나, 위 규정은 2001.02.03. 법률 제6414호로 개정되어 2001.07.01.부터 시행된 상표법에 신설된 규정으로, 위 개정 상표법 부칙 제4항에 의하면 그 시행 전에 상표등록출원 등이 된 등록상표의 심판 및 소송 등에 대하여는 종전의 규정을 적용하여야 한다고 정하고 있다(대법원 2015.02.12. 선고 2013후372 판결 등 참조.). 따라서 2001.07.01. 전에 출원된 상표에 대해서는 구상표법 제71조 제1항 제5호를 적용할 수 없다.

나) 판단

위와 같은 법리에, ① 우리의 상표법제가 등록하지 않은 상표의 사용을 금하지 않으면서도 상표등록시 등록제한 사유를 법으로 정하여 등록제한 사유 없이 등록된 상표에 대해 강하게 보호하고 있는 점, ② 다만 후발적으로 식별력을 상실한 경우에 한하여 심결이 확정된 때로부터 등록무효가 될 수 있도록 구상표법 제71조 제1항 제5호를 신설한 점, ③ 위 신설규정은 등록 후 식별력이 상실된 경우를 등록무효사유로 규정하고 있을 뿐 존속기간 갱신등록의 무효심판에 관한 구상표법 제72조 제1항에 위와 같은 규정을 두고 있지는 않은 점(상표권의 존속기간 갱신등록이 구상표법 제42조 제2항 단서의 규정에 위반된 경우 그 무효심판을 청구할 수 있다는 제72조 제1

항 제1호는 1997.08.22. 법률 제5355호 개정으로 삭제되었다), ④ 등록 후 보통명칭화되거나 관용표장이 되는 경우에도 권리범위확인심판 등을 통해 상표의 효력범위를 제한할 수 있는 점 등을 더하여 보면, 등록상표가 존속기간 갱신등록된 경우에도 구 상표법 제6조 제1항 제1, 2호에 해당하여 등록이 무효로 되어야 하는지 여부는 최초 등록결정시를 기준으로 판단해야 하고, 존속기간 갱신등록 출원시점이나 존속기간 갱신등록 시점을 기준으로 판단할 것은 아니다(특허법원 2011.03.25. 선고 2010허5840 판결 등 참조.)

이 사건 등록상표가 위와 같이 신설된 구상표법 제71조 제1항 제5호 규정의 시행일인 2001.07.01. 이전에 출원되어 등록결정된 사실은 앞서 본 바와 같으므로 이 사건 등록상표에 대하여는 구상표법 제71조 제1항 제5호를 적용하여 그 등록을 무효로 할 수는 없고, 이 사건 등록상표의 등록결정일인 1996.01.23.을 기준으로 이 사건 등록상표의 보통명칭 및 관용표장 해당 여부를 판단해야 한다.

2) 이 사건 등록상표의 등록결정 당시 보통명칭 또는 관용표장에 해당하는지 여부

가) 판단 기준

상품의 보통명칭이라 함은 상품의 일반적 명칭으로서 그 지정상품을 취급하는 거래계에서 당해 업자와 일반 수요자 사이에 그 상품을 지칭하는 것으로 실제로 사용되고 인식되어 있는 일반적인 명칭, 약칭, 속칭 등으로서 특정인의 업무에 관련된 상품이라고 인식되지 아니하는 것을 말하고(대법원 2003.08.19. 선고 2002후338 판결 등 참조), 관용표장이라 함은 특정 종류의 상품을 취급하는 거래계에서 그 상품의 명칭 등으로 일반적으로 사용한 결과 누구의 업무에 관련된 상품을 표시하는 것이 아니라 그 상품 자체를 가리키는 것으로 인식되는 표장으로서(대법원 2003.12.26. 선고 2003후243 판결 등 참조), 이러한 관용표장은 처음에는 특정인의 상표이던 것이 주지 · 저명의 상표로 되었다가 상표권자가 관리를 허술히 함으로써 동업자들 사이에 자유롭고 관용적으로 사용하게 된 상표를 말하는 것이다(위 법원 2002후2143 판결 등 참조).

어느 상표가 지정상품의 보통명칭화 내지 관용하는 상표로 되었는가의 여부는 그 나라에 있어서 당해 상품의 거래실정에 따라서 이를 결정하여야 하며, 상표권자의 이익 및 상표에 화체되어 있는 영업상의 신용에 의한 일반수요자의 이익을 희생하면서까지 이를 인정해야 할 만한 예외적인 경우에 해당하는가를 고려하여 신중하게 판단하여야 하고(대법원 2005.10.14. 선고 2005도5358 판결 등 참조), 그 상표가 해당 상품의 동업자들이 자유롭게 사용한 결과 표장이 식별력을 상실하게 되었는지, 상표

권자가 해당 상표의 보호를 위한 적절한 조치를 취하지 않았는지 검토하여 제한적으로 허용해야 할 것이다.

나) 판 단

이 사건 등록 상표 '**섬 초**'는 한글 '섬초'를 특별히 도안화하지 않은 표장으로 '섬에서 나는 풀'의 의미를 갖는바, 이 사건 등록상표의 등록결정일인 1996.01.23. 무렵 '섬초'가 '노지 시금치' 또는 '겨울철 노지 시금치'를 의미하는 보통명칭 또는 관용표장에 해당하였는지 살펴본다.

을제1 내지 5호증의 각 기재에 의하면, 인터넷 포털 사이트에 게시된 신문기사나 질의응답 글에서 '섬초'가 시금치, 비금도 시금치, 신안군 시금치를 의미한다고 기재되어 있는 사실, 일부 인터넷 포털 사이트에서 제공하는 지식백과 등에 '겨울 노지 시금치가 포항초, 섬초, 남해초 등의 지역 이름을 달고 있다'는 내용이 게시된 사실은 인정된다.

그러나 위 각 신문기사나 게시글 등은 최근에 검색한 결과에 불과하여 이러한 게시물만으로는 그로부터 약 20년 전인 이 사건 등록상표의 등록결정일 무렵 '노지 시금치' 또는 '겨울철 노지 시금치'를 지칭하는 보통명칭이나 관용표장에 해당한다고 보기 부족하고, 달리 이를 인정할 증거가 없다.

오히려 을제2호증, 갑제3호증의 1 내지 7의 각 기재에 변론 전체의 취지를 종합해 보면, ① 전라남도 신안군 비금도 주민들이 1980년대 후반부터 겨울철에 비금도의 노지에 시금치를 재배해 온 사실, ② 비금도에서 한겨울에 재배되는 재래종 노지 시금치는 그 재배환경으로 인하여 땅바닥에 붙어서 잎이 옆으로 퍼진 형태로 자라게 되어, 직립으로 자라는 일반시금치와는 구분이 되고, 당도가 높고, 잎과 줄기가 두꺼워 식감이 좋아 서울 등 다른 지역에서 비싼 가격에 판매되어 온 사실, ③ 원고가 1993년경 비금도의 시금치 재배 농가들과 '겨울철 비금도에서 재배되는 재래종 노지 시금치'에 대해 비금도위탁판매계약을 체결하고 판매를 시작하다가, 1995.01.23.경 위 시금치를 포함한 6종의 야채를 지정상품으로 하여 이 사건 등록상표를 출원하고, 원고의 조합원이 생산하는 시금치 등에 위 상표를 사용하게 한 사실을 인정할 수 있을 뿐이다.

나. 이 사건 등록상표가 구상표법 제7조 제1항 제11호에 해당하는지 여부

1) 관련법리

구상표법 제7조 제1항 제11호에서 정하고 있는 '상품의 품질을 오인하게 할 염려

가 있는 상표'라 함은 그 상표의 구성 자체가 그 지정상품이 본래 가지고 있는 성질과 다른 성질을 갖는 것으로 수요자를 오인하게 할 염려가 있는 상표를 말하고, 특정의 상표가 품질오인을 일으킬 염려가 있다고 보기 위해서는, 당해 상표에 의하여 일반인이 인식하는 상품과 현실로 그 상표가 사용되는 상품과의 사이에 일정한 경제적인 견련관계, 예컨대 양자가 동일 계통에 속하는 상품이거나 재료, 용도, 외관, 제법, 판매 등의 점에서 계통을 공통으로 함으로써 그 상품의 특성에 관하여 거래상 오인을 일으킬 정도의 관계가 인정되어야 하며, 지정상품과 아무런 관계가 없는 의미의 상표로서 상품 자체의 오인·혼동을 일으킬 염려가 있다는 사유만을 가지고는 일반적으로 품질오인의 우려가 있다고 할 수 없고, 그 염려가 있는지 여부는 일반수요자를 표준으로 하여 거래통념에 따라 판정하여야 한다(대법원 1994.12.09. 선고 94후623 판결, 대법원 2000.12.22. 선고 2000후1542 판결 등 참조). 그리고 어떤 상표가 수요자 기만의 염려가 있는지 여부는 그 상표의 등록결정시를 기준으로 판단하여야 한다(대법원 2006.07.28. 선고 2004후1304 판결, 대법원 2010.01.28. 선고 2009후3268 판결 등 참조).

2) 판단

피고가 제출한 증거들만으로는 이 사건 등록상표의 등록결정일 당시 이 사건 등록상표가 지정상품에 사용될 경우 상품의 품질을 오인하게 하거나 수요자를 기만할 염려가 있다고 보기 부족하고, 달리 이를 인정할 증거가 없다.

다. 이 사건 심결의 위법여부

이 사건 등록상표는 구상표법 제6조 제1항 제1, 2호에 의하여 등록이 무효로 된다고 볼 수 없고, 같은 법 제7조 제1항 제11호에 해당하지도 아니하므로, 지정상품에 사용될 경우 상품의 품질을 오인하게 하거나 수요자를 기만할 염려가 있다고 볼 수도 없다. 이 사건 심결은 이와 결론을 달리하여 위법하다.

4. 결론

이 사건 심결의 취소를 구하는 원고의 청구는 이유 있어 이를 인용하기로 하여 주문과 같이 판결한다.

Ⅲ. 평 석

1. 사건의 논점

본 사건은 1996년에 적법하게 상표등록을 받고 20년 이상 사용해 온 상표에 대해 무효를 주장한 사건으로, 무효사유는 (1) 본건상표가 일반명칭 및 관용명칭에 해당하고, (2) 수요자를 기만할 우려가 있다는 것이었다. 특허심판원은 심판청구인의 주장을 받아들여 본건상표가 일반명칭 및 관용명칭이 되었고, 또한 수요자를 기만할 우려가 있다고 판단하였다. 그러나 특허법원은 특허심판원의 이러한 판단이 잘못되었다고 하였다.

본 사건의 심결이나 판결을 보고 있노라면 우리나라 상표제도가 무지의 극치를 달리고 있다는 것을 실감케 한다.

적법하게 등록받아 20년 이상 사용해 온 상표가 수요자를 기만할 우려가 있다는 이유로 무효로 되는 경우는 이 세상 어느 나라에도 없다. 선등록된 상표와 유사하다고 판단되는 경우에도 등록일로부터 5년이 경과한 후에는 선등록상표에 의해 무효로 할 수 없다(상표법 제122조 제1항). 일종의 불가쟁(不可爭: Incontestability) 조항을 두고 있는 것이다. 본건상표가 수요자를 기만할 우려가 있다는 무효사유는 애시당초 잘못된 것이다. 특허심판원과 특허법원은 이 잘못된 무효사유에 대해 각하하지 아니하고 장황하게 판단하였다. 그것이 잘못된 무효사유인지조차도 알지 못한다는 것을 반증한다.

본 사건의 논점은 적법하게 등록받아 20년 이상 사용해 온 상표 '**섬 초**'가 그 지정상품과 관련하여 일반명칭화(becoming generic name)가 되었느냐 하는 것이다. 등록받을 시점에서는 적법한 상표로 인정되었으나, 그 후 상표관리를 잘못하여 그 상표가 그 지정상품의 일반명칭 내지는 관용명칭이 되었다면, 상표로서의 식별력을 상실하기 때문에, 더 이상 상표로서의 효력을 인정해 줄 수 없다는 상표법의 법리가 바로 일반명칭화(becoming generic name)이다.

2. 이 사건 등록상표의 근본적인 문제점

본건상표는 적법하게 등록받아 20년 이상 사용해 온 상표로서 본건 무효심판에서는 상표 '**섬 초**'가 그 지정상품과 관련하여 일반명칭화가 되었느냐 하는 것이 논점이지만, '**섬 초**' 자체에 문제가 있다.

본건상표 '**섬 초**'는 제31류의 시금치, 봄동, 하루나, 냉이 등을 지정하여 등록받았다. 그런데 상표권자는, 심결문에서 보듯이, "*섬 초'는 단순히 '섬 풀' 정도로 인식될 뿐이어서 상품 자체의 혼동을 유발하거나, 상품의 품질을 오인시킬 가능성이 없다*'고 주장하였다. 그렇다면 '**섬 초**'는 기술표장(descriptive mark)에 해당한다. 기술표장은 상표등록을 받을 수 없다. '섬 풀'로 인식되어 기술표장이라 할 수 있는 '섬초'가 어떻게 등록된 것인지 알 수 없다. 그러나, 기술표장의 경우에도 등록 후 5년 이상 사용하면 불가쟁 조항을 두어 무효로 할 수 없도록 하는 나라들이 많기 때문에, 너그럽게 보아 이 문제는 여기서 더 이상 거론하지 않는다(우리나라는 기술표장에 대한 등록상표에 대해 불가쟁 조항 즉 무효심판의 제척기간을 두고 있지 않다).

3. 상표의 무효와 취소도 구별하지 못하는 우리의 상표제도

적법하게 등록된 상표가 상표권으로서 효력을 상실하는 경우는 크게 무효와 취소가 있다. 무효는 등록받을 당시 등록받을 수 없는 상표임에도 불구하고 잘못하여 등록을 받았기 때문에 그 등록이 처음부터 없었던 것으로 판단하는 법적 효력을 갖고, 취소는 등록받을 당시에 등록받을 수 있는 상표로서 적법하게 등록받았으나, 추후 사용 과정에서 일정한 사유에 해당하여 더 이상 상표로서의 기능을 할 수 없게 되거나 더 이상 상표권의 효력을 인정해 줄 필요가 없다고 판단되는 경우에 그에 해당하게 된 때부터 상표권의 효력을 상실시키는 법적 효력을 갖는다.

예를 들어, (불가쟁 조항으로서의 심판청구 제척기간이 규정되어 있지만) 일반명칭표장이나 기술표장이 착오로 등록된 경우에 일정기간 내에 무효심판을 제기하여 무효로 할 수 있고, 그 경우 그 상표는 처음부터 등록되지 않았던 것으로 간주한다. 선등록상표와 유사함에도 불구하고 잘못하여 등록된 경우도 이에 해당한다. 한편, 취소의 대표적인 예로는 일반명칭화와 불사용이 있다. 등록 당시에는 적법하게 등록받았으나, 등록 후 상표관리를 잘못하여 그 상표가 그 상품의 일반명칭이나 관용명칭이 되어 버린 경우에 그 상표를 계속하여 유지하여 줄 필요가 없다. '**아스피린**'이 대표적인 일반명칭화의 예이고, '**엘리베이터**', '**에스컬레이터**', '**스카치 테이프**', '**셀로판**' 등이 그런 사유로 취소된 상표들이다. 우리나라에서도 '**정로환**', '**초코파이**' 등이 일반명칭이 된 결과 효력을 상실하게 되었다. 이 경우 일반명칭화가 되기 전까지의 상표권의 효력은 유지된다. 이것이 무효와 취소의 근본적인 차이점이다. 상표를 일정기간 사용하지 않음으로써 취소된 경우에도 또한 같다.

그렇다면, 상표의 무효사유와 취소사유는 엄연히 다르다는 것을 알 수 있다. 그런데 우리 상표법은 이 기본적인 사항조차도 알지 못한 채, 무효사유와 취소사유를 제대로 규정하고 있지 못하다.

4. 우리 상표법의 잘못된 무효사유

상표의 일반명칭화(becoming generic name)는 상표의 불사용(non-use)과 함께 가장 중요한 취소사유다. 그런데 2001.02.03. 상표법이 개정되기까지는 일반명칭화(becoming generic name)는 무효사유에도 없었고 취소사유에도 없었다. 2001.02.03. 개정된 상표법(법률 제6414호: 이하 '2001년 상표법')에서 비로소 일반명칭화가 도입되었다.

2001년 상표법 이전까지는 일반명칭화에 의하여 상표권이 소멸되는 규정이 없었기 때문에, 등록 후에 일반명칭화가 된 경우에는 상표권을 소멸시킬 수가 없었다. 그래서 일반명칭화가 된 경우에는 '상표권의 효력이 미치지 아니하는 행위'(현행 상표법 제90조)로 판단하여 상표침해를 인정하지 않았다.

그런데 애석하게도, 일반명칭화가 취소사유로 규정되지 않고, 무효사유로 규정되었다.[4] 일반명칭화는 등록 당시에는 적법한 상표이었으나, 등록 후에 상표관리를 잘못하여 상표로서의 기능 즉 식별력을 상실한 상표이기 때문에, 무효사유가 아니라 취소사유가 되어야 한다. 이는 상표법에서 아주 기본적인 개념이다.

상표권의 무효와 취소에 대한 개념을 이해하지 못한 채 취소사유로 규정할 것을 무효사유로 규정하다 보니까 효력 상실의 시점에 모순이 나오게 된다. 이런 모순을 땜질하기 위하여 만들어 놓은 규정이 제71조 제3항(2001년 상표법)이다.

상표등록을 무효로 한다는 심결이 확정된 때에는 그 상표권은 처음부터 없었던 것으로 본다. 다만, 제71조 제1항 제4호 내지 제6호의 규정에 의하여 상표등록을 무효로 한다는 심결이 확정된 때에는 상표권은 그 등록상표가 동호에 해당하게 된 때부터 없었던 것으로 본다(2001년 상표법 제71조 제3항).

참으로 한심한 규정이다. 일반명칭화된 상표를 취소사유에 규정하였다면 제71조 제3항은 규정하지 않아도 되는 규정이다. 상표권에 대한 기본개념을 모르니까 취소사유를 무효사유로 규정해 놓고, 그에 대한 효력상실의 시점에 대한 모순이 나오니까 그 모순을 땜빵하기 위하여 별도의 규정을 또 만들어 놓은 것이다. 더욱더 한심한 것은 이러한 규정을 '후발적 무효사유'라고 설명하는 자들이 있는데, 이는 무효와 취소에 대한 정확한 개념에 무지한 자들이다. 상표권에 대한 근본을 이해하려 하지 않고 겉으로 드러나는 모순을 감추기 위한 합리화에 지나지 않는다.

5. 특허법원 판결의 모순

등록상표의 일반명칭화에 대한 정확한 개념을 이해하고 나면, 본건 특허법원 판결이 얼마나 허무맹랑한가를 알게 될 것이다. 본 사건의 논점이 무엇인지에 대해서도 명확히 알게 될 것이다. 본 사건은 2001년 상표법 제7조 제1항 제11호에서 규정하는 수요자를 기만할 우려가 있다는 상표인지의 여부가 논점이 아니라는 것도 알게 될 것이다.

---

4 필자는 2001년 상표법 개정 당시 상표학회를 통하여 일반명칭화가 무효사유가 아니라 취소사유로 규정되어야 한다는 의견을 서면으로 특허청에 제출하였다. 그러나 필자의 의견은 무시되었고, 엉뚱하게도 무효사유로 규정되었다.

특허법원은 일반명칭화를 판단하면서 심판이 제기된 시점을 기준으로 일반명칭화를 판단하지 않고, 등록시점을 기준으로 일반명칭화를 판단하였다. 그런데 일반명칭화는 등록시에는 적법하였으나 추후에 일반명칭화가 되었는지의 여부를 판단하는 것이기 때문에 심판이 제기된 시점을 기준으로 판단하는 것이다.

특허법원이 이처럼 일반명칭화에 대한 판단시점을 잘못 적용한 것은 2001년 상표법 부칙 제4항에 근거한다. 이 부칙 제4항에 의하면, 이 법 시행 전에 상표등록출원 등이 된 등록상표의 심판 및 소송 등에 대하여는 종전의 규정을 적용하여야 한다고 정하고 있기 때문이다. 즉 본건상표는 1995년에 출원되었기 때문에, 2001년에 시행된 일반명칭화에 의한 무효심판을 적용받을 수 없다는 이유에서다. 형식적인 논리를 보면, 특허법원의 판단은 옳지만, 일반명칭화에 의한 무효심판을 도입하면서 부칙 제4항과 같이 규정하였기 때문에, 이 같은 문제가 발생한 것이다. 일반명칭화에 대한 개념을 이해하지 못하니까 부칙 제4항과 같은 엉터리 같은 조항이 들어간 것이다.

부칙 제4항의 잘못된 규정으로 말미암아 본 사건의 등록상표에 대해서는 일반명칭화에 대한 무효를 판단할 수 없다. 부칙 제4항 때문에 일반명칭화의 판단시점을 등록시점으로 보아 일반명칭화를 판단하고, 그 결과 등록시점에 일반명칭화가 아니기 때문에 무효가 아니라는 특허법원의 논리는 성립될 수 없다. 부칙 제4항 때문에 일반명칭화를 판단할 수 없으면, '상표권의 효력이 미치지 아니하는 범위' 정도로 판단할 수밖에 없다. 상표법도 엉망이고 그러한 상표법에 기초한 법원의 판단도 엉망이라는 것을 쉽게 알 수 있을 것이다. 모두가 상표법에 대한 기본 개념을 이해하지 못하기 때문이다.

Ⅳ. 결 어

본 사건은 1996년에 적법하게 상표등록을 받고 20년 이상 사용해 온 상표에 대해 무효를 주장한 사건으로, 무효사유는 (1) 본건상표가 일반명칭 및 관용명칭에 해당하고, (2) 수요자를 기만할 우려가 있다는 것이었다. 특허심판원은 심판청구인의 주장을 받아들여 본건상표가 일반명칭 및 관용명칭이 되었고, 또한 수요자를 기만할 우려가 있다고 판단하였다. 그러나 적법하게 등록받아 20년 이상 사용해 온 상표가 수요자를 기만할 우려가 있다는 이유로 무효로 되는 경우는 없다. 본 사건의 논점은 적법하게 등록받아 20년 이상 사용해 온 상표 '**섬 초**'가 그 지정상품과 관련하여 일반명칭화(becoming generic name)가 되었느냐 하는 것이다.

적법하게 등록된 상표가 상표권으로서 효력을 상실하는 경우는 크게 무효와 취소가 있다. 무효는 그 등록이 처음부터 없었던 것으로 판단하는 법적 효력을 갖고, 취소는 취소된 때부터 상표권의 효력을 상실시키는 법적 효력을 갖는다.

2001.02.03. 개정된 상표법에서 일반명칭화(becoming generic name)는 취소사유가 아니라 무효사유로 규정되었다. 취소사유로 규정할 것을 무효사유로 규정하다 보니까 효력상실의 시점에 모순이 나오게 된다. 이런 모순을 땜질하기 위하여 만들어 놓은 규정이 제71조 제3항(2001년 상표법)이다.

특허법원은 일반명칭화를 판단하면서 심판이 제기된 시점을 기준으로 일반명칭화를 판단하지 않고, 등록시점을 기준으로 일반명칭화를 판단하였다. 그런데 일반명칭화는 등록 시에는 적법하였으나 추후에 일반명칭화가 되었는지의 여부를 판단하는 것이기 때문에 심판이 제기된 시점을 기준으로 판단하는 것이다. 특허법원이 이처럼 일반명칭화에 대한 판단시점을 잘못 적용한 것은 2001년 상표법 부칙 제4항에 근거한다. 이 부칙 제4항에 의하면, 이 법 시행 전에 상표등록출원 등이 된 등록상표의 심판 및 소송 등에 대하여는 종전의 규정을 적용하여야 한다고 정하고 있기 때문이다.

부칙 제4항의 잘못된 규정으로 말미암아 본 사건의 등록상표에 대해서는 일반명칭화에 대한 무효를 판단할 수 없다. 부칙 제4항 때문에 일반명칭화의 판단시점을 등록시점으로 보아 일반명칭화를 판단하고, 그 결과 등록시점에 일반명칭화가 아니기 때문에 무효가 아니라는 특허법원의 논리는 성립될 수 없는 것이다. 부칙 제4항 때문에 일반명칭화를 판단할 수 없으면, '상표권의 효력이 미치지 아니하는 범위' 정도로 판단할 수밖에 없다.

26. 상표 "RB CAPITAL"의 거절결정[1]

— 국제상표등록 제1294610호의 한국지정 출원의 거절에 대하여 —

I. 머리말

국제등록상표(마드리드) 제1294610호는 영문자 표장 "**RB CAPITAL**"에 대하여 제36류의 서비스업 "real estate affairs; monetary affairs; tenant management services"를 지정한 출원으로('본원상표'), 심사관은 본원상표가 간단하여 식별력이 없기 때문에 상표법 제6조 제1항 제6호 및 제7호에 해당하여 등록받을 수 없다는 가거절이유를 통지하였다. 상기 제6호는 '간단하고 흔히 있는 표장만으로 된 상표'이고, 제7호는 '제1호부터 제6호까지에 해당하는 상표 외에 수요자가 누구의 업무에 관련된 상품을 표시하는 것인가를 식별할 수 없는 상표'를 규정한다.

이에 대하여, 출원인은 본원상표가 식별력을 갖는다는 의견서를 제출하였으나,

1 「창작과 권리」 제95호(2019년 여름호).

심사관은 출원인의 의견을 받아들이지 아니하고, 거절결정을 하였다.

II. 거절결정[2]

심사관의 거절결정서의 거절이유는 다음과 같다:

> *1. 출원인 의견요지*
>
> *본원상표는 영문자 'RB CAPITAL'로서, '알비 캐피탈'로 호칭됩니다. 본원상표는 'RB'가 아니고, 'RB CAPITAL'이기 때문에 상표심사기준 제11조 제2항을 적용할 수 없는 것입니다. 2개의 알파벳으로 이루어진 상표가 식별력이 없다고 단정하여 규정하는 상표심사기준 제11조 제2항은 그 자체로서 많은 문제를 야기하고 있지만, 본원상표에서는 2개의 알파벳으로 이루어진 'RB'가 아니라, 'CAPITAL'이 부기되어 'RB CAPITAL'로 이루어진 상표이기 때문에 상표심사기준 제11조 제2항을 적용하는 것은 타당하지 못하다 할 것입니다.*
>
> *물론 'CAPITAL' 단독으로 이루어진 상표는 성질표시표장에 해당되어 마땅히 식별력이 인정되지 않는 것입니다. 하지만, 상표를 이처럼 단어마다 분해하여 각각의 식별력을 판단한다면 각각은 식별력을 갖지 못하게 되는 경우가 무수히 존재하게 됩니다. 따라서 상표의 식별력은 상표를 단어마다 분해하여 판단해서는 아니 되며, 상표 전체로서 판단해야 되는 것입니다. 이러한 관점에서 본원상표 'RB CAPITAL(알비 캐피탈)'은 서비스 주체를 나타내기에 충분한 식별력을 갖는 것입니다.*
>
> *2. 심사관 검토의견*
>
> *본원상표 'RB CAPITAL'은 그 구성으로 미루어 볼 때 이를 대하는 수요자나 거래자는 알파벳 'RB'와 '자본, 자산' 등의 관념을 가지고 있는 영문자 'CAPITAL'이 일련적으로 결합한 상표로 쉽게 인식할 것입니다.*
>
> *본원표장 'RB CAPITAL'은 출원인 회사의 명칭이기는 하나, 'RB'는 간단하고 흔한 알파벳 2자로 식별력이 있다고 보기 어렵고, 'CAPITAL'은 '자본, 자산' 등의 관념을*

2 심사관 강경호.

가지고 있어 '금융, 재무, 부동산' 등의 지정서비스업에 사용할 경우 그 지정서비스업의 성질(서비스제공내용, 용도 등)을 직감시키는 서비스표시에 해당될 뿐 아니라, 거래업계에서 업종명으로도 다수가 사용하고 있어 식별력을 인정할 수 없습니다.

또한 전체적으로도 다수가 사용하는 알파벳의 형태로서 그 도안화의 정도가 일반수요자나 거래자들에게 그 글자가 본래 가지고 있는 의미 이상으로 인식되거나 특별한 주의를 끌 정도에 이르렀다고 볼 수도 없으며, 식별력 없는 표시들이 결합하여 새로운 관념을 형성하는 것도 아니어서 일반수요자로 하여금 누구의 업무와 관련된 서비스표인지를 식별하기 어려운 표장이므로 상표법 제6조 제1항 제6호 및 제7호에 해당합니다.

참고로, 출원인은 다른 국가에서 본원상표의 식별력을 인정하여 등록된 점을 근거로 우리나라에서도 등록되어야 한다고 주장하나 상표의 등록가부는 우리나라의 상표법 및 우리나라에서 식별력이 인정되는지 여부에 의하여 독립적으로 판단하는 것이지 관련 법률 및 제반 사정이 다른 외국의 등록례에 구애받을 것이 아니며, 다른 등록례가 이 사건 출원상표가 등록되어야 할 근거가 될 수는 없습니다.

Ⅲ. 거절이유의 문제점

(1) 제6호와 제7호의 동시 적용의 문제점

구상표법 제6조(현행상표법 제33조)는 식별력이 없는 상표에 대해 7가지를 규정한다. 제1호는 일반명칭표장, 제2호는 관용명칭표장, 제3호는 성질표시표장(기술표장: 記述標章), 제4호는 지리적 명칭표장, 제5호는 흔한 성명표장, 제6호는 간단하고 흔히 있는 표장을 규정한다. 이 6가지에서 규정하는 상표는 등록을 받을 수 없는데, 그 이유는 식별력이 없기 때문이다. 그리고 이 6가지에 해당하지는 않지만 식별력이 없다고 판단되는 상표에 대해서도 상표등록을 받을 수 없다. 이는 제7호에서 규정한다. 제7호는 "제1호부터 제6호까지에 해당하는 상표 외에 수요자가 누구의 업무에 관련된 상품을 표시하는 것인가를 식별할 수 없는 상표"를 규정한다.

식별력이 없는 상표는 제1호부터 제6호에 해당된다. 그러나 만의 하나 이에 해당하지 않는 상표 중에 식별력이 없는 상표를 거절하기 위해서 법적 근거를 마련하고 있는 것이 바로 제7호이다. 따라서 제1호 내지 제6호의 어느 하나에 해당하는 상표는 제1호 내지 제6호에 의해 거절된다. 제1호 내지 제6호의 어느 하나에 해당하는 상표를 제7호에 의해 다시 거절할 수는 없다. 제7호는 '제1호부터 제6호까지의 어느 하나에 해당하지 않는 상표 중에서 (즉 <u>제1호부터 제6호까지에 해당하는 상표 외에</u>) 수요자가 누구의 업무에 관련된 상품을 표시하는 것인가를 식별할 수 없는 상표'에 대해서 등록을 거절하기 위한 조항이다.

그런데 위 본원상표에서는, 제6호와 제7호를 동시에 적용하여 거절의 근거로 삼는다. 다시 말해서, 본원상표는 제6호에서 규정하는 '간단하고 흔히 있는 표장만으로 된 상표'이고, 제7호에서 규정하는 '제1호부터 제6호까지에 해당하는 상표 외에 수요자가 누구의 업무에 관련된 상품을 표시하는 것인가를 식별할 수 없는 상표'이다. 그런데 제7호의 규정은 '제1호부터 제6호까지에 해당하는 상표 외에'라고 명시하고 있기 때문에 이는 모순이다. 본원상표가 제6호에 해당한다면, 제6호에 의해 거절하면 된다. 제6호에 해당하는 상표를 다시 제7호에 거절할 수 없다. 본원상표를 비롯한 우리의 식별력에 대한 판단이 이제까지 엉터리이었음을 알 수 있는 대목이다.

(2) '**RB CAPITAL**'의 식별력

거절결정에서는, "*본원표장 'RB CAPITAL'은 출원인 회사의 명칭이기는 하나, 'RB'는 간단하고 흔한 알파벳 2자로 식별력이 있다고 보기 어렵고, 'CAPITAL'은 '자본, 자산' 등의 관념을 가지고 있어 '금융, 재무, 부동산' 등의 지정서비스업에 사용할 경우 그 지정서비스업의 성질(서비스제공내용, 용도 등)을 직감시키는 서비스표시에 해당될 뿐 아니라, 거래업계에서 업종명으로도 다수가 사용하고 있어 식별력을 인정할 수 없다*"고 하였다.

① 심사관은 본원표장 '**RB CAPITAL**'을 '**RB**'와 '**CAPITAL**'로 분리하여 분리관찰을 하는 잘못을 하였다. 상표 유사나 식별력을 판단함에 있어서는 분리 관찰을

해서는 안 된다. 분리 관찰을 하는 것이 아니라 전체 관찰을 해야 한다. 본원상표는 '**RB**'도 아니요 '**CAPITAL**'도 아니다. 본원상표는 '**RB CAPITAL**'이다.

② 심사관은 "'*RB'는 간단하고 흔한 알파벳 2자로 식별력이 있다고 보기 어렵다*"고 하였다. 제6호를 적용하기 위한 요건은 첫째, 간단해야 하고, 둘째, 흔히 있어야 한다, 이 두 요건을 동시에 충족해야 한다. 'RB'가 흔히 있는 것이라 하였는데, 어디에 흔히 있다는 것인지 알 수 없다. 심사관은 '**RB**'가 흔히 있는 것이라는 어떤 증거도 제시하지 못하면서 흔히 있다고 판단하였다. '**RB**'가 흔히 있는 것이라는 것을 입증하는 증거는 어디에서도 찾아볼 수 없다. 심사관의 이 거절이유는 명백히 잘못된 것이다.

③ 심사관은 '**CAPITAL**'이 '자본, 자산' 등의 관념을 가지고 있어 '금융, 재무, 부동산' 등의 지정서비스업에 사용할 경우 그 지정서비스업의 성질(서비스제공내용, 용도 등)을 직감시키는 서비스표시에 해당된다고 하였다. 상표가 '**CAPITAL**'이라면 심사관의 이러한 판단은 옳다. 하지만, 본원상표는 '**CAPITAL**'이 아니라 '**RB CAPITAL**'이다. 분리관찰의 폐단을 이해하지 못하니까, 분리관찰을 하게 되고, 분리관찰을 하다 보니까 식별력에 대한 결론이 삼천포로 빠지고 있다.

④ 심사관은 '**CAPITAL**'이 거래업계에서 업종명으로도 다수가 사용하고 있어 식별력을 인정할 수 없다고 하였다. 금융이나 자산에 관한 서비스를 제공하는 업체가 'CAPITAL'을 사용하는 것은 지극히 당연한 일이다. '**하나 캐피탈**', '**신한 캐피탈**', '**RB CAPITAL**' 등이 얼마든지 있을 수 있다. 심사관은 상표에 대한 기본 개념에 대한 이해가 부족해도 한참 부족하다.

(3) '**RB CAPITAL**'의 제7호에 의한 거절이유

거절결정에서는, (본원상표가) *전체적으로도 다수가 사용하는 알파벳의 형태로서 그 도안화의 정도가 일반 수요자나 거래자들에게 그 글자가 본래 가지고 있는 의미 이상으로 인식되거나 특별한 주의를 끌 정도에 이르렀다고 볼 수도 없으며, 식별력 없는 표시들이 결합하여 새로운 관념을 형성하는 것도 아니어서 일반수요자로 하여금 누구의 업무와 관련된 서비스표인지를 식별하기 어려운 표장이라고 하였다.*

① 심사관은 본원상표가 전체적으로도 다수가 사용하는 알파벳의 형태라고 하였다. 본원상표 '**RB CAPITAL**'이 다수가 사용하는 알파벳의 형태라 하였다. 그런데 본원상표 '**RB CAPITAL**'은 출원인인 'RB CAPITAL pte Ltd'만이 사용한 상호상표이지 어느 제3자가 사용하는 것이 아니다. 심사관은 아무런 근거도 없이 본원상표 '**RB CAPITAL**'이 다수가 사용하는 알파벳의 형태라 하였다. 심사관은 한편의 소설을 쓰고 있다.

② 심사관은 본원상표의 도안화의 정도가 일반 수요자나 거래자들에게 그 글자가 본래 가지고 있는 의미 이상으로 인식되거나 특별한 주의를 끌 정도에 이르렀다고 볼 수도 없다고 하였다. 본원상표는 영문자 상표이다. 도안화된 상표가 아니다. 도안화된 상표가 아닌데도 도안화에 대해서 거론하는 것은 무엇을 판단해야 하는 것인지조차도 알지 못하는 것이다.

③ 심사관은 본원상표가 식별력 없는 표시들이 결합하여 새로운 관념을 형성하는 것도 아니라고 하였다. 상표는 새로운 관념을 형성해야 식별력이 인정되는 것은 아니다. 상표는 상품의 출처 또는 서비스의 출처를 다른 출처들과 비교하여 식별할 수 있으면 충분하다. 예를 들어, 다 같이 금융이나 자산에 관한 서비스를 제공하는 업체들이지만, '**하나 캐피탈**', '**신한 캐피탈**', '**RB CAPITAL**' 등은 각각 그 서비스의 주체를 나타내기에 충분한 것이다.

"어느 회사에 취직했습니까?", "RB 캐피탈입니다"; "어느 회사에 금융자산을 맡기셨습니까?", "RB 캐피탈입니다".

"어느 회사에 취직했습니까?", "캐피탈입니다"; "어느 회사에 금융자산을 맡기셨습니까?", "캐피탈입니다".

위 두 문장을 보면, "**RB 캐피탈**"과 "**캐피탈**"의 차이를 알게 될 것이다. 상표는 새로운 관념을 형성해야 식별력이 인정되는 것이 아니라는 것도 알게 될 것이다. '**RB CAPITAL**'이 식별력이 없다고 판단하는 것은 상표의 기본 개념을 이해하고 있지 못함을 의미한다.

(4) 외국에서의 등록례

심사관은 거절이유에서 "출원인은 다른 국가에서 본원상표의 식별력을 인정하여 등록된 점을 근거로 우리나라에서도 등록되어야 한다고 주장하나 상표의 등록가부는 우리나라의 상표법 및 우리나라에서 식별력이 인정되는지 여부에 의하여 독립적으로 판단하는 것이지 관련 법률 및 제반 사정이 다른 외국의 등록례에 구애받을 것이 아니며, 다른 등록례가 이 사건 출원상표가 등록되어야 할 근거가 될 수는 없다"고 하였다.

식별력이 있다고 인정되어 등록된 외국의 등록례를 제시할 때 우리 심사관이나 심판관들은 식별력은 독립적으로 판단하는 것이지 법률 및 제반 사정이 다른 외국의 등록례에 구애받을 것이 없다고 앵무새처럼 반복한다.

동일한 서비스업에 대해 영어권의 외국에서 '**RB CAPITAL**'이 식별력이 있다고 판단하였는데, 심사관은 독자적으로 판단한 결과 식별력이 없다고 한 것이다. 심사관은 식별력에 대한 자신의 판단이 왜 잘못된 것인지를 알지 못하고 있다. 상표에 대한 기본 개념이 없기 때문이다. 상표에 대한 기본 개념이 없는데 식별력을 판단한다는 것은 어불성설이다.

특허청의 심사나 심결 그리고 특허법원의 판결은 출원인이 외국인인 경우에 외국에 널리 알려진다. 전체가 번역되거나 상세한 설명을 곁들여서 외국에 보내진다. '**RB CAPITAL**'이 많은 외국에서 식별력이 있다고 판단되어 등록이 인정되었는데, 대한민국에서만이 식별력이 인정되지 않는다면 그들은 어떻게 생각할까? 한국에서의 판단을 존경스럽게 받아들일까? 상표의 기본 개념을 올바로 이해하고 식별력을 판단하는 방법을 올바로 알고 있는 그들이 우리의 판단을 보고 존경스럽게 받아들일 리 없다. 우리의 심사관은 더 이상 식별력은 독립적으로 판단하는 것이지 법률 및 제반 사정이 다른 외국의 등록례에 구애받을 것이 없다는 정당성을 갖지 못하는 거절이유를 반복하지 말아야 한다. 식별력에 대한 잘못된 판단으로 우리나라를 망신시키는 일은 이제 그만 멈추어야 한다.

IV. 결 어

제36류의 서비스업 "real estate affairs; monetary affairs; tenant management services"에 출원된 영문자 표장 "**RB CAPITAL**"에 대하여 상표법 제6조 제1항 제6호에서 규정하는 "간단하고 흔히 있는 표장만으로 된 상표"이고, 제7호에서 규정하는 "제1호부터 제6호까지에 해당하는 상표 외에 수요자가 누구의 업무에 관련된 상품을 표시하는 것인가를 식별할 수 없는 상표"라고 판단한 것은 잘못된 판단이다. 제6호와 제7호는 동시에 적용할 수 없다. "**RB CAPITAL**"은 '간단한 상표'도 아니고, '흔히 있는 상표'도 아니다.

27. 스웨덴의 H&M사와 인도의 상표 트롤(Troll) HM Megabrands사와의 "*H&M*" 상표 분쟁[1]

스웨덴의 H&M사가 인도의 패션 체인인 'HM Megabrands'사와의 상표 분쟁에서 승소하였다. 스웨덴의 저명한 의류 회사인 H&M에 기초하여, 인도의 HM Megabrands는 그 명칭은 물론 빨간색과 흰색 로고를 거의 동일하게 차용하였다. HM Megabrands는 소송이 끝날 때까지 브랜드 사용을 모두 중단해야 했다. 본 판결은 인도에서 광범위하게 퍼져 있는 "상표 트롤링(Trolling)"의 해결을 위한 중요한 판결이라 하겠다.

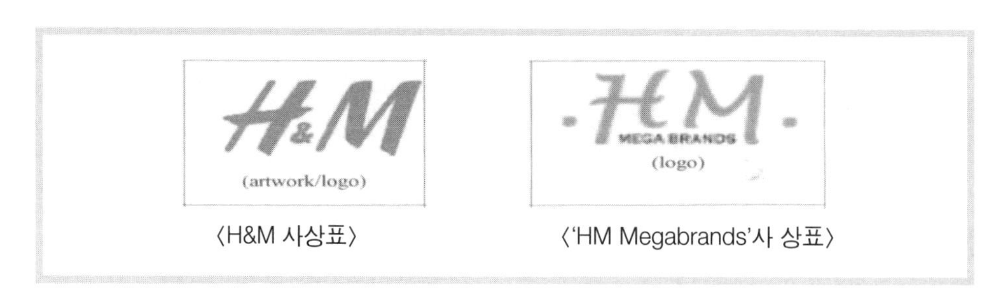

〈H&M 사상표〉 〈'HM Megabrands'사 상표〉

1 「창작과 권리」 제95호(2019년 여름호).

I. 사건의 개요

의류 패션의 거대 기업인 H&M은 70년 전에 스웨덴에서 첫 매장을 오픈한 이래 엄청난 성공 사례를 선보였다. H&M은 이미 유럽, 미국 및 중국 시장에서 저렴한 가격대의 유행하는 의류로 명성을 획득하였고, 현재는 인도 시장에서 그 입지를 넓혀가고 있다. H&M은 인도대륙에 2015년 최초의 매장을 오픈하였다. 현재는 인도 전역에 걸쳐 30여 개의 매장과 인도 지역에 한정된 온라인 매장을 개설하였다.

뭄바이에 본사를 둔, 인도의 패션 브랜드 "HM Megabrands"는 2011년에 론칭 되었다. 이 인도 회사는 온라인 매장뿐만 아니라 오프라인 매장에서, 남성 및 여성을 위한 "주목할 만한 하이 스트리트 패션 제품"을 판매하여 왔다.

H&M Hennes & Mauritz AB는 2016년 위 인도 회사를 상대로 델리 고등법원에 상표침해 소송을 제기하였다. H&M은 위 인도 회사가 "H&M" 상표뿐만 아니라 빨간색 및 흰색의 외관을 불법적으로 사용하고, 동일한 시장에서 유사한 상품에 대해 사용했다고 주장하였다.

H&M은 2015년부터 인도에서 제품을 판매하기 시작했다 하더라도, 1972년부터 인도에서 의류를 생산하여 수출해 왔다고 주장하였다. 인도의 1999년 상표법(1999년)에 따르면, 인도에서의 **상품 수출은 이미 인도에서의 상표 사용을 정당화하고 있다.** 또한 H&M은 2015년 이전에 H&M 브랜드가 전 세계 광고 덕분에 인도의 대중들에게 널리 알려졌다고 주장하였다.

HM 메가브랜드는 HM이 회사 소유주인 Hasim Merchant의 이니셜을 나타내는 것이라고 주장하면서 H&M의 주장에 대응했다. 그리고 상표의 빨간색의 시각적 표현과 관련하여, H&M은 빨간색에 대한 독점권을 주장할 수 없다고 대응했다.

II. 델리 고등법원의 판결

델리 고등법원은 2018년 5월 소송이 끝날 때까지 HM 메가브랜드가 문제의 상표를 직접 또는 간접적으로 사용하지 말도록 판결했다.

델리 고등법원은 인도에서 1991년에 인도 경제가 개방된 것을 언급하였다. 그 이후, 해외여행의 횟수 및 인도인과 외국인의 접촉이 크게 증가했다고 보았다. 그 결과, 인도 시장에서 실제로 사용되지 않은 상표라 하더라도, 인도에서 저명한 상표가 될 수 있다고 보았다.

따라서 일반적인 인도 소비자가 HM 메가브랜드의 제품을 H&M의 제품과 관련 있는 것으로 예상할 수 있다고 하였다.

위 법원에 따르면, 부기적 용어인 "Megabrands"는 두 회사의 업체의 구별에 도움을 주지 못하고 있고, 오히려 혼동의 가능성을 강화하는 것으로 보았다. HM 메가브랜드가 시장에 진입한 2011년에 H&M은 이미 "저명브랜드(megabrand)"였기 때문에, 소비자가 두 회사를 식별하는 것이 더욱 어려워졌다고 하였다.

Ⅲ. 결 어

델리 고등법원의 본 사건 판결은 "상표 트롤링(Trolling)"에 대한 중요한 해결책을 제시한다. 본 판결은 인도에서 점점 커지는 "상표 트롤링(Trademark Trolling)" 문제에 대한 중요한 조치로 볼 수 있다. 상표 트롤링이란 타인의 저명한 명성에 편승하여 이익을 얻으려는 목적으로 타인의 저명한 상표를 사용하거나 등록하는 것을 의미한다. 본 사건 판결과 같은 조치는 국제 상표권자의 권익을 보호하고 신뢰를 회복시키는 데 도움이 될 것이다.

28. "걸작 떡볶이" 상표의 거절결정[1]

— 특허심판원 2018.05.29. 심결 2017원45, 특허법원 2019.02.22. 선고 2018허5198 거절결정(상)에 대하여 —

I. 머리말

아래 상표가 제43류의 '간이식당업 등'을 지정하여 출원되었다:

이 출원상표는 아래 3개의 선등록상표에 의해 거절되었다:

1 「창작과 권리」 제96호(2019년 가을호).

위 3개의 선등록상표는 제43류의 '간이식당업 등'을 지정하여 등록되었다.

본건 출원상표가 거절된 이유는 표장의 칭호와 외관이 위 3개의 선등록상표와 유사하고, 지정서비스업 또한 유사하다는 것이었다. 이 거절결정에 불복하여 청구된 심판에서도 심사관과 같이 판단하였다. 그리고 특허법원도 마찬가지로 판단하였다.

그러나 본건 출원상표가 출원되어 심사관, 특허심판원, 특허법원에서 모두 거절되기까지에는 수많은 문제점을 갖고 있다. 그 문제점들에 대하여 구체적으로 살펴본다.

II. 심결문과 판결문

1. 심결문[2]

주 문

이 사건 심판청구를 기각한다.

청구취지

원결정을 취소한다. 2016년 서비스표등록출원 제8433호는 이를 등록할 것으로 한다.

이 유

1. 기초사실

가. 이 사건 출원서비스표

2 심판장 심판관 김성관, 주심 심판관 심봉수, 심판관 차형렬.

(1) 출원번호/출원일: 제41-2016-8433호/2016.02.23.

(2) 구 성: (일반상표)

(3) 지정서비스업: 서비스업류 구분 제43류의 간이식당업, 관광음식점업, 레스토랑업, 뷔페식당업, 샐러드바업, 서양음식점업, 스낵바업, 식당 및 음식물 조달 서비스업, 식당체인업, 카페업, 패스트푸드식당업, 한식점업

나. 원결정 이유 및 선등록서비스표들

(1) 원결정 이유

이 사건 출원서비스표는 아래 (2)항~(4)항 기재 타인의 선등록서비스표와 표장 및 지정서비스업이 동일 또는 유사하여 구상표법(2016.02.29. 법률 제14033호에 의하여 개정되기 전의 것, 이하 같다) 제7조 제1항 제7호에 해당한다.

(2) 선등록서비스표 1

(가) 등록번호/출원일/등록일: 서비스표등록 제257051호/2011.10.11./ 2013.04.19.

(나) 구 성: (일반상표)

(다) 지정서비스업: 서비스업류 구분 제43류의 간이식당업, 간이음식점업, 관광음식점업, 극장식주점업, 다방업, 레스토랑업, 무도유흥주점업, 바(bar)서비스업, 뷔페식당업, 서양음식점업, 셀프서비스식당업, 스낵바업, 식당체인업, 식품소개업, 음식조리대행업, 음식준비조달업, 일반유흥주점업, 일반음식점업, 일본음식점업, 제과점업, 주점업, 중국음식점업, 카페업, 카페테리아업, 칵테일라운지서비스업, 패스트푸드식당업, 한국식 유흥주점업, 한식점업, 항공기기내식제공업, 휴게실업, 돼지고기전문식당업, 돼지고기전문식당체인업, 소고기전문식당업, 소고기 전문식당체인업, 돼지숯불구이전문식당업, 돼지숯불구이전문식당체인업, 소고기숯불구이전문식당업, 소고기숯불구이전문식당체인업

(3) 선등록서비스표 2

(가) 등록번호/출원일/등록일: 서비스표등록 제257052호/2011.10.11./2013.04.19.

(나) 구 성: (일반상표)

(다) 지정서비스업: (선등록서비스표 1과 동일함)

(4) 선등록서비스표 3

(가) 등록번호/출원일/등록일: 서비스표등록 제233610호/2011.02.25./2012.06.

11.

(나) 구 성: GIRLZZAK(일반상표)

(다) 지정서비스업: (선등록서비스표 1과 동일함)

2. 청구인의 주장

이 사건 출원서비스표는 국민 간식인 떡볶이를 판매하는 프랜차이즈 매장의 상호 서비스표로 사용된 결과, 전국에 50개가 넘는 매장이 있어 일반수요자 및 거래자들 사이에서 출원인의 출처표시로 널리 알려져 있고, 선등록서비스표들은 서울지역에 4개 체인점을 운영하는 테마별 개별룸을 제공하고, 주류와 안주류를 판매하는 주점의 출처표시로 널리 알려져 있어, 이들 표장은 독자적인 영업 및 신용을 구축하고 있으므로 서로 공존하여도 일반 수요자들 간에 실질적인 오인·혼동을 유발하지 않는다. 또한, 이들 서비스표는 전체적으로 서로 비유사하다.

3. 이 사건 출원서비스표가 구상표법 제7조 제1항 제7호에 해당하는지 여부

가. 이 사건 출원서비스표와 선등록서비스표들의 표장 유사여부

(1) 판단기준

상표의 유사 여부는 두 개의 상표를 놓고 그 외관, 호칭, 관념 등을 객관적, 전체적, 이격적으로 관찰하여 거래상 일반 수요자나 거래자가 상표에 대하여 느끼는 직관적인 인식을 기준으로 하여 그 상품의 출처에 대한 오인, 혼동의 우려가 있는지의 여부에 의하여 판별되어야 하나, 문자와 문자 또는 문자와 도형의 각 구성 부분이 결합된 결합상표의 경우에는 반드시 그 구성 부분 전체의 명칭에 의하여 호칭, 관념되는 것만은 아니고 각 구성 부분을 분리하여 관찰하는 것이 거래상 자연스럽지 못하다고 여겨질 정도로 불가분적으로 결합되어 있는 것이 아닌 한 그 구성 부분 중 일부만에 의하여 간략하게 호칭, 관념될 수 있으며, 또 하나의 상표에서 두 개 이상의 호칭이나 관념을 생각할 수 있는 경우에 그 중 하나의 호칭, 관념이 타인 상표의 그것과 동일 또는 유사하다고 인정될 때에는 두 상표는 유사하다(대법원 1996.04.12. 선고 95후1685판결, 대법원 2004.10.15. 선고 2003후1871 판결 등 참조). 이러한 법리는 구상표법 제2조 제3항에 의하여 서비스표의 경우에도 마찬가지로 적용된다.

(2) 구체적인 판단

(가) 외관의 유사여부

이 사건 출원서비스표 ' '는 도형과 좌측의 한글 '걸작'과 우측의 '떡볶이'가 결합된 표장이고, 선등록서비스표 1 ' '은 한글 '걸짝', 선등록서비스 표 2

' '은 날개 모양의 도형과 그 중간에 영문 'GiRLzzak'이 결합한 표장이고, 선등록서비스표 3 'GIRLZZAK'은 영문 'GIRLZZAK'으로 구성된 표장으로 이들 표장은 도형의 유무 등의 차이로 그 전체적인 외관은 서로 다르다.

(나) 칭호 및 관념의 유사여부

이 사건 출원서비스표 ' '의 '떡볶이'는 이 사건 지정서비스업인 '간이식당업 등'과 관련하여 식당에서 취급하는 음식재료에 불과하여 식별력이 부족하므로 이 사건 출원서비스표는 그 요부인 '걸작'으로 호칭되고, 선등록서비스표 1은 '걸짝'으로 호칭되고, 선등록서비스표 2, 3은 비교적 쉽게 영어발음 그대로 '걸짝'으로 호칭되어 이들 서비스표는 그 호칭이 서로 동일 · 유사하다. 한편, 국어사전에 의하면 「매우 훌륭한 작품, 우스꽝스럽거나 유별나서 남의 주목을 끄는 사물이나 사람」의 의미를 나타내는 '걸작'의 발음이 '걸짝'인 것을 고려하면, 이들 서비스표의 관념이 비유사하다고 할 수는 없어 보인다.

(3) 종합판단

이 사건 출원서비스표는 선등록서비스표 1, 2, 3과 그 전체적인 외관은 다르지만, 그 요부인 '걸작'과 호칭 및 관념이 서로 동일 · 유사하여 전체적으로 유사한 서비스표에 해당한다.

나. 이 사건 출원서비스표와 선등록서비스표의 지정서비스업의 유사여부

(1) 이 사건 출원서비스표와 선등록서비스표의 지정서비스업은 '간이식당업 등'을 모두 포함하고 있으므로, 양 서비스표의 지정서비스업은 서로 동일 · 유사한 서비스업에 해당한다.

(2) 이에 대해 청구인은 이 사건 출원서비스표는 국민 간식인 떡볶이를 판매하는 프랜차이즈 매장의 상호서비스표이고, 선등록서비스표들은 주점으로 널리 알려져 있어, 이들 표장은 각자 독자적인 영업 및 신용을 구축하고 있으므로 서로 공존하여도 오인 · 혼동을 유발하지 않는다고 주장하므로 살펴보건대, 구상표법 제7조 제1항 제7호는 '선출원에 의한 타인의 등록서비스표와 동일 또는 유사한 서비스표로서 그 지정서비스업과 동일 또는 유사한 서비스업에 사용하는 서비스표'는 서비스표등록을 받을 수 없다고 규정하여 그 적용범위를 '동일 또는 유사한 서비스업'으로 규정하고 있고, 해당 상표나 서비스업의 알려진 정도를 그 요건으로 하고 있지 않다. 따라서 구상표법 제7조 제1항 제7호에 해당하는지 여부를 판단함에 있어 양 서비스표가 실제 거래계에서 서로 다른 지정서비스업에 사용한다고 하여 이를 달리 볼 것은 아니다.

다. 소결론

따라서 이 사건 출원서비스표와 선등록서비스표는 그 표장 및 지정서비스업이 서로 동일·유사하여 구상표법 제7조 제1항 제7호의 규정에 해당한다고 할 것이므로, 그 등록을 거절한 원결정은 타당하고 청구인의 주장은 이유 없다.

4. 결론

그러므로 이 사건 심판청구를 기각하기로 하여 주문과 같이 심결한다.

2. 판결문[3]

주 문

원고의 청구를 기각한다.

소송비용은 원고가 부담한다.

청구취지

특허심판원이 2018.5.29.자로 2017원45호 사건에 관하여 한 심결을 취소한다.

이 유

1. 기초사실

가. 이 사건 소송의 경과

1) 원고는 B 아래 나.항 기재와 같이 ' ' 라는 서비스표(이하 '이 사건 출원서비스표'라고 한다)를 출원하였는데, 특허청 심사관은 2016.08.01. 원고에게 "이 사건 출원서비스표의 요부 '걸작'은 아래 다.항 기재와 같은 ' ', ' ', 'GIRLZZAK'이라는 서비스표(이하 순서대로 '선등록서비스표ㅇ'이라 하고, 통틀어서 '선등록서비스표들'이라 한다)와 호칭이 유사하여 표장이 유사하고, 지정서비스업이 동일 또는 유사하여 구상표법(2016.02.29. 법률 제14033호로 전부 개정되기 전의 것, 이하 같다) 제7조 제1항 제7호에 해당한다."는 거절이유로 의견제출통지를 하였다.

2) 특허청 심사관은 2016.12.02. 원고가 지정기일인 2016.10.01.까지 의견서 제

3 재판장 판사 서승렬, 판사 정윤형, 판사 김동규.

출이 없었고, 재심사한 결과 2016.08.01.자 거절이유를 번복할 만한 사항을 발견할 수 없다는 이유로 이 사건 출원서비스표에 대하여 거절결정을 하였다.

3) 이에 원고는 2017.01.03. 특허심판원 2017원45호로 위 거절결정에 대한 불복심판을 청구하였다.

4) 특허심판원은 2018.05.29. "이 사건 출원서비스표는 그 요부인 '걸작'으로 호칭되고, 선등록서비스표들은 '걸짝'으로 호칭되어 이들 서비스표는 그 호칭이 서로 동일・유사하고, '걸작'의 발음이 '걸짝'인 것을 고려하면, 이들 서비스표의 관념이 비유사하다고 할 수도 없으므로, 이 사건 출원서비스표는 선등록서비스표들과 유사한 서비스표에 해당한다. 그리고 이 사건 출원서비스표와 선등록서비스표들은 모두 그 지정서비스업으로 간이식당업 등을 포함하고 있으므로 양 서비스표의 지정서비스업은 서로 동일・유사한 서비스업에 해당한다. 따라서 이 사건 출원서비스표는 선등록서비스표들과의 관계에서 구상표법 제7조 제1항 제7호에 해당한다."라는 취지로 원고의 위 심판청구를 기각하는 심결을 하였다(이하 '이 사건 심결'이라 한다).

나. 이 사건 출원서비스표

1) 출원번호/출원일: C/B

2) 구성:

3) 지정서비스업: 서비스업류 구분 제43류의 간이식당업, 관광음식점업, 레스토랑업, 뷔페식당업, 샐러드바업, 서양음식점업, 스낵바업, 식당 및 음식물 조달 서비스업, 식당체인업, 카페업, 패스트푸드식당업, 한식점업

4) 출원인: 원고

다. 선등록서비스표들

1) 선등록서비스표 1

가) 등록번호/출원일/등록일: 서비스표등록 D/E/F

나) 구 성:

다) 지정서비스업: 서비스업류 구분 제43류의 간이식당업, 간이음식점업, 관광음식점업, 극장식주점업, 다방업, 레스토랑업, 무도유흥주점업, 바(bar)서비스업, 뷔페식당업, 서양음식점업, 셀프서비스식당업, 스낵바업, 식당체인업, 식품소개업, 음식조리대행업, 음식준비조달업, 일반유흥주점업, 일반음식점업, 일본음식점업, 제과점업, 주점업, 중국음식점업, 카페업, 카페테리아업, 칵테일라운지서비스업, 패스트푸드식당업, 한국식 유흥주점업, 한식점업, 항공기기내식제공업, 휴게실업, 돼지고기전

문식당업, 돼지고기전문식당체인업, 소고기전문식당업, 소고기 전문식당체인업, 돼지숯불구이전문식당업, 돼지숯불구이전문식당체인업, 소고기숯불구이전문식당업, 소고기숯불구이전문식당체인업

2) 선등록서비스표 2

가) 등록번호/출원일/등록일: 서비스표등록 H/E/F

나) 구 성:

다) 지정서비스업: (선등록서비스표 1과 동일함)

3) 선등록서비스표 3

가) 등록번호/출원일/등록일: 서비스표등록 I/J/K

나) 구 성: GIRLZZAK

다) 지정서비스업: (선등록서비스표 1과 동일함)

[인정 근거] 다툼 없는 사실, 갑제1~9, 21호증(가지번호 있는 것은 가지번호를 포함한다, 이하 같다)의 각 기재, 변론 전체의 취지

2. 원고의 주장 요지

가. 이 사건 출원서비스표는 '걸작' 부분과 '떡볶이' 부분이 서로 불가분적인 밀접한 관련을 맺어 그 결합상태와 정도가 매우 강하고, '걸작' 부분은 이 사건 출원서비스표에서 높은 비중을 차지하지 않을 뿐만 아니라, 문자 '떡볶이'에 비하여 상대적으로 강한 식별력을 갖고 있다고 볼 수 없으므로 '걸작' 부분이 이 사건 출원서비스표의 요부로 볼 수 없다. 따라서, 이 사건 출원서비스표와 선등록서비스표들을 전체로서 대비하면, 외관, 호칭, 관념면에서 모두 상이하여 유사하다고 볼 수 없다.

나. 이 사건 출원서비스표 중 '걸작' 부분을 요부로 보더라도, 선등록서비스표 1은 '걸'과 '짝'의 색이 상이하여 '걸'과 '짝'이 별개의 의미를 내포하고 있음을 유도하고 있으므로 '여성(걸:girl)과 짝을 이룬다' 정도로 관념되고, 선등록서비스표 2, 3은 'GIRL' 부분으로부터 여성과 관련된 인식을 더 강하게 관념할 것으로 보이므로, 호칭이 유사하더라도 외관 및 관념이 매우 상이하여 이 사건 출원서비스표가 선등록서비스표들과 유사하다고 볼 수 없다.

다. 이 사건 출원서비스표는 널리 알려져 있을 뿐만 아니라 떡볶이 등 분식류를 판매하는 음식점의 서비스표로 사용되는 반면, 선등록서비스표들은 주점 사업에 사용되고 있어 양 서비스표들의 구체적인 거래실정이 상이하므로, 양 서비스표들이 공존하더라도 일반 수요자 등이 지정서비스업의 출처를 오인·혼동할 가능성이 희

박하다.

라. 이 사건 출원서비스표는 실질적으로 떡볶이 등 음식점업의 서비스표에 해당하고, 선등록서비스표들은 유흥주점업의 서비스표에 해당하므로 양 서비스업은 유사하지 아니하다.

3. 이 사건 출원서비스표가 구상표법 제7조 제1항 제7호에 해당하는지 여부

가. 이 사건 출원서비스표와 선등록서비스표 1의 표장의 유사 여부

1) 관련 법리

둘 이상의 문자 또는 도형의 조합으로 이루어진 결합상표는 그 구성 부분 전체의 외관, 호칭, 관념을 기준으로 상표의 유사 여부를 판단하는 것이 원칙이나, 상표 중에서 일반 수요자에게 그 상표에 관한 인상을 심어주거나 기억 · 연상을 하게 함으로써 그 부분만으로 독립하여 상품의 출처표시기능을 수행하는 부분, 즉 요부가 있는 경우 적절한 전체관찰의 결론을 유도하기 위해서는 요부를 가지고 상표의 유사 여부를 대비 · 판단하는 것이 필요하다. 상표에서 요부는 다른 구성 부분과 상관없이 그 부분만으로 일반 수요자에게 두드러지게 인식되는 독자적인 식별력 때문에 다른 상표와 유사 여부를 판단할 때 대비의 대상이 되는 것이므로, 상표에서 요부가 존재하는 경우에는 그 부분이 분리관찰이 되는지를 따질 필요 없이 요부만으로 대비함으로써 상표의 유사 여부를 판단할 수 있다. 그리고 상표의 구성 부분이 요부인지는 그 부분이 주지 · 저명하거나 일반 수요자에게 강한 인상을 주는 부분인지, 전체 상표에서 높은 비중을 차지하는 부분인지 등의 요소를 따져 보되, 여기에 다른 구성 부분과 비교한 상대적인 식별력 수준이나 그와의 결합상태와 정도, 지정상품과의 관계, 거래실정 등까지 종합적으로 고려하여 판단하여야 한다(대법원 2017.02.09. 선고 2015후1690 판결 참조). 그리고 이러한 법리는 구상표법 제2조제3항에 의하여 서비스표의 경우에도 마찬가지로 적용된다.

2) 이 사건 출원서비스표의 요부

을제1~3호증의 각 기재 및 변론 전체의 취지에 의하여 인정되는 다음과 같은 사정에 비추어 보면, 이 사건 출원서비스표 중 '걸작' 부분은 일반 수요자에게 그 서비스표에 관한 인상을 심어주거나 기억연상을 하게 함으로써 그 부분만으로 독립하여 서비스업의 출처표시기능을 수행하는 부분, 즉 요부로 봄이 타당하다.

① 이 사건 출원서비스표 '걸작 떡볶이'는 '걸작'부분, ''부분, '떡볶이'부분, ''부분이 결합되어 구성된 표장임을 쉽게 알 수 있고, 특히 문자 '걸작'과

'떡볶이'부분은 불가분적으로 결합되어 있지 아니하고 도형 '[도형]'로 인하여 시각적으로도 구분되며, 그 결합으로 인하여 각각의 문자의 의미를 합한 것 이상의 새로운 관념을 낳는 것도 아니다.

② 이 사건 출원서비스표 중 '걸작'부분은 '매우 훌륭한 작품', '우수꽝스럽거나 유별나서 남의 주목을 끄는 사물이나 사람'이라는 뜻을 지니는 단어로, 이 사건 출원서비스표의 지정서비스업의 성질을 직감하게 하는 것으로 볼 수 없으므로, 이 사건 출원서비스표 중 '걸작'부분이 식별력이 없거나 미약하다고 보기는 어렵다.

③ 반면 '떡볶이'부분은 이 사건 출원서비스표의 지정서비스업인 '간이식당업' 등과 관련하여 서비스업에서 제공되는 음식을 나타내는 것에 불과하여 식별력이 없거나 미약하고, 도형 '[도형]'도 이 시간 출원서비스표의 지정서비스업인 '간이식당업' 등에서 제공되는 물품인 숟가락을 나타낸 도형으로서 식별력이 없거나 미약하며, '[도형]'는 '떠먹는 국물'이라 표시되어 있지만 전체표장에서 차지하는 비중이 극히 작아 자세히 보지 아니하면 문자를 식별하기도 어렵고, 그 의미 또한 이 사건 출원서비스표의 지정서비스업인 '간이식당업' 등을 이용하는 방법 등에 불과하여 식별력이 없거나 미약하다.

④ 원고 스스로도 자신의 홈페이지에서 '걸작메뉴', '걸작은 믿을 수 있는 좋은 재료만을 고집합니다', '걸작브랜드', '걸작을 만들다'라고 표시하는 등 자신이 영위하고 있는 서비스업을 '걸작' 부분으로만 호칭, 기재하고 있다.

3) 유사성 판단

가) 외관의 대비

이 사건 출원서비스표 '[표장]'와 선등록서비스표 1 '[표장]'은 도형의 존재 유무, 글자수 등에서 차이가 있어 외관이 유사하지 아니하다.

나) 호칭의 대비

을제1호증의 기재에 의하면, 이 사건 출원서비스표의 요부인 '걸작' 부분은 '걸짝'으로 발음되는데, 이는 선등록서비스표 1의 '걸짝'과 그 발음이 동일하여 이 사건 출원서비스표의 요부의 호칭은 선등록서비스표 1의 호칭과 동일하다.

다) 관념의 대비

앞서 본 바와 같이 이 사건 출원서비스표의 요부 '걸작' 부분은 '매우 훌륭한 작품', '우스꽝스럽거나 유별나서 남의 주목을 끄는 사물이나 사람'이라는 관념을 가지고, 선등록서비스표 1 '[표장]'은 사전에 등재되지 않은 조어이기는 하지만, '걸작'의 발음

'걸짝'과 동일하여 걸작의 관념인 '매우 훌륭한 작품', '우스꽝스럽거나 유별나서 남의 주목을 끄는 사물이나 사람'이 떠오른다.

이에 원고는 선등록서비스표 1 '걸짝'은 '걸' 부분과 '짝' 부분이 색깔을 다르게 표시하여, 용이하게 '걸'과 '짝'이 결합된 표장임을 알 수 있고 이로부터 걸(girl) 즉 여성과 짝을 이룬다는 관념이 떠오른다고 주장하나, 일반수요자나 거래자가 별도의 설명 없이 선등록서비스표 1이 영문자 'girl'의 한글음역 '걸'과 한글 '짝'이 결합된 표장임을 인식한 이후 여성과 짝을 이룬다는 관념을 직감하기는 어려워 보이고, 설령 선등록서비스표 1로부터 여성과 짝을 이룬다는 관념이 인식될 여지가 있다고 하더라도, 앞서 본 바와 같이 선등록서비스표 1로부터 그 발음이 동일한 '걸작'의 관념이 직감되는 한 이 사건 출원서비스표와 관념이 유사하다고 볼 수 있다. 따라서 관념이 전혀 상이하여 출처의 오인·혼동의 여지가 없다는 취지의 원고 주장은 이유 없다.

라) 정리

이 사건 출원서비스표와 선등록서비스표는 외관이 유사하지 아니하지만, 이 사건 출원서비스표의 요부와 선등록서비스표 1의 호칭이 동일하고, 관념면에서도 선등록서비스표 1이 '걸작'으로 될 수 있어 양 표장의 관념이 동일·유사하여 양 서비스표가 동일·유사한 서비스업에 같이 사용되는 경우 일반 수요자나 거래자로 하여금 서비스업의 출처에 관하여 오인·혼동을 일으키게 할 염려가 있으므로, 서로 유사한 표장에 해당한다.

4) 원고 주장에 대한 판단

원고는 이 사건 출원서비스표를 사용하는 가맹점이 2018년 7월 100여개 이상이고, 이 사건 출원서비스표는 포털서비스, 드라마, 언론기사, 블로그 등을 통하여 지속적으로 홍보 및 소개가 이루어지고 있는 떡볶이 등 분식류를 판매하는 음식점에 사용된 반면, 선등록서비스표 1은 개별 룸 공간을 제공하고 주류 및 안주류를 판매하는 주점 사업에 사용되고 있어 양 서비스표들은 구체적인 거래실정이 상이하므로, 양 서비스표들이 공존하더라도 일반 수요자 등이 지정서비스업의 출처를 오인·혼동할 가능성이 희박하다고 주장한다.

살피건대 갑제12, 14, 15호증의 각 기재에 의하면, 이 사건 출원서비스표가 사용된 가맹점이 이 사건 심결일인 2018.05.29.과 가까운 2018.06.29. 국내에 100여개 이상이 존재하는 사실과 이 사건 출원서비스표가 2015년경부터 신문기사나 블로그 등에서 지속적으로 소개되거나 광고된 사정은 각 인정된다. 그러나 앞서 든 증거에 의하면, 이 사건 출원서비스표는 2015년경부터 사용되기 시작하여 비교적 짧은 기간 동안 사용된 것으로 보이고, 이 사건 출원서비스표가 사용된 서비스업의 국내에서의 매출액, 시장점유율 등을 알 수 있는 자료가 없으므로, 원고가 주장하는 위와 같은 사정만으로 이 사건 심결일에 이 사건 출원서비스표가 선등록서비스표 1과의 관계에서 출처의 혼동을 명확히 피할 수 있을 정도로 일반 수요자나 거래자에게 알려져 있다고 단정하기는 어렵다.

또한 이 사건 출원서비스표는 원고가 구체적 거래실정을 제시하는 간이식당업 등 뿐만 아니라 구체적 거래실정을 제시하고 있지 아니한 카페업 등도 지정서비스업에 포함하고 있다. 따라서 원고가 구체적 거래실정을 제시하지 아니한 이 사건 출원서비스표의 지정서비스업인 카페업 등은 선등록서비스표 1과의 출처의 혼동을 명확히 피할 수 있을 정도로 구체적 거래실정이 다르다고 인정할 수도 없다.

나. 이 사건 출원서비스표와 선등록서비스표 1의 지정서비스업의 유사 여부

이 사건 출원서비스표의 지정서비스업 중 '간이식당업, 관광음식점업, 레스토랑업, 뷔페식당업, 서양음식점업, 스낵바업, 식당체인업, 카페업, 패스트푸드식당업, 한식업'은 선등록서비스표 1의 지정서비스업에 포함되고, 이 사건 출원서비스표의 지정서비스업 중 '샐러드바업', '식당 및 음식물 조달 서비스업'은 선등록서비스표 1의 지정서비스업인 '스낵바업', '음식준비조달업' 등과 제공되는 서비스의 성질이나 내용, 제공 방법과 장소, 서비스 제공자, 수요자의 범위 등 거래 실정 등에 비추어 유사하다고 판단되므로, 이 사건 출원서비스표의 지정서비스업은 선등록서비스표 1의 지정서비스업과 동일 · 유사하다.

이에 원고는, 이 사건 출원서비스표는 떡볶이 등 음식점업에 사용되고, 선등록서비스표 1은 유흥주점업에 사용되므로 양 서비스업은 유사하지 아니하다는 취지로 주장하나, 실제 사용하는 서비스업이 아닌 이 사건 출원서비스표의 지정서비스업과 선등록서비스표 1의 지정서비스업을 대비하여야 하므로, 이와 다른 전제에 선 원고의 위 주장은 이유 없다.

다. 소결

이상의 검토결과를 종합하면, 이 사건 출원서비스표는 선등록서비스표 1과 표장이 유사하고, 이 사건 출원서비스표의 지정서비스업은 선등록서비스표의 지정서비스업과 동일 · 유사하므로, 이 사건 출원서비스표가 선등록서비스표 2, 3과 유사한지 여부에 관하여 더 나아가 살펴볼 필요 없이 구상표법 제7조 제1항 제7호에 해당한다.

4. 결론

그렇다면 이 사건 심결은 이와 결론을 같이하여 적법하고, 이 사건 심결의 취소를 구하는 원고의 청구는 이유 없으므로 이를 기각하기로 하여 주문과 같이 판결한다.

Ⅲ. 평 석

위 심결과 판결은 상표출원 자체에 대한 문제부터 유사여부를 판단하는 본질적인 사항에까지 많은 문제를 내포하고 있다. 그들 문제점에 대하여 구체적으로 살펴본다.

1. 상표에 대한 이해와 인식의 부족

위 심결과 판결에서는, '**떡복이**'가 이 사건 지정서비스업인 '간이식당업 등'과 관련하여 식당에서 취급하는 음식재료에 불과하여 식별력이 부족하므로 이 사건 출원서비스표는 그 요부가 '**걸작**'이라고 단정하고 유사여부를 판단하였다.

상표는 출원된 상태로 판단하는 것이지 임의대로 분리하여 판단하는 것이 아니다. 이 사건 출원상표에서 굳이 상표의 요부를 찾는다면 "**걸작 떡복이**"가 요부다. 상표에 있어서, "**걸작**"과 "**걸작 떡복이**"는 서로 다른 것이다. "**걸작 떡복이**"를 "**걸작**"이라고 판단해서는 안 된다.

그 이유는 이렇다. "**걸작**"은 떡볶이를 파는 분식점이나 한식당 나아가 카페의 상호로도 사용될 수 있는 반면, "**걸작 떡복이**"는 떡볶이를 파는 분식점 상호로밖에 사용될 수 없기 때문이다. 한식당이나 카페의 상호로 "**걸작 떡복이**"를 내거는 바보천치는 없다. 상표에 있어서, "**걸작**"과 "**걸작 떡복이**"는 이처럼 다른 것인데, 심결과 판결에서는 이 사건 출원상표를 "**걸작**"으로 단정하여 유사여부를 판단하고 있다. 이는 상표가 무엇인지에 대한 이해와 인식이 부족하기 때문이다.

2. 이 사건 출원상표의 지정서비스업의 문제점

이 사건 출원상표의 지정서비스업은 제43류의 "간이식당업, 관광음식점업, 레스토랑업, 뷔페식당업, 샐러드바업, 서양음식점업, 스낵바업, 식당 및 음식물 조달 서비스업, 식당체인업, 카페업, 패스트푸드식당업, 한식점업"이다.

"**걸작 떡볶이**"라는 상표를 출원하면서 전혀 적절하지 못한 서비스업을 지정하고 있다. 위 지정서비스업 중에서 '간이식당업'을 제외하고 나머지 업종은 "**걸작 떡볶이**"라는 상호를 사용할 수 없는 것들이다.

이 출원에서는 '간이식당업'만을 지정하여 출원했어야 했다. 아니면, 더 구체적으로 한정하여 "떡볶이 등 분식류를 판매하는 간이음식점" 정도로 했어야 했다. 상표를 더 넓게 보호한답시고 전혀 적절하지 못한 업종을 추가하는 것은 지나친 욕심이고, 그러한 욕심이 이 사건 상표에서는 화를 부른 것이다.

만일 이 사건 상표출원에서 "떡볶이 등 분식류를 판매하는 간이음식점"에 한정했다면, 선등록상표들과 저촉될 어떤 이유가 없다.

심사관이 심사과정에서 위 3개의 선등록상표를 인지하였다면, 심사관은 최소한 지정상품을 "떡볶이 등 분식류를 판매하는 간이음식점"에 한정하도록 제안하여 등록이 되는 방향으로 심사했어야 했다. 심사관이 그렇게 제안하지 않았더라도, 대리인은 최소한 지정상품을 "떡볶이 등 분식류를 판매하는 간이음식점"에 한정하도록 권유하여 등록을 받도록 했어야 했다.

3. 유사판단의 문제점

심결이나 판결에서는 "**걸작**"과 "**걸작 떡볶이**"의 차이점을 이해하고 그런 관점에서 지정서비스업의 유사여부를 판단했어야 했다. 그런데 심결과 판결에서는 이런 중요하고 본질적인 문제에 대한 논의를 찾아볼 수 없다.

심결과 판결은 상표출원서나 상표등록원부와 같은 Prima Facie 증거에 의해 명백히 입증되는 사실관계를 서술하는 데 상당한 지면을 할애하고 있다. 더구나 3개의 선등록상표의 지정서비스업이 각각 1/2면을 차지할 정도로 상당한 분량인데 이들을 모두 기재하여 지면을 채우고 있다. 우리의 심결이나 판결이 얼마나 알맹이 없는 껍데기로 소중한 지면을 채우고 있는지를 여실히 보여준다. 본 사건과 아무런 관련이 없는 판례를 판단기준이나 관련법리라 하여 인용하고 있는 것도 우리의 심결이나 판결의 큰 문제점이다.

설사 이 사건 출원상표와 선등록상표들의 지정상품이 동일하다 하더라도, 이 사건 출원상표는 "떡볶이 등 분식류를 판매하는 간이음식점"에만 한정하여 사용될 수 있다는 현실을 인식하고, "**걸작 떡볶이**"와 '걸작', 'GiRLzzak', 'GIRLZZAK'의 유사여부를 논의했어야 했다.

심결이나 판결에서는 상표와 서비스업의 유사여부를 지극히 형식적이고 기계적인 방법으로 판단하였다. 상표를 임의로 분해하여 교과서에 나와 있는 대로 칭호, 외관, 관념의 유사를 판단하였다. 그리고 서로 동일한 지정상품을 포함하고 있다는 이유로 지정서비스업도 유사하다고 판단하였다. 심결이나 판결에서는 형식적이고 기계적인 유사판단을 지양하여, 상표를 올바로 이해하고 지정상품(서비스업)의 특성을 파악함으로써 상표의 본질적인 관점에서 유사여부를 검토했어야 했다.

4. 출원인에게 도움이 되지 않는 심결과 판결

증거에 의하면, 이 사건 출원상표는 가맹점이 심결 즈음 국내에 100여 개 이상인 것으로 나타났다. 떡볶이 등의 분식류를 파는 음식점으로 성공을 거둔 상호가, 유사여부를 올바로 판단하였다면 등록받지 못할 하등의 이유가 없는 데에도 불구하고, 상표에 대한 이해가 부족하고 유사여부에 대한 잘못된 판단으로 보호받지 못할 처지에 놓이게 되었다.

우리의 상표 심사는 순전히 심사관의 판단에만 의존한다. 이 사건에서의 거절결정도 마찬가지다. 그러나 이 사건에서, 선등록상표의 상표권자는 "떡볶이 등 분식류를 판매하는 간이음식점"에 대한 상호로서 "**걸작 떡볶이**"의 등록에 반대할 의사가 없을 수도 있다. 그래서 "공존 동의서(Letter of Consent)" 제도가 필요한 것이다.

많은 나라에서 채택하고 있는 이 "공존 동의서" 제도가 우리나라는 아직까지 채택되지 않고 있다. 그래서 이처럼 심사관의 판단에만 의존하여 모든 것을 판단하는 위험천만한 일이 우리에게 항상 일어나고 있다.

상표권자를 보호하여 산업을 발전시키겠다는 상표제도의 취지는 우리에게는 아직 공염불에 지나지 않는다.

5. 상표법에 대한 무지(無知)

① 위 심결과 판결에서는, 이 사건 출원상표가 '각 구성 부분을 분리하여 관찰하는 것이 거래상 자연스럽지 못하다고 여겨질 정도로 **불가분적으로 결합**되어 있는 것이 아니다'라는 논리의 대법원 판례를 인용하면서 분리 관찰을 정당화하고, 그래서 이 사건 출원상표의 요부를 '걸작'이라고 하였다. 그러나 이 대법원 판례의 논리는 잘못된 것이다. 잘못된 논리를 적용하다 보니 잘못된 결론에 이를 수밖에 없는 형국이다.

상표의 구성이 어떻게 되어야 **불가분적으로 결합**된 것인지는 상표법 이론에서 정의된 바가 없다. 상표에 대한 어떤 판례도 이에 대하여 명확히 설명한 적이 없다. 다만 이 논리는 상표의 분리관찰을 정당화하기 위한 변명으로 인용될 뿐이다. 사건과 관련이 없는 대법원 판례를 선언적으로 아니 맹목적으로 인용하고 있는 우리의 현실은 하루빨리 시정되어야 할 것이다. 상표에 대한 판단은 **불가분적으로 결합**되었는지의 여부로써 판단하는 것이 아니라, **있는 그대로의 상표 전체**로써 판단하는 것이다.

② 위 판결에서는, 이 사건 출원상표가 출처의 혼동을 명확히 피할 수 있을 정도로 일반 수요자나 거래자에게 알려져 있는지에 대하여도 판단하였다. 즉 사용에 의한 식별력을 판단하였다. 그러나 본 사건의 거절이유는 선등록상표와의 유사여부다. 사용에 의한 식별력은 기술상표(descriptive mark)인 경우에 판단하는 것이지, 선등록상표와의 유사여부를 논하는 경우에 판단하는 것이 아니다.

Ⅳ. 결 어

"**걸작 떡볶이**"가 요부인 상표를 출원하면서 이 상표를 사용할 수 없는 "레스토랑업, 뷔페식당업, 샐러드바업, 서양음식점업, 스낵바업, 식당 및 음식물 조달 서비스업, 카페업, 한식점업" 등을 지정한 것은 명백한 잘못이다. 오히려 "떡볶이 등 분식류를 판매하는 간이음식점" 정도로 더 한정했어야 했다. 그랬더라면, 선등록상표들과 유사여부 문제도 일어나지 않았을 것이다.

설사 출원시에 지정서비스업이 잘못되었다 하더라도, 심사관은 그렇게 한정하도록 제안하여 등록을 해주는 방향으로 심사했어야 했다. 심사관의 그런 제안이 없었더라도, 대리인은 최소한 그렇게 했어야 했다. 심사 단계나 심판 단계에서 지정상품을 보정할 수 있었는데도 그러하지 못했다.

설사 지정서비스업이 완전히 동일하다 하더라도, "**걸작 떡볶이**"를 요부로 하는 이 사건 출원상표와 선등록상표 '걸짝'은 서로 다르다. '걸' 부분과 '짝' 부분의 색깔이 다르고, 칭호가 다르며, 외관이나 관념이 다르기 때문이다. 더욱이 나머지 2개의 선등록상표를 보면, 'GiRLzzak' 및 'GIRLZZAK'으로 표기되어 있어서, "**걸작**"과 '걸짝'은 명백히 다른 의미를 갖는다. 이 사건 출원상표를 "**걸작**"으로 단정하고, 선등록상표를 "**걸짝**"이라고 단정해서, 이 둘이 서로 유사하다는 논리로 판단하는 것은 상표법의 법리를 이해하지 못한 잘못된 판단이다.

29. 슬로건 상표 "COOKING CHEF GOURMET"의 식별력

— 유럽에서의 슬로건 상표 등록여부[1] —

영문자 상표 "**COOKING CHEF GOURMET**"이 성질표시표장(기술표장: descriptive)에 해당할까? 유럽특허청(EUIPO)과 마찬가지로, 유럽재판소(The European Court of Justice: ECJ)는 기술표장이라고 판단하여 상표등록을 거절하였다. 한 인상적인 광고 슬로건이라고 해서 그것이 소비자에게 상품 및 서비스의 출처에 대한 보증을 제공하지는 않는다고 판단한 것이다.

I. 사건의 개요

상표 출원인인 룩셈부르크 소재 롱기 베네룩스 SA(Longhi Benelux SA)는

1 「창작과 권리」 제96호(2019년 가을호).

"**CHEF**" 상표의 상표권자로서 이미 이에 대한 상표권을 성공적으로 확보하였다. 이 선등록상표는 1950년대 이후 오랫동안 광범위하게 사용한 결과 널리 알려졌다고 출원인은 주장하였다. 출원인은 2016년 유럽특허청에 "**COOKING CHEF GOURMET**"를 출원하였다. 상품은 제7류에서의 식품용 전기 믹서 등과 제11류에서의 식품 혼합물을 갖는 요리용 인덕션 기구 등이었다.

그러나 유럽특허청 항소부는 그 등록을 거절하였다. 항소부는 본건 출원상표의 세 단어가 관련 상품의 목적을 기술하고 찬미하며 음식과 음료를 설명하기 위해 일상 언어로 자주 사용된다고 하였다. 따라서 출원상표는 본질적으로 식별력이 전혀 없다고 하였다.

본건 상표 "**COOKING CHEF GOURMET**"를 구성하는 세 단어가 병렬로 나열되어 있다는 사실이 이 상표 구성에서 관사나 전치사를 단순히 생략함으로써 그 표장에 식별력을 부여할 수 있는 어휘적 창작성이 충분하다는 것을 의미하지는 않는다고 하였다.

출원인은 유럽특허청의 항소부 심결에 대하여 항소를 제기했고, 기본적으로 다음과 같은 취지로 주장했다:

(1) 항소부는 출원상표의 식별력 판단시에 결정적일 수 있는 출원상표의 전체적인 인상(특징)에 대해 판단하지 않았다,

(2) 출원인은 이미 명성을 얻은 선등록상표 "**CHEF**"의 상표권자이기 때문에 출원상표는 이미 식별력이 있다.

II. 유럽재판소(CJEU)의 판결

유럽재판소는 원고(출원인)의 첫 번째 주장을 받아들이지 않았다. 일반적으로, 광고 메시지가 품질표시 또는 해당 상표가 적용되는 상품 또는 서비스의 구매를 위한 선전물로 사용되는 경우에는 명확히 상표로 보호될 수 있다. 이들 상표가 보호되기 위해서는, 이들 슬로건 상표가 통상의 광고 메시지일 뿐만 아니라, 적어도 관련 수

요자의 해석이 필요한 독창성이나 공명을 갖는 것이어야 한다고 유럽재판소는 분명히 하였다. 그런데, 출원상표는 이러한 경우가 아니라고 하였다. 출원상표의 약간의 문법적 결합이 소비자가 실제 요리할 수 있고 미식가처럼 요리하는 것을 의미하는 것으로 생각해야 한다는 것을 의미하지는 않는다고 하였다.

원고의 두 번째 주장 또한 받아들여지지 않았다. 출원상표는 "**cooking**"과 "**gourmet**"이라는 단어가 포함되어 있기 때문에, 선등록상표 "**CHEF**"와는 분명히 다르다. 또한, 원고는 선등록상표 "**CHEF**"의 저명성에 대하여 유럽특허청의 항소부에서 주장하지 않았고, 따라서 원고의 두번째 주장은 유럽재판소의 심리와는 아무런 관련이 없다. 따라서 유럽재판소는 이 소송을 전부 기각하고 유럽특허청의 상표 거절을 확인하였다.

Ⅲ. 결 어

슬로건 상표가 등록받기 어렵다고 해서 등록이 불가능한 것은 아니다. 슬로건 상표에 대한 등록여부를 판단하기 어렵다는 사실은 광고 메시지가 기술표장(성질표시표장)인지의 여부에 달려 있다. 최근 몇 년간의 판결을 보더라도, 슬로건 상표의 등록이 쉽지 않음을 알 수 있다. "**Quality has a future**"(2012년 12월 11일 판결)가 등록을 받지 못하였고, "**Inspired by efficiency**"(2013년 6월 6일 판결) 및 "**We make the special simple**"(2012년 7월 12일 판결)도 등록을 받지 못하였다.

도이체 뱅크(Deutsche Bank) 또한 "**Passion to Perform**"을 유럽연합상표로 등록하려는 데 실패하였다(2014년 3월 25일 판결). 이 슬로건은 이미 몇몇 EU 국가에서 국내 상표로 등록되었지만, 유럽재판소는 상표등록을 거절했다. 유럽재판소는 동일 또는 유사한 상표가 일부 국가에서 등록되었다고 해서 식별력 없는 상표를 등록할 이유가 없다고 판결하였다.

슬로건 상표에서, 표현의 애매모호함과 해석의 필요성은 등록 가능성을 증가시킨다. 독일 자동차 제조업체인 아우디(Audi)는 "**Leading edge through tech-**

nology"(독일어: "**Vorsprung durch Technik**")라는 슬로건을 유럽연합상표로 등록받았다(2010년 1월 21일 판결). 이 사건에서, 유럽재판소는 유럽특허청의 거절결정을 뒤집었다. 이는 슬로건으로부터 상기되는 실제 표현이 그 슬로건으로 명확히 나온다고 할 수 없고, 일반 수요자로부터 상당한 정도의 해석(certain amount of interpretation)을 필요로 하기 때문이라고 하였다. 또한, 이 슬로건은 쉽게 기억될 만한 확실한 독창성과 간결함을 가지고 있다고 하였다. 마지막으로, 이 슬로건은 출원인에 의해 오랫동안 사용되어 유명해졌기 때문에, 일반 수요자가 지정상품이나 지정서비스의 상업적 출처를 더 쉽게 식별할 것이라는 것을 배제할 수 없다고 하였다.

30. 유럽에서의 '부정한 목적(bad faith)'의 상표등록[1]

세 사람이 "**Cafe del Mar**"라는 뮤직 바(music bar)를 설립하여 성공적인 영업을 하였다. 몇 년이 지나서, 그중 한 사람이 "**Cafe del Mar**" 상표에 대하여 그 사람 단독 명의로 유럽 상표등록을 받았다. 이 경우에 그 단독 명의의 상표등록이 부정한 목적의 상표출원에 해당하는가에 대해 살펴본다.

I. 사건의 개요

세 사람이 발레아레스 제도(the Balearic Islands)에서 "**Cafe del Mar**"라는 뮤직 바(music bar)를 공동 소유로 설립하여 운영하였다. 1980년에 "**Cafe del Mar**"라는 뮤직 바를 개업한 이래, "**Cafe del Mar**" 상표는 모든 영업활동에 사용되어 왔

1 「창작과 권리」 제97호(2019년 겨울호).

다. 나아가 이들 세 사람은 "**Cafe del Mar**"라는 회사를 설립하였고, 그 회사의 목적은 호텔숙박업을 하는 것이었다. 1997년에, 이들은 패션 마케팅 및 음악과 관련한 상품과 서비스에 대한 마케팅을 할 목적으로 "**Can Ganguil**"을 설립하였다. 그 중 한 사람이 "**Can Ganguil**"을 대표하도록 권한을 위임받았다.

이들 사이의 분쟁은 1999년 "**Can Ganguil**"을 대표하도록 권한을 위임받은 사람이 "**Cafe del Mar**" 상표에 대해 그 자신만의 단독 명의로 두 건의 유럽 상표출원을 하면서 시작되었다. 하나는 '시청각 재생물(reproduction of sound and vision)'과 같은 상품, 의류 및 카페에 대해 1999년 등록되었고, 다른 하나는 광고업, 인터넷을 통한 통신업, 음악 공연 및 나이트클럽업과 같은 상품 및 서비스에 대해 2001년 등록되었다.

나머지 두 사람(원고)은 다른 한 사람(피고)이 등록받은 "**Cafe del Mar**" 상표에 대해 무효심판을 제기하였고, 피고가 그 상표등록을 사전에 계획하고 악의적으로 출원했다고 주장하였다. 또한, 원고는 피고의 등록상표가 이미 그들이 사용해 온 "**Cafe del Mar**" 상표와 오인 · 혼동의 가능성이 있다고 주장하였다.

답변에 나선 피고는 1999년 당시의 분명하지 않은 법적 상황에 대해 설명하였다. 그 이전에 설립되었던 "**Cafe del Mar**" 회사는 사인(私人) 간의 계약(private contract)에 의해 설립된 것이고, 그래서 스페인 민법 제1669조에 의한 법인격을 갖지 못한다고 반박하였다. 피고는 또한, 그가 등록받은 문제의 상표가 두 사람의 원고를 대신하여 단체표장으로 등록받을 수 있었다는 것을 알지 못하였기 때문에, 그가 그의 단독 명의로 등록받았다고 주장하였다. 나아가 피고는 그가 그 당시 위임받은 권한에 대해서도 언급하였다.

II. 부정한 목적의 출원여부

유럽특허청(EUIPO)의 취소부는 문제의 상표가 부정한 목적으로 출원되었다는 이유로 문제의 상표가 무효라고 2015년에 심결하였다. 그러나 유럽특허청 항소국은

2017년 9월 4일 취소부의 심결을 파기하였다. 항소국에서는, 문제의 상표출원이 부정한 목적으로 출원되었다는 점에 대하여 분명하게 결정하지 못하였다.

따라서 이 논점은 유럽 법원에서 중요한 것이었다. 판례에 따르면, 법령 207/2009 제52조(1)b의 의미에서 부정한 목적이나 악의적 의도의 존재를 판단함에 있어서는, 모든 관련되는 사항들을 고려해야 하는데, 특히 제3자가 유럽연합의 최소한 하나의 조약국 내에서 동일 또는 유사한 상품이나 서비스에 대하여 동일 또는 유사한 상표를 사용하는 것을 알고 있거나 또는 알 수 있었는가에 대한 사실관계를 고려해야 한다. 또한 쌍방 간의 사건들, 사업관계 및 직접적인 계약관계에 대한 시간적 순서뿐만 아니라 상표출원 뒤에 숨어 있는 출원인의 의도도 고려되어야 한다. 유럽법원은 이러한 점들에 대해 분명히 하였다.

Ⅲ. 비윤리적 행위

본 사건에서, 유럽법원은 문제의 상표가 선등록상표인 "**Cafe del Mar**"와 사실상 혼동을 야기할 수 있다고 판단하였다. 그러나, 이는 부정한 목적의 상표출원이라는 것을 입증하는 것은 아니다.

하지만 유럽법원은 피고가 선등록상표인 "**Cafe del Mar**"와 혼동되는 상표를 그 자신의 단독 명의로 출원하고, 또한 그 당시 그 상표를 사용하는 한 회사의 대표자이었던 점을 감안하면, 이러한 행위는 상업상 또는 영업상 문제에 있어서 수용할 만한 윤리적 행동이나 온당한 행위로부터 벗어난 것이라고 판단하였다.

Ⅳ. 위임은 모든 권리에 대한 해방구가 아니다

유럽법원은 "**Cafe del Mar**"에 대한 법적 권리가 본건 상표의 출원 당시에 존재하지 않았다 하더라도, "**Cafe del Mar**" 상표를 상업적으로 사용해 온 사실은 피고가 그 상표를 단독 명의로 등록받을 자격이 없다는 것을 충분히 뒷받침해 준다고 판시하였다. 또한 법원은 원고들 명의로 상표등록출원을 할 가능성에 대해 몰랐다 하더라도, 그에 대한 부지(不知)가 피고의 단독 명의의 산표출원을 정당화할 수 없다고 판시하였다.

나아가 유럽특허청 항소국이 피고에게 허여된 권한을 그 단독 명의로 상표등록을 받을 권리에 대한 명시적 동의(express consent)로 해석할 수 있다고 결론내린 점에 대해 잘못이 있다고 법원은 판단하였다. 법원은 피고가 위임받은 사항이 선사용 상표 "**Cafe del Mar**"에 대한 권리와 관련하여 피고의 우월한 지위로서 인식될 수 없다고 판시하였다.

V. 결 론

법원은 피고가 부정한 목적으로 상표출원을 하였다고 판시하고, 유럽특허청의 심결을 취소하였다.

31. 유럽에서의 두 "독수리 상표"의 유사여부[1]

패션업계에서 유사한 업종의 두 회사가 출원한 두 '**독수리 상표**'에 대하여 유럽 법원은 두 상표가 출처에 대한 오인이나 혼동의 가능성이 없다고 판단하였다. 유럽 특허청(EUIPO)의 항소국(Board of Appeal)은 아래 두 '독수리 상표'의 오인 · 혼동의 가능성을 인정하여 후출원상표를 거절하였으나, 유럽 법원은 항소국의 거절결정을 취소한 것이다. 유럽 법원에서의 거절결정 취소사유는 항소국이 후출원상표의 '문자 부분'에 대하여 오인 · 혼동의 가능성을 판단하지 않았다는 것이다.

〈선등록상표〉 〈후출원상표〉

1 「창작과 권리」 제97호(2019년 겨울호).

I. 사건의 개요

미국의 Retail Royalty Company("RRC")는 위의 독수리 도형상표에 대해 제35류에서 유럽상표등록을 받았다. (RRC의 유럽상표등록은 제35류의 '선글라스(sunglasses)'에 관한 것으로 나타나 있지만, 제35류는 서비스업이기 때문에 '썬글라스에 관한 영업'으로 추측된다)

이태리의 Fashion Energy Srl("FES")는 '독수리 도형'에 '1st AMERICAN'을 부기한 위의 상표를 유럽특허청에 출원하였다. FES는 제9류에서 '안경(glasses)'을 지정하였다.

RRC와 FES는 모두 패션 및 의류 사업을 하는 회사이다. RRC는 선등록상표권자로서 FES의 후출원상표에 대해 이의신청을 제기하였다. 이의신청과 이어진 항소에서 유럽상표청은 오인 · 혼동의 가능성을 인정하여 후출원상표를 거절하였다. 이에 대해 FES는 유럽 법원에 항소하였다.

II. 상품의 유사여부 판단

후출원상표 출원인은 안경과 선글라스가 유사하지 않다고 주장하였다. 그러나. 유럽 법원은 종전의 판례에서 안경과 선글라스가 유사할 뿐만 아니라 동일하다고 한 점을 인용하였다. 2017년 2월(2 STAR, EU:T:2017:78 판결에서), 유럽 법원은 "안경 프레임", "선글라스 프레임" 및 "안경 및 선글라스 케이스"와 "광학 프레임 및 그 악세서리, 안경 케이스 및 악세서리"는 유사할 뿐만 아니라 동일하기까지 하다고 판시하였다.

또한 유럽 법원은 동일한 당사자들의 상품류가 다른 사건에서도 서로 유사하다고 판단하였는데, 즉 제24류의 "가정용 섬유제품 및 침대 린넨(home textiles and bed linen)"(FES)과 제25류의 "의류(garments)"가 유사하다고 판단한 바 있기 때문에, 본 사건의 제35류의 '선글라스에 관한 영업'과 제9류의 '안경(glasses)'도 유사 내지는 동일하다고 하였다.

Ⅲ. 누적효과를 갖는 오인 · 혼동의 가능성(Likelihood of Confusion with Cumulative Conditions)

본 사건에서 적용되어야 할 법규인 Regulation No. 207/2009 제8조(1)(b)에서는, 오인 · 혼동의 가능성은 문제의 표장이 동일하거나 유사하고 그 표장에 의해 취급되는 상품이나 서비스가 동일하거나 유사하다고 추정한다. 이들 조건들은 누적효과를 가져온다. 예를 들어, 문제의 상품에 대한 유통 채널과 같은 기타 요인들도 고려될 수 있다.

유럽 법원도 한 EU 당사국 내에서 두 개의 EU 상표가 오인 · 혼동의 가능성이 있다면, 그것은 후출원상표를 거절할 정당한 이유가 된다는 것을 분명히 했다. EU 상표의 일부에 거절할 상대적 이유가 존재하는 EU 상표를 거절하는 것은 정당하다.

Ⅳ. 상당히 유사한 독수리 표장의 식별력

유럽특허청의 이의신청국과 항소국에서 내린 결정에서 위 두 상표에 대한 오인 · 혼동의 가능성에 대한 판단은 유럽 법원에서도 광범위하게 공유되었다. 즉, 유럽 법원은 독수리로 표현되는 두 도형 부분에 대해 매우 높은 외관 유사(very high visual similarity)를 인정하였다. 이는 관념 유사(conceptual similarity)도 수반하였다.

후출원인(FES)은 이러한 형상의 독수리 도형은 패션 및 의류 분야에서 매우 흔히 있는 도형이고 따라서 이 독수리 도형에 대한 식별력은 미약한 것이라고 주장하였다. 그러나 법원은 이 주장을 받아들이지 않았다. 두 독수리 도형 사이에 현저한 유사성이 있다는 것은 분명하고, 그 독수리 도형이 문제의 상표에서 대부분을 차지한다는 것도 분명하다.

하지만 법원은, 문제의 표장에서 공통의 요소가 표장의 전체적인 인상을 지배할 것이라고 생각되지 않는다 할지라도, 그 공통의 요소는 유사여부를 판단함에 있어서 반드시 고려되어야 한다는 점을 지적하였다. 나아가 법원은, 어떤 상표가 언어적 요소(verbal element: 문자)와 시각적 요소(visual element: 도형)로 구성된 경우에, 언어적 요소가 시각적 요소보다 원칙적으로 더 식별력이 있다는 종전의 판례도 지적하였다. 보통의 평균적인 수요자들은 문제의 상품을 그 상표의 도형보다는 그들의 이름(명칭)을 부름으로써 인식하기가 더 쉽다.

V. 표장의 전체적인 인식에 기초한 식별력의 판단

그러나 항소국에서는 후출원상표의 문자 부분을 분리하여 그 부분이 미약한 식별력을 갖는 것으로 판단하였는데, 본 사건에서 중요한 사항은, 결합상표인 경우에, 각각의 구성요소에 대한 식별력을 구성요소별로 분리하여 부분적으로 판단할 수 있다 할지라도, 상표의 전체적인 인식(식별)에 기초하여 식별력을 판단해야 한다는 점이다. 또한 항소국은 후출원상표의 문자 부분에 대한 전체적인 관찰을 하지 않았다. 후출원상표의 문자 부분인 "**1st AMERICAN**"이 전체적으로 약한 식별력을 갖는다는 결론은 전혀 뒷받침되지 않는다고 유럽 법원은 판시하였다.

나아가 유럽 법원은 항소국에 의해 행해진 이러한 오류가 그 심결에서 행해진 전체 판단에 영향을 미칠 수 있다고 판시하였다. 그 결과 유럽 법원은 2017년 11월 15일자 항소국의 심결(사건번호 R693/2017-2)을 취소하였다.

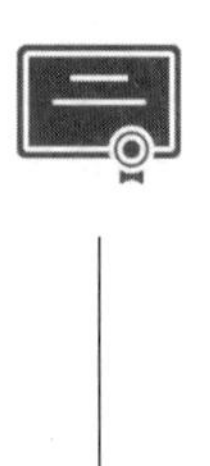

32. ' '와 ' '는 유사하지 않다[1]

— 특허심판원 2019.10.30. 심결 2018원2840[2] —

I. 머리말

상표등록출원 제2017-0131332호는 표장 ' '에 대하여 제30류의 지정상품을 지정한 출원으로(이하 '본원상표'), 심사관은 본원상표의 일부 지정상품이 등록번호 제401085051호로 선등록된 상표 ' '(이하 '인용상표')와 유사하다는 이유로, 상표법 제34조 제1항 제7호에 의거 본원상표를 거절하였다.

본원상표의 지정상품은 제30류의 "초콜릿, 초콜릿 조각, 초콜릿칩, 프랄린 형태의 초콜릿, 조개 형태의 초콜릿, 민트 향의 속을 갖는 초콜릿, 리큐어 초콜릿, 마시멜로가 채워진 초콜릿, 밀크초콜릿, 코코아, 코코아 파우더, 곡물 및 곡물 조제품"이고, 인용상표의 지정상품은 제30류의 "비스킷, 페이스트리"이다. 본원상표의 지정

1 「창작과 권리」 제98호(2020년 봄호).

2 심판장 이재우, 주심 김동원, 심판관 장인욱.

상품 중, "코코아, 코코아 파우더, 곡물 및 곡물 조제품"은 심사단계에서 유사하지 않은 것으로 판단되었다.

즉, 거절결정에서는, "코코아, 코코아 파우더, 곡물 및 곡물 조제품"을 제외한 나머지 '초콜릿 관련 상품'이 인용상표의 "비스킷, 페이스트리"와 유사하고, 표장도 유사하다고 판단하여 거절결정을 하였다. 이 거절결정에 대한 심판의 심결은 다음과 같다.

II. 심결문

심판번호 2018원2840

사건표시 2017년 상표등록출원 제131332호 거절결정불복

청구인 콜라보 리소시즈 에스디엔. 비에이치디.

말레이시아, 세랑고르, 반다르 바루 반지 43650, 세크시엔 9,

잘란9/1, 넘버.8

대리인 변리사 최덕규

서울 서초구 서초대로 396, 901호(서초동, 강남빌딩)

(명지특허법률사무소)

원결정: 2018.06.07. 거절결정

심결일: 2019.10.30.

주 문

원결정을 취소하고, 이 사건 출원을 특허청 심사관에게 보내어 다시 심사에 부친다.

청구취지

주문과 같다.

이 유

1. 기초사실

가. 이 사건 출원상표

(1) 출원번호/출원일: 제40-2017-131332호/2017.10.18.

(2) 구성: Matilda's

(3) 지정상품: 상품류 구분 제30류의 초콜릿(Chocolates), 초콜릿 조각(Chocolate Block), 초콜릿칩(Chocolate chips), 프랄린 형태의 초콜릿(Chocolates in the form of pralines), 조개 형태의 초콜릿(Chocolates in the form of sea shells), 민트 향의 속을 갖는 초콜릿(Chocolates with mint flavoured centers), 리큐어 초콜릿(Liqueur chocolates), 마시멜로가 채워진 초콜릿(Marshmallow filled chocolates), 밀크초콜릿(Milk chocolates), 코코아(Cocoa), 코코아 파우더(Cocoa powder), 곡분 및 곡물 조제품(Flour and preparation made from cereals)

나. 원결정 이유 및 선등록상표

(1) 원결정 이유

이 사건 출원상표는 아래 기재의 선등록상표와 표장 및 지정상품이 유사하므로 상표법 제34조 제1항 제7호에 해당하여 등록을 받을 수 없다.

(2) 선등록상표

(가) 등록번호/출원일/등록일: 상표등록 제1085051호/2014.03.28./2015.02.02.

(나) 구성: MATILDE VICENZI

(다) 지정상품: 상품류 구분 제30류의 페이스트리, 비스킷

(라) 등록권리자: 비첸지 에스.피.에이.

2. 청구인의 주장 요지

가. 이 사건 출원상표는 '마틸다스'로 호칭되므로, '마틸데 비센지' 또는 '비센지'로 호칭되는 선등록상표와 외관, 칭호, 관념이 모두 비유사하다.

나. 이 사건 출원상표의 지정상품은 '초콜릿(chocolate)' 제품이므로, 선등록상표의 지정상품인 '비스킷, 페이스트리'와는 원료, 제조과정, 제품의 특성 등이 서로 달라 비유사하다.

3. 이 사건 출원상표가 상표법 제34조 제1항 제7호에 해당하는지 여부

가. 판단 기준

상표의 유사 여부는 그 외관, 호칭 및 관념을 객관적, 전체적, 이격적으로 관찰하여 그 지정상품의 거래에서 일반 수요자나 거래자가 상표에 대하여 느끼는 직관적 인식을 기준으로 하여 그 상품의 출처에 관하여 오인·혼동을 일으키게 할 우려가 있는지 여부에 따라 판단하여야 하므로, 대비되는 상표 사이에 유사한 부분이 있다고 하더라도 그 부분만으로 분리인식될 가능성이 희박하거나 전체적으로 관찰할 때 명확히 출

처의 혼동을 피할 수 있는 경우에는 유사상표라고 할 수 없다(대법원 1982.06.08. 선고 81후29 판결, 대법원 2006.08.25. 선고 2005후2908 판결, 대법원 2008.09.11 선고 2008후1739 판결 등 참조).

나. 구체적 판단

(1) 외관의 대비

이 사건 출원상표 'Matilda's'와 선등록상표 'MATILDE VICENZI'는 모두 도형과 영문자가 결합된 표장인데, 각 도형 부분에서 '여자 얼굴 사진'과 '리본 매듭의 도형'으로서 서로 상이하고, 각 문자 부분에 있어서 영문자의 구성이나 글자체, 글자 수, 소유격 부호인 아포스트로피(apostrophe)의 유무 등에서 차이를 보여 그 외관이 유사하지 않다.

(2) 관념의 대비

이 사건 출원상표는 리본 매듭의 도형 부분과 영어식 여자 이름인 문자부분 때문에 '마틸다의 리본' 등의 관념이 연상될 것이나, 설립자의 이름에서 유래된 선등록상표는 일반 수요자나 거래자가 그로부터 어떠한 관념을 떠올리기 어려워서, 결국 양 상표의 관념을 비교하기는 어렵다.

(3) 호칭의 대비

이 사건 출원상표 'Matilda's'는 주로 문자 부분 "Matilda's"에 의하여 호칭될 것이고, 국내 일반 수요자나 거래자는 이를 통상의 영어식 발음법칙에 따라 "마틸다스"라고 부를 것으로 보인다. 한편, 선등록상표 'MATILDE VICENZI'의 경우, 그 문자 부분 'MATILDE VICENZI'가 그 전체로서 호칭될 수도 있겠지만, 상하 2단으로 구성되어 있고 각각의 식별력을 부인할 근거도 없는 이상, 두 부분으로 분리 관찰하는 것도 가능하며, 그럴 경우 선등록상표의 문자 부분 중 하단에 구성되어 있기는 하나 문자구성 부분에 있어서 'MATILDE' 보다 비중이 높은 'VICENZI' 부분만으로 간략하게 호칭될 가능성이 높다. 한편, 네이버 등 인터넷 검색결과에 따르면, 선등록상표가 '마틸다 비첸지'로 전체적으로 사용되어지는 거래실정을 감안할 때, 선등록상표는 '마틸다 비첸지' 또는 '비첸지'로 호칭된다고 봄이 타당하다. 설령, 선등록상표가 'MATILDE' 부분만으로 약칭된다 하더라도 선등록상표는 '마틸데' 또는 '마틸드'로 호칭될 것이어서, '마틸다스'로 호칭되는 이 사건 출원상표와는 그 음절수나 청감 등에서 적지 않은 차이가 존재하므로, 양 상표의 호칭이 동일 · 유사하다고 단정할 수는 없다.

다. 소결

그렇다면 이 사건 출원상표와 선등록상표의 각 표장이 동일 · 유사하다고 할 수 없

는 이상, 그 지정상품의 동일 · 유사 여부와 관계없이 이 사건 출원상표는 상표법 제34조 제1항 제7호에 해당하지 아니한다.

4. 결론

그러므로 원결정을 취소하고, 이 사건 출원을 다시 심사에 부치기로 하여 주문과 같이 심결한다.

Ⅲ. 평 석

1. 표장의 비유사

본원상표와 인용상표는 다음과 같다:

본원상표　　　　인용상표

본원상표는 "**Matilda's**"라는 형상화된 영문자가 요부를 이루고 상부에 "리본 매듭의 도형"으로 구성된다. 반면 인용상표는 "밑면이 오목하게 들어간 직사각형" 내에 "여성 얼굴 사진"과 영문자 "**MATILDE VICENZI**"로 구성된다. 인용상표는, 일견하여, "여성 얼굴 사진"과 큰 글씨체의 영문자 "**VICENZI**"가 요부임을 알 수 있다. 따라서, 본원상표와 인용상표는 표장의 요부가 확연히 다르기 때문에, 외관이 서로 유사하다고 할 수 없다. 심사관의 거절결정에서도 본원상표는 그 외관과 관념에 있어서 인용상표와 유사하지 않다고 판단하였다. 하지만, 심사관은 본원상표가 그 칭호에 있어서 인용상표와 유사하다고 판단하였다.

본원상표는 요부가 확연히 "**Matilda's**"이기 때문에 "마틸다스"로 호칭되는 반면, 인용상표는 "마틸데 비센지" 또는 큰 글씨체의 영문자로 드러나는 "**VICENZI**"로부터 "비센지"로 호칭될 것이다.

인용상표가 큰 글씨체의 영문자로 드러나는 "**VICENZI**"로부터 "비센지"로 호칭된다면, 인용상표는 분명 본원상표와 그 칭호가 다르다. 인용상표가 "마틸데 비센지"로 호칭된다 하여도 6음절로 발음되는 인용상표와 4음절로 발음되는 본원상표의 "마틸다스"는 서로 유사하다고 할 수 없다. 더욱이, 인용상표는, "여성 얼굴 사진"과 큰 글씨체의 영문자 "**VICENZI**" 및 '밑변이 오목한 사각형'으로 인하여 전체적인 인상이 본원상표와는 확연히 다르기 때문에, 칭호로 인한 오인이나 혼동의 가능성은 없다 할 것이다. 나아가 지정상품의 비유사로 인하여, 두 상표가 공존한다 하더라도, 상품 출처에 대한 수요자의 오인이나 혼동의 가능성은 없다 할 것이다.

2. 지정상품의 비유사

본원상표의 최종 지정상품은 '초콜릿 관련 상품'이다. 인용상표의 지정상품은 '비스킷, 페이스트리'이다. 본원상표의 "초콜릿(chocolate)" 제품과 인용상표의 "비스킷, 페이스트리"는 원료, 제조과정, 제품의 특성 등이 명백히 다르기 때문에 수요자로 하여금 출처에 대한 오인이나 혼동의 가능성이 많지 않다. 이들 두 상표의 지정상품들이 모두 유사군 코드가 동일하지만, 상표법 제38조 제3항에서 '상품류의 구분은 상품의 유사범위를 정하는 것은 아니다'라고 규정하듯이, 상품의 특성을 고려할 때 일반 수요자가 상품출처를 혼동할 만큼 유사한 상품이라 할 수는 없을 것이다. 특히, 앞에서 설명한 바와 같이, 표장이 서로 다른 유사하지 않은 상황에서 본원상표의 "초콜릿(chocolate)" 제품과 인용상표의 "비스킷, 페이스트리"는 상품출처에 대한 수요자의 오인이나 혼동을 일으킬 우려가 없다 할 것이다.

Ⅳ. 결 어

본원상표는 인용상표와 칭호에 있어서 유사하지 않고, 외관을 볼 때 전체적인 인상의 차이가 확연하게 다르고, 본원상표의 지정상품은 "초콜릿(chocolates)"에 한정하여 인용상표의 지정상품인 "비스킷, 페이스트리"와는 다르다.

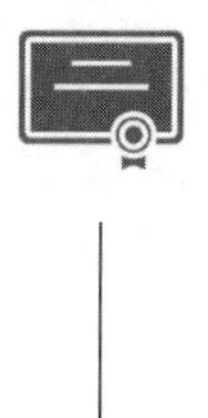

33. ‘카페공작소’ 서비스표의 등록여부[1]

— 특허심판원 2019.10.25. 심결 2018원3299[2]에 대하여 —

I. 머리말

서비스표등록출원 제40-2017-0096034호는 표장 “카페공작소”에 대하여 제43류의 “카페서비스업, 커피전문점업 등”을 지정하여 출원한 것으로(이하 ‘본원표장’), 이를 심사한 심사관은 표장이 상표법 제33조 제1항 제3호에서 규정하는 성질표시에 해당하고, 전체적으로 “음료수를 마시거나 간단한 식사를 할 수 있는 곳”으로 직감되어 식별력이 없어서 동항 제7호에 해당한다는 이유로 등록을 거절하였다. 이 거절결정에 대한 심판에서, 특허심판원은 심사관의 거절결정을 취소하였다.

---

1 「창작과 권리」 제99호(2020년 여름호).

2 심판장 이재우, 주심 장인욱, 심판관 김동원.

II. 심결문

심판번호 2018원3299

사건표시 2017년 상표등록출원 제96034호 거절결정불복

청 구 인 이진아

제주특별자치도 서귀포시 성산읍 성산중앙로 25번길 6-1 2층

대리인 변리사 최덕규

서울 서초구 서초대로 396, 901호(서초동, 강남빌딩)

(명지특허법률사무소)

원결정 2018.06.04. 거절결정

심결일 2019.10.25.

주 문

원결정을 취소하고, 이 사건 출원을 특허청 심사관에게 보내어 다시 심사에 부친다.

청구취지

주문과 같다.

이 유

1. 기초사실

가. 이 사건 출원상표

(1) 출원번호/출원일: 제40-2017-96034호/2017.07.28.

(2) 구　성: 카페공작소

(3) 지정상품: 상품류 구분 제43류의 키즈카페업, 키즈카페체인업, 간이음식점업, 과일 및 채소주스 전문점업, 과일카페업, 레스토랑 서비스업, 제과전문카페업, 카페서비스업, 커피전문점업, 커피하우스 및 스낵바업

나. 원결정 이유

이 출원상표는 지정삼품의 성질(제공 장소 등)표시로 직감되는 'cafe'의 한글음역표기인 '카페'와 장소적 의미로 흔히 쓰이는 '공작소'가 불가분하게 결합되어 있는 표장으로, 표장 전체적으로 '음료수를 마시거나 간단한 식사를 할 수 있는 곳'으로 직감

되는 상표로 식별력이 없을 뿐만 아니라, 전체적으로도 이들의 결합이 새로운 관념이나 식별력을 형성하는 것도 아니어서, 일반수요자로 하여금 누구의 업무와 관련된 상표를 나타내는지 식별할 수 없으므로, 상표법 제33조 제1항 제3호 및 제7호에 해당한다.

2. 청구인의 주장 요지

이 사건 출원상표의 문자부분 중에서 '공작소'는 지정서비스업인 '카페업, 카페서비스업, 커피전문점업 등'과 관련하여 그 지정상품의 장소 등을 직접 표시한 것이 아니라 이를 간접적으로 암시하거나 강조하는 것에 불과하여, 이 사건 출원상표는 전체적으로 일반 수요자 또는 거래자가 '음료수를 마시거나 간단한 식사를 할 수 있는 곳'으로 인식하는 것으로 단정하기가 어려울 뿐만 아니라, 표장 전체로서 다수에 의해 널리 사용되고 있지 아니하며 공익상 특정인에게 독점시키는 것이 적당하지 않다고 볼 수도 없으므로, 상표법 제33조 제1항 제3호 및 제7호에 해당하지 않는다.

3. 이 사건 출원상표가 상표법 제33조 제1항 제3호 및 제7호에 해당하는지 여부

가. 판단기준

상표법 제33조 제1항 제3호가 상품의 산지, 품질, 효능, 용도 등을 보통으로 사용하는 방법으로 표시한 표장만으로 된 상표를 등록받을 수 없도록 한 것은 그와 같은 기술적 상표는 통상 상품의 유통과정에서 필요한 표시여서 누구라도 이를 사용할 필요가 있고 그 사용을 원하기 때문에 이를 특정인에게 독점배타적으로 사용하게 할 수 없다는 공익상의 요청과 이와 같은 상표를 허용할 경우에는 타인의 동종 상품과의 관계에서 식별이 어렵다는 점에 그 이유가 있는 것이므로 어느 상표가 이에 해당하는지의 여부는 그 상표가 지나고 있는 관념, 지정상품과의 관계 및 거래사회의 실정 등을 감안하여 객관적으로 판단하여야 한다(대법원 2006.01.26. 선고 2005후2595 판결 등 참조).

한편 상표법 제33조 제1항 제7호에서는 수요자가 누구의 업무에 관련된 상품을 표시하는 것인가를 식별할 수 없는 상표는 상표등록을 받을 수 없다고 규정하고 있는데, 이 규정에 따라 등록이 거절되는 상표는 외관상 식별력이 인정되지 않는 상표, 많은 사람이 현재 사용하고 있어 식별력이 인정되지 않는 상표, 공익상으로 보아 특정인에게 독점시키는 것이 적당하지 않다고 인정되는 상표 등과 같이 일정한 상품과의 관계에 있어서 일반 수요자가 당해 상품에 대하여 그 상품의 출처를 인식할 수 없는 즉 특별현저성이 없는 상표를 의미한다고 보아야 할 것인바, 어떤 상표가 특별현저성

을 가진 상표인지 여부는 그 상표가 지니고 있는 관념, 지정상품과의 관계 및 거래사회의 실정 등을 감안하여 객관적으로 결정하여야 한다(대법원 2004.07.08. 선고 2003후1987판결 등 참조).

나. 구체적 판단

(1) 이 사건 출원상표 "카페공작소"는 '카페'와 '공작소'가 결합한 것으로 쉽게 인식할 수 있고, '카페'는 '커피나 음료, 술 또는 가벼운 서양 음식을 파는 집'의 의미가 있고, '공작소'는 '기계 따위를 만드는 곳'의 의미가 있다.

그래서 일반 수요자들을 지정상품(서비스업)인 '카페업, 카페서비스업, 커피전문점업' 등과 관련하여, 이 사건 출원상표를 보고 '카페 또는 커피와 관련된 기계나 용품 등을 만드는 곳' 정도의 의미를 연상할 수는 있으나, 성질표시(제공 장소)적인 의미라고 할 수 있는 '음료수를 마시거나 간단한 식사를 할 수 있는 곳'이라는 의미는 암시할 수 있다 하더라도, 이를 직감시킨다고 보기 어렵고 달리 그와 같이 볼 만한 증거도 없다. 따라서 이 사건 출원상표는 지정상품(서비스업)인 '카페업, 카페서비스업, 커피전문점업 등'과 관련하여 그 제공 장소 등과 같은 성질을 직접적으로 표시하는 기술적 표장에 해당한다고 할 수 없다.

(2) 그리고 일반 수요자들이 이 사건 출원상표 "카페공작소"를 보고 지정상품의 성질(제공 장소)을 표시하는 표장으로 인식하기 위해서는 각 구성인 '카페'와 '공작소'를 분리하고, '공작소'의 사전적인 의미를 '기계 따위를 만드는 곳' 등으로 파악한 후에 '공작소'의 의미를 지정상품인 '카페업, 카페서비스업, 커피전문점업'의 성질특성과 결부시켜, 연상되는 의미로서 '카페 또는 커피와 관련 기계나 물품 등을 만드는 곳'의 의미를 넘어서, '음료수를 마시거나 간단한 식사를 할 수 있는 곳'과 같이 그 상품의 성질(제공 장소)을 직접 표시하는 의미를 돌출해야 하므로, 이는 적어도 하나 이상의 인식단계를 거쳐야만 가능한 것인바, 이 사건 출원상표는 지정상품인 '카페업, 카페서비스업, 커피전문점업'의 성질을 간접적으로 암시한다고는 보더라도 직감할 수 있는 표장이라고 할 수 없어 자타 상품의 식별력이 인정되는 상표라 할 것이다.

(3) 여기에다, 당 심판부에서 직권 조사한 바에 의하면 특허청의 상표등록사례에서도 '손톱공작소'(제41-387799호: 손톱미용업), '건강공작소 H-factory'(제40-1130628: 건강기능식품), '특허공작소 IPR Gateway Labs'(제41-369386: 특허관리업, 특허정보제공업), '아이피공작소'(제41-360421: 특허관리업, 특허정보제공업), '식빵공작소'(제41-362027: 수제식빵전문점업), ''(40- 1475239: 카페 및 레스토랑서비스업, 핫도그 샌드위치, 빵),

'미인공작소 美人工作所'(제40- 1201129: 화장품), '부자공작소'(제41-303389: 금융 또는 재무에 관한 상담업), '만점工作所'(제41-307857: 어학교육지도업), '생활공작소 生活工作所'(제45-65879호: 세탁용제, 가정용 청향제), '돈공작소'(제40-1336225: 금융서비스업), '연애공작소'(제41-387192: 교육 및 연예오락에 관한 대회조직업), '어린이 과학공작소'(제40-942436: 지구의, 교재, 서적), '창작공작소'(제40-915272: 건축모형), '재미공작소'(제41-147253: 공연기획업), '맛집공작소'(등록결정: 레스토랑 프랜차이즈 관련 사업관리대행업, 간이식당서비스업) 등과 같이 상품의 성질(용도, 품질)을 표시하는 표장과 '공작소'가 결합된 다수의 상표들이 식별력을 인정받아 등록되어 있음도 확인할 수 있다.

또한, 인터넷 포털 사이트의 검색창에서 '카페공작소'를 입력하면, '제주 제주시 구좌읍 해맞이해안로 1446'의 '세화바다를 담은 카페공작소' 또는 그 곳과 관련 있는 자료만 검색되고 있으므로, 이 사건 출원상표는 다수인이 자신의 상호로 사용하고 있다거나 상품의 출처 또는 성질을 표시하기 위하여 자유롭게 사용하고 있다는 자료를 발견할 수 없고 상품 제공에 꼭 필요한 표시여서 누구라도 이를 사용할 필요가 있다거나 그 사용을 원한다고 볼 만한 사정도 없으며, 청구인에게 이 사건 출원상표를 독점배타적으로 사용하게 하는 것이 공익에 반한다고 볼 만한 자료도 찾아볼 수 없다.

(4) 이상에서 살펴본 바와 같이, 이 사건 출원상표가 지정상품과 관련하여 식별력이 있음이 인정되는 이상, 이 사건 출원상표가 그 지정상품의 제공 장소 등을 보통으로 사용하는 방법으로 표시한 상표로서 상표법 제33조 제1항 제3호에 해당한다거나, 누구의 업무에 관련된 상품을 표시하는 것인가를 식별할 수 없는 상표로서 상표법 제33조 제1항 제7호에 해당한다고 볼 수 없다.

다. 소결론

따라서 이 사건 출원상표는 상표법 제33조 제1항 제3호 및 제7호에 해당하지 않으므로, 그 등록을 거절한 원결정은 타당하지 않다.

4. 결론

그러므로 원결정을 취소하고, 이 사건 출원을 다시 심사에 부치기로 하여 주문과 같이 심결한다.

Ⅲ. 평 석

1. 본원표장이 성질표시표장에 해당하는지의 여부

본원표장은 "카페"와 "공작소"로 구성된 표장으로, '카페'는 본원표장의 지정서비스업과 관련하여 기술표장(descriptive mark) 또는 일반명칭표장(generic mark)에 해당한다. 그러나, '공작소'는 본원표장의 지정서비스업과 전혀 무관한 용어로서, 그 사전적 의미는 '기계 따위를 만드는 곳'이고, 일반적으로 '음료수를 마시거나 간단한 식사를 할 수 있는 곳'을 '공작소'라고 하지는 않는다.

만일, "공작소"를 '기계 제조업', '가구 제조업', '목공 제조업' 등과 관련하여, "기계 공작소", "가구 공작소", "목공 공작소"라고 한다면, 이들은 분명 일반명칭표장 내지는 기술표장에 해당하여 등록을 받을 수 없을 것이다. 그러나 본원표장의 지정서비스업인 "카페서비스업, 커피전문점업 등"과 관련해서는 "공작소"라는 용어가 직접적인 관련이 없다. 따라서 본원표장 "**카페공작소**"는 지정서비스업인 "카페서비스업, 커피전문점업 등"과 관련하여 임의선택표장(arbitrary mark)으로 볼 수 있고, '카페'로 인하여 '카페'와 관련된 것을 암시하거나 연상시킬 수 있는 점에서 암시표장(suggestive mark)에 해당한다고 할 수 있다.

본원표장 "**카페공작소**"가 성질표시표장(기술표장)이 아니라는 것은, "공작소"라는 용어가 본원표장의 지정서비스업인 "카페서비스업, 커피전문점업" 등의 특성을 설명하기 위하여 필요한 용어가 아니라는 점이다. 어떤 표장이 기술표장인지의 여부는 그 상품(서비스업)의 특성을 설명하고자 할 때 그 용어가 필요한지의 여부로써 판단한다. "공작소"라는 용어는 "카페서비스업, 커피전문점업" 등의 특성을 설명하기 위하여 사용될 필요가 있는 용어가 아니기 때문에, 이 용어는 이 서비스업의 특성과는 전혀 무관한 임의선택용어에 해당한다.

'공작소'가 포함된 상표가 아래와 같이 다수 등록되었다. "**손톱공작소**"가 손톱미용업, 네일아트서비스업 등에 등록되었고, "**미인공작소**"가 기능성화장품, 뷰티케

어용 화장품 등의 상품에 등록되었고, “**아이피공작소**”가 지식재산관리업, 특허관리업 등에 등록되었고, “**부자공작소**”가 금융상담업, 금융정보제공업 등에 등록되었다. 이들이 등록된 것은 “**공작소**”가 이들 서비스업을 제공하는 장소를 의미하는 것이 아니고, 이들 서비스업을 제공하는 주체를 식별할 수 있는 식별력을 갖는 것으로 판단한 결과이다.

마찬가지로, 본원표장 “**카페공작소**”의 “**공작소**”도 “카페서비스업, 커피전문점업” 등의 지정서비스업과 어떤 관련이 없기 때문에, “**카페공작소**”는 이들 지정서비스업과 관련하여 임의선택표장이나 또는 ‘카페’와 관련된 것을 암시하거나 연상시킬 수 있는 정도에 불과한 암시표장에 해당하여 서비스표로서의 식별력을 갖는 표장이다.

2. 본원표장이 상표법 제33조 제1항 제7호에서 규정하는 식별력이 없는 상표에 해당하는지의 여부

심사관은 본원표장이 상표법 제33조 제1항 제3호 및 제7호(이하 ‘제3호’ 및 ‘제7호’라 함)에 해당한다는 이유로 거절결정을 하였다. 하지만, 제3호와 제7호는 동시에 적용할 수 없는 규정이다. 제1호 내지 제6호는 식별력이 없는 상표를 구체적으로 규정한 것이고, 만의 하나 이에 해당하지 않는 상표 중에 식별력이 없는 상표를 거절하기 위한 법적 근거를 마련하고 있는 것이 바로 제7호이다. 그래서 제7호에서는 ‘제1호부터 제6호까지에 해당하는 상표 외에 수요자가 누구의 업무에 관련된 상품을 표시하는 것인가를 식별할 수 없는 상표’라고 규정한 것이다. 본원표장이 제3호에 해당한다면, 제3호에 의해 거절하면 충분한 것이지, 제3호에 해당하는 상표를 다시 제7호에 의해 거절할 수는 없다.[3]

3 최덕규, “상표 ‘RB CAPITAL’의 거절결정에 대하여”, 「창작과 권리」 제95호(2019년 여름호), 24-32쪽.

Ⅳ. 결 어

본원표장 "**카페공작소**"는 지정서비스업인 "카페서비스업, 커피전문점업 등"과 관련하여 임의선택표장(arbitrary mark)으로 볼 수 있고, '카페'로 인하여 '카페'와 관련된 것을 암시하거나 연상시킬 수 있는 점에서 암시표장(suggestive mark)에 해당한다고 할 수 있다.

심사관은 본원표장이 상표법 제33조 제1항 제3호 및 제7호(이하 '제3호' 및 '제7호'라 함)에 해당한다는 이유로 거절결정을 하였다. 하지만, 제3호와 제7호는 동시에 적용할 수 없는 규정이다. 제1호 내지 제6호는 식별력이 없는 상표를 구체적으로 규정한 것이고, 만의 하나 이에 해당하지 않는 상표 중에 식별력이 없는 상표를 거절하기 위한 법적 근거를 마련하고 있는 것이 바로 제7호이다. 그래서 제7호에서는 '제1호부터 제6호까지에 해당하는 상표 외에 수요자가 누구의 업무에 관련된 상품을 표시하는 것인가를 식별할 수 없는 상표'라고 규정한 것이다. 본원표장이 제3호에 해당한다면, 제3호에 의해 거절하면 충분한 것이지, 제3호에 해당하는 상표를 다시 제7호에 의해 거절할 수는 없다.

34. "LLOYD'S" 상표와 "LLOYD" 서비스표의 유사여부 - EU 사건[1]

두 문자 및 도형상표 "**LLOYD**" 및 "**LLOYD'S**"와 관련한 상표분쟁에서, EU 법원(CJEU)은 상품과 서비스업 사이의 유사여부를 판단하였다. 인간의 외모("look")에 기여하는 공통의 심미적 기능이 상품과 서비스 사이의 유사를 의미하는가에 대한 것이 본 사건의 논점이다. 무엇보다도, 패션, 액세서리 및 향수 분야에서는 서로 다른 상품들과 함께 조합 또는 결합하여 사용되고 있는 실정이다. 위 두 상표에서 상품과 서비스업 사이의 유사여부가 어떻게 판단되었는지를 살펴본다.

I. 이의신청

2011년 10월, 이의피신청인인 Lloyd Shoes GmbH(Germany)(이하, 'Lloyd Shoes')

1 「창작과 권리」 제99호(2020년 여름호).

는 "**LLOYD**" 문자 도형상표인 하기 상표에 대해 EU 상표등록을 위해 EU 특허청(EUIPO)에 출원하였다.

이의신청인 El Corte Ingles, SA(Spain)는, 위키피디아(Wikipedia)에 따르면 매출액에 있어서 유럽 최대의 백화점 체인으로, NICE 상품분류 제3류, 제14류, 제18류, 제25류 및 제35류에서 상품 및 서비스업을 지정한 Lloyd Shoes의 상표출원에 대한 이의를 제기하였다. 이의신청인은 그의 선등록상표를 인용하였는데, 그 인용상표의 표장은 아래와 같으며, 지정상품은 제3류, 제14류 및 제18류에서 출원상표와 유사한 상품이 등록되었다. 하지만 인용상표는 제25류의 상품과 제35류의 서비스업은 지정하지 않았다.

II. 유럽특허청의 판단

유럽특허청의 이의신청부(Opposition Division)와 항소국(Board of Appeal)에서는 제3류, 제14류 및 제18류에 대해서 이의신청을 지지하였다. 그러나 제25류와 제35류에 대해서는 이의신청을 기각하였다. 출원상표는 제35류의 서비스가 제18류의 몇몇 상품들과 관련이 있음에도 등록을 받을 수 있었고, 제25류의 상품에 대해서도 등록을 받을 수 있었다.

쌍방은 항소국의 결정에 대해 동의하지 않았다. 상표출원인 Lloyd Shoes는 제3류, 제14류 및 제18류에 대한 상표출원의 거절에 대하여 항소하였고, 이의신청인 El Corte Ingles도 제25류 및 제35류에 대한 상표등록에 대항하여 항소하였다.

EU 법원에서의 본 사건의 논점은 상품과 서비스업과의 유사여부이다. 이의신청인 El Corte Ingles는 유럽특허청이 제3류, 제14류 및 제18류에 대해 거절하면서 제25류와 제35류에 대해 등록을 인정한 것은 항소국이 상품과 서비스업의 유사여부를 판단함에 있어서 모순적인 판단을 하였다고 주장하였다.

이의신청인은 패션, 액세서리 및 향수 분야에서의 상품은 그 특성상 소비자가 다양한 상품들을 서로 조합 또는 결합해서 사용한다고 주장하였고, 그 상품들의 상호보완관계 때문에 Lloyd Shoes가 출원한 상품들은 서로 연관되어 있다고 주장하였다.

Ⅲ. EU 법원(CJEU)의 판단

EU 법원은, 판례에 따르면, 문제의 상품과 서비스업 사이의 유사여부를 판단함에 있어서, 그들 상품이나 서비스업과 관련되는 모든 요소를 고려해야 한다고 설시하면서, 그 요소들은 특히 그들의 본질, 최종 소비자, 사용방법, 그들이 서로 경쟁관계에 있는지 아니면 상호보완관계에 있는지 등을 포함한다고 하였다. 상품의 유통채널과 같은 기타 요인들도 또한 고려될 수 있다고 EU 법원은 설시하였다.

이러한 관점에서, EU 법원은 상품과 서비스 중의 어느 하나가 다른 하나의 사용(실시)에 필수불가결하거나 중요한 밀접한 관계가 있다면 그들은 서로 상호보완관계에 있다고 설시하였다.

그러나 이의신청인은 본 사건에서의 상품과 서비스업 사이에는 간접적인 유사성(indirect similarity)이 기본적으로 존재한다고 주장하였다.

EU 법원은 신발, 의류, 모자 또는 핸드백과 같은 그들의 본래의 기능 외에 관련

소비자의 외모(external appearance: look)에 함께 기여하는 공통의 심미적 기능을 갖는다는 것을 인정하였다(PiraNAM diseno original Juan Bolanos 2007년 판결: EU:T:2007:219 참조). 그러나 EU 법원은 상품들이 함께 사용되어 같은 기능을 나타낸다는 이유로 그들 상품이 원칙적으로 유사하다는 결론에 이르지는 않는다고 판시하였다. 또한 본 사건에서, EU 법원은 문제의 상품과 서비스업이 그 본질, 의도하고자 하는 목적 및 용도가 서로 다르다고 판시하였다.

나아가 법원은 상표의 유사성과 상품 또는 서비스업의 유사성 사이의 상호의존관계(interdependence)에 대해서도 살펴보았다. 즉, 다른 사건에서와 같이, 법원은 상품 또는 서비스업 사이의 유사성이 더 적은 경우 상표 사이의 유사성이 더 크다면, 이들은 서로 상쇄될 수 있고, 또한 반대의 경우도 성립한다고 설시하였다.

사실, 이의신청인은 항소국의 판단에서, 항소국은 오인 · 혼동의 가능성을 배척할 때 상표가 거의 동일하다는 점을 충분히 고려하지 않았다고 주장하였다. 법원은 이 주장에 대해서도 받아들이지 않았다. 법원은, 본 사건에서와 같이, 상품과 서비스가 서로 다른 경우, 상표의 유사성 또는 동일성의 정도에 관계없이 이의신청은 받아들여질 수 없다고 판시하였다. 이러한 관점에서, 문제 상표의 유사성 또는 동일성을 판단하지 않고 오인 · 혼동의 가능성이 없다고 한 결론은 옳다고 법원은 판시하였다.

IV. 결 어

법원은 항소를 기각하고 유럽특허청 항소국의 결정을 지지하였다. 유사군 코드에 의존하거나 증거 아닌 자료에만 의존하여 판단하는 우리의 상품유사판단과는 달리, 상품류가 다른 상품들의 유사여부를 판단한 논리가 본 판결의 압권이라 할 수 있다.

35. 상표 "청년농부"의 등록무효사건[1]

— 특허심판원 2019당3516[2]에 대하여 —

I. 머리말

상표 "**청년농부**"가 상품류 제30류의 쌀, 떡, 간장, 고추장, 국수 등에 2018년 8월에 등록되었다. 상표가 등록되기 위해서는 '식별력(distinctiveness)'이 있어야 하는데, 식별력이 있다고 판단되었기 때문에 등록된 것이다. 그런데 등록 후 약 15개월이 지났을 때 무효심판이 제기되었고, 그로부터 약 3개월 만인 2020년 2월 특허청은 이 상표를 무효시켰다. 등록 당시 식별력이 있다고 판단되어 등록되었던 상표가 등록 후 1년 반 만에 식별력이 없다고 해서 무효된 것이다. 무엇이 문제인지 이 심결을 살펴본다.

---

1 「창작과 권리」 제100호(2020년 가을호).

2 심판장 손영식, 주심 김탁영, 심판관 이정구.

II. 심결문

사 건 상표등록 제1390729호 무효

주 문

1. 상표등록 제1390729호는 그 등록을 무효로 한다.

2. 심판비용은 피청구인이 부담한다.

청구취지

주문과 같다.

이 유

1. 기초사실

가. 이 사건 등록상표

(1) 등록번호/출원일/등록일: 상표등록 제1390729호/2017.12.05./2018.08.24.

*(2) 구성: "***청년농부***"*

(3) 지정상품: 상품류 구분 제30류의 도정(搗精)한 곡물, 쌀, 가공한 곡물, 만두, 쌀을 주원료로 한 스낵식품, 비스킷 및 빵, 엿, 떡, 간장, 고추장, 된장, 장(醬)류, 소스, 식초, 식용 소금, 차(茶), 커피 및 인조커피, 차를 주성분으로 하는 음료, 곡분 및 곡물 조제품, 국수(Noodles), 건면, 중면

2. 당사자의 주장 및 답변

가. 청구인의 주장 요지

*(1) 이 사건 등록상표는 '젊은이'라는 의미의 '청년'과 '농사짓는 사람'을 의미하는 '농부'라는 단어의 결합으로 구성된 표장으로서 '젊은 농사짓는 사람' 이상의 관념을 형성케 하기 어려워 이 사건 등록상표의 지정상품인 '도정(搗精)한 곡물, 쌀, 가공한 곡물, 만두, 쌀을 주원료로 한 스낵식품, 비스킷 및 빵, 엿, 떡, 간장, 고추장, 된장, 장(醬)류' 등 가공식품 등에 대하여 이 사건 등록상표가 사용될 경우 일반 수요자들은 손쉽게 '나이가 젊은 농부가 생산한 상품'이라고 직감할 것이고, 최근 인터넷 및 IT 기술의 발달, 택배 등 배송서비스의 발달, 고부가가치 작물 등의 개발, 도시에서의 취업난 등으로 인하여 귀농하는 젊은이들이 늘어남에 따라 이들을 가리키는 '청년농부'라는 단어가 빈번하게 사용되게 되었으며, 기존에 전통적으로 생산되어 왔던 농산물, 이를 활용한 가공식품에 비하여 '***청년농부***'가 생산한 상품은 양질이라는 인식이 생겨나*

게 되었는바, 이 사건 등록상표는 상품의 생산자 등을 나타내는 기술적 표장임과 동시에 젊은 농부에 의하여 생산된, 기존 상품보다 양질의 상품을 의미하는 성질표시에 해당하므로 상표법 제33조 제1항 제3호에 해당한다.

*(2) 이 사건 등록상표 '***청년농부***'는 이 사건 등록상표의 등록일 이전부터 뉴스, 인터넷 포털 네이버(Naver) 블로그, 카페 및 공중파나 광고를 통하여 많은 사람들에 의하여 '젊은 농부'를 의미하는 단어로 사용되어 왔고, 다수의 지방자치단체, 관련기관들의 지원사업 명칭 중 일부로도 사용되었으며, 심지어 이 사건 등록상표의 등록권리자도 2017년 7~9월경(뉴스 기재일자는 2017년 9월 4일) 정부기관인 국가균형발전위원회가 운영하는 '국가균형발전포털' 블로그에서의 인터뷰를 통해 수차례 '청년농부'라는 표현을 특정인의 출처표시 기능으로서가 아닌 일상적인 단어로서 '젊은 농부'라는 표현 대신 사용한 바 있다. 또한, '***청년농부***'는 이 사건 등록상표의 지정상품인 먹거리 관련 상품과 관련하여 단순히 나이가 젊은 농부가 생산하였다는 의미로 받아들여져야 하므로 모든 사람에게 그 사용이 개방되어야 하는 단어로서 특정인에게 독점시키는 것은 결코 공익상 적절하지 않은 것으로 판단되는바, 이 사건 등록상표는 상표법 제33조 제1항 제7호에도 해당하여 그 등록이 무효로 되어야 한다.*

[증거방법] 갑제1호증 내지 제19호증(가지번호 포함)

나. 피청구인의 답변 요지

이 사건 등록상표는 무효로 되어야 한다는 청구인의 주장에 대하여 피청구인은 현재까지 아무런 대응 및 답변이 없다.

3. 청구인이 이해관계인에 해당하는지 여부

이 사건 심판청구인인 이두현('영농조합법인 연두'의 대표) 및 이석모(농업회사법인 '주식회사 청년연구소'의 대표)는 청구인들의 제품에 '청년농부'를 표시하여 판매함으로써 이 사건 등록상표의 상표권을 침해하였다는 이유로 이 사건 등록상표의 등록권리자인 '청년농부협동조합'으로부터 청구인들의 제품에 대하여 판매금지요청을 받은 바 있고(갑제2호증의 2, 3 및 제3호증의 2, 3), 이 사건 등록상표가 상표법 제33조 제1항 제3호 및 제7호에 해당하는 식별력이 없는 상표라고 하면서 그 무효를 구하고 있으므로, 이 사건 심판청구인 '이두현'과 '이석모'는 모두 이 사건 등록상표의 소멸과 관련하여 직접적인 이해관계가 있어 이 사건 무효심판을 청구할 수 있는 적법한 이해관계인에 해당된다.

4. 이 사건 등록상표가 상표법 제33조 제1항 제7호에 해당하는지 여부

가. 판단 기준

상표법 제33조 제1항 제7호는 '제1호 내지 제6호 외에 수요자가 누구의 업무에 관련된 상품을 표시하는 것인가를 식별할 수 없는 상표'는 상표등록을 받을 수 없다고 규정하고 있는바, 이 규정에 따라 상표등록이 거절되어야 할 상표는 외관상 식별력이 인정되지 않는 상표, 많은 사람이 현재 사용하고 있어 식별력이 인정되지 않는 상표, 공익상으로 보아 특정인에게 독점시키는 것이 적당하지 않다고 인정되는 상표 등과 같이 같은 항 제1호 내지 제6호에는 해당하지 않으나 그 각 호의 취지로 보아 자기의 상표와 타인의 상표를 식별할 수 없는 상표는 등록을 받을 수 없도록 한 취지의 보충적 규정이므로, 어느 상표가 상표법 제33조 제1항 제7호에 해당하는지 여부는 결국 그 상표가 일정한 상품과의 관계에 있어서 일반 수요자가 당해 상품에 대하여 그 상품의 출처를 인식할 수 있느냐 없느냐, 즉 그 상표가 타인의 상품과 구별함에 족한 특별현저성을 가진 상표인가의 여부에 따라 결정하여야 할 것이다(대법원 1994.09.27. 선고 94후906 판결, 1993.12.28. 선고 93후1018 판결, 특허법원 2003.03.20. 선고 2003허601 판결 각 참조).

나. 구체적 판단

(1) 다음 각 사실은 아래에 적시된 각 증거의 기재 및 당 심판부의 조사결과 등을 종합하여 인정할 수 있다.

(가) 1964.02.26.자 동아일보 기사 및 1968.09.18.자 동아일보 소설 중 '청년농부'라는 표현이 등장했다(갑제4호증의 1, 2).

(나) 국내 인터넷 포털 네이버(Naver)의 '청년농부' 검색결과, 2000.01.01.부터 이 사건 등록상표의 등록결정일 당시(2018.08.23.)까지 뉴스에 총 3,073건의 기사가, 동 포털에서 블로그 서비스가 개시된 2003.05.20.부터 2018.08.23.까지 총 5,960건의 블로그 게시물이, 동 포털에서 카페 서비스가 개시된 2003.12.01.부터 2018.08.23.까지 총 1,000건의 카페 게시물이 검색되었다(갑제5호증 및 제6호증의 1, 2).

(다) 같은 기간, '청년농부'와 유사한 관념을 지닌 것으로 보이는 '젊은 농부'라는 표현이 사용된 뉴스 기사는 총 1,528건, 블로그 게시물은 총 6,163건, 카페 게시물은 총 3,156건으로 검색되었다(갑제7호증의 1 내지 3).

(라) 경북 의성의 '초보 청년농부 멘토링 지원사업'(2018.07.11.), 경북 경산, 김천 등의 '청년농부 육성지원(2030 리더 창농지원) 사업'(2018.05.04., 2018.04.04.), 충남 계룡시의 '친환경 청년농부 육성 프로젝트'(2017.06.27.), 충남 예산의 '2030 청년

농부 인큐베이팅 시스템 구축사업 농촌형 일자리교육'(2018.07.09.), 경북 봉화의 '청년농부 참여형 마을영농사업'(2018.07.25.), 농협의 '청년농부 사관학교'(2018.08.21.) 등과 같이 다수의 지방자치단체와 관련기관들이 '청년농부'라는 단어를 지원사업의 명칭에 사용하거나 지원사업 내용 및 설명 등에 활용하고 있음을 네이버(Naver) 검색을 통하여 확인할 수 있다(갑제8호증).

(마) MBC에서는 'MBC 다큐프라임'의 소제목을 '청.년.농.부'라고 명명하고 2018.06.10. 및 2018.06.11. 양일에 걸쳐 전국의 청년농부들에 대한 다큐멘터리를 방영했으며, 울산 MBC는 '경성판타지'라는 프로그램을 통하여 '영농후계자를 꿈꾸는 강원도 청년농부들이 만나는 서울'이라는 에피소드를 제작하였고, 동 프로그램은 2018.04.26.자로 제작 방영 일정이 언론보도된 후 울산, 부산, 광주, 여수 MBC를 비롯해 MBC NET 채널을 통해 수차례 방영되었으며, 농림축산식품부에서는 2017년 페이스북(Facebook), 유튜브(YouTube) 등을 통해 '청년농부 원더 파머'라는 공익광고 목적의 동영상을 제작하여 해당 동영상의 총 합산 조회수가 일주일 만에 12만 건을 상회하였고, 2012.10.09.부터 2012.12.25.까지 MBC를 통해 방영되어 최고시청률 7.3%를 기록한 드라마 '엄마가 뭐길래'에서는 직업이 '무공해 청년농부'로 소개된 인물이 등장하는 등 공중파 및 광고 방송 등을 통하여 '청년농부'라는 표현이 널리 사용되었다(갑제9호증, 제10호증의 1, 2, 제11호증 및 제12호증의 1, 2).

(바) 이 사건 등록상표의 등록권리자인 '청년농부협동조합'의 우주혁 대표는 이 사건 등록상표의 출원일인 2017.12.05. 이전인 2017.09.04.자 정부기관인 국가균형발전 위원회가 운영하는 '국가균형발전포털' 블로그에서의 인터뷰를 통해 "선뜻 귀농을 결심할 수 있었던 건 아버님께서 임업에 종사하시고 계셔서 다른 귀농 청년농부보다 그런 면에서 안착하기가 좀 수월했습니다.", "청년농부조합은 원주시농업기술센터에서 운영하는 청년 4-H 활동을 통해서 만난 청년농부들이 주축이 되어 설립한 조합입니다.", "귀농에 뜻이 있는 예비 청년농부는 지역불문 언제나 환영입니다." 등과 같이 '청년농부'를 특정인의 출처표시가 아닌, '청년인 농부' 또는 '나이가 젊은 농부' 정도로 인식되는 일반적인 표현으로도 사용하였다(갑제13호증).

내 용	출 처	일 자
용인시, **청년 농부**들이 운영하는 농산물 직거래 장터 열려	일요서울	2018.08.22.
롯데슈퍼, 친환경 **청년농부** 육성 나서…판매 가격 10% 낮아	스포츠경향	2018.08.17.
[청년농업인시리즈⑧] 오직 한우바라기 우(牛)직한 **청년 농부** 김○○ 씨	농축유통신문	2018.08.16.
청년농부가 기른 시금치, 딸기…반년 만에 효자로 컸다.	매일경제	2018.08.13.
대림산업, **청년농부** 지원사업 양해각서 체결	스카이데일리	2018.06.22.
롯데슈퍼, '**청년 농부**가 키운 농산물 드세요'	뉴시스	2018.04.25.
청년농부들의 생생한 성공 스토리…유명 셰프와 함께하는 요리 행사도	동아일보	2017.08.25.
신세계百, 미래를 캐는 **청년농부** 돕는다.	뉴시스	2017.08.20.
[2017 기자방담] 지속가능한 농업·농촌 초석될 '**청년농부** 붐'	농수축산신문	2017.12.27.
'**청년농부**들이 기른 농산품 구경하세요'	머니투데이	2017.10.25.
24살 **청년 농부**의 들깨 농사!	농사꾼양반 (블로그)	2017.10.24.
대동공업, '제2회 **청년농부** 농기계 스쿨' 개최	뉴시스	2017.05.04.
〈MBC스페셜〉 무일푼 세 **청년농부**의 여정, '700일이 담은 희망로드'	MBC연예	2016.11.21.
청년농부들 '친환경 브랜드화'로 미래 연다.	광주매일신문	2016.11.17.
청년농부의 성공 창농 스토리	농촌여성신문	2016.08.19.
청년농부 황○○씨 "5년만에 여름사과 수확해요"	고양신문	2016.08.09.
'**청년 농부**들이 농산물 갖고 왔어요'	뉴스1	2016.07.03.
〈꿈을 job아라〉 미래 유망 산업 '농업', **청년 농부**가 뜬다.	EBS	2015.12.01.

(사) 당 심판부의 조사결과, '청년농부'는 이 사건 등록상표의 등록결정일(2018.08.23.) 이전에 인터넷 포털 네이버(Naver)의 뉴스, 블로그, 카페의 기사 및 게시글에서 아래와 같이 다수인에 의하여 사용되고 있다.

내 용	출 처	일 자
청년농업인 육성을 위한 '**청년 농부** 관련 법안' 채택노력	미디어SR	2015.11.13.
[포토다큐] '**청년 농부**'가 이 가을을 사는 법	경향신문	2015.10.22.
이메골농장 **청년농부**님한테 구매한 인삼	약초천지 카페	2015.10.11.
아로니아로 돈 되는 농업 실천하는 장성 **청년 농부**	국제뉴스	2015.07.29.
꿈꾸는 **청년 농부** 이정훈 씨 여주가 주렁주렁, 희망은 초록	전주시 공식 블로그	2015.07.03.
청년 농부 7인의 친환경 토종 콩 도전기	세계일보	2015.01.14.
표고버섯과 함께 영그는 **청년농부**의 꿈	농촌여성신문	2014.12.12.
농촌의 피끓는 청춘, **청년 농부**를 소개합니다.	녹강천연물농법 (카페)	2014.12.08.
석사 **청년농부**, 어린이용 버섯 체험키트 개발	국제뉴스	2014.11.05.
대한민국 농업 미래, **청년농부** 육성이 답이다	농촌여성신문	2014.10.24.
[옵스큐라] **청년농부**의 가을걷이	한겨레	2013.10.24.
완전 자연농법을 꿈꾸는 **청년농부**의 꿈을 만나다!	마근담 사람들의 행복한 이야기 (카페)	2012.12.29.
토익 900점에 빛나는 26세 **청년 농부**의 행복한 시골살이	천사의 소식 (블로그)	2010.07.09.
귀농하는 20대 ㅣ 新 **청년 농부**의 등장	일상스케치 (블로그)	2012.07.04.

(아) 피청구인의 '청년농부협동조합' 생산자조합원 모집 글에 '청년농부'는 청년농부협동조합의 등록상표이며, 조합원 가입 특전으로 '청년농부'의 상표권한을 부여한다고 기재되어 있고(갑제14호증), 2018년경 청구인 이두현('영농조합법인 연두'의 대표) 및 이석모(농업회사법인 '주식회사 청년연구소'의 대표)는 '청년농부'의 사용과 관련하여 이 사건 등록상표의 등록권리자(피청구인)인 '청년농부협동조합'으로부터 이 사건 등록상표의 상표권을 침해하였다는 이유로 네이버 스마트스토어, 11번가 등에서 수십 건의 상품이 판매중지를 당한 사실이 있다(갑제2호증의 2 내지 3, 제3호증의

2 내지 3). 그리고 '청년농부' 상표분쟁 관련 기사가 스타트업 투데이(2019.08.20.자), 이데일리(2019.08.07.자), 당진신문(2019.08.21.자), 조선일보(2019.05.25.자), 한국경제(2019.06.15.자), 한국농어민신문(2019.05.19.자), 중앙일보(2019.06.09.자 및 2019.06.12.자) 등 다수의 언론매체에 의하여 보도된 바 있고, 2019년 5월경에는 청와대 국민청원 게시판에도 청원이 올라갔다(갑제17호증 및 제18호증).

(2) 위에서 살펴본 바와 같이 각 증거의 기재 및 당 심판부의 조사결과 등에서 알 수 있는, ① 이 사건 등록상표의 등록결정일(2018.08.23.) 이전부터 '청년농부'가 농산물 및 그와 관련된 상품, 서비스 분야에서 생산 판매자 또는 서비스 제공자 등을 나타내는 표현으로 '젊은 농부'를 대신하여 다수인에 의하여 사용되고 있는 사실을 인터넷 뉴스, 블로그, 카페 등의 기사 및 게시글 건수와 그 내용을 통하여 확인할 수 있는 점, ② '청년농부'는 다수의 지방자치단체, 관련기관들의 지원사업의 명칭과 동 사업의 내용 및 설명 등에 활용되고 있을 뿐만 아니라 대림산업, 롯데슈퍼, 신세계백화점, 대동 공업 등 민간업체들에 의해서도 사용된 사실이 있는 점, ③ 공중파 및 광고방송 등에서도 '청년농부'라는 표현이 다수 사용된 사실이 있는 점 등의 인정사실과, 이에 더하여 ④ 최근 인터넷 IT 기술 및 배송서비스의 발달, 고부가가치 작물 등의 개발, 도시에서 농촌으로 귀농하는 젊은이들이 증가함에 따라 이들을 칭하는 용어로 '청년농부'가 빈번하게 사용되고 있고, 이들의 생산품이 비교적 양질로 인식되는 것으로 보이는 점, ⑤ 건외 특허심판원 심결(2017원3763)에서 'YOUNG FARMERS'라는 영문 표현에 대하여 '젊은 농부' 또는 '청년 농부'의 의미를 가지고 있어 일반 수요자에게 자타상품의 출처표시 기능이 미약할 뿐만 아니라 공익상 특정인에게 이를 독점시키는 것이 적절하지 아니하므로 요부가 될 수 없다고 판단한 점 등의 제반 사정을 종합적으로 고려하여 볼 때, 이 사건 등록상표 '청년농부'는 많은 사람이 현재 사용하고 있고, 공익상으로도 특정인에게 이를 독점시키는 것이 적절하지 아니하므로 식별력이 인정되지 않는 상표에 해당한다고 봄이 상당하다.

다. 소결

그렇다면, 이 사건 등록상표는 상표법 제33조 제1항 제7호에 해당하므로 동법 제33조 제1항 제3호에 해당하는지에 대하여 나아가 살펴볼 필요 없이 그 등록이 무효가 되어야 한다.

5. 결론

그러므로 이 사건 심판청구는 이유 있으므로 이를 인용하고 심판비용은 피청구인

의 부담으로 하기로 하여 주문과 같이 심결한다.

Ⅲ. 평 석

1. 무효사유

본건 상표 "**청년농부**"의 무효사유는 상표법 제33조 제1항 제3호 및 제7호에 근거하였다. 즉, 제30류의 쌀, 떡, 간장, 고추장, 국수 등과 같은 지정상품과 관련하여 "**청년농부**"는 기술표장(descriptive mark)이고, 또한 상표로서의 식별력이 없다는 것이다.

상표법 제33조 제1항에서는 식별력이 없는 상표를 제1호부터 제6호까지 6가지로 구분하여 규정한다. 제3호에서는 기술표장(성질표시표장)을 규정하고, 이에 해당되면 식별력이 없기 때문에 상표등록을 받을 수 없다. 제7호에서는 '제1호부터 제6호까지에 해당하는 상표 외에 수요자가 누구의 업무에 관련된 상품을 표시하는 것인가를 식별할 수 없는 상표'라고 규정하여, 제1호부터 제6호까지의 어느 하나에 해당되지 않지만, 누구의 업무에 관련된 상품을 표시하는 것인가를 식별할 수 없을 정도로 식별력이 없는 상표를 등록받을 수 없도록 규정한다. 따라서, 제3호와 제7호는 동시에 적용할 수 없는 규정이다. 어떤 상표가 제3호에 해당되면, 제3호에 의해 거절하면 된다. 제3호에 해당하는 상표를 제7호를 적용하여 거절할 수는 없다.

2. 심결에서 판단한 무효사유

그런데 심결에서는 제3호를 판단하지 않고 제7호를 판단하여 본건 상표가 제7호에 해당한다고 판단하였다. 그러면서 제7호에 해당하기 때문에 제3호는 판단할 필요가 없다고 하였다. 그래서 제3호에 대해서는 판단하지 않았다. 심결에서의 이러한 판단이 정당한 것인지를 살펴보자.

3. 심결에서 잘못 판단한 무효사유

우선, 심결에서 본건 상표가 제7호에 해당된다고 판단한 첫 번째 이유는 "*① 이 사건 등록상표의 등록결정일(2018.08.23.) 이전부터 '청년농부'가 농산물 및 그와 관련된 상품, 서비스 분야에서 생산 판매자 또는 서비스 제공자 등을 나타내는 표현으로 '젊은 농부'를 대신하여 다수인에 의하여 사용되고 있는 사실*"이다. 어떤 상표가 상품의 생산자 또는 판매자를 나타낸다면, 그것은 의심할 여지없이 기술표장의 문제다. 즉 본건 상표 "**청년농부**"는 제30류의 쌀, 떡, 간장, 고추장, 국수 등과 같은 지정상품과 관련하여 기술상표의 문제에 해당한다.

이처럼 "**청년농부**"가 제3호에서 규정하는 기술상표의 문제임이 명백함에도 불구하고, 특허심판원은 제3호를 제외시키고 제7호에 해당한다고 판단하였다. 이는 상표의 본질 즉 상표의 식별력에 대한 이해가 부족한 탓이다.

4. 상표 식별력에 대한 근본적 이해

"**청년농부**"의 식별력은 바로 기술표장의 여부를 판단하는 것이다. "**청년농부**"가 쌀, 떡, 간장, 고추장, 국수 등과 같은 지정상품과 관련하여 기술표장이라 판단되면, 그것은 제3호에 의해 등록받을 수 없는 것이다. 하지만, "**청년농부**"가 기술표장이 아니라면, 그것은 제3호에 의해 거절될 수 없고 따라서 등록받을 수 있어야 한다. "**청년농부**"가 쌀, 떡, 간장, 고추장, 국수 등과 관련하여 기술표장이 아니라면, 그것은 암시표장(suggestive mark)에 해당한다. 기술표장은 식별력이 인정되지 않지만, 암시표장은 식별력이 인정되어 등록받을 수 있다. 따라서 "**청년농부**"의 등록여부, 즉 식별력은 "**청년농부**"가 기술표장인지 아니면 암시표장인지를 판단하는 것이다.

어떤 표장이 기술표장인지 아니면 암시표장인지를 판단하는 방법은 여러 가지가 있지만, 가장 중요한 두 가지 방법에 대해 살펴보자.

어떤 상표가 '**쌀 과자**'라고 할 때, '**쌀**'은 그 과자의 원재료를 직접적으로 나타낸다. 어떤 상표가 '**메밀 떡**'이라고 할 때, '**메밀**'은 그 떡의 원재료를 직접적으로 나타낸다. 이런 경우를 기술표장이라 한다. 그런데, 어떤 상표가 '**청년농부 간장**' 또는 '**청년농부 국수**'라고 할 때, 그 간장이나 국수를 청년농부가 생산했다는 것을 직접적으로 나타내지 못한다. 다시 말해서, '청년농부가 빚은 간장?', '청년농부가 만든 국수?' 등으로 지적 작용을 통하여 연상할 수 있도록 한다. 요약하면, 상품의 특성(성질)을 직접적으로 나타내는 용어로 이루어진 표장을 기술표장이라 하고, 연상이나 상상을 통해 상품의 특성(성질)을 암시하거나 상징적으로 나타내는 용어로 이루어진 표장을 암시표장이라 한다.

본건 상표 "**청년농부**"가 애시당초 등록될 수 있었던 것은 기술표장이 아니라 암시표장으로 판단되어 그 식별력이 인정되었기 때문이다.

어떤 표장이 기술표장인지 아니면 암시표장인지를 판단하는 또 다른 중요한 방법은 그 용어가 그 상품의 특성(성질)을 설명하기 위하여 필요한 용어인지의 여부를 판단하는 것이다.

'**맛있는**', '**신선한**', '**무농약**', '**유기농**' 등은 쌀, 떡, 간장, 고추장, 국수 등과 관련하여 그 상품의 특성(성질)을 설명하기 위하여 사용되는 용어들이다. 그 상품의 특성(성질)을 설명하기 위하여 누구나 사용할 수 있어야 한다는 의미다. 이들은 모두 기술표장이고 상표등록을 받을 수 없다. "**청년농부**"는 쌀, 떡, 간장, 고추장, 국수 등과 관련하여 그 상품의 특성(성질)을 설명하기 위하여 필요한 용어라 할 수 없다. 따라서, "**청년농부**"는 기술표장이 아니라 암시표장으로 판단되어야 한다.

더 쉬운 예를 들어 설명하겠다. '무슨 쌀 사왔습니까?'라는 질문에, '**맛있는** 쌀 사왔습니다', '**신선한** 쌀 사왔습니다', '**무농약** 쌀 사왔습니다', '**유기농** 쌀 사왔습니다'라고 대답한다면, '**맛있는**', '**신선한**', '**무농약**', '**유기농**'은 쌀의 출처를 나타낼 수 없다. 그런데, '**청년농부** 쌀 사왔습니다', '**처녀농부** 쌀 사왔습니다', '**할아버지 농부** 쌀 사왔습니다' 라고 대답한다면, '**청년농부**', '**처녀농부**', '**할아버지농부**'는 그 쌀의 출처를 나타낼 수 있다. 상표는 상품의 출처를 표시하기 위한 것이다. '**청**

년농부', '**처녀농부**', '**할아버지농부**'가 상표등록을 받지 못할 하등의 이유가 없다. 이들은 상품의 출처를 나타내는 상표가 될 수 있고, 따라서 상표로서의 식별력을 갖는 것이다. 식별력에 대한 판단이 이보다 더 쉬울 수는 없다.

심결에서는, "① *이 사건 등록상표의 등록결정일(2018.08.23.) 이전부터 '청년농부'가 농산물 및 그와 관련된 상품, 서비스 분야에서 생산 판매자 또는 서비스 제공자 등을 나타내는 표현으로 '젊은 농부'를 대신하여 다수인에 의하여 사용되고 있는 사실을 인터넷 뉴스, 블로그, 카페 등의 기사 및 게시글 건수와 그 내용을 통하여 확인할 수 있기*" 때문에, "*특정인에게 이를 독점시키는 것이 적절하지 아니하므로 식별력이 인정되지 않는 상표에 해당한다고 봄이 상당하다*"고 하였다. 참으로 기막힌 논리가 아닐 수 없다.

특허심판원의 이 같은 논리라면, "**APPLE**(애플)"도 '애플 쥬스', '애플 파이', '애플 케익', '애플 잼', '드라이 애플' 등이 인터넷 뉴스, 블로그, 카페 등의 기사 및 게시글에 무수히 사용되고 있기 때문에, 특정인에게 독점시키는 것이 적절하지 아니하고, 따라서 "**APPLE**"도 식별력이 없기 때문에 상표 등록을 받을 수 없어야 한다.

심결에서는 이러한 논점을 심도 있게 논의했어야 했다. 하지만 쓰레기 같은 내용들로 심결문을 채우고 있다. 이 사건과 관계없는 대법원 판례를 인용하고, 상표의 사용례를 열거하는 데 대부분의 지면을 할애하고 있다. MBC, NAVER, 유투브도 등장하고, 신문이란 신문은 모두 거론되고, 심지어는 국가균형발전위원회도 등장한다. 특허심판원은 당사자가 제출한 수십 개의 사용예도 모자라 수십 개의 사용예를 직권조사하여 열거하였다. 모두 쓸데없는 것들이다.

5. 제3자에 의한 "청년농부"의 사용

상표 "**청년농부**"가 쌀, 떡, 간장, 고추장, 국수 등에 등록되었다 하더라도, 제3자는 누구든지 '청년농부'라는 용어를 기술용어(descriptive term)로써 사용할 수 있다. 예를 들어, 누구든지 '이 쌀은 청년농부가 농사 지은 쌀입니다', '이 고추장은 청년농부가 만든 고추장입니다' 등등의 표현을 자유롭게 할 수 있다. 다만 그것들이 사실이라면. 이는 상표법 제90조 제1항 제2호에서, 기술용어를 보통으로 사용하는 방법으로 표시하는 경우에 상표권의 효력이 미치지 않는다는 규정에 의해서도 뒷받침된다. 하지만, 어느 누가 '이 쌀은 **청년농부**가 농사 지은 쌀입니다'라 표기했다면, 이는 등록된 상표 "**청년농부**"의 상표권을 침해하게 된다. 이는 '보통으로 사용하는 방법으로 표시되지' 않았기 때문이다. 상표권의 침해를 판단하기 위해서는 '보통으로 사용하는 방법'의 의미도 올바로 이해해야 한다.

6. 잘못된 심결

본 사건의 논점은 "**청년농부**"가 기술표장인지 아니면 암시표장인지를 판단하는 것이다. 제3호에 의한 식별력의 유무를 판단했어야 했는데도 전혀 무관한 제7호를 적용하였다. 본 사건의 심결은 올바른 논점으로부터 너무 빗나가버렸다. 상표로서의 식별력이 인정되어 등록을 인정해 놓고, 불과 1년 반 만에 식별력이 없다고 무효시킨다면 상표심사의 공신력을 누가 믿을 수 있단 말인가. 간단한 브랜드에 대한 판단이 이러할진데, 전문분야의 기술문제를 다루는 특허에 대한 판단은 오죽하겠는가. 우리의 특허심판 및 소송제도는 특허권과 상표권을 올바로 보호하기에는 아직 갈 길이 너무 멀다.

IV. 맺는 말

상표 "**청년농부**"가 상품류 제30류의 쌀, 떡, 간장, 고추장, 국수 등에 2018년 8월에 등록되었는데, 등록 후 약 15개월이 지났을 때 무효심판이 제기되어 무효되었다. 등록 당시 식별력이 있다고 판단되어 등록되었던 상표가 등록 후 1년 반 만에 식별력이 없다고 해서 무효된 것이다.

본건 상표 "**청년농부**"의 무효사유는 상표법 제33조 제1항 제3호 및 제7호에 근거하였다. 즉, 제30류의 쌀, 떡, 간장, 고추장, 국수 등과 같은 지정상품과 관련하여

"**청년농부**"는 기술표장(descriptive mark)이고, 또한 상표로서의 식별력이 없다는 것이다. 본건 상표 "**청년농부**"의 식별력은 제7호가 아니고 제3호에 의해 판단되어야 한다. 제3호를 적용하여 식별력을 판단할 때, "**청년농부**"는 기술표장이 아니라 암시표장에 해당한다. "**청년농부**"는 지정상품의 특성(성질)을 직감적으로 나타내는 용어가 아니고, 연상이나 상상을 통해 상품의 특성(성질)을 암시하거나 상징적으로 나타내는 용어이기 때문이다.

36. "KENWELL"과 "KENWOOD"의 유사여부[1]

— 유럽에서의 상표침해 판단 —

유럽 1심 법원(European Court of First Instance: CFI)은 주방용품 및 믹서기에 대한 유럽연합의 두 등록상표 "**KENWELL**" 및 "**KENWOOD**"가 서로 유사하다고 판단하였다. 이 두 상표의 두 번째 음절인 "**-WELL**" 및 "**-WOOD**"가 서로 다른 영어 단어이지만, 두 상표는 평균 정도의 유사성(medium degree of similarity)을 갖는다고 판단하였다.

I. 사건의 개요

출원인 원더라인(Wonder Line, SL: 스페인 회사)은 2014년 "**KENWELL**" 상표에 대

1 「창작과 권리」 제100호(2020년 가을호).

하여 EU 상표출원을 하였다. 이에 대해, 이의신청이 제기되었는데, 인용상표는 2002.12.18.에 등록된 "**KENWOOD**" 상표였다. 이의신청인 드롱히 베네룩스(De Longhi Benerux SA: 룩셈부르크 회사)는 인용상표가 주방용품 및 믹서기에 대해 유럽연합 전역에 걸쳐 저명한 상표라고 주장하였다. "**KENWELL**" 상표에서 특히 문제가 된 상품은 "**KENWOOD**" 상표와 동일한 니스(NICE) 분류 제7류, 제9류 및 제11류의 상품이었다.

이의신청은 받아들여졌고, "**KENWELL**" 상표 출원인은 유럽특허청(EUIPO)에 항소하였다. 유럽특허청의 제2 항소국은 그 항소를 기각하였다. 출원인은 다시 그 항소국의 기각 결정에 불복하여 유럽 1심 법원(CFI)에 항소하였다.

II. 항소국에서의 판단

항소국에서는 두 상표가 시각적으로(외관적으로) 그리고 발음상(칭호상) 일반적인 정도의 유사성(average degree of similarity)이 있다고 판단하였다. 또한 항소국에서는, 두 상표가 사전적(辭典的) 의미를 갖는 용어가 아니기 때문에, 관념에 의한 유사 여부는 판단이 불가하고 유사여부와 관련이 없다고 판단하였다. 나아가 항소국은 두 상표의 지정상품들이 "부분적으로 동일하거나, 부분적으로 유사하거나, 부분적으로 약간 유사하다"고 판단하였는데, 쌍방은 지정상품에 대한 이러한 판단에 대해서는 이의를 제기하지 않았다.

III. 출원인의 주장

출원인은 출원상표의 후반부인 "**–WELL**"과 인용상표의 후반부인 "**–WOOD**"에서 보듯이, 이중자음인 "LL"과 "OO"로 인하여 두 상표를 시각적으로(외관적으로) 오인한다는 것은 불가능하다고 주장하였고, 두 상표의 후반부인 "**–WELL**"과 "**–WOOD**"

는 유럽연합 내의 영어 사용자들에게 영어 단어로 이해될 수 있고, 따라서 이는 두 상표의 관념적 차이를 나타낼 수 있다고 주장하였다. 출원인은 또한 두 음절인 “**KEN**”과 “**WOOD**”가 결합한 인용상표 “**KENWOOD**”와 “**KEN**”과 “**WELL**”이 결합한 출원상표 “**KENWELL**”은 발음상 유사하지 않다고 주장하였다.

Ⅳ. 유럽 법원(CFI)의 판단: 외관 및 발음 유사

유럽 법원은 두 문자 상표의 유사로 인한 오인이나 혼동의 가능성을 판단하는 본 사건에서, 다른 사건에서와 같이, 두 상표의 문자의 배열 순서에 대해 면밀히 검토하였다. 그 결과 법원은 본 사건의 두 상표가 모두 7개의 철자로 구성되어 있고, 그 중에서 앞의 4개 철자인 “**K**”, “**E**”, “**N**” 및 “**W**”는 동일한 순서대로 배열되어 있고, 나머지 3개의 철자도 이중의 철자로 구성되어 있다고 설시하였다. 따라서 두 상표는 최소한 평균 정도의 시각적(외관적) 유사성(medium degree of visual similarity)을 갖는다고 법원은 판단하였다.

동일한 논리가 발음(칭호) 유사에도 적용되어, 두 상표는 최소한 평균 정도의 발음상 유사성(medium degree of phonetic similarity)을 갖는다고 법원은 판단하였다. “**KEN-WOOD**”와 “**KEN-WELL**”을 비교할 때, 첫 음절의 발음은 동일하고, 두 번째 음절은 동일한 자음인 “**W**”로 시작하고 있으며, 두 상표는 발음의 길이도 서로 동일하다고 판단하였다.

Ⅴ. 유럽 법원(CFI)의 판단: 관념 유사

마지막으로, 유럽 법원은 관념 유사에 대해서도 검토하였다. 두 상표에서, “**WOOD**”와 “**WELL**”은 영어의 어휘(단어)이고, 공통 부분인 “**KEN**”은 콜린스 영어사전(Collins Dictionary)에 따르면 ‘지식 또는 인지의 범위(range of knowledge or perception)'을 의미할 수 있다고, 법원은 설시하였다. 하지만, 법원은, 일반적인 영어 사용자들에게 두 상표 "**KENWOOD**"와 "**KENWELL**"은 그 조합이 특이하고[조어(造語)표장이라는 의미임], 영어에서 잘 알려진 표현도 아니라고 판단하였다.

법원은 항소국에서 문제의 두 상표가 전체적으로 특정의 의미(관념)를 갖지 않는다고 판단하고, 관념유사에 대해 판단하지 않은 점은 정당하다고 설시하였다.

법원은 또한 두 상표의 지정상품들은 부분적으로 동일하거나 유사하기 때문에, 두 상표가 일반적인 정도의 유사성(average degree of similarity)을 갖는다 하더라도 상품 출처에 대한 오인이나 혼동의 우려를 야기할 수 있다고 판단하였다. 왜냐하면, 지정상품의 동일성이나 유사성은 두 상표가 상당한 정도의 차이(high degree of differences)가 있을 때에만 상쇄(희석)될 수 있기 때문이다.

따라서, 출원인의 항소는 모든 주장에 대해 기각되었다.

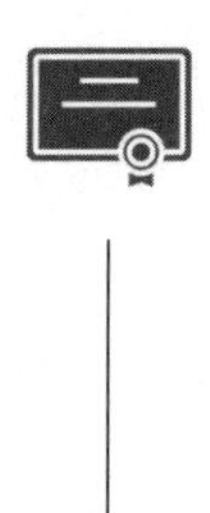

37. 광고 메시지 “we’re on it”의 식별력[1]

— EU 사건 —

유럽에서 문자 상표인 ‘**we’re on it**’이 상표 등록으로부터 거절되었다. 이와 관련해서, 유럽 1심 법원(CFI)인 유럽재판소(European Court of Justice: CJEU)는 광고 메시지 및 슬로건 상표에 대한 식별력 판단기준을 제시하였다. 홍보 목적의 광고 메시지(슬로건)도 상표로 보호될 수 있지만, 그 슬로건이 다수의 의미로 해석된다고 해서 식별력을 인정받는 것은 아니라고 판단한 것이다.

상표법과 판례에 따르면, 지정상품이나 지정서비스업을 구매하도록 하는 광고 메시지, 슬로건, 품질 표시, 또는 선동적인 용어로 구성되는 상표들은 사실관계를 나타내는 표현을 포함하는 것으로, 그들은 단순하여 식별력을 인정받을 수 없다. 하지만 이러한 상표들도 단순한 광고 슬로건이 아니고, 수요자에게 지정상품이나 지정서비스업의 출처를 나타낼 수 있다면 식별력을 인정받을 수 있다. 슬로건 상표

1 「창작과 권리」 제100호(2020년 가을호).

에 대한 EU에서의 식별력 판단에 대하여 살펴본다.

I. EU 상표로서의 광고 메시지 – 의미(해석)의 중요성

품질 표시 또는 상표에 의한 상품이나 서비스 구매 유도로 사용된 광고 메시지나 슬로건도 명백히 상표로서 보호될 수 있다. 문자의 찬사적인 의미조차도 원칙적으로 광고 메시지가 상표로서 보호되는 것을 배제하지는 않는다.

슬로건 상표가 상표로서 보호받기 위한 전제조건은 그 슬로건이 통상적인 광고 메시지일 뿐만 아니라, 관련 수요자에게 최소한의 해석을 요구하는 특정의 독창성(originality) 또는 공명(resonance)을 가져야 한다고 유럽재판소는 종전의 사건에서도 여러 차례 분명히 하였다.

II. 슬로건은 언제 해석이 요구되는가?

슬로건은 해석이 언제 요구되는가? 이 논점에 대해 유럽재판소는 판단하였다. 원고인 상표 출원인은 니스(NICE) 분류의 다양한 상품과 서비스에 대해 **'we're on it'**이라는 슬로건을 등록하였다. 원고는 출원상표가 독창적이며, 동시에 해석하고자 하는 노력을 필요로 하고, 따라서 이 슬로건을 "우리는 숙련자들이다(we are experts)", "우리는 전문가들이다(we are specialists)", "우리는 철저하다(we are close)"와 같은 여러 가지 해석을 허용케 하는 일련의 사유 과정을 유발한다고 주장하였다.

III. 광고 메시지의 식별력

유럽재판소는 슬로건 상표의 식별력을 판단할 때, 다른 표장에 적용되는 것보다 더 엄격한 기준을 적용하지 않았다고 설시하였다. 재판소는 광고 슬로건이 식별력에 있어서 "특이하고(fanciful)" 놀라운 효과(surprise effect)를 갖기를 요하는 최소한의 식별력의 정도를 요구할 수도 없다고 설시하였다. 유럽재판소는 광고 슬로건 '**Wet Dust can't fly**'에 대한 2015년 판결에서도 동일한 취지로 판단하였으며, 특히 청소용 진공 청소기에 대해 상표 등록을 인정하였다(EU:T:2015:46).

하지만, 어떤 출원인이 출원상표가, 유럽특허청(EUIPO)의 판단 방법과 다르게, 식별력을 갖는다고 주장한다면, 출원인은 그 출원상표가 본질적인 식별력(inherent distinctiveness)을 갖고 있는지 아니면 사용에 의해 식별력을 취득하게 되었는지에(acquired distinctiveness) 대해 구체적이고 실질적인 방법으로 입증해야 한다.

Ⅳ. 광고 메시지는 일반적으로 표현된 공약(公約)(generally formulated promise)

유럽재판소는 본 사건의 광고 메시지 '**we're on it**'에 대해 상표 보호를 거절하였다. 재판소는 '**we're on it**'이 "we'll take care of it(우리가 처리할 것이다)"라는 의미의 지극히 평범한 메시지이며, 모든 상품 또는 서비스의 구매를 장려하기 위해 상품 또는 서비스의 공급자가 사용할 수 있는 일반적인 표현의 공약이라고 판단하였다. 이 광고 메시지에는 명백한 판촉의 의미를 넘어서는 어떤 추가적인 식별력의 요소가 포함되어 있지 않다.

유럽재판소는 어떤 출원상표가 여러 가지 의미를 가질 수 있다는 사실은 실제로 표장에 식별력을 부여할 수 있는 특성 중 하나라고 덧붙였다. 그러나 그것이 식별력을 결정하는 데 결정적인 요소는 아니라고 하였다.

본건 출원상표는 일반적인 용어로 표현된 공약이며 관련된 모든 지정상품 및 지정서비스업에 대한 식별력을 갖지 못하는 평범한 광고 메시지이다. 따라서 재판소는 본건 출원상표가 해당 상품 및 서비스의 상업적 출처를 식별할 수 없다고 판단하고, 유럽특허청의 결정을 확정한다고 판결하였다.

또한 재판소는 본건 광고 메시지가 다양한 상품 및 서비스와 관련하여 매우 광범위한 찬사적인 메시지를 전달하기 때문에, 모든 상품 및 서비스가 하나의 충분한 동종의 그룹으로 그룹화(포함)될 수 있다고 덧붙였다. 그러므로 유럽특허청이 지정상품과 지정서비스업의 그룹을 구분하지 않고 거절이유를 포괄적으로 판단한 것도 타당하다고 재판소는 판단하였다. 본 사건 소송 청구의 모든 이유들은 전부 기각되었다.

38. "FAKE DUCK" vs "SAVE THE DUCK" 오인 · 혼동의 가능성[1]

— EU 사건 —

'FAKE'는 'Fake News(가짜뉴스)'인 경우에만 사용되는 용어가 아니다. 유럽사법재판소(CJEU)는 최근 패션업과 의류에 대한 상표로서 '**FAKE DUCK**'과 '**SAVE THE DUCK**' 상표 사이의 오인 · 혼동 가능성을 명확히 하였다. 실제로는 이들 상표는 단어와 도형이 결합된 아래와 같은 결합상표이다:

1 「창작과 권리」 제101호(2020년 겨울호).

I. 사건의 개요

본 사건은 이탈리아 회사(Save the Duck SpA)가 **'SAVE THE DUCK'** 상표를 오래전에 유럽상표로 등록받아 사용해 오고 있는데, 이탈리아의 다른 회사(Itinerant Show Room Srl)가 **'FAKE DUCK'** 상표를 유럽연합에 상표출원함으로써 비롯된 사건이다. 이 두 상표는 모두 니스(NICE) 분류 제18류 '슈트케이스(suitcases)' 및 제25류 '의류(clothing)'에 대한 상품을 지정한 것으로, 지정상품은 서로 동일하거나 매우 유사하다. **'SAVE THE DUCK'** 상표는 특히 패션 및 의류 부문에서 널리 알려진 상표이다. Save the Duck SpA는 **'FAKE DUCK'** 상표출원에 대해 오인 · 혼동의 가능성을 주장하면서 이의를 제기하였다.

II. 유럽특허청의 판단과 유럽법원에서의 소송

유럽특허청은 **'FAKE DUCK'** 상표출원에 대해 오인 · 혼동의 가능성을 인정하였다. **'FAKE DUCK'** 상표출원인은 특허청의 판단에 불복하여, 유럽법원에 소송을 제기하였다. 논란이 되는 두 상표는 모두 문자와 함께 오리(duck)를 모티브

(motif)로 하고 있다는 것을 보여 준다. 하지만 전체적인 도형 및 오리 도형 사이에는 다른 모티브가 존재하는 것도 또한 사실이다.

Ⅲ. 유사여부 판단

(1) 지배적인 구성요소의 중요성

본 사건과 같은 경우에, 상표의 유사여부를 판단함에 있어서 뉘앙스(nuances: 소리, 색상, 관념 등의 의미)에 의존하는 경우가 종종 있다. 본 사건에서와 같이, 문자와 도형으로 이루어진 결합상표에서는, 지배적인 구성요소에 대한 판단이 매우 중요하다(Dominance of Elements)(Gastivo 판례 참조). 문자 구성요소가 없는 도형상표에서도, 칭호나 관념의 유사성이 있을 수 있다(winged griffin vs, bull 판례 참조). 반면에, 순수한 문자 상표에서는, 외관의 지배적인 요소에 관한 것뿐만 아니라 음절 길이와 동일한 문자 요소의 위치 등도 중요하다(Pink Lady vs. Wild Pink 또는 POST vs. InPost 판례 참조).

(2) 두 상표의 외관 및 관념의 유사성

유럽법원은 두 상표의 유사성에 대하여 상세히 검토하였다. 유럽법원은 두 상표가 보통 정도의 시각적 유사(외관 유사)(average degree of visual similarity)가 있다고 판단하였다. 유럽사법재판소는 두 상표의 지배적인 구성요소(dominant elements)가 오리 도형과 문자 부분이라고 판단하였다. 그리고 출원인이 주장한 '**FAKE DUCK**' 상표에서의 오리 도형과 그 위치에서의 차이는 인식되기 어려운 것으로 판단하여 출원인의 주장을 받아들이지 않았다.

그러나 유럽법원은 선등록된 '**SAVE THE DUCK**' 상표에서 원형 프레임과 사각형 배경이 미미한 정도의 특징적인 요소라고 판단하였다.

결론적으로, 유럽법원은 두 상표 간의 보통 정도의(average degree) 외관의 유사성과 보통 정도의 관념의 유사성이 있다고 판단하였다.

(3) 두 상표의 칭호 유사성

유럽법원은, 두 상표가 칭호적으로 높은 정도의 유사성(high degree of similarity)이 있고, 문자 '**SAVE**'와 '**FAKE**'는 매우 유사한 발음을 생성하며 '**DUCK**'은 두 상표 모두 동일하게 문구의 끝에 위치한다는 것을 지적하였다.

Ⅳ. 결 론

두 상표의 유사성은 항상 전체 맥락(overall context)에서 판단되어야 한다. 상품 출처에 대한 오인 · 혼동 가능성을 판단하기 위해 해당 상품의 유사성과 상품의 판매 채널도 고려해야 하며, 선등록 상표의 특징적인 식별력, 즉 선등록 상표의 주지성(common knowledge) 여부도 고려되어야 한다.

상기 요인들을 고려할 때, 선등록된 '**SAVE THE DUCK**' 상표는 패션업과 의류에 대해 높은 식별력을 갖는 것으로 인정되고, 이러한 점은 상표출원인에 의해 반박되지 않았다. 주장된 상품과 서비스의 유사성에 대해서도 서로 다툼이 없다.

그러나 상표출원인은 유럽특허청이 해당 상품의 구매 조건(conditions of purchase of the goods)을 고려하지 않았다고 주장하였다.

유럽법원은 상표출원인의 이러한 주장을 받아들이지 않았다. 법원은 소비자가 일반적으로 직접 옷을 선택하고, 무엇보다도, 옷을 구매하기 전에 시각적으로 판단하여 옷을 선택한다고 설시하였다. 따라서 상표의 시각적 측면은 오인 · 혼동 가능성에 대한 전반적인 판단에서 무엇보다도 중요하다고 설시하였다.

또한 법원은, 어떤 상표가 식별력이 크면 클수록 오인 · 혼동 가능성은 그만큼 커지고, 식별력이 높은 상표는 식별력이 낮은 상표보다 더 강력하게 보호받을 수 있다는 상표법의 잘 알려진 일반적인 원칙을 강조하였다.

따라서 이 소송은 완전히 기각되었고 유럽특허청이 판단한 '**FAKE DUCK**' 상표의 오인 · 혼동 가능성은 유럽법원에 의해 지지되었다.

39. "Messi" vs "Massi" 상표의 오인 · 혼동 여부[1]

— EU 사건 —

'유럽법원은 지난 수년 동안 "**Messi**"와 "**Massi**" 상표에 대한 분쟁을 다뤄왔다. 최근 유럽최고법원(the highest European Court of Justice: ECJ)은 "**Messi**"의 높은 정도의 인지력(식별력)(high degree of recognition)으로 볼 때 두 상표 사이에는 오인 · 혼동의 가능성이 없다고 확인하였다. 이 사건의 구체적인 내용을 살펴본다.

I. 사건의 개요

유럽특허청 항소국(EUIPO Board of Appeal)은 "**Messi**"와 "**Massi**" 상표의 상당한 유사성으로 볼 때 "**Messi**"는 선등록상표인 "**Massi**"의 오인 · 혼동의 가능성을 인

1 「창작과 권리」 제101호(2020년 겨울호).

정하였다. 그러나 유럽 1심법원(CFI)은 2018년 유럽특허청의 판단을 취소하였다.

유럽특허청과 "**Massi**" 상표의 선등록권자는 유럽 1심법원(CFI)의 판결에 불복하여 유럽최고법원(ECJ)에 항소를 제기하였다. 그 항소의 가장 중요한 논점은 유럽특허청에 후출원된 "**Messi**" 상표가 선등록상표인 "**Massi**"와의 오인 · 혼동의 가능성을 판단함에 있어서, 'Messi'의 저명성을 고려해야 하는 점이었다.

Ⅱ. 유럽최고법원(ECJ)의 판단

유럽최고법원은 상품 출처에 대한 오인 · 혼동의 가능성을 판단함에 있어서, 선등록상표의 평판이나 저명성도 한 판단요소이지만, 출원인의 후출원상표에 대한 평판이나 저명성도 역시 고려되어야 한다고 설시하였다. 유럽최고법원은 "Messi"의 높은 수준의 평판이나 저명성(high degree of reputation)으로 인하여 "**Messi**"는 "**Massi**"와 개념적으로 식별된다고 판단하였다. 따라서 유럽최고법원은 "**Messi**"와 "**Massi**" 사이에는 오인 · 혼동의 가능성이 없다고 판결하면서 유럽 1심법원(CFI)의 판결을 지지하였다.

두번째로 제기된 논점은 "Messi"의 높은 수준의 평판이나 저명성이 공지의 사실(known fact)이냐 하는 점이다. 원고들(유럽특허청과 "**Massi**" 상표의 선등록권자)은 세계적으로 저명한 축구선수로서 그리고 한 개인으로서의 이름(姓: surname)에 대한 평판이나 저명성이 공지의 사실이냐에 대하여 다투었다.

이에 대해 유럽최고법원은 일반적으로 알려진 공지된 사실에 대한 정확도를 입증할 필요가 없다는 종전의 판례를 강조하였다. 나아가 1심법원에서 "Messi"의 높은 수준의 평판이나 저명성이 이미 잘 알려진 것이라고 한 사실관계의 파악은 정당한 사실관계라고 판단하였다.

Ⅲ. 결 론

원고들은 사실관계에 대한 파악을 왜곡 없이 재검토할 것을 유럽최고법원에 요청하였지만, 원고들의 주장은 받아들여질 수 없는 것으로 기각되었다. 어떤 경우라 하더라도, 세계적으로 저명한 축구선수의 평판이나 저명성은 상표의 오인 · 혼동의 가능성을 판단함에 있어서 고려되어야만 한다. 세계적인 축구선수 'Messi'의 저명성이 "**Messi**"와 "**Massi**" 사이에 오인 · 혼동의 가능성을 부인한 사건이다.

40. "FAKE DUCK" 도형상표의 성질표시[1]

— EU 사건 —

유럽 제1심 법원(CFI)은 "**FAKE DUCK**"이 의류의 합성섬유 충진재를 의미하는 "모조 오리털(false duck feathers)"을 의미하는 것으로 패션 제품에 대해 기술용어(descriptive term)라고 판단하였다. 유럽특허청은 이미 문자상표 "**FAKE DUCK**"에 대해 상표등록을 인정하였다(본지 제101호 참조). 그러나 유럽 법원은 아래 "**FAKE DUCK**" 도형상표("본원상표")에 대해 등록을 거절하였다.

1 「창작과 권리」 제102호(2021년 봄호).

1. 사건의 개요

본원상표의 출원인은 Itinerant Show Room Srl(Italy)이다. 이 출원인은 패션제품 및 가죽제품 부문에서 문자상표 "**FAKE DUCK**"에 대해 상표등록을 받은 상표권자이다. 하지만 출원인은 "**FAKE DUCK**"와 도형으로 이루어진 위 결합상표에 대해 2018년 유럽특허청(EUIPO)에 출원하였다. 그러나 유럽특허청 심사국은 본원상표가 지정상품에 대해 기술표장(descriptive mark)이라는 이유로 거절하였고, 항소국(Board of Appeal)에서도 역시 거절되었다. 이에 출원인은 유럽 법원(CFI)에 항소하였다.

2. 유럽 제1심 법원(CFI)에서의 항소

출원인은 유럽특허청의 거절결정에 대해 유럽 제1심 법원(CFI)에 항소하였다. 특히 출원인은 "**false duck**" 용어에 대한 고유의 식별력(inherent distinctiveness)이 제대로 고려되지 않았다고 주장하였다. 또한 본원상표 문자 부분인 "**FAKE DUCK**"과 '<u>계란 디자인</u>'의 복합성을 제대로 고려하지 않았다고 주장하였다. 따라서 출원인은 유럽 상표법 시행령 규정(EU Regulation) 제2017/1001호가 잘못 해석되었다고 주장하였다.

출원인은 유럽특허청이 본원상표에 대한 관련 수요자의 인식을 고려하지 않고 "**fake duck**"과 "**false duck**" 표현을 문자 그대로의 번역 내지 해석에만 국한하였다고 주장하였다. "**FAKE DUCK**"이라는 용어는 예를 들어, '저항하는', '반항하는', '반체제적인' 등의 다양한 의미를 가지고 있음에도 불구하고, 이에 대한 복합성이 고려되지 않았다고 출원인은 주장하였다.

또한 본원상표는 기성복이 아닌 의복 충전재를 그 지정상품으로 하고 있기 때문에, 어떤 경우에도, 본원상표의 구성요소("**FAKE DUCK**"과 '계란 디자인')는 식별력이 있고, 요컨대 수요자들은 결합상표인 본원상표 "**FAKE DUCK** & '계란 디자인'"을 '**rebellious duck**'으로 볼 것이라고 출원인은 주장하였다.

3. 유럽 제1심 법원(CFI)의 판단

그러나 유럽 법원은 출원인의 주장을 인정하지 않았다. 법원은 출원인이 본원상표 용어가 하나 이상의 의미를 가질 수 있다는 주장을 뒷받침하는 어떠한 증거도 제시하지 않았고, 본원상표 이미지가 상징적인 가치를 가지며 구성요소의 조합을 넘어선다는 출원인의 주장을 뒷받침하는 어떠한 증거도 제시하지 못하였다고 하였다. 또한 법원은 '**false duck**'이라는 용어는, 출원인이 주장한 것처럼, 신조어(新造語: neologism)도 아니고, 두 단어의 단순한 병기(倂記: juxtaposition)라고 판단하였다.

또한 출원상표의 지정상품은 의류 부문에 속하는데, 이들 상품들과 관련하여, 출원인은 지정상품이 모두 의류 안감에 충전재를 충진하고, 그 충전재는 동물의 털 또는 합성섬유 충전재라고 주장한다. 그렇다면 결과적으로, "**false duck feathers**"는 의류 안감에 충진되는 합성섬유 충전재를 설명하는 것으로, "**fake duck**"은 지정상품에 대한 직접적인 기술표장(directly descriptive mark)에 해당한다고 법원은 판단하였다.

하지만 출원인은 동일한 지정상품을 지정하여 문자상표 "**FAKEDUCK**"에 유럽

특허청으로부터 이미 상표등록을 받았다고 주장하였다. 나아가 등록된 문자상표 "**FAKEDUCK**"이 식별력이 인정되었다면, 본원상표 "**FAKE DUCK** & '계란 디자인'"도 식별력 판단이 동일하게 적용되어야 한다고 주장하였다.

그러나 법원은 출원인의 주장을 받아들이지 않았다. 상표출원을 심사할 때, 유럽 특허청은 이미 유사한 경우의 출원들에 대해 취해진 결정들을 고려해야 한다는 것은 분명한 사실이라고 법원은 설명하였다. 그러나 법원은, 출원인이 동일한 등록결정을 얻기 위할 목적으로 위법 가능성에 의존하여 그 자신만의 이익을 위한 주장을 할 수 없고, 상표등록 여부는 개별적으로 판단되어야 한다고 판결하였다.[2]

4. 결 론

결론적으로, 본원상표는 EC Treaty Article 7(1)(b), Regulation No 2017/1001(c)에서 규정하는 거절이유에 해당하는바, 선등록상표에 의존하는 출원인의 주장은 본원상표에 적용할 수 없다. 법원은 출원인의 청구를 모두 기각하였다.

2 역자 주: 출원인은 문자상표 "**FAKEDUCK**"이 이미 등록되었기 때문에, 본원상표도 등록되어야 한다고 주장하였지만, 법원은 "**FAKEDUCK**"의 등록에 위법부당의 가능성이 있다고 보고 본원상표의 등록을 거절한 것이다. 감탄을 자아내는 판결이라 하겠다.

41. "TC CARL" vs "*carl touch*(stylized)" 유사여부[1]

— EU 사건 —

(서구 사회에서) 'Carl'은 사람의 이름으로서 또는 "**Carl Benz**", "**Carl Zeiss**" 등과 같은 저명한 브랜드의 일부로서 식별력이 거의 없는 것일까? 일반적으로, 문자상표가 문자/도형상표(결합상표)보다 더 강력하게 보호되는 상표법의 법리와 관련하여, 흥미로운 유럽 제1심 법원(CFI)의 판결을 소개한다.

선등록된 문자/도형상표는 위와 같다(이하, '선등록상표' 또는 "***carl touch***' 상표'):

1 「창작과 권리」 제102호(2021년 봄호).

일반적으로, 문자와 도형(전형적인 것으로 회사 로고)로 이루어진 결합상표는 문자만으로 이루어진 상표에 비해 더 넓게 보호되지 않는다. 그 이유는 도형상표는 출원된 도형에 대해서만 보호되기 때문이다. 또한 문자와 도형이 결합한 결합상표도 그 결합된 상태로만 보호되기 때문이다. 그러나 문자상표는 그 디자인(서체)에 관계없이, 심지어는 대문자나 소문자로 표기된다 하더라도 폭넓게 보호된다. 따라서 회사 로고와 같은 도형이 보호되어야 하는 경우라 할지라도, 문자/도형상표와 별개로 문자상표를 출원하여 보호받는 것이 바람직하다.

이와 관련하여, 유럽 제1심 법원(CFI)은 문자상표 '**Carl**'과 이 단어를 포함하는 문자/도형상표와의 오인 · 혼동의 가능성을 다룬 사건에서 유사여부를 명확히 판단하였고, 흔히 있는 사람의 이름인 'Carl'에 대한 식별력을 논의하였다.

1. 사건의 개요

톱카트 게엠베하[Topcart GmbH(독일)]는 2016년 문자상표 '**TC CARL**'에 대해 유럽특허청에 상표출원하였다. 지정상품은 주로 소프트웨어 및 프린터 분야였다.

칼 인터내셔널[Carl International(프랑스)]은 톱카트의 상표출원에 대해 이의신청을 하고, 그 근거로 그의 선등록상표인 '***carl touch***' 문자/도형 결합상표를 제시하였다. 이의신청인은, 두 상표가 오인 · 혼동의 가능성이 있고, 특히 지정상품이 유사하거나 동일하다고 주장하였다.

이의신청은 유럽특허청 이의신청국(Opposition Division)과 항소국(Board of Appeal)에서 모두 인정되었다. 상표출원인 톱카트는, 이 결정에 불복하여 유럽 제1심 법원(CFI)에 항소하였다. 출원인은 사람 이름인 "Carl"은 상표로서의 식별력이 없으며, 선등록상표에서의 'touch'와 그래픽 도형이 시각적으로 뚜렷하기 때문에, 두 상표는 서로 다르다고 주장하였다.

2. 유럽 법원의 판단

(1) 상표의 오인 · 혼동 가능성은 최소한의 유사성을 필요로 한다

유럽 법원(CFI)은 먼저, 지정상품의 유사성 정도(degree of similarity)와 선등록상표의 식별력 정도(degree of distinctiveness)에 관계없이, 충돌하는 표장 사이에 최소한의 유사성(minimum degree of similarity)이 존재하면 오인 · 혼동의 가능성(likelihood of confusion)이 인정될 수 있다는 상표법의 법리를 상기시켰다.

그 결과, 유럽 법원은, 이 사건 두 상표의 유사여부를 판단한 것과 같이, 두 상표의 외관, 칭호, 또는 관념적 유사여부가 상표의 전체적인 인상(overall impression)을 기초로 판단해야 한다고 덧붙였다.

(2) 이름으로서의 'Carl'은 식별력이 약한 것인가에 대하여

두 상표는 'Carl'을 그 구성요소의 일부로 포함하기 때문에, 'Carl'은 본 사건에서 중요한 논점의 하나나다. 'Carl'은 사람 이름이기 때문에 약한 식별력을 갖는다는 논점과, 그와 반대로, <u>지배적인 요부(dominant)</u>인가라는 논점에 대해, 법원은 어느 쪽도 아니라고 판결하였다.

기존의 판례에 의하면 이름(first name: 名)이 성(surname: 姓)보다 식별력이 약한 것으로 판시하고 있는 것은 사실이지만, 이 법리는 상표가 특정 개인의 이름과 성으로 구성된 문자상표에만 적용된다는 점을 법원은 분명히 하였다. 그러나 본 사건의 경우, 이름(名)만이 상표의 일부이기 때문에, 이에 관한 기존 판례의 법리는 본 사건과는 관련이 없다고 판시하였다.

또한 법원은 'Carl'이 유럽에서 보호되는 상표의 한 구성요소(국제 기업인 'Carl Benz' 또는 'Carl Zeiss'를 생각해 보자)라는 사실이 그 자체의 식별력에 영향을 미치지 않는다고 설명하였다. 법원은, 입증책임이 있는 항소인(출원인)이, 'Carl' 문자가 해당 상품과 관련하여 어떤 특별한 의미가 있거나 특별한 관계를 갖거나, 관련 분야에서 일반적으로 사용된다는 것을 입증하지 못하였다고 판시하였다.

따라서 법원은 두 상표에서 'Carl' 문자 부분은 정상적인 고유의 식별력(normal

intrinsic distinctive)을 갖는다고 판단하였다.

(3) 문자 요소는 원칙적으로 도형 요소보다 더 식별력이 인정된다

법원은, 문자 요소 'Carl'과 관련한 양 상표 간의 유사성은 출원상표의 '**TC**' 부분이나 선등록상표의 'touch' 부분에 의해 상쇄(약화)되지 않는다고 덧붙였다.

선등록상표의 '***touch***' 부분은 마지막 철자의 '들어올린 손' 도형으로 인해 시각적으로 눈에 띄지만, 그 도형은 터치 스크린(touch screen) 기술과 관련되기 때문에, '***touch***' 부분은 식별력이 매우 약하다. 또한, 법원은 문자 '***carl***'의 도형화(stylisation)와 외곽(타원형 도형)은 단지 장식으로만 인식된다고 판단하였다. 이러한 맥락에서, 법원은 문자와 도형으로 구성된 결합상표에 대한 기존의 판례를 참조했으며, 이에 따라 문자 요소는 도형 요소보다 원칙적으로 더 식별력이 있다고 판단하였다.

출원상표와 관련하여, 법원은 '**TC**'와 '**CARL**' 두 요소가 각각 해당 상표에서 독립적인 식별력을 갖고 있으며, 어느 것도 다른 요소보다 더 우세적이지 않다고 판단하였다.

(4) 외관 및 칭호 유사성

따라서 유럽특허청이 두 상표의 최소한 외관 및 칭호가 정상적인 방식에 의해 유사하다고 판단한 것은 정당하다고 판단하였다. 법원은, 관념에 의한 유사성도 "Carl" 부분에 의해 인정되지만, 선등록상표의 "***touch***" 부분의 특징에 의해 제한적이라고 덧붙였다. "***touch***" 부분의 상대적으로 약한 식별력에도 불구하고, "***touch***" 부분은 선등록상표의 전체적인 인상에서 무시할 수 있는 요소는 아니지만, 출원상표의 오인 · 혼동 가능성에 영향을 미치지는 않는다.

3. 결 론

결론적으로, 유럽 법원은 소송 청구 전체를 기각하고 선등록상표와 출원상표 사이의 오인 · 혼동 가능성을 확인하였다.

제2부

논단(논문 및 단편)

1. 연합상표제도에 관한 小考[1]

I. 서 언

우리 상표법(1993년 상표법)은 상표권자 또는 상표출원인이 그의 등록상표 또는 출원상표와 유사한 상표를 그 지정상품과 동일구분 내의 상품에 사용하거나 또는 사용하고자 하는 경우에 서로 연합상표출원을 하여 상표등록을 받을 수 있는 연합상표제도를 채택하고 있다. 또한 연합상표의 취소심판에 있어서는 등록상표가 있을 경우에 그중 어느 하나의 등록상표, 즉 연합상표 중에서 어느 하나의 상표라도 사용된 때에는 그 취소를 면할 수 있다. 연합상표에 있어서 이러한 유사여부의 판단 및 불사용으로 인한 취소에 관한 문제점이 상표등록을 위한 심사실무 등에서 나타나고 있다. 여기서는 상표출원의 심사실무를 중심으로 이러한 문제점을 살펴보고자 한다.

---

1 「특허와 상표」 제332호(1993.06.05).

II. 상표출원의 심사예

상품구분 제35류의 상품을 지정하여 출원된 상표 '**VOGUE**'(상표등록출원 제92-5398호)를 심사한 심사관은 이미 선등록된 타인의 상표 '**KAPPA VOGUE**'(상표등록 제164,518호)를 인용하여 출원상표를 거절하였다. 그리고 출원인의 조사결과, 타인의 선등록상표인 '**KAPPA VOGUE**'는 역시 그의 다른 선등록상표인 '**KAPPA**'와 연합된 연합상표이었으며, 그 상표권자는 '**KAPPA**' 상표를 계속하여 사용하였으나 '**KAPPA VOGUE**' 상표는 사용하지 않은 것으로 확인되었다. 이 예로부터 우리는 다음과 같은 부당한 문제점을 쉽게 도출해 낼 수 있고, 이 문제점은 바로 연합상표제도의 잘못된 해석과 운용으로부터 기인하는 것으로 볼 수 있다.

III. 연합상표제도의 문제점

위의 심사예로부터 연합상표제도의 문제점을 설명하기 위해서 다음과 같은 몇 가지 가정하에서 문제를 접근할 수 있을 것이다.

첫째, 위의 심사예에서 '**KAPPA**' 상표와 '**KAPPA VOGUE**' 상표는 그 유사성이 인정되어 연합상표로 인정된 것이다. 그렇다면 이들 상표에 관한 연합상표로서의 유사성의 판단이 정당한 것인지의 여부를 판단해 볼 필요가 있다. 그 판단에 앞서 일단 이들 연합상표의 유사성의 판단이 옳았다고 가정하자. '**KAPPA**'와 '**KAPPA VOGUE**'가 연합상표이기 때문에 상표권자가 '**KAPPA**' 상표만을 사용하고, '**KAPPA VOGUE**' 상표를 사용하지 않았을 때, '**KAPPA VOGUE**'를 취소시킬 수 있는 방법이 없다. 여기서 '**KAPPA VOGUE**'의 취소방법을 구하려 하는 것은 '**KAPPA**'와 '**VOGUE**'가 전혀 다른 상표임에도 불구하고 사용되지도 않는 '**KAPPA VOGUE**'가 '**KAPPA**'의 연합상표라는 이유만으로 '**VOGUE**' 상표의 출원인은 상표의 선택 또는 사용에 있어서 부당한 권리의 제한을 받게 되는 반면,

'**KAPPA**' 상표의 상표권자는 상표권의 과도한 보호를 받게 되기 때문이다. 만일 우리 상표법에서 연합상표에 관한 불사용취소심판 규정이 올바른 규정이라 한다면, 연합상표의 유사성을 판단하는 상표심사의 실무관행이 옳지 않음을 알 수 있다. 따라서 위의 심사예에 있어서, 이들 연합상표의 유사성의 판단이 옳았다는 가정은 잘못된 것이다.

둘째, 그래도 위의 심사예에서 연합상표의 유사성 판단이 옳았다고 가정한다면, 우리 상표법의 연합상표에 대한 취소심판규정은 개정되어야 할 것이다. 다시 말해서 '**KAPPA**'와 '**VOGUE**'가 서로 다른 상표로서 그 식별력이 인정되는 경우에 일정기간 사용하지 않은 '**KAPPA VOGUE**'는 취소심판에 의하여 취소되어야 한다. 물론 '**KAPPA VOGUE**'를 사용한 경우에는 전혀 논란의 대상이 되지 않는다.

이상과 같이 우리 상표법에서 연합상표의 유사성을 판단하는 심사실무와 연합상표의 취소심판에 관한 상표법의 규정(§73④) 사이에서 연합상표권자를 과도하게 보호하고 후출원자의 권리를 부당하게 제한하는 심각한 문제가 발생한다.

IV. 연합상표제도가 수정되어야 하는 이유

위에 나타난 연합상표제도의 문제점을 보다 구체적으로 살펴보면 다음과 같다. 상표는 일반적으로 선택(adoption)에 의하여 이루어진다. 그리고 상표등록에 의하여 권리가 형성되며 사용에 의하여 그 상표의 권리가 지속된다. 서로 다른 표장으로 이루어져서 상표로서의 식별력이 인정되는 경우에는 누구든지 상표등록을 받을 수 있고 또한 사용할 수 있어야 한다. 그런데 앞의 심사예에서와 같이, A상표를 등록받고, A와 전혀 다른 B상표를 추가하여 'A+B'를 연합상표로 등록받고, 또 A와 전혀 다른 C에 대하여 'A+B+C'의 연합상표로 등록받는다면, 그리고 A상표만을 사용하더라도 나머지 상표가 취소되지 않는다면, 타인은 식별력이 있는 B 또는 C상표를 상표로 사용할 수 없게 된다.

이러한 제한은 연합상표제도를 잘못 적용함으로써 발생하는 것으로 옳지 못하다. A 상표에 대하여 상표등록을 받고 A와 전혀 다른 B를 추가하여 'A+B'에 대하여 연합상표등록을 받은 경우, 그 상표권자가 A만을 사용하는 때에도 'A+B'가 연합상표라는 이유로 제3자는 B상표를 상표로 선택할 수 없고 사용할 수 없게 된다. 이러한 이유 때문에 현재와 같은 상표심사실무에서의 연합상표제도는 수정되어야 한다.

Ⅴ. 연합상표제도의 수정에 대한 제안

현재의 연합상표제도의 문제점을 개선하기 위한 방안으로는 다음의 두 가지가 제시될 수 있다.

첫째, 연합상표의 등록여부를 판단할 때 연합상표의 유사성에 대한 판단을 엄격히 강화한다면 현재와 같은 문제점을 해결할 수 있다. 이는 특허청의 상표심사관의 연합상표출원에 대한 심사관행이나 심사기준을 수정함으로써 가능하다. 상표법을 개정하지 않더라도 연합상표제도를 올바르게 운용함으로써 위와 같은 문제점을 해결할 수 있는 것이다. 구체적으로 연합상표가 존재하기 위해서는 기본상표가 존재하여야 하는데 이때 연합상표의 변형부분이나 또는 추가부분은 그 자체로서 식별력이 없는 경우에 한하여 연합상표의 유사성이 인정되어야 한다. 다시 말해서 A라는 기본상표가 존재할 때 A와 다르고 그 자체로서 식별력이 있는 B를 추가한 'A+B'를 연합상표로 인정해서는 안 된다는 점이다. 새로 추가되는 B부분이 그 자체로서 식별력이 없는 경우에 'A+B'를 연합상표로 인정해야 할 것이다.

위의 심사예에서와 같이, '**KAPPA**'와 '**VOGUE**'는 전혀 다른 상표임에도 불구하고, '**KAPPA**'라는 기본상표에 '**KAPPA VOGUE**' 상표를 그 연합상표로 인정하였기 때문에 위와 같은 문제점이 야기된 것이다. 따라서 이 경우의 '**KAPPA VOGUE**'는 연합상표로 인정되어서는 안 된다. 그러나 '**박카스**'라는 기본상표에 '**박카스-D**' 또는 '**박카스-F**'라는 연합상표의 경우에는, 새로이 추가된 부분 '**D**' 또는 '**F**'가 그 자체로서 식별력이 없기 때문에 이러한 상표에 한하여 연합상표가 인정되어야 한다. 기본상표와 비교할 때, 연합상표에서 새로이 변형된 부분이 그 자체로서 식별력이 없는 경우에만 연합상표로 인정되어야 한다. 결론적으로 연합상표의 유사성 판단 시에 위와 같은 엄격한 판단기준을 적용한다면 상표법의 개정 없이도 현행제도의 문제점을 쉽게 해결할 수 있을 것이다.

둘째, 연합상표의 유사성의 판단을 현행실무대로 유지한다면, 연합상표의 불사용에 관한 취소심판규정은 개정되어야 한다. A가 기본상표로 등록되고, A와 다른 식별력이 있는 B를 추가하여 'A+B'를 연합상표로 인정한다면, 연합상표의 관계를 무시하고 일정기간 사용되지 않은 상표는 취소심판에 의하여 취소될 수 있어야 한다. 그럼으로써 'A'와 'A+B'를 연합상표로 등록받고 'A+B'를 사용하지 않는 경우에, 'A+B'를 취소시킴으로써 제3자가 상표 'B'에 대한 권리를 정당하게 취득할 수 있도록 해야 한다. 연합상표제도의 운용에 관한 특허청의 합리적인 방안을 기대해 본다.

後記: 그런데 우리 상표법에서는 그동안 채택하여 운용해 오던 연합상표제도를 1997년에 폐지하였다. 연합상표제도는 위에서 언급한 바와 같이, 올바로 운용된다면 여러 가지 측면에서 좋은 제도이다. 좋은 제도를 잘못 운용한 결과, 발생하는 폐단만을 생각하여 폐지해 버리는 것 또한 옳다고 할 수 없다. '**박카스**'라는 기본상표에 '**박카스-D**' 또는 '**박카스-F**'는 좋은 연합상표라 할 수 있고, '**PRIDE**'라는 기본상표에 '**PRIDE-β**' 또한 좋은 연합상표라 할 수 있다.

2. 상표권의 침해와 형사죄[1]

I. 서 언

상표권은 국민의 재산권이다. 그러나 상표권은 부동산이나 동산과 같은 유체재산권과는 달리 정부(특허청)로부터 등록받은 상표를 그의 상품에 계속하여 사용함으로써 형성된 영업상의 신용(goodwill)에 대한 재산적 가치에 관한 권리로서 하나의 중요한 무체재산권이다. 따라서 상표권이 제3자의 행위에 의하여 침해되고 있는 경우에 상표권자는 다른 유체재산권자와 마찬가지로 현재 발생하고 있거나 또는 앞으로 발생할 우려가 있는 재산적 손실에 대하여 법률로 정한 구제를 받을 수 있다.

국회가 제정하는 법률은 크게 민사에 관한 법률과 형사에 관한 법률로 구분할 수 있다. 민사에 관한 법률은 私人 간의 약속, 약정, 계약 등의 위반으로부터 발생할 수

1 「주간 법정신문」 제246호(1994.05.09).

있는 정신적 또는 물질적 피해를 보호하기 위한 것으로, 민사소송에서는 이러한 위반행위에 대한 책임(liability)의 유무를 판단한다. 반면 형사에 관한 법률은 사회안녕과 공공질서를 유지하기 위한 것으로 형사소송에서는 어떤 행위가 범죄행위(guilt)에 해당하는지의 여부를 판단한다.

상표권은 私人(상표권자)의 재산권이기 때문에 타인이 상표권자의 상표권을 침해한 경우에는 그 타인은 침해행위로 인한 책임을 지게 된다. 다시 말해서 상표권의 침해자는 그 침해행위로 인하여 상표권자에게 발생한 손해에 대하여 민사상의 책임을 지게 되는 것이다. 그런데 상표권자의 손해의 유무에 관계없이, 상표권의 침해행위가 범법행위로 인정되어 형사상의 벌이 인정되는 경우가 있다.

II. 형사죄의 존재이유

상표권은 국민의 재산권의 일종으로 그 재산권에 대한 침해행위가 발생한 경우에 상표법에서 규정하는 민사상의 구제를 받을 수 있음에도 불구하고 형사죄가 인정되고 있는 이유는 상표의 공익성 때문이다.

상표는 그 자체로서 보호할 만한 가치가 있는 것은 아니지만 상품에 상표를 부착하여 사용하는 영업행위와 함께 영업상의 신용을 축적할 수 있는 수단으로 그 상표를 보호함으로써 상표권자의 이익을 보호하고, 나아가 일반 소비자가 상품을 식별하여 그들이 원하는 상품을 구매할 수 있도록 함으로써 일반소비자의 이익을 보호하고자 하는 것이다. 즉, 상표제도는 상표권자의 재산권을 보호함은 물론 일반공중을 보호하기 위한 제도이다. 일반소비자가 상품을 구매하는 경우에는 여러 가지 광고매체나 또는 과거의 경험 등을 통하여 그가 원하는 상품을 구매하게 되며, 이때 그 상품의 출처에 대하여 오인이나 혼동을 방지함으로써 일반 소비자를 보호하고자 하는 점이 바로 상표의 공익성이며, 이 공익성 때문에 상표법에서 형사죄가 인정되고 있는 것이다.

Ⅲ. 형사죄의 종류

어떤 상표침해사건이 상표권자의 이익에 관한 다툼인 경우에는 그 다툼은 민사적인 구제수단에 의하여 해결되어야 하지만, 그 상표권이 일반공중의 이익과 관련된 경우에는 민사적인 구제수단은 물론 형사적인 죄가 인정되어 벌이 뒤따르게 된다.

상표법에서 규정하는 형사죄로는 침해죄, 위증죄, 허위표시죄 및 사위행위죄가 있다. 이 중에서 침해죄가 상표권의 침해행위와 직접으로 관련된 규정이고, 나머지는 상표권의 침해행위와 직접으로 관련된 규정이 아니다. 따라서 여기서는 상표권의 침해로 인하여 흔히 발생하고 있는 형사죄인 침해죄에 대하여만 구체적으로 살펴본다.

상표권을 침해한 자는 5년 이하의 징역 또는 2천만원 이하의 벌금형(94년 당시의 규정임)에 처하도록 규정하고 있다. 특허권의 침해죄는 고소가 있어야 논하는 친고죄인 반면, 상표권의 침해죄는 친고죄가 아니다. 이는 상표권이 개인적인 재산권이지만 공익성 차원에서 존재하는 재산권이기 때문이다.

Ⅳ. 침해죄의 성립요건

상표권의 침해에 대하여 침해죄를 규정하고 있다고 해서 모든 상표권의 침해행위에 대하여 침해죄가 적용될 수 있는 것은 아니다. 물론 우리 상표법은 입법상의 미비로 모든 상표권의 침해행위에 대하여 침해죄가 적용될 수 있는 것으로 해석할 수도 있다. 그러나 이러한 상표법의 해석과 적용은 인권의 보호차원에서 결코 용납될 수 없다.

상표법에서 침해죄를 구성하는지의 여부는 상표권의 침해행위가 위조(또는 모조: counterfeit) 행위인지의 여부로써 판단된다. 상표권의 위조행위는 모두 상표권의 침해행위에 해당하지만 상표권의 침해행위라고 해서 반드시 상표권의 위조행위는 아니다. 이는 상표권에 대한 침해죄를 판단하는 명백한 기준이며 대명제이다. 다시 말해서 상표권의 위조행위는 반드시 침해죄가 인정되지만, 상표권의 위조행위에 해당하지 않는 상표권의 침해행위는 침해죄의 대상이 되지 않는다.

상표권의 위조행위란 일반소비자가 상표권자의 상품과 침해자의 상품(위조품)을 거의 식별할 수 없을 정도로 상표를 사용함으로써 일반소비자를 기만하거나 일반소비자로 하여금 상품출처에 대한 오인이나 혼동을 야기시킬 수 있는 정도의 행위를 의미한다. 특히 사용주의가 아닌 등록주의를 채택하고 있는 우리로서는 상표권의 위조행위로부터 비롯되는 침해죄의 적용은 보다 엄격하게 행해져야 한다.

예를 들어, 갑은 3년 전부터 '**가나다**' 상표를 등록받지 않은 채 사용하고 있고, 을은 2년 전에 '**가나다**' 상표를 등록받았지만 사용하지 않은 경우에 상표권자인 을이 취할 수 있는 구제수단을 살펴보자. 이 경우에 일반소비자는 상품출처에 대한 기만이나 오인 · 혼동을 가져오지 않는다. 그 이유는 을은 등록만을 받았을 뿐 상표를 사용하지 않았기 때문이다. 또한 갑은 을의 상표나 상품을 위조하거나 모조한 것이 아니다. 따라서 갑의 3년간의 사용행위는 을의 상표권의 위조행위가 아니며, 나아가 침해죄의 적용대상이 되지 아니한다. 그러나 갑은 등록을 받지 않았기 때문에 갑의 사용행위는 을의 상표권을 침해한 행위이다. 다시 말해서 이 경우 을은 갑의 침해행위에 대하여 민사적인 구제만을 청구할 수 있다. 민사적인 구제에 있어서도 을은 그 상표를 사용하지 않았기 때문에 손해배상이 인정될 수 없고 사용금지명령(injunction)만이 고려될 수 있다. 이처럼 상표권의 침해행위가 항상 침해죄에 해당하여 형사벌을 받을 수 있는 것은 아니다. 침해죄에 해당하여 형사벌을 받는 경우는 상표권의 위조행위에 한정되어야 하며 상표권의 모든 침해행위에 적용되는 것은 아니다.

물론 상표권 침해죄의 대상인 위조행위를 판단함에 있어서는 침해혐의자가 등록상표의 등록여부를 인지하고 있는지의 여부를 불문한다. 즉 침해혐의자가 상표의 등록사실을 알지 못하였다는 사실은 위조행위를 모면하기 위한 정당한 이유가 되지 못한다.

마지막으로 침해죄가 인정되는 위조행위가 성립하기 위해서는 상표권자가 그의 등록상표를 사용하고 있어야 한다. 등록만을 받아 놓고 사용하지 않은 상태에서의 제3자에 의한 침해행위는 위조행위라고 할 수 없기 때문이다.

Ⅴ. 침해죄 적용의 남용금지

상표권의 침해는 여러 가지 형태로 발생할 수 있다. 타인의 상표와 상품을 모두 위조하는 행위로부터 고의로 유사한 상표를 사용하는 행위, 또는 타인의 등록상표임을 모르고 선의로 유사한 상표를 사용하는 행위까지 다양한 형태로 나타난다.

상표권의 위조행위는 모두 침해죄의 대상이지만 상표권의 침해행위라고 해서 반드시 위조행위라 할 수 없기 때문에 모든 상표권의 침해행위가 반드시 침해죄의 대상이 되는 것은 아니다. 따라서 침해죄를 적용하기 위해서는 앞에서 설명한 상표권의 위조행위 즉 침해죄의 성립요건을 갖춘 경우로만 한정되어야 한다. 그럼에도 불구하고 최근의 사례에서는 상표권의 위조행위가 아닌 침해행위에 대하여도 침해죄를 적용하여 침해자를 구속시키는 경우가 있다. 이는 엄연한 침해죄 적용의 남용이다. 더욱이 상표권자가 그 상표를 사용하지도 않은 상태에서 타인의 침해행위에 대하여 침해죄를 적용하여 사람을 구속시키는 사례는 공권력의 명백한 남용이다.

상표권의 침해행위를 모두 위조행위로 착각하여 침해죄를 적용하는 것은 상표법의 취지를 올바로 이해하지 못한 법적용임에 틀림없다. 더구나 침해로 인한 당사자 간의 분쟁을 신속히 처리할 목적으로 침해죄를 적용하는 것은 인권에 대한 중대한 위협이 아닐 수 없다. 침해죄를 잘못 적용함으로써 발생하는 정신적 또는 물질적 피해는 누가 보상할 수 있단 말인가. 그리고 그로 인한 우리 경제의 위축은 누가 책임질 수 있단 말인가.

상표권의 위조행위를 비롯한 침해행위는 근절되어야 하겠지만, 만일 그러한 행위가 발생할 경우 위조행위에 대한 판단은 보다 명확히 행해져야 하며 나아가 침해죄의 적용은 보다 신중해야 할 것이다.

VI. 결 론

타인의 상표권을 침해한 침해자는 그 침해행위에 대하여 민사상의 책임(liability)을 지게 되며, 상표의 공익성 때문에 침해죄라는 명목으로 형사벌을 받게 된다. 그러나 형사벌은 일반공중의 이익과 관련이 있는 상표권의 위조행위에 한하여 적용되어야 하며 모든 침해행위에 적용되는 것은 아니다.

상표법에서 침해죄를 적용하는 침해행위가 구분되어 있지 않다고 해석하는 것은 상표법을 올바로 운용한다고 할 수 없다. 특히 형사적인 구제방법이 분쟁해결에 있어서 신속하다는 이유로, 또는 민사적인 구제방법이 만족스럽지 못하다는 이유로 공권력에 의존하여 침해죄를 적용하는 일은 이제 그만 종지부를 찍어야 할 것이다.

3. 상표법 제7조 제1항 제11호의 문제점[1]

I. 서 언

상표법 제7조 제1항 제11호(이하 '제11호')에서는 "상품의 품질을 오인하게 하거나 수요자를 기만할 염려가 있는 상표"를 상표등록을 받을 수 없는 상표로 규정하고 있다. 제11호의 규정은 상표출원의 심사과정에서는 거절이유의 하나에 해당하고, 상표등록의 무효심판이나 무효소송에서는 무효사유의 하나에 해당하기 때문에, 상표법의 어떤 조항보다도 자주 적용되고 있다. 더구나 제11호에 대한 해석이나 운용은 다른 어떤 법조항보다도 지나칠 정도로 광범위하고 비약적이어서 앞으로 많은 연구가 필요하다고 하겠다. 이 글은 이러한 목적을 위한 하나의 방편으로 시도되었다.

그러나 제11호를 해석하거나 적용하는 경우에, 상표법 제7조 제1항 제4호(공서양속에 반하는 상표)[2] 및 제10호(주지저명상표)[3]에 관한 규정이 함께 적용되고 있다. 따

1 「창작과 권리」 제13호(1998년 겨울호).

2 상표법 제7조 제1항 제4호: 공공의 질서 또는 선량한 풍속을 문란하게 할 염려가 있는 상표.

라서 이들의 내용도 여기서 언급하고자 한다. 또한 1997년 상표법[4]에서 신설된 제7조 제1항 제12호(부정경쟁목적의 상표)[5]에 관하여도 제11호와 관련된 내용을 언급하고자 한다.

II. 제11호의 내용과 문제점

1. 제11호의 내용

제11호의 내용은 두 가지로 분류된다. 하나는 상품의 품질을 오인하게 할 염려가 있는 상표를 상표등록으로부터 배제하는 것이고, 다른 하나는 수요자를 기만할 염려가 있는 상표를 배제하는 것이다. 후술되겠지만, 제11호를 실제로 적용하는 상표출원의 심사 또는 상표등록의 무효사건에 있어서, 이들은 서로 분리하여 적용되기도 하였고, 또한 함께 포괄적으로 적용되기도 하였다. 실제로 제11호가 어떻게 해석되고, 나아가 실제의 상표사건에서 어떻게 적용되어 왔는지를 살펴보고, 제11호의 규정 자체가 과연 타당성이 있는 규정인지도 살펴본다.

2. 제11호의 전단: 상품의 품질을 오인하게 할 염려가 있는 상표

제11호의 전단 규정에 따르면, 상품의 품질을 오인하게 할 염려가 있는 상표는 상표등록을 받을 수 없다. 다시 말해서, 수요자가 특정상표에 의한 상품을 선택할

---

3 상표법 제7조 제1항 제10호: 수요자 간에 현저하게 인식되어 있는 타인의 상품이나 영업과 혼동을 일으키게 할 염려가 있는 상표.

4 1997년 8월 22일 개정된 상표법.

5 상표법 제7조 제1항 제12호: 국내 또는 외국의 수요자 간에 특정인의 상품을 표시하는 것이라고 현저하게 인식되어 있는 상표와 동일 또는 유사한 상표로서 부당한 이익을 얻으려 하거나 그 특정인에게 손해를 가하려고 하는 등 부정한 목적을 가지고 사용하는 상표.

때 그 상품이 특정품질을 유지하리라 생각하였는데 실제로 그러하지 못했다면 이는 상품의 품질을 오인하게 하였다고 판단할 수 있다. 이러한 상표라면 상표등록을 배제시키겠다는 것이다.

그러나 상표는 한마디로 상품을 생산하는 자가 자기의 상품과 타인의 상품을 식별하도록 하기 위하여 사용하는 표장이다.[6] 상표등록을 받기 위하여 상표는 식별력이 있어야 한다. 상품출처(origin of goods)를 나타내기 위한 기능이 있다면 그럼으로써 오인(mistake), 사기(deception) 또는 혼동(confusion)을 야기시키지 않는다면 상표로서의 식별력이 인정된다.[7] 즉 상표는 상품의 출처를 식별하기 위한 수단인 것이다.

상표는 상품의 품질 오인을 방지할 수 있는 수단이 아니다. 다시 말해서 상품의 품질 오인을 방지할 목적으로 상표제도를 두고 있는 것이 아니다. 상표는 상품의 품질이 좋든 나쁘든 품질에 관계없이 상품의 출처를 표시하기 위하여 상품에 사용되는 수단이다. 고급상품에도 상표는 부착되고, 품질이 좋지 않는 상품에도 상표는 얼마든지 부착된다. 물론 상표는 간접적으로 상품의 품질보증기능을 갖지만, 이러한 기능이 있다고 해서 상표가 상품의 품질 오인을 방지할 수 있는 수단이라고는 말할 수 없다. 이러한 관점에서 제11호의 전단 규정은 최소한 상표법의 근본적인 취지와 부합되지 않는 규정이라 할 수 있다.

제11호의 전단 규정을 해석함에 있어서는, 수요자가 인식하는 상품과 특정상표가 사용되는 상품과의 사이에 일정한 경제적인 관련관계 내지 부실관계(不實關係)가 존재하여야 한다고 보고 있다.[8] 이 해석에서의 '경제적인 관련관계' 내지 '부실관계'

---

6 상표법 제2조 제1항 제1호.

7 A.R. Miller *et al.*, *Intellectual Property*, West Publishing Co., 1983, p.155.

8 송영식 외, 「지적소유권법」, 육법사, 1991, 628쪽.
"특정의 상표가 品質의 오인을 일으킬 염려가 있다고 하기 위하여는 당해 상표에 의하여 일반인이 인식하는 상품과 현실로 그 상표가 사용되는 상품과의 사이에 일정한 경제적인 관련관계 내지 不實關係가 존재할 필요가 있음이 원칙이다. 예컨대, 양자가 동일계통에 속하는 상품이거나 재료 · 용도 · 製法 · 판매 등의 점에서 계통을 공통히 함으로써 그 상품의 특가 무엇을 의미하는지 정확히 알 수는 없지만, 상표법 제6조 제1항 제3호(이하 '제3호')에서 규정하는 "그 상품의 산지, 품질, 원재료, 효능, 용도, 수량, 형상, 가격, 생산방법, 가공방법, 사용방법, 사용시기" 등과 밀접한 관계가 있는 것으로 해석할 수 있다.

제11호의 전단 규정만을 적용한 판례는 흔하지 않지만, 피복에 사용되는 '**SCOTCH**' 상표가 섬유가공의 기술용어인 '**SCOTCH-GARD**'의 약칭으로 인식되어 스카치 가공을 하지 않은 피복에 '**SCOTCH**' 상표를 사용한다면 상품의 품질을 오인케 할 염려가 있다고 대법원은 판단한 바 있다.[9]

SCOTCH 판례에 의하면, 스카치 가공을 한 피복에 '**SCOTCH**' 상표를 사용하는 경우는 상품의 품질을 오인케 할 염려가 없다. 이 경우에는 최소한 제11호의 전단 규정을 적용하여 상표등록을 배제하여서는 안 된다. **SCOTCH** 판례에서 대법원이 판단한 것처럼, 스카치 가공을 하지 않은 피복에 '**SCOTCH**' 상표를 사용하는 것이 상품의 품질을 오인하는 것이라 한다면, '**SCOTCH**' 상표에 대한 제11호의 전단 규정을 적용하기 위해서는 그 피복이 스카치 가공을 한 것인지 아니면 하지 않은 것인지를 다시 판단해야 한다. 만일 스카치 가공을 하지 않은 것이라면, 제11호의 전단 규정을 적용하여 상표등록을 받을 수 없지만, 스카치 가공을 한 것이라면, 최소한 제11호의 전단 규정 때문에 상표등록을 받을 수 없는 것은 아니다.

제11호의 전단 규정을 적용하였던 **SCOTCH** 판례를 위와 같이 해석하는 것은 분명 무리가 있다. 그러면 그 무리는 어디에서 비롯되는 것일까. 그것은 제3호의 규정을 적용했어야 했는데, 이를 적용하지 아니하고 제11호의 전단 규정을 적용한 데서 비롯된 것이다. '**SCOTCH**' 상표는 분명히 지정상품의 가공방법과 관련된 것으

성에 관하여 거래상 오인을 일으킬 정도의 관계가 인정되어야 하며 指定商品과 아무런 관계가 없는 의미의 상표인 경우에는 일반적으로 品質誤認의 우려가 없다고 할 수 있다."

9 80후92(1981.01.27 선고): "被服을 指定商品으로 하는 商標인 'SCOTCH'는 일반적으로는 섬유제품의 品質을 표시하는 섬유가공의 技術用語인 'SCOTCH-GARD'의 略稱으로 인식되는 것이 보통이므로 스카치加工을 하지 아니한 직물류를 재료로 한 被服에 'SCOTCH'라는 商標를 사용한다면 商品의 品質을 誤認케 할 염려가 있다."

로, 이 상표의 등록여부를 판단하기 위해서는 제3호의 규정을 적용하여야 했다. 그렇게 하였더라면, 제11호의 전단 규정을 억지로 적용하지 않았을 것이고, 그 판단 이유도 무리가 따르지 않았을 것이다. 다음에 설명되는 단순기술표장과 사칭기술표장을 이해한다면, 위의 **SCOTCH** 판례가 법률적용을 잘못한 것이고, 나아가 제11호 전단 규정이 제3호에 흡수될 수 있는 불필요한 규정임을 어느 정도 정당화할 것이다.

(1) 단순기술표장

기술표장(descriptive mark)은 제3호에서 예시적으로 열거하여 규정하고 있다. 기술표장은 다시 단순기술표장(merely descriptive mark)과 사칭기술표장(deceptively descriptive mark)으로 구분된다. 기술표장은 식별력이 없기 때문에 상표로서 등록받을 수 없다.[10] 단순기술표장이건 사칭기술표장이건 그렇다는 것이다. 그러나 기술표장이 제2차적 의미(secondary meaning)를 갖게 되면, 그 상표는 등록받을 수 있다. 단순기술표장이건 사칭기술표장이건 제2차적 의미가 형성되면 상표등록을 받을 수 있는 것이다. 여기서 유의해야 할 점은 사칭기술표장은 제2차적 의미가 형성되면 상표등록을 받을 수 있지만, 후술되는 기만성 표장(deceptive mark)은 제2차적 의미가 형성되었다 하더라도 상표등록을 받을 수 없다는 점이다.[11]

단순기술표장이란 그 지정상품을 단순히 설명하는 용어로 이루어진 표장을 의미한다. **SCOTCH** 판례와 관련하여 볼 때, '**SCOTCH**'는 그 지정상품인 피복의 가공방법을 설명하는 용어이다. 기술표장을 상표등록에서 배제하고자 하는 주된 이유는 경쟁업자를 보호하여야 하기 때문이다. 어떤 용어가 상품을 설명하는 용어라 한

10 상표법 제6조 제2항: 제1항 제3호 · 제5호 또는 제6호에 해당하는 商標라도 제9조의 규정에 의한 商標登錄出願 전에 商標를 사용한 결과 需要者間에 그 商標가 누구의 業務에 관련된 商品을 표시하는 것인가 현저하게 인식되어 있는 것은 그 商標를 사용한 商品을 指定商品(제10조 제1항 및 제47조 제2항 제3호의 規定에 의하여 지정한 商品 및 추가로 지정한 商品을 말한다. 이하 같다)으로 하여 商標登錄을 받을 수 있다.

11 R.E. Schechter, *Unfair Trade Practices*, West Publishing Co., 1986, pp.59-60.

다면, 그 용어는 누구든지 사용할 수 있어야 하기 때문이다. '**SCOTCH**'란 용어는 스카치 가공을 행하는 가공업자 내지는 생산업자가 자유롭게 사용할 수 있어야 한다. 특정인에게 독점권을 부여해서는 안 된다.

(2) 사칭기술표장

지정상품과 관련하여 그 상품의 특징이나 성질 등을 사실과 다르게 기술하는 용어로 이루어진 표장을 사칭기술표장이라 한다. **SCOTCH** 판례에서처럼, 스카치 가공을 하지 않는 피복에 사용되는 '**SCOTCH**' 상표는 사칭기술표장에 해당한다.

사칭기술표장을 상표등록으로부터 배제하는 이유는 단순기술표장을 상표등록으로부터 배제하는 이유와 서로 다르다. 사칭기술표장을 상표등록으로부터 배제하는 주된 이유는 수요자를 보호하기 위해서이다. 스카치 가공을 하지 않은 피복에 '**SCOTCH**' 상표를 사용함으로써, 그 피복이 스카치 가공된 것으로 인식된다면, 수요자는 예측치 못한 손해나 불이익을 당할 수 있기 때문이다.

결론적으로, 피복을 가공하는 방법 중의 하나로서 스카치 가공 방법이 사용되는 상황에서, 피복에 부착되는 '**SCOTCH**' 상표는 그 피복이 스카치 가공을 했든 또는 하지 않았든 모두 상표등록을 받을 수 없는 것이다. 그리고 그 법적 근거는 제3호의 규정에 있다. 제11호의 전단 규정을 적용한 상기 **SCOTCH** 판례는 법률적용을 잘못한 것이다. 나아가 상표는 상품출처를 식별하기 위한 수단이지, 상품의 품질 오인을 방지하기 위한 수단이 아니라는 상표법의 근본적인 취지를 보더라도, 제11호의 전단 규정은 앞으로 폐지되어야 한다.

3. 제11호의 후단: 수요자를 기만할 염려가 있는 상표

(1) 의 의

제11호의 후단에서 규정하는 "수요자를 기만할 염려가 있는 상표"에 대하여는 아직까지 그 이론적 의의가 정립되어 있지 않다. 그럼에도 불구하고 제11호의 후단을 적용한 심결례나 판례는 상당수 있으며, 제11호의 후단의 해석범위도 상당히 확대되어가고 있다.

기만성 상표(deceptive mark)를 규정하고 있는 제11호 후단 내용은 지극히 포괄적이며 불명확한 규정이다. 상표는 상품의 출처를 나타냄으로써 수요자가 그 상품출처에 관하여 오인(mistake), 사기(deception) 또는 혼동(confusion)을 야기하지 않도록 하기 위한 수단이다. 제11호의 후단처럼 "수요자를 기만할 염려가 있는 상표"라 규정하는 것은 상표제도의 근본적인 취지를 규정한 것으로 착각을 일으키기도 한다. 제11호의 후단은 구체적이지 못한 규정이기 때문에 이를 해석하거나 적용하기 위해서는 보다 신중해야 한다. 그렇지 않을 경우, 법률적용에 남용의 소지가 있다. 실제로 제11호 후단은 지나치게 확대되어 적용되고 있다. 이러한 상황은 상표권자의 정당한 권리를 저해하는 요인이 되고 있다. 또한 지나치게 확대되어 적용된다는 것은 법률적용이 잘못되고 있다는 것을 반증한다. 여기서는 제11호 후단의 해석 및 적용범위를 비롯하여, 이를 적용한 심결례 및 판례를 살펴보고, 이들로부터 도출된 문제점들을 살펴본다.

(2) 제11호 후단의 해석 및 적용범위

제11호 후단에서 규정하는 "수요자를 기만할 염려가 있는 상표"는 미국 상표법에서 규정하는 '기만성 상표(deceptive mark)'에 한정하는 것이 바람직할 것이다. 기만성 상표란 상표의 필수적인 부분이 현저하게 허위로 표기되고, 수요자가 그 부분에 의존하여 상품을 구매하게 되는 경우의 표장을 의미한다.[12] 기만성 표장은 사칭기술표장과 구분되어야 한다. 사칭기술표장은 제2차적 의미가 형성되면 상표등록을 받을 수 있지만, 기만성 표장은 제2차적 의미가 형성되었다 하더라도 상표등록을 받을 수 없다. 비록 사실과 다르게 표현되었더라도 통상의 수요자가 그 상표를 상품과 관련된 표현으로 인식하지 않는다면 그 상표는 기만성 상표라 볼 수 없고, 이 경우의 상표는 임의선택표장에 해당되어 상표등록을 받을 수 있다.[13] 미국의 판례

12 미국판례 Gold Seal Co. v. Weeks, 129 F. Supp. 928(D.D.C. 1955).

13 *Ibid.*, p.60.

에서는, 부르봉(위스키의 일종)에 사용하는 'OLD CROW'를 기만성 표장이 아니라 임의선택표장이라 판단하였다. 이는 부르봉이 늙은 까마귀(old crow)로 제조되지 않았다는 것은 사실이지만, 통상의 수요자라면 부르봉이 늙은 까마귀로 제조되었다고 생각하지 않기 때문이다.[14] 그러나 인조가죽제품에 사용하는 'SOFT HIDE'[15]는 기만성 표장이라고 판단하였다.[16]

위와 같이, 기만성 표장은 그 지정상품과의 관계에서 수요자를 기만할 가능성이 있는지의 여부에 한정하여 적용되어야 한다. 다시 말해서, 이는 선출원상표 또는 선등록상표와의 유사여부를 판단하거나, 선등록상표와의 침해여부를 판단하는 경우에까지 확대하여 기만성 표장(제11호 후단)의 적용여부를 판단해서는 안 될 것이다. 우리의 상표실무에서는 표장의 기만성 여부를 명확히 판단한 예는 찾아보기 힘들고, 선출원상표 또는 선등록상표와의 유사여부나 침해여부를 판단하는 경우에까지 제11호를 확대적용하고 있다.

(3) 제11호 후단의 적용예

가. 95항원1377

서비스표등록출원 제94-369호는 "작은 프랑스+La Petite France+도형"상표(이하 "'작은 프랑스'상표")에 대하여 제112류의 레스토랑업과 서양음식점 경영업을 지정하여 출원되었다. 이를 심사한 심사관은 이 상표가 프랑스를 표시하는 것으로 현저한 지리적 명칭만으로 이루어져 상표법 제6조 제1항 제4호에 해당하고, 프랑스와 관련 없는 지정서비스업에 사용할 때 프랑스와 관련 있는 것으로 일반수요자들로 하여금 서비스업을 오인혼동케 할 우려가 있으므로 상표법 제7조 제1항 제11호에 해당하여 등록받을 수 없다는 거절이유를 통지하였다. 이 사건의 항고심결에서는,

---

14 *Ibid.*, p.60.

15 '부드러운 짐승가죽'이라는 의미가 있음.

16 미국판례 Tanner's Council of America, Inc. v. Samsonite Corp., 204 U.S.P.Q. 150 (T.T.A.B. 1979).

'작은 프랑스' 상표를 프랑스와 관련 없는 지정서비스업에 사용할지라도 일반수요자로 하여금 서비스업의 품질오인의 정도에까지는 이른다고 볼 수 없다고 판단하였다(여기서는 제11호에 관련된 부분만을 인용한다).

우선 이 사건은 심사관의 거절이유나 항고심결을 살펴볼 때, 제11호의 전단 규정에 대하여 판단한 것인지 아니면 제11호의 후단 규정에 대하여 판단한 것인지가 명확하지 않다. 다만 의미상으로 볼 때 제11호의 후단 규정을 적용하고 있는 것으로 판단할 수 있다.

이 사건에서, 설사 출원인이 프랑스와 관련 없는 이태리 음식을 제공한다고 하더라도 이는 출원인의 영업에 관한 문제이지 서비스표에 관한 문제가 아니다. 심사관의 거절이유에 의하면, 출원인이 이건표장을 프랑스와 관련 없는 이태리음식 제공에 사용할 때 그 이태리 음식제공으로 인하여 일반수요자들이 오인혼동을 할 우려가 있는 것으로 보고 있다. 이러한 우려는 지극히 가상적인 우려에 불과하며, 실제로 이러한 우려가 발생한다 하더라도 이는 출원인의 영업에 관한 문제이다. 상표법에서 취급해야 할 상표에 관한 문제가 아니다.

상표란 일반수요자로 하여금 상품의 출처를 식별하기 위한 것이다. 어떤 사람이 '**작은 프랑스**'라는 간판을 걸고 레스토랑업을 하고 있는데, 그 옆집에 다른 사람이 '**리틀 프랑스**'라는 간판을 걸고 레스토랑업을 할 때 일반수요자들이 이들을 혼동할 수 있는지의 여부가 상표법에서 규정한 진정한 의미의 출처에 관한 오인혼동의 여부이다. 몇 해 전에 영자하고 갔던 그 집이 '**작은 프랑스**'인지 '**리틀 프랑스**'인지 그 출처를 식별하기 어려울 때 진정한 의미의 오인혼동의 우려가 있는 것이지, '**작은 프랑스**'라는 간판을 걸고 이태리 음식을 제공했다고 해서 상표법에 근거한 오인혼동을 주장할 수는 없는 것이다.[17]

이 사건의 항고심결에서는, '**작은 프랑스**' 상표가 제11호에 해당하지 않는다고 판단함으로써 제11호를 확대적용하는 것을 방지하였지만, 그 판단이유는 여전히

---

17 최덕규, "지리적명칭표장의 등록여부," 「특허와 상표」, 제387호(1995.09.20).

미흡하다.

나. 96후412(대법원 1997.03.14. 선고)

25류(핸드백 등)에 후등록되었던 '**MARZO**' 상표에 대하여 45류(의류)에 선등록되었던 '**MARZO**' 상표의 상표권자가 무효심판을 청구하였다. 무효심결에서는, 지정상품이 서로 다르다는 이유로 심판청구를 기각하였다.[18] 이 무효심판의 항고심결에서는, 수요자가 동일하고 여성용 생활용품에서는 토탈패션을 지향하여 의류, 핸드백 등을 한 기업에서 생산하고 한 점포에서 진열판매한다고 판단하여 지정상품의 유사성을 인정하였고, 그 결과 제11호에 해당한다고 판단하였다.[19] 상고판결에서는, 후등록권자의 '**MARZO**' 상표가 등록사정될 당시에 선등록권자의 '**MARZO**' 상표는 적어도 그것이 사용된 여성의류에 관하여는 국내의 일반거래에 있어서 수요자에게 선등록권자의 상표라고 인식될 수 있을 정도로 알려져 있다고 판단하면서, 항고심결을 지지하여 상고를 기각하였다.[20]

---

18 92당1074: "인용상표 1 및 인용상표 2가 여성용 섬유류 제품을 위주로 광고선전하는 바에 있어서는 일반수요자의 인지도가 다른 업종 제품의 선정에까지 어느 정도 미칠 것인가를 판단하기 어려울 뿐만 아니라 이들 상표는 상품구분 제45류에 속하는 스웨터, 블라우스, 목걸이 등 18개 품목을 지정상품으로 하고 있는 데 대하여 이건상표는 상품구분 제25류에 속하는 서류가방, 핸드백 등 9개 품목을 지정상품으로 하고 있어서 양자의 지정상품이 전혀 다른 것임이 명백하다 할 것이므로, 이건상표가 인용상표1 및 인용상표2에 의해 구상표법 제9조 제1항 제9호 내지 제11호의 규정에 위반하여 등록된 것이어서 그 등록은 무효되어야 한다라는 주장은 받아들일 수 없는 것이라고 판단된다."

19 93항당161: "이건 등록상표의 지정상품인 '핸드백'과 인용상표의 사용상품인 여성의류는 상표법에서 정한 상품류 구분이 다르기는 하나 양 상품의 수요자가 동일하고 또한 오늘날 여성용 생활용품에서는 토탈패션을 지향하여 의류, 핸드백, 벨트 등을 한 기업에서 생산하고 있고 또 이들 제품을 한 점포에서 다같이 진열하여 판매하는 거래사회의 실정이며, 청구인은 여성의류뿐만 아니라 핸드백 등의 상품도 생산, 판매하고 있음에 비추어 이건 등록상표를 그 지정상품에 사용하는 경우 일반수요자가 그 상품을 인용상표권자 또는 그와 특수관계에 있는 자에 의하여 생산, 판매되는 것으로 상품출처의 오인, 혼동을 일으켜 수요자를 기만할 염려가 있다 할 것이다. 따라서 이건 등록상표는 상표법 제7조 제1항 제11호의 규정에 위반하여 등록된 것이어서 동법 제46조 제1항의 규정에 의하여 그 등록이 무효되어야 한다고 판단이 되며 이와 달리 심결한 원심은 그 파기를 면할 수 없는 것이라 하겠다."

25류에 후등록된 '**MARZO**' 상표는 45류에 선등록된 '**MARZO**' 상표에 의하여 제11호에 해당된다는 이유로 그 등록이 무효로 되었지만, 그 심결이나 판결의 이유는 충분하지 못하다.

만일 상기 후등록상표와 선등록상표 사이에 그 지정상품의 유사성이 인정된다면 제11호가 아닌 제7호에 의하여 무효로 되어야 했다. 항고심결에서는 최소한 지정상품의 유사성을 인정하였다. 그러나 그 이유는 타당성이 결여되어 있다. 이들 지정상품의 수요자가 동일하고 토털패션을 지향한다는 것은 너무 포괄적인 판단이다. 의류와 핸드백을 한 기업에서 생산한다고 판단하였는데, 과연 그러한 판단이 얼마나 옳은 것일까. 또한 의류와 핸드백을 한 점포에서 진열판매한다고 하였는데, 과연 그러할까. 이 점에 관한 대법원의 상고판결은 설상가상이다. 상고판결에서는, 심판청구인(선등록권자)도 "거래계의 경향에 따라 여성용 의류뿐만 아니라 핸드백 등에도 인용상표(선등록상표)를 부착하여 함께 판매하여 상당한 선전을 하여 온 사정"을 인정하고 있다. 선등록권자는 핸드백(25류)에는 상표등록을 받은 바가 없다. 의류(45류)에 상표등록을 받은 후에 핸드백(25류)에도 사용한 결과 그 상표가 널리 알려졌다는 이유로써 핸드백(25류)에 등록된 후등록상표를 무효로 하는 것이 정당한 것일까. 만일 선등록권자가 핸드백(25류)에 상표를 사용했을 때 후등록권자가 상표침해소송을 제기했더라면 어떠한 결론이 나왔을까.

---

20 97후412(1997.03.14 선고): "이 사건 등록상표에 대한 등록사정 당시 인용상표는 적어도 그것이 사용된 여성의류에 관하여는 국내의 일반거래에 있어서 수요자나 거래자에게 심판청구인의 상표라고 인식될 수 있을 정도로는 알려져 있었다고 봄이 상당하다 할 것이고, … (중략) … 심판청구인도 실제로 위와 같은 거래계의 경향에 따라 여성용 의류뿐만 아니라 핸드백 등의 상품에 관하여도 인용상표를 부착하여 함께 판매하며 상당한 선전을 하여 온 사정이라면 이 사건 양 상표는 비록 인용상표가 심판청구인의 상표라고 인식되게 된 상품인 여성용 의류와 이 사건 등록상표의 지정상품인 핸드백이 유사한 상품이라고 단정할 수는 없다고 하더라도 이 사건 등록상표가 그 지정상품인 핸드백에 사용된다면 여성용 의류와 유사한 상품에 사용된 경우에 못지 않을 정도로 그것이 인용상표권자에 의하여 사용되는 것이라고 오인될 소지가 있다고 보여지는 특별한 사정이 있는 경우로서 이 사건 등록상표는 인용상표와 출처의 오인·혼동을 일으켜 수요자를 기만할 염려가 있다고 보아야 할 것이다."

만일 상기 후등록상표와 선등록상표 사이에 그 지정상품의 유사성이 인정되지 않는다면, 다시 말해서 그 지정상품이 비경쟁상품(non-competing goods)이라 한다면, 선등록상표에 의한 후등록상표의 무효여부는 상표의 희석화에 관한 문제이다. 이 경우에는 출처의 오인혼동도 존재하지 않으며, 수요자를 기만할 우려도 없는 것이다. 상표의 희석화로 인한 무효여부나 또는 침해여부를 판단한다면, 후등록상표의 모방여부를 면밀히 검토하여야 한다. 후등록상표인 '**MARZO**'가 임의선택표장인지 아니면 조어표장인지의 여부도 판단되어야 한다. 비경쟁상표인 경우에, 임의선택표장은 그 모방가능성을 단정하기 어렵지만, 조어표장은 그 모방가능성을 부인하기 어렵기 때문이다. 물론 아직까지 우리 상표법은 상표의 희석화 이론을 도입하여 상표등록을 무효로 하거나 상표침해를 인정할 수 있는 규정이 없다. 그렇다고 해서, 제11호의 후단 규정을 희석화 이론에까지 확대하려는 것은 올바른 해석이 아니다.

다. 96후2296(대법원 1997.10.14. 선고)

45류(의류)에 출원된 '**MUSSO+(코뿔소)도형**' 상표는 37류(승용차)에 선등록된 '**MUSSO**' 상표 때문에 거절사정되었다. 거절사정 이유는 제4호와 제11호이었다. 항고심결에서는, 수요자를 기만할 염려가 있다고 하기 위해서는 인용상표가 반드시 주지저명하여야 하는 것은 아니고 수요자에게 특정인의 상표라고 인식될 수 있는 정도로 알려져야 한다고 판단하여, 후출원상표를 제11호 후단 규정에 해당한다고 결론지었다. 또한 인용상표의 명성에 편승할 목적으로 선등록상표를 모방한 것으로 볼 수 있기 때문에 공정한 거래질서를 해친다고 판단함으로써, 이건 후출원상표가 제4호에 해당한다고 판단하였다.[21]

21 95항원1580: "상표법 제7조 제1항 제11호에 의하면 '상품의 품질을 오인하게 하거나 수요자를 기만할 염려가 있는 상표'는 등록을 받을 수 없다고 규정되어 있는바, 이는 기존의 상표를 보호하기 위한 것이 아니고, 이미 특정인의 상표라고 널리 인식된 상표를 타인이 사용하는 경우 상품의 품질, 출처 등에 관한 일반수요자의 오인, 혼동을 방지하여 이에 대한 신뢰를 보호하고자 함에 그 목적이 있다고 풀이되므로, 수요자를 기만할 염려가 있다고 하기 위

이 사건의 대법원 판결에서는, 96후412 판결을 대부분 인용하면서, 제11호를 판단한 원심결이 심리미진 내지는 법리오해로부터 비롯되었고, 인용상표가 주지저명하지 않다면 제4호에 해당하는 상표로 볼 수 없다고 판단하였다.[22] 제11호를 판단한 원심결을 파기한 대법원의 판결이유는 "후출원상표가 선등록상표의 사용상품과 동일 또는 유사한 상품에 사용된 경우에 이에 못지않을 정도로 인용상표권자(선등록권자)에 의하여 사용되는 것이라고 오인될 만한 특별한 사정이 있는지의 여부를

하여는 인용상표가 반드시 주지저명하여야 하는 것은 아니고 국내 거래자나 수요자에게 특정인의 상표라고 인식될 수 있을 정도로 알려져 있다면 상품출처의 오인 · 혼동을 일으켜 수요자를 기만할 염려가 있다고 할 것인바, 본원상표의 영문표기와 동일한 인용상표가 제37류 승용차 등을 지정상품으로 하여 등록되어 있고 그 동안의 'MUSSO' 상표에 의한 판매활동, 광고, 선전 등으로 미루어 보아 거래자나 일반수요자에게 인용상표가 누구의 상표인지 알려져 있다 할 것이고 비록 이종상품이기는 하나 양 상표가 함께 사용될 경우 인용상표권자와 특수관계에 있는 자에 의해 거래되는 상품으로 그 출처를 오인케 할 염려가 있으며 수요자 기만의 우려가 있다고 할 것이다.

또한, 본원상표는 인용상표권자의 광고 선전 카탈로그에 있는 '코뿔소의 도형'과 영문자 'MUSSO' 부분을 복제하여 결합, 구성된 것으로서 인용상표의 명성에 편승할 목적으로 타인의 상표를 모방 출원한 것으로 볼 수 있어 공정한 거래질서를 해칠 우려가 있다 할 것이다."

22 96후2296(1997.10.14 선고): "그런데, 원심은 인용상표가 저명성을 획득할 정도로 일반수요자 사이에 널리 알려지지 못하고 수요자나 거래자에게 특정인의 상표로 인식될 수 있을 정도로만 알려져 있다고 인정하면서도 그 지정상품이 유사할 필요가 없다는 전제하에서 또는 인용상표의 구체적인 사용실태나 양 상표가 사용되는 상품 사이의 경제적인 견련의 정도 기타 일반적인 거래의 실정 등에 비추어 그 상표가 인용상표의 사용상품과 동일 또는 유사한 지정상품에 사용된 경우에 못지 않을 정도로 인용상표권자에 의하여 사용되는 것이라고 오인될 만한 특별한 사정이 있는지 여부를 심리하지도 아니한 채, 인용상표의 지정상품과는 유사하지 아니한 지정상품에 대하여 이 사건 출원상표를 사용하여도 수요자를 기만할 염려가 있다고 인정, 판단한 것은 상표법 제7조 제1항 제11호에 관한 법리를 오해하였거나, 심리를 다하지 아니한 잘못이 있다고 할 것이고, 이는 심결결과에 영향을 미쳤음이 명백하므로 이를 지적하는 논지는 이유가 있다.

또한 상표법 제7조 제1항 제4호에서 '공공의 질서 또는 선량한 풍속을 문란하게 할 염려가 있는 상표'라 함은 상표의 구성 자체 또는 그 상표가 그 지정상품에 사용하는 경우에 일반수요자에게 주는 의미나 내용이 사회공공의 질서에 위반하거나, 사회일반인의 통상적인 도덕관념인 선량한 풍속에 반하는 경우를 말한다고 할 것인바, 인용상표가 주지, 저명하지 아니하다면 이를 모방하여 지정상품을 달리하여 출원한 것 자체만으로는 상표법 제7조 제1항 제4호에 해당한다고 할 수는 없다."

심리하지도 아니한" 것이라고 밝혔지만, 그 이유는 명확하지 못하다.

이 사건의 항고심결은 비록 파기되었지만, 그 항고심결 및 대법원의 판결은 '**MUSSO+도형**' 상표의 등록여부를 판단함에 있어서 많은 심각한 문제점을 내포하고 있다.

이 사건의 항고심결 및 상고판결에서는, 제11호 후단에 해당하기 위해서는 인용상표가 반드시 주지저명할 필요는 없고, 수요자에게 특정인의 상표라고 인식될 수 있는 정도로 알려져야 한다고 판단하였다. 인용상표가 주지저명한 경우에는 상표법 제7조 제1항 제10호(이하 "10호")[23]를 적용할 수 있다(물론 판단시점은 서로 다르다 하더라도). 그러나 문제는 "인용상표가 주지저명하다"는 것과 "수요자에게 특정인의 상표라고 인식될 수 있는 정도로 알려져야 한다"는 것은 극히 판단하기 어려운 사항이다. 아마 이를 정확히 판단할 수 있는 사람은 아무도 없을 것이다. 그럼에도 불구하고, 이러한 판단에 의존하려는 것은 제11호의 해석을 강학상으로만 하려고 시도하여 무리하게 제11호를 확대적용하고 있는 데에서 비롯된 잘못된 방법이다.

이 사건의 '**MUSSO+도형**' 상표의 등록여부를 판단하기 위해서는 우선 출원인의 선등록상표를 의도적으로 모방했는지 아니면 우연한 일치로 그렇게 되었는지를 판단했어야 했다. 그러기 위해서는 '**MUSSO**'가 조어표장인지 임의선택표장인지를 다시 판단하여야 했다. '**MUSSO**'가 조어표장이라면 의도적 모방가능성은 그만큼 더 커지고, 임의선택표장이라면 우연의 일치가 될 가능성이 더 커지기 때문이다. 그러나 이 사건에서는 이러한 판단은 전혀 행해지지 않았다. 다음으로 지정상품이 서로 현저하게 다르다는 점을 심사숙고하여야 했다. 지정상품이 서로 다르다면 이는 제11호의 문제가 아니다. 더욱이 제4호의 문제도 아니다. 이는 미국 상표법에서 1995년에 채택된 희석화 이론(dilution theory)에 관한 문제이다. 항고심결은 대법원에 의하여 파기되었지만, 항고심결에서는 제11호를 적용함으로써 상표의 희석화를 인정하고 있는 셈이다. 제11호는 상표의 희석화를 인정할 만큼 확대될 수 있는 규

23 상표법 제7조 제1항 제10호: 수요자간에 현저하게 인식되어 있는 타인의 상품이나 영업과 혼동을 일으키게 할 염려가 있는 상표.

정이 아니다.

상고판결에서는, '**MUSSO+도형**' 상표가 제4호에 해당하지 않는다고 판단하였지만, 그 판결이유는 옳지 못하다. 상고판결에서는, 선등록된 '**MUSSO**' 상표가 주지저명하지 않다면 이를 모방하여 지정상품을 달리하여 출원한 것 자체만으로는 제4호에 해당된다고 할 수 없다고 판단하였다. 그렇다면 선등록상표가 주지저명한 경우에는 제4호에 해당한다는 것일까. 이는 그렇지 않다. 제4호는 선등록상표(또는 인용상표)의 주지저명성과는 전혀 무관한 규정이다.

이 사건의 45류에 출원된 '**MUSSO+도형**' 상표가 37류에 선등록된 '**MUSSO**' 상표 때문에 거절사정되어야 할 우리 상표법의 법적 근거는 없다. 지정상품이 명백히 다르기 때문이다. 그렇다면 '**MUSSO+도형**' 상표는 적법하게 등록될 수 있는 것이고, 등록된 다음에는 상표침해문제가 발생할 수 있을 것이다. 그리고 그 침해문제에서 상표의 희석화 문제가 신중히 검토되어야 할 것이다. 필요하다면 입법과정을 통하여 도입될 수도 있을 것이다. 그러나 우리의 상표심사 또는 항고심결에서는 상표의 희석화를 너무 쉽게 인정하고 있고, 그것도 제11호를 적용함으로써 지나친 확대적용을 하고 있다. 물론 상고판결에서는 항고심결을 파기함으로써 45류에 후출원된 '**MUSSO+도형**' 상표가 적법하게 등록되었다. 이제 남은 문제는 선등록권자가 후등록권자를 상대로 상표침해소송을 제기할 경우, 사법부가 이를 어떻게 판단할 것인가 하는 문제이다. 이 경우 상표의 희석화를 인정할 것인지의 여부는 전적으로 사법부의 판단에 달려 있다.

라. 97후228(1997.11.28. 선고)

43류(등산용 텐트)에 출원된 '**OMPHALOS**'[24] 상표는 45류(의류)에 선등록된 인용상표 '**OMPHALOS**'에 의하여 거절사정되었다. 거절사정이유는 제4호와 제11호에

24 43류에 출원된 'OMPHALOS' 상표와 45류에 선등록된 인용상표인 'OMPHALOS' 상표는 모두 'OMPHALOS+옴파로스+도형'으로 이루어진 것으로, 이들은 완전히 동일하지는 않지만, 그 유사성을 부인할 수 없다.

근거하고 있다. 항고심결에서는 항고심판청구를 기각하여 원사정을 유지하였다. 그러나 상고판결에서는 거절사정이유를 부인하여 원심결을 파기하였다.

97후228 판결은 앞에서 설명한 96후2296 판결과 거의 유사하다. 다만 다르다면, '**MUSSO**' 상표를 임의선택표장이라고 판단할 가능성이 높다면,[25] '**OMPHALOS**' 상표는 조어표장(造語標章: coined mark 또는 fanciful mark)이라고 판단할 가능성이 높다는 점이다.[26] '**OMPHALOS**' 상표는 비록 그 단어가 영어사전에 수록되어 있어서 "coined mark"라고 할 수는 없지만, 최소한 "fanciful mark"라고 판단함에 큰 무리가 없을 것이다.[27]

어떤 상표가 조어상표인지 또는 임의선택상표인지를 구분하려 하는 것은 이들에 대한 의도적인 모방여부를 판단할 수 있기 때문이다. 어떤 상표가 임의선택상표라 한다면 의도적인 모방가능성은 그만큼 약해지는 반면, 조어상표인 경우에는 의도적인 모방가능성이 그만큼 커지기 때문이다. 예를 들어 컴퓨터에 사용하는 임의선택표장인 '**Apple**'을 타인이 의류에 사용하는 경우에 '의도적인 모방가능성'은 함부로 인정될 수 있는 것이 아니지만, 필름에 사용하는 조어표장인 '**KODAK**'을 타인이 의류에 사용하는 경우에 '의도적인 모방가능성'은 부인되기가 어렵다.

여기서도 항고심결을 파기함으로써 43류에 후출원된 '**OMPHALOS** '상표가 적법하게 등록되었다. 앞으로 선등록권자가 후등록권자를 상대로 상표침해소송을 제기할 경우, 사법부가 이를 어떻게 판단할 것이라고 생각하는가. 특히 조어상표에 해당하는 이 사건과 관련하여 어떠한 판단이 내려질 것인가를 상상하는 것은 흥미로운 일이 될 것이다.

---

25 국어사전에는 '무소'가 '코뿔소'라는 의미로 수록되어 있다.

26 영어사전에는 'omphalos'가 ⅰ) (방패 한복판의)돌기, ⅱ) 중심점, 중추, ⅲ) 배꼽으로 해석되어 있지만, 이 사건과 관련된 'OMPHALOS' 상표를 "arbitrary mark"라고 판단하기보다는 "fanciful mark"라고 보는 것이 타당할 것이다.

27 우리는 "coined mark"과 "fanciful mark"를 모두 조어상표라 번역하고 있지만, 이들은 엄밀한 의미에서 구분될 수 있다.

마. 97후242(1997.07.08. 선고)

44류(다이아몬드 등)에 출원된 '**JAMES DEAN**' 상표는 미국의 저명한 영화배우의 성명으로 제4호 및 제11호를 적용하여 거절사정되었다. 이 상표의 항고심결에서는, 외국의 저명한 고인의 성명을 정당한 권한 없이 사용하여 고인의 명성에 편승하고자 하는 것으로 상거래질서를 문란케 하고 국제적인 선린관계를 저해할 우려가 있다 하여 제4호에 해당하고, 수요자로 하여금 고인과의 관계에서 특정관계가 있는 것으로 오인케 할 우려가 있다고 하여 제11호에 해당한다고 하였다.[28] 그러나 상고판결에서는, 본원상표가 선량한 도덕관념이나 국제신의에 반하는 내용이 도출될 수 없고, 수요자들이 본원상표를 타인의 상품 표장으로 인식할 가능성이 없다 하여 원심결을 파기하였다.[29]

'**JAMES DEAN**' 상표는 미국의 영화배우였던 저명한 고인의 성명이라는 점을 부인하기 어렵다. 그렇다면 이 상표는 제4호나 제11호를 적용하여 거절사정을 할

---

28 95항원1181: "본원상표는 전세계적으로 널리 알려져 있는 외국의 저명한 고인의 성명을 정당한 권한 없이 등록, 사용하여 고인의 명성에 편승하고자 하는 것으로서 공정하고 신용 있는 상거래질서를 문란케 할 염려가 있을 뿐만 아니라 국제적인 선린관계 및 신뢰관계를 저해할 우려가 있다 하겠고, 또한 일반수요자로 하여금 저명한 고인 또는 그의 성명 등의 상표화 등 상업적 사용권한을 가진 자 등과 특정한 관계에 있는 것으로 오인케 하여 출처의 오인, 혼동을 일으키게 할 우려도 있다고 판단된다. 따라서 본원상표를 위와 같은 취지로 상표법 제7조 제1항 제4호 및 제11호의 규정을 적용하여 거절한 원사정은 정당하고 이를 탓하는 항고심판청구인의 주장은 이유 없다."

29 97후242(1997.07.08 선고): "본원상표는 단순히 고인의 성명 그 자체를 상표로 사용한 것으로서, 그 자체의 의미에서 선량한 도덕관념이나 국제신의에 반하는 내용이 도출될 수는 없으며, 본원상표와 같은 표장을 사용한 상품이 국내에서 유통됨으로써 국내의 일반수요자들에게 어느 정도라도 인식되었음을 인정할 자료가 없는 이상 국내의 일반거래에 있어서 수요자나 거래자들이 본원상표를 타인의 상품 표장으로서 인식할 가능성은 없으므로, 본원상표를 상표법 제7조 제1항 제4호 소정의 공공의 질서 또는 선량한 풍속을 문란하게 할 염려가 있는 상표라거나 상표법 제7조 제1항 제11호 소정의 수요자를 기만할 염려가 있는 상표라고 볼 수는 없다 할 것이다. 그럼에도 원심이 위와 다른 견해에서 본원상표를 상표법 제7조 제1항 제4호 및 제11호에 해당하는 것으로 보아 등록을 거절하였음은 동 조항에 관한 법리를 그르쳐 심결 결과에 영향을 미친 위법이 있다고 할 것이므로, 이 점을 지적하는 상고이유는 받아들여야 한다."

상표가 아니다. 상표법 제7조 제1항 제2호(이하 '제2호')에서는 "저명한 고인과의 관계를 허위표시, 비방, 모욕, 또는 나쁜 평판을 받게 할 염려가 있는 상표"를 규정하고 있다. 따라서 이 상표는 제2호를 적용하여 그 등록여부를 판단했어야 했다.

그런데 이 상표는 그 심사과정부터 제4호 및 제11호를 적용하여 법률적용이 크게 잘못되었다. 그렇기 때문에, 상거래질서가 어떻고, 국제적인 선린관계가 어떻고 하는 무리한 해석이 뒤따르고 있는 것이다. 이 사건의 항고심결에서는 제4호의 해석을 지나치게 확대하고 있다. 물론 이 항고심결은 대법원에 의하여 파기되었지만 제4호의 의미를 고찰할 필요가 있다. 우리나라의 모든 법률에 거의 감초처럼 들어가 있는 제4호의 규정은 상표법을 해석함에 있어서 최소한 "비도덕적(immoral)이거나 모욕적인(scandalous) 상표"에 협소하게 한정되어야 한다. 제4호에서 규정하는 "공공의 질서 또는 선량한 풍속을 문란하게 할 염려가 있는 상표"를 해석함에 있어서 '상거래질서'나 '국제적인 선린관계'를 운운하는 것은 지나친 확대해석이다. 상표법의 근본취지가 바로 부정경쟁을 방지하여 상거래질서를 바로잡겠다는 것이다. 제4호의 규정에 상표법의 근본취지와 맞먹는 엄청난 의미를 부여할 이유가 없다. 우리는 상표법을 이렇게 잘못 적용함으로써 구체적이어야 할 법률해석이 구체적이지 못하고, 명확해야 할 법률적 판단이 명확하지 못한 채 운용하고 있는 실정이다. 미국의 상표 실무에서, 포도주에 사용하는 '**MADONNA**' 상표나 브래지어에 사용하는 '**BUBBY TRAP**' 상표를 비도덕적(immoral)이거나 모욕적인(scandalous) 상표라고 판단하였듯이,[30] 비도덕적이거나 모욕적인 상표를 거절할 법적 근거로서 제4호의 규정을 이해하여야 한다.

'**JAMES DEAN**' 상표에 관한 한, 제2호에 해당하지 않는다면 상표등록에 배제되어야 할 법률적 이유가 없다. 제2호에 해당하지 않는다면, **JAMES DEAN**뿐만 아니라, 다른 저명한 고인의 성명에 대하여도 내국인은 정당하게 상표등록을 받을 수 있어야 한다. EDISON, 나폴레옹, 징기스칸, 세종대왕 등과 같은 저명한 고인의

30 R.E. Schechter, *op.cit.*, p.60.

성명도 얼마든지 상표로서 등록받을 수 있다. 최소한 상표법의 모든 규정에 위배되지 않는 상황하에서 제4호나 제11호에 해당한다는 이유로 상표등록이 배제될 수 없다는 의미이다. 물론 **JAMES DEAN**과 관련 있는 (외국의) 주체가 이의신청을 제기하거나 무효심판 등을 청구한 경우에는 상황은 달라진다. 이 점에 대하여는 후술한다.

바. 97후334(1997.08.29. 선고)

27류(단화, 농구화 등)에 출원된 '**CHASECULT**' 상표는 45류(신사복 등)에 선등록된 '**CHASECULT**'[31] 상표에 의하여 제11호에 해당한다는 이유로 거절사정되었다. 이 사건의 항고심결에서는, 지정상품의 상품류 구분이 다르기는 하나 의류와 신발 등은 토탈패션 상품으로 유통되는 점을 고려할 때 수요자로 하여금 상품출처의 오인혼동을 일으키게 하거나 수요자를 기만할 염려가 있다 하여 원사정을 유지하였다.[32] 이 사건의 상고판결에서는, 앞의 96후412 판결을 인용하면서, 제반사정에 비추어 선등록상표는 후출원상표의 출원 당시에 일반수요자에게 특정인의 상표라고 인식될 수 있을 정도로 알려져 있다고 판단하고, 나아가 두 지정상품들의 유사성을 단정할 수는 없다 하더라도 출처의 오인혼동을 일으켜 수요자를 기만할 염려가 있는 상표라 판단함으로써 원심결을 유지하였다.[33]

---

31 선등록된 '**CHASECULT**'는 C자를 형상화한 것으로서, 이는 후출원된 '**CHASECULT**' 상표와의 유사성을 부인할 수 없다.

32 95항원2443: "양 상표의 지정상품이 상표법에서 정한 상품류 구분이 다르기는 하나 오늘날 의류와 신발 등이 일반거래사회에서 토탈패션상품으로 인식 · 유통되고 있는 점을 고려할 때, 본원상표가 출원등록되어 사용되어질 경우 일반수요자로 하여금 인용상표 또는 인용상표권자와 특정한 관계에 있는 자에 의하여 사용되어지는 것으로 상품출처의 오인, 혼동을 일으키게 하거나 수요자를 기만할 염려가 있다고 할 것이다."

33 97후334(1997.08.29 선고): "제반사정에 비추어 보아 이 사건 출원상표의 출원 당시에만도 인용상표는 적어도 그것이 사용된 신사복, 코트 등 의류에 관하여는 국내의 일반 거래에 있어서 일반수요자나 거래자에게 특정인의 상표라고 인식될 수 있을 정도로는 알려져 있었다고 할 것이며, 한편 이 사건 출원상표의 출원 당시에는 이미 일반거래사회에서 의류, 신발, 기타 잡화류를 한 기업에서 생산하거나 이들 제품을 한 점포에서 다같이 진열하여 판매하

앞에서의 '**MUSSO**' 사건이나 '**OMPHALOS**' 사건과 비교할 때 더욱더 답답한 사건이다.

우선 이 사건의 항고심결에서는, 27류에서의 지정상품과 45류에서의 지정상품 사이의 상표법상의 유사성을 인정하고 있다. 그 이유로 이들 상품은 토탈패션 상품으로 유통된다는 점을 들고 있다. 그러나 대법원의 판결이유는 모호하다. 대법원은 두 지정상품들의 유사성을 단정할 수 없다고 하였다. 그런데 출처의 오인혼동을 불러일으킬 수 있다고 판단하였다. 지정상품들의 유사성을 단정할 수 없다고 한 것은 희미하게나마 유사성을 인정한다는 것인지 그 내포된 의미를 알 수 없다. 어쨌든 위의 항고심결과 상고판결의 내용을 음미하면 지정상품들의 유사성을 부인하지 않는 것 같다. 그렇다면, 이 사건은 제11호를 적용할 것이 아니라 상표법 제7조 제1항 제7호(이하 '제7호')를 적용했어야 했다. 제7호에서 규정하는 상품의 유사성이란 상품류에 의하여 결정되는 것이 아니다. 상표법 제10조 제2항에서는, 상품류 구분은 상품의 유사범위를 정하는 것이 아니라고 규정하고 있다. 그렇다면, '**CHASECULT**' 상표에 대하여도 지정상품의 유사성을 판단하여 제7호의 규정을 적용했어야 옳았다.

이 사건과 같은 경우에, 심사관들이 제7호를 적용하지 않으려는 추측되는 이유가 있다. 상표법 제10조 제2항에서는, 상품류 구분이 상품의 유사범위를 정하는 것이 아니라고 규정하고 있지만, 상품류 구분을 규정한 상표법 시행규칙의 부칙에는 "1. 각 유별의 상품군에 의한 상품세목은 그 상품군의 유사상품 범위로 본다. 2. 제1호의 규정에 불구하고 상품세목란의 비고에 기재된 상품세목은 상호 유사한 상품범위로 본다."라고 규정하고 있고, 심사관들은 상표법의 규정보다는 상표법 시행규칙

는 이른바 토탈패션의 경향이 일반화되고 있었으므로 이 사건 양 상표는 비록 인용상표가 인식되게 된 상품인 신사복 등의 의류와 이 사건 출원상표의 지정상품인 단화 등이 유사한 상품이라고 단정할 수는 없다고 하더라도 이 사건 출원상표가 그 지정상품인 단화 등에 사용된다면 신사복 등 유사한 상품에 사용된 경우에 못지 않을 정도로 그것이 인용상표권자에 의하여 사용되는 것이라고 오인될 소지가 있다고 보여지는 특별한 사정이 있는 경우로서, 이 사건 출원상표는 인용상표와 출처의 오인, 혼동을 불러일으켜 수요자를 기만할 염려가 있는 상표라고 보아야 할 것이다."

의 규정을 의존하려 하기 때문이다. 위의 상표법 시행규칙의 부칙규정은 母法인 상표법의 규정과 상반되는 규정으로 하루빨리 폐지되어야 할 규정이다.

이 사건은 상표법 제10조 제2항의 규정을 올바로 이해하였다면, 제11호가 아닌 제7호를 적용하여 보다 명확한 판단을 하였을 것이다. 특히 대법원은 "선등록상표가 후출원상표의 출원 당시에 일반수요자에게 특정인의 상표라고 인식될 수 있을 정도로 알려져 있다"고 판단하였다. 이러한 판단은 지극히 어려운 판단으로, 아무나 할 수 있는 것도 아니고 함부로 해서도 안 된다. 상표심사과정에서 상표법 제10조 제2항의 규정을 올바로 이해하고 제7호를 '**CHASECULT**'에 적용하였다면, 대법원은 어려운 판단을 할 필요가 없었을 것이다.

더 나아가 이 사건에 제7호를 적용하여 지정상품이 유사하지 않다고 판단되어 후출원상표가 등록되었다고 가정하자. 그러면 앞에서 설명한 '**MUSSO**' 사건이나 '**OMPHALOS**' 사건과 같이 상표침해 문제가 다시 야기될 수 있을 것이다. 이 경우 물론 '**CHASECULT**'가 조어상표인지 아니면 임의선택상표인지 판단해야 한다.

사. 97후1153(1997.12.12. 선고) 및 94후2186(1995.06.13. 선고)

26류(이불, 베개 등)에 후등록된 '**JOINUS**' 상표에 대하여 45류(원피스 등)에 선등록된 '**조이너스+joinus**' 상표의 선등록권자가 무효심판을 청구하였다. 무효사유는 구상표법 제9조 제1항 제9호, 제10호 및 제11호(이들은 각각 상표법 제7조 제1항 제9호, 제10호 및 제11호에 해당함)에 근거하고 있다. 무효심결에서는, 후등록상표는 그 지정상품이 상이하고 선등록상표는 저명상표라 할 수 없기 때문에 수요자로 하여금 상품의 출처나 품질을 오인케 할 우려가 있다고 할 수 없다고 판단하였다.[34] 항고심결에서는, 선등록된 상표가 제10호에서 규정하는 저명상표에 이르렀는지는 분명하지 않지만 특정인의 상표라고 인식될 정도로 상당히 알려진 저명상표라고 판

34 91당1005: "이건상표와 인용상표는 지정상품이 상이하고 인용상표가 저명상표라고는 할 수 없으므로 이건상표가 존속하더라도 이를 대하는 일반 거래자나 수요자로 하여금 곧바로 인용상표를 연상케 하여 상품의 출처나 품질을 오인케 할 우려가 있다고는 할 수 없다."

단하면서, 지정상품을 달리하더라도 상품출처의 오인혼동이나 수요자의 기만염려가 있다고 판단하였다.[35] 이 항고심결에서는 후등록상표 제10호 및 제11호에 위반되어 등록되었다고 판단하였다. 이 사건의 상고판결에서는, 선등록상표가 저명상표에 이르렀는지는 분명하지 않다고 하면서 제10호에 해당된다고 판단한 것은 심리미진 내지는 이유모순의 위법이라 판단하였고, 지정상품이 유사하지 않는데도 수요자를 기만할 염려가 있다고 판단한 것은 제11호의 법리를 오해한 것이라 판단하였다.[36] 항고심판소는 이 사건의 환송심결에서, 후등록된 상표는 제9호 내지 제11호에 위배되어 등록된 것도 아니고, 제4호에 위배되어 등록된 것도 아니라고 판단하였다.[37] 이 환송심결에 대한 대법원의 상고판결에서는, 후등록상표는 제4호 및

35 92항당104: "인용상표가 구상표법 제9조 제1항 제10호가 규정하는 저명상표에 이르렀는지는 분명하지 아니하나 적어도 국내의 의류 또는 섬유제품분야에 있어서도 일반수요자들이 인용상표라고 하면 특정인의 상표라고 인식될 수 있을 정도로 상당히 알려져 있다고 인정되는 저명상표라고 판단된다. 따라서 양자가 지정상품을 달리한다고 하더라도 이건 등록상표는 조어상표인 인용상표와 칭호, 외관이 동일, 유사하므로 이건 등록상표를 사용하는 경우에는 그 상품이 인용상표권자 또는 그와 특수한 관계에 있는 자에 한하여 생산, 판매되는 것으로 인식되어 일반수요자로 하여금 상품 출처를 오인, 혼동케 하거나 수요자 기만의 염려가 있다고 판단된다.

그러므로 이건 등록상표는 구상표법 제9조 제1항 제10호 및 제11호 규정에 위반되어 등록되었다고 할 것이므로 이와 결론을 달리한 원심결은 상표법의 법리를 오해한 심리미진의 잘못이 있어 그 파기를 면할 수 없다."

36 94후2186(1995.06.13 선고): "원심이 위와 같이 이 사건 등록상표가 구 상표법 제9조 제1항 제10호, 제11호 규정의 등록무효사유가 있는지 여부에 관하여 판단하면서, 인용상표가 구 상표법 제9조 제1항 제10호가 규정하는 저명상표에 이르렀는지는 분명하지 아니하다고 하면서도 이 사건 등록상표는 위 제10호의 규정에 위반되어 등록되었다고 인정 판단한 것은 심리를 미진하였거나 이유모순의 위법을 범한 것이라는 비난을 면하기 어렵고, 한편 인용상표가 주지, 저명하지 아니한 경우에도 그 지정상품이 유사할 필요가 없다는 전제에서 인용상표의 지정상품과는 유사하지 아니한 이 사건 등록상표의 지정상품에 이 사건 등록상표를 사용하여도 수요자를 기만할 염려가 있다고 판단한 것은 위 제11호에 관한 법리를 오해하여 심결결과에 영향을 미친 위법이 있다고 할 것이다."

37 95항당202(환송): "인용상표가 숙녀복 등 여성의류에 사용되는 특정인의 상표로서 국내 소비자간에 인식되어져 있음은 인정된다고 하겠으나 이른바 저명상표라고는 할 수 없는 점, 인용상표가 수요자간에 인식되어진 것은 주로 숙녀복 등이라는 점, 그리고 양 상표의 사용

제10호에 위배되어 등록된 것은 아니지만, 제11호에 위배되어 등록되었다고 판단하였다.[38] 결국 26류에 후등록된 '**JOINUS**' 상표는 45류에 선등록된 '**조이너스**+

상품 내지 지정상품의 유사성 또는 견련성이 인정되지 않는다는 점 등을 종합하여 볼 때, 이건 등록상표가 비록 인용상표와 상표의 구성자체로서는 유사하다고 하더라도 인용상표와의 관계에서 거래사회의 일반수요자간에 상품의 출처나 품질에 오인·혼동을 일으키게 할 염려가 있거나 그로 인하여 수요자의 이익이나 인용상표권자의 이익을 해할 염려가 있다고 판단되지는 아니하므로 구 상표법 제9조 제1항 제9호 내지 제11호에 위배되어 등록된 것이라고 할 수는 없다.

한편, 청구인은 이건등록상표가 인용상표의 명성이나 신용에 편승하기 위한 목적으로 등록된 것으로서 공정하고 신용 있는 거래질서에도 반하는 것이므로 구상표법 제9조 제1항 제4호에도 해당한다고 주장하고 있으나, 위 규정의 취지는 외설적인 인상을 주거나 과격한 슬로건 등으로 구성된 상표, 특정한 나라나 그 국민을 모욕하는 것과 같은 국제신의에 반하는 상표, 기타 일반공중의 도덕관념이나 이익에 반하는 상표의 등록을 부정하는 것으로 풀이함이 상당하고 위 규정을 마치 일반적인 거래질서 내지 사회질서를 포괄하여 규정한 이른바 일반조항으로 확대해석할 것은 아니라 할 것이고, 또한 위 규정을 청구인과 같이 달리 해석하더라도 이건등록상표는 이미 앞서 살핀 바와 같이 인용상표와 공존한다고 하더라도 출처 내지 품질의 오인·혼동의 우려가 없어 상표법이 목적하는 상표권자 및 수요자의 보호에 아무런 지장을 주지 않는다고 할 것이어서 이건등록상표가 이른바 거래질서에 반하여 등록된 것이라고 할 수도 없으므로 어느 면으로 보나 이건등록상표의 구상표법 제9조 제1항 제4호의 해당여부와 관련한 청구인의 주장은 이유 없다."

38 97후1153(1997.12.12 선고): "인용상표는 특정한 의미가 없는 조어상표로서 상표권자의 창작성이 인정되는 것인데 이 사건 등록상표는 인용상표와 외관과 칭호에 있어서 거의 동일할 정도로 극히 유사한 상표로서 그 출원등록이 인용상표권자의 광고·선전에 따른 수요자의 영업신뢰 이익에 부당하게 편승하려고 하는 부정경쟁의 목적이 엿보이는 점(이 사건 등록상표에 대한 선전·광고활동이나 그 품질의 우수성을 일반수요자에게 알린 자료는 전혀 없다.), 기록상의 각종 자료에 나타난 인용상표의 사용기간, 사용량, 이에 대한 광고선전 매체, 광고선전의 방법, 광고의 횟수나 비용, 광고선전 기간, 전국적인 대리점의 개수와 규모, 매출규모나 동종업계에서의 시장점유율 등의 제반사정을 고려해 볼 때, 이 사건 등록상표의 등록사정 당시를 기준으로 하더라도 인용상표는 여성용의류업계에서는 널리 알려져 있는 이른바 주지상표임을 알 수 있고, 그 후로도 인용상표와 같은 표장으로 여러 상품류구분에서 계속 등록을 하고 영업활동을 해 오면서 그 품질의 우수성에 대하여 지속적인 선전·광고를 해 왔으므로 이 사건 등록상표의 지정상품인 이불, 요, 베개, 모포 등과 인용상표의 지정상품인 여성용의류는 비록 제조자, 거래장소, 거래경로가 서로 다르고, 그 용도, 효능, 사용방법 등 상품의 속성에서 서로 다른 점이 있기는 하나, 원재료가 동일하고 특히 수요자층이 여성들로서 중복되므로 인용상표의 주지정도에 비추어 보면 양 상표의 지정상품 또한 상당한 정도로 관련성이 있다고 할 것이고, 따라서 이 사건 등록상표가 그 지정상품인 이불, 요, 베

joinus' 상표에 의하여 제11호에 해당된다는 이유로 무효로 되었다. 그러나 이 사건에서의 상고판결 이유는 여전히 석연치 못하다.

이 사건의 상고판결에서는, 두 지정상품들이 제조자, 거래장소, 거래경로, 용도, 효능, 사용방법 등이 서로 다르기는 하지만 원재료가 동일하고 수요자층이 여성들로서 중복되므로 이들은 서로 상당한 정도로 관련성이 있다고 판단하였다. 이러한 판단은 상표법상 지정상품의 유사성을 인정한 판단으로 볼 수 있다. 대법원의 이러한 판단이 옳은 것이라면, 이 사건은 제11호를 적용해야 할 것이 아니라 제7호를 적용했어야 했다. 지정상품의 유사성을 인정한 대법원의 판단이 옳았는지의 여부는 면밀히 검토되어야 한다. 지정상품의 유사여부는 거래장소나 거래방법, 수요자층, 판매가격 등의 모든 거래여건을 종합하여 수요자가 상표로 인하여 출처의 오인혼동을 일으킬 수 있는지의 여부로써 판단되어야 한다. 그런데도 대법원은 거래장소, 거래경로, 용도, 효능, 사용방법 등이 다르지만 원재료가 동일하고 수요자층이 중복된다는 이유만으로 유사성을 인정하고 있다. 이는 법률적 판단으로서의 논리가 부족하거나 아니면 최소한 이유가 불충분하다고 할 수 있다.

Ⅲ. 제11호의 심사기준과 그 문제점

상표의 등록여부, 또는 무효여부를 판단하기 위한 제11호의 규정은 앞에서 설명한 것과 같이 그 자체가 많은 문제점을 갖고 있다. 문제점이 내포된 제11호의 규정을 더욱더 잘못 운용하도록 유인하고 있는 것이 바로 상표심사과정에서 심사관들이 의존하고 있는 상표심사기준이다. 심사기준이란 물론 법률도 아니고, 시행령이

개, 방석, 모포 등에 사용된다면 여성용의류에 사용된 경우에 못지 않을 정도로 그것이 인용상표권자에 의하여 사용되는 것이라고 오인될 소지가 있으므로, 이 사건 등록상표는 인용상표와 상품의 출처에 관하여 오인·혼동을 일으켜 수요자를 기만할 염려가 충분히 있다고 여겨진다."

나 시행규칙도 아니다. 상표심사기준은 특허청이 모법인 상표법을 해석한 내용이지만, 상표심사과정에서 심사관들이 거의 절대적으로 의존하고 있는 법적 기준이다. 심사기준은 때로는 상표법이나 대법원의 판례보다도 더 우위의 입장에서 그야말로 초법적으로 적용되고 있다. 물론 심사기준 자체가 모법인 상표법의 취지나 목적에 부합하도록 제정되어 운용된다면 문제는 심각하지 않을 수도 있다. 심사기준의 문제점은 모법의 취지나 목적에 부합되지 않는 부분이 상당히 많으며, 그러한 기준이 모법이나 판례보다 우선하여 적용되고 있다는 점이다. 심사기준은 앞으로 전면적으로 폐지되어야 한다. 올바른 특허제도나 상표제도가 정착되기 위해서 심사기준은 폐지되어야 한다. 심사관들은 법률적 권한(authority)이 없는 특허청이 제정한 심사기준에 의존하지 말고, 모법의 취지와 목적을 이해하여 심사하여야 한다. 모법의 내용을 이해하지 못한다면, 심사기준에 의하여 그 내용이 이해될 수 있는 것은 그리 많지 않다.

제11호에 관한 상표심사기준[39]은 너무 잘못되어 있다. 제11호에 관한 내용은 상표심사기준 제23조에서 제1항 내지 제12항으로 규정되어 있다. 그리고 '해석참고자료'가 첨부되어 규정되어 있다. 여기서는 제1항 내지 제12항의 문제점만을 차례로 살펴본다.

> *(1) 법 제7조 제1항 제11호(이하 "본호")에 규정하는 "상품의 품질을 오인케 한다" 라 함은 상품의 품질 자체의 오인은 물론 상품 자체를 오인케 할 경우를 포함한다.*

제1항에서는 제11호의 전단 규정인 "상품의 품질을 오인케 하는 경우"에 관하여 "상품의 품질 자체의 오인"은 물론 "상품 자체를 오인"케 할 경우를 포함하는 것으로 규정하고 있다. 상표법에 있어서, 등록받을 수 없는 상표는 상품의 출처를 오인케 할 수 있는 표장이지, 상품의 품질을 오인케 할 수 있는 표장이 아니다. "상품 자체를 오인"케 한다는 것은 무슨 의미인지 명확하지 못하다.

---

39 상표심사기준 제23조.

> *(2) 제1항에서 규정하는 상품의 품질 자체의 오인은 품질이 그 상품에 실질적으로 존재하느냐를 불문하고 그 상품이 그러한 품질을 가지고 있는 것으로 수요자에게 오인될 가능성이 있는 경우를 말하고 상품의 오인은 지정상품과의 관계에서 수요자에게 상품이 오인될 가능성이 있는 때를 말한다.*

제1항의 전반부를 부연설명한 제2항의 내용은 더욱더 명확하지 못하다. 더욱이 "품질이 그 상품에 실질적으로 존재하느냐를 불문하고"란 무슨 의미인지 알 수 없다. 상품에는 품질이 어떠한 형태로든지 존재한다. 다만 그 품질이 고급인지 아니면 그렇지 못한 품질인지 구분될 수는 있을지언정 품질은 어떠한 형태로든지 존재하는 것이다.

> *(3) 본호에서 규정하는 "수요자를 기만한다"라 함은 그 상품 또는 상표가 수요자로 하여금 외국 또는 다른 기업의 상품 또는 상표로 오인을 유발할 우려가 있는 경우를 말하며 출원인의 기만의 의사 유무를 불문한다.*

제3항에서는 제11호의 후단 규정인 "수요자를 기만하는 경우"에 관하여 규정하였지만, 이 또한 명확하지 못하다. 무엇을 오인할 우려가 있다는 것인지가 명확하지 못하다는 점이다. 이 규정의 내용이 상품의 출처오인의 우려를 예방하기 위한 것이라 한다면, 그 이유가 보다 분명해야 한다. 이 규정의 정확한 의도나 취지를 알 수 없지만, 이에 해당된다고 생각되는 예를 상정해 보자. 국내 회사가 '신발'에 '**TIGER**'라는 상표를 출원한 경우, 이 상표가 외국회사의 '신발'이나 '상표'로 오인할 염려가 있다면, '**TIGER**' 상표에 대하여 제11호 후단을 적용하겠다는 것이다. 물론 외국회사가 우리나라에 '**TIGER**' 상표를 '선출원' 또는 '선등록'한 경우는 제11호를 적용할 필요가 없다. 제11호를 적용하기 위해서는 '선출원' 또는 '선등록'이 있는 경우가 아니어야 한다. 그렇다면 '오인의 우려'를 충족하기 위해서는 '선사용'의 경우를 가정할 수 있다. 그런데 '선사용'의 경우에 제11호를 적용하기 위해서는, 제11호의 규정은 너무도 구체적이지 못한 규정이다. 상표법에서 '선사용'의 문제를 '수요

자의 기만'이라는 규정으로 해결하려 하는 적합하지 못한 방법이다.

> *(4) 지정상품과의 관계에서 상품을 오인과 기만할 염려가 있는 상표에 대하여 거절 이유를 통지한 경우에 보정에 의하여 상품의 오인과 기만을 하지 아니하는 지정상품으로 범위를 감축(지정상품의 삭제 또는 한정)하였을 때에는 출원의 요지를 변경하지 아니하는 한 이를 인정한다. 다만, 지정상품을 감축한 경우에도 품질오인 및 기만의 우려가 완전히 해소되지 아니하였다고 판단되는 경우에는 그러하지 아니하다. ('98.02.25 개정)*
>
> 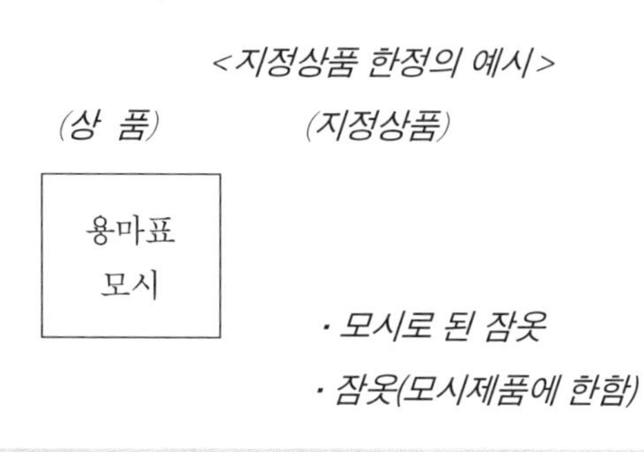
>

제4항의 규정은 앞에서 설명한 단순기술표장과 사칭기술표장을 이해하지 못한 데에서 비롯된 규정이다. 제4항의 규정에 따르면, '잠옷'을 지정한 '**용마표 모시**'는 등록받을 수 없지만, '모시로 된 잠옷'을 지정한 '**용마표 모시**'는 등록받을 수 있다. 참으로 어처구니없는 해석이다. 잠옷이 모시로 제조되었다면 '모시'는 잠옷의 원재료를 나타내는 기술용어(descriptive term)이고, 모시로 제조되지 않은 잠옷에 '모시'를 사용한다면, 그 용어는 사칭기술용어이다. '잠옷'을 '모시로 된 잠옷'으로 보정함으로써 상표등록을 받을 수 있는 것이 아니라, 기술용어에 해당하는 '모시'를 삭제하여 즉 '**용마표 모시**'를 '용마표'로 보정하여 상표등록을 받을 수 있는 것이다. 만일 심사기준처럼 '모시로 된 잠옷'에 '**용마표 모시**'를 등록받은 상표권자가 모시로 제조되지 않은 '잠옷'에 '용마표 모시'를 사용한다면, 국가는 이를 어떻게 제재할 것인가.

> *(5) 국가명 또는 지명 등을 포함한 상표에 있어서 그것이 지정상품과의 관계상 상품의 산지 또는 판매지를 표시하는 것으로 인식되는 경우에는 그 상표가 당해 국가 또는 산지 이외에서 생산, 판매되는 상품에 사용될 때에는 본호의 규정을 적용한다. 다만 지정상품의 "ㅇㅇ産(製)의 ㅇㅇ" 등과 같이 품질(산지, 판매지)을 오인케 할 우려가 없이 적정하게 표시되어 있는 경우에는 그러하지 아니하며 상표중 단순히 부기적으로 사용하고 있는 상품의 산지, 판매지를 표시하는 문자는 보정에 의하여 삭제할 수 있는 것으로 본다.*

제5항의 규정은 지리적명칭 단순기술표장(geographically merely descriptive mark)과 지리적명칭 사칭기술표장(geographically deceptively misdescriptive mark)을 이해하지 못한 데에서 비롯된 잘못된 규정이다. 만일 제5항의 규정에 해당하는 상표가 있다면, 그 상표는 제3호에 의하여 그 등록여부를 결정해야 할 것이지, 제11호에 의하여 그 등록 여부를 결정해서는 안 된다.

> *(6) 상품명칭을 결합하여 출원한 상표에 있어서 그 상품의 명칭과 지정상품의 내용이 수요자로 하여금 상품의 품질의 오인 혼동을 가져올 우려가 있을 때에는 본호를 적용한다.*

어떠한 경우가 제6항의 경우에 해당하는 상표인지 필자로서는 감히 예를 들 수 없다. 이에 대한 적절한 예를 특허청이 제시할 수 있기를 바란다.

> *(7) 상표 중 '특허', '실용신안', '의장', 'KS', 'ㅇㅇ박람회 ㅇㅇ상 수상', 'ㅇㅇ장관상' 등 상품의 품질을 보증하는 것으로 인식되는 문자, 기호, 도형이 결합되었을 때에는 이를 삭제하는 보정을 하면 인정하고 그렇지 아니할 때에는 거절한다.*

제7항에서 삭제하도록 유도하고 있는 용어들은 그 자체가 상표로서 식별력이 없거나 일반공중도 자유롭게 사용할 수 있어야 하는 용어들이다. 예를 들어 '특허'라

는 용어는 특허권자가 자기의 권리내용을 기술(설명)하기 위하여 사용될 수 있는 용어이지 특정인에게 독점권을 부여할 대상이 아니다. 이러한 폐단을 시정하기 위하여, 우리 상표법에서도 권리불청구제도(Disclaimer)가 도입되는 것이 바람직하다. 제7항에 해당하는 경우에, 제11호를 적용하는 것이 가장 적합한 것인지는 더 연구되어야 한다.

(8) 자연인이 법인 명의의 상표를 출원하거나 일반수요자에게 공법상 특수법인으로 오인을 유발할 우려가 있는 명칭의 상표를 출원한 경우에는 본호를 적용한다.

예를 들어 '홍길동'이라는 자연인이 '금강산주식회사'라는 상표를 출원했다면, 이 상표는 제11호에 의하여 거절될 것이다. 법인이 아닌 자연인이 '금강산주식회사'를 상표로서 사용하는 것은 문제가 없는 것은 아니지만, 이를 이유로 상표등록을 인정하지 않는 것도 상표법의 올바른 운용이라고 할 수 없다. 상표란 상품의 출처를 식별하기 위한 요건을 충족하면 되는 것이지, 법인과 자연인과의 동일성을 보장하여야 하는 것은 아니다. 제8항에서의 '특수법인'으로의 오인도 신중히 검토되어야 한다. 예를 들어 한 자연인이 '㈜한강기술개발공사'라는 상표를 출원하였을 때, 이에 대하여 제11호를 무조건 적용하는 것은 바람직하지 못하다. 제8항의 내용은 권리불청구제도를 도입함으로써 해결할 수 있다.

(9) 법인이 타법인의 명의로 상표를 출원하여, 일반수요자에게 오인을 유발할 우려가 있는 경우에도 본호를 적용한다.

제9항의 내용도 상표선택의 권리를 지나치게 제한하려는 관료주의 발상으로부터 비롯되었다 할 수 있다. '두만강주식회사'가 '대동강주식회사'라는 상표를 출원한 경우를 상정할 수 있다. 상호가 '두만강주식회사'인 회사가 '대동강주식회사'라는 상표를 사용할 경우가 있을지 의문이다. 제9항의 내용도 권리불청구제도를 도입한다면 깨끗하게 해결될 수 있는 것이다.

(10) 법인의 명칭이 영문 등 외국어로 표기된 상표로 등록코자 할 경우에 그 법인의 대외활동을 조장하기 위하여 KOREA 등 우리 국가의 명칭을 표기한 경우 일반수요자에게 타법인으로 오인할 우려가 없을 경우에는 본호를 적용하지 아니한다.

제10항의 내용도 제9항의 내용과 대동소이하다.

(11) 제8항 및 제9항의 규정에 해당하는 경우에는 상표법 제7조 제1항 제4호도 아울러 적용한다.

제11항의 내용은 위의 제8항 및 제9항에 해당하는 상표를 제11호 및 제4호에 근거하여 거절사정하겠다는 의도이다. 제4호 규정에 대한 지나친 확대해석이다. 제4호의 법적 취지를 올바로 이해하여, 이러한 확대해석을 금해야 할 것이다.

(12) 자연인이 자기의 성명과 다른 가명의 상표를 출원한 때에는 본호를 적용하지 아니한다.

제12항의 내용은 당연한 규정이다. 제12항의 규정이 없더라도, 이에 해당하는 상표가 등록으로부터 배제되어야 할 이유는 상표법 어디에도 규정되어 있지 않다.

Ⅳ. 제11호에 대한 개선책

제11호는 상표심사과정에서의 등록여부나 무효심판이나 소송에서의 무효여부를 판단할 때 적용되기 때문에 상표출원인의 등록받을 권리를 부당하게 제한하거나 선등록권자와의 관계에서 선등록권자 또는 당사자(후등록권자)에게 예측치 못한 손해나 불이익을 초래할 수 있다. 또한 제11호의 지나친 확대해석이나 확대적용은 상표법의 기본적인 법리에도 모순되며, 올바른 상표제도를 구현하는 데에도 장애가

되고 있다. 따라서 제11호에 대한 문제점은 어떠한 형태로든 극복되어야 하며, 제11호와 관련하여 적용되는 상표법의 다른 규정들의 문제점 또한 함께 검토되어야 한다. 예를 들어 제4호, 제10호, 제12호 등이 제11호와 함께 검토되어야 할 것이다. 앞에서 검토되었던 사항들을 중심으로 제11호 및 그와 관련된 규정들에 대한 문제점을 해결할 수 있는 개선책을 하나의 방편으로 제시하고자 한다.

(1) 제11호의 전단규정에 해당하는 "상품의 품질을 오인하게 하는 상표"는 폐지되어야 한다.

상표는 상품의 출처를 식별하기 위한 수단이지 상품의 품질 오인을 방지하기 위한 수단이 아니기 때문이다. 이 전단규정이 폐지된다 하여도, 상표법의 다른 규정들이 더 적절하게 적용될 수 있다. 제11호의 전단규정을 적용하였던 대법원의 **SCOTCH** 사건도, 제3호를 적용하는 것이 더 올바른 법의 적용이다.

(2) 제11호의 후단규정에 해당하는 "수요자를 기만할 염려가 있는 상표"는 기만성 상표(deceptive mark)에 한정하여야 한다.

기만성 상표란 상표의 요부가 현저하게 허위로 표기되고, 수요자가 그 부분에 의존하여 상품을 구매하게 되는 경우의 상표를 의미한다. 기만성 상표는 사칭기술상표와도 구분되어야 한다. 사칭기술상표는 제2차적 의미(secondary meaning)가 형성되면 상표등록을 받을 수 있지만, 기만성 상표는 제2차적 의미가 형성되었다 하더라도 상표등록을 받을 수 없다. 비록 사실과 다르게 표현되었더라도 통상의 수요자(reasonable consumer)가 그 상표를 상품과 관련된 표현으로 인식하지 않는다면 그 상표는 기만성 상표라 할 수 없다.

(3) 지정상품의 유사성이 존재하지 않는 경우에, 즉 비경쟁상품(noncompeting goods)인 경우에, 상표등록에 관한 문제와 상표침해에 관한 문제는 별개로서 취급되어야 한다.

지정상품이 서로 유사하지 않다면, 후출원상표는 선출원상표를 인용하여 거절되어서는 안 된다. 그러나 후출원상표가 등록되었다 하더라도 선등록상표와의 침해 문제가 해소되는 것은 아니다. 선등록상표와 후등록상표의 침해문제는 상표의 희석화 이론에 의거하여 법원에 의하여 사건마다 판단되어야 할 문제이다. 이때 법원은 후등록상표의 무효를 판단할 수 있어야 한다. 만일 후등록상표가 선등록상표의 상표권을 침해하는 경우에 후등록상표의 상표등록은 무의미하기 때문이다. 비경쟁상품인 경우에 희석화 이론의 도입여부는 사법부의 판결이나 입법부의 입법과정을 통하여 신중하게 검토되어야 할 것이다. 희석화 이론을 도입한다 하더라도 선등록권자를 부당하게 과보호해서는 안 된다. 후등록권자에게도 특정 조건하에서 그의 상표권을 인정하는 일종의 부쟁권(不爭權: incontestability)을 상표법에 규정하는 것이 바람직할 것이다. 앞에서의 **MUSSO** 판례에서와 같이, 후등록권자가 '**MUSSO**' 상표를 의류에 사용하고 있는데, 어느 날 갑자기 승용차에 선등록된 선등록권자가 상표침해 또는 상표무효를 주장하여 그것이 인정된다면, 후등록권자는 예측치 못한 부당한 손해를 입을 수 있다. 따라서 비경쟁상품인 경우에, 예를 들어 후등록권자가 등록 후 1년 이상 사용하고 있거나, 등록일로부터 3년이 경과한 경우에는 후등록권자에게 부쟁권을 부여하는 방안이 바람직하게 검토될 수 있을 것이다.

(4) 비경쟁상품인 경우에, 상표등록의 무효여부나 상표권의 침해여부는 문제의 상표가 임의선택표장인지 또는 조어표장인지에 따라 다르게 판단되어야 한다.

경쟁상품인 경우에, 즉 상품의 유사성이 인정되는 경우에, 상표등록의 무효여부나 상표권의 침해여부의 판단은 그리 어렵지 않다. 다만 비경쟁상품인 경우에, 상표의 희석화 이론을 도입하여 무효여부나 침해여부를 판단하는 경우에는, 문제의 상표가 조어표장이라면 희석화 이론의 적용가능성은 매우 높지만, 문제의 상표가 임의선택표장이라면 희석화 이론의 적용가능성은 그리 높다고 할 수 없다. 물론 어느 경우든지 다른 사실관계들을 모두 고려하여야 할 것이다.

(5) 우리나라에 미등록되고 미사용된 외국인의 상표를 유사상품에 모방하는 행위는 적절한 제재가 가해져야 하며, 미등록되고 미사용된 외국인의 상표를 무한정 보호할 수 없기 때문에, 내국인 상표권자에게도 특정 조건하에서 일종의 부쟁권이 부여되어야 한다.

외국인의 상표를 경쟁상품 또는 유사상품에 모방하는 행위는 근절되어야 한다. 그렇다고 외국인의 상표라는 이유만으로, 우리나라에서 미등록되고 미사용된 외국인의 상표를 무한정 보호할 수는 없다. 예를 들어, 내국인 상표권자가 상표등록을 받은 후 최소한 계속하여 3년 이상 사용하거나 등록일로부터 5년이 경과한 경우에는 내국인 상표권자에게 부쟁권을 부여하는 방안이 바람직하게 검토될 수 있다.

(6) 우리나라에 미등록되고 미사용된 외국어로 이루어진 표장을 비경쟁상품에 사용하는 경우에, 부정경쟁의 목적이나 희석화의 목적이 있다면 관련 외국인에게는 적절한 법적 조치를 취할 수 있도록 하여야 하며, 내국인 상표권자에게도 특정 조건하에서 일종의 부쟁권이 부여되어야 한다.

내국인도 '**EDISON**', '**나폴레옹**', '**징기스칸**', '**JAMES DEAN**' 등에 대하여 상표등록을 받을 수 있어야 한다. 이들 상표가 외국인의 상표와 비교할 때 비경쟁상품에 사용된다면 상품출처에 대한 오인혼동은 발생하지 않는다. 다만 이들 상표의 사용이 부정경쟁의 목적이나 희석화의 목적을 갖고 그럼으로써 직 · 간접으로 손해를 야기시킬 수 있다면 등록무효 또는 침해행위가 인정되어야 한다. 그렇다고 아무런 조건 없이 등록무효나 침해를 인정해서는 안 된다. 내국인 상표권자와 그동안의 수요자를 보호하여야 하기 때문이다. 비경쟁상품에 외국어 표장을 사용하는 경우는 앞에서의 외국인의 상표를 유사상품에 모방하는 경우보다 그 부쟁권이 약화되어야 한다. 예를 들어, 내국인 상표권자가 상표등록을 받은 후 최소한 계속하여 2년 이상 사용하거나 등록일로부터 3년이 경과한 경우에는 내국인 상표권자에게 부쟁권을 부여하는 방안이 있을 수 있다.

(7) 위의 (5) 및 (6)에서 설명된 내용들은 상표법 제7조 제1항 제12호에 포함

될 수 있지만, 외국인을 과보호하고 내국인의 권리를 상당히 제한할 수 있기 때문에, 위의 (5) 및 (6)의 내용으로 축소되어야 한다.

제12호는 1997년 상표법에서 신설된 내용이다. 제12호의 제정취지는 우리나라에서 미등록되고 미사용된 외국인의 상표를 보호하기 위한 것으로 해석된다. 그러나 제12호의 내용은 외국인을 지나치게 과보호할 우려가 있다. 특히 상표출원의 심사단계에서 외국당사자가 심사에 참여할 기회가 전혀 없는 상황하에서 심사관이 "국내 또는 외국의 수요자간에 현저하게 인식되어 있는 상표"인지의 여부를 판단하기란 쉬운 일이 아니며, 객관적 기준 없이 주관적 판단에 의존할 수밖에 없을 것이다. 따라서 제12호와 같은 내용은 상표심사에서의 거절이유로는 적합하지 못한 것이며, 상표등록의 무효사유로서 금지되어야 할 것이다. 나아가 제12호에서는 상표권자에게 부쟁권을 인정하지 않음으로써 상표권자는 물론 수요자들에게도 예측치 못한 부당한 손해를 끼칠 수 있다. 적법하게 일정기간 사용되고 있는 상표가 외국에서 현저히 인식되었다는 이유로 언제든지 무효로 될 수 있다는 것은 형평의 원칙에 어긋나는 일이다.

(8) **제4호는 비도덕적**(immoral)**이거나 모욕적인**(scandalous) **상표에 협소하게 한정되어야 한다.**

상표심사기준에서 보듯이, 특정한 경우에는 제4호와 제11호를 동시에 적용하도록 규정하고 있다. 제4호에 대한 지나친 확대적용이 아닐 수 없다. 상거래질서를 문란하게 하거나 국제적인 선린관계를 해친다 해서 제4호를 적용하는 것은 제4호에 대한 확대해석이며, 확대해석하는 만큼 상표출원인 또는 상표권자는 그의 권리를 제한받을 수밖에 없다.

(9) **상품의 유사여부는 각각의 사건마다 구체적으로 판단되어야 하며, 시행규칙의 부칙규정은 폐지되어야 한다.**

상표법에서도 규정하듯이, 상품류 구분은 상품의 유사범위를 정하는 것이 아니기 때문에, 상품의 유사여부는 각각의 사건마다 구체적으로 판단되어야 한다. 물론 상품의 유사여부를 판단할 때, 상품에 관한 사실관계를 명확히 파악하여야 한다. 어떤 점은 서로 다르지만 어떤 점이 서로 동일하기 때문에 상품이 서로 유사하다든지, 출처의 오인혼동의 가능성이 있다든지 하는 식의 논리가 결여되어 있거나 이유가 불충분한 판단을 해서는 안 된다. 시행규칙의 부칙규정은 상표법에 정면으로 대치되는 내용이다.

V. 결 론

제11호는 이제까지 잘못 적용되거나 지나치게 확대적용됨으로써 선의의 적법한 상표출원인이나 상표권자에게 예측치 못한 불이익과 손해를 야기시키고 있다. 제11호와 함께 적용되고 있는 제4호의 규정도 그 법적 취지와는 다르게 운용되고 있다. 제11호의 불명확한 점을 명확하게 하고자 시도했던 제12호의 규정은 외국인을 지나치게 과보호하고 내국인의 권리를 무자비하게 침해할 수 있는 위험한 규정이다. 상표법은 많은 문제점을 내포하고 있는 법률의 하나라 말할 수 있다. 그중에서도 제11호를 비롯한 이와 관련되는 제4호, 제12호, 제10호 등에 관한 올바른 개정 및 운용이 상표권자의 권리를 형평성 있게 보호하고 올바른 상표제도의 확립을 위하여 절실히 요구된다. 이러한 문제에 관한 많은 연구가 뒤따르기를 바란다.

4. 어머니! 오마니라고 부를까요? 어머니라고 부를까요? 오마니![1]

— "**어머니가 차려주는 식탁**" 서비스표의 등록거절에 대하여 —

2001.07.04. D일보에는 "'어머니' 상호 누구나 쓸 수 있다"는 제목하에 다음과 같은 작은 기사가 실렸습니다.

"'어머니' 상호 누구나 쓸 수 있다

▽…김모씨(44 · 여)는 96년 1월 '어머니가 차려주는 식탁'이라는 이름을 특허청에 등록출원했으나 '어머니 도시락'이란 유사한 이름이 이미 등록돼 있다는 이유로 등록을 거절당하자 98년 이를 음식점 상호로 사용하게 해 달라는 상표소송을 냈는데…▽…이에 대해 대법원 1부는 지난달 26일 "음식점 상호에 많이 쓰이는 '어머니'라는 단어는 사업자 누구나 사용할 수 있다"는 취지로 다시 재판하라며 사건을 특

1 「특허와 상표」 제527호(2001.07.20).

허법원으로 환송….”

이 작은 기사의 옆에는 ‘휴지통’이라 적힌 휴지통 삽화가 그려져 있었습니다. 이 판례의 全文을 접할 수 없어서 정확히 알 수는 없지만, 만일 기사 내용이 사실이라면, “**어머니가 차려주는 식탁**”과 관련된 특허청이나 특허법원의 판단은 휴지통에 버려져야 할 것입니다.

어머니! 어떤 사람이 도시락 장사를 하는데 그 도시락에 “**어머니 도시락**”이라 표시했습니다. 그런데 이번에는 다른 사람이 도시락 장사를 하면서 도시락에 “**어머니가 차려주는 식탁**”이라 표시했습니다. 어머니! 만일 어머니가 “**어머니 도시락**”을 사려고 도시락 파는 가게에 갔는데, 잘못해서 “**어머니가 차려주는 식탁**”이라 표시된 도시락을 사올 수 있을 것 같습니까?

어머니! 이번에는 도시락이 아니라 식당이라고 생각해 보지요. 어떤 사람이 “**어머니 도시락**”이라는 간판을 내걸고 식당을 하고 있는데, 다른 사람이 그 부근에다 “**어머니가 차려주는 식탁**”이라는 간판을 내걸고 식당을 하고 있다면, 어머니는 이 두 식당을 혼동할 것 같습니까? 다시 말해서, 어머니가 오늘 점심은 “**어머니 도시락**”에 가서 드시려고 했는데, 가다 보니 ‘**어머니**’자가 보이길래 “**어머니가 차려주는 식탁**”으로 들어가서 거기가 “**어머니 도시락**”인 줄 잘못 알고 점심을 드실 수 있겠습니까? 어머니가 아무리 가방끈이 길지 않다 하더라도 그런 일은 일어나지 않겠지요. 하물며 “**어머니 도시락**”은 도시락 장사가 사용하고, “**어머니가 차려주는 식탁**”은 일반 음식점의 간판에 사용되는 경우라면 더욱더 혼동될 염려가 없겠지요.

그런데도 “**어머니가 차려주는 식탁**”은 “**어머니 도시락**”이 먼저 등록되었다는 이유로 해서 등록을 받지 못하였다고 합니다. 일반 소비자들이 “**어머니 도시락**”과 “**어머니가 차려주는 식탁**”을 혼동할 염려가 있다는 이유겠지요. 어머니! 어머니를 ‘오마니’라고 부르든 ‘어머니’라고 부르든 어머니는 금방 알아들을 수 있을 겁니다. ‘어머니’와 ‘오마니’는 비슷비슷하기 때문이지요. 만일 어떤 사람이 “**어머니 도시락**”을 만들어 팔고 있는데, 다른 사람이 “**오마니 도시락**”을 만들어 판다면,

그것은 나쁜 일이겠지요. 그 이유는 가방끈이 짧은 어머니도 잘 알 수 있겠지요.

어머니! 그런데 우리나라에서 최고 높은 법원인 대법원이라는 데서, "음식점 상호에 많이 쓰이는 '**어머니**'라는 단어는 사업자 누구나 사용할 수 있다"고 하였답니다. 이것이 사실이라면, "**어머니 도시락**"의 주인은 자다 말고 벌떡 일어날 일이 아니겠습니까? 도시락을 만들어 파는 사람이 "**어머니 도시락**"을 상표로서 등록받으면, 도시락에 대해서는 그 사람이 "**어머니 도시락**"을 독점사용할 수 있는 것이며, 식당을 하는 사람이 "**어머니가 차려주는 식탁**"이란 간판에 대하여 등록받으면, 그 사람이 그 간판을 독점사용할 수 있는 것이지, '**어머니**'라는 단어를 누구나 사용할 수 있는 것은 아닙니다. '음식', '식탁' 하면 무엇보다도 먼저 떠올릴 수 있는 '어머니!' 그 어머니가 누구나 사용할 만큼 그렇게 만만한 것은 아닙니다(상표법 관점에서 본다면). 어머니라는 이름 때문에 어머니라는 말을 욕보인 것 같습니다. 오마니, 죄송합니다.

5. 상표의 분리관찰에 관한 小考[1]

I. 문제의 제기

특허를 받기 위한 발명의 핵심이 신규성(novelty)이라 한다면, 등록을 받기 위한 상표의 핵심은 식별력(distinctiveness)이라 할 수 있다. 어떤 상표가 등록될 수 있는 것인지의 여부를 판단한다는 것은 바로 그 상표가 식별력을 갖느냐의 여부를 판단하는 것이다.

상표의 식별력은 두 가지 관점에서 판단하는데, 하나는 다른 상표와 비교하지 않고 그 자체가 식별력을 갖느냐를 판단하는 것이고, 다른 하나는 다른 상표와 비교할 때 식별력을 갖느냐를 판단하는 것이다. 전자의 경우는 상표 자체가 갖는 본래의 식별력의 유무를 판단하는 것이고, 후자의 경우는 두 상표의 유사여부를 판단하는 것이다.

---

1 「창작과 권리」 제32호(2003년 가을호).

전자의 경우와 관련하여 상표법 이론에서는, 상표를 ⅰ) 일반명칭표장(generic mark),[2] ⅱ) 기술표장(descriptive mark),[3] ⅲ) 암시표장(suggestive mark), ⅳ) 임의선택표장(arbitrary mark) 및 ⅴ) 조어표장(造語標章: coined mark or fanciful mark)으로 분류한다. 이 중에서 일반명칭표장과 기술표장은 식별력이 없기 때문에 등록받을 수 없으며, 암시표장, 임의선택표장 및 조어표장은 그 자체가 식별력이 인정되어 등록받을 수 있는 좋은 상표로 분류된다. 물론 기술표장은 사용에 의하여 식별력이 획득될 수 있는데, 그렇게 되었다면 기술표장이라 하더라도 상표로서 등록받을 수 있다. 그러나 일반명칭표장은 사용에 의한 식별력이 인정되지 않기 때문에 어떠한 경우에도 상표등록을 받을 수 없다. 물론 여기서는 사용에 의한 식별력을 논하고자 하는 것은 아니다.

후자의 경우는 다른 상표, 즉 선출원 상표나 선등록 상표와 비교하여 식별력의 유무를 판단하는 것으로, 통상 상표의 유사여부판단이라 한다.

전자의 경우는 상표로서의 식별력을 인정할 것인지의 여부를 판단하는 것으로 어떤 표장이 기술표장에 해당하는지 아니면 암시표장에 해당하는지를 판단하는 것이다. 어떤 표장이 기술표장이라고 판단되면 그 표장은 등록될 수 없지만, 암시표장이라고 판단되면 그 표장은 등록될 수 있다. 여기서는 어떤 표장이 기술표장에 해당하는지 아니면 암시표장에 해당하는지를 판단하기 위한 기본적인 이론을 심도 있게 논하고자 하는 것도 아니다. 다만 상표 자체의 식별력을 판단하는 과정에서 행해지고 있는 분리관찰의 문제점을 살펴보고자 한다.

후자의 경우에도 마찬가지이다. 통상 상표의 유사여부판단을 하면서, 그 방법에 있어서 분리관찰을 하고 있고, 그럼으로써 잘못된 결과를 낳고 있다. 여기서는 그러한 우리의 현실을 살펴보고, 나아가 올바른 식별력 판단을 위한 방법과 이론을 제

---

2 우리 상표법에서는 보통명칭표장(§6 ① ⅰ)과 관용명칭표장(§6 ① ⅱ)으로 구분하고 있지만, 여기서는 일반명칭표장으로 통칭한다.

3 우리 상표법 제6조 제1항 제3호에서 규정하는 표장으로 성질표시표장이라고도 하지만, 여기서는 기술표장(記述標章)으로 통칭한다.

시하여, 분리관찰로 인한 더 이상의 폐해를 방지하고자 한다.

II. 판례에 나타난 분리관찰

우선 특허청의 심사과정으로부터 연속되는 특허청의 심결 및 특허법원과 대법원의 판결에서 적용되고 있는 분리관찰의 현황을 몇몇 판례(심결례 포함)를 통하여 살펴본다. 즉 상표의 유사여부 판단과 상표 그 자체의 식별력 판단에 있어서 분리관찰이 적용되었던 사례들을 중심으로 살펴본다.

1. **MR. PIZZA** 사건[4]

(1) 사건의 요약

〈선등록상표〉 〈후등록상표〉

MR. PIZZA 사건은 위의 두 상표가 모두 등록된 상황에서, 선등록상표를 인용하여 후등록상표를 무효시키고자 했던 사건이다. 그러나 위 두 상표는 서로 유사하지 않다는 이유로 후등록상표가 무효로 되지 않았다.

---

4 대법원 97후3272 판결, 2000.01.28 선고.

(2) 판결이유

> *"… (중략) … 등록서비스표나 인용서비스표의 문자 부분 중 'MR.'나 'Mister' 부분은 누구나 사용하는 호칭 내지 일반인의 호칭에 덧붙여 사용하는 단어에 불과하여 식별력이 있다고 할 수 없을 뿐만 아니라, 이들이 'PIZZA'와 결합된 'MR. PIZZA'나 'Mister PIZZA'도 그 결합으로 새로운 관념을 형성한다고 보기도 어렵고 굳이 그 관념을 상정해 보더라도 '피자를 파는 사람', '피자를 만드는 사람', '피자를 배달하는 사람' 등으로 관념될 뿐이어서 각 그 지정서비스업과 관련하여 새로운 식별력을 형성한다고 볼 수 없으므로 결국 식별력이 없다고 봄이 상당하고, 이러한 식별력 없는 부분은 양 서비스표의 유사 판단에서 제외하여야 할 것인바, 원심이 같은 취지에서 등록서비스표와 인용서비스표를 식별력 없는 위 문자 부분을 제외한 도형 부분만을 대비하여 그 설시와 같은 이유로 양 서비스표를 서로 유사하지 아니하다고 판단한 것은 정당하[다]. … (후략) …."*

(3) 판결의 문제점

① 판결에서는, 'MR.' 또는 'mister'가 식별력이 없다고 판단하였는데, 그 이유로는 이들 용어가 누구나 사용하는 호칭 내지 일반인의 호칭에 덧붙여 사용하는 단어에 불과하다는 것을 들었다. 상표는 특허와는 달리 채택 또는 선택(adoption)의 개념에서 출발한다. 이미 존재하는 단어나 음절을 먼저 채택한 자에게 권리가 부여된다는 의미다. 기존에 존재하는 단어나 음절은 누구나 사용할 수 있는 것들이다. 그런데 누구나 사용할 수 있는 호칭이라고 해서 상표로서의 식별력이 없는 것아 아니다. 일반인의 호칭에 덧붙여 사용하는 단어라고 해서 식별력이 없다는 이론이나 규정도 없다. 그 판단은 잘못된 것이다.

② 판결에서는, '**MR.**(또는 **mister**)'가 '**PIZZA**'와 결합된 것도 식별력이 없다고 판단하였는데, 그 이유로 그 결합이 새로운 관념을 형성한다고 보기 어렵다는 것을 들고 있다. 나아가 설사 관념을 상정해 보더라도, '피자를 파는 사람' 등으로 관념될 뿐이어서 그 업과 관련하여 새로운 식별력을 형성할 수 없어서 식별력이 없다고 하

였다. 과연 그럴까? 상표란 새로운 관념을 형성해야 하는 것일까? 그건 그렇지 않다. 이미 존재하는 단어라면 그 고유의 관념을 가지겠지만, 존재하지 않았던 조어(造語)표장이라면 관념이 있을 리가 없다. 그리고 관념이 없을수록, 그 상표는 식별력이 더 인정되는 것이다. 예를 들어, '**KODAK**', '**IBM**', '**SK**' 또는 '**SONATA**' 같은 상표가 이에 해당하는데, 이들 상표는 단어로서의 관념을 갖지 않는다. 따라서 '**MR.**'와 '**PIZZA**'가 결합하여 새로운 관념이 형성되었다고 보기 어렵기 때문에 식별력이 없다는 논리는 성립되지 않는다. 이러한 논리는 상표법 어디에서도 찾아볼 수 없다. '피자를 파는 사람' 등으로 관념될 수 있다는 가정도 옳지 않다.

③ 그래서 판결에서는 식별력이 없다고 판단한 문자 부분을 제외하고, 도형 부분만을 대비하여 두 상표가 유사하지 않다고 판단하였다. 상표법에 관한 지식이 없더라도 상식을 가진 사람이라면, 이러한 판결이 잘못되었다는 것을 쉽게 알 수 있다.

④ 상표는 있는 그대로 보면 되는 것이다. 식별력이 없다고 함부로 단정해서도 안 되고, 상표의 일부를 떼어 내고 나머지 부분만으로 유사여부를 판단해서도 안 된다. 우리는 위의 선등록상표를 '**모자**, **콧수염 도형**, **미스터 피자**'라고 부르지 않는다. 또한 위의 후등록상표를 '**신사용 모자**, **미스터 피자**, **나비 넥타이**'라고 부르지 않는다. 우리는 이 두 상표를 모두 '**미스터 피자**'라고 부른다. 결코 이의가 있을 수 없다. 그렇다면 유사여부 판단의 기초 중의 기초라 할 수 있는 칭호가 동일한 것이다. 상표는 칭호가 동일하면, 더 이상 볼 것이 없다. 외관이나 관념이 아무리 다르더라도, 칭호가 동일하다면 더 이상 따져볼 것이 없다.

⑤ 상표가 '**MR. PIZZA**'로 되어 있는 이상, 그대로 판단하는 것이지, 피자가게를 운영한다고 해서 '**PIZZA**'를 분리해 버리고, '**MR.**'만으로 판단해서는 안 된다. 상표권자(출원인)가 '**MR. PIZZA**'를 선택한 이상, 그의 상표는 '**MR. PIZZA**'이지, '**MR.**'나 '**PIZZA**'가 아니다. 상표는 심사과정에서 보정도 할 수 없도록 하고 있는 확고부동한 것인데, 판단하는 사람이 멋대로 분리해서는 안 된다.

2. **MANHATTAN PORTAGE** 사건[5]

(1) 사건의 요약

〈선등록상표〉

MANHATTANPORTAGE

〈후출원상표〉

이 사건은 위의 후출원상표가 선등록상표와 비교할 때 유사하지 않다고 판단한 특허법원 사건이다.

(2) 판결이유

*"… (중략) … 우리나라의 교육수준과 영어보급 수준에 비추어 'Manhattan'이 미국 뉴욕시에 있는 유명한 번화가의 이름인 현저한 지리적 명칭이라는 것은 일반 수요자에게 널리 알려져 있다 할 것이고, 'portage'는 '수송', '운반', '나르기' 라는 뜻을, 'passage'는 '통행', '통과', '여행', '항해'라는 뜻을 각 가지고 있는 단어이므로 결국, 이 사건 출원상표인 '***MANHATTANPORTAGE***'는 특별한 뜻이 없는 조어이거나 '맨하탄으로의 수송' 정도의 의미를 가지는 반면, 인용상표인 '***Manhattan Passage***'는 '맨하탄의 통행' 또는 '맨하탄으로의 항해'로 인식된다 할 것이어서 양 상표의 관념은 유사하다고 볼 수 없다. … (중략) …이 사건 출원상표와 인용상표에 공통된 '***Manhattan***'은 현저한 지리적 명칭이어서 식별력이 없고, 각 나머지 부분이 식별력 있는 표장으로 구성되어 있으므로 요부인 '***portage***'와 '***passage***'만으로 양 상표 호칭의 유사 여부를 대비하는 것이 옳다. 살피건대, 이 사건 출원상표의 요부인*

5 특허법원 2002허3740 판결, 2002.10.17 선고.

*'**portage**'는 통상 '포티지', 혹은 '포테지'로, 인용상표의 요부인 '**passage**'는 '패시지' 혹은 '패세지'로 각 발음될 것인바, 각 3음절로 구성된 양 단어 중 앞의 두 음절이 서로 다를 뿐 아니라 특히 액센트가 있어 강한 청감을 유발하는 첫 음절이 '포'와 '패'로 완연히 구별되므로, 결국 양 상표의 호칭은 서로 유사하다 할 수 없다."*

(3) 판결의 문제점

① 판결에서는, 위의 선등록상표와 후출원상표는 그 관념이 유사하지 않다고 판단하면서, 그 이유를 '**MANHATTANPORTAGE**'가 특별한 뜻이 없는 조어이거나 '맨하탄으로의 수송' 정도의 의미를 갖는 반면, '**Manhattan Passage**'는 '맨하탄의 통행' 또는 '맨하탄으로의 항해'로 인식되기 때문이라고 하였다. 우선 여기서는 후출원상표가 조어라고 판단한 것부터 잘못되었다. '**MANHATTAN**'이 지명이고 '**PORTAGE**'가 사전에 수록된 단어이기 때문에, 후출원상표는 조어표장이 아니라 임의선택표장(arbitrary mark)이다. 어떤 표장이 조어표장인지 아니면 임의선택표장인지도 구분하지 못하면서 관념유사를 올바르게 판단한다는 것은 불가능한 일이다. 또한 후출원상표는 뜻이 없거나 '맨하탄으로의 수송' 정도의 의미를 갖는다고 판단하였는데, 인용상표는 '맨하탄의 통행' 등으로 인식된다고 판단하고, 선등록상표는 '…정도의 의미'라 하여, 관념이 다르다는 결론에 끼워 맞추고 있다. "인용상표가 '맨하탄으로의 항해'로 인식된다면, 선등록상표는 '맨하탄으로의 수송'으로 인식된다"고 했어야 했다.

② 칭호유사를 판단함에 있어서, 판결에서는 '**Manhattan**'이 식별력이 없다고 판단하였다. 그 이유로는 이 단어가 현저한 지리적 명칭이기 때문이라고 하였다. 과연 그럴까? 현저한 지리적 명칭은 식별력이 없는 것일까? 없다면 왜 없는 것일까? 식별력이 없다고 하는데, '**서울우유**', '**부산파이프**', '**뉴욕제과**', '**파리 바케트**' 등은 어떻게 등록을 받을 수 있었을까? 이처럼 답을 찾을 수 없는 의문들이 꼬리를 물고 있는데, 우리는 현저한 지리적 명칭이 식별력이 없다고 단정한다. 그건 그렇지 않다. 지리적 명칭은 그 상품과 관련하여 지리적 관념(geographical sense)을 전달할 때에만 식별력이 없는 것이다. 현저한 지리적 명칭이라고 해서 반드시 식별력이 없

는 것이 아니다. 위의 두 상표의 지정상품은 가방류인데, 가방류와 관련하여 '**Manhattan**'이라는 단어(지명)가 지리적 관념을 전달할 때에만 식별력이 없는 것이다. 다른 말로, 맨하탄이 가방류로 유명하다는 것을 소비자가 알 수 있는 정도일 때, '**Manhattan**'이라는 단어는 가방류에 대하여 지리적 관념을 갖는다고 말하는 것이다.

③ 판결에서는, 두 상표로부터 '**Manhattan**'을 분리하고 나머지 부분에 대하여 유사여부를 판단하였다. '**Manhattan**'이 식별력이 없다고 판단한 것도 올바르지 못한데, 더구나 '**Manhattan**'을 분리해 버리고 나머지만을 가지고 판단한 것이다. 올바른 판단으로부터 더 멀어져 갈 뿐이다. 출원상표는 '**MANHATTAN**'도 아니고 '**PORTAGE**'도 아니다. 출원상표는 '**MANHATTANPORTAGE**'이고 또 그렇게 호칭되어야 하는 것이다.

3. **X POWER** 사건

(1) 사건의 요약

〈선등록상표〉 〈출원상표〉

이 사건에서는 '**X POWER**'(실제 상표는 위와 같음)가 위의 선등록상표에 의하여 거절되었고, 항고심판에서도 유사하다고 판단되었다. 그렇지만 대법원에서는 유사하지 않다고 판단되어 출원상표가 등록되었다. 여기서는 항고심판소[6]에서의 심결을 중심으로 살펴본다. 또한 호칭이 가능한 문자부분인 '**brain power**'와 '**X POWER**'를 중심으로 살펴본다.

(2) 판결이유

① 대법원 판결[7]

> "… (중략) … 본원상표(출원상표)의 문자 부분은 'X'라는 영문자와 'POWER'라는 단어가 결합되어 외관상 일체적으로 구성된 조어이고, 전체적으로 '엑스파워'라고 불릴 수 있고 그 호칭도 4음절로 비교적 짧아서 'X' 부분과 'POWER' 부분을 분리관찰하는 것이 부자연스러운 면이 있으며, 또한 본원상표의 지정상품이 속한 상표법시행규칙상의 상품류 구분 제43류(완구, 유희구, 운동용구와 오락기구)의 상품들에 관하여는 'SUPER POWERS', 'POWER BILT', 'Eagle power', 'SUNPOWER', 'POWERLOOP', 'POWER TIP', 'WORD POWER', 'GREENPOWER', 'Power Force', 'POWER WHEELS', 'Sincropower', 'PROPOWER', 'POWER WIND', 'POWERPIN', 'MIX POWER' 등과 같이 문자 부분에 'POWER'라는 단어를 포함하는 많은 상표들이 등록되거나 출원공고된 바가 있음을 알 수 있으므로, 적어도 위 상품류 구분의 상품을 지정상품으로 하는 상표에 관한 한 'POWER'라는 용어는 상품표지로서의 식별력이 부족하게 되었다고 볼 수 있을 것이어서, 본원상표나 인용상표(선등록상표)에 있어서 'POWER' 부분이 요부가 된다고 보기는 어렵고, 따라서 일반 수요자나 거래자들이 본원상표나 인용상표를 'POWER' 부분만으로 간략하게 호칭하거나 관념하지는 아니한다고 봄이 상당하다 할 것이다."

② 항고심판소 심결[8]

> "상표의 유사여부는 동종 또는 유사한 상품에 사용되는 두 개의 상표의 외관, 칭호, 관념을 객관적, 전체적, 이격적으로 수요자로 하여금 그 상품간에 상품출처에 관하여 오인, 혼동을 일으킬 염려가 있는지 여부에 따라 판단하여야 할 것이고, 또 상표는 언제나 반드시 그 구성부분 전체의 명칭이나 모양에 의하여 호칭, 관념되는 것이

---

6 항고심판소는 특허법원이 설립되기 이전에, 심사관의 거절결정에 대한 불복심판을 심리하였던 심판소이다.

7 대법원 97후2804 판결, 1998.10.13 선고.

8 항고심판소 96항원2199 심결, 1997.07.31 선고.

아니라 각 구성부분을 분리하여 관찰하면 자연스럽지 못할 정도로 결합되어 있지 아니하는 한 그 구성부분 중 일부만에 의하여 간략하게 호칭, 관념될 수도 있고, 하나의 상표에서 두개 이상의 칭호나 관념을 생각할 수 있는 경우에 그 중 하나의 칭호, 관념이 타인의 상표와 동일 또는 유사하다고 인정될 때에는 두 상표는 유사하다고 할 것이다(대법원 1994.06.24. 선고 94후135 판결, 1994.09.09. 선고 94후999 판결 등 참조). 이러한 관점에서 본원상표와 인용상표들의 유사여부를 살펴보면, 본원상표는 로마자 'XPOWER'를 다소 도형화하여 구성한 상표로서 그 전체에 의하여 '엑스파워'로 호칭되거나 또는 간이신속을 관례로 하는 오늘날의 상거래 관습에 비추어 보아 간략하게 '파워'만으로 호칭될 수 있다 할 것인바, 역시 '브레인파워' 또는 간략히 '파워'만으로 호칭될 인용상표와는 그 칭호가 동일 내지 유사함을 부인할 수 없다 하겠으므로 본원상표는 인용상표와 유사한 상표로서 인용상표의 지정상품과 유사한 그 지정상품에 등록, 사용되어질 경우 일반수요자나 거래자로 하여금 인용상표와의 관계에 있어서 상품의 출처에 관하여 오인, 혼동을 일으키게 할 우려가 있다고 판단된다. 한편 영문자 'POWER'를 포함한 상표가 상품류 구분 제43류에 다수 등록되어 있으므로 본원상표도 등록되어야 한다는 항고심판청구인의 이와 같은 주장은 받아들일 수 없다."

(3) 판결의 문제점

① 우선 위의 항고 심결에서 인용하고 있는 대법원의 두 판례(94후135 및 94후999)의 내용을 살펴보자. 이 판례에서는, "각 구성부분을 분리하여 관찰하면 자연스럽지 못할 정도로 결합되어 있지 아니하는 한 그 구성부분 중 일부만에 의하여 간략하게 호칭, 관념될 수도 있다"고 설시하고 있다. 상표가 어떻게 결합되어야 자연스럽게 결합된 것인가? 또 어떻게 결합되면 자연스럽지 못하게 결합된 것인가? 상표법에는 최소한 이에 대한 해답이 없다. 이에 대한 해답을 아는 사람도 없다.

그런데 우리의 판례에서는 자연스럽게 결합되어 있다든지 아니면 그렇지 않다든지 하는 판단을 너무나 자연스럽게 하고 있다. 상표의 유사여부나 식별력을 판단함에 있어서는, 그 상표가 자연스럽게 결합되어 있다든지 아니면 부자연스럽게 결합되어 있다든지 하는 것을 판단할 필요가 없다. 있는 그대로를 판단하면 되는 것이다. '**X POWER**'로 구성되어 있으면 '**X POWER**'로 판단하면 되는 것이고, '**brain power**'로 구성되어 있으면 '**brain power**'로 판단하면 되는 것이다. "일부만에 의하여 간략하게 호칭되거나 관념될 수도 있다"는 설시도 상표법에서는 옳지 않은 판단이다. 상표법에서는 절대로 그렇지 않다. 예를 들어, 상표에서는 '**피에르 가르뎅**'을 '**피에르**'나 '**가르뎅**'이라고 약칭하지 않는다. '**입 생 로랑**'을 '**입**'이나 '**로랑**'이라고 부르지도 않는다. 일본문화의 영향으로 인하여 '아파트먼트(apartment)'를 '아파트'로, '코디네이터(coordinator)'를 '코디'로 '스테인리스 스틸(stainless steel)'을 '스뎅'으로, '오바코트(overcoat)'를 '오바'로 약칭하는 관습을 상표의 유사판단에 적용할 수 있는 것도 아니고 적용해서도 안 된다.[9]

이제까지 판례에서 자연스럽게 등장하였던 '자연스럽지 못할 정도의 결합'이라든지 '간략하게 호칭'할 수 있다든지 하는 표현과 논리는 상표의 유사판단에 적합한 것이 아니다. 더욱더 한심한 것은 이러한 내용을 설시한 판례들이 아주 자연스럽게 다른 판결문에 인용되고 있다는 점이다. 악순환의 연속이라고 할 수 있다.

② 항고심결에서는, '**X POWER**'가 '**엑스파워**'로 호칭되거나 또는 간략하게 '**파워**'만으로 호칭될 수 있다고 판단하였다. 그리고 '**brain power**'는 '**브레인 파워**' 또는 간략히 '**파워**'만으로 호칭될 수 있다고 하였다. '**엑스**'라고 호칭되거나 '**브레인**'이라고 호칭될 수 있다고는 판단하지 않았다. 글을 읽을 때에는 보통의 경우 앞에서부터 차례로 읽는다. 그런데 항고심결에서는 앞부분을 제쳐두고 뒷부분만 읽을 수 있다고 하였다. 기상천외한 발상이고, 그 발상만큼이나 기상천외한 심결이라 하지 않을 수 없다. '**X POWER**'는 '**X**'도 아니고 '**POWER**'도 아니고, '**X POWER**'일 뿐이다.

③ 심결의 직접적인 내용과는 조금 다른 상황을 상정해 보자. 만일 '**POWER**'가 등록되어 있다면, '**A POWER**', '**B POWER**', 또는 '**C POWER**' 같은 상표는 등록받기가 그만큼 더 어려워진다. 다시 말해서 '**POWER**'가 등록되어 있다면, '**X**

---

9 최덕규, 「상표법」, 세창출판사(1999), 378쪽.

POWER'도 등록받기 어렵고, '**brain power**'도 등록받기 어렵다고 할 수 있다. 그렇지만 '**A POWER**'가 등록되어 있다면, '**B POWER**'나 '**C POWER**' 같은 상표는 등록받기가 그만큼 더 쉬워진다. 판단하는 자의 주관에 따라 임의대로 분리하고, 임의대로 단정하여 상표의 유사여부를 판단하는 것은 옳지 않다.

4. **고려통운** 사건[10]

(1) 사건의 요약

〈선등록상표〉	〈출원상표〉
1. KOREA TOURS & TRAVEL 2. 주식회사 고려관광사 3. 고려관광	

위의 3개의 선등록상표가 존재하는 상황하에서 출원상표가 등록을 받지 못한 사건이다.

(2) 판결이유

"… (중략) … 1994.11.21. 운송주선업, 화물운송업, 여객운송업, 자동차운송업 등 10가지를 지정서비스업으로 하여 출원한 이 사건 출원서비스표(본원서비스표)(출원번호 제9356호)를 이보다 앞선 1986.04.16. 각 지정서비스업을 관광운송업으로 하여 출원되어 1987.10.20. 각 등록된 인용서비스표(1) "KOREA TOURS & TRAVEL", 인용서비스표(2) "高麗觀光株式會社 주식회사 고려관광社", 인용서비스표(3) "고려관광" 등과 대비하여 본원서비스표의 문자 부분 중 '통운', 인용서비스표들의 '관광(觀

10 대법원 97후3111 판결, 1999.10.08 선고.

光)' 부분은 각 지정서비스업의 성질을 표시하는 것이므로 본원서비스표와 인용서비스표들은 각 '고려'만으로 호칭 · 관념될 수 있고, 본원서비스표와 인용서비스표들의 각 지정서비스업이 구 상표법시행규칙(1998.02.23. 통상산업부령 제83호로 개정되기 전의 규칙) 제6조 제2항의 [별표 2] 서비스업류 구분 제108류의 운송업과 관련된 업종으로서 서로 유사하여 본원서비스표와 인용서비스표들이 각 지정서비스업에 함께 사용될 경우 일반 수요자나 거래자로 하여금 서비스업의 출처에 관하여 오인 · 혼동을 일으킬 우려가 있[다]."

(3) 판결의 문제점

① 편의상 3개의 선등록상표 중에서 출원상표와 가장 유사하다고 판단되는 '**고려관광**'에 대해서만 살펴본다. 즉 '**고려관광**'과 '**고려통운**'이 유사한지에 대하여 살펴본다. 대법원 판결에서는 '관광'이나 '통운'이 그 업의 성질을 표시하는 것이기 때문에 이들 두 상표는 모두 '**고려**' 만으로 호칭될 수 있다고 판단하였다. 과연 그럴까? '**고려관광**'이라는 표장은 '**고려관광**'으로 호칭되는 것이지, '**고려**'라고 호칭되는 것이 아니다. 또한 '**고려통운**' 표장도 '**고려통운**'으로 호칭되는 것이지 '**고려**'라고 호칭되는 것이 아니다. 표장은 있는 그대로 불러야 하고 또 그렇게 부르기 때문이다.

② 판결에서는, '**관광**'이나 '**통운**'이 성질표시를 나타내기 때문에 호칭될 수 없다고 판단하였다. 그래서 유사여부를 판단함에 있어서 그 부분을 아예 분리하여 제외시켜 버렸다. 업이나 상품의 성질을 표시하는 기술용어(記述用語)를 포함하는 상표인 경우에, 그 기술용어를 제외해서는 안 된다. '**고려통운**'이나 '**고려관광**'은 그렇게 하지 말았어야 했는데, 그렇게 함으로써 중대한 잘못을 범하였다.

③ '**고려통운**'은 '**고려통운**'이고, '**고려관광**'은 '**고려관광**'이다. 이 시대를 살고 있는 대한민국 사람으로서 '**통운**'과 '**관광**'을 구분하지 못할 사람은 없다. 이삿짐을 날라야 하는데 '**고려관광**'으로 전화를 걸 사람도 없고, 모처럼 여행을 하려는데 '**고려통운**'으로 전화를 걸 사람도 없다. '**통운**'과 '**관광**'은 기술용어임에는 틀림없다. 그러나 이들이 '**고려**'와 결합하였을 때, 그 주체를 식별할 수 있다는 것쯤은 일반 수

요자라면 알고도 남는다. 분리관찰이 이처럼 잘못된 결과를 가져온 것이다. 물론 '**고려관광**'이 선등록된 상태에서 '**고려여행**'이 출원되었다면, 얘기는 달라진다.

④ '**고려**'는 상표분류상 임의선택표장에 해당한다. 그렇기 때문에 '**고려관광**'과 '**고려통운**'은 그 서비스 주체를 수요자가 식별하기에 충분하다. 만일 '고려' 부분이 조어표장(coined or fanciful mark)으로 대치된다면, 상황은 달라질 수 있다. 예를 들어, '**코닥통운**'과 '**코닥관광**'은 '**고려통운**'과 '**고려관광**'처럼 판단되어서는 안 된다. '**고려통운**'과 '**고려관광**'은 서로 유사하지 않다고 판단할 수 있지만, '**코닥통운**'과 '**코닥관광**'은 반드시 그렇다고 할 수 없다. 상표의 유사여부는 이처럼 그 표장이 임의선택표장이냐 아니면 조어표장이냐에 따라 그 결과가 달라질 수 있다. 하루빨리 획일적이고 잘못 규범화된 판단으로부터 벗어나야 올바른 유사판단이 실현될 수 있을 것이다.

5. **Mr. 토스트** 사건[11]

(1) 사건의 요약

토스트용 식빵을 지정하여 출원된 '**Mr. 토스트**' 상표가 식별력이 없다는 이유로 등록을 받지 못하였다.

(2) 판결이유

> *"(원심이) 이 사건 출원상표 '**Mr. 토스트**' 중의 '**토스트**'는 그 지정상품인 '토스트용 식빵'의 용도를 표시하는 것이며, '**Mr.**'는 '…씨, …님' 등의 의미로 일반적으로 널리 사용되는 것으로서 자타상품의 식별력이 없는 단어이며, 또한 '**Mr.**'와 '**토스트**'라는 식별력이 없는 단어가 결합하더라도 새로운 관념이나 새로운 식별력을 형성하는 것도 아니므로 이 사건 출원상표는 전체적으로 볼 때 수요자가 누구의 업무에 관*

11 대법원 96후1477 판결, 1997.05.30 선고.

> *련된 상품을 표시하는 것인가를 식별할 수 없는 상표에 해당하여 상표법 제6조 제1항 제7호의 규정에 의하여 상표등록을 받을 수 없다고 한 조치는 수긍이 (간다)."*

(3) 판결의 문제점

① 판결에서는, 상표 중의 '**Mr.**'가 식별력이 없다고 판단하였다. **MR. PIZZA** 사건에서와 같이, 그렇게 단정한 것이다. 그 이유는 '**Mr.**'가 '…씨, …님' 등의 의미로 일반적으로 널리 사용된다는 것이다. 널리 사용된다고 해서 식별력이 없어야 한다는 법은 없다. 상표의 식별력은 널리 사용되느냐 아니면 좁게 사용되느냐에 달려 있는 것이 아니다. '…씨'나 '…님'을 나타낸다고 해서 식별력이 없는 것도 아니다.

② 우리는 상표의 식별력이나 유사여부를 판단할 때, 상표를 번역하거나 해석하려는 못된 버릇이 있다. '**MR. PIZZA**'를 '피자를 파는 사람', '피자를 배달하는 사람' 등으로 번역하고, '**Manhattan passage**'를 '맨하탄으로의 항해' 라고 번역하고, '**Mr**'를 '…씨, …님'으로 번역하고 있다. 상표는 번역하거나 해석하는 것이 아니다. 있는 그대로를 보면 되는 것이고, 있는 그대로를 읽으면 되는 것이다. '**MR. PIZZA**'는 '**MR. PIZZA**'이지 '**피자를 파는 사람**'이 아니다. '**Mr. 토스트**'는 '**Mr. 토스트**'이지 '**씨 토스트**', '**님 토스트**'가 아니다. 그렇다고 상표를 전혀 번역하거나 해석할 필요가 없다는 것은 아니다. 관념에 의한 유사여부를 판단할 때에만, 그렇게 할 수 있는 것이다.

③ '**Mr.**'는 '미스터'로 읽는다. 3개의 음절로 이루어져 있다. 1개의 음절로 이루어진 '샘', '곰' 등도 식별력이 인정되는데, 3개의 음절로 발음되고 2개의 알파벳으로 이루어진 단어가 어떻게 간단하다는 것인가. 그것은 잘못된 단정에 불과하다.

④ 판결에서는, '**Mr.**'와 '**토스트**'를 분리하여 판단하였다. 그리고 '**토스트**'도 식별력이 없다고 판단하였다. 식별력이 없는 두 단어가 결합해 봤자 식별력이 없다고 하였다. 식별력이 없는 두 단어가 결합하면, 식별력이 생길 가능성이 매우 높은 것이다. '**가**'와 '**나**'는 각각 어떤 의미에서 식별력이 없다고 할 수 있지만, 이들이 결합한 '**가나**'는 좋은 상표가 될 수 있다. 판결이유가 잘못되었다는 것을 금방 알 수 있다.

'**미스터 토스트**' 식빵도 나올 수 있고, '**미스 토스트**' 식빵도 나올 수 있고, '**미세스 토스트**' 식빵도 나올 수 있고, '**미시 토스트**' 식빵도 나올 수 있어야 한다. 그래서 기호에 따라 '**미스터**'도 먹고, '**미스**'도 먹고, '**미세스**'도 먹고, '**미시**'도 먹을 수 있어야 한다. 이들이 왜 식별력이 없단 말인가? 이들이 왜 간단하단 말인가?

6. E PRINT 사건[12]

(1) 사건의 요약

인쇄기 등을 지정하여 출원된 '**E PRINT**' 상표가 식별력이 없다는 이유로 등록을 받지 못하였다. 다른 외국에서 등록된 사례를 제시했지만, 법제와 언어습관이 다르다는 이유로 받아들여지지 않았다.

(2) 판결이유

> *"이 사건 출원상표(본원상표) '**E PRINT**' 중의 '**PRINT**'는 '인쇄, 인쇄물, 프린트지' 등의 뜻을 가지고 있어 이를 지정상품인 '프린팅 프레스(인쇄기)' 등과 관련시켜 볼 때 식별력이 없다고 하겠고, '**E**'는 영어 알파벳의 하나로서 간단하고 흔한 표장에 불과하며, '**E**'와 '**PRINT**'가 일체 불가분적으로 결합됨으로써 새로운 관념이나 식별력을 형성하는 것도 아니어서 본원상표는 전체적으로 보아 식별력이 없고, … (중략) … 더욱이 본원상표의 등록 가부는 우리 상표법에 의하여 그 지정상품과 관련하여 독립적으로 판단할 것이지 법제나 언어습관이 다른 외국의 등록례에 구애받을 것도 아니다(당원 1995.05.26. 선고 95후64판결 참조)."*

(3) 판결의 문제점

① 이 판결에서도 역시 '**E**'와 '**PRINT**'를 분리하여 판단하였다. 분리한 결과, '**E**'

---

12 대법원 96후1866 판결, 1997.06.24 선고.

를 알파벳의 하나로서 간단하고 흔한 표장이라고 하였다. '**PRINT**'도 더 분리하면 'P' 'R' 'I' 'N' 'T'가 되어 이들 또한 간단하다고 해야 할 터인데, 그렇게 하지는 않았다. '**E**'를 더 분리하면 선(線)이 될 것이고, 선을 더 분리하면 점(點)이 될 것이고, 점은 또 더 분리되어 나중에는 공(空)이 될 것이다. 그래서 색즉시공 공즉시색(色卽是空 空卽是色)의 심오한 진리를 깨닫게 될 것이다. 그런데 상표에서는 그렇게 되어서는 안 된다. 상표로서의 '**E PRINT**'는 그저 '**E PRINT**'이지 그 이상도 그 이하도 아니다.

② 이 판결에서도, "일체 불가분적으로 결합됨으로써 새로운 관념이나 식별력을 형성하는 것이 아니다"라고 하였다. '일체 불가분적 결합'의 의미가 무엇인지도 모르면서, '새로운 관념'이 왜 형성되어야 하는지도 모르면서, 잘못된 판례를 그대로 인용하고 있다.

③ "상표의 등록여부는 우리 상표법에 의하여 독립적으로 판단할 것이지, 법제와 언어습관이 다른 외국의 등록례에 구애받을 것이 아니다." 언뜻 들어보면, 지당한 말처럼 들린다. 아니 제법 주체성을 갖고 한 말처럼 들린다. 과연 그럴까? 상표법을 제대로 이해하고 있다면 그렇지 않다. 상표의 식별력이나 유사여부 판단방법은 외국이라고 해서 다를 것이 없다. 그들의 상표이론에도 조어표장이 있고, 기술표장이 있고, 암시표장이 있다. 오히려 그들 이론 중에는 상표를 분리관찰하지 말라는 철칙이 있다. 이 점에 대해서는 상세히 후술할 것이다.

7. **SURESTORE** 사건[13]

(1) 사건의 요약

플로피 디스켓 등을 지정하여 출원된 '**SURESTORE**' 상표가 식별력이 없다는 이유로 등록을 받지 못하였다.

---

13 대법원 96후2241 판결, 1997.06.27 선고.

(2) 판결이유

> *"이 사건 출원상표 '**SURESTORE**'(본원상표)는 '틀림없는, 확실한, 믿을 수 있는' 등의 뜻이 있는 '**SURE**'와 '저장(하다), 저축(하다), 가게, 상점' 등의 뜻이 있는 '**STORE**'의 결합으로 이루어진 조어상표로서 일반 수요자나 거래자들에게 '확실한 저장, 믿을 수 있는 저장' 등의 의미로 직감되어져 그 지정상품인 자기 디스크 드라이브, 테이프 드라이브, 광학 드라이브, 자기광학 드라이브, 광학 디스크, 테이프 카트리지, 커넥터, 컴퓨터 프로그램이 수록된 테이프, 플로피 디스켓 등과의 관계에서 일반 수요자나 거래자들이 이로써 누구의 업무에 관련된 상품을 표시하는 것인가를 식별하기가 어렵다 할 것이다. 또한, 상표의 등록적격성 유무는 지정상품과의 관계에서 각 상표에 따라서 개별적으로 판단되어야 하고, 우리 상표법에 의하여 그 지정상품과 관련하여 독립적으로 판단할 것이지 언어습관이 다른 외국의 등록례에 구애받을 것은 아니므로 국내에서 본원상표 중의 '**SURE**'를 포함한 다른 표장의 상표가 다수 등록되어 있다거나 외국에서 본원상표와 동일한 표장의 상표가 지정상품을 같이 하여 등록되어 있다거나 외국에서 본원상표와 동일한 표장의 상표가 지정상품을 같이 하여 등록되어 있다고 하여서 본원상표에 대하여서도 반드시 등록이 허용되어야 하는 것은 아니다."*

(3) 판결의 문제점

① 이 판결에서도, '**SURE**'와 '**STORE**'를 분리하고, 각각 그 의미에 대하여 상세하게 번역 내지는 해석을 하고 있다. 영어공부에 많은 도움이 될 것 같다. 이렇게 영어단어를 해석하는 것은 관념에 의한 유사여부를 판단하는 경우에만 필요하다고 앞에서 설명하였다. 예를 들어, 선등록된 상표 중에 '틀림없는 가게'라는 상표가 존재한다고 가정할 때, '**SURESTORE**'의 의미를 그렇게 해석해 볼 필요가 있다는 것이다. 그런데 여기서는 관념에 의한 유사판단이 아니라, 그 자체가 식별력을 갖느냐를 판단하는 것이다. 따라서 이 판결에서 영어 단어를 해석해 놓은 것과 같은 설시는 전혀 불필요하다. '**SURESTORE**'는 '**SURESTORE**'일 뿐이다.

② 이 사건에서의 논점은 '**SURESTORE**'가 암시표장이냐 아니면 기술표장이냐

를 판단하는 것이다. 암시표장이라고 판단되면, 아무런 문제없이 등록될 것이고, 기술표장이라고 판단되면, 등록될 수 없기 때문이다. 일견하여 보더라도 '**SURESTORE**'는 암시표장이지 기술표장이라고는 할 수 없다. 마땅히 등록되어야 할 것이다. 그런데 이 사건의 '**SURESTORE**'는 상표법 제6조 제1항 제7호, 즉 자타상품의 식별력이 없는 표장으로 분류하여 거절되었다. 거절이유 자체가 잘못된 것으로, 심사가 제대로 되지 않았다는 것을 의미한다. 장님이 코끼리 뒷다리 잡고 헤매고 있는 형국이라 할 수 있다.

③ 이 판결에서도 외국의 등록례가 제시되었지만 주체성(?)을 강조하여 모두 받아들여지지 않았다. 어떤 상표가 암시표장이냐 아니면 기술표장이냐에 대한 판단기준이나 판단방법은 외국이라고 해서 결코 다르지 않다. '**SURESTORE**'가 어느 표장에 속하는지의 여부는 영어권이 아닌 우리나라보다 영어권의 외국에서 더 정확하게 판단할 수 있다. 영어권의 외국에서 암시표장이라고 판단하여 적법하게 등록된 상표가 영어권이 아닌 우리나라에서 암시표장이 아니고 기술표장이라고 판단하여 등록을 거부하는 것은 실로 우스꽝스러운 일이다. 주체성은 아무데서나 내세우는 것이 아니고, 법제와 언어수단이 다르다는 이유는 함부로 들이대서는 안 된다.

8. OPTIMA CAST 사건[14]

(1) 사건의 요약

OPTIMA CAST

〈출원상표〉

상기 '**OPTIMA CAST**' 상표가 '정형외과용 깁스(gibbs)'를 지정하여 출원하였으

14 상표출원 제2001-27985호.

나, 기술표장이라는 이유로 등록받지 못하였다.

(2) 심사관의 거절이유

> *본원상표는 '최고, 최적의 깁스붕대' 등의 뜻을 가지고 있어 지정상품 '정형외과용 깁스'에 사용할 경우 상품의 성질(품질, 효능) 표시이므로 상표법 제6조 제1항 제3호에 해당하여 상표등록을 받을 수 없다.*

(3) 심사의 문제점

① 이 사건의 심사과정에서도 여지없이 심사관은 본원상표를 해석하고 있다. 본원상표는 '**OPTIMA CAST**'이지, '**최고, 최적의 깁스붕대**'가 아니다. '최고, 최적의 깁스 붕대'는 'the best gibbs cast'라고 할망정, 'optima cast' 라고 하지는 않는다. 이 상표는 분명한 암시표장이지, 기술표장이 아니다.

② 이 상표는 유럽특허청(OHIM)에서도 등록되었고, 대만에서도 등록되었다. 그리고 이러한 사실들을 의견서에서 주장하고, 그 증거자료를 제출하였다. 그렇지만 심사관은 최초의 거절이유를 해소하지 못하였다고 거절결정을 하였다. 대만은 영어권이 아니니까 그렇다 치고, 영어권에 근접하다고 할 수 있는 유럽상표청에서 등록된 영어문자 상표가 영어권이 아닌 우리나라에서 기술표장으로 분류되어 등록되지 못한다는 것은 우리의 서글픈 현실이라 하겠다. 암시표장인지 또는 기술표장인지조차 제대로 판단하지 못하는 우리의 현실이 바로 그렇다는 것이다.

9. 서해생명정 사건[15]

(1) 사건의 요약

大地生命精	서해생명정
〈선등록상표〉	〈후등록상표〉

위 선등록상표는 1988. 5월 등록되었고, 후등록상표는 2002. 5월 등록되었다. 이 두 상표는 식물생육용 인공토양, 골분비료 등을 지정하였다. 선등록상표권자는 후등록상표에 대하여 무효심판을 청구하였고, 후등록상표는 선등록상표와 유사하다고 판단하여 그 등록이 무효로 되었다. 선등록상표권자는 1984년 '生命精'에 대하여 상표등록출원을 하였으나, 등록을 받지 못한 기록이 있다.

(2) 심결이유

"'生命精'과 이의 한글음인 '생명정'은 외관상 한 단어로 된 것으로서 사전상의 전체적인 의미는 알 수 없으나 '생명'은 누구나 쉽게 알 수 있는 것이고 마지막 글자 '精'은 '쌓을 정, 자세할 정'으로서 한글사전에 '자세하다, 예리하다, 영혼, 마음, 정수, 정기'로 설명된 것으로서 전체적으로 '생명의 정수, 생명의 정기' 등의 의미로 해석되어 '비료'를 지정상품으로 할 경우 그 상품의 품질이나 효능의 일부를 표시하고 있다고 할 수도 있겠으나, 이는 사전에 나와 있지 않은 조어로 된 것으로서 '수목 이식시 활착촉진' 등과 같은 직접적인 성질표시의 의미로는 직감된다고 할 수 없고 그 지정상품의 품질이 좋다는 것을 암시해주는 정도의 것으로서 그 품질 등을 보통으로 사용하는 방법으로 표시한 표장만으로 된 것이라 할 수 없으므로 인용상표들은 전체적으로 그 식별력이 약하다고 할 수는 있겠으나 식별력이 없는 상표라고는 단정할 수 없다.

---

15 특허심판원 2002당2581 심결, 2003.03.04 선고.

… (중략) … 이건상표는 '서해생명정'과 같이 국문자 5자로 된 문자상표로서 외관상 구분 없이 표기되어 있으나 앞 2글자 '서해'는 서쪽 바다를 의미하는 것이고 뒷부분의 3글자는 '생명정'으로서 앞서 살핀 바와 같이 '생명의 정수, 정기' 등으로 인식되는 것으로서 이를 각각으로 분리하여 관찰하면 거래상 자연스럽지 못하다고 할 만큼 일체 불가분적이라고 할 수 없고 그 결합으로 새로운 관념이 연상되는 것도 아니라고 할 것이므로 '서해'와 '생명정'으로 분리관찰이 가능한 것이라 할 것이며, 인용상표 1과 2는 앞서 살핀 바와 같이 그 거래시장에서 청구인의 것으로 상당히 잘 알려진 상표로서 '生命精' 또는 '생명정'과 같이 한 단어로 된 것이고, 인용상표 3은 '大地生命精'과 같이 한자 5자로 구성되고 이 또한 이건상표와 같은 이유로 '대지'와 '생명정'으로 분리하여 관찰하는 것이 가능한 것이라고 할 것이므로, 이를 전제로 이건상표와 인용상표 1, 2 및 3을 대비해 보면, 이들 상표는 모두 구체적으로 다시 살펴보지 않더라도 이건상표는 인용상표 1과 2를 일 요부로 하는 것이고 인용상표 3과는 일 요부가 동일한 것으로서 이들 상표는 그 관념, 외관 및 칭호가 동일 또는 유사한 것들이라 할 것이다."

(3) 심결의 문제점

이 심결에서는 '大地生命精'을 '大地'와 '生命精'으로 분리하고, '**서해생명정**'을 '**서해**'와 '**생명정**'으로 분리한 후, '**생명정**'이 기술표장이라고 할 수도 있겠으나, 그리고 전체적으로 식별력이 약하다고 할 수는 있겠으나 심판청구인(선등록상표권자)의 사용에 의하여 식별력이 없는 상표라고는 단정할 수 없다고 하여 '**서해생명정**'을 무효시켰다. 이 심결이야말로 분리관찰의 백미(白眉)요 압권(壓卷)이라 할 수 있다. 인구(人口)에 길이길이 회자(膾炙)될 것이다.

Ⅲ. 분리관찰의 모순점

앞에서 9건의 실제 사건을 들어 상표의 식별력과 유사여부판단에 관한 분리관찰의 현황을 살펴보았다. 물론 각 사건들에서 취급하고 있는 분리관찰의 문제점도 이미 살펴보았다. 상표의 분리관찰이 옳지 못하다는 것에 대하여 이제 분명히 인식할 수 있을 것이다. 그럼에도 불구하고 우리는 왜 분리관찰을 하고 있는 것일까? 우리의 상표 실무에서 식별력과 유사여부를 판단할 때 분리관찰이 언제부터 행해졌는지는 정확히 알 수 없다. 문제는 분리관찰이 잘못된 판단방법이라는 것을 모르고 있다는 점이다. 그 결과 분리관찰이 아무런 쟁점이 되지 못하고 당연하게 받아들여지고 있다. 물론 부분적으로 분리관찰의 잘못을 인정하는 주장이 전혀 없는 것은 아니다. 앞의 **MR. PIZZA** 사건을 다룬 한 평석을 살펴보자.

> *"(**MR. PIZZA** 사건에서) 일반인들의 소박한 상식에 의하면 대비대상이 된 양 서비스표는 모두 일반 수요자나 거래자들이 문자 부분에 의하여 '미스터 피자' 라고 호칭하고 관념할 것으로 생각되고 그렇게 되면 호칭과 관념이 같게 되어 양 서비스표를 유사한 것이라고 보게 될 가능성이 많다고 할 것인데, 대법원은 양 표장에서 문자 부분인 '**MR. PIZZA**'나 '**mister PIZZA**' 부분은 식별력이 없는 부분이라고 하여 이 부분을 제외하고 나머지 부분인 도형 부분을 가지고 대비하여 양 서비스표가 유사하지 않다고 판단하였다. 위와 같은 대법원의 판단은 양 서비스표를 일반인들이 보는 관점에서의 사실판단으로서의 유사 대비를 한 것이 아니라, 상표법적 관점에서 목적론적이고 규범적인 판단을 한 것이라고 할 것인데, 상표의 전부 또는 일부가 상표로서의 식별력이 없는 부분으로 구성된 경우에 상표의 유사 여부 대비를 함에 있어서는 위와 같은 사실판단과 규범적인 판단 사이에는 적지 않은 괴리가 생기게 된다."[16]*

위 평석에서는, **MR. PIZZA** 사건에서의 분리관찰로 인한 모순을 "사실판단과 규범적인 판단 사이의 괴리"라고 설명하고 있다. 그렇다면 사실판단은 무엇이고 규범적 판단은 무엇이란 말인가? 사실판단은 일반인이 하는 것이고 규범적 판단은 대법원이 하는 것인가? 소박한 상식에 의한 판단은 사실판단이고 고상한 이론에 의한 판단은 규범적 판단이란 말인가? 사실판단은 형이하학적 판단이고 규범적 판단은

16 이장호, "식별력이 없는 부분을 포함하는 상표의 유사여부 판단," 「창작과 권리」, 제20호(2000년 가을호).

형이상학적 판단이란 말인가? **MR. PIZZA** 사건에서 대법원이 한 판단은 일반인이 보는 관점에서의 사실판단으로서의 유사 대비를 한 것이 아니라, 상표법적 관점에서 목적론이고 규범적인 판단을 한 것이라고 하였다. 법률적 판단은 사실에 기초하고 있다. 사실판단을 하지 말고 형이상학적 판단을 하라는 것이 상표법의 목적이 아니다. 상표법의 목적이나 규범을 정확히 이해하지 못하고, 분리관찰의 잘못을 합리화하기 위하여 목적이나 규범을 운운하는 것은 또 다른 합리화요 논리의 허구가 아닐 수 없다. 이제 상표의 식별력과 유사여부 판단에서 나타나고 있는 모순된 논리를 보다 구체적으로 살펴보자.

1. 자연스럽지 못할 정도의 일체불가분적 결합의 여부에 관한 모순

앞에서도 살펴보았지만, 우리의 판례는 "자연스럽지 못하다" 또는 "일체불가분적 결합이다 또는 아니다"라는 표현을 선행 판례로부터 너무 무심코 인용하고 있다. 잘못된 논리를 그대로 인용하고 있다는 얘기다. 잘못된 논리를 인용하고 있으니까 그 판단이 제대로 될 리가 없다. 그렇다면 이 논리가 왜 잘못되었다는 것인가? 상표는 채택 내지 선택이라고 했다. 상표권자가 채택한 것은 그 자체가 바로 하나의 상표이다. 상표가 어떻게 결합되어 있든지 간에 그것은 그의 권리이다. 있는 그대로 판단하면 되는 것이다. 그러한 상표를 제3자가 자연스럽다느니 부자연스럽다느니 왈가왈부할 대상이 아니다. 그리고 어떤 것이 자연스러운 것이고 어떤 것이 부자연스러운 것인지에 대한 기준이 있을 수도 없다. 그 기준이 있다면, 오로지 판단하는 자의 주관만이 그 기준이라 할 것이다. 법률적 판단은 주관적 판단이 아니고, 그렇게 되어서도 안 된다. 일체불가분적으로 결합되어 있느니 그렇지 않느니 하는 것도 똑같은 얘기다. 상표의 식별력이나 유사여부를 판단함에 있어서, 이런 논리가 적용된다면 그 판단은 십중팔구 잘못된 판단이라 보아도 무방하다.

2. 간이신속을 요하는 상거래의 관습에 관한 모순

복잡한 우리 인류사회의 한 단면을 볼 때 간단히 약칭하는 현상이 전혀 없는 것은 아니다. '아파트먼트'를 '아파트'라고 부르고, '코디네이터'를 '코디'로 부르고 있다. 그렇지만 인류사회의 모든 면이 그렇게 되는 것은 아니다. '상표'를 '상'이나 '표'라고 부를 수 없고, '대통령'을 '대'나 '대통'으로 부를 수는 없는 노릇이다. 상표는 특히 그렇게 부르지 마라고 했다. 물론 우리 상표법에는 그런 내용이 없다. 상표법에 그런 내용이 없다고 해서 그렇게 불러도 된다는 것은 아니다. 이 점에 관한 구체적인 이유는 후술한다.

상표는 있는 그대로 보아야 한다. 앞에서도 설명했듯이, **'POWER'**가 등록되면, **'A POWER'**나 **'B POWER'** 같은 상표의 등록을 배제할 가능성이 그만큼 높아진다. 그렇지만 **'A POWER'** 라고 등록받으면, **'B POWER'**나 **'C POWER'**를 등록받지 못하게 할 가능성이 그만큼 낮아지게 된다. **'POWER'**를 선택했느냐 아니면 **'A POWER'**를 선택했느냐 하는 것은 전적으로 상표권자의 권리이고, 그 선택에 따른 책임 또한 전적으로 상표권자에게 돌아간다. 그래서 있는 그대로를 판단해야 한다. 그런데 그것을 이렇게 분리하고, 저렇게 분리해서, 자연스럽다느니 부자연스럽다느니 따지려 하니까 괴상한 논리가 동원되는 것이고 망측한 결과가 나오는 것이다.

3. 식별력에 대한 단정 금지

'미스터'라고 3음절로 발음되는 **'MR.'**를 상표로서 처음으로 채택하면, 그것이 그 사람의 상표가 되는 것이다. 그래서 **'MR. PIZZA'**라는 상표가 나오고, **'MR. 토스트'**라는 상표가 나오는 것이다.

'MR. PIZZA'는 **'MR. PIZZA'**이고, **'Mr. 토스트'**는 **'Mr. 토스트'**이다. 'PIZZA'나 '토스트'가 그 상품의 일반명칭이라 해서 이들을 분리하여 **'MR.'** 만을 판단해서는 안 된다. 물론 'PIZZA'는 일반명칭이기 때문에 누구나 자유롭게 사용할 수 있는 부분이다. 예를 들어 다른 사람이 '**백두산 PIZZA**'라고 했을 때, '**MR. PIZZA**'의 권리를 침해하는 것이 아니다. 'PIZZA'가 권리주장을 할 수 없는 일반명칭에 해당하기 때문이다. 그래서 상표제도가 잘 발달된 나라에서는 이런 경우 'PIZZA'에 대해서 권리주장을 하지 않겠다는 권리 불요구제도(disclaim)를 잘 활용하고 있다. 우리는 하지 말라는 분리관찰 같은 것에는 능수능란해도 권리불요구제도 같은 데에는 아예 관심도 없다.

권리를 요구하지 못하는 일반명칭이나 기술용어라 해서, 그것을 분리해 떼어 버리고 나머지 부분만으로 식별력이나 유사여부를 판단해서는 안 된다. '**고려통운**'과 '**고려관광**'의 예가 적절하다 할 것이다. '통운'과 '관광'이 기술용어라고 해서 이를 분리관찰한 결과, '**고려통운**'이 등록받지 못하는 비운을 겪은 것이다.

상표법 제6조 제1항 제6호에서 규정하는 "간단하고 흔히 있는 표장으로 식별력이 없는 상표"와, 동항 제7호에서 규정하는 "수요자가 누구의 업무에 관련된 상품을 표시하는 것인가를 식별할 수 없는 상표"는 등록받을 수 없다. 이 제6호와 제7호 규정의 의미는 정확히 이해되어야 한다. 주관적인 판단에 의존한 나머지, 간단하다고 판단하여 함부로 제6호를 적용해서도 안 되고, 명백한 다른 거절이유에 해당하는 데에도 제7호를 적용해서도 안 된다.

4. 기술표장과 암시표장의 구분

상표의 식별력이나 유사여부를 판단할 때 기술표장인지 아니면 암시표장인지를 판단하는 것은 매우 중요하다. 특히 다른 상표와의 유사여부를 판단할 때보다는 상표 자체의 식별력을 판단할 때 더 중요하다. 왜냐하면 그에 대한 판단은 바로 등록여부를 결정하기 때문이다. 다시 말해서, 어떤 표장이 기술표장에 해당되면 등록받을 수 없지만, 암시표장으로 판단되면 등록받을 수 있기 때문이다. 물론 기술표장과 암시표장을 정확히 구분한다는 것은 그리 간단한 문제가 아니다.

SURESTORE 사건과 **OPTIMA CAST** 사건이 바로 대표적인 예라 할 수 있다. 지정상품과 관련하여 '**SURESTORE**'가 기술표장에 해당된다면 등록받을 수 있고, 암시표장에 해당된다면 등록을 받지 못하게 된다. 물론 '**SURESTORE**'는 임의선택표장이라고 볼 수도 있다. 그런데 '**SURESTORE**' 사건에서는 이 상표가 제6조 제1항 제7호에 의하여 등록을 받지 못하였다. 가려운 다리는 왼쪽 다리인데, 오른쪽 다리를 긁어 대다가 황천길로 간 형국이라 할 수 있다.

'**OPTIMA CAST**'도 마찬가지다. 기술표장에 해당되어 등록받지 못하였다. 심사관은 '최고, 최적의 깁스붕대'라 해석하여 기술표장이라고 판단하였다. 암시표장과 기술표장을 구분하는 방법을 여기서 상세히 설명할 수는 없지만, 기술표장이란 그 상품을 직접적으로 설명(묘사)하는 데 필요한 용어이고, 암시표장이란 그 상품을 간접적이고 상징적으로 암시할 수 있는 용어를 의미한다. '**OPTIMA CAST**'는 그 지정상품과 관련하여 좋은 암시표장이라 할 수 있다.

5. 조어표장과 임의선택표장의 구분

우리는 상표의 식별력이나 유사여부를 판단함에 있어서, 획일적인 판단에 의존하려는 경향이 있다. 그런데 상표는 그렇게 간단한 것이 아니다. 앞의 예에서 '**고려통운**'과 '**고려관광**'은 서로 식별력이 있다고 설명하였다. 그렇지만 '**코닥통운**'과 '**코닥관광**'은 그렇지 않다고 하였다. '고려'는 사전적(辭典的) 용어이지만, '**코닥**'은 그렇지 않기 때문이다. '고려'는 임의선택표장에 해당하지만, '**코닥**'은 조어표장에 해당한다. 따라서 상표구성에 있어서 흡사하지만, 식별력의 판단은 달라질 수 있다. 이런 의미에서 어떤 표장이 조어표장에 해당하는지 아니면 임의선택표장에 해당하는지에 대한 판단은 중요한 의의를 갖는다.

6. 법제와 언어수단이 다르다는 이유

대개 출원인이 외국에서의 등록된 사례를 제시하면, 심결문이나 판결문에 거의 틀림없이 등장하는 이유가 바로 이것이다. 우리 법제에 따라 독립적으로 판단해야 할 것이지, 법제와 언어가 다른 외국의 등록례에 구애받을 것이 아니라는 것이다.

물론 법제와 언어가 다르면, 그렇게 되어야 한다. 그렇지만 상표의 종류나 본질은 따져 보지도 않고 법제가 다르다는 이유만으로(실제로 법제가 다른 경우는 거의 없음) 그리고 언어가 다르다는 이유만으로 그렇게 판단하고 있다.

외국의 등록례를 제시하는 경우는 유사여부판단의 경우가 아니라 식별력 판단의 경우이다. 예를 들어, 우리나라에 '틀림없는 가게'라는 상표가 선등록되어 있는 상황에서, '**SURESTORE**'를 출원하여, 이들 두 상표의 유사여부(관념유사)를 판단하게 되었을 때에는, 아무리 많은 외국의 등록례를 제시한들 아무 소용이 없다.

식별력을 판단할 때, 보다 구체적으로 암시표장이냐 기술표장이냐의 여부를 판단할 때, 외국의 등록례를 제시한다는 점이다. 그리고 암시표장이냐 기술표장이냐에 대한 판단기준이나 판단방법은 외국이라고 해서 우리와 다르지 않다는 점이다. 더욱이 영어권인 나라에서 적법하게 등록된 상표가 우리나라에서 기술표장에 해당한다는 이유로 등록되지 못한다는 것은 이해하기 힘든 사정이라 할 수 있다. 상표의 식별력을 판단함에 있어서 법제와 언어가 다르다는 이유는 더 이상 남용되지 않아야 할 것이다. 법제가 다르다면, 무엇이 어떻게 다른지를 구체적으로 설명할 수 있어야 한다.

Ⅳ. 분리관찰의 금지

상표의 식별력이나 유사여부를 판단함에 있어서는 상표를 분해하여 판단해서는 안 되고, 상표 전체가 상품출처의 오인혼동을 일으킬 수 있는 정도의 여부로써 판단하여야 한다.[17] 상표의 유사여부는 상표를 분해하거나(analyze) 또는 절개하여(dissect) 판단해서는 안 된다.[18] 미국에서 이미 1931년에 적용되었던 원칙이다. 상

---

17 최덕규, 앞의 책, 373쪽.

18 미국판례 Simoniz Co. v. Permanizing Stations of America, Inc., 49 F.2d 846, 847 (C.C.P.A. 1931).

표의 유사여부판단은 그 상표가 관련 수요자에 의하여 어떻게 인식될 것인가의 관점에서 상표의 전체적 인상(overall impression)으로 판단하여야 하는 것이지 상표의 구성요소를 절개하거나 분해해서는 안 된다.

상표의 유사여부에 관한 판단은 상표법에서 가장 중요한 부분이라 해도 과언이 아니다. 그리고 가장 어렵기도 한 부분이라 할 수 있다. 그래서 상표법 분야에서는 이에 관한 많은 연구가 진행되어 왔다. 세계지적소유권협회(AIPPI)도 이 중요한 문제를 의제(Question)로 채택하여 다년간 연구하였고, 그 결과 1995년 몬트리올 총회에서 결의문(Resolution)을 채택하기에 이르렀다.[19] 이 결의문에는 i) 유사성 판단을 위한 총칙, ii) 유사성 판단기준, iii) 기타의 판단요소, iv) 기타의 판단기준 및 v) 향후 연구할 과제에 대하여 제시하고 있다. 여기서는 분리관찰과 밀접한 관계가 있는 i) 유사성 판단을 위한 총칙과 ii) 유사성 판단기준에 대해서 상세히 살펴본다.

1. 유사성 판단을 위한 총칙[20]

1.1 상표의 유사성은 상표가 관련 공중[21]에 의하여 어떻게 인식될 것인지의 관점

19 최덕규, 앞의 책, 373쪽.

20 AIPPI Question Q127의 Resolution

1. General rules for comparison to determine likelihood of confusion

1.1 Marks must be compared with due regard as to how they will be perceived by the relevant public and the effects on those persons of the circumstances of use. The comparison to be made is not primarily a direct comparison between the marks, but a comparison between one mark and the recalled image of the other mark, or between the recalled images of both marks.

1.2 Comparison of the overall impressions created by the respective marks will normally be decisive. In determining overall impression, the marks are not to be dissected into their constituent elements and compared detail by detail because that is not the way marks are perceived or recalled by the relevant public.

1.3 In some cases, however, where non-distinctive elements contribute to the overall impressions of the respective marks, it may be necessary to consider the constituent elements of the marks. In such cases, the likelihood of confusion is doubtful unless both marks have a distinctive element or elements which is or are similar.

에서 그리고 사용환경에 놓여 있는 관련 공중에게 미치는 영향의 관점에서 판단되어야 한다. 이러한 판단은 두 상표를 직접 비교하는 것이 아니라, 한 상표는 직접 그리고 비교하고자 하는 다른 상표는 기억된 이미지(recalled image)로써 비교하거나, 두 상표 모두 기억된 이미지로써 비교하여야 한다.

1.2 각각의 상표에 의하여 형성되는 전체적인 인상(overall impression)에 의한 비교판단이 통상 결정적일 수 있다. 전체적인 인상을 판단함에 있어서, 상표는 그 구성요소별로 분해되어서는 안 되고, 그리고 부분적으로 비교 판단되어서도 안 된다. 왜냐하면 상표의 분해된 부분은 관련 공중에 의하여 인식되거나 기억될 수 있는 상표 그 자체가 아니기 때문이다.

1.3 그러나 식별력을 갖지 않는 비특징적 요소가 각 상표의 전체적인 인상에 영향을 미치는 경우에는, 그 요소도 고려할 필요가 있다. 이러한 경우에, 두 상표가 서로 유사한 특징적 요소를 갖지 않는다면 오인혼동의 가능성은 부인될 수 있다.

한마디로 분리관찰을 하지 마라는 것이다. 상표는 전체로서 인식되고 기억되는 것이지 부분적으로 인식되거나 기억되는 것이 아니기 때문이다. 그리고 설사 비특징적 요소가 포함되어 있다 하더라도, 그것이 상표의 전체적인 인상에 영향을 미칠 수 있다면, 그것도 반드시 고려해야 한다는 것이다. 비특징적 요소라고 해서 함부로 분리하지 말라는 뜻이다.

2. 유사성 판단기준[22]

2.1.a 상표의 식별력은 그 보호범위에 영향을 미친다. 식별력은 i) 상표의 독특

21 여기서 관련공중(relevant public)이란 상표의 사용에 의하여 영향을 받을 수 있는 모든 사람을 의미하는 것으로 구매자(purchasers), 구매가능자(potential purchasers), 사용자(users) 및 그 제품이 판매되기 전후를 막론하고 그 제품과 관련된 사람을 포함하며 이들에 제한되지 않는다.

22 AIPPI Question Q127의 Resolution
2. Criteria for comparison

성(특별현저성), ii) 임의선택표장인지 조어표장[23]인지의 여부, iii) 광고기간 및 광고의 정도, iv) 사용기간 및 사용의 정도 및 v) 상표에 대한 명성을 인자로 하는 함수관계이지만, 반드시 이에 제한되는 것은 아니다.

2.1.b 바꾸어 말하면, 상표가 기술용어로 사용된다면, 그 상표의 식별력은 그만큼 약화될 수도 있다.

2.2 칭호, 외관 또는 관념에 의한 유사는 오인혼동의 가능성을 야기시키기에 충분하다. 이들 어느 한 관점에서의 유사가 결정적인 것으로 판단할 수 없다면, 다른 두 관점에서 판단할 수 있고 이러한 판단은 중첩효과(cumulative effect)를 가져올 수 있

2.1a A mark's distinctiveness influences its scope of protection. Distinctiveness is a function of factors including, but not limited to:

Ⅰ. the mark's uniqueness;

Ⅱ. its arbitrary or fanciful character;

Ⅲ. the intensity and duration of its promotion;

Ⅳ. the intensity and duration of its use; and

Ⅴ. its reputation.

2.1b Conversely, a mark's distinctiveness may be weakened by factors including but not limited to use in a descriptive manner.

2.2 Similarity in sound, sight or meaning may be sufficient to cause a likelihood of confusion. If similarity in one such aspect is not full decisive of likelihood of confusion, the issue may be determined by considering the other aspects and their cumulative effect. If a mark is used in a way that primarily invokes the effect of one or more of these aspects (e.g. appearance for products selected by label through self-service, or pronunciation for products ordered by telephone), that aspect or those aspects should be given appropriate weight in the comparison.

2.3 Where one mark is a translation of another and the meaning of both marks is known by the relevant public, the use of the second mark may cause confusion in relation to the first.

2.4 The existence of a family of marks with one or more common distinctive element or elements is an important factor in determining likelihood of confusion with another mark having that element or those elements. In addition, each mark in the family may be protected by applying the criteria for determining likelihood of confusion as set forth herein.

23 우리의 조어표장(造語標章)에 대한 개념은 정확히 coined mark와 fanciful mark를 포함하여야 한다.

다. 어떤 상표가 셀프 서비스를 통한 외관적 식별에만 의존한다든지 아니면 전화주문 판매와 같이 청각적 식별에만 의존하는 것과 같이 특별한 관점에서 사용되는 경우에는, 그러한 관점에 비중을 두어 유사여부를 판단하여야 한다.

2.3 어떤 상표가 비교하고자 하는 다른 표장을 번역한 것으로서 두 상표의 의미가 관련공중에게 알려진 경우에, 그 번역된 상표는 원상표에 대하여 오인혼동을 야기할 수 있다.

2.4 하나 이상의 특징적 요소를 갖는 일군의 상표가 존재한다는 것은 그러한 요소를 갖는 다른 상표와의 오인혼동 가능성을 결정하는 데 중요한 요인이 된다. 또한, 그 일군에 속하는 각각의 상표는 위에서 설명한 오인혼동 가능성을 판단하는 기준을 적용하여 보호될 수 있다.

상표의 유사성을 쉽게 판단하지 마라는 것이다. 모든 요소를 종합적으로 검토하여 판단하여야 한다는 것이다. 칭호, 외관 또는 관념에 의한 유사는 서로 독립적인(independent) 것인데, 이들은 또한 중첩적(cumulative)이라는 것이다. 어느 한 관점에서의 유사가 확실하면, 유사하다고 결론내릴 수 있지만, 다른 관점에서의 유사가 함께 존재하면, 더 유사하다고 할 수 있다는 것이다. 번역한 경우에 관념에 의한 유사여부를 판단하여야 한다는 것이다. 관념유사를 판단하는 것도 아닌데, '**Manhattan portage**'를 '맨해튼으로의 수송'이라고 번역하고, '**Manhattan passage**'를 '맨해튼으로의 항해'라고 번역하지 마라는 것이다.

V. 결 론

상표의 식별력과 유사여부 판단에 있어서 상표를 분리하여 관찰하는 분리관찰은 더 이상 허용되어서는 안 된다. 자연스럽지 못할 정도의 일체불가분적 결합이라든가 간이신속을 요하는 상거래의 관습을 이유로 분리관찰을 정당화하려는 이제까지의 논리는 모두 허구였다고 할 수 있다. 상표를 있는 그대로 보지 못하고 함부로 간단하다고 판단한다든지 그래서 식별력이 없다고 단정하는 것도 이제 지양되어야 한다. 상표의 식별력과 유사여부를 올바로 판단하기 위하여 기술표장과 암시표장을 명확히 구분할 줄 알아야 하고, 조어표장과 임의선택표장의 차이점을 볼 줄 알아야 한다. 상표 자체의 식별력을 판단함에 있어서, 우리의 법제와 언어수단이 외국과 다르다는 이유는 더 이상 상표의 식별력을 부인하기 위한 이유가 되어서는 안 된다.

6. 대한민국 상표제도의 문제점(Ⅰ)[1]

— 기술(記述) 표장(descriptive mark)에 대하여 —

Ⅰ. 머리말

특허발명의 핵심이 신규성(novelty)이라 한다면 상표의 핵심은 식별력(distinctiveness)이라 할 수 있다. 상품이나 서비스의 출처를 표시하기 위해서 표장은 식별력을 가져야 한다. 식별력이 없는 상표는 상품이나 서비스의 출처를 나타낼 수 없기 때문에 상표로서의 가치가 없고, 상표로서 등록받을 수도 없다. 상표로서 등록받을 수 없기 때문에 상표법하에서 법적 보호를 받을 수도 없다. 따라서 상표를 채택하거나 만들고자 하는 경우에는 식별력이 갖추어져 있는 것인지를 가장 먼저 고려해야 한다.

상표는 식별력에 따라 5가지로 분류하는데, 일반명칭표장(generic mark), 기술표

1 「창작과 권리」 제68호(2012년 가을호).

장(descriptive mark), 암시표장(suggestive mark), 임의선택표장(arbitrary mark) 및 조어표장(coined mark 또는 fanciful mark)이 그것이다. 이 중에서 일반명칭표장은 절대적으로 식별력이 없다. 자동차에 '자동차'라는 표장을 선택한다든가, T-셔츠에 '티셔츠'라는 표장을 선택하는 경우가 그 예이다. 물론 상표를 이렇게 일반명칭으로 선택하고자 하는 자는 없을 것이다. 그런데 이 문제는 새로운 상품이 개발되어 그 상품에 명칭을 부여하는 경우에 종종 심각하게 대두될 수 있다.

암시표장, 임의선택표장 및 조어표장은 본질적으로 식별력이 인정되는 상표들이다. 식별력의 관점에서 보면 이들은 아주 좋은 상표들이다. 그리고 어떤 표장이 이들 중의 하나에 해당된다면 선행의 유사상표가 존재하지 않는 한 그 상표는 절대적으로 등록받을 수 있다.

기술표장은 식별력이 없기 때문에 일단 등록받을 수 없다. 그러나 어떤 기술표장을 어떤 특정업체만이 사용한 결과 출처표시 기능을 획득하게 되면 그 기술표장은 상표등록을 받을 수 있다. 사용에 의하여 식별력이 획득된 것이다. 기술표장은 성질표시표장이라고도 하는데 이는 상표법 제6조 제1항 제3호(이하 '제3호')에서 규정하여 이에 해당하는 상표는 등록을 받을 수 없도록 규정한다.[2]

그런데 문제는 식별력에 따른 위 5가지 상표 중에서 기술표장과 암시표장의 구분이 그리 용이하지 않다는 점이다. 어떤 표장을 기술표장으로 보아야 할 것인지 아니면 암시표장으로 보아야 할 것인지는 매우 중요하다. 기술표장으로 판단되면 등록받을 수 없지만, 암시표장으로 판단되면 등록받을 수 있기 때문이다. 상표출원의 심사과정에서 제3호에 의한 거절이유가 전체의 약 90%를 차지하고 있는 현실을 감안하면, 기술상표가 상표법에서 얼마큼 중요한 것인지를 알 수 있다. 그럼에도 불구하고 기술상표에 대한 우리 상표법의 규정이나 상표실무는 아직도 미흡한 면이 많다.

2 상표법 제6조 제1항 제3호: 그 상품의 산지, 품질, 원재료, 효능, 용도, 수량, 형상(포장의 형상을 포함한다), 가격, 생산방법, 가공방법, 사용방법, 또는 시기를 보통으로 사용하는 방법으로 표시한 표장만으로 된 상표

II. 기술표장의 의의

기술표장(descriptive mark)이란 그 상품이나 서비스업과 관련한 정보를 소비자에게 전달하는 데 사용될 수 있는 용어로 이루어진 상표를 말한다.[3] 제3호에서는 '상품의 산지, 품질, 원재료, 효능, 용도, 수량, 형상(포장의 형상을 포함한다), 가격, 생산방법, 가공방법, 사용방법, 또는 시기'로 규정하고 있지만, 이는 예시에 불구하고 이에 한정되는 것은 아니다. 기술표장은 상품이나 서비스에 관한 정보를 설명하는 데 사용되는 용어이기 때문에 특정의 출처를 식별하기 위한 식별력을 갖지 못한다. 기술표장은 단순기술표장과 사칭기술표장으로 구분하여 설명하는데 구체적인 내용은 다음과 같다.

1. 단순기술표장(merely descriptive mark)

단순기술표장은 상품에 관한 정보를 사실 그대로 기술하고 있는 표장을 의미한다. 예를 들어 인삼을 원료로 하고 있는 인삼차에 대하여 '인삼'이라는 상표는 원료를 그대로 기술한 단순기술표장이다. 단순기술표장을 상표등록으로부터 배제하는 이유는 경쟁업자를 보호해야 하기 때문이다. 인삼을 원료로 인삼차를 제조하는 사람은 누구나 그 제품에 관한 정보를 기술하고자 할 때 '인삼'을 자유롭게 사용할 수 있어야 한다. 환언하면 단순기술표장에 해당하는 용어는 경쟁업자 누구나 자유롭게 사용될 수 있어야 하며 어느 특정인에게 독점권이 주어질 수 없는 것이다.[4]

3 Beverly W. Pattishall 외, *Trademarks*, Matthew Bender, New York, 1987, p.51.

4 최덕규, 「商標法(전정판)」, 세창출판사, 1999, 78쪽.

2. 사칭기술표장(deceptively descriptive mark)

사칭기술표장은 상품에 관한 정보를 사실과 다르게 기술하고 있는 표장을 의미한다. 예를 들어 인삼을 원료로 하고 있지 않은 차에 대하여 '인삼차'라는 상표를 사용한다면, 이 경우 '인삼차'는 실제 제품의 정보와는 다르게 기술된 사칭기술표장이다. 이런 경우 소비자는 상표에 의하여 속임을 당할 수 있다. 상표만을 보고 인삼성분이 함유되어 있을 것이라고 판단하고 제품을 구매했는데 실제로 인삼성분이 함유되지 않았다면 그 소비자는 사기를 당한 것이다. 사칭기술표장을 상표등록으로부터 배제하고 있는 이유는 상표로 소비자의 오인이나 혼동을 방지하여 소비자를 보호하겠다는 취지에서 비롯된다.

결론적으로 기술표장은 상품에 관한 정보를 사실 그대로 기술하는 단순기술표장이건 상품에 관한 정보를 사실과 다르게 기술하는 사칭기술표장이건 상표등록을 받을 수 없다.

Ⅲ. 기술표장과 관련한 문제점들

1. 기술표장과 암시표장에 대한 판단의 문제점

어떤 표장이 기술표장인지 아니면 암시표장인지를 판단하는 방법에는 주로 다음의 3가지 방법이 사용되는데, 첫째, 표장이 그 상품에 관한 정보를 직접적으로 설명하는지의 여부, 둘째, 표장이 상품에 관한 정보를 설명하기 위하여 경쟁업자들에 의하여 사용되어 왔는지의 여부, 그리고, 셋째, 표장이 상품에 관한 정보를 설명하기 위하여 다른 경쟁업자에 의하여 장차 사용될 필요성이 있는지의 여부가 바로 그것이다. 어떤 표장이 상품에 관한 정보를 직접적으로 설명하거나 경쟁업자들에 의하여 사용되고 있거나 또는 장차 그 용어가 상품의 정보전달을 위하여 경쟁업자에 의하여 사용될 필요성이 있다면 그 표장은 기술표장으로 판단되지만, 그렇지 않다면 암시표장이나 임의선택표장으로 보아야 한다. 기술표장과 암시표장 또는 기술표장과 임의선택표장 또는 조어표장을 판단하는 가장 용이하면서 간편한 방법은 용어사전에 수록되어 있는지의 여부를 판단하는 것이다. 용어사전에 수록되어 있지 않다면, 절대적으로 그런 것은 아니지만, 일단 기술표장이 아닌 것으로 볼 수 있다.

예를 들어 가구 등에 사용하는 '우아미' 상표를 살펴보자. '우아미'는 '우아하다'는 형용사와 '미(美)'가 결합된 일종의 합성어이다. 가구에 관한 상품정보를 설명할 때 '우아하다', '우아한' 등의 용어가 필요할지언정 '우아미'가 꼭 필요한 것은 아니다. 그리고 '우아미'라는 용어를 상품정보와 관련하여 어느 경쟁업자도 사용하고 있지 않다면 '우아미'는 최소한 기술표장이 아니라 조어표장 내지는 암시표장으로 판단해야 한다. 기술표장이 아니고 조어표장 내지는 암시표장으로 판단한다면 상표등록으로부터 배제할 이유가 없다.

"온라인을 통한 데이트 및 소개 서비스업"(제42류)을 지정서비스업으로 하여 상표출원되었던 'MATCH.COM' 상표에 대하여 심사관은 이 상표가 '배우자, 결연' 등의 뜻을 가지고 있어 그 지정서비스업에 사용할 경우 서비스업의 용도 등 성질을 표시하는 표장이므로 제3호에 해당하여 등록될 수 없다고 거절결정하였다. 이 거절결정에 대한 심판에서, 'MATCH' 부분은 그 지정서비스업과 관련하여 '짝, 한 쌍의 한쪽, 배우자' 등을 의미하는 뜻으로 널리 쓰이는 영어 단어이고, 'COM'부분은 국내의 일반 수요자나 거래자가 최상위 인터넷 도메인 이름으로 쉽게 인식할 수 있는 용어이므로 본원상표가 그 지정서비스업에 사용될 경우 일반 수요자는 전체적으로 '상대방과의 데이트 및 소개서비스를 제공하는 인터넷 홈페이지의 도메인 명' 등으로 그 의미를 직감할 수 있으므로 역시 제3호에 해당한다고 판단하였다.[5] 이에 불복한 소송에서, 특허법원은, 이 상표에서 'COM'과 'MATCH'를 분리하여 'COM'은 일반적으로 식별력이 있는 부분이라 할 수 없고, 'MATCH'는 지정서비스업과 관련하여 그 지정서비스업의 용도나 내용을 직감할 수 있는 기술적 표장이라 판단하고, 또한 본원

5 특허심판원 심결 2001원396.

상표 'MATCH.COM'이 그 지정서비스업의 성질(효능, 용도, 사용방법 등)을 보통으로 사용하는 방법으로 표시한 표장으로 판단하여 제3호에 해당한다고 판결하였다.[6]

'MATCH.COM'은 심사관부터 특허심판원 그리고 특허법원 모두 기술표장이라 판단하였다. 과연 이 상표가 기술표장인지 아니면 암시표장인지 살펴보자. 지정서비스업이 "온라인을 통한 데이트 및 소개 서비스업"(제42류)이기 때문에, 그 서비스에 관한 정보전달을 위하여 'MATCH.COM'이 사용되거나 사용될 가능성이 있는 것은 아니다. 이 서비스업에 관한 정보전달을 위하여 필요하다면 'match(매치)'가 필요하지, 'MATCH.COM(매치닷컴)'이 필요한 것은 아니다. 또한 용어사전에는 'match'가 수록된 것이지, 'MATCH.COM'이 수록된 것은 아니다. 그렇다면 'MATCH.COM'은 기술표장이 아님을 쉽게 알 수 있다. 그런데 심사관, 특허심판원, 그리고 특허법원은 왜 모두 'MATCH.COM'을 기술표장으로 판단한 것일까? 앞에서 살펴보았듯이, 심사관, 특허심판원, 특허법원은 모두 상표의 식별력을 판단함에 있어서 상표를 분리하여 관찰하는 잘못을 범했기 때문이다. 본건 상표를 분리하여 관찰하면, 그들의 판단과 같이, 'COM'은 일반적으로 식별력이 있는 부분이라 할 수 없고, 'MATCH'는 지정서비스업과 관련하여 그 지정서비스업의 용도나 내용을 직감할 수 있는 기술표장이라 판단할 수 있다. 그러나 본건상표는 'MATCH.COM'이지 'MATCH'가 아니다. 물론 표장이 'MATCH'라면 서비스업과 관련하여 기술표장임이 틀림없다. 경쟁업자도 이 용어를 자유롭게 사용할 수 있어야 하기 때문이다. 따라서 상표의 식별력 판단이나 유사여부를 판단함에 있어서 함부로 분해하거나 분리해서 관찰해서는 안 된다. 설사 어느 부분이 식별력이 없다고 하더라도 전체로 볼 때 그렇지 않은 것이 바로 상표이다. 본 사안은 분리관찰을 하지 마라는 상표의 기본법리를 위반하여 판단함으로써 기술표장이 아닌 것을 기술표장으로 판단한 어처구니없는 사건이었다.

비누(soap)에 대하여 출원된 'BIO SECURE'에 대하여 심사관은 '생화학적으로 안

6 특허법원 판결 2001허6643.

전한'의 의미로 쉽게 인식되므로 지정상품의 품질, 효능을 표시하는 기술표장에 해당하여 제3호에 해당한다는 거절이유를 통지하였다.[7] 상표는 있는 그대로 호칭하고 있는 그대로 인식하는 것이다. 'APPLE' 또는 '애플'을 '사과'라고 번역하여 부르지 않는다. 'BIO SECURE'도 마찬가지다. 'SECURE'가 설사 '안전한'이란 의미를 갖는다 하다라도, 이 상표는 'BIO SECURE(바이오 세큐어)'이지 '생화학적으로 안전한'이 아니다. 'BIO' 또는 'SECURE'는 각각 지정상품의 정보전달에 사용가능성이 있는 용어라 할 수 있어도 'BIO SECURE'가 그런 것은 아니다. 그렇다면 결론은 간단하다. 이 상표는 기술표장이 아니라 암시표장인 것이다.

상표의 분리관찰이나 상표의 해석은 우리의 상표실무에 있어서 아주 심각한 또 다른 문제이지만, 기술표장과 암시표장의 판단 또는 기술표장과 조어표장 내지는 임의선택표장에 대한 판단은 아주 심각한 상황이라 할 수 있다.

2. 상표법 제7조 제1항 제11호의 문제점

상표법 제7조 제1항 제11호(이하 '제11호')에서는 "상품의 품질을 오인하게 하거나 수요자를 기만할 염려가 있는 상표"를 상표등록을 받을 수 없는 상표로 규정하고 있다. 제11호의 규정은 상표출원의 심사과정에서는 거절이유의 하나에 해당하고, 상표등록의 무효심판이나 무효소송에서는 무효사유의 하나에 해당하기 때문에, 자주 적용되고 있는 조항 중의 하나이다.

제11호의 내용은 전단과 후단으로 구분된다. 전단규정은 상품의 품질을 오인하게 할 염려가 있는 상표를 상표등록으로부터 배제하는 것이고, 후단규정은 수요자를 기만할 염려가 있는 상표를 배제하는 것이다. 이들은 모두 기술표장과 관련이 있지만 전단규정이 기술표장과 더 밀접한 관계가 있기 때문에 여기서는 전단규정에 대해서만 살펴본다.

7 국제상표등록출원 제1097160호.

제11호의 전단규정에 따르면, 상품의 품질을 오인하게 할 염려가 있는 상표는 상표등록을 받을 수 없다. 다시 말해서, 수요자가 특정상표에 의한 상품을 선택할 때 그 상품이 특정품질을 유지하리라 생각하였는데 실제로 그러하지 못했다면 이는 상품의 품질을 오인하게 하였다고 판단할 수 있다. 이러한 상표라면 상표등록을 배제시키겠다는 것이 제11호 전단규정의 취지이다.

그러나 상표는 한마디로 상품을 생산하는 자가 자기의 상품과 타인의 상품을 식별하도록 하기 위하여 사용하는 표장이다. 상표등록을 받기 위하여 상표는 식별력이 있어야 한다. 상품출처(origin of goods)를 나타내기 위한 기능이 있다면 그럼으로써 오인(mistake), 사기(deception) 또는 혼동(confusion)을 야기시키지 않는다면 상표로서의 식별력이 인정된다. 즉 상표는 상품의 출처를 식별하기 위한 수단이지 상품의 품질 오인을 방지할 수 있는 수단이 아니다. 다시 말해서 상품의 품질 오인을 방지할 목적으로 상표제도를 두고 있는 것이 아니다. 상표는 상품의 품질이 좋든 나쁘든 품질에 관계없이 상품의 출처를 표시하기 위하여 상품에 사용되는 수단이다. 고급상품에도 상표는 부착될 수 있고, 품질이 좋지 않는 상품에도 상표는 얼마든지 부착될 수 있다. 물론 상표는 간접적으로 상품의 품질보증기능을 갖지만, 이러한 기능이 있다고 해서 상표가 상품의 품질오인을 방지할 수 있는 수단이라고는 말할 수 없다. 이러한 관점에서 제11호의 전단규정은 최소한 상표법의 근본적인 취지와 부합되지 않는 규정이라 할 수 있다.

제11호의 전단규정을 해석함에 있어서는, 수요자가 인식하는 상품과 특정상표가 사용되는 상품과의 사이에 일정한 경제적인 관련관계 내지 부실관계(不實關係)가 존재하여야 한다고 보고 있다.[8] 이 해석에서의 '경제적인 관련관계' 내지 '부실관계'가

8 송영식 외, 「지적소유권법」, 육법사, 1991, 628쪽.
* "특정의 상표가 품질의 오인을 일으킬 염려가 있다고 하기 위해서는 당해 상표에 의하여 일반인이 인식하는 상품과 현실로 그 상표가 사용되는 상품과의 사이에 일정한 경제적인 관련관계 내지 부실관계가 존재할 필요가 있음이 원칙이다. 예컨대, 양자가 동일계통에 속하는 상품이거나 재료 · 용도 · 제법 · 판매 등의 점에서 계통을 공통히 함으로써 그 상품의 특성에 관하여 거래상 오인을 일으킬 정도의 관계가 인정되어야 하며 지정상품과 아무런

무엇을 의미하는지 정확히 알 수는 없지만, 제3호에서 규정하는 "그 상품의 산지, 품질, 원재료, 효능, 용도, 수량, 형상, 가격, 생산방법, 가공방법, 사용방법, 시기" 등과 밀접한 관계가 있는 것으로 해석할 수 있다.[9]

제11호 전단규정을 적용한 판례를 살펴보자. 대법원은 피복에 사용되는 'SCOTCH' 상표가 섬유가공의 기술용어인 'SCOTCH-GARD'의 약칭으로 인식되어 스카치가공을 하지 않은 피복에 'SCOTCH' 상표를 사용한다면 상품의 품질을 오인케 할 염려가 있다고 판단한 바 있다.[10]

SCOTCH 판례에 의하면, 스카치가공을 한 피복에 'SCOTCH' 상표를 사용하는 경우는 상품의 품질을 오인케 할 염려가 없다. 대법원이 판단한 것처럼, 스카치가공을 하지 않은 피복에 'SCOTCH' 상표를 사용하는 것이 상품의 품질을 오인하는 것이라 한다면, 스카치가공을 한 피복에 'SCOTCH' 상표를 사용하는 것은 상품의 품질을 오인하는 것이 아니기 때문에 제11호 전단규정에 의해 거절되지 않아야 한다. 다시 말해서, 'SCOTCH' 상표에 대한 제11호 전단규정을 적용하기 위해서는 그 피복이 스카치가공을 한 것인지 아니면 하지 않은 것인지를 먼저 판단하여야 했다.

제11호 전단규정을 적용하였던 SCOTCH 판례를 위와 같이 분석하는 것은 분명 무리가 있다. 그러면 그 무리는 어디에서 비롯되는 것일까. 그것은 제3호 규정을 적용했어야 했는데, 이를 적용하지 아니하고 제11호 전단규정을 적용한 데서 비롯된 것이다. 'SCOTCH' 상표는 분명히 지정상품의 가공방법과 관련된 것으로, 이 상표의 등록여부를 판단하기 위해서는 제3호 규정을 적용하여야 했다. 그렇게 하였더라면, 제11호의 전단규정을 억지로 적용하지 않았을 것이고, 그 판단이유도 무리가

관계가 없는 의미의 상표인 경우에는 일반적으로 품질오인의 우려가 없다고 할 수 있다."

9 최덕규, 「지적재산권의 제문제」, 세창출판사, 2004, 238쪽.

10 80후92(1981.01.27. 선고): "피복을 지정상품으로 하는 상표인 'SCOTCH'는 일반적으로는 섬유제품의 품질을 표시하는 섬유가공의 기술용어(記述用語)인 'SCOTCH-GARD'의 약칭으로 인식되는 것이 보통이므로 스카치가공을 하지 아니한 직물류를 재료로 한 피복에 "SCOTCH"라는 상표를 사용한다면 상품의 품질을 오인케 할 염려가 있다."

따르지 않았을 것이다.

제3호에는 '상품의 가공방법'을 예시적으로 규정하고 있다. 피복과 관련하여 'SCOTCH' 상표는 기술표장임이 명백하다. 그 피복이 스카치가공을 한 것이라면 'SCOTCH'는 단순기술표장에 해당하고, 그 피복이 스카치가공을 하지 않은 것이라면 'SCOTCH'는 사칭기술표장에 해당한다. 어떤 경우에 해당하든 'SCOTCH'는 피복과 관련하여 상표등록을 받을 수 없고, 그 이유는 제3호에서 규정하는 기술상표에 해당하기 때문이다. 기술표장인 것이 이처럼 명백한데도 우리 상표법은 제11호 전단규정을 둠으로써 제3호에 해당하는 상표를 제11호 전단규정에 해당하는 것으로 잘못 적용하고 있다. 이러한 잘못은 우리가 아직도 기술상표에 대해 올바로 이해하지 못하기 때문이다. 제3호에 해당하는 상표를 제11호 전단규정에 해당하는 것으로 잘못된 거절이유를 설시한 판례는 비단 SCOTCH 판례에 국한되지 않는다. SCOTCH 판례는 빙산의 일각에 불과하다.

3. 제11호와 관련된 상표심사기준의 문제점

기술상표와 관련하여 문제점을 내포하고 있는 제11호의 규정을 더욱더 잘못 운용하도록 유인하고 있는 것이 바로 상표심사과정에서 심사관들이 의존하고 있는 상표심사기준이다. 심사기준이란 물론 법률도 아니고, 시행령이나 시행규칙도 아니다. 상표심사기준은 특허청이 모법인 상표법을 해석한 내용이지만, 상표심사과정에서 심사관들이 거의 절대적으로 의존하고 있는 법적 기준이다. 심사기준 자체가 모법인 상표법의 취지나 목적에 부합하도록 제정되어 운용된다면 문제는 심각하지 않을 수도 있다. 그러나 위의 SCOTCH 판례에서 보는 바와 같이, 잘못된 판례에 의존하여 심사기준이 만들어진다는 점이다. 심사단계에서 법을 잘못 적용하고 그럼으로써 심판이나 소송단계에서도 그 잘못이 지적되지 못하고, 대법원마저도 그 잘못을 바로잡지 못한 채 판결이 내려진다. 악순환의 반복이라 할 수 있다.

제11호에 관한 내용은 상표심사기준 제23조에서 제1항 내지 제12항으로 규정되어 있다. 이들에 대하여 살펴보자.

심사기준에서는, “제11호에 규정하는 ‘상품의 품질을 오인케 한다’라 함은 상품의 품질 자체의 오인은 물론 상품 자체를 오인케 할 경우를 포함한다”라 규정한다.[11] “상품 자체를 오인”케 한다는 것은 무슨 의미인지 명확하지 못하다. 이를 심사기준에서는 부연설명한다. 제1항에서 규정하는 상품의 품질 자체의 오인은 품질이 그 상품에 실질적으로 존재하느냐를 불문하고 그 상품이 그러한 품질을 가지고 있는 것으로 수요자에게 오인될 가능성이 있는 경우를 말하고 상품의 오인은 지정상품과의 관계에서 수요자에게 상품이 오인될 가능성이 있는 때를 말한다.[12] 제1항의 전반부를 부연설명한 제2항의 내용은 더욱더 명확하지 못하다. 더욱이 “품질이 그 상품에 실질적으로 존재하느냐를 불문하고”란 무슨 의미인지 알 수 없다.

제11호와 관련된 심사기준에서 가장 문제가 되는 것은 상표심사기준 제23조 제4항에 있다. 제4항에서는, “지정상품과의 관계에서 상품을 오인과 기만할 염려가 있는 상표에 대하여 거절이유를 통지한 경우에 보정에 의하여 상품의 오인과 기만을 하지 아니하는 지정상품으로 범위를 감축(지정상품의 삭제 또는 한정)하였을 때에는 출원의 요지를 변경하지 아니하는 한 이를 인정한다. 다만, 지정상품을 감축한 경우에도 품질오인 및 기만의 우려가 완전히 해소되지 아니하였다고 판단되는 경우에는 그러하지 아니하다(1998. 2. 25. 개정)”라고 규정한다.[13]

이 심사기준에서는 예시를 두고 있는데, 상표 “용마표 모시”에 대하여 지정상품을 “모시로 된 잠옷” 또는 “잠옷(모시제품에 한함)”이라고 한다면, 제11호에서 규정하는 품질의 오인이 없기 때문에 상표등록을 받을 수 있다. 이 규정에 따르면, ‘잠옷’을 지정한 ‘용마표 모시’는 등록받을 수 없지만, ‘모시로 된 잠옷’을 지정한 ‘용마표 모시’는 등록받을 수 있다는 것이다. 참으로 어처구니없는 해석이다. 잠옷이 모시로 제조되었다면 ‘모시’는 잠옷의 원재료를 나타내는 기술용어이고, 모시로 제조되지 않은 잠옷에 ‘모시’를 사용한다면, 그 용어는 사칭기술용어이다. ‘잠옷’을 ‘모시로 된

11 상표심사기준 제23조 제1항.

12 상표심사기준 제23조 제2항.

13 상표심사기준 제23조 제4항.

잠옷'으로 보정함으로써 상표등록을 받을 수 있는 것이 아니라, 기술용어에 해당하는 '모시'를 삭제하여 즉 '용마표 모시'를 '용마표'로 보정하여 상표등록을 받을 수 있는 것이다. 만일 심사기준처럼 '모시로 된 잠옷'에 '용마표 모시'를 등록받을 상표권자가 모시로 제조되지 않은 '잠옷'에 '용마표 모시'를 사용한다면, 국가는 이를 어떻게 제재할 것인가?

상기와 같은 심사기준은 기술상표에 대한 이해가 전혀 없기 때문에 잘못 제정된 규정이다.

4. 기술용어를 포함하는 상표에 대한 대책

위의 상표 "용마표 모시"에서 주목해야 할 점은 상표에 그 상품이나 서비스의 정보전달에 필요한 기술용어(記述用語)가 일부 포함되어 있는 경우에 그에 대한 등록 여부를 어떻게 할 것인지의 문제이다.

잠옷에 사용하고자 하는 상표가 "모시"로만 되어 있다면, 기술표장에 해당하기 때문에 등록받을 수 없다. 그런데 "용마표 모시"는 식별력이 인정되는 "용마표"와 기술용어인 "모시"로 이루어진다. 이 경우에 우리는 지정상품을 "모시로 된 잠옷" 또는 "잠옷(모시제품에 한함)"이라고 보정하면 등록받을 수 있다. 그러나 이 경우에는 지정상품을 한정하는 것이 아니라 "모시"에 대하여 권리불청구(disclaim)를 해야 한다. 거의 대부분의 나라에서 채택되고 있는 제도이지만 우리나라는 그렇지 않다. "용마표 모시"에서 "모시"를 권리로서 주장하지 못하게 함으로써 사실상 상표로서의 의미를 상실한다. 다른 경쟁업자들은 "모시"를 자유롭게 사용할 수 있게 되고 나아가 "천마표 모시", "백마표 모시" 등이 얼마든지 등록될 수 있다.

Ⅳ. 결 어

앞에서 살펴본 바와 같이, 기술표장에 관한 한 우리의 상표법이나 심사기준을 비

못한 상표심사실무 나아가 특허법원이나 대법원의 판례는 아주 심각한 상황이다. 기술표장에 관한 잘못된 상표실무를 올바로 하기 위해서는 우선 기술표장에 대한 올바른 이해가 선행되어야 한다. 기술표장을 올바로 이해한다면 제11호 전단규정이 잘못된 규정임을 인식할 것이고, 결국 제11호 전단규정은 폐지되고 그에 따른 상표심사기준도 모두 폐지되어야 할 것이다. 그리고 기술용어(記述用語)가 일부 포함되어 있는 상표인 경우에 그에 대하여 권리를 주장하지 않도록 하는 권리불청구제도를 도입하여야 할 것이다. 권리불청구제도를 도입하면, 상표심사기준 제23조 제4항에서 규정하는 잘못된 규정도 폐지할 수 있고, 그로 인하여 잘못 운용되고 있는 심사나 심판실무를 모두 올바르게 할 수 있고, 나아가 상표권 침해여부를 판단함에 있어서 아주 분명한 판단을 할 수 있게 될 것이다.

7. 대한민국 상표제도의 문제점(II)[1]

— 상표의 유사여부판단에 대하여 —

I. 머리말

특허를 받기 위한 발명의 핵심이 신규성(novelty)이라 한다면, 등록을 받기 위한 상표의 핵심은 식별력(distinctiveness)이라 할 수 있다. 어떤 표장이 상표로서 등록받기 위해서는 상품의 출처를 나타낼 수 있는 식별력을 가져야 한다. 조어표장, 임의선택표장 또는 암시표장은 본래의 식별력이 인정되어 유사한 선등록상표가 존재하지 않는다면 상표로서 등록받을 수 있지만, 일반명칭표장과 기술표장은 본질적으로 식별력이 인정되지 않기 때문에 등록받을 수 없다. 다만 기술표장인 경우에는 사용에 의하여 식별력이 형성될 수 있기 때문에 사용결과에 따라 등록을 받을 수 있는 경우도 있다.

1 「창작과 권리」 제69호(2012년 겨울호).

상표가 그 자체로 식별력이 있다고 인정되면, 그와 유사한 상표가 이미 등록되어 있는지를 검색하고 그들이 서로 유사한지의 여부를 판단하여야 한다. 한마디로 상표의 유사여부를 판단하여 등록여부를 판단하게 된다. 상표의 유사여부는 선등록된 상표와의 관계에서 등록여부를 결정하게 되며, 나아가 상표의 침해여부를 판단하기 때문에 상표법에서 아주 중요한 문제이다.

상표의 유사여부는 기본적으로 상표와 상품에 대해서 그 유사여부를 판단한다. 상표가 서로 유사하고 또한 상품도 서로 유사할 때 소비자는 출처에 대한 혼동을 일으킬 수 있다. 따라서 상표가 유사하다는 것은 상품 또한 유사하다는 것을 의미한다. 다시 말해서, 상표는 유사한데 상품이 서로 유사하지 않다면 상표등록이나 상표침해에 있어서 문제될 것이 없다. 물론 모든 경우가 그렇다는 것은 아니고 대체로 그렇다는 것이다. 상품이 서로 유사하지 않더라도 상표등록이 인정되지 않거나 상표침해를 구성하는 경우가 있다. 예를 들어, "APPLE"이라는 상표가 휴대폰에 세계적으로 저명한 상표이고, "코카콜라"라는 상표가 탄산음료에 똑같이 저명한 상표라고 가정하자. 이 경우 제3자가 지정상품 의류에 "APPLE"을 사용한다면 문제될 것이 없다. "APPLE"은 임의선택표장에 해당하기 때문이다. 하지만, 제3자가 지정상품 의류에 "코카콜라"를 사용한다면 침해문제가 발생할 수 있다. "코카콜라"는 조어표장에 해당하기 때문이다. 이처럼 상표의 유사여부판단은 그리 간단하지가 않다. 다만 본고에서는 논점을 명확히 하기 위하여 상품의 유사여부에 대해서는 거의 대부분 제외하고 상표 자체의 유사여부를 중심으로 살펴본다. 상품의 유사여부에 대해서는 '거의 대부분' 제외한다는 의미는 상품의 유사여부를 제외한다 하더라도 불가피하게 상품의 유사여부를 논하지 않으면 아니 되는 경우가 있기 때문이다.

상표의 유사여부는 일반적으로 칭호유사(발음유사), 외관유사, 관념유사에 의한 3가지 판단방법에 기초하여 판단하게 되지만, 이 외에도 고려하여야 할 요인들이 무수히 많다. 우리나라의 특허청이나 특허법원을 중심으로 행해지고 있는 상표실무에 관하여 상표유사여부에 관한 중요한 문제점을 살펴보고 그에 대한 대책 또한 본고에서 살펴본다.

본고는 상표의 유사여부 즉 선출원이나 선등록 상표와의 관계에서 유사여부를 판단하는 방법에 대하여 주로 살펴보겠지만 상표의 본질적인 문제를 제외한 상표의 식별력을 판단함에 있어서 나타난 문제점에 대해서도 살펴볼 것이다.

II. 상표유사판단의 원칙

상표의 유사여부에 관한 판단은 상표법에서 가장 중요한 부분이라 해도 과언이 아니다. 그래서 상표법 분야에서는 전 세계적으로 이에 관한 많은 연구가 진행되어 왔다. 여기서는 세계지적소유권협회(AIPPI)에서 이 문제에 대하여 채택한 결의문을 소개한다. AIPPI는 상표의 유사여부판단을 의제(Question)로 채택하여 다년간 연구하였고, 그 결과 1995년 몬트리올 총회에서 결의문(Resolution)을 채택하기에 이르렀다.[2] 이 결의문에는 i) 유사성 판단을 위한 총칙, ii) 유사성 판단기준, iii) 기타의 판단요소, iv) 기타의 판단기준 및 v) 향후 연구할 과제에 대하여 제시하고 있다. 여기서는 분리관찰과 밀접한 관계가 있는 i) 유사성 판단을 위한 총칙과 ii) 유사성 판단기준에 대해서 상세히 살펴본다.

1. 유사여부판단을 위한 일반원칙[3]

> *1.1 상표의 유사성은 상표가 관련 공중[4]에 의하여 어떻게 인식될 것인지의 관점에*

2 최덕규, 「상표법」, 세창출판사(1999), 373쪽.

3 AIPPI Question Q127의 Resolution
1. General rules for comparison to determine likelihood of confusion
1.1 Marks must be compared with due regard as to how they will be perceived by the relevant public and the effects on those persons of the circumstances of use. The comparison to be made is not primarily a direct comparison between the marks, but a comparison between one mark and the recalled image of the other mark, or between the recalled images of both marks.

서 그리고 사용환경에 놓여 있는 관련 공중에게 미치는 영향의 관점에서 판단되어야 한다. 이러한 판단은 두 상표를 직접 비교하는 것이 아니라, 한 상표는 직접 그리고 비교하고자 하는 다른 상표는 기억된 이미지(recalled image)로써 비교하거나, 두 상표 모두 기억된 이미지로써 비교하여야 한다.

1.2 각각의 상표에 의하여 형성되는 전체적인 인상(overall impression)에 의한 비교판단이 통상 결정적일 수 있다. 전체적인 인상을 판단함에 있어서, 상표는 그 구성요소별로 분해되어서는 안 되고, 그리고 부분적으로 비교 판단되어서도 안 된다. 왜냐하면 상표의 분해된 부분은 관련 공중에 의하여 인식되거나 기억될 수 있는 상표 그 자체가 아니기 때문이다.

1.3 그러나 식별력을 갖지 않는 비특징적 요소가 각 상표의 전체적인 인상에 영향을 미치는 경우에는, 그 요소도 고려할 필요가 있다. 이러한 경우에, 두 상표가 서로 유사한 특징적 요소를 갖지 않는다면 오인혼동의 가능성은 부인될 수 있다.

한마디로 분리관찰을 하지 마라는 것이다. 상표는 전체로서 인식되고 기억되는 것이지 부분적으로 인식되거나 기억되는 것이 아니기 때문이다. 그리고 설사 비특징적 요소가 포함되어 있다 하더라도, 그것이 상표의 전체적인 인상에 영향을 미칠 수 있다면, 그것도 반드시 고려해야 한다는 것이다. 비특징적 요소라고 해서 함부로 분리하지 마라는 뜻이다.

1.2 Comparison of the overall impressions created by the respective marks will normally be decisive. In determining overall impression, the marks are not to be dissected into their constituent elements and compared detail by detail because that is not the way marks are perceived or recalled by the relevant public.

1.3 In some cases, however, where non-distinctive elements contribute to the overall impressions of the respective marks, it may be necessary to consider the constituent elements of the marks. In such cases, the likelihood of confusion is doubtful unless both marks have a distinctive element or elements which is or are similar.

4 여기서 관련공중(relevant public)이란 상표의 사용에 의하여 영향을 받을 수 있는 모든 사람을 의미하는 것으로 구매자(purchasers), 구매가능자(potential purchasers), 사용자(users) 및 그 제품이 판매되기 전후를 막론하고 그 제품과 관련된 사람을 포함하며 이들에 제한되지 않는다.

2. 유사여부 판단기준[5]

2.1.a 상표의 식별력은 그 보호범위에 영향을 미친다. 식별력은 ⅰ) 상표의 독특성(특별현저성), ⅱ) 임의선택표장인지 조어표장인지의 여부, ⅲ) 광고기간 및 광고의 정도, ⅳ) 사용기간 및 사용의 정도 및 ⅴ) 상표에 대한 명성을 인자로 하는 함수관계이지만, 반드시 이에 제한되는 것은 아니다.

2.1.b 바꾸어 말하면, 상표가 기술용어로 사용된다면, 그 상표의 식별력은 그만큼 약화될 수도 있다.

---

5 AIPPI Question Q127의 Resolution.

2. Criteria for comparison

2.1a A mark's distinctiveness influences its scope of protection. Distinctiveness is a function of factors including, but not limited to:

ⅰ. the mark's uniqueness;

ⅱ. its arbitrary or fanciful character;

ⅲ. the intensity and duration of its promotion;

ⅳ. the intensity and duration of its use; and

ⅴ. its reputation.

2.1b Conversely, a mark's distinctiveness may be weakened by factors including but not limited to use in a descriptive manner.

2.2 Similarity in sound, sight or meaning may be sufficient to cause a likelihood of confusion. If similarity in one such aspect is not full decisive of likelihood of confusion, the issue may be determined by considering the other aspects and their cumulative effect. If a mark is used in a way that primarily invokes the effect of one or more of these aspects (e.g. appearance for products selected by label through self-service, or pronunciation for products ordered by telephone), that aspect or those aspects should be given appropriate weight in the comparison.

2.3 Where one mark is a translation of another and the meaning of both marks is known by the relevant public, the use of the second mark may cause confusion in relation to the first.

2.4 The existence of a family of marks with one or more common distinctive element or elements is an important factor in determining likelihood of confusion with another mark having that element or those elements. In addition, each mark in the family may be protected by applying the criteria for determining likelihood of confusion as set forth herein.

2.2 칭호, 외관 또는 관념에 의한 유사는 오인혼동의 가능성을 야기시키기에 충분하다. 이들 어느 한 관점에서의 유사가 결정적인 것으로 판단할 수 없다면, 다른 두 관점에서 판단할 수 있고 이러한 판단은 중첩효과(cumulative effect)를 가져올 수 있다. 어떤 상표가 셀프 서비스를 통한 외관적 식별에만 의존한다든지 아니면 전화주문 판매와 같이 청각적 식별에만 의존하는 것과 같이 특별한 관점에서 사용되는 경우에는, 그러한 관점에 비중을 두어 유사여부를 판단하여야 한다.

2.3 어떤 상표가 비교하고자 하는 다른 표장을 번역한 것으로서 두 상표의 의미가 관련공중에게 알려진 경우에, 그 번역된 상표는 최초상표에 대하여 오인혼동을 야기할 수 있다.

2.4 하나 이상의 특징적 요소를 갖는 일군의 상표가 존재한다는 것은 그러한 요소를 갖는 다른 상표와의 오인혼동 가능성을 결정하는 데 중요한 요인이 된다. 또한, 그 일군에 속하는 각각의 상표는 위에서 설명한 오인혼동 가능성을 판단하는 기준을 적용하여 보호될 수 있다.

상표의 유사성을 쉽게 판단하지 마라는 것이다. 모든 요소를 종합적으로 검토하여 판단하여야 한다는 것이다. 칭호, 외관 또는 관념에 의한 유사는 서로 독립적이면서(independent), 또한 중첩적(cumulative)이라는 것이다. 어느 한 관점에서의 유사가 확실하면, 유사하다고 결론내릴 수 있지만, 다른 관점에서의 유사가 함께 존재하면, 더 유사하다고 할 수 있다는 것이다.

Ⅲ. 우리나라 상표유사판단의 문제점

1. 분리관찰의 문제점

상표유사판단의 핵심은 상표를 분해하거나 절개하지 말고 상표 전체로써 유사여부를 판단하여야 한다는 점이다.[6] 앞에서 보는 바와 같이, 1990년대 초의 AIPPI의 결의문에서도 채택된 분리관찰의 금지는 미국에서는 1930년대 초에 판례에서 적용되었던 원칙이다.[7] 우리의 상표실무에서 나타난 분리관찰 적용의 예를 들어 분리관찰의 문제점을 살펴보자.

(1) MR. PIZZA 사건[8]

MR. PIZZA 사건은 아래의 두 상표가 모두 등록된 상황에서, 선등록상표를 인용하여 후등록상표를 무효시키고자 했던 사건이다. 그러나 위 두 상표는 서로 유사하지 않다는 이유로 후등록상표가 무효로 되지 않았다. 판결이유를 인용하면 다음과 같다.

〈선등록상표〉 〈후등록상표〉

"… (중략) … 등록서비스표나 인용서비스표의 문자 부분 중 'MR.'나 'Mister' 부분은 누구나 사용하는 호칭 내지 일반인의 호칭에 덧붙여 사용하는 단어에 불과하여 식별력이 있다고 할 수 없을 뿐만 아니라, 이들이 'PIZZA'와 결합된 'MR. PIZZA'나 'Mister PIZZA'도 그 결합으로 새로운 관념을 형성한다고 보기도 어렵고 굳이 그 관념을 상정해 보더라도 '피자를 파는 사람', '피자를 만드는 사람', '피자를 배달하는 사람'

6 최덕규, 앞의 책, 373쪽.

7 미국판례 Simoniz Co. v. Permanizing Stations of America, Inc., 49 F.2d 846, 847(C.C.P.A. 1931).

8 대법원 97후3272 판결, 2000. 1. 28. 선고.

등으로 관념될 뿐이어서 각 그 지정서비스업과 관련하여 새로운 식별력을 형성한다고 볼 수 없으므로 결국 식별력이 없다고 봄이 상당하고, 이러한 식별력 없는 부분은 양 서비스표의 유사 판단에서 제외하여야 할 것인 바, 원심이 같은 취지에서 등록서비스표와 인용서비스표를 식별력 없는 위 문자 부분을 제외한 도형 부분만을 대비하여 그 설시와 같은 이유로 양 서비스표를 서로 유사하지 아니하다고 판단하는 것은 정당하[다]. … (후략) ….”

위 대법원 판결에서는, ‘MR.’ 또는 ‘Mister’가 식별력이 없다고 판단하였는데, 그 이유로는 이들 용어가 누구나 사용하는 호칭 내지 일반인의 호칭에 덧붙여 사용하는 단어에 불과하다는 것을 들었다. 상표는 특허와는 달리 채택 또는 선택(adoption)의 개념에서 출발한다. 이미 존재하는 단어나 음절을 먼저 채택한 자에게 권리가 부여될 수 있다는 의미이다. 기존에 존재하는 단어나 음절은 누구나 사용할 수 있는 것들이다. 그런데 누구나 사용할 수 있는 호칭이라고 해서 상표로서의 식별력이 없는 것은 아니다.[9]

판결에서는, ‘MR.(또는 mister)’가 ‘PIZZA’와 결합된 것도 식별력이 없다고 판단하였는데, 그 이유로 그 결합이 새로운 관념을 형성한다고 보기 어렵다는 것이다. 나아가 설사 관념을 상정해 보더라도, ‘피자를 파는 사람’ 등으로 관념될 뿐이어서 그 업과 관련하여 새로운 식별력을 형성할 수 없어서 식별력이 없다고 하였다. 과연 그럴까? 상표는 용어사전에 수록되어 사전적 의미를 가질 수도 있지만 그렇지 않을 수도 있다. 조어표장인 경우에는 어떤 관념도 가지지 않는다. ‘KODAK’, ‘IBM’, ‘SK’와 같은 상표가 이에 해당한다. ‘MR.’와 ‘PIZZA’가 결합하여 새로운 관념이 형성되었다고 보기 어렵기 때문에 식별력이 없다는 논리는 타당하지 않다.[10]

그래서 판결에서는 식별력이 없다고 판단한 문자부분을 모두 제외하고, 도형부분만을 대비하여 두 상표가 유사하지 않다고 판단하였다. 두 상표가 칭호가 동일함

---

9 「창작과 권리」 제32호(2003년 가을호), 121-122쪽.

10 「창작과 권리」, 앞의 책, 122쪽.

에도 불구하고 칭호를 제외하고 도형만을 가지고 유사여부를 판단함으로써 배가 산으로 가고 있음을 알 수 있다.

상표는 있는 그대로 판단해야 한다. 식별력이 없다고 함부로 단정해서도 안되고, 상표의 일부를 떼어 내고 나머지 부분만으로 유사여부를 판단해서도 안 된다. 위 두 상표를 모두 '미스터 피자'라고 부르는 데에는 결코 이의가 있을 수 없다. 두 상표는 칭호가 동일한 것이고, 칭호가 동일한 이상 외관이나 관념은 큰 영향을 미치지 못한다.

상표가 'MR. PIZZA'로 되어 있는 한, 그대로 판단하는 것이지, 피자가게를 운영한다고 해서 'PIZZA'를 분리해 버리고, 'MR.'만으로 판단해서는 안 된다. 상표권자가 'MR. PIZZA'를 선택한 이상, 그의 상표는 'MR. PIZZA'이지, 'MR.'나 'PIZZA'가 아니다.

(2) 고려통운 사건[11]

아래의 3개의 선등록상표가 존재하는 상황하에서 출원상표가 등록을 받지 못한 사건이다. 대법원의 판결이유를 살펴보자.

1. KOREA TOURS & TRAVEL
2. 주식회사 고려관광사
3. 고려관광

〈선등록상표〉

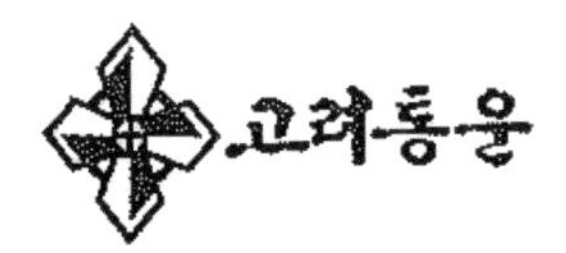

〈출원상표〉

"… (중략) … 본원서비스표의 문자 부분 중 '통운', 인용서비스표들의 '관광(觀光)' 부분은 각 지정서비스업의 성질을 표시하는 것이므로 본원서비스표와 인용서비스표

11 대법원 97후3111 판결, 1999. 10. 8. 선고.

들은 각 '고려'만으로 호칭 · 관념될 수 있고, 본원서비스표와 인용서비스표들의 각 지정서비스업이 구 상표법시행규칙(1998. 2. 23. 통상산업부령 제83호로 개정되기 전의 규칙) 6조 2항의 [별표 2] 서비스업류 구분 제108류의 운송업과 관련된 업종으로서 서로 유사하여 본원서비스표와 인용서비스표들이 각 지정서비스업에 함께 사용될 경우 일반 수요자나 거래자로 하여금 서비스업의 출처에 관하여 오인 · 혼동을 일으킬 우려가 있[다]."

편의상 3개의 선등록상표 중에서 출원상표와 가장 유사하다고 판단되는 '고려관광'에 대해서만 살펴본다. 즉 '고려관광'과 '고려통운'이 유사한지에 대하여 살펴본다. 대법원 판결에서는 '관광'이나 '통운'이 그 업의 성질을 표시하는 것이기 때문에 이들 두 상표는 모두 '고려'만으로 호칭될 수 있다고 판단하였다. 과연 그럴까? '고려관광'이라는 표장은 '고려관광'으로 호칭되는 것이지, '고려'라고 호칭되는 것이 아니다. 또한 '고려통운'이라는 표장도 '고려통운'으로 호칭되는 것이지 '고려'라고 호칭되는 것이 아니다. 표장은 있는 그대로 불러야 하고 또 그렇게 부르기 때문이다.[12]

판결에서는, '관광'이나 '통운'이 성질표시를 나타내기 때문에 호칭될 수 없다고 판단하였다. 그래서 유사여부를 판단함에 있어서 그 부분을 아예 분리하여 제외시켜 버렸다. 업이나 상품의 성질을 표시하는 기술용어를 포함하는 상표인 경우에, 그 기술용어를 제외하고 호칭해야 한다는 법은 없다. '고려통운'이나 '고려관광'은 그렇게 하지 말았어야 했는데, 그렇게 함으로써 중대한 잘못을 범한 것이다.[13]

'고려통운'은 '고려통운'이고, '고려관광'은 '고려관광'이다. 이 시대를 살고 있는 대한민국 사람으로서 '통운'과 '관광'을 구분하지 못할 사람은 없다. 이삿짐을 날라야 하는데 '고려관광'으로 전화를 걸 사람도 없고, 모처럼 여행을 하려는데 '고려통운'으로 전화를 걸 사람도 없다. 화물운수업과 관광업이 비록 같은 유사군에 분류되

12 「창작과 권리」, 앞의 책, 129-130쪽.

13 「창작과 권리」, 앞의 책, 130쪽.

어 있다 하더라도 이들은 결코 유사업종이라 할 수 없다는 의미다. '통운'과 '관광'은 기술용어임에는 틀림없다. 그러나 이들이 '고려'와 결합하였을 때, 그 주체를 식별할 수 있다는 것쯤은 일반 수요자라면 알고도 남는다. 분리관찰이 이처럼 잘못된 결과를 가져온 것이다. 물론 '고려관광'이 선등록된 상태에서 '고려여행'이 출원되었다면, 얘기는 달라진다.[14]

'고려'는 상표분류상 임의선택표장에 해당한다. 그렇기 때문에 '고려통운'과 '고려관광'은 그 서비스 주체를 수요자가 식별하기에 충분하다. 만일 '고려' 부분이 조어표장(coined or fanciful mark)으로 대치된다면, 상황은 달라질 수 있다. 예를 들어, '코닥통운'과 '코닥관광'은 '고려통운'과 '고려관광'처럼 판단되어서는 안 된다. '고려통운'과 '고려관광'은 서로 유사하지 않다고 판단할 수 있지만, '코닥통운'과 '코닥관광'은 반드시 그렇다고 할 수 없다. 상표의 유사여부는 이처럼 그 표장이 임의선택표장이냐 아니면 조어표장이냐에 따라 그 결과가 달라질 수 있다. 하루빨리 획일적이고 잘못 규범화된 판단으로부터 벗어나야 올바른 유사판단이 실현될 수 있다.[15]

(3) Mr. 토스트 사건[16]

토스트용 식빵을 지정하여 출원된 'Mr. 토스트' 상표가 식별력이 없다는 이유로 등록을 받지 못한 사건이다. 이 사건은 두 상표 간의 유사여부를 판단함에 있어서 분리관찰을 적용한 것이 아니라, 상표 자체의 식별력을 판단함에 있어서 분리관찰을 적용한 예이다.

"(원심이) 이 사건 출원상표 'Mr. 토스트' 중의 '토스트'는 그 지정상품인 '토스트용 식빵'의 용도를 표시하는 것이며, 'Mr'는 '…씨, …님' 등의 의미로 일반적으로 널리 사용되는 것으로서 자타상품의 식별력이 없는 단어이며, 또한 'Mr'와 '토스트'라는 식별

14 「창작과 권리」, 앞의 책, 130쪽.

15 「창작과 권리」, 앞의 책, 130쪽.

16 대법원 96후1477 판결, 1997. 5. 30. 선고.

력이 없는 단어가 결합하더라도 새로운 관념이나 새로운 식별력을 형성하는 것도 아니므로 이 사건 출원상표는 전체적으로 볼 때 수요자가 누구의 업무에 관련된 상품을 표시하는 것인가를 식별할 수 없는 상표에 해당하여 상표법 6조 1항 7호의 규정에 의하여 상표등록을 받을 수 없다고 한 조치는 수긍이 (간다)."

판결에서는, 상표 중의 'MR'가 식별력이 없다고 판단하였다. MR. PIZZA 사건에서와 같이, 그렇게 단정한 것이다. 그 이유는 'Mr'가 '…씨, …님' 등의 의미로 일반적으로 널리 사용된다는 것이다. 널리 사용된다고 해서 식별력이 없어야 한다는 법은 없다. 상표의 식별력은 널리 사용되느냐 아니면 좁게 사용되느냐에 달려 있는 것이 아니다. '…씨'나 '…님'을 나타낸다고 해서 식별력이 없는 것도 아니다.[17]

우리는 상표의 식별력이나 유사여부를 판단할 때, 상표를 번역하거나 해석하려는 잘못된 버릇이 있다. 'MR. PIZZA'를 '피자를 파는 사람', '피자를 배달하는 사람' 등으로 번역하고, 'Mr'를 '…씨, …님'으로 번역하고 있다. 상표는 번역하거나 해석하는 것이 아니다. 있는 그대로를 보면 되고, 있는 그대로를 읽으면 된다. 'MR. PIZZA'는 'MR. PIZZA'이지 '피자를 파는 사람'이 아니다. 'Mr. 토스트'는 'Mr. 토스트'이지 '씨 토스트', '님 토스트'가 아니다. 그렇다고 상표를 전혀 번역하거나 해석할 필요가 없다는 것은 아니다. 관념에 의한 유사여부를 판단할 때에만, 그렇게 할 수 있는 것이다.[18]

'Mr.'는 '미스터'로 읽는다. 3개의 음절로 이루어져 있다. 1개의 음절로 이루어진 '샘', '곰' 등도 식별력이 인정되는데, 3개의 음절로 발음되고 2개의 알파벳으로 이루어진 단어가 어떻게 간단하다는 것인가. 그것은 잘못된 단정에 불과하다.

판결에서는, 'Mr.'와 '토스트'를 분리하여 판단하였다. 그리고 '토스트'도 식별력이 없다고 판단하였다. 식별력이 없는 두 단어가 결합해봤자 식별력이 없다고 하였다. 식별력이 없는 두 단어가 결합하면, 식별력이 생길 가능성이 매우 높은 것이다. '가'

17 「창작과 권리」, 앞의 책, 131쪽.

18 「창작과 권리」, 앞의 책, 131쪽.

와 '나'는 각각 어떤 의미에서 식별력이 없다고 할 수 있지만, 이들이 결합한 '가나'는 좋은 상표가 될 수 있는 것이다.[19]

(4) 소 결

우리의 상표실무에서 분리관찰을 정당화하기 위한 논리로써 '자연스럽지 못하다' 또는 '일체불가분적 결합이 아니다'라는 이유를 내세운다. 이는 아주 잘못된 논리다. 상표는 채택 내지 선택의 개념이다. 상표권자가 채택한 것은 그 자체가 바로 하나의 상표다. 상표가 어떻게 결합되어 있든지 간에 그것은 그의 권리이다. 있는 그대로 판단하면 되는 것이다. 제3자가 자연스럽다느니 부자연스럽다느니 왈가왈부할 대상이 아닌 것이다. 그리고 어떤 것이 자연스러운 것이고 어떤 것이 부자연스러운 것인지에 대한 기준이 있을 수도 없다. 일체불가분적으로 결합되어 있으니 그렇지 않느니 하는 것도 똑같은 얘기다. 상표의 식별력이나 유사여부를 판단함에 있어서, 이런 논리가 적용된다면 그 판단은 십중팔구 잘못된 판단이라 보아도 무방하다.

분리관찰에서 잘못된 다른 논리는 간이신속을 요하기 때문이라는 논리다. 다시 말해서 '아파트먼트'를 '아파트'라고 부르고, '코디네이터'를 '코디'로 부르듯이 상표도 전체로 볼 것이 없고 약칭할 수 있다는 논리다. 그러나 상표는 절대로 그렇지 않다. '피에르가르뎅'을 '피에르'나 '가르뎅'이라 하지 않는다. '입 생 로랑'을 '입' 또는 '생' 또는 '로랑'이라 하지 않는다. 상표는 전체로서 말해야 하는 것이다. 간이신속을 이유로 상표의 분리관찰이 허용되어서는 안 된다.

2. 상표번역의 문제점

상표의 유사여부판단이나 식별력을 판단함에 있어서 외국어로 이루어진 상표를 번역하여 판단하는 방법도 매우 신중해야 한다. 우리는 상표 번역을 남용하고 있

---

19 「창작과 권리」, 앞의 책, 132쪽.

다. 상표를 있는 그대로 판단하지 않고 번역해서 그 의미를 파악하기도 하고 주관적으로 해석하기도 한다. 경우에 따라서 의미를 파악해야 할 필요가 없는 것은 아니지만 있는 그대로를 가지고 판단한다는 원칙에 충실해야 한다.

(1) SWISS MILITARY 사건[20]

SWISS MILITARY 사건은 "SWISS ARMY"가 등록된 상태에서 "도형/SWISS MILITARY/HANOWA"가 되었는데, 심사단계는 물론 특허심판원 및 특허법원에서 모두 유사하다고 판단하여 등록이 거절된 사건이다. 지정상품은 시계류에 관한 것으로 모두 동일하다. 특허법원의 판결이유를 살펴보자.

SWISS ARMY	
〈선등록상표〉	〈출원상표〉

"이 사건 출원상표의 도형 부분과 문자 부분은 그 결합으로 인하여 새로운 관념을 낳는 것도 아니고 이를 분리하여 관찰하면 자연스럽지 못할 정도로 불가분적으로 결합되어 있다고 보기도 어려우므로 도형 및 문자 부분으로 분리관찰이 가능하다.

또한 이 사건 출원상표의 문자 부분 중 'SWISS'는 '스위스의, 스위스 사람' 등의 의미이고, 'MILITARY'는 '군사의, 군대' 등의 의미가 있는 단어로서(네이버 사전 참조), 그 하단에 배치된 아무런 뜻이 없는 조어인 'HANOWA'와 분리하여 관찰하면 자연스럽지 못할 정도로 불가분적으로 결합되어 있다고 보기 어려우므로, 이 사건 출원상표는 'SWISS MILITARY'와 'HANOWA'로 분리되어 호칭되고 관념될 수 있다 할 것이다.

위와 같이 이 사건 출원상표가 'SWISS MILITARY' 또는 'HANOWA'로 분리되어 '스위스 밀리터리'나 '하노와'로 호칭되는 경우, 'SWISS ARMY'에 의하여 '스미스 아

20 특허법원 사건 2012허1002(2012.06.15. 선고).

미'로 호칭되는 선등록상표와 그 호칭은 유사하지 아니하다.

그러나 이 사건 출원상표가 'SWISS MILITARY'로 분리되어 관념되는 경우 위 영문 'SWISS'와 'MILITARY' 및 선등록상표의 'ARMY'는 모두 중학교 내지 고등학교 수준의 쉬운 영단어로, 앞서 본 바와 같이 'SWISS'는 '스위스의, 스위스 사람'의, 'MILITARY'는 '군사의, 군대' 등의 의미가 있고, 'ARMY'는 '군대, 육군, 부대' 등의 의미가 있어(네이버 사전 참조), 이 사건 출원상표와 선등록상표 모두 국내의 일반 수요자들이 '스위스 군대' 정도의 의미로 직관적으로 인식할 수 있으므로, 양 상표는 그 관념이 동일하거나 극히 유사하다.

(다) 따라서 양 상표는 외관과 호칭은 상이하나 그 관념이 동일하거나 극히 유사하여, 이 사건 출원상표와 선등록상표가 동일·유사한 지정상품에 함께 사용될 경우 일반 수요자들로 하여금 상품 출처의 오인·혼동을 일으킬 염려가 있다고 할 것이므로, 이 사건 출원상표와 선등록상표는 유사한 표장에 해당한다."

이 사건은 분리관찰의 문제와 번역의 문제를 동시에 다룬 사건이다. 도형 부분은 그렇다 치더라도, 하단에 배치된 아무런 뜻이 없는 조어인 'HANOWA'와 분리하여 관찰하면 자연스럽지 못할 정도로 불가분적으로 결합되어 있다고 보기 어렵다고 판단하였다. 'SWISS MILITARY'와 'HANOWA'가 어떻게 결합되어야 자연스럽게 결합된단 말인가. 상표의 유사여부는 자연스럽게 결합된 것인지의 여부에 의하여 판단하는 것이 아니고 있는 그대로 판단해야 하는 것이다. 'SWISS MILITARY'가 요부이기 때문에 'WISS ARMY'와 비교해야 한다는 논리는 성립할 수 있어도 'SWISS MILITARY'와 'HANOWA'가 자연스럽지 못하기 때문에 'SWISS MILITARY'를 분리해야 한다는 논리는 성립할 수 없다.

판례는 'SWISS'와 'MILITARY' 및 선등록상표의 'ARMY'는 모두 중학교 내지 고등학교 수준의 쉬운 영단어로, 'SWISS'는 '스위스의, 스위스 사람'의, 'MILITARY'는 '군사의, 군대' 등의 의미가 있고, 'ARMY'는 '군대, 육군, 부대' 등의 의미가 있어, 이 사건 출원상표와 선등록상표 모두 국내의 일반 수요자들이 '스위스 군대' 정도의 의미로 직관적으로 인식할 수 있으므로, 양 상표는 그 관념이 동일하거나 극히 유사하다고 하였다. 'SWISS MILITARY'는 'SWISS MILITARY'이고, 'SWISS ARMY'는 'SWISS

ARMY'일 뿐인데, 이들을 모두 '군대'라고 번역함으로써 유사하다고 판단한 것이다. 이들의 사전적 의미를 보다 구체적으로 살펴보자.

'MILITARY'의 사전적 의미는 '육군(army), 해군(navy), 공군(air force)'을 포함하는 개념이고, 'ARMY'는 육군을 의미하기 때문에, 'MILITARY'가 'ARMY'의 상위 개념임을 알 수 있다. 판결의 논리가 정당하다면, '서울대학교'와 '한양대학교'를 혼동하는 수요자도 존재해야 하고, 'PIGEON'과 'DOVE'가 동일 상품에 등록되지 말아야 하며, 상위 개념인 'THE BODY SHOP'과 하위 개념인 'THE FACE SHOP'도 서로 공존할 수 없어야 한다. 그런데 이들은 엄연히 공존한다. 이러한 모순은 상표를 있는 그대로 판단하지 못하고 상표를 번역함으로써 비롯된 것이다. 더구나 정확한 사전적 의미를 파악하지 못하고 'MILITARY'도 '군대'라고 번역하고, 'ARMY'도 군대라고 번역함으로써 빚어진 결과다.

상표의 유사판단에 있어서 번역이 전혀 불필요한 것은 아니지만 남용되어서는 안 된다.

(2) OPTIMA CAST 사건[21]

하기 도형화된 'OPTIMA CAST' 상표가 '정형외과용 깁스(gibbs)'를 지정하여 출원하였으나, 기술표장이라는 이유로 등록받지 못한 사건이다. 이 사건은 두 상표간의 유사여부를 판단함에 있어서 상표를 번역한 것이 아니라, 상표 자체의 식별력을 판단함에 있어서 번역을 한 경우다.

〈출원상표〉

21 상표출원 제2001-27985호.

심사관은, 위 상표가 '최고, 최적의 깁스붕대' 등의 뜻을 가지고 있어 지정상품 '정형외과용 깁스'에 사용할 경우 상품의 성질(품질, 효능) 표시이므로 상표법 제6조 제1항 제3호에 해당하여 상표등록을 받을 수 없다고 거절하였다.

본원상표는 'OPTIMA CAST'이지, '최고, 최적의 깁스붕대'가 아니다. '최고, 최적의 깁스 붕대'는 'the best gibbs cast'라고 할망정, 'optima cast'라고 하지는 않는다. 이 상표는 지정상품과 관련하여 일종의 암시표장으로, 본 상표의 논점은 유사여부가 아니라 암시표장과 기술표장에 관한 판단의 문제이다. 심사관은 본원상표가 기술표장이라는 결론을 내리면서 본원상표를 있는 그대로 보지 않고 '최고, 최적의 깁스붕대'라고 번역하여 해석함으로써 잘못된 결론에 이르고 있다.

3. 공존동의서 불인정의 문제점

상표에서 공존동의서(Agreement of Coexistence)란 후출원상표가 선등록상표와 유사하다고 판단되는 경우에 선등록권자로부터 후출원상표를 등록받아도 좋다는 동의를 받은 서류를 말한다. 선등록권자는 자기의 상품이나 영업과 유사하지 않고 그래서 서로 경쟁관계가 아니라고 판단되면 후출원인에게 상표 사용이나 등록을 허락함으로써 서로 상생하고자 하는 것이다. 설사 상표심사관이 유사하다고 판단하였다 하더라도 선등록권자로부터 공존동의를 받게 되면 후출원자도 함께 등록을 받을 수 있다. 그런데 우리나라는 상표공존동의를 받았다 하더라도 이를 인정하지 않고 있다. 전 세계적으로 유일하다 하겠다. 최근의 특허법원 판례를 살펴보자.

(1) NOVATEK 사건[22]

선등록된 "NOVATEX" 상표에 의하여 후출원된 "HOVATЭ K/NOVATEK" 상표가 거절되었다. 선등록상표는 제4류에서 '연료용 가솔린, 공업용 가솔린, 석유, 등유,

22 특허법원 2012허5394(2012.10.12. 선고).

경유' 등을 지정하였고, 후출원상표는 제4류에서 '천연가스, 즉 가스콘덴세이트 및 액화천연가스(Gas natural, namely a gas condensate and liquefied natural gas)'를 지정하였다. 심사관이 이 두 상표가 유사하다고 판단하자 후출원인은 선등록권자로부터 상표공존동의서를 받아 제출하였다. 그러나 심사관에 이어 특허심판원 및 특허법원은 모두 상표등록을 거절하였다.

본 사건의 논점은 상표의 유사여부와 지정상품의 유사여부로 나누어 살펴보아야 한다. 설사 상표가 유사하더라도 지정상품이 서로 다르다면 등록에 아무런 문제가 발생하지 않기 때문이다. 우선 이 두 논점에 대하여 특허법원의 판결이유를 살펴보자.

> *"이 사건 출원상표의 지정상품인 천연가스와 선등록상표의 지정상품인 연료용 가솔린은 생성 및 채취(생산)과정, 성상 등에서 일부 차이점이 있기는 하지만 탄화수소를 주성분으로 하는 물질로서 일반가정과 수송기관, 공장, 발전소 등 다양한 분야에서 연료로 사용되고 있어 그 소비자나 수요자가 중첩되므로 거래통념상 극히 유사한 상품이라고 판단된다.*
>
> *… (중략) …*
>
> *원고는, 이 사건 출원상표의 출원인인 원고와 선등록상표권자 사이에 상표공존계약이 체결되어 있는데, 이는 주요 외국의 입법 및 상표등록 심사례에 비추어 볼 때 양 상표의 지정상품이 유사하지 않다는 것을 반증하는 것이라는 취지의 주장을 하므로 살피건대, 상표법 제7조 제1항 제7호는 선등록상표와 사이에 상품 출처의 오인·혼동을 방지하려는 공익적 성격이 강한 규정으로서, 이에 해당하는지 여부의 판단기준은 일반 수요자나 거래자들이 되어야 하는바, 비록 원고가 선등록상표권자의 동의를 받았다 하더라도 일반 수요자나 거래자들의 상품 출처에 대한 오인·혼동의 우려가 없다고 단정할 수 없고, 또한 상표의 등록 여부는 각국의 입법 및 거래실정에 따라 달리 판단되는 것이므로(대법원 1998. 2. 27. 선고 97후310 판결 참조), 원고의 위 주장은 받아들이지 아니한다."*

본고의 논지에 따라 지정상품의 유사여부에 관한 논점은 제외하고 상표공존동의서에 의한 논점에 대하여 살펴보자.

판례에서는 일반 수요자의 오인혼동을 걱정하고 있다. 그러나 막연한 일반 수요자의 이익을 걱정하기 전에 당사자의 권익을 걱정해야 했다. 실제로 발생하지도 않은 일반수요자의 오인혼동 때문에 등록을 받지 못함으로써 야기될 수 있는 당사자의 불이익을 무시해서는 안 된다. 상표공존을 인정했다는 것은 서로 지정상품이 유사하지 않다는 것을 의미한다. 지정상품이 유사하다면 상표공존에 동의할 수 없는 일이기 때문이다. 판례는 상표의 등록여부가 각국의 입법에 따라 달리 판단되기 때문에 공존동의서를 받아들이지 않아도 된다는 이유를 들고 있지만, 우리나라를 제외한 많은 나라에서 공존동의서가 어떠한 이유하에서 어떻게 운용되고 있는 것쯤은 이해하고자 하는 노력이라도 있어야 했다. 이에 대한 외국의 실태를 살펴보자.

(2) 공존동의서에 대한 제 외국의 사례

미국은 상표심사기준[TMEP]에서,[23] "상표등록출원인은 미국상표법 제2조(d)하에서 등록거절을 극복할 목적으로 또는 상표등록의 거절이 예상되는 경우에 상표공존동의서를 (특허청에) 제출할 수 있다. 다만, 심사관은 상표공존동의서를 (출원인에게) 요청할 수는 없다."라고 규정함으로써 상표공존동의서가 적극 활용되고 있음을 알 수 있다.

영국상표청이나 유럽상표청에서는, "상표의 공존은 당사자 간의 합의의 문제로서 영국상표청이나 유럽상표청은 공공의 이익에 관여하지 않는다. 다른 말로, 전적으로 이해관계가 있는 상표라 하더라도 선등록권자가 후출원인에게 공존동의를 허락하는 한, 영국상표청이나 유럽상표청은 심사관에게 상표공존을 허락하도록 한다."라고 하여, 상표청이 공공의 이익을 관여하지 않을 정도로 상표공존동의서를 인정하고 있다.

싱가폴은 상표법에서 "선등록권자가 후출원 등록에 대하여 동의가 있는 경우에,

---

23 미국의 상표심사기준[TMEP] 제1207.01조(d)(viii).

심사관은 그의 재량하에 후출원 상표의 등록을 허락할 수 있다."[24]라고 규정하여, 상표공존동의서가 적극 활용되고 있다.

홍콩도 상표심사기준[Trademark Manual]에서, "공존동의[Consent]: 상표 선등록권자의 공존동의는 선등록상표와 이해상충이 일어나는 후출원상표가 상표법 제12조에 의해 거절되었을 때 그 거절을 극복할 수 있다. 선등록권자의 공존동의는 동일한 시장에서 판매되는 동일 또는 유사한 상품(서비스 포함)에 대하여 동일 또는 유사한 상표의 등록을 정당화한다."라고 규정하여 상표공존동의서가 우선적으로 적용되고 있다.

러시아는 민법(Civil Code)에서, "타인의 선등록상표와 유사한 상표의 등록은 선등록권자의 동의가 있는 경우에만 허용된다."[25]라고 규정하여 상표공존동의서가 필수적으로 이용되고 있다.

브라질은 2012년 브라질 특허청장 고시에서, "상표공존동의서는 일반적으로 동일 또는 유사한 상표의 당사자 간에 상표의 사용조건이나 제한을 규정하는 효력을 갖는다. 그러나 선등록권자는 후권리자의 상표 사용이나 상표 등록을 저지시킬 목적으로 상표공존동의서를 이용해서는 안 된다."[26]라고 고시함으로써, 상표공존동의서가 적극 활용되고 있다.

이와 같이, 전 세계의 주요 국가들은 우리처럼 막연한 공공의 이익을 판단하기 전에 상표공존동의서를 우선적으로 인정하고 있다. 이러한 전 세계적인 경향은 그들이 공공의 이익을 중시하지 않기 때문이 아니라, 가장 이해관계가 있는 당사자들이 상표공존에 동의하는 것은 상표 또는 상품이 다르기 때문에 수요자의 오인혼동의 우려가 없다는 것을 우선적으로 인정하기 때문이다.

24 싱가폴 상표법 제8조(9).

25 러시아 민법(Civil Code) 제1483조(6).

26 브라질 특허청장 고시 제001/2012호.

Ⅳ. 결 어

상표의 등록여부를 비롯하여 침해여부를 판단하는 상표의 유사여부에 대한 판단은 상표의 본질로부터 시작하여 지정상품의 유사여부에 이르기까지 매우 다양한 요소들을 종합하여 판단하여야 한다. 그중에서도 가장 중요하고 그리고 이제까지 우리나라의 실무에서 심각하다 할 정도의 문제점에 대하여 살펴보았다. 이미 수십 년 전에 바람직하지 못하다고 판단하였던 상표의 분리관찰을 우리는 지금까지도 거의 모든 사건에 적용하고 있다. 암시표장과 기술표장 간의 문제를 포함하여 상표를 임의대로 해석하여 식별력이나 유사여부를 판단하는 것도 올바른 유사판단과는 거리가 멀다. 상표공존동의서를 인정하지 않는 우리의 상표실무는 서로 상생협력하겠다는 의지마저 짓밟는 상표제도 잔혹사로 기록될 것이다.

8. 대한민국 상표제도의 문제점(Ⅲ)[1]

— 지리적 표장에 대하여 —

Ⅰ. 머리말

상표법에서 지리적 표장(geographical mark)이란 지리적 표시(geographical indication) 즉 지명(geographical name)으로 이루어진 표장을 말한다. 지리적 표장이 어떤 특정의 상품이나 서비스업에 대하여 등록을 받을 수 있는지의 여부는 매우 중요하다. 지리적 표장이 등록되면, 등록권자만이 그 지리적 명칭을 사용할 수 있지만, 제3자는 그 지리적 명칭을 사용할 수 없기 때문이다.

지리적 표장은 특정의 지리적 장소가 특정의 상품과 관련이 있는 경우에 어느 특정인에게 독점권을 부여한다는 것이 일반 공중의 이익에 반할 수도 있기 때문에 상표등록요건이 다른 종류의 표장과 다른 측면이 있다. 또한 상표법에서는, 소속단체

1 「창작과 권리」 제70호(2013년 봄호).

원에게 사용할 수 있도록 하는 일반적인 단체표장과 달리, 특정지역의 구성원에게 사용할 수 있도록 한 지리적 표시 단체표장에 대하여 별도의 규정을 두고 있다. 이처럼 상표법에서는 지리적 표장과 관련하여 여러 규정을 두고 있다.

본고에서는 우리 상표법에서 규정하는 지리적 표장에 관한 내용을 비롯하여 지리적 표장에 관한 상표법의 법리 그리고 상표법의 법리와 모순되는 우리 상표법의 문제점을 살펴보고 그로부터 야기되는 모순된 현상에 대해서도 살펴보고자 한다.

II. 지리적 표장에 관한 상표법의 규정

지리적 표장과 관련한 상표법의 규정은 다음과 같다.

제2조 [정의] ①

3의2. "지리적 표시"라 함은 상품의 특정 품질 · 명성 또는 그 밖의 특성이 본질적으로 특정 지역에서 비롯된 경우에 그 지역에서 생산 · 제조 또는 가공된 상품임을 나타내는 표시를 말한다.

3의4. "지리적 표시 단체표장"이라 함은 지리적 표시를 사용할 수 있는 상품을 생산 · 제조 또는 가공하는 것을 업으로 영위하는 자만으로 구성된 법인이 직접 사용하거나 그 감독 하에 있는 소속단체원으로 하여금 자기 영업에 관한 상품에 사용하게 하기 위한 단체표장을 말한다.

제3조의2 [단체표장의 등록을 받을 수 있는 자] 상품을 생산 · 제조 · 가공 · 증명 또는 판매하는 것 등을 업으로 영위하는 자나 서비스업을 영위하는 자가 공동으로 설립한 법인(지리적 표시 단체표장의 경우에는 그 지리적 표시를 사용할 수 있는 상품을 생산 · 제조 또는 가공하는 것을 업으로 영위하는 자만으로 구성된 법인에 한한다)은 자기의 단체표장을 등록받을 수 있다.

제6조 [상표등록의 요건] ① 다음 각 호의 1에 해당하는 상표를 제외하고는 상표등록을 받을 수 있다.

3. 그 상품의 산지(産地) · 품질 · 원재료 · 효능 · 용도 · 수량 · 형상(포장의 형상을 포함한다) · 가격 · 생산방법 · 가공방법 · 사용방법 또는 시기를 보통으로 사용하는 방법으로 표시한 표장만으로 된 상표

4. 현저한 지리적 명칭 · 그 약어 또는 지도만으로 된 상표

② 제1항 제3호 내지 제6호에 해당하는 상표라도 제9조의 규정에 의한 상표등록 출원 전에 상표를 사용한 결과 수요자간에 그 상표가 누구의 업무에 관련된 상품을 표시하는 것인가 현저하게 인식되어 있는 것은 그 상표를 사용한 상품을 지정상품으로 하여 상표등록을 받을 수 있다.

Ⅲ. 지리적 표장에 관한 상표법의 법리

1. 지리적 표장의 역사적 고찰

오늘날의 상표제도를 확립시킨 미국의 상표제도에서 지리적 표장에 관한 역사를 살펴보면, 지리적 표장은 현재의 미국 상표법[2]이 제정되기 전까지는 상표로서 등록받을 수 없었다.[3] 이때까지만 하더라도 지리적 표장은 '흔히 있는 성(姓)'과 같은 논리를 적용하여 상표등록으로부터 배제하였다. 우리 상표법에서도 '흔히 있는 성'은 식별력이 없는 것으로 보아 상표등록으로부터 배제한다.[4] '흔히 있는 성'이나 지리적 명칭은 상품이나 서비스의 출처를 나타내기에 충분한 식별력을 갖지 못하는 것으로 보기 때문이다. 그러나 '흔히 있는 성'이나 지리적 명칭을 어느 특정인이 계속

2 1946년의 Lanham Act.

3 BeBeverly W. Pattishall et al., *Trademarks*, Matthew Bender, 1987, p.57.

4 상표법 제6조 제1항 제5호.

하여 사용한 결과 그것이 상품이나 서비스의 출처를 나타내기에 충분할 만큼 식별력을 얻게 되었다면, 그 성이나 지리적 명칭은 상표로서 등록받을 수 있다. 이것은 성이나 지리적 명칭의 본래의 의미(primary meaning)를 떠나 출처를 나타내는 2차적 의미(secondary meaning)를 얻게 되는 것을 의미하며, 이렇게 되면 상표로서의 등록을 받을 수 있게 된다.[5] 사용에 의한 식별력 즉 사용에 의한 2차적 의미를 인정하여 성이나 지리적 명칭에 대하여 상표등록을 인정하는 것은 우리 상표법도 또한 같다.[6]

지리적 표장이 '흔히 있는 성'과 같다는 논리에서 상표등록으로부터 배제되었던 이론은 1946년 Lanham Act가 제정되면서 퇴색되었고, 지리적 표장이 상품과의 관련성 즉 그 상품이 그 지역으로부터 유래된 것인지의 여부를 고려해야 한다는 관점에 이르렀다. 그 결과 지리적 표장은 '흔히 있는 성'과 같다는 논리에서 벗어나 일종의 기술표장(descriptive mark)으로 인식되게 된 것이다. 그래서 어떤 지리적 명칭이 특정의 상품과 관련하여 특정의 지리적 의미를 갖는다면 그 지리적 명칭은 상표등록을 받을 수 없다.[7] 특정의 지리적 의미를 갖는지의 여부는 특정의 상품이 거래되는 시장에서 그 지리적 명칭이 그 상품과 관련하여 소비자에게 즉각적인 지리적 관념을 전달하는지의 여부로써 판단한다.[8] 다른 말로, 어떤 지리적 명칭이 지리적 의미 이외의 다른 뜻을 전달한다면, 그 지리적 명칭은 상품과의 관계가 성립될 수 없기 때문에 그 명칭은 근본적으로 임의선택용어(arbitrary term)에 해당한다.[9] 어떤 표장이 임의선택용어로 이루어져 있다면 본질적인 식별력이 인정되기 때문에 상표등록으로부터 배제될 수 없다.

---

5 Arthur R. Miller et al., *Intellectual Property*, 4th ed., Thomson West, 2007, p.186.

6 상표법 제6조 제2항.

7 Arthur R. Miller et al., 위의 책, p.185.

8 Arthur R. Miller et al., 위의 책, p.185. "Within the market the test of primarily geographical significance is whether the term conveys an immediate geographical sense to the consumer *with respect to the particular product*."

9 Arthur R. Miller et al., 위의 책, p.186.

1946년 미국 상표법 이래로 지리적 표장은 기술표장의 일종으로 인식되어 왔고, 이는 다시 지리적 명칭 기술표장(geographically descriptive mark)과 지리적 명칭 사칭표장(geographically misdescriptive mark)으로 분류하여 이론을 체계화하였다.

2. 지리적 명칭 기술표장(geographically descriptive mark)

우선 지리적 명칭을 설명하기 전에 일반적인 기술표장에 대하여 간략히 설명하면, 기술표장은 단순기술표장(merely descriptive mark)과 사칭기술표장(deceptively misdescriptive mark)으로 분류하여 상표등록으로부터 배제되는 이유를 각각 달리 설명한다.[10] 단순기술표장은 상품의 특성을 사실적으로 설명하는 용어를 의미한다. 예를 들어, 인삼성분이 함유된 비누에 사용하는 '인삼'이라는 표장은 그 원재료를 사실적으로 설명하기 때문에 단순기술표장에 해당한다. 이 경우 다른 경쟁업자도 자유롭게 인삼 성분이 함유된 성분을 제조할 수 있고 그러한 정보를 소비자에게 전달하기 위하여 '인삼'이라는 용어를 자유롭게 사용할 수 있어야 한다. 따라서 단순기술표장은 경쟁업자를 보호해야 한다는 취지에서 상표등록으로부터 배제된다. 반면, 사칭기술표장은 그 상품의 특성을 사실과 다르게 설명하는 용어를 의미한다. 예를 들어, 인삼성분이 함유되지 않은 비누에 사용하는 '인삼'이라는 표장은 사실과 다르게 설명하기 때문에 사칭기술표장에 해당한다. 인삼성분이 함유되지 않은 비누에 '인삼 비누'라 한다면 소비자는 인삼성분이 함유된 비누로 오인할 수 있고 나아가 잘못된 구매를 할 수 있다. 따라서 사칭기술표장은 일반 소비자를 보호해야 한다는 취지에서 상표등록으로부터 배제된다. 이처럼 기술표장은 단순기술표장이건 사칭기술표장이건 모두 상표등록을 받을 수 없다. 하지만 등록을 받을 수 없는 이유는 서로 다르다.

지리적 명칭 기술표장은 상품과 관련하여 그 상품이 생산, 제조, 가공 등의 지리

10 Arthur R. Miller et al., 앞의 책, p.177.

적 출처를 직접적으로 표시하는 표장이다. 예를 들어 '금산'의 인삼이나 '안성'의 유기에 있어서, '금산'이나 '안성'은 그 지정상품의 산지를 나타낸다. 이러한 경우 어느 특정인에게 상표등록을 허락하여 독점사용권을 부여한다면, 금산에서 인삼을 재배하거나 안성에서 유기를 제조하는 불특정 다수의 다른 경쟁업자들은 그 산지를 표시할 수 없게 되고 나아가 막대한 피해를 입을 수 있다. 따라서 지리적 명칭표장이 지리적 명칭 기술표장에 해당하는 경우에는 상표등록을 받을 수 없는 것이고, 그 이유는 불특정 다수의 다른 경쟁업자를 보호하기 위한 것이다.

3. 지리적 명칭 사칭표장(geographically misdescriptive mark)

지리적 명칭 사칭표장이란 그 상품의 특성과 관련된 사실을 사실과 다르게 표시함으로써 소비자의 오인혼동을 야기시킬 수 있는 표장을 의미한다. 예를 들어, '청주'에 사는 인삼재배업자가 그의 상품에 '금산'을 사용하거나 '인천'에 사는 유기제조업자가 '안성'을 그의 상품에 사용하는 경우가 바로 이에 해당한다. 이러한 지리적 명칭 사칭표장에 대하여 상표등록을 인정한다면, 금산에서 재배되지 않은 인삼을 금산에서 재배된 인삼으로 인식할 수 있고, 안성에서 제조되지 않은 유기를 안성에서 제조된 유기로 인식함으로써 소비자는 그 출처에 대하여 오인혼동을 일으키게 된다. 따라서 지리적 명칭 표장이 지리적 명칭 사칭표장에 해당하는 경우에도 상표등록을 받을 수 없고, 그 이유는 일반수요자를 보호하기 위한 것이다.

4. 단체표장

지리적 명칭이 지리적 명칭 기술표장인 경우에 경쟁업자를 보호한다는 이유에서 상표등록을 인정하지 않는 것은 생산자나 소비자를 위한 최선의 합리적인 방법이 아니다. 지리적 명칭과 관련된 진정한 상품이나 서비스에 대하여 상표등록을 인정함으로써 생산자와 소비자 모두를 위한 방법을 찾을 수 있는 것이다. 이렇게 도입된 것이 바로 지리적 표시 단체표장제도이다. 물론 단체표장제도는 지리적 표장에 국한된 제도는 아니다. 상품을 생산·제조·가공·증명 또는 판매하는 것 등을 업으로 영위하는 자나 서비스업을 영위하는 자가 공동으로 설립한 법인은 자기의 단체표장을 등록받을 수 있다.[11]

지리적 표시 단체표장은 지리적 표시를 사용할 수 있는 상품을 생산·제조 또는 가공하는 것을 업으로 영위하는 자만으로 구성된 법인이 직접 사용하거나 그 감독하에 있는 소속단체원으로 하여금 자기 영업에 관한 상품에 사용하게 하기 위한 단체표장을 말한다.[12] 예를 들어, 금산에서 인삼을 생산하는 생산업자 개인은 '금산'에 대하여 상표등록을 받을 수 없지만, 금산에서 인삼을 생산하는 생산업자들로 구성된 법인은 '금산'에 대하여 상표등록을 받을 수 있고, 그 법인은 법인의 구성원으로 하여금 또는 그 감독 하에 있는 구성원으로 하여금 등록상표를 사용하게 할 수 있다. 이렇게 함으로써 생산자는 타 지역의 지리적 명칭에 대해 경쟁력을 갖는 상표를 법적 보호 하에 사용할 수 있고, 소비자 또한 신뢰를 가지고 상품을 선택할 수 있게 된다.

5. 임의선택표장으로서의 지리적 명칭

지리적 명칭이 특정의 상품과 관련하여 지리적 의미를 갖지 않는다면 그 지리적 명칭은 상표등록을 받을 수 있다. 지리적 의미를 갖는지의 여부는 상품이 거래되는 시장에서 지리적 명칭이 그 상품과 관련하여 소비자에게 즉각적인 지리적 관념을 전달하는지의 여부로써 판단한다. 어떤 지리적 명칭이 지리적 의미 이외의 다른 뜻을 전달한다면, 그 지리적 명칭은 상품과의 관계가 성립될 수 없고 상표등록으로부터 배제될 수 없다. 이 경우의 지리적 명칭은 임의선택표장에 해당한다. 담배에 사용되는 'SPOON'이나 컴퓨터에 사용되는 'APPLE'은 임의선택표장이다. 'SPOON'이나 'APPLE'은 각각 고유의 의미를 갖는 사전적(辭典的) 용어이지만 담배나 컴퓨터와

11 상표법 제3조의2.

12 상표법 제2조 제1항 제3호의4.

는 아무런 관계가 없다. 임의선택표장은 본래고유의 식별력이 인정되기 때문에 조어표장이나 암시표장과 같이 좋은 상표로 분류되고 상표등록으로부터 배제될 수 없다. 제과업과 아무런 관련이 없는 '뉴욕제과'나 우유와는 아무런 관계가 없는 '서울우유'는 지리적 표장이지만 임의선택표장이기 때문에 상표등록을 받을 수 있는 것이다.

Ⅳ. 지리적 표장에 관한 상표법의 문제점

우리 상표법은 산지(產地)를 제6조 제1항 제3호에 포함시켜 상품을 생산하는 지역의 지리적 명칭을 기술표장의 하나로 규정한다. 반면 '현저한 지리적 명칭만'으로 이루어진 표장에 대하여 제6조 제1항 제4호에 규정함으로써 산지와는 다름을 알 수 있다. '현저한 지리적 명칭만'으로 이루어진 표장에 대해서는 1946년 미국에서 Lanham Act가 제정되기 전까지의 '흔히 있는 성'과 같은 것으로 보아 등록받을 수 없다. 반면 산지는 기술표장의 일종으로 보아 역시 등록받을 수 없다.

산지가 기술표장의 일종으로 보아 등록받을 수 없다는 것에 대해서는 이의가 없다. 하지만 '현저한 지리적 명칭만'으로 이루어진 표장이 등록받을 수 없다고 규정한 제6조 제1항 제4호의 규정은 많은 문제점을 내포하고 있다.

1. '현저한 지리적 명칭'의 모호성

'현저한 지리적 명칭'은 한마디로 명확하지 못하다. 상표심사기준에서는, '현저한 지리적 명칭'을 국가명, 국내의 특별시, 광역시 또는 도의 명칭, 특별시·광역시·도의 시·군·구의 명칭, 저명한 외국의 수도명, 대도시명, 주 또는 이에 상당하는 행정구역의 명칭 그리고 현저하게 알려진 국내외의 고적지, 관광지, 번화가 등의 명칭 등이라 규정한다.[13] 우리나라의 군이나 구 중에는 대다수의 국민에게 생소한 명칭이 무수히 많다. 반면 명동이나 청량리, 미아리 등과 같이 널리 알려진 동 이름도 무수히 많다. 한마디로 '현저한 지리적 명칭'이란 모호하기 짝이 없고, 판단하는 자에 따라 이현령비현령이 될 수 있다.

또한 상표심사기준에는, 관광지가 아닌 단순한 지명이거나 또는 관광지일지라도 널리 알려진 것이 아닌 경우에는 현저한 지리적 명칭으로 보지 않지만, 국내외의 산, 강, 섬, 호수 등이 일반수요자들에게 널리 알려진 관광지일 경우에는 현저한 지리적 명칭으로 본다고 규정한다.[14] 이 규정에서는, 한라산, 충주호, 진도, 천마산곰탕을 현저한 지리적 명칭으로 규정하고, 장안천, 가거도를 현저한 지리적 명칭이 아닌 것으로 규정한다. 이러한 규정은 매우 잘못된 규정이다. 한라산, 충주호, 진도 등은 상품이나 서비스가 그 지역과 아무런 관계가 없다면 이들은 임의선택표장에 해당하기 때문에 상표등록으로부터 배제될 수 없다. 천마산이 곰탕이라는 상품에 대하여 즉각적인 지리적 의미를 전달하지 않는다면, 다시 말해서, 천마산이 곰탕으로 유명한 지역이라는 것이 일반 소비자에게 알려지지 않은 이상 천마산곰탕은 임의선택표장에 해당한다.

상표심사기준은 '남대문, 동대문, 불국사, 해인사, 현충사'를 현저한 지리적 명칭이라고 규정하고, '첨성대'를 현저한 지리적 명칭이 아니라고 규정한다.[15] 이 규정도 모두 잘못된 규정이다. '남대문'과 '동대문'은 지리적 명칭이 아니라 우리의 건축물 문화재로서 건축물의 명칭이다. 이들이 국보나 보물로서 우리에게 널리 알려져 있다 하더라도 이들과 관계가 없는 상품에 사용된다면 임의선택표장에 해당하기 때문에 상표등록으로부터 배제될 이유가 없다. '불국사', '해인사', '현충사'는 '남대문'이나 '동대문'과 다르다. 이들은 사찰명이거나 사당명에 해당한다. 이들은 포괄적으로 특정기관의 명칭으로 보아도 무방하다. 따라서 이들을 지리적 명칭으로 보고 또한 현저한 지리적 명칭이라 판단하는 것은 잘못된 것이다. 물론 이들은 특정의 저명한 기관의 명칭이기 때문에 제3자에게 함부로 상표등록을 허락할 수 없다. 출처

13 상표심사기준 제9조 제1항.

14 상표심사기준 제9조 해석참고자료 제4호.

15 상표심사기준 제9조 해석참고자료 제5호.

에 대한 오인이나 혼동의 우려가 있기 때문이다.

'첨성대'는 특허법원 판결[16]에 의해 상표(서비스표)로서 등록되었기 때문에 현저한 지리적 명칭이 아니라고 규정한 것이다. 하지만 그렇게 단순 논리로 판단해서는 안 된다. 우선 그 지정서비스업을 살펴보면, 제42류의 레스토랑업, 한식당경영업 등이다. 이들 서비스업은 '첨성대'와는 아무런 관계가 없다. 다시 말해서, 이들 서비스업에 사용하는 '첨성대'는 임의선택표장에 해당하기 때문에 상표등록으로부터 배제될 이유가 없다. 이처럼 지정 상품이나 서비스업과의 관계를 고려하지 않고 지리적 명칭이라고 판단하고, 그리고 나서 현저하지 않다고 판단하는 것은 상표의 기본 법리에 무지하기 때문이다.

2. '현저한 지리적 명칭만'의 문제점

상표법 제6조 제1항 제4호에는 '현저한 지리적 명칭만으로 된 상표'에 대하여 등록받을 수 없도록 규정한다. 이는 현저한 지리적 명칭이라도 도형이나 다른 문자와 같은 다른 구성요소가 결합되면 등록받을 수 있는 것으로 해석하고, 상표실무도 실제로 그러하다. 문자만으로 이루어진 '서울우유'는 등록받을 수 없지만, 로고가 결합한 '서울우유 & 로고' 상표는 등록받을 수 있다고 해석한다. 이러한 해석이야말로 상표법에 대한 무지의 극치라 하지 않을 수 없다. 아래의 다른 예를 살펴보자.

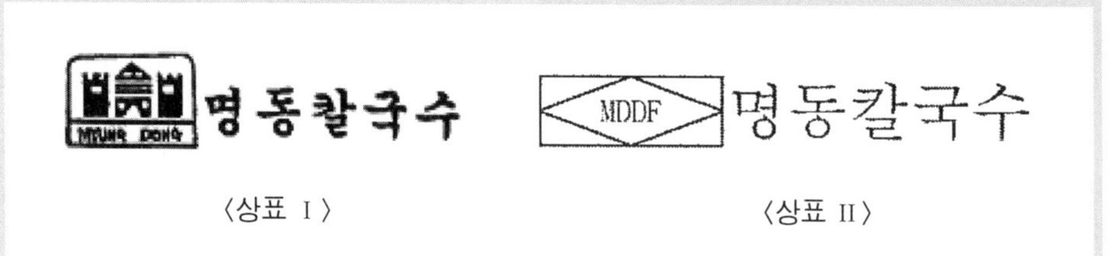

〈상표 I〉 〈상표 II〉

16 특허법원 2003.05.01. 선고 2003허274.

위의 두 상표는 모두 제43류의 동일 서비스업에 서로 다른 상표권자에게 등록된 것이다. 상표 I은 1997년에 등록되었고,[17] 상표 II[18]는 2008년에 등록되었다. 현저한 지리적 명칭을 포함하는 상표가 이처럼 서로 다른 상표권자에게 등록된다는 것은 상표권자는 물론 소비자에게도 도움이 되지 못한다. 이러한 현실은 모두 상표법 제6조 제1항 제4호가 존재하고 그에 대한 잘못된 해석이 존재하기 때문이다. 로고를 달리하면, 제3, 제4의 '명동칼국수'도 등록받을 수 있다. 그렇게 등록받은 상표가 무슨 의미가 있단 말인가?

'명동칼국수'에 대한 표장은 지리적 명칭으로 접근할 문제가 아니다. '명동'과 '칼국수'가 어떤 관계가 있는지를 살펴보아야 한다. 명동이 칼국수로 유명한 지역이라면, 지리명칭표장이기 때문에 어느 누구도 상표등록을 받을 수 없다. 그렇지 않다면, 최초의 출원인에게 상표등록이 인정되어야 한다. 그리고 '명동칼국수'는 상표로서 보호받아야 한다. '로고'가 결합되어 있다고 해서 '명동칼국수'가 보호되는 것이 아니다.

상표심사기준에는, 현저한 지리적 명칭에 업종 명칭이 단순결합된 표장은 식별력이 없는 것으로 본다고 규정한다.[19] 냉면음식점경영업, 식당체인업, 간이식당업 등을 지정한 '천진함흥냉면'이나 '홍천뚝배기'가 이에 해당한다. 교육지도업, 교수업 등을 지정한 '경남대학교'도 이에 해당한다. '천진'이 함흥냉면으로 유명한 지역이 아니면, 그리고 '홍천'이 뚝배기로 유명한 지역이 아니면, '천진함흥냉면'이나 '홍천뚝배기'는 임의선택표장으로 좋은 상표(서비스표)라 할 수 있다. 경남지역에 두 개 이상의 서로 다른 경남대학교가 존재하지 않는 이상, '경남대학교'는 교육의 주체 즉 하나의 대학교를 나타내기에 충분하다. 등록받지 못할 이유가 없는 것이다. 현저한 지리적 명칭에 업종 명칭이 단순결합된 표장은 식별력이 없는 것으로 본다는 단순논리가 이처럼 잘못된 규정을 만들고 있다.

---

17 서비스표 등록번호 제0039277호.

18 서비스표 등록번호 제0173463호.

19 상표심사기준 제9조 해석참고자료 제8호.

화물운송업을 지정한 '고려통운'과 여행관광업을 지정한 '고려관광'은 결코 동일하거나 유사한 표장이 아니다. '통운'과 '관광'은 단순한 업종 명칭이지만, 이들이 '고려'와 결합하여 서비스의 출처를 나타내기에 충분한 식별력을 갖는 표장이 된 것이다. 이를 단순히 분해하여, '통운'과 '관광'을 분리하고, 그렇다면 '고려'만이 남기 때문에 이들이 서로 유사하다고 판단하는 것은 올바른 상표법의 법리와는 거리가 멀다.[20]

Ⅴ. 결 어

지리적 표장이 '흔히 있는 성'과 같다는 논리에서 상표등록으로부터 배제되었던 이론은 1946년 Lanham Act가 제정되면서 퇴색되어 일종의 기술표장으로 인식된지 오래다. 그래서 어떤 지리적 명칭이 특정의 상품과 관련하여 특정의 지리적 의미를 갖는다면 그 지리적 명칭은 상표등록을 받을 수 없다.

지리적 표장은 지리적 명칭 기술표장과 지리적 명칭 사칭표장으로 분류하여 이론을 체계화하였다. 지리적 명칭 기술표장은 상표등록을 받을 수 없는 것이고, 그 이유는 불특정 다수의 다른 경쟁업자를 보호하기 위한 것이다. 반면 지리적 명칭 사칭표장은 그 상품의 특성과 관련된 사실을 사실과 다르게 표시함으로써 소비자의 오인혼동을 야기시킬 수 있는 표장을 의미한다. 이 역시 상표등록을 받을 수 없고, 그 이유는 일반수요자를 보호하기 위한 것이다. 어떤 지리적 명칭이 지리적 의미 이외의 다른 뜻을 전달한다면, 그 지리적 명칭은 임의선택표장에 해당되어 상품과의 관계가 성립될 수 없고 상표등록으로부터 배제될 수 없다.

위와 같은 이론적 배경으로 볼 때, '현저한 지리적 명칭만'으로 이루어진 표장은 등록받을 수 없다고 규정한 상표법 제6조 제1항 제4호의 규정은 많은 문제점을 내

---

20 「창작과 권리」 제69호(2012년 겨울호), 175쪽.

포하고 있다. '현저한 지리적 명칭'은 한마디로 명확하지 못하다. 지정 상품이나 서비스업과의 관계를 고려하지 않고 지리적 명칭이라고 판단하고, 그리고 나서 현저하지 않다고 판단하는 것은 상표의 기본 법리에 어긋난다. 지리적 명칭에 대한 상표제도가 올바로 운용되도록 상표법 제6조 제1항 제4호 및 이를 해석한 상표심사기준의 규정은 조속히 폐지되어야 할 것이다.

9. 대한민국 특허(상표)제도의 문제점(Ⅳ)[1]

— 상표권의 무효와 취소에 관하여 —

Ⅰ. 머리말

상표는 심사관에 의한 심사를 거친 다음 제3자가 이의신청을 할 수 있도록 일정기간 공고한 다음, 이의신청이 없는 경우에 최종적으로 등록결정을 한다. 우리 상표법은 2개월간의 공고기간이 주어진다. 등록결정을 받은 출원인은 등록료를 납부함으로써 비로소 상표권이 설정등록된다. 설정등록된 상표권은 10년간 유효하며 10년 경과 전에 갱신등록함으로써 영구적인 권리로 유지할 수 있다.

상표권은 존속기간 측면에서 특허권과 차이가 있다. 특허권은 출원일로부터 20년간 한시적으로 보호되는 반면, 상표권은 상표권자가 원하기만 하면 일정기간 단위로 갱신함으로써 영구적으로 유지할 수 있다.

---

1 「창작과 권리」 제74호(2014년 봄호).

상표권과 특허권은 적법하게 권리가 획득되었다 하더라도 무효로 될 수 있다. 애당초 상표로서 등록받을 수 없는 상표가 등록된 경우 그 등록을 무효시킴으로써 상표권이 처음부터 없었던 것으로 보는 것이 상표권의 무효이다. 예를 들어, 타인의 선등록상표와 유사한데도 심사관이 잘못하여 등록을 허여하였다면 마땅히 무효로 하여 상표권의 존재를 처음부터 없었던 것으로 하는 것이다. 특허권도 마찬가지다. 신규성이나 진보성과 같은 특허요건을 갖추지 못한 발명에 대하여 특허가 인정된 경우, 처음부터 특허권의 존재를 인정하지 않는 것이 특허권의 무효이다.

상표권과 특허권은 유효기간 중에 그 효력이 상실될 수도 있다. 유효기간 중에 효력이 상실되는 것을 취소라 한다. 무효가 처음부터의 효력을 인정하지 않는 것이라면, 취소는 취소되는 시점부터 효력을 상실한다. 즉 취소는 등록시점부터 취소되기 전까지의 효력이 인정된다. 특허권에서의 대표적인 취소는 포기이다. 그럴 리는 없지만 특허권자가 자발적으로 포기서를 제출함으로써 특허권을 포기시키는 것이다. 다음으로는 특허료를 납부하지 않음으로써 특허권이 포기되는 경우다.

상표권의 포기는 특허권과는 다르다. 특허권과 상표권은 다 같이 무체재산권으로 산업재산권 또는 지적재산권으로 분류되지만, 이들은 근본부터 서로 다르다. 우선 보호대상이 전혀 다르다. 상표는 최초의 선택 내지 채택(adoption)을 보호하는 반면, 특허는 창작(creation)을 보호한다. 특허는 발명자를 보호하기 위한 제도이지만, 상표는 상품의 출처를 식별함으로써 소비자를 보호하고 그 결과 상표권자를 보호하기 위한 제도이다. 특허는 상품의 출처표시를 위한 것도 아니고, 소비자를 보호하기 위한 것도 아니다.

이처럼 특허와 상표는 그 근본부터 다르고, 따라서 취소도 그 의미가 전혀 다르다. 그런데 우리 상표법은 상표권의 무효와 취소의 의미를 올바로 파악하지 못한 채 이들에 관하여 규정하고 있다. 대표적으로 상표법 제71조 제1항에서 규정하는 상표등록에 관한 무효사유가 그러하다. 본고에서는 제71조 제1항을 중심으로 상표권의 무효와 관련하여 잘못 규정된 내용들을 살펴본다.

Ⅱ. 상표등록의 무효사유

제71조 제1항에는 등록받은 상표권을 무효시킬 수 있도록 무효사유가 열거되어 있다. 상표권의 무효사유는 상표의 등록요건과 동일하다. 등록받지 못할 상표가 잘못 등록되었기 때문에 다시 무효로 하기 위한 것이다. 제71조 제1항 제1호부터 제3호까지가 이에 해당한다.

상표등록이 제3조 단서, 제6조 내지 제8조, 제12조 제2항 후단, 제5항 및 제7항 내지 제9항, 제23조 제1항 제4호 내지 제6호 또는 제5조의 규정에 의하여 준용되는 「특허법」 제25조의 각 규정에 위반된 경우(제1호), 상표등록이 조약에 위반된 경우(제2호), 상표등록이 그 상표등록출원에 의하여 발생한 권리를 승계하지 아니한 자에 의한 경우(제3호)가 그것이다. 이들 규정은 아무런 문제가 없다. 이들은 모두 등록요건이기 때문이다. 문제는 제4호 내지 제6호에 있다.

상표등록 후 그 상표권자가 제5조의 규정에 의하여 준용되는 「특허법」 제25조의 규정에 의하여 상표권을 향유할 수 없는 자로 되거나 그 등록상표가 조약에 위반된 경우(제4호), 상표등록이 된 후에 그 등록상표가 제6조 제1항 각호의 1에 해당하게 된 경우(제6조 제2항에 해당하게 된 경우를 제외한다)(제5호), 제41조의 규정에 따라 지리적 표시 단체표장등록이 된 후에 그 등록단체표장을 구성하는 지리적 표시가 원산지 국가에서 보호가 중단되거나 사용되지 아니하게 된 경우(제6호)가 문제가 된다.

제4호 내지 제6호 중에서도 가장 심각하게 문제가 되는 것은 제5호이다. 이들의 문제점을 살펴보자.

Ⅲ. 제4호 내지 제6호의 문제점

제4호 내지 제6호에서 규정하는 무효사유는 상표권이 설정등록된 후에 발생한다. 그런데 상표권의 무효는 애초부터 등록이 없었던 것으로 보기 때문에 무효사유가 상표권 설정등록 후에 발생한 것이라면 그것은 무효사유가 아니라 취소사유가 되어야 한다. 이처럼 상표법에서 무효사유와 취소사유를 구분하지 못하는 것은 상표권에 대한 근본적인 이해가 부족하기 때문이다. 상표권에 대한 근본적인 이해 없이 상표권을 보호한다는 것은 모래위에 누각을 짓는 것과 같다.

1. 제4호의 문제점

제4호는 상표등록 후 상표권자가 제5조의 규정에 의하여 준용되는 「특허법」 제25조의 규정에 의하여 상표권을 향유할 수 없는 자로 되거나 그 등록상표가 조약에 위반된 경우에 상표등록을 무효로 하겠다는 규정이다. 특허법 제25조는 외국인 지위를 규정한 조약 등의 변경으로 인하여 특허권을 향유하는 외국인으로서의 지위가 변경되어 그 지위를 유지할 수 없게 된 경우를 의미한다. 예를 들어, 어느 특정 외국과의 조약에 의하여 그 외국인에게 내국인과 동등한 자격을 부여하였는데, 조약이 변경되어 그러한 자격을 박탈당하면, 특허권이나 상표권도 향유할 수 없게 된다. 지극히 당연한 얘기다. 그런데 이때 조약이 유효하기까지 유효했던 상표권은 그 효력이 인정되는 것이며, 상표권을 향유할 수 없게 된 때부터 효력을 상실한다. 따라서 이 원인에 의한 효력상실은 무효가 아니라 취소가 되어야 한다.

2. 제5호의 문제점

제5호는 상표등록이 된 후에 그 등록상표가 제6조 제1항 각호의 1에 해당하게 된 경우를 무효사유로 규정한다. 제6조 제1항 각호 규정을 살펴보면 다음과 같다.

(1) **상품의 보통명칭 및 관용명칭**(제6조 제1항 제1호 및 제2호)

제6조 제1항 제1호 및 제2호는 일반명칭표장(generic mark)을 의미한다. 우리는 등록요건에서 이처럼 보통명칭표장(generic name mark)과 관용명칭표장(common name mark)으로 구분하고 있지만, 이렇게 구분할 이유가 없다. 모두 일반명칭표장(generic mark)으로 통칭될 수 있기 때문이다. 일반명칭이란 어떤 상품의 명칭을 의미하기 때문이다. 예를 들어, '사과'는 사과에 대한 일반명칭이고, '자동차'는 자동차에 대한 일반명칭이다. 자동차에 사용하는 상표로 '자동차'를 등록받을 수는 없다. 출처표시가 불가능하기 때문이다. 이런 관점에서 보통명칭과 관용명칭은 구분하기도 어렵거니와 구분할 필요조차도 없는데 우리 상표법에서는 이렇게 억지로 구분하고 있다.

그런데 등록받을 시점에서는 일반명칭이 아니었으나 나중에 그 상품의 일반명칭이 되어 버린 경우가 있다. 이를 일반명칭화라 한다. '아스피린'이 대표적인 일반명칭화의 예이다. 엘리베이터, 에스컬레이터, 정로환, 초코파이 등등 많은 상표들이 등록받을 시점에는 식별력을 갖는 좋은 상표이었지만, 상표관리를 허술하게 함으로써 많은 사람들이 일반명칭처럼 사용한 결과 일반명칭이 되어 버린 것이다. 그렇다면 일반명칭화된 상표는 일반명칭화가 되기 전까지의 효력이 인정된다. 일반명칭화가 된 이후부터 상표로서의 효력을 상실하는 것이다. 따라서 제6조 제1항 제1호 및 제2호에서 규정하는 일반명칭화 상표는 무효사유가 아니라 마땅히 취소사유가 되어야 한다.

(2) **기술표장**(descriptive mark)(제6조 제1항 제3호)

상품의 산지 · 품질 · 원재료 · 효능 · 용도 · 수량 · 형상(포장의 형상을 포함한다) · 가격 · 생산방법 · 가공방법 · 사용방법 또는 시기를 보통으로 사용하는 방법으로 표시한 표장만으로 된 상표가 기술표장이다(제6조 제1항 제3호). 어떤 표장이 기술표장에 해당하면 상표등록을 받을 수 없다. 기술표장이라 하더라도 사용결과 식별력을 얻어서 출처표시가 가능하다면 상표등록을 받을 수 있다.

그런데 상표가 등록 후에 기술표장 즉 기술용어(descriptive term)가 되는 경우는 있을 수 없다. 이런 경우는 발생하지 않는다. 설사 그런 경우가 발생했더라도 이미 등록을 받은 상표이기 때문에 상표로서의 사용에 아무런 문제가 없다. 따라서 이런 경우를 상정하여 이를 무효사유로 규정하는 것은 논리상 맞지 않는다.

(3) 현저한 지리적 명칭, 그 약어 또는 지도만으로 된 상표(제6조 제1항 제4호)

어떤 표장이 현저한 지리적 명칭, 그 약어 또는 지도만으로 이루어져 있다면, 그 표장은 상표등록을 받을 수 없다. 그런데 어떤 상표가 등록 당시에는 현저한 지리적 명칭, 그 약어 또는 지도만으로 된 것이 아니었으나, 등록 후 사용하는 과정에서 현저한 지리적 명칭, 그 약어 또는 지도를 나타내는 표장이 되었다고 해서 그 상표를 그렇게 된 시점부터 무효로 할 수는 없다. 이미 존재하는 상표권이기 때문에 상표권자의 권리로서 계속하여 인정되어야 하는 것이지, 그 상표권을 무효로 해서는 안 된다. 상표권을 부여하고 난 후에 현저한 지리적 명칭, 그 약어 또는 지도를 표시한다고 해서 국가가 상표권을 무효시키는 것은 있을 수 없는 일이다. 이 규정은 무효사유 자체가 성립하지 않는 규정이다.

(4) 흔히 있는 성 또는 명칭을 보통으로 사용하는 방법으로 표시한 표장만으로 된 상표(제6조 제1항 제5호)

이는 현저한 지리적 명칭, 그 약어 또는 지도만으로 된 상표와 동일하다. 상표권을 부여하고 난 후에 흔히 있는 성 또는 명칭이 되었다는 이유로 상표권을 무효시키는 것은 있을 수 없는 일이다. 이 규정도 현저한 지리적 명칭, 그 약어 또는 지도만으로 된 상표와 같이 무효사유 자체가 성립하지 않는 규정이다.

(5) 간단하고 흔히 있는 표장만으로 된 상표(제6조 제1항 제6호)

등록 당시에는 간단하고 흔히 있는 표장이 아니었기 때문에 적법하게 등록이 되었는데, 등록후 사용하는 과정에서 간단하고 흔히 있는 표장이 되었다는 것은 있을 수 없다. 차라리 토끼뿔이나 거북이털을 찾아나서는 것이 더 현명한 일일 것이다. 이 규정도 무효사유 자체가 성립되지 않는 규정이다.

(6) 출처를 식별할 수 없는 상표(제6조 제1항 제7호)

이 규정도 위 제6호와 마찬가지로 무효사유 자체가 성립하지 않는 규정이다. 등록 당시에는 상품출처를 표시할 수 있도록 식별력이 있었는데, 등록후 사용하는 과정에서 상품출처를 표시할 수 없게 된 상표는 존재하지 않기 때문이다. 만일 그런 경우가 있다면 일반명칭화가 된 상표뿐이다. 일반명칭화가 된 상표라면 취소에 의하여 그 효력을 상실시킬 수 있다.

이상 살펴본 바와 같이, 제71조 제1항 제5호에서 규정하는 제6조 제1항 제3호 내지 제6호를 준용하는 무효사유는 그 자체가 모두 무효사유가 될 수 없는 것들이다. 상표의 일반명칭화에 대한 무효사유는 제6조 제1항 제1호 및 제2호는 무효사유가 아니라 취소사유가 되어야 한다. 제71조 제1항 제5호와 같은 무효사유를 규정하는 것은 상표권에 대한 무지로부터 비롯된 것이고, 취소사유를 무효사유로 규정하는 것은 무효와 취소의 개념조차 이해하지 못하기 때문이다.

3. 제6호의 문제점

제6호는 제41조의 규정에 따라 지리적 표시 단체표장등록이 된 후에 그 등록단체표장을 구성하는 지리적 표시가 원산지 국가에서 보호가 중단되거나 사용되지 아니하게 된 경우를 무효사유로 규정한다. 제6호의 문제점은 제4호의 문제점과 동일하다. 무효사유가 상표등록 후에 발생한 것이다. 이런 경우는 무효사유가 아니라 취소사유가 되어야 한다.

IV. 제71조 제3항의 문제점

상표권의 무효와 취소에 대한 개념을 이해하지 못한 채 취소사유로 규정할 것을 무효사유로 규정하다 보니까 효력상실의 시점에 모순이 나오게 된다. 이런 모순을 땜질하기 위하여 만들어 놓은 규정이 제71조 제3항이다.

상표등록을 무효로 한다는 심결이 확정된 때에는 그 상표권은 처음부터 없었던 것으로 본다. 다만, 제71조 제1항 제4호 내지 제6호의 규정에 의하여 상표등록을 무효로 한다는 심결이 확정된 때에는 상표권은 그 등록상표가 동호에 해당하게 된 때부터 없었던 것으로 본다(제71조 제3항).

참으로 한심한 규정이다. 일반명칭화된 상표를 취소사유에 규정하였다면 제71조 제3항은 규정하지 않아도 되는 규정이다. 상표권에 대한 기본개념을 모르니까 취소사유를 무효사유로 규정해 놓고, 그에 대한 효력상실의 시점에 대한 모순이 나오니까 그 모순을 땜빵하기 위하여 별도의 규정을 또 만들어 놓은 것이다. 더욱더 한심한 것은 이러한 규정을 '후발적 무효사유'라고 설명하는 자들이 있는데, 이는 합리화에 불과한 것이다. 상표권에 대한 근본을 이해하려 하지 않고 겉으로 드러나는 모순을 감추기 위한 합리화인 것이다.

이 모든 것들이 상표등록 후에 발생할 수 있는 사유에 의하여 상표권의 효력이 상실되는 의미를 이해하지 못하기 때문에 일어난다. 적법하게 등록되었으나, 등록 후에 일어난 사실에 의하여 상표권의 효력이 상실되는 의미에 대하여 살펴본다.

Ⅴ. 상표권의 효력상실

본고에서의 상표권의 효력상실이란 무효에 의한 효력상실이 아니라 취소에 의한 효력상실임을 말해 둔다. 상표권의 효력상실은 크게 4가지로 분류한다. 일반명칭화, 포기, 영업과 분리하여 한 상표양도 및 품질관리 없는 사용권설정이 그것이다.

1. 일반명칭화

많은 상표들이 적법하게 등록받았으나, 일반명칭이 되어 버리는 바람에 상표로서의 효력을 상실하였다. 아스피린이 대표적인 예이고, 나일론, 셀로판, 엘리베이터, 에스컬레이터, 정로환, 초코파이 등 무수히 많은 상표들이 상표로서의 효력을 상실하였다. 상표권자가 상표관리를 제대로 하지 못했기 때문에 그렇게 된 것이다.[2]

상표권자는 상표를 받은 후에도 상표관리를 철저히 해야 한다. 상표를 표시할 때 그것이 등록상표라는 사실을 표시하여야 하고, 남들이 그 상표를 일반명칭처럼 사용하면 그렇게 사용하지 못하도록 경고하거나 제재를 가해야 한다. 그런데 그런 관리를 소홀히 하게 됨으로써 상표가 특정 상품의 일반명칭이 되도록 방치해 버린 것이다. 진통해열제를 생산하는 모든 제약회사들이 그 진통해열제를 '아스피린'이라 명명하기 시작했고, 소비자들도 그 진통해열제를 그렇게 명명하여 일반명칭이 된 것이다. 그렇게 되도록 상표권자는 아무런 조치도 취하지 않았다. 일반인이 이미 일반명칭으로 사용하고 있는 상황하에서 그것을 사용하지 않도록 뒤돌리려는 것은 불가능한 일이다. 그래서 상표가 일반명칭이 되어 버리면 독점력을 있고 그 효력을 상실하게 된다. '엘리베이터'도 처음에는 상표였다. 그런데 사람들은 그런 승강장치를 '엘리베이터'라고 부르기 시작하였고 결국 거의 모든 사람이 그렇게 부르게 되어 일반명칭이 되어 버린 것이다.

상표법에서 일반명칭화는 상표권 효력상실의 가장 대표적인 예이다. 그리고 일반명칭화는 무효가 아니라 취소의 대상이다. 일반명칭화가 되기 전까지는 상표로서의 효력이 인정되었지만 상표권자가 일반명칭으로 사용되는 것을 방치하였기 때문에 일반명칭이 된 시점부터 상표권의 효력이 상실된 것으로 본다.

일반명칭이 된 정확한 시점이 중요한 것은 아니다. "어제는 일반명칭이 아니었는데 오늘은 일반명칭이 되었다"라고 말할 수 없는 노릇이기 때문이다. 일반명칭이 되도록 그동안 일어났던 여러 가지 정황증거에 의하여 일반명칭화를 판단하는 것이지 몇년 몇월 며칠 몇시에 일반명칭화가 되었다고 판단할 수 있는 것이 아니다.

그런데도 우리 상표법은, "제71조 제3항 단서의 규정을 적용함에 있어서 등록상표가 제1항 제4호 내지 제6호에 해당하게 된 때를 특정할 수 없는 경우에는 제1항의 규정에 의한 무효심판이 청구되어 그 청구내용이 등록원부에 공시된 때부터 당해 상표권은 없었던 것으로 본다."라고 규정한다(제71조 제4항). 이런 규정은 전혀 불필요한 규정이다. 혹자는 상표권침해소송에서 손해배상액을 산정하는 기준이 될

---

2 Beverly W. Pattishall and David C. Hilliad, *Trademarks*, Matthew Bender, New York (1987), pp.107-108.

수 있다고 생각할지 모르지만, 손해배상액은 그렇게 판단하는 것이 아니다.

2. 포 기

상표권 효력상실 중에서 일반명칭화 못지않게 중요한 것이 상표권의 포기다. 여기서 포기는 불사용에 의한 포기를 의미한다. 물론 상표권이 적법하게 존재하고 있는 상황에서 포기서를 제출하여 상표권을 포기시키는 경우도 있을 수 있지만, 정상적인 사람이라면 그런 일은 하지 않는다.

상표는 등록을 받았다 하더라도 정당하게 사용해야 한다. 상표는 창작(creation)이 아니라 채택(adoption)을 보호하는 제도이기 때문에 등록을 받고 나서 사용할 의무가 따른다. 사용도 하지 않으면서 등록만을 유지하면 제3자가 그것을 사용할 권리를 박탈하게 되기 때문이다.[3]

우리 상표법 제73조 제1항 제3호에서 불사용에 의한 취소를 규정한다. 상표권자가 정당한 이유 없이 등록상표를 그 지정상품에 대하여 취소심판청구일 전 계속하여 3년 이상 국내에서 사용하고 있지 아니한 경우에 취소사유가 된다. 전용사용권자 또는 통상사용권자가 사용한 경우에는 취소사유가 성립되지 않는다.

우리는 취소시킬 수 있는 상표의 불사용기간을 3년으로 규정하지만 이는 나라에 따라 다르다.

제73조 제1항 제2호에서, 상표권자가 고의로 지정상품에 등록상표와 유사한 상표를 사용하거나 지정상품과 유사한 상품에 등록상표 또는 이와 유사한 상표를 사용함으로써 수요자로 하여금 상품의 품질의 오인 또는 타인의 업무에 관련된 상품과의 혼동을 생기게 한 경우를 취소사유로 규정하고 있지만, 이 역시 바람직한 규정이 아니다. 등록상표를 사용하지 않으면 그 등록상표를 취소시키면 되지, 유사한 상표를 사용한다고 해서 등록상표를 취소시키는 것은 논리적인 근거가 없다.

---

3 Beverly W. Pattishall et al., 위의 책, p.120.

3. 영업과 분리하여 한 상표양도(Assignment without Goodwill)

상표는 양도할 수 있다. 재산권의 일종이기 때문에 유상으로 또는 무상으로 얼마든지 제3자에게 양도할 수 있다. 자연인은 물론 법인격을 갖는 법인에게도 양도할 수 있다.

상표는 영업과 함께 존재한다. 영업을 떠나 상표만이 존재할 수는 없다. 특허와 다른 점의 하나다. 따라서 상표를 이전하는 경우에는 영업과 같이 이전해야 한다. 영업과 같이 이전한다는 것은 공장, 기계, 영업장, 고객리스트 영업 전반에 걸친 모든 자산을 함께 이전하는 것을 말한다. 상표를 영업과 같이 이전토록 하고 있는 이유는 상표는 출처표시를 하기 위한 것으로 소비자를 보호해야 하기 때문이다. 만일 영업과 분리하여 상표만을 이전하면 소비자는 상품출처에 대한 혼동을 일으킬 수 있다.[4]

우리 상표법 제73조 제1항 제4호에서 이를 규정한다.

영업과 분리하여 한 상표양도가 취소사유가 되어 상표권의 효력을 상실시킨다는 개념은 영미의 판례법에서 비롯된 것이다. 그러나 이 개념은 이제 거의 고전적인 개념이 되어 버렸다. 요즈음의 상표권 양도는 종전에 요건보다 훨씬 완화되었다. 상품마다 분할하여 이전하는 것도 차츰 허용되는 방향으로 나아가고 있다.

4. 품질관리 없는 사용권설정(Licensing in Gross)

상표권자는 제3자에게 상표 사용을 허락하는 사용권을 설정할 수 있다. 이때 상표권자는 사용권자가 상표를 정당하게 사용할 수 있도록 관리해야 한다. 상품에 대한 품질관리를 철저히 해야 한다. 상표는 출처를 표시하여 소비자를 보호하기 위한 것인데 품질관리를 허술히 한다면 소비자는 기만당할 우려가 있기 때문이다.[5]

우리 상표법 제73조 제1항 제8호에서 규정한다. 전용사용권자 또는 통상사용권

---

4 Beverly W. Pattishall et al., 앞의 책, p.132.

5 Beverly W. Pattishall et al., 앞의 책, p.142.

자가 지정상품 또는 이와 유사한 상품에 등록상표 또는 이와 유사한 상표를 사용함으로써 수요자로 하여금 상품의 품질의 오인 또는 타인의 업무에 관련된 상품과의 혼동을 생기게 한 경우에 취소될 수 있다. 다만, 상표권자가 상당한 주의를 한 경우에는 그러하지 아니하다.

VI. 결 론

이상 살펴본 바와 같이, 우리 상표법의 무효사유는, 첫째, 취소사유를 무효사유로 잘못 규정하고, 둘째, 무효사유에 해당되지 않는 것을 무효사유로 규정하는 데 문제가 있다. 제71조 제1항 제4호, 제6호 및 제5호에서 규정하는 제6조 제1항 제1호 및 제2호(이는 '일반명칭화'에 해당한다)는 무효사유가 아니라 취소사유가 되어야 한다. 또한 제71조 제1항 제5호에서 규정하는 제6조 제1항 제3호 내지 제7호를 무효사유로 규정하는 것은 그 자체가 잘못된 것이다. 그런 무효사유는 없다. 앞에서 설명한 바와 같이 그 무효사유는 논리상 성립하지 않는다. 이제까지 제71조 제1항 제5호에서 규정하는 제6조 제1항 제3호 내지 제7호에 해당한다는 이유로 등록상표가 무효로 된 경우는 하나도 없을 것이다. 만일 있다면 그것은 상표의 무효사유를 잘못 적용한 것이 틀림없다.

이처럼 우리 상표법에서 무효사유와 취소사유를 제대로 규정하지 못하고 있는 것은 상표의 무효와 취소에 대한 개념을 비롯하여 상표권에 대한 근본적인 내용을 이해하지 못하기 때문이다.

이 외에도 우리 상표법은 무척 난해하고 복잡하다. 모두 상표권에 대한 이해가 부족하기 때문에 비롯된 결과다. 상표권을 올바로 이해한다면 우리 상표법은 보다 쉽고 보다 간편하게 법조문도 절반 정도로 줄일 수 있을 것이다.

10. 대한민국 상표제도의 문제점(Ⅴ)[1]

— 지정상품의 유사판단과 불명확한 기재에 관하여 —

Ⅰ. 머리말

상표는 상품과 절대불가분의 관계에 있다. 상표는 상품의 출처를 표시하기 위한 수단으로 반드시 상품과 관련하여 사용되기 때문이다. 상표를 등록받고자 하는 자는 상품류 구분에서 하나 이상의 상품을 지정하여 출원하여야 한다(상표법 제10조 제1항).

상표는 상품에 사용하는 상표와 서비스업에 사용하는 서비스표로 구분된다. 광의의 상표는 협의의 상표와 서비스표를 모두 의미하기 때문에, 여기서 상품의 의미는 서비스업을 포함하는 것으로 설명한다.

상품은 매우 다양하기 때문에 상품 특성을 고려하여 분류체계에 따라 운용되고

1 「창작과 권리」 제75호(2014년 여름호).

있다. 우리나라는 물론 대부분의 국가에서 사용하는 상품분류는 NICE 국제분류에 따른 것으로 우리나라는 NICE 국제분류를 1998.03.01.자로 채택하여 사용해 오고 있다.

NICE 국제분류는 상품과 서비스업으로 분류하고, 상품은 다시 34개류(1~34류)로, 서비스업은 11개류(35~45류)로 분류한다. 예를 들어, 제1류는 각종 화학제품, 제2류는 페인트류, 제3류는 세탁세제 및 화장품류 등이고, 제35류는 광고 및 기업경영업, 제36류는 보험금융업 등으로 상품이나 서비스의 특성을 고려하여 분류되어 있다.

NICE 국제분류는 상품의 유사범위를 정하는 것이 아니고, 국가간 상품분류의 차이로 인하여 발생하는 출원 및 등록절차의 번잡성을 해소하고자 채택, 사용되는 국제적으로 통일된 분류로서, 5년마다 개정하여 경제계와 거래실정을 반영한다.[2]

상표실무에 있어서는 지정상품과 관련된 문제들이 매우 다양하게 일어난다. 주로 상표출원에 대한 심사과정에서 이러한 문제들이 거론되지만, 심사과정의 연속이라 할 수 있는 사정계 심판이나 상표권 침해와 함께 진행되는 당사자계 심판 그리고 침해소송 등에서도 매우 빈번하게 거론된다.

II. 지정상품과 관련된 문제들

지정상품과 관련하여 일어나고 있는 가장 심각한 문제는 상품의 유사성 판단이다. 상표의 유사여부는 심사는 물론 심판이나 소송에서 매우 중요하다. 상표의 유사여부는 표장의 유사여부와 상품의 유사여부를 포함한다. 어떤 상표가 유사하다는 것은 표장이 유사하고 상품이 유사하다는 것을 의미한다. 다시 말해서, 상품이 유사하지 않다면 표장이 동일하거나 유사하더라도 문제될 것이 없다. 그렇다고 이러한 법리가 모든 상표에 적용되는 것은 아니다. 상표의 종류에 따라 이 법리는 다

2 유사상품 · 서비스업 심사기준, 특허청(2002), 7쪽.

르게 적용될 수 있기 때문이다. 예를 들어, 휴대폰 상표로 널리 알려진 '**APPLE**'이 휴대폰과 관계없는 '의류'에 사용된다면 전혀 문제될 것이 없다. 하지만 필름 상표로 널리 알려진 '**KODAK**'은 필름과 관계없는 '의류'에 함부로 사용할 수 없다. '**APPLE**'은 임의선택표장(arbitrary mark)에 해당하고, '**KODAK**'은 조어표장(coined mark)에 해당하기 때문이다.

임의선택표장이나 암시표장(suggestive mark)인 경우에는, 상품이 유사하지 않다면 표장이 동일하거나 유사하더라도 문제될 것이 없다. 따라서 상품이 서로 유사한지에 대한 판단은 상표실무에서 대단히 중요한 일이다.

다음으로 문제가 되고 있는 것은 지정상품의 불명확한 기재에 관한 문제다. 출원인은 보호받고자 하는 지정상품이나 지정서비스업이 명확하다고 판단하여 출원하였는데, 심사관은 그것이 명확하지 않다고 판단하는 경우에 문제가 발생한다.

앞에서 설명했듯이, NICE 국제분류는 상품과 서비스업을 특성에 따라 분류하고 그에 해당하는 상품과 서비스업을 모두 나열한다. 물론 NICE 국제분류에 나열된 상품만을 선택하여 지정한다면 명확성에 대한 문제는 발생하지 않는다. 그러나 상품과 서비스업은 NICE 분류에 나열된 것만으로 충분하지 않다. 항상 새로운 상품이 개발되고 새로운 서비스업이 창출되고 있기 때문이다. 새로운 상품이나 서비스업이 만들어지기 때문에 새로운 상품이나 서비스업을 기재하여 상표출원을 할 수밖에 없다. 이 경우 심사관은 십중팔구 그 새로운 상품이나 서비스업이 NICE 분류에 나열되어 있지 않다는 이유만으로 불명확하다고 심사한다. 이 역시 상품의 유사성 판단 못지않게 심각한 문제라 하지 않을 수 없다.

Ⅲ. 상품 유사판단의 문제점

1. 우리 상표실무에서의 상품 유사판단

특허청은 1998.03.01부터 NICE 분류를 채택하면서 상품을 유사하다고 판단되는 것끼리 다시 세분류하였다. 소위 '유사군코드'라는 것으로 소분류한 것이다. 이렇게 NICE 분류를 상품의 유사성에 따라 세분류하고, 그 세분류된 기준에 따라 상품의 유사여부를 판단한다. NICE 분류에 따른 상품류 구분이 다르다 하더라도 유사군코드가 동일하다면 그 상품은 서로 유사하다고 판단한다. 또한 상품류 구분이 동일하더라도 유사군코드가 상이하면 그 상품은 서로 유사하지 않다고 판단한다.[3] 제25류의 모자류에 대한 유사군코드 G4505를 예로 들어 보자.

상품류	상품군	상품세목	유사군코드
9	37. 헬멧	보호헬멧, 스포츠용 보호헬멧, 용적작업용 헬멧	G4505
25	9. 모자류	관(冠), 나이트캡, 남바위, 망건, 모자, 모자챙, 베레모, 사교관(司教冠), 의류용후드, 터번, 톱햇(top hat)	G4505

헬멧류는 NICE 분류 제9류 제37군에 나열되어 있고, 모자류는 제25류 제9군에 나열되어 있는데, 특허청은 이들이 서로 유사한 상품으로 분류한 것이다.

2. 상품의 유사판단기준

상표법 제10조 제3항에서는 NICE 분류에 의한 상품류구분이 상품의 유사범위를 정하는 것이 아니라고 규정한다. NICE 협정 제2조(1)에서도, 상표출원 및 상표등록은 NICE 분류를 사용하더라도 상표등록여부판단의 중요한 요소인 지정상품의 동일·유사판단은 각국에서 자국의 거래실정을 반영하여 독자적으로 그 기준을 설정·운용할 수 있도록 규정한다.[4]

우리 상표법이나 NICE 협정에서 규정하는 상품 유사판단의 진정한 의미는 상품의 유사판단을 상품류구분에 따라 하지 마라는 것이다. 상품의 특성을 고려하여 일반 수요자가 상품의 출처를 혼동할 수 있는지의 여부로써 상품의 유사여부를 판단

3 유사상품·서비스업 심사기준, 앞의 책, 8쪽.

4 유사상품·서비스업 심사기준, 앞의 책, 7쪽.

해야 한다는 의미다. 상품의 특성이란 그 상품의 제조과정, 제조업자, 가격, 용도, 수요자층, 거래방법(판매방법) 등등의 특징적 요소로서, 상품의 유사판단은 이들을 기초로 상품출처에 대한 오인혼동 가능성을 판단하는 것이지, 획일적으로 판단해서는 안 된다는 의미다.

3. 상표유사판단의 문제점

(1) 유사군코드의 문제점

NICE 분류에 나열된 상품을 유사군코드로 분류하여 상품의 유사성을 판단하는 우리의 상표실무는 상표법을 올바로 해석하여 집행한다고 할 수 없다. 상표실무에서 상품의 유사여부를 판단하는 것은 상표법의 법리적인 문제로서 문제가 되는 상품마다 개별적으로 판단해야 하는 것이지, 특허청에서 유사상품을 구분해 놓고 그 틀에서 유사여부를 판단하는 것은 지극히 행정편의주의적인 발상이다.

앞에서 든 예를 살펴보자. 유사군코드는 제9류의 헬멧과 제25류의 모자가 유사하다고 정해 놓고 있다. 헬멧과 모자는 사람의 머리에 착용하다는 점 외에는 유사한 점이 없다. 상식적으로 헬멧과 모자는 동일한 업체에 의해서 제조되는 것도 아니고, 동일 점포에서 판매하는 것도 아니다. 그런데 우리 상표법의 규정으로는 헬멧과 모자가 유사하기 때문에 이들 상품에 서로 동일하거나 유사한 상표를 사용할 수 없다. 상품이 서로 다름에도 불구에도 잘못된 유사군코드에 의한 분류 때문에 필요 이상의 제한을 받는 것이다. 상품의 유사성을 판단하는 우리 상표제도가 아주 초보적인 수준임을 알 수 있다.

상품 유사성에 대한 판단은 일차적으로 상표등록여부를 결정하는 상표심사관을 비롯하여, 특허심판원의 심판관, 특허법원의 판사, 대법원의 대법관들에 의하여 행해진다. 우리나라처럼 NICE 분류에 의한 모든 상품을 유사군코드로 분류하여 판단한다면 심사관이나 심판관 또는 판사와 같은 고위 전문직 공무원은 더 이상 필요없다. 상품의 유사성이 유사군코드에 따라 그렇게 판단되는 것이라면, 중학생 정도의 수준을 갖추면 충분하다. 유사군코드를 살펴보고, 같은 코드군에 있으면 유사, 그렇지 않으면 비유사로 판단하면 되기 때문이다.

그러나 상표법에 기초한 상품의 유사여부는 그렇게 판단하는 것이 아니다. 앞의 예에서 든 제9류의 헬멧이나 제25류의 모자처럼, 누가 그 제품을 제조하는지, 누가 그 제품을 사용하는지, 누가 그 제품을 구매하는지, 그 제품은 어디서 판매되고 있는지, 제품의 가격은 어떠한지, 제품의 판매유통경로는 어떠한지 등등의 제반 사항을 고려하여, 이들 제품에 동일하거나 유사한 상표를 사용하였을 때 일반 소비자가 그 출처를 오인하거나 혼동할 수 있는지의 여부로써 상품의 유사성을 판단해야 한다. 이런 의미에서 NICE 분류는 수많은 상품과 서비스업을 어느 정도 분류하여 행정편의를 도모하기 위한 것이지, 그 자체가 상품의 유사범위를 정하는 것이 아니다.

우리의 상표실무에서 유사군코드를 정해 놓고 그에 따라 상품의 유사성을 판단하는 이유는 심사의 일관성을 유지하고 공정성과 객관성을 제고하기 위한 것이라 한다.[5] 상품의 유사여부를 법리에 따라 올바로 판단하면 심사의 일관성은 유지되고 공정성과 객관성은 담보된다. 헬멧과 모자가 유사하다고 규정한 유사군코드가 어떻게 공정성이 담보되고 객관성이 있다고 할 수 있는가. 유사군코드는 행정편의주의만을 위한 무책임한 발상에 불과하다. 그리고 유사군코드에 의해 심사의 일관성이 유지되고 공정성과 객관성이 담보된다고 주장하는 것은 상품의 유사여부를 판단할 줄 모르는 자들의 변명에 불과하다.

상품의 유사여부는 단지 상품만의 문제가 아니다. 상표실무에서 상품의 유사여부는 상표도 함께 고려되어야 한다. 상표의 종류에 따라 상품의 유사여부에 관한 결론은 얼마든지 달라질 수 있다. 상표가 조어표장(coined mark 또는 fanciful mark)인 경우에는 상품의 유사성은 폭넓게 인정될 수 있지만, 임의선택표장인 경우에는 그렇지 않을 수도 있다. 우리의 유사군코드는 이러한 상표법의 법리를 무시한 채 물리적인 분류만으로 상품의 유사성을 판단하게 한다.

---

5 유사상품 · 서비스업 심사기준, 앞의 책, 7쪽.

(2) 유사군코드의 예외

우리 상표실무에서는 유사군코드를 만들어 놓고 그에 따라 상품의 유사성을 판단하지만 예외가 하나 있다. 유사군코드가 동일한 상품이라 하더라도 비유사로 판단한 판례가 축적되어 「판례반영목록」에 명시된 경우에는 비유사로 판단한다는 것이다.[6]

「판례반영목록」에 명시된 한 예를 살펴보자. 대법원 판결 96후924(97.01.20 선고) 사건으로, 이 판례에서는 '일회용기저귀'와 '양말, 장갑'이 서로 유사하지 않다고 판단하였다. 이들 상품은 그 형상과 용도가 다르고 생산업체, 판매처, 수요자층도 다르기 때문에 서로 유사하지 않다고 판단하였다. 일회용기저귀는 제5류에 속하고, 양말과 장갑은 제25류에 속하지만, 이들은 모두 유사군코드(G4504)에 포함되어 있다.

유사군코드 내에 포함되는 경우에, 심사관이나 심판관은 무조건 유사하다고 판단하고, 특허법원이나 대법원에서 유사하지 않다는 판례가 축적되어야 유사군코드라는 틀에서 벗어날 수 있다는 것이다. 상표심사관이나 심판관이 상표유사여부를 판단함에 있어서 유사군코드에만 의지하여 형식적으로 판단하고 구체적인 판단을 법원에 미루는 것은 심사관이나 심판관의 직무유기에 해당한다. 상표의 등록여부를 심사하는 과정에서 심사관과 심판관은 마땅히 판단해야 할 상품의 유사성을 판단해야 하고 특허법원이나 대법원에 그 판단을 미루어서는 안 된다.

(3) 상표공존동의서의 불인정

상표공존동의서(Coexistence Agreement)는 상표출원의 심사과정에서 인용되었던 선등록상표의 상표권자가 후출원상표의 등록에 동의한다는 서면으로, 상표공존동의서가 심사관에게 제출되면 선등록상표로 인한 거절이유는 일반적으로 극복된다. 그러나 이러한 상표실무의 관례는 우리나라에서는 그림의 떡이다. 대부분의 국가에서는 상표공존동의서가 긍정적으로 이용되고 있지만, 우리나라에서는 인정되지 않기 때문이다.

---

6 유사상품 · 서비스업 심사기준, 앞의 책, 8쪽.

상표공존동의서는 표장이 유사하지 않다는 내용으로 제출될 수 있고, 상품이 유사하지 않다는 내용으로도 제출될 수 있으며, 표장과 상품이 유사하지 않다는 내용으로 제출될 수도 있다. 상품이 유사하지 않다는 공존동의서를 살펴보면, 심사관은 상품이 유사하다고 판단하였으나 당사자(후출원인과 선등록권자)가 상품이 유사하지 않다고 하여 후출원상표의 등록에 동의하는 것이다. 그러나 우리나라에서는 상표공존동의서가 인정되지 않기 때문에 선상표권자가 공존동의를 하여도 아무 소용이 없다.

선등록된 "**NOVATEX**" 상표에 의하여 후출원된 "**HOVATЭK/NOVATEK**" 상표가 거절되었다. 선등록상표는 제4류에서 '연료용 가솔린, 공업용 가솔린, 석유, 등유, 경유' 등을 지정하였고, 후출원상표는 제4류에서 '천연가스, 즉 가스콘덴세이트 및 액화천연가스(Gas natural, namely a gas condensate and liquefied natural gas)'를 지정하였다. 심사관이 이 두 상표가 유사하다고 판단하자 후출원인은 선등록권자로부터 상표공존동의서를 받아 제출하였다. 그러나 심사관에 이어 특허심판원 및 특허법원은 모두 상표등록을 거절하였다. 상표공존동의서가 받아들여지지 않은 것이다.

본 사건의 논점은 상표의 유사여부와 지정상품의 유사여부로 나누어 살펴보아야 한다. 설사 상표가 유사하더라도 지정상품이 서로 다르다면 등록에 아무런 문제가 발생하지 않기 때문이다. 우선 이 두 논점에 대하여 특허법원의 판결이유를 살펴보자.[7]

> *"이 사건 출원상표의 지정상품인 천연가스와 선등록상표의 지정상품인 연료용 가솔린은 생성 및 채취(생산)과정, 성상 등에서 일부 차이점이 있기는 하지만 탄화수소를 주성분으로 하는 물질로서 일반가정과 수송기관, 공장, 발전소 등 다양한 분야에서 연료로 사용되고 있어 그 소비자나 수요자가 중첩되므로 거래통념상 극히 유사한 상품이라고 판단된다.*

---

7 특허법원 2012허5394(2012.10.12 선고).

… (중략) …

원고는, 이 사건 출원상표의 출원인인 원고와 선등록상표권자 사이에 상표공존계약이 체결되어 있는데, 이는 주요 외국의 입법 및 상표등록 심사례에 비추어 볼 때 양 상표의 지정상품이 유사하지 않다는 것을 반증하는 것이라는 취지의 주장을 하므로 살피건대, 상표법 제7조 제1항 제7호는 선등록상표와 사이에 상품 출처의 오인·혼동을 방지하려는 공익적 성격이 강한 규정으로서, 이에 해당하는지 여부의 판단기준은 일반 수요자나 거래자들이 되어야 하는바, 비록 원고가 선등록상표권자의 동의를 받았다 하더라도 일반 수요자나 거래자들의 상품출처에 대한 오인·혼동의 우려가 없다고 단정할 수 없고, 또한 상표의 등록 여부는 각국의 입법 및 거래실정에 따라 달리 판단되는 것이므로(대법원 1998.02.27. 선고 97후310 판결 참조), 원고의 위 주장은 받아들이지 아니한다."

본고의 논지에 따라 지정상품의 유사여부에 관한 논점은 제외하고 상표공존동의서에 의한 논점에 대하여 살펴보자.

판례에서는 일반 수요자의 오인혼동을 걱정하고 있다. 그러나 막연한 일반 수요자의 이익을 걱정하기 전에 당사자의 권익을 걱정해야 했다. 실제로 발생하지도 않은 일반수요자의 오인혼동 때문에 등록을 받지 못함으로써 야기될 수 있는 당사자의 불이익을 무시해서는 안 된다. 상표공존을 인정했다는 것은 서로 지정상품이 유사하지 않다는 것을 의미한다. 지정상품이 유사하다면 상표공존에 동의할 수 없는 일이기 때문이다.

우리와는 달리 전 세계의 주요 국가들은 우리처럼 막연한 공공의 이익을 판단하기 전에 상표공존동의서를 우선적으로 인정하고 있다. 이러한 전 세계적인 경향은 그들이 공공의 이익을 중시하지 않기 때문이 아니라, 가장 이해관계가 있는 당사자들이 상표공존에 동의하는 것은 상표 또는 상품이 다르기 때문에 수요자의 오인혼동의 우려가 없다는 것을 우선적으로 인정하기 때문이다.[8]

---

8 「창작과 권리」 제69호(2012년 겨울호)

IV. 상품의 불명확한 기재의 문제

1. 우리의 상표실무

상표출원에 대한 심사 시에 심사관이 의존하는 상품 구분은 전적으로 NICE 분류에 의한다. 그런데 상품이나 서비스업은 항상 새로운 것이 만들어진다. NICE 분류를 5년마다 개정하여 경제계와 거래실정을 반영한다고 하지만, 여전히 미흡하다. 오늘도 새로운 상품이 개발되며 새로운 서비스업이 탄생한다.

그런데 우리의 상표실무는 지정상품이나 서비스업이 항상 NICE 분류에 포함되어야 한다. NICE 분류에 포함되어 있지 않으면, 심사관은 십중팔구 상품이 명확하지 않다는 이유로 거절한다. 하루가 다르게 새로운 상품이 쏟아져 나오고 새로운 종류의 서비스가 제공되는 세상에서 NICE 분류에 나열된 상품과 서비스만을 고집하는 것은 역시 행정편의주의적인 발상으로 상표출원인에게 실질적인 도움을 주지 못한다.

2. 상품의 불명확한 기재에 대한 상표실무의 문제점

우리 상표실무에서 지정상품을 NICE 분류에 한정토록 하는 것은 새로운 상품이나 서비스업에 대한 고려 없이 획일적이고 행정편의주의적인 실무에 불과하다. 새로운 상품이나 새로운 서비스업이 아니라 하더라도, NICE 분류가 현재의 모든 상품을 망라하지 못한다. 설사 5년마다 NICE 분류가 개정된다 하더라도 모든 상품을 나열한다는 것은 불가능하다. 따라서 상표출원인은 자기가 보호받고자 하는 상품이나 서비스업을 적절하게 기재할 필요가 있다. 그러한 기재가 상표등록을 판단함에 있어서 적절한지의 여부는 심사관이나 심판관에 의하여 보다 심도 있게 검토되어야 한다. 단순히 NICE 분류에 포함되지 않았다는 이유로 상품의 불명확성을 지적하는 것은 지양되어야 한다.

우리 상표실무에서는 지정상품의 포괄적 기재나 구체적인 서술형 기재를 인정하지 않고 개별적인 상품으로만 구체화할 것을 요구한다. 단답형의 심사를 하고 있는 셈이다.

사례 1: 상표출원 제2013-15524호의 제9류에 지정하였던 "이동전화기/랩탑컴퓨터/태블릿컴퓨터/디지털음악재생기/휴대폰/미디어플레이어/미디어 레코더용 기기 및 액세서리(예: 핸즈프리/키보드/줄(스트랩)/화면보호기/전지/충전기) (device and accessories for mobile phones, laptops, tablet computers, digital music players, cell phones, media players, media recorders, namely handfree, keyboard, straps, screen protector, battery, chargers)"가 명확하지 않다고 거절하였다. 심사관은 이들 상품에 대하여 분리하여 "축전지충전기, 전지, 이동전화기용 핸즈프리장치, 휴대폰줄, 이동전화기용 키보드, 컴퓨터키보드"로 보정할 것을 제안하였다.

또한 심사관은 "휴대용전자기기 케이스(예: 이동전화기, 랩탑컴퓨터, 휴대폰, 태블릿 컴퓨터, 디지털음악재생기, PDA) (cases for portable electyronic devices, namely, mobile phones, laptops, cell phones, tablet computers, digital music players, personal digital assistants)"가 명확하지 않다고 거절하였다. 심사관은 이들 상품에 대하여 분리하여 "MP3플레이어, 휴대폰, PDA"와 같은 구체적인 상품으로 보정할 것을 제안하였다.

사례 2: 국제상표등록 제1128541호의 제3류에 지정하였던 "hair paint and other hair care products"가 명확하지 않다고 거절하였다. 심사관은 이들 상품을 "hair lotions, hair rinses 등"으로 보정할 것을 제안하였다.

또한 제5류의 "dietary substances and preparations, food supplements, naturopathic and homeopathic preparations, tonics, mineral drinks, vitamin drinks, sanitary preparations"가 명확하지 않다고 거절하였다. 심사관은 이들 상품에 대하여, 예를 들어, "dietary substances and preparations"를 "dietary substances and preparations for medical purposes"로 보정할 것을 제안하였다.

사례 3: 국제상표등록 제1141216호의 제17류에 지정하였던 “polymers”가 명확하지 않다고 거절하였다. 심사관은 이를 “polymer film used for manufacturing electronic circuits”로 보정할 것을 제안하였다.

제40류의 “treatment of materials, recycling, information and ad visory services relating to all the aforementioned services”도 명확하지 않다고 거절하였다. 심사관은 이에 대하여, 예를 들어, “treatment of materials”를 “metal treating, cloth treating 등”으로, “recycling”을 ”recycling of toner, recycling of waste and trash 등”으로 보정할 것을 제안하였다.

사례 4: 상표서비스표출원 제45-2013-3742호의 제39류에 지정하였던 “안전장치(폭발의 진압/차단/통기용(Safety Equipment for Supression/Isolation/Venting of Explosion”을 “안전망, 안전방수포 등”으로 보정하고, “안전장치의 설치업(폭발현장용)”을 제37류의 “화기용 안전장치 설치업, 안전망 설치업”으로 보정하며, “연구업(안전장치/하드웨어에 한함)”을 “컴퓨터 하드웨어 연구업, 전기안전관련 연구업 등”으로 보정할 것을 제안하였다.

위의 실제 사례에서 보듯이, 상품의 불명확한 기재로 인한 거절이유는 매우 심각하다. 심사관이 제안하는 상품은 최초의 상품범위를 극도로 제한하거나 출원인이 의도하고자 하는 상품이 아님을 알 수 있다.

상품의 불명확한 기재는 비단 우리나라에만 국한되는 문제는 아니다. 거의 모든 나라에서 상품의 불명확성이 상표출원심사에 거론된다. 문제는 우리나라를 비롯한 일본과 중국 등에서 유난히 상품의 불명확성을 NICE 분류에만 의존한다는 점이다. 상품이 명확하지 않은 경우 상품을 명확히 하도록 하는 것은 상표심사에서 중요한 일이다. 그러나 상품을 명확히 기재했는데도 NICE 분류에 나열되지 않았다는 이유만으로 불명확하다고 하는 것은 반드시 재고되어야 한다.

V. 맺는 말

지정상품과 관련된 상품유사판단과 기재상의 명확성 문제는 개선되어야 한다. 상품의 유사여부를 판단함에 있어서 더 이상 유사군코드에 의존해서는 안된다. 상표심사관과 심판관은 상표의 등록여부를 심사하는 과정에서 유사군코드에 의존한 형식적이고 물리적인 판단을 지양하고 상품의 특성과 거래계의 실태를 고려하여 상품의 유사성을 판단해야 한다.

상표공존동의서도 적극적으로 도입되어야 한다. 상품이 서로 유사하지 않다고 판단하여 제출되는 공존동의서는 더욱더 그러하다. 가장 이해관계가 깊은 당사자가 상표공존에 동의하는데 특허청이나 법원에서 공익을 이유로 공존동의서를 인정하지 않는 것은 그들의 권한을 남용하는 것이다.

지정상품 기재에 대한 불명확성도 NICE 분류에 의존하여 판단해서는 안 된다. 문자로 기재된 지정상품이나 지정서비스업이 과연 일반 수요자가 알 수 없는 정도로 기재되었는지 아니면 침해발생 시 그 지정상품이나 지정서비스업의 범위를 판단할 수 없는 정도로 불명확한지의 여부로써 판단되어야 할 것이다. NICE 분류에 나열되지 않았다는 이유만으로 불명확하다고 하는 것은 반드시 재고되어야 한다.

11. 상표 식별력 판단은 외국이라고 해서 다르지 않다

상표의 등록여부를 판단하는 중요한 사항으로 식별력 판단과 유사성 판단이 있다. 유사성 판단은 판단하고자 하는 상표를 선출원이나 선등록 상표와 비교하여 유사여부를 판단하는 것이다. 그러나 식별력 판단은 비교할 대상이 있는 것이 아니고 상표 그 자체에 대하여 식별력이 있는지의 여부를 판단하는 것이다. 그런데 식별력 판단에 있어서 특허청이나 특허법원 나아가 대법원 조차도 그 법리를 올바로 이해하지 못하고 잘못 판단하고 있는 경우가 무수히 많다.

그중의 하나가 바로 외국에서는 식별력을 인정받아 등록되었는데, 우리나라에서 식별력을 인정받지 못하여 등록을 받지 못하는 경우다. 예를 들어, 커피를 원료로 한 상품에 "**SINGLE ORIGIN ROASTERS**"라는 상표가 많은 외국에서 식별력이 인정되어 적법하게 등록되었는데, 우리나라에서는 식별력이 없다고 판단하고 있다. 이 경우 외국에서의 등록예를 제출하여 식별력을 주장하면, 특허청이나 법원은 다음과 같은 이유를 들고 나온다: "*외국에서 식별력을 인정받아 등록된 표장이라 하더라도 상표의 등록적격성의 유무는 지정상품과의 관계에서 개별적으로 판단되어야 하고, 다른 나라의 등록예에는 특정 상표가 등록되어야 할 근거가 될 수 없으*

며(대법원 2006.05.12. 선고 2005후353 판결), *더욱이 출원상표의 등록 가부는 우리 상표법에 의하여 그 지정상품과 관련하여 독립적으로 판단할 것이지 법제나 언어습관이 다른 외국의 등록례에 구애받을 것도 아니므로*(대법원 2003.05.16. 선고 2002후1768 판결) 이러한 주장은 받아들이기 어렵다."

특허청이나 특허법원의 이같은 이유는 상표법의 식별력 판단의 법리를 이해하지 못한 데에서 비롯된 것이다. 우선 법제가 서로 다르다고 하였다. 그러나 식별력을 판단하는 법제는 전 세계적으로 동일하다. 식별력을 판단하는 법리가 어떻게 다른지 한 번도 제시하지도 못하면서, 잘못된 대법원 판례를 앵무새처럼 되뇌이고 있다. 식별력을 판단하는 법리는 그 상표가 기술표장인지 아니면 암시표장인지를 판단하는 법리에 의하여 판단하는 것으로 이러한 법리는 상표제도를 채택하는 모든 나라에서 동일하다. 상표법이 그러한 법리하에서 만들어졌기 때문이다. 구체적인 절차가 나라마다 다를 수는 있어도 식별력의 판단법리가 다른 나라는 하나도 없다. 참고로 유사성 판단은 선출원이나 선등록 상표와 비교하여야 하기 때문에 나라마다 다를 수 있다(그러나 실제로 이러한 일은 발생하지 않는다. 나라마다 선등록상표가 동일하지 않기 때문이다).

두 번째로 언어습관이 다르다는 이유를 들고 있다. 물론 언어습관이 다르다는 것은 백 번 옳다. 우리는 고유의 한글말 언어권이다. 하지만 대부분의 나라가 영어권의 나라다. 영어로 된 상표가 영어권의 국가에서 기술표장에 해당되지 않아 식별력이 인정되는데, 영어권도 아닌 우리나라에서 영어로 된 상표가 기술표장이라 판단하는 것은 한마디로 어불성설이다.

우리나라의 식별력 판단이 이처럼 엉망인 것은 기술표장과 암시표장에 관한 법리를 이해하지 못하기 때문이다. 그렇기 때문에 잘못된 판례를 수십 년 동안 한 번의 의문도 가져 보지 못한 채 앵무새처럼 되뇌이고 있는 것이다. 특히 대법원 판례 2005후353 판결과 2002후1768 판결은 하루빨리 폐기되어야 할 판결이다.

12. 상표공존동의서는 인정되어야 한다

상표출원의 심사과정에서 선출원이나 선등록된 상표와 유사하다는 이유로 후출원상표가 거절되는 경우가 있다. 물론 후출원상표가 선출원상표와 유사하다면 등록받을 수 없는 것은 당연지사다. 그런데 이때 출원인은, 심사관이나 심판관의 의견과는 달리, 유사하지 않다고 생각하는 경우가 있다. 표장 자체가 유사하지 않거나 아니면 지정상품이 유사하지 않을 수도 있다. 이 경우 후출원인은 선출원인을 접촉하여 공존동의서(Coexistence Agreement)를 받아 심사관이나 심판관한테 제출하면서 등록을 구하고자 한다. 그런데 우리나라에서는 이러한 공존동의서가 인정되지 않는다. 특허청이나 법원에서 공존동의서를 인정하지 않는 이유는 이렇다: "설사 선출원인이 공존동의를 했다 하더라도, 공익을 고려하여 일반 수요자의 오인혼동을 방지하여야 하기 때문에 공존동의서를 인정할 수 없다"는 것이다.

공존동의서는 선출원인이 두 상표가 유사하지 않다고 판단되거나 상품이 다르기 때문에 두 상표가 공존하더라도 문제될 것이 없기 때문에 등록되어도 좋다는 적극적 의사표시다. 이 얼마나 아름다운 상생의 정신인가? 누이 좋고 매부 좋은 것이다. 그런데 이 아름다운 상생의 정신이 우리나라 특허청과 특허법원에 의하여 짓밟히고 있다. 문제의 상표에 대하여 가장 많은 이해관계를 가지는 자는 바로 당사자 즉 선출원인이다. 그런 선출원인이 후출원상표의 등록에 문제가 없다고 하는데 특허청이나 특허법원이 나서서 공익을 들고 나오는 것이다. 당사자들이 오인혼동의 문제가 없다고 하는데 일반 수요자가 문제가 있다고 할 우려는 기우에 불과하다. 못된 시어머니가 사이좋은 누이와 매부 사이를 훼방 놓고 있는 형국이다.

상표공존동의서는 많은 나라에서 아주 유용하게 활용되고 있다. 그래서 상표 공존동의서는 전 세계를 무대로 하는 글로벌 기업 간에 아주 흔하게 활용된다. 자기 사업에 지장이 없다면 흔쾌히 공존동의서를 허락해 준다. 그 허락에 대하여 대가를 바라지도 않는다. 공존동의서를 가장 받기 어려운 나라가 우리나라다. 우리나라 기업들은 공존동의서를 허락하는 경우가 거의 없다. 우리는 못먹는 감도 찔러봐야 한다. 남을 위해 흔쾌히 공존동의를 허락할 때 자기도 남으로부터 공존동의를 받을 수 있다는 것을 알아야 한다.

13. 새 국가 브랜드

서울시가 작년에 새 브랜드를 내놓았다. 이명박 서울시장 이래 서울시가 쓰던 "**하이 서울(Hi Seoul)**" 브랜드를 버리고 새로운 브랜드인 "**I. SEOUL. U**"를 내놓은 것이다. "**너와 나의 서울**"이라는 의미를 갖는다고 한다. 이 새로운 브랜드를 놓고 말이 많았다. '콩글리시(Konglish)'라는 비판을 비롯하여 이해하기 힘들다는 의견도 나왔고 '끔찍한 선택(terrible choice)'이라는 등의 원색적 비난도 있었다.

세계의 저명 도시들은 나름대로의 브랜드가 있다. 별명이나 별칭으로 통할 만큼 그 도시의 이미지를 잘 나타내 준다. 뉴욕은 '**I♥NY(아이 러브 뉴욕)**' 또는 "**BIG APPLE**"이고, 시카고는 '윈디 시티(Windy City)'이고, 프랑스 파리는 '**예술의 도시**'로 통하고, 샌프란시스코는 '**러브 시티(Love City)**'로 통하며, 호주의 시드니는 '**돌고래의 수도**'로 통한다. 이제까지 서울은 '**하이 서울**'로 통했을까? 앞으로는 '**I. SEOUL. U**'로 통할까?

이번에는 정부가 새로운 국가 브랜드를 내놓았다. '**CREATiVE KOREA**'라는 브랜드다. 문화체육부에 따르면, 우리 국민이 생각하는 전통과 현대, 유 · 무형 자산에 담긴 핵심가치를 활용하여 도출된 브랜드라 한다. 한일 월드컵 당시 사용했던

"**Dynamic Korea**"도 버리고, 관광 분야에서 사용했던 슬로건인 "**Imagine Your Korea**"도 사라지게 되었다. 그동안 '**Dynamic Korea**'나 "**Imagine Your Korea**"가 얼마만큼 대한민국의 이미지를 전달했을까?

브랜드가 선정되면 그것을 홍보하기 위하여 막대한 비용을 지출한다. 이번의 새 국가 브랜드도 배우 송중기와, 송혜교, 프로기사 이세돌 9단, 피아니스트 조성진, 빅뱅, 서도호 작가 등 유명 인사들이 홍보영상 제작에 도움을 줬다고 한다. 그리고 문체부는 CNN, BBC 등 해외 유력 매체를 통해 홍보 영상을 방영하는 한편, 수교행사 및 주요 국제행사를 계기로 재외공관과 한국문화원, 관광공사, 코트라 및 아리랑 TV 등을 통해 국가브랜드를 적극 홍보해 나갈 계획이라 한다. 그러다가 시장이 바뀌고 정권이 바뀌면 우리는 같은 일을 반복할 것이다.

브랜드는 그렇게 자주 바꾸는 것이 아니다. 시장이 바뀌고 정권이 바뀐다고 해서 서울이 바뀌고 대한민국의 정체성이 바뀌는 것이 아니다. 한 기업의 브랜드도 그렇게 왕창 바꾸지는 않는다. '**코카콜라**'가 언제 브랜드를 바꾸었단 말인가. 하나의 브랜드를 세계적인 브랜드로 만들기 위하여 얼마나 많은 노력과 비용이 드는지를 생각한다면 브랜드를 그렇게 쉽게 바꿀 수는 없다. 또한 명성을 쌓았던 브랜드를 하루아침에 버리고 새 브랜드를 소비자에게 각인시키기란 그리 쉬운 일이 아니다. 우리는 기업도 브랜드를 자주 바꾸고 있다. 좋은 품질을 개발하고 유지함으로써 브랜드를 소비자에게 지속적으로 각인시키고자 하는 노력은 하지 않고 브랜드부터 바꾸고 있다. 우리나라 기업이 세계적인 브랜드를 만들지 못하는 이유이기도 하다.

우리가 브랜드를 자주 교체하는 것은 브랜드를 올바로 만들지 못하기 때문이다. 외국인들을 만나 프랑스 파리를 '**예술의 도시**'라 하고, 호주의 시드니를 '**돌고래의 수도**'라 할 때, 우리 서울을 '**하이 서울**' 아니면 '**I. SEOUL. U**'라 할 수 있을까, 아니면 대한민국을 '**Creative Korea**'라 할 수 있을까. '**Creative Korea**'는 정당의 선거 구호나 또는 예술이나 산업과 같은 특정 분야의 서브브랜드는 될지언정 우리의 정체성을 나타낼 수 있는 국가 브랜드는 아니다. 반만년 유구한 역사를 가진 대한민국의 이미지를 한마디로 나타낼 말이 그리도 없단 말인가.

인도의 시성 타고르는 우리나라를 '**동방의 횃불**'이라 했고, 「25시」의 작가 게오

르규 신부는 '**아시아의 보석**'이라 하였다. 한 무명의 외국인은 나에게 한국인과 일본인을 비교하면서, 일본인은 'kind'하지만, 한국인은 'warm'하다고 하였다. 우리 한민족의 특성을 한마디로 이보다 더 잘 표현한 것을 나는 이제까지 보지 못했다. 그렇다면 '**The Warm Heart of the Orient**'는 어떨까.

14. 브랜드 이미지

우리에게도 브랜드 이미지란 말이 그리 낯설지 않다. 낯설지 않은 정도가 아니라 그 의미와 중요성을 잘 알고 있다. 그런데 정작 브랜드 이미지를 제고하는 데 필요한 전문적 지식은 그렇지 못한 것 같다. 그리고 그에 대한 전문가의 의견을 듣는 데에도 그리 너그럽지 못한 것 같다.

주지하다시피 브랜드 이미지를 형성하기 위해서는 브랜드의 오랜 역사와 전문적인 노력 그리고 막대한 유지관리비용을 필요로 한다. 브랜드 이미지를 높이기 위하여 천문학적인 홍보비용은 물론 제품의 품질개선 및 기술개발에 막대한 비용이 든다. 브랜드는 CI(Company Identity)를 비롯하여 각 제품에 사용되는 개별 브랜드로 크게 나눌 수 있다. 일반적으로 CI가 브랜드 이미지와 밀접한 관계가 있다고 할 수 있지만, 회사 사정에 따라 개별 브랜드가 상호나 CI보다 훨씬 더 중요한 경우도 많이 있다.

브랜드 이미지를 포함한 브랜드 가치를 객관화하기 위하여 화폐적 가치나 저명도 순위 등으로 나타내기도 한다. **마이크로소프트**®, **코카콜라**®, **맥도날드**®, **도요타**®, **삼성**® 등이 해마다 그러한 순위에 오르내리고 있으며 그 화폐적 가치는 상상을 초월한다.

브랜드 이미지를 높이고, 높아진 브랜드 이미지를 유지하는 방법은 여러 가지가 있을 수 있다. 미국의 한 회사와 우리나라의 한 회사의 CI 변천사를 살펴봄으로써 그 방법 중의 하나를 살펴보자. 아래는 미국의 한 정유회사인 텍사코의 로고의 변천과정이다.

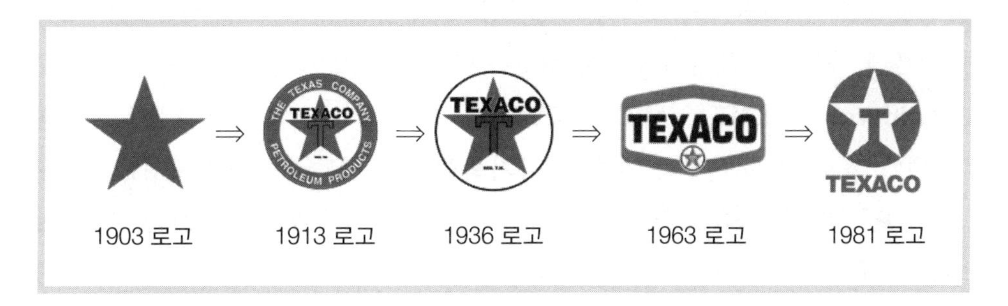

물론 이들 로고가 전부는 아니지만, 시대에 따라 로고가 변하고 있음을 알 수 있다. 중요한 것은, 로고가 이처럼 변하더라도, 그 이미지는 크게 변하지 않았다는 점이다. 처음부터 쌓아온 회사의 정체성을 그대로 유지하면서 100년이 넘은 오늘날에도 그 브랜드 이미지를 유지하고 있다. 우리나라 기업의 예를 들어 보자.

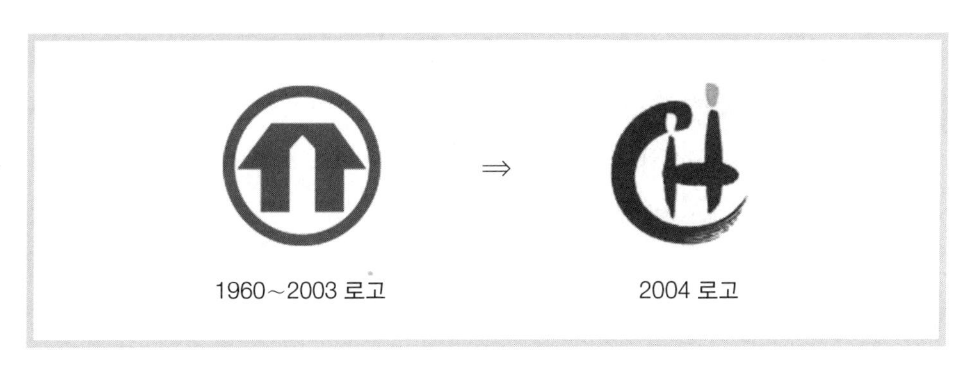

이미 잘 알고 있듯이, 우리나라 주요 공기업의 하나라 할 수 있는 대한주택공사의 로고의 변천사이다. 수십 년간 사용해 온 로고를 하루아침에 바꿔 버렸다. 새로 만들어진 로고에는 종전의 로고가 갖고 있던 이미지가 온데간데없다. 브랜드 이미지가 계승될 리 만무하다. 브랜드 이미지가 계승되지 않는다는 것은 종전 브랜드가 갖고 있던 자산적 가치를 하루아침에 잃어버리는 것이다. 그리고 새로운 브랜드에 자산적 가치를 갖는 이미지를 형성하기 위해서는 그만큼 새로운 노력과 비용이 드는 것이다.

브랜드는 그렇게 쉽게 바꾸는 것이 아니다. 그렇다고 브랜드를 바꾸지 마라는 것이 아니다. 브랜드도 필요에 따라 변할 수 있고 변해야 하지만, 그 브랜드에 형성된 이미지를 보존하고 계승할 수 있는 범위 내에서 시대감각에 맞게 변해야 하는 것이다.

제품에 사용되는 개별 브랜드도 상황은 CI와 크게 다르지 않다. 우리나라에는 "**Marlboro**®," "**KENT**®," "**MILD SEVEN**®" 등과 같이 유명한 담배 브랜드가 하나도 없다. 수십 년 전 나왔던 "**한산도**", "**거북선**"이 지금도 있는지 모르지만, 그 후에는 "**솔**", "**태양**", "**88**", "**디스**" 등으로 이어지고 지금도 이름 모를 새로운 담배 브랜드가 계속 나오고 있다. 하지만 그들의 수명은 외국 브랜드에 비하면 하루살이에 불과하다. 국내에서는 어느 정도 유명한 담배 브랜드가 되었는지 모르겠지만, 글로벌 브랜드가 되기에는 아직 갈길이 멀다.

이러한 예는 결코 담배 분야에 국한되지 않는다. 거의 모든 산업분야에서 이러한 일이 일어나고 있다고 해도 과언이 아니다. 이러한 상황에서 브랜드 이미지를 운운하는 것은 공염불에 지나지 않는다. 더욱이 새로운 브랜드의 등장이 편법적인 가격 인상의 수법으로 활용된 예도 적지 않다. 브랜드를 언제 바꾸어야 하는지, 어떻게 선정해야 하는지, 왜 바꾸어야 하는지 등등의 본질을 이해하지 못하고 CI를 교체하거나 브랜드 본래의 목적 외의 다른 목적을 위한 수단으로 브랜드를 사용할 때 브랜드 이미지는 우리에게서 더 멀어져 갈 것이다.

15. 코미디 같은 '독도참치' 판결

최근(21016년 6월) 특허법원은 "독도의 참치를 실제로 쓰지 않으면서 '참치전문 식당체인업'을 지정하여 상표등록한 '독도참치'는 무효"라는 취지로 판결했다. 상표권자인 ㈜독도참치는 전국 200여 곳 가맹점을 두고 연 매출 1,000억 원을 올리고 있다고 한다. '독도참치' 가맹점 업주 18명이 "'독도참치' 상표등록을 무효로 해 달라"며 ㈜독도참치를 상대로 낸 소송이다. 일부 가맹점이 "재계약 없이 상호(서비스표)를 계속 쓰고 있다"며 상표권자가 법적 조치를 취하자, 그 가맹점들이 상표권자를 향하여 '독도참치'에 대한 상표등록 무효를 제기한 것이다.

특허법원에 앞서 진행되었던 특허심판원의 무효심판에서는 "심사당시 '독도참치'는 이미 '참치전문 식당체인업'으로 국민들에게 오래전부터 인식되어 있어 상표로 등록될 수 있다"고 판단하여 심판청구를 기각했다. 그러나 특허법원은 이 특허심판원의 판단을 뒤집은 것이다.

소송을 제기했던 가맹점주들은 소송에서 "(독도가 아니라) 대서양 등의 원양어선에서 잡힌 참치로 영업합니다. '참치 무한 리필'로 파는데 독도 근해의 참치는커녕 국산을 쓰는 것 자체가 불가능해요."라고 증언했다고 한다. 또한 재판부는 소송에서 상표권자인 ㈜독도참치에게 "실제 독도 근해에서 어획한 참치만을 가맹점들에 공급했느냐"라고 물었고, 피고는 별다른 답변을 못하면서 '가맹점 2곳에 공급한 일부 다랑어류에 관해 '국내 근해산'이라 기재된 거래명세표' 등만 제출했다고 한다. 원고측 변호사는 "누구나 자유롭게 이용해야 할 지명 등을 상표로 독점하여 이익을 챙기려는 행위에 법원이 엄격한 잣대를 댔다"고 말했다고 한다(한국일보 2016.06. 29).

상표무효를 판단함에 있어서 코미디 같은 일들이 벌어지고 있다. '독도참치'와 같은 상표를 지리적 명칭 상표('지명상표')라 한다. 지명상표는 상표등록을 받을 수도 있고 받지 못할 수도 있다. 등록을 받을 수 있는 경우는 그 지명이 지정상품(또는 서비스업)과 관련이 있는 경우이다. 예를 들어, 인삼을 생산하는 업자가 '금산인삼'이라는 지명상표를 등록받고자 한다면 이는 등록받을 수 없다. '금산'은 인삼재배로 유명한 지명이기 때문이다. 이런 경우 '금산'은 '인삼'의 산지이기 때문에 인삼과 관련성이 있는 것이다. '금산인삼'과 같은 상표를 상표법에서는 '기술상표(記述商標: descriptive mark)'라 한다. '금산'이 '인삼의 산지'를 기술한다는 의미다. 그래서 기술상표에 해당하는 지명상표는 상표등록을 받을 수 없다. 다른 예로 '독도인삼'의 경우를 보자. 독도와 인삼은 아무런 관계가 없다. 이런 상표를 '임의선택상표'라 하는데, 이는 상표등록을 받을 수 있다. '파리바게트', '뉴욕제과', '서울우유', '부산파이프' 등이 이에 해당한다. 이들은 '지명상표'이지만 '임의선택상표'이기 때문에 등록을 받을 수 있는 것이다. 그렇다면 '독도참치'는 어떨까. 독도가 참치로 유명하다는 것을 내 한평생 들어 본 적이 없다. '임의선택상표'라는 얘기다. 임의선택상표인 경우에는 먼저 선택한 자에게 상표등록이 인정된다.

더욱 한심하게 '독도참치'는 등록될 때부터 문제가 있었다(그렇다고 무효사유가 존재한다는 것은 아니다). 지정서비스업을 '참치전문 식당체인업(독도 근해에서 어획한 참치를 사용함)'로 표기한 것이다. '(독도 근해에서 어획한 참치를 사용함)'이란 표현은 심사과정에서 심사관의 요청에 따라 기재된다. 출원인은 그렇게 하지 않으면 등록받을 수 없기 때문에 그 요청에 응할 수밖에 없다. '독도 근해에서 어획한 참치를 사용'한다는 것은 참치의 산지를 의미한다. 즉 '독도참치'는 '참지의 산지'를 의미하기 때문에 기술상표에 해당되어 등록을 받을 수 없게 된다. 애초에 '참치전문 식당체인업'으로 표기한 것이 적법한 것임에도 불구하고, '참치전문 식당체인업(독도 근해에서 어획한 참치를 사용함)'으로 표기함으로써 오히려 등록받을 수 없게 되었는데도 등록을 해준 것이다. 이는 실로 심각한 문제다. 우리나라에 등록된 대부분의 지명상표는 모두 이런 식이다. 이는 전적으로 상표 심사관들이 상표법에 무지하기 때문이다. 이것이 우리나라 특허청의 수준이다.

그런데 실제는 어떠했는가? 독도 근해는 차치하고 국산 참치도 없는 실정이다. '(독도 근해에서 어획한 참치를 사용함)'이란 표현 때문에 '독도참치'를 무효로 해서는 안 된다. 기술상표와 임의선택상표를 이해한다면 '(독도 근해에서 어획한 참치를 사용함)'이란 표현은 애초부터 잘못된 것이고, '독도참치' 그 자체가 상표등록을 받지 못할 이유가 없기 때문이다.

독도에서 잡은 참치를 쓰지 않았다는 가맹점주들의 주장은 참치와 독도가 아무런 관계가 없다는 것을 뒷받침한다. 이는 바로 '독도참치'가 임의선택상표라는 것을 입증하는 것이다. 그렇다면 "실제 독도 근해에서 어획한 참치만을 가맹점들에 공급했느냐"라는 재판부의 물음도 우문(愚問) 중의 우문이다. 임의선택상표이기 때문에 '독도참치'가 국민들에게 오래전부터 인식되어 있는지의 여부를 판단할 필요가 없음에도 불구하고 특허심판원은 엉뚱하게도 그렇게 판단하였다. 기술상표에 해당하지 않는 지명상표는 먼저 선택한 자에게 권리가 주어지는 것도 모르고, 누구나 자유롭게 이용할 수 있어야 한다고 변호사는 현란하게 해석하였다. 모두가 웃지 못할 코미디 같은 얘기다.

2010년에 출원하여 등록받고 200여 곳 가맹점을 두고 연 매출 1,000억 원을 올리고 있던 상표권자는 웃지 못할 코미디 때문에 날벼락을 맞게 되었다.

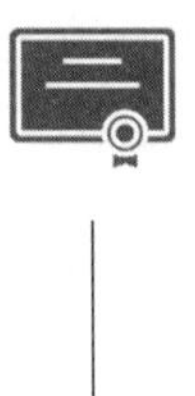

16. 상표 몽니

#1 올해 데뷔 20주년을 맞은 그룹 신화는 3년여 동안 이름 없이 살았다. 2012년에 전 소속사를 상대로 팀명인 신화의 상표권 양도 소송을 낸 뒤 법원의 조정으로 2015년 5월 이름을 돌려받기까지 신화라는 이름을 쓸 수 없었다. 그룹 티아라의 멤버 은정과 지연 효민 큐리는 전 소속사와 팀명에 대한 권리를 두고 갈등을 빚고 있다. 전 소속사가 특허청에 '**티아라 T-ARA**'의 상표권을 출원하자, 네 멤버는 "전 소속사의 상표 등록이 거절되어야 한다"는 내용이 담긴 정보제출서를 냈다. 전 소속사의 상표권 취득을 막아 전 소속사와 향후 팀명 사용에 대한 협상에서 유리한 고지를 점하기 위한 움직임이다. 8년 동안 그룹 비스트로 활동하던 윤두준과 용준형 양요섭 이기광 손동운은 전 소속사와의 갈등으로 팀명을 하이라이트로 바꿔 활동하고 있다.

이처럼 전 소속사를 떠난 멤버들이 전 소속사에서 사용하던 그룹 이름을 계속해서 사용하지 못하고 있다. 이유는 전 소속사에서 이미 상표권을 취득했기 때문이다. 상표권을 취득했다는 이유만으로 이미 소속사를 떠난 멤버들에게 그룹 이름을 사용하지 못하게 하는 것은 과연 정당한 일일까. 이미 멤버들이 떠났는데 상표권을 쥐고 있다고 해서 기획사에게 어떤 이득이 있을까. 죽은 자식 뭐 만지고 있는 격은 아닐까. 그룹이 성장하기까지 기획사가 한 노력과 투자를 모르는 바 아니지만, 계약이 만료된 상황에서 기획사가 아무런 이익이 되지 않는 상표를 쥐고 있는 것은 기획사의 몽니로밖에 볼 수 없을 것 같다.

#2 우리나라는 물론 세계 많은 나라에서 상표를 취득하고자 할 때, 서로 유사한 상표로 인하여 어려움을 겪는 경우가 있다. 어떤 상표를 출원했는데 이와 유사한 상표가 이미 등록되어 있어서 등록을 받지 못하게 되는 경우가 발생하는 것이다. 이 경우 출원인은 선등록권자로부터 사용동의서를 받아 해당 특허청에 제출하여 등록을 받기도 한다. 특허청은 두 상표가 유사하다고 보았지만, 선등록권자가 보기에 상품이나 업종이 서로 다르다고 판단되면 흔쾌히 사용동의를 허락하여 등록받을 수 있도록 하는 공존상생의 아주 좋은 관습이자 제도라 할 수 있다. 다양한 상품으로 인해 많은 상표를 필요로 하는 글로벌 기업 간에는 사용동의서가 필요한 경우가 흔히 발생하는데, 이 경우 대개는 큰 문제없이 동의서를 받아 잘 활용하고 있다.

그런데 국내기업들로부터는 이 동의서를 받기가 무척 어렵다. 필자의 30년 경력 동안 국내기업으로부터 흔쾌히 동의서를 받은 경우는 단 한 건에 불과하다. 반면 외국기업으로부터 동의서를 받은 경우는 여러 번 있었다. 자기의 상품이나 업종과 관련이 없으면 사용동의를 해 주어도 전혀 문제가 없는데, 남이 잘되는 꼴을 보지 못하기 때문에 몽니를 부리는 것이다. 심지어는 금품과 같은 대가를 요구하는 경우도 있다.

#3 그런데 이러한 사용동의서에 관한 얘기는 우리나라에 대한 얘기가 아니다. 우리나라에서는 사용동의서가 통용되지 않는다. 등록받아 사용해도 좋다는 동의서를 선등록권자로부터 받아 특허청에 제출했는데도, 우리나라 특허청은 등록을 인정해 주지 않는다. 그 이유는 혹시 일반 공중이 두 상표를 혼동하여 불이익을 당할 수 있기 때문에 공중의 이익을 보호해야 한다는 특허청의 사려깊은(?) 판단 때문이다. 이 상황에서 가장 큰 이해당사자는 바로 그 선등록권자다. 그가 아무런 문제가 없다 하는데 특허청은 안 된다는 것이다. 특허청의 이 큰 몽니가 제거될 때 작은 몽니들도 자연스레 제거될 것이다.

17. 우리은행? 너희은행?

어떤 사람이 소중한 자식을 하나 낳아 놓고 그 이름을 「**우리자식**」이라 지었다. 그러자 동네 사람들이 "자기 자식만 '우리자식'인가, 우리 자식도 '우리자식'이지"라고 수근대기 시작했다. 어떤 사람들은 핏대를 올리며 「**우리자식**」이라는 이름을 사용하게 해서는 안 된다고 목청을 높였다. 그러자 "내 자식 이름 내가 지은 건데 왜들 그러느냐"고 했다. 그래서 그들은 이 문제를 해결해 달라고 그 마을 촌장한테 갔다. 촌장은 '나도 모르겠다' 라고 대답했다.

소설 같은 얘기지만 이러한 일이 실제로 우리나라에서 벌어지고 있다. 탄생과정이야 어찌됐든, 공룡같은 은행을 탄생시켜 놓고 그 이름을 「**우리은행**」이라 지은 것이다. 그러자 다른 시중 은행들(국민, 한국외환, 신한, 하나, 제주, 대구, 부산 및 전북은행)이 상표등록무효소송을 제기하였다. (정확히는 「**우리은행**」에 '**로고**'를 결합하여 상표등록을 받았는데, 그 상표등록에 대하여 무효를 주장한 것이다. '**로고**'가 결합된 「**우리은행**」 상표는 상표법적으로는 매우 복잡한 문제이기 때문에, 그 내용을 여기서 모두 다룰 수는 없다. 따라서 여기서는 「**우리은행**」 부분에 대하여만 설명한다)

시중 은행들은 왜 「**우리은행**」에 대하여 무효소송을 제기했을까? 그들이 고객을

싹쓸이라도 해 간단 말인가 아니면 어떤 미운털이라도 박혔단 말인가. 분명 거기에는 말 못할 사정이 있었음을 짐작해 알 수 있다.

은행 이름을 「**우리은행**」이라 지었다 해도 일반 은행 고객들은 큰 불편을 느끼지 못한다. 하기야 나같은 개인이 은행을 소유할 리도 만무하고, 그래서 이름을 「**우리은행**」이라 짓든 「**너희은행**」이라 짓든 일반 고객들은 별로 관심없다. 그저 필요할 때 은행가서 저금하고 때로 대출 같은 서비스를 받으면 그만이다.

그런데 시중 은행들의 상황은 다르다. 예를 들어, 그들이 "우리은행은 다음달부터 수신금리를 0.5% 인상할 것이다"라고 말한다면, 그 우리은행이 자기가 근무하고 있는 은행을 가리키는 것인지 아니면 「**우리은행**」인지 분간할 수 없다. 혼동이 일어나기 시작하는 것이다. 의사전달이나 의사소통이 어렵게 되는 것이다.

이를 상표법 이론에 따라 설명하면, 상표등록을 받기 위해서는 일반 소비자는 물론 경쟁업자에게도 아무런 문제가 없어야 한다는 것이다. 「**우리은행**」 상호는 은행의 고객 즉 소비자에게는 전혀 문제가 없다고 할 수 있다. 하지만 「**우리은행**」 상호는 앞에서 살펴보았듯이 경쟁업자인 다른 시중 은행에게는 심각한 문제를 야기한다. 의사전달과정에서 혼동이 일어날 수 있다.

그런데 모든 상표가 이러한 문제를 야기시킬 수 있는 것은 아니다. 일반 소비자나 경쟁업자에게 이러한 문제를 야기시킬 수 있는 상표는 그 상품이나 서비스와 관련하여 사용될 수 있는 용어에 한한다. 이러한 상표를 기술(記述)상표(descriptive mark)라 하는데, 상표법에서는 이러한 상표가 등록되지 못하도록 명시하고 있다. 즉 기술상표는 소비자 또는 경쟁업자에 의하여 자유롭게 사용되어야 하기 때문에, 어느 특정인에게 그 등록을 허락하지 않는 것이다.

동대문에 가면 「**밀리오레**」라는 큰 쇼핑몰이 있다. 그 쇼핑몰의 한 옆골목에 가면 「**밀려오네**」라는 작은 분식집이 있다. 무엇이 밀려온다는 것인가? 손님이 (구름같이) 밀려온다는 의미일 것이다. 이 얼마나 「**우리은행**」과 대조적인 상호인가. 상표법에서는 이러한 상표를 상징상표 또는 암시상표(suggestive mark)라 한다. 기술상표와는 달리, 상징상표는 그 상품이나 서비스와 관련하여 직접적으로 사용되는 용어가 아니고, 무엇인가 좋은 의미를 상징적으로 나타내거나 암시할 수 있는 상표이다. 그래서 상징상표는 아주 좋은 상표로 분류되고 상표등록을 받는 데에도 전혀 문제가 없다. 물론 소송에 휘말릴 염려도 없다. 법을 몰라도 재치있는 이름을 지을 수 있다. 비슷한 것 같지만 비슷하지도 않아서 상표침해의 문제도 발생할 염려가 없다.

법은 상식(common sense)이라 하였다. 상식으로부터 벗어난 법은 좋은 법이라 할 수 없다. 법보다 상식이 우선하는 이유가 바로 여기에 있다. 상호를 지으면서 상표법에 의한 검토가 사전에 충분히 이루어졌다면 오죽 좋았겠냐마는, 굳이 상표법이 아니라 하더라도, '자식을 낳아 놓고 그 이름을 '**우리자식**'이라 지어도 괜찮을까?' 하는 정도의 상식적 의문을 가졌어도 결과는 달라졌을 것이다.

그런데 물은 이미 엎질러졌다. 「**우리은행**」은 로고와 함께 상표로서 등록되었고, 다른 은행들이 청구한 무효소송은 현재 대법원까지 올라갔다. 이 사건은 법원의 판결에 의하여 해결될 수 있는 사건이 아니다. 왜냐하면 상표등록무효소송은 상표등록의 무효여부만을 판단하는 것이지 사용여부를 결정하는 소송이 아니기 때문이다. 설사 그 등록이 무효로 된다 하더라도 그 사용을 못하도록 할 만한 법적 근거는 어디에도 없다. 그런데도 이 사건은 대법원까지 갔다. 소송 사건수만 하나 더 늘려 준 셈이다. 그리고 막대한 소송비용만 탕진한 것이다. '어떤 사람이 자기 자식을 '**우리자식**'이라 이름지을 때, 다른 사람들은 의사소통상의 혼란을 피하기 위하여 어떻게 하면 될까?'라는 의문을 곰곰이 생각한다면, 그 해결책을 얻게 될 것이다.

18. 일반명칭 상표와 상표의 일반명칭화

상품의 일반명칭으로 이루어진 표장은 등록을 받을 수 없다. 일반명칭이라 함은 어떤 사물의 보통 명칭을 의미하는데 예를 들어 '시계'라는 상품에 「**watch**」라는 상표를 사용하던지 '자동차'라는 상품에 「**car**」라는 상표를 사용하는 경우를 들 수 있다.

만약 이러한 일반명칭상표의 등록을 인정하여 특정인에게 독점권을 부여한다면 수요자는 그 상표에 의해 그 상품의 출처를 식별할 수 없는 문제점이 발생할 뿐만 아니라 자유롭게 사용가능해야 하는 일반명칭을 그 상품의 경쟁업자들이 사용할 수 없게 되기 때문에 등록을 받을 수 없는 것이다.

물론 어떤 상품의 일반명칭을 상표로 등록받겠다는 사람은 그리 흔하지 않다. 일반명칭이 상표로 등록받을 수 없는 이유는 아주 분명하기 때문이다. 그런데 일반명칭과 관련해서는 등록받은 후가 더 중요하다. 예를 들어 어떤 상표가 등록받을 당시에는 일반명칭이 아니었기 때문에 적법하게 등록되었으나 그 후 사용과정에서 상표관리를 적절히 하지 못해 적법했던 상표가 일반명칭이 되어 버리는 경우가 있다. 이러한 경우를 상표의 일반명칭화라 하는데 적법하게 등록된 상표가 일반명칭화가 된 경우에는 그 상표권은 소멸되어 누구나 사용할 수 있게 된다.

이러한 일반명칭화의 대표적인 예가 바로 「**아스피린**」이다. 「**아스피린**」은 아주 좋은 상표였으나 상표관리를 잘못해서 타 업체에서 「**아스피린**」을 사용하게 되었고 그 결과 일반명칭화가 되어 버렸다. 그래서 누구나 「**아스피린**」을 사용할 수 있게 된 것이다. 커피음료의 상표로서 사용된 「**카페라떼**」도 일반명칭이 되었고 「**VASELINE(바세린)**」, 「**에스컬레이터**」, 「**엘리베이터**」, 「**쵸코파이**」 등도 모두 일반명칭화된 상표들이다.

그래서 상표를 선정하는 단계에서 상품의 일반명칭을 피해 자신만의 독특한 상표를 선정하는 것이 우선적으로 중요하고, 등록을 받은 후에도 일반명칭화가 되지 않도록 하는 것 또한 중요하다. 그러기 위해서는 상표관리를 철저히 하여야 한다.

19. 주지상표와 저명상표 사이

2018.05.10. 법률신문에는 김욱준 부장검사의 "주지상표와 저명상표 사이"라는 글이 실렸다. 이 글은 상표가 주지상표냐 아니면 저명상표냐에 따라 보호가 달라진다는 취지의 의견이었다. 즉 주지상표냐 아니면 저명상표냐에 따라 상표의 등록여부, 형사처벌 단계, 손해배상책임 단계가 달라질 수 있다는 것이다. 한 예로, 어떤 핸드백 브랜드가 주지상표로 판단된다면, 핸드백과 업종이 다른 모델 이름에 그 브랜드를 사용하는 경우 상표침해가 되지 않는다는 것이다. 그러나 저명상표인 경우에는, 업종이 다르다 하더라도 상표침해가 되어 처벌할 수 있다고 하였다.

하지만 상표침해는 주지상표냐 아니면 저명상표냐에 따라 판단하는 것이 아니다. 만일 상표침해를 그렇게 판단한다면 주지상표와 저명상표를 판단하는 것이 중요한 관건이다. 어느 정도로 사용되어야 주지되었다고 할 수 있으며 어느 정도로 사용되어야 저명하게 되었다고 판단할 수 있을까? 이를 판단하기 위하여 수요자 인식조사 같은 방법이 동원되지만, 결코 정확한 방법이라 할 수 없다.

상표침해는 상표의 식별력에 따른 상표의 본질을 파악하여 판단해야 한다. 식별력에 따른 본질에 따라 상표를 구분하면, 조어상표(coined mark)와 임의선택상표

(arbitrary mark)라는 것이 있다. 조어상표인 경우에는 업종이나 상품이 다르다 하다라도 상표침해가 성립하여 강력하게 보호된다. 반면 임의선택상표인 경우에는 업종이나 상품이 서로 다른 경우 아무런 문제가 없다. 상표침해가 성립하지 않는 것이다.

예를 들어, 필름에 사용되는 "**코닥(KODAK)**"과 휴대폰에 사용되는 "**애플(APPLE)**"이 거의 같은 정도로 유명한 상표라고 가정하자. 이 경우, 다른 업자가 의류에 "**코닥**"을 사용한다면 이는 상표침해가 된다. 하지만 의류에 "**애플**"을 사용한다면 침해가 되지 않는다. "**코닥**"은 조어상표이지만, "**애플**"은 임의선택상표이기 때문이다.

상표침해 판단은 이처럼 상표이론을 알고 보면 아주 명확하다. 상표등록 여부를 비롯하여, 형사처벌 또는 손해배상에 대한 판단도 아주 명확하게 할 수 있다. 하지만 이토록 명확한 상표이론을 알지 못하고, 주지상표냐 아니면 저명상표냐에 따라 상표침해를 판단하는 것은 잘못된 방법임은 물론이거니와 판단 자체도 무척 어렵다. 어떤 상표가 주지한 것이냐 아니면 저명한 것이냐를 판단하는 것은 신이나 할 수 일이다. 수요자 인식조사를 한다 하더라도 결코 정확할 수 없다. 그리고 수요자 인식조사는 막대한 비용이 소요된다. 정확하지도 않으면서 막대한 비용을 불필요하게 지불하고 있는 셈이다.

조어상표인지 아니면 임의선택상표인지의 판단은 아주 간단하다. 용어 사전에 수록되어 있는 단어이면 임의선택상표이고, 사전에 수록되어 있지 않고 만들어진 그래서 아무런 뜻도 없는 단어이면 조어상표이다. 이보다 쉽고 명확한 방법은 없다. 이런 방법을 모르고 주지상표인지 아니면 저명상표인지를 판단하려 하니 이현령비현령이 되는 것이다.

실례를 살펴보자. 약 2년 전 법원은 한 통닭집에 사용하던 "**루이비통닭**"이 핸드백 브랜드 "**LOUIS VUITON**"를 침해하는 것으로 판단하였다. 그런데 통닭집에서 사용하던 브랜드는 "**루이비통닭**"이 아니라 "**LOUIS VUITON DAK**"이었다. "**LOUIS VUITON**"의 상표권자라면 "**LOUIS VUITON DAK**"의 사용을 허락할 사람은 아무도 없다. 하지만 "**루이비 통닭**"이라 사용했다면 상황은 달라졌을 것이다. 영국 명품 브랜드 “B**URBERRY**”에 대하여 “**버버리 노래방**”은 침해라고 판단하였다. 하지만 안동의 “**버버리 찰떡**”은 침해가 아니라고 했다. ‘한입 먹으면 말을 잊을 정도로 맛있다’는 의미로 ‘**버버리(벙어리)**’를 사용했다 한다. 이제 무엇이 잘못되고 무엇이 잘된 것인지 독자들은 알 수 있을 것이다.